Manual de Matemática Financeira

Manual de Matemática Financeira

2020 • 4ª Edição (Revista) • Reimpressão

Ana Paula C. L. P. S. Quelhas
Fernando A. M. Correia

ALMEDINA

MANUAL DE MATEMÁTICA FINANCEIRA

AUTORES
Ana Paula C. L. P. S. Quelhas
Fernando A. M. Correia

EDITOR
EDIÇÕES ALMEDINA, S.A.
Rua Fernandes Tomás, nºs 76, 78 e 79
3000-167 Coimbra
Tel.: 239 851 904 • Fax: 239 851 901
www.almedina.net • editora@almedina.net

DESIGN DE CAPA
FBA.

EDITOR
EDIÇÕES ALMEDINA, S.A.

IMPRESSÃO E ACABAMENTO
DPS - DIGITAL PRINTING SERVICES, LDA

novembro, 2020
DEPÓSITO LEGAL
424675/17

ALMEDINA | GRUPOALMEDINA

BIBLIOTECA NACIONAL DE PORTUGAL – CATALOGAÇÃO NA PUBLICAÇÃO

QUELHAS, Ana Paula, e outro

Manual de matemática financeira / Ana Paula C. L. P. S. Quelhas, Fernando A. M. Correia. – 4ª ed. rev.
ISBN 978-972-40-6937-1

I – CORREIA, Fernando Augusto Monteiro

CDU 3419

Quando lhe perguntaram qual considerava
ter sido a invenção mais notável da Humanidade,
Albert Einstein respondeu: «O juro composto».

NOTA DOS AUTORES À 4ª EDIÇÃO

É com enorme entusiasmo que trazemos a público mais uma edição do *Manual de Matemática Financeira*. Entusiasmo que se confunde com a crescente responsabilidade e com a imensa gratidão resultantes do bom acolhimento que os textos anteriores mereceram por parte dos destinatários.

A presente versão cumpre os mesmos desígnios e obedece à mesma estrutura da edição anterior.

Assim, nos quatro primeiros Capítulos, percorrem-se os conteúdos que, em nosso entendimento, constituem a base de qualquer curso de Matemática Financeira. No Capítulo 1, atende-se, *grosso modo*, ao valor dinheiro no tempo, por intermédio do estudo das operações de capitalização e de atualização, sendo que, no Capítulo 2, se discutem os vários tipos de taxas de juro, bem como as consequências da respetiva inclusão no contexto das operações financeiras. Por sua vez, o Capítulo 3 focaliza-se no princípio da equivalência de capitais, enquanto o Capítulo 4 nos conduz às particularidades das rendas, outra temática central no domínio das finanças, dado o vasto elenco de situações do mundo económico passíveis de representação por intermédio de uma renda.

Os três Capítulos seguintes procuram discorrer em torno das fontes de financiamento ao dispor das empresas e dos indivíduos em geral. Estes Capítulos não assumem, contudo, uma dimensão exaustiva. Assim, o Capítulo 5, embora verse sobre as modalidades de financiamento de curto prazo, circunscreve-se ao financiamento por intermédio do desconto de letras, do desconto de livranças e das contas correntes caucionadas. Já os Capítulos 6 e 7 transportam-nos para as fontes de financiamento de longo prazo, versando, respetivamente, sobre os empréstimos clássicos e sobre os empréstimos titulados por obrigações. Ainda assim, pese embora o critério subjacente às escolhas realizadas, consideramos que, nestes três Capítulos, em vez de uma visão redutora, se facultam antes os ensinamentos básicos, facilmente suscetíveis de aplicação a um conjunto mais lato de produtos financeiros.

Por fim, os três últimos Capítulos propõem o aprofundamento de alguns dos conceitos observados, mediante a sua aplicação aos domínios da Gestão Financeira, da Avaliação de Projetos de Investimento e dos Mercados Financeiros.

Nesta edição, introduziram-se alguns novos Exercícios Resolvidos, os quais constaram de provas de avaliação realizadas no ISCAC no passado recente.

Com efeito, embora se encontre essencialmente vocacionado para a comunidade estudantil, o presente texto interessará, por certo, a um público mais vasto, onde ponderam gestores de empresas, diretores e operadores financeiros, revisores e técnicos oficiais de contas, bem como todos aqueles que recorrem ao cálculo matemático enquanto instrumento de apoio no processo de tomada de decisões.

Coimbra, abril de 2017

Ana Paula Quelhas
Fernando Correia

ÍNDICE

Capítulo 1
Operações de Capitalização e de Atualização

1. Juro, operação financeira e taxa de juro

Ao longo do tempo, o ***juro*** tem ocupado um lugar central no âmbito da teoria económica, assumindo, porém, importância e funções diversas nos modelos sucessivamente propostos pelos economistas. Não se pretende aqui traçar uma resenha histórica do que terá sido o contributo desta variável para a explicação dos fenómenos económicos, nem tão pouco tecer considerações em torno da sua dimensão económica.

No presente contexto, interessa-nos a *aceção financeira do juro*, pelo que iremos tratá-lo, ao longo deste trabalho, numa dupla perspetiva, atendendo à natureza das operações que lhe estão na base.

Com efeito, numa dada economia, existem indivíduos cujos rendimentos, num dado momento, excedem as suas necessidades de consumo gerando poupança. Ora essa poupança, uma vez aplicada, produz juros. Neste caso, os juros serão encarados como um prémio aos agentes aforradores, pelo facto de não terem destinado a totalidade do seu rendimento disponível de um dado momento a despesas de consumo e de terem preferido diferir esse consumo para um momento futuro. Raciocínio inverso pode aplicar-se no caso dos agentes económicos cujas necessidades financeiras ultrapassam as suas disponibilidades. Estes agentes têm carência de liquidez, a qual poderá ser obtida junto dos intermediários financeiros, para onde os agentes excedentários de liquidez canalizaram a sua poupança. Porém, o uso de capital alheio implica o pagamento de um juro, para além da restituição das quantias cedidas.

O juro pode, então, ser também perspetivado como o ónus inerente à utilização antecipada de uma disponibilidade financeira futura.

Deste modo, interessam à matemática financeira as denominadas ***operações financeiras***, que Alegre Escolano *et* al. (1995, pp. 1 e segs.) definem como sendo «todo o intercâmbio entre sujeitos económicos de disponibilidades monetárias em diferentes momentos do tempo». Os mesmos autores identificam a existência de três tipos de elementos no contexto de uma operação financeira: os *elementos pessoais*, compostos pelos sujeitos ativo – o que cede uma dada quantia durante um determinado período de tempo – e passivo – o que recebe essa quantia, comprometendo-se a devolvê-la posteriormente –, o *elemento objetivo*, constituído pelas disponibilidades monetárias propriamente ditas, e pelo *elemento convencional*, que resulta das condições observadas na operação financeira e que tornam equivalentes a quantia cedida pelo sujeito ativo e a quantia devolvida pelo sujeito passivo.

No mesmo sentido, também Terceño *et* al. (1997, p. 26) sustentam que ***operação financeira*** é o «intercâmbio de capitais financeiros em diferentes momentos do tempo. Representa-se através do par ordenado (N, M), onde N e M são capitais ou conjuntos de capitais financeiros e denominam-se prestação e contraprestação, respetivamente».

A quantia cedida pelo sujeito ativo e a quantia devolvida pelo sujeito passivo – respetivamente, a prestação e a contraprestação – não são iguais, mas sim ***equivalentes***, uma vez que a quantia a devolver engloba, para além da quantia cedida, o montante dos juros, calculados a uma certa *taxa de juro*, para o *período de tempo* de vigência da operação financeira.

A ***taxa de juro*** corresponde à *ratio* entre o rendimento proporcionado pela aplicação de um certo capital e o montante de capital aplicado ou, de outro modo, entre o encargo decorrente da utilização de um certo capital e o montante de capital utilizado. Em ambos os casos, poderemos, muito simplesmente, definir que

$$\text{Taxa de juro} = \frac{\text{Juro}}{\text{Capital}}$$

Deste modo, quando nos referimos a uma taxa de juro de 5%, tal significa que um capital no montante de 100 unidades monetárias permite um rendimento de 5 unidades monetárias ou, em vez disso, que o recurso a um financiamento no montante de 100 unidades monetárias implica um encargo de 5 unidades monetárias.

Notando a *taxa de juro* por i [1], o *juro* por J e por C_0 o montante de *capital* envolvido na operação, resulta que

$$i = \frac{J}{C_0} \qquad [1.1]$$

expressão esta que nos permite conhecer qual a taxa de juro praticada numa dada operação financeira, sendo conhecido o montante de juros produzidos[2] e o montante do capital inicial.

Juro e taxa de juro não devem, assim, ser confundidos, pois enquanto o primeiro corresponde a uma *grandeza absoluta*, expressa em unidades monetárias, a segunda traduz uma *grandeza relativa*, resultante do confronto entre duas grandezas absolutas, o juro propriamente dito e o capital subjacente à operação.

Se atendermos à perspetiva das instituições cedentes do capital, na sua maioria instituições bancárias, devemos falar de ***taxas de juro ativas*** e de ***taxas de juro passivas***, consoante se trate, respetivamente, das taxas praticadas nas operações de crédito ou das taxas às quais se remuneram os depósitos dos clientes. Na verdade, na ótica da instituição bancária, a concessão de crédito corresponde a uma aplicação de fundos; contabilisticamente, releva no lado do ativo, pelo que se designam por *taxas ativas* as taxas praticadas em tal tipo de operações. Raciocínio de teor inverso pode ser formulado no caso dos depósitos de clientes; para as instituições bancárias, estes são uma das formas de captação de recursos, pelo que, sob o ponto de vista contabilístico, relevam do lado do passivo, merecendo as taxas de juro aí praticadas a designação de *taxas passivas*.

---

[1] Alguns autores sustentam que a taxa de juro deve ser notada por i quando representa o rendimento ou o custo inerente a uma unidade de capital, sendo, por seu turno, designada por r quando se refere ao rendimento ou ao custo associado a cem unidades de capital. Neste sentido, cfr., por todos, Álvarez Herrezuelo (2000, p. 13).

Por nós, ao longo do texto, utilizaremos indiscriminadamente a notação i para nos referirmos à taxa de juro, quer ela se reporte a uma ou a cem unidades de capital, por serem equivalentes ambas as situações, resultando as diferenças apenas do modo de formulação. De facto, aplicarmos uma taxa de juro de 0,08 a um dado capital será o mesmo que utilizarmos 8% ou 8/100.

Assim sendo, no contexto do nosso trabalho, reservamos a notação r para designarmos as taxas de custo efetivas e as taxas de rendibilidade efetivas – nem sempre coincidentes com as taxas de juro – como teremos ocasião de ver adiante, muito principalmente no Capítulo 7.

[2] Consideramos, para o efeito, o montante de juro produzido num período de tempo.

Ao diferencial existente entre taxas de juro ativas e taxas de juro passivas, designaremos por ***margem de intermediação, margem financeira*** ou ***'spread' bancário***[3]. Entre nós, assistiu-se, ao longo dos anos noventa do século XX, a um estreitamento deste diferencial, para o que muito contribuiu a queda significativa das taxas de juro ativas.

Com efeito, a redução das taxas de juro então observada justifica-se, *grosso modo*, por duas categorias de fatores. Na primeira metade da década, assistiu-se, em Portugal, à consolidação da tendência já registada no final dos anos oitenta e que se caracterizou pela adoção de medidas liberalizadoras e pelo surgimento de novos operadores financeiros. As alterações ocorridas neste período foram de tal modo significativas que se chegou mesmo a considerar a existência de uma autêntica *revolução financeira*[4]. Já na segunda metade dos anos noventa do século passado, foi, sobretudo, a perspetiva de adesão do nosso país à União Económica e Monetária, acompanhada da necessidade de dar cumprimento aos critérios de convergência estabelecidos em Maastricht[5], a grande responsável pela manutenção da taxa de juro em níveis consideravelmente baixos.

Nos tempos mais recentes, a taxa de juro tem tido um comportamento irregular, à mercê das atuações dos diversos operadores nos mercados financeiros, mormente no pós-crise do *subprime*[6].

---

[3] É prática corrente, na atividade bancária, o recurso a terminologia anglo-saxónica, em grande medida devido ao grau de desenvolvimento que caracteriza os mercados financeiros britânico e norte-americano.

Em termos genéricos, o termo *spread* é utilizado para designar o diferencial existente entre o preço de fabrico de um dado bem e o preço de venda do mesmo.

No presente contexto, o conceito de *spread* aplica-se à diferença entre as taxas de cedência e de tomada de fundos por parte das instituições bancárias, ou seja, entre as taxas de juro ativas e as taxas de juro passivas. A taxa à qual os bancos cobram juros aos clientes resulta dos fatores de risco associados aos últimos, pelo que o *spread* é também entendido como a margem adicional aplicada pelos bancos relativamente a uma certa taxa de referência.

[4] Para maior aprofundamento do conceito de *revolução financeira*, bem como das suas causas e das suas consequências, cfr. J. M. Quelhas (1996, pp. 7 e segs.).

[5] Um dos cinco critérios de convergência era, precisamente, o seguinte: «a taxa de juro de longo prazo do Estado-membro candidato não poderá exceder em mais de 2% a média das taxas de longo prazo dos 3 países com menor inflação». A este título, cfr. AAVV (1997, p. 2.6).

[6] A propósito dos contornos assumidos pela crise do *subprime*, cfr., por todos, Alexandre *et* al. (2009).

Também o fator ***tempo*** surge como um elemento nodal no âmbito da formação do juro. Consequentemente, o montante de juros vencidos será tanto maior quanto mais lato for o período de tempo decorrido entre o momento da cedência do capital e o momento da sua devolução. Notando por n o fator tempo, diremos que

$$J = f(C_0, i, n)$$

o que significa que o montante de juro é função do capital inicial C_0, da taxa de juro i praticada na operação financeira e do período de tempo n que decorre entre o início e o termo da operação.

Acréscimos no valor de cada uma destas variáveis irão provocar, necessariamente, o crescimento do montante de juros produzidos. Na verdade, quanto maior for o montante de capital aplicado, maior será, por conseguinte, o montante dos juros, o mesmo sucedendo no caso das duas restantes variáveis, i e n. Os juros aumentam ao serem praticadas taxas de juro mais elevadas, aumentando também em resultado do prolongamento do prazo das operações.

Surge, porém, a questão de saber qual a medida desses acréscimos, isto é, quais os critérios que presidem à formação dos juros. Esses critérios variam em acordo com o *regime de capitalização adotado*, sendo a ***capitalização*** por nós entendida como o processo através do qual os juros vencidos acumulam ao capital inicial.

2. Regimes de capitalização

No contexto do nosso estudo, trataremos quatro regimes de capitalização – o ***regime de capitalização simples***, o ***regime de capitalização "dita simples"***, o ***regime de capitalização composta*** e o ***regime de capitalização contínua***.

A diferenciação entre os vários regimes de capitalização decorre do modo como se processa a produção dos juros.

Sob o ponto de vista estritamente financeiro, os dois primeiros regimes apontados podem ser fundidos num só, uma vez que conduzem ao mesmo retorno.

No ***regime de capitalização simples***, o juro produzido em cada período é retirado do processo de capitalização e entregue ao detentor do capital, não havendo, por isso, lugar à vulgarmente denominada formação de "juros de juros".

Enquanto isso, no ***regime de capitalização "dita simples"***, o juro produzido em cada momento não é retirado do processo de capitalização, ainda que aí permaneça sem produzir juros.

No ***regime de capitalização composta***, o juro produzido em cada momento permanece no processo de capitalização, indo acrescer ao montante de capital acumulado no período anterior, donde decorre a formação dos denominados "juros de juros"[7].

Embora equivalente ao regime de capitalização simples[8], o regime de capitalização "dita simples" é, por assim dizer, um *regime híbrido*, uma vez que nele se cruzam características do regime de capitalização simples – por não haver formação de "juros de juros" – e do regime de capitalização composta – atendendo a que o juro vencido permanece no processo de capitalização.

Por último, no ***regime de capitalização contínua***, observamos as mesmas características que no regime de capitalização composta, uma vez que há lugar à produção de "juros de juros"; porém, o período de capitalização é tão pequeno que o número de capitalizações tenderá para infinito.

Mas vejamos de modo circunstanciado as características de cada um destes regimes de capitalização.

2.1. Regime de capitalização simples (ou regime de juro simples)

Uma vez que o montante de juros produzidos em cada período sai do processo de capitalização, o capital que serve de base ao cálculo desses juros mantém-se constante ao longo do tempo. Significa, então, que o juro produzido em cada momento vai permanecer também constante, isto é,

$$J_1 = C_0 \times i$$
$$J_2 = C_0 \times i$$
$$J_3 = C_0 \times i$$
$$\ldots$$
$$\ldots$$
$$J_n = C_0 \times i$$

---

[7] Este processo designa-se por ***anatocismo*** e consiste na junção dos juros vencidos ao capital, para que o todo proporcione novos juros.

[8] Essa equivalência verifica-se no pressuposto de que os juros entregues em cada momento ao detentor do capital não são reinvestidos, pois só assim seremos conduzidos ao mesmo rendimento. Voltaremos a este assunto ainda no presente Capítulo, ao confrontarmos os diversos regimes de capitalização.

donde, genericamente, retiramos que

$$J_k = C_0 \times i \qquad [1.2]$$

expressão que nos permite calcular o ***montante de juro produzido em cada momento k***, ou ***montante de juro periódico***, no regime de capitalização simples.

Se pretendermos apurar o ***montante total dos juros*** vencidos após n períodos de capitalização, diremos que

$$\sum_{k=1}^{n} J_k = J_1 + J_2 + J_3 + ... + J_n$$

$$\sum_{k=1}^{n} J_k = C_0 \times i + C_0 \times i + C_0 \times i + ... + C_0 \times i$$

$$\sum_{k=1}^{n} J_k = n \times C_0 \times i$$

$$\sum_{k=1}^{n} J_k = C_0 \times n \times i \qquad [1.3]$$

Donde resulta que o ***capital acumulado*** ao fim de n períodos de capitalização (que notaremos por C_n), em regime de juro simples, vai ser igual ao capital inicial acrescido do montante total de juros produzidos, logo

$$C_n = C_0 + C_0 \times n \times i$$

ou então

$$C_n = C_0 (1 + n \times i) \qquad [1.4]$$

Por sua vez, em ***termos gráficos***, teremos:

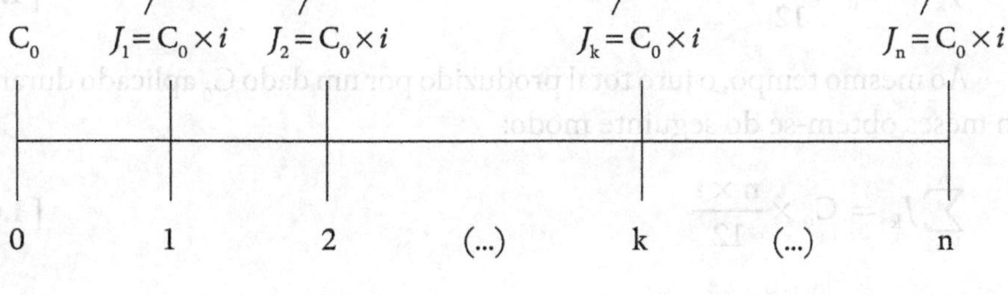

EXEMPLO: Qual o juro produzido por um capital de 5.000 €, aplicado durante 3 anos, à taxa anual de 5%, em regime de capitalização simples?

Bastará substituirmos os valores respetivos em [1.3], logo

$$\text{Juro total} = \sum_{k=1}^{n} J_k = C_0 \times n \times i = 5.000€ \times 3 \times 0{,}05 = 750€$$

Em alternativa, como o juro periódico é constante, podemos calcular

$$J_1 = J_2 = J_3 = 5.000\ € \times 0{,}05 = 250\ €$$

Por sua vez,

$$\text{Juro total} = J_1 + J_2 + J_3 = 250\ € + 250\ € + 250\ € = 750\ €$$

Resulta, ainda, que o capital acumulado no final dos 3 anos corresponde à soma do capital inicialmente aplicado, 5.000 €, e dos juros produzidos, 750 €, ou, também, por substituição em [1.4],

$$C_n = C_0\,(1 + n \times i)$$

$$C_n = 5.000€\ (1 + 3 \times 5\%) = 5.000€\ (1 + 0{,}15) = 5.000€ \times 1{,}15 = 5.750€$$

No exemplo anterior, considerámos que o período de tempo n se encontrava expresso em anos. Porém, pode suceder que n se refira a ***meses***, a ***dias*** ou, ainda, a ***qualquer outro período*** de tempo. Sendo as taxas de juro, em regra, taxas anuais, torna-se necessário fazer corresponder esses períodos a frações do ano.

Se o período de tempo surgir expresso em ***meses***, teremos que o juro produzido por um capital C_0, em cada período k, nos é dado por

$$J_k = C_0 \times \frac{i}{12} \qquad [1.5]$$

Ao mesmo tempo, o juro total produzido por um dado C_0 aplicado durante n meses obtém-se do seguinte modo:

$$\sum_{k=1}^{n} J_k = C_0 \times \frac{n \times i}{12} \qquad [1.6]$$

Já o capital acumulado resultante dessa aplicação, decorrerá da expressão

$$C_n = C_0\left(1 + \frac{n \times i}{12}\right) \qquad [1.7]$$

EXEMPLO: Qual o valor acumulado por um capital de 3.000 €, se estiver aplicado em regime de juro simples, durante 7 meses, à taxa anual de 8%?

Em acordo com a fórmula anterior, surge

$$C_n = 3.000\text{ €}\left(1 + \frac{7 \times 8\%}{12}\right)$$

$$C_n = 3.000\text{ €} \times 1{,}0466667$$

$$C_n = 3.140\text{ €}$$

Enquanto isso, se o período de tempo se referir a ***dias***, as três expressões anteriores darão lugar às seguintes:

$$J_k = C_0 \times \frac{i}{360} \qquad [1.8]$$

$$\sum_{k=1}^{n} J_k = C_0 \times \frac{n \times i}{360} \qquad [1.9]$$

$$C_n = C_0\left(1 + \frac{n \times i}{360}\right) \qquad [1.10]$$

EXEMPLO: Qual o capital que, colocado à taxa anual de 6,4%, produziu, durante 63 dias e em regime de capitalização simples, um juro de 94,08 €?

Sendo conhecido o montante total de juro produzido, $\sum_{k=1}^{n} J_k$, vamos recorrer à fórmula estabelecida em [1.9], nela substituindo os valores respetivos. Obtém-se, assim, que

$$94{,}08\text{ €} = C_0 \times \frac{63 \times 6{,}4\%}{360}$$

$$94{,}08\ € = 0{,}0112 \times C_0$$

$$C_0 = 8.400\ €$$

Revelam-se, aqui, apropriadas ***três observações***.

A primeira resulta do facto de se utilizarem 360 dias no cálculo da fração do ano a que correspondem os n dias, quando, na verdade, o ano civil é composto por 365 dias. Outrora, entre nós, o cálculo dos juros das operações bancárias ativas, isto é, das operações de crédito, era efetuado tendo por base 360 dias, sendo o cálculo dos juros das operações bancárias passivas, ou seja, da captação de recursos, efetuado sobre 365 dias[9]. Com a concretização da última fase da União Económica e Monetária, as taxas de juro vigentes em Portugal passaram a estar indexadas à Euribor[10], isto é, à taxa do mercado monetário interbancário europeu, taxa esta que se encontra referenciada para 360 dias. Daí que, desde o início de 2002, o cálculo dos juros, tanto das operações ativas como das operações passivas, tenha por base os 360 dias, tal como sublinhado anteriormente.

A segunda observação prende-se com o método de contagem dos dias em regime de juro simples quando, em vez de conhecermos o número exato de dias da operação, sabemos as datas entre as quais esta vigorou. Neste caso, o período de tempo n corresponde ao número de dias que decorrem entre a primeira e a última data, não considerando o dia de início da operação, tanto no que se refere às operações bancárias ativas como às operações bancárias passivas[11].

Por último, é fundamental que ***o período de duração da operação esteja expresso na mesma unidade de tempo que a do período de referência da taxa de juro***. Como o período de referência das taxas de juro é, na generalidade, o ano, quando o prazo da operação surge indicado noutra medida de tempo, será necessário convertê-lo em anos. Outra possibilidade consiste na trans-

---

[9] Tal prende-se com a distinção entre *juro comercial*, quando calculado sobre 360 dias, e *juro civil*, quando calculado sobre 365 dias. Aplicando um mesmo capital, à mesma taxa, durante o mesmo número de dias, resulta que o juro comercial é maior que o juro civil, donde facilmente se compreendem as práticas bancárias em vigor, entre nós, até à emergência da União Económica e Monetária.

Relativamente a esta distinção, cfr., por todos, Masiéri (2001, p. 9).

[10] Cfr. *infra* Capítulo 7, onde esclareceremos o que se entende por taxa indexada, bem como apontaremos alguns dos métodos de indexação.

[11] Cfr., no Apêndice 2, tabela relativa à contagem dos dias de juro.

formação da taxa anual numa taxa referida ao período de duração da operação[12]. Mas disso trataremos adiante, no Capítulo 2, dedicado à problemática das taxas de juro.

Em termos genéricos, no período de tempo n deverá estar vertida a proporcionalidade entre o período da taxa e o prazo de operação.

2.2. Regime de capitalização "dita simples" (ou regime de juro "dito simples")

Tal como se observa no caso anterior, também neste regime de capitalização os juros são calculados período a período, tendo por base sempre o mesmo montante de capital inicial C_0. Contudo, em vez de serem entregues, em cada momento, ao detentor do capital, como se verifica no regime de capitalização simples, os juros são pagos apenas uma vez terminado o processo de capitalização.

Significa, então, que

$$J_1 = J_2 = ... = J_n = C_0 \times i$$

donde

$$\sum_{k=1}^{n} J_k = J_1 + J_2 + J_3 + ... + J_n$$

$$\sum_{k=1}^{n} J_k = C_0 \times n \times i$$

Vem, ainda, que

$$C_n = C_0 (1 + n \times i)$$

As expressões obtidas são em tudo idênticas às encontradas para o caso do regime de capitalização simples, pelo que podemos afirmar que o regime de capitalização "dita simples" conduz ao mesmo retorno que o regime de capitalização simples.

---

[12] Nas expressões definidas em [1.5] e [1.8], $\frac{i}{12}$ e $\frac{i}{360}$ corresponderão, respetivamente, à *taxa mensal proporcional à taxa anual* e à *taxa diária proporcional à taxa anual*, como teremos ocasião de desenvolver no Capítulo 2.

A situação em apreço surge ilustrada no esquema seguinte.

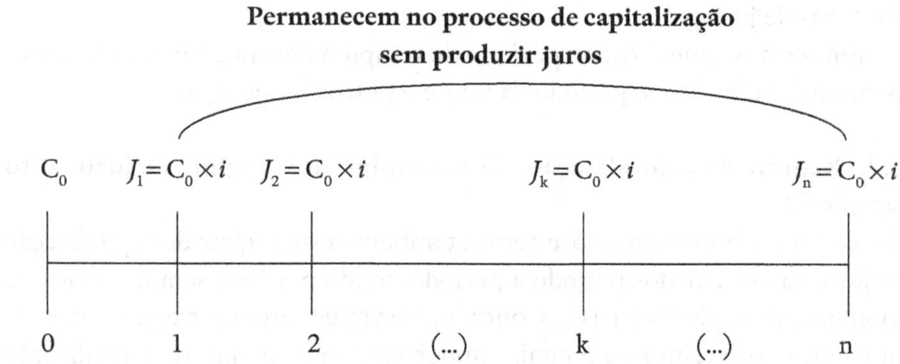

EXEMPLO: Qual o retorno proporcionado pela aplicação de 5.000 €, em regime de capitalização "dita simples", por um prazo de 3 ano e meio, à taxa anual de 8%?

Como referimos atrás, as expressões a aplicar no caso do regime de capitalização "dita simples" são as mesmas que as estabelecidas para o caso do regime de capitalização simples. Logo

$$J_1 = C_0 \times i = 5.000\ € \times 8\% = 400€$$

Este montante, embora permaneça no processo de capitalização, não vence juros, o mesmo sucedendo com J_2 e J_3. Então

$$J_1 = J_2 = J_3 = 400€$$

pelo que o juro vencido nos três primeiros anos será igual a

$$J_1 + J_2 + J_3 = 1.200€$$

O problema consiste em calcular o juro referente ao último meio ano da aplicação. Tratando-se de uma parcela do ano – 6 meses – vamos recorrer a [1.6], donde

$$J_{6\ \text{meses}} = 5.000€ \times 6 \times \frac{8\%}{12} = 200\ €$$

$$\Sigma J_k = 1.200\ € + 200\ € = 1.400\ €$$

De um modo mais simples, poder-se-ia recorrer diretamente à expressão

$$\sum_{k=1}^{n} J_k = C_0 \times n \times i$$

pelo que

$$\sum_{k=1}^{3,5} J_k = 5.000\ € \times 3,5 \times 8\% = 1.400\ €$$

O regime de juro "dito simples" não é muito utilizado em termos práticos, uma vez que implica a imobilização de capitais sem qualquer vencimento de juro, *a contrario* dos próprios princípios da matemática financeira.

Todavia, este regime apresenta alguns benefícios, particularmente no que concerne às operações passivas das instituições financeiras. A existência de juros não remunerados poderá sustentar, em parte, a estabilidade de fundos que necessitam para o desenvolvimento da sua atividade creditícia.

Porém, na ótica do depositante, só uma taxa de juro suficientemente alta poderá superar o facto de os juros relativos a períodos anteriores permanecerem "parados". Refira-se, ainda, que, no presente, dada a enorme concorrência que caracteriza o setor bancário, a disponibilidade dos capitais investidos constitui, a par da taxa de juro, um dos argumentos de captação e de preservação de clientela.

2.3. Regime de capitalização composta (ou regime de juro composto)

Ao invés do que sucede nos casos anteriores, neste regime de capitalização, os juros produzidos em cada período acrescem ao capital existente no período anterior, para servirem, também eles, de base ao cálculo dos juros no período seguinte. Daqui decorre a formação dos denominados "juros de juros", ou *anatocismo*, o que constitui, aliás, o grande traço diferenciador deste regime.

Assim sendo, temos que

$$J_1 = C_0 \times i$$

Enquanto isso,

$$C_1 = C_0 + J_1 = C_0 + C_0 \times i = C_0\,(1 + i)$$

O juro a formar no 2º período resulta da aplicação da taxa de juro ao capital acumulado no período anterior (isto é, no momento 1) e assim sucessivamente. Logo

$$J_2 = C_1 \times i = C_0\,(1+i) \times i$$

sendo

$$C_2 = C_1 + J_2 = C_0\,(1+i) + C_0\,(1+i) \times i = C_0\,(1+i)\,(1+i) = C_0\,(1+i)^2$$

Por sua vez,

$$J_3 = C_2 \times i = C_0\,(1+i)^2 \times i$$

surgindo, ainda, que

$$C_3 = C_2 + J_3 = C_0\,(1+i)^2 + C_0\,(1+i)^2 \times i = C_0\,(1+i)^2\,(1+i) = C_0\,(1+i)^3$$

Generalizando para um dado período k, teremos:

$$J_k = C_{k-1} \times i = C_0\,(1+i)^{k-1} \times i$$

donde resulta

$$C_k = C_{k-1} + J_k = C_0\,(1+i)^{k-1} + C_0\,(1+i)^{k-1} \times i = C_0\,(1+i)^{k-1}\,(1+i) =$$
$$= C_0\,(1+i)^k$$

Para o momento n, surge a expressão

$$C_n = C_0\,(1+i)^n \qquad [\,1.11\,]$$

a qual permite calcular o ***capital acumulado em regime de capitalização composta***, resultante da aplicação de um dado capital inicial C_0, à taxa de juro i, durante n períodos de tempo. Esta é, certamente, uma das fórmulas que mais utilizaremos ao longo do presente texto.

Se pretendermos conhecer o ***montante total de juro*** produzido no processo de capitalização ($\sum_{k=1}^{n} J_k$), este vai corresponder ao diferencial existente entre o valor do capital acumulado no final desse processo (C_n) e o valor do capital aplicado, isto é, do capital inicial (C_0). Deste modo, obteremos:

$$\sum_{k=1}^{n} J_k = \text{Juro total} = C_n - C_0$$

Substituindo C_n pela expressão encontrada em [1.11], resulta

$$\sum_{k=1}^{n} J_k = C_0\,(1+i)^n - C_0$$

ou seja

$$\sum_{k=1}^{n} J_k = C_0\left[(1+i)^n - 1\right] \qquad [\,1.12\,]$$

E se pretendermos, em vez do juro total produzido, calcular o ***montante de juro vencido num dado período k***, ou seja, um certo ***juro periódico***?

Observámos anteriormente que o montante de juro produzido num dado período, J_k, é calculado sobre o montante de capital acumulado no período anterior, C_{k-1}. Donde decorre que, em regime de juro composto,

$$J_k = C_{k-1} \times i$$

ou ainda

$$J_k = C_0\,(1+i)^{k-1} \times i \qquad [\,1.13\,]$$

Em ***termos esquemáticos***, recorrendo ao eixo do tempo, o processo de formação do juro em regime de capitalização composta surgirá:

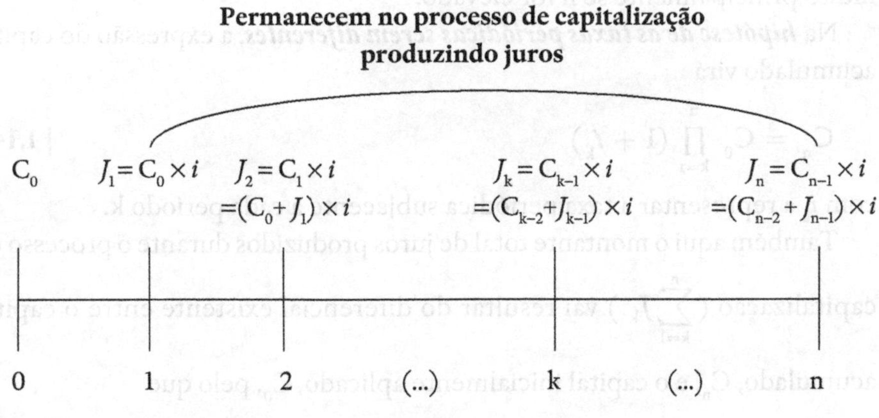

EXEMPLO: Consideremos, agora, os mesmos 5.000 €, aplicados durante os mesmos 3 anos, à taxa de 5% ao ano, mas em regime de juro composto. Qual será, no caso presente, o montante de capital acumulado?

Para determinarmos o capital acumulado, bastará substituirmos os valores respetivos na fórmula encontrada em [1.11]. Deste modo, teremos

$$C_n = 5.000\text{ €}\ (1 + 5\%)^3$$

$$C_n = 5.000\text{ €} \times 1{,}157625$$

$$C_n = 5.788{,}13\text{ €}$$

Este montante é necessariamente maior que os 5.750 € obtidos, com o mesmo capital inicial, o mesmo prazo e mesma taxa, no regime de capitalização simples, devido à produção dos denominados "juros de juros".

Por sua vez, se pretendermos conhecer o montante total de juro produzido, este resultará da diferença existente entre C_n e C_0, isto é,

$$\sum_{k=1}^{n} J_k = C_n - C_0 = 5.788{,}13\text{€} - 5.000\text{ €} = 788{,}13\text{€}$$

ou também da aplicação da expressão definida em [1.12], ou seja,

$$\sum_{k=1}^{n} J_k = 5.000\text{€}\ \left[(1 + 5\%)^3\right] = 5.000\text{€} \times 0{,}157625 = 788{,}13\text{€}$$

A situação que acabámos de observar corresponde aos casos em que a taxa de juro *i* se mantém constante ao longo do tempo. Porém, pode suceder que essa taxa se altere, por motivos relacionados com a conjuntura económica, muito principalmente se n for elevado.

Na ***hipótese de as taxas periódicas serem diferentes***, a expressão do capital acumulado virá

$$C_n = C_0 \prod_{k=1}^{n} (1 + i_k) \qquad [1.14]$$

com i_k a representar a taxa periódica subjacente a cada período k.

Também aqui o montante total de juros produzidos durante o processo de capitalização ($\sum_{k=1}^{n} J_k$) vai resultar do diferencial existente entre o capital acumulado, C_n, e o capital inicialmente aplicado, C_0, pelo que

$$\text{Juro total} = \sum_{k=1}^{n} J_k = C_0 \prod_{k=1}^{n} (1 + i_k) - C_0$$

ou seja

$$\sum_{k=1}^{n} J_k = C_0 \left[\prod_{k=1}^{n} (1 + i_k) - 1 \right] \qquad \textbf{[1.15]}$$

EXEMPLO: Um capital de 10.000 € esteve aplicado durante 3 anos em regime de juro composto. Sabendo que a taxa de juro praticada no 1º ano foi de 4,2%, sendo alterada, no 2º e no 3º anos, respetivamente, para 3% e para 2,25%, qual terá sido o valor acumulado no final?

De acordo com a fórmula que apresentámos em [1.14], o capital acumulado neste processo de capitalização será

$$C_n = 10.000€ \left[(1 + 4{,}2\%)\ (1 + 3\%)\ (1 + 2{,}25\%) \right]$$

$$C_n = 10.000€ \times 1{,}09740835$$

$$C_n = 10.974{,}08€$$

O montante de juro produzido num dado período k resultará da multiplicação da taxa de juro pelo montante do capital acumulado no período anterior, que obteremos de acordo com [1.14]. Vejamos um outro exemplo.

EXEMPLO: Certo capital esteve aplicado durante 6 anos, em regime de juro composto, tendo produzido juros no valor de 5.729,95 €. A taxa praticada na operação foi de 3% nos dois primeiros anos, 4% nos dois últimos e 3,5% nos anos intermédios. Qual terá sido a quantia correspondente ao juro periódico produzido no 4º ano de vigência do empréstimo?

Vamos, em primeiro lugar, tomando a expressão definida em [1.15], calcular qual o montante do investimento realizado. Sendo que

$$\sum_{k=1}^{n} J_k = C_0 \left[\prod_{k=1}^{n} (1 + i_k) - 1 \right]$$

substituímos pelos valores respetivos e resolvemos em ordem a C_0.

$$5.729{,}95\ € = C_0\left[(1+3\%)^2(1+3{,}5\%)^2(1+4\%)^2-1\right]$$

$$5.729{,}95\ € = C_0\,(1{,}0609\times1{,}071225\times1{,}0816-1)$$

$$5.729{,}95\ € = 0{,}229197950864\times C_0$$

$$C_0 = 25.000\ €$$

De seguida, vamos, por intermédio de [1.14], determinar o capital que se encontra acumulado no final do 3º ano, uma vez que

$$J_4 = C_3\times i$$

Sendo que

$$C_n = C_0\prod_{k=1}^{n}(1+i_k)$$

logo vem

$$C_3 = 25.000\ €\,(1+3\%)^2(1+3{,}5\%)$$

$$C_3 = 25.000\ €\times1{,}0980315$$

$$C_3 = 27.450{,}79\ €$$

Como 3,5% é a taxa periódica referente ao 4º ano, resulta que

$$J_4 = 27.450{,}79\ €\times3{,}5\%$$

$$J_4 = 960{,}78\ €$$

No caso de as taxas periódicas serem diferentes, podemos, outrossim, calcular a ***taxa média de aplicação***. Considerando que

$$C_n = C_0\prod_{k=1}^{n}(1+i_k)$$

a taxa média de aplicação será a taxa que verifica a seguinte expressão

$$C_n = C_0\,(1+\bar{i})^n$$

o que significa que a taxa média de aplicação é a taxa constante que, em termos médios, ***permite a obtenção do mesmo montante acumulado***, no mesmo período de tempo. Igualando ambas as expressões e resolvendo em ordem a $\bar{i}$, obtém-se

$$C_0(1+\bar{i})^n = C_0 \prod_{k=1}^{n} (1+i_k)$$

$$(1+\bar{i})^n = \prod_{k=1}^{n} (1+i_k)$$

$$\bar{i} = \left[\prod_{k=1}^{n}(1+i_k)\right]^{1/n} - 1 \qquad [1.16]$$

EXEMPLO: Tomemos os dados do exemplo anterior, em que a quantia de 25.000 € esteve aplicada durante 6 anos, em regime de juro composto, tendo a taxa de juro sido de 3% nos dois primeiros anos, de 3,5% nos dois anos subsequentes e considerando agora que a taxa foi de 4,5% nos dois últimos. Pretendemos conhecer a taxa média anual desta aplicação.

Substituindo os valores respetivos na fórmula encontrada por intermédio de [1.16], vem que

$$\bar{i} = \left[(1+3\%)^2\,(1+3{,}5\%)^2\,(1+4{,}5\%)^2\right]^{\frac{1}{6}} - 1$$

$$\bar{i} = (1{,}0609 \times 1{,}071225 \times 1{,}092025)^{\frac{1}{6}} - 1$$

$$\bar{i} = (1{,}2410455734950625)^{\frac{1}{6}} - 1$$

$$\bar{i} = 3{,}6648\%$$

A taxa assim obtida é uma taxa fictícia, no sentido em que não corresponde a nenhuma das taxas praticadas em qualquer dos períodos da operação. Todavia, esta taxa é útil em termos comparativos, relativamente a outras aplicações que remunerem os capitais a taxa fixa.

2.4. Regime de capitalização contínua

Retomemos a expressão encontrada em [1.11]

$$C_n = C_0 (1+i)^n$$

que nos permite determinar qual o capital acumulado num processo de capitalização composta, à taxa de juro i, durante n períodos de tempo.

Suponhamos, agora, que a capitalização ocorre k vezes ao longo de cada um desses n períodos, em vez de ter lugar apenas no final de cada período. Assim sendo, os juros vão produzir-se à taxa $\frac{i}{k}$, que é a *taxa correspondente ao período de capitalização* considerado. Efetuando as necessárias substituições na expressão anterior, surge que

$$C_n = C_0\left(1+\frac{i}{k}\right)^{nk}$$

Se supusermos, ainda, que $k \rightarrow +\infty$ e atendendo às bases dos logaritmos neperianos, daí resulta que

$$\left(1+\frac{i}{k}\right)^{k} = e^{i}$$

Substituindo na expressão anterior, obtém-se

$$C_n = C_0 \times e^{ni} \qquad [1.17]$$

sendo a expressão que permite determinar qual o capital acumulado ***num processo de capitalização contínua***, uma vez aplicado à taxa i, durante n períodos de tempo.

EXEMPLO: Qual o capital que resulta da aplicação de 10.000 €, por um ano, à taxa anual de 8%, em regime de capitalização contínua? Compare-o com o valor que seria obtido se esse mesmo capital fosse aplicado, nas mesmas condições, mas em regime de capitalização composta.

Em *regime de capitalização contínua*, temos

$$C_n = C_0 \times e^{ni}$$

Como n = 1, substituindo pelos valores indicados, obtém-se

$C_n = 10.000\ € \times e^{0,08}$

$C_n = 10.000\ € \times 1,0832871$

$C_n = 10.832,87\ €$

Em *regime de capitalização composta,* surge que

$C_n = C_0 (1 + i)^n$

donde

$C_n = 10.000\ € \ (1 + 0,08)$

$C_n = 10.800\ €$

O montante que se obtém em regime de capitalização contínua é, assim, maior do que aquele que resultaria da aplicação do mesmo capital, à mesma taxa e pelo mesmo período de tempo, mas em regime de capitalização composta.

Daí que ***um dado capital, em regime de capitalização contínua, possa produzir o mesmo montante acumulado a uma taxa menor do que aquela a que teria de ser aplicado em regime de juro composto*** para garantir esse montante acumulado. Coloca-se, então, a questão de saber, perante uma dada taxa aplicada em regime de capitalização composta, qual a taxa que lhe corresponde em regime de capitalização contínua. Observemos o exemplo seguinte.

EXEMPLO: Qual a taxa que em regime de capitalização contínua corresponde à taxa anual de 6% em regime de capitalização composta?

Atendendo a que ambas as taxas produzem o mesmo capital acumulado, podemos formalizar

$C_0 (1 + 6\%) = C_0 \times e^i$

$1,06 = e^i$

$\log 1,06 = i \log e$

$$i = \frac{0,0253058}{0,4342944}$$

$i = 0,0582687 \cong 5,83\%$

Tal como era esperado, a taxa assim obtida é, pois, menor que os 6% considerados para o caso da capitalização composta.

3. Cálculo dos juros na prática bancária

Na ***prática***, o processo de cálculo dos juros, em regime de juro simples, de uma conta de depósitos à ordem, afigura-se bem mais complexo do que atrás se enunciou; com efeito, o saldo das contas não se mantém constante, registando-se, a todo o momento, tanto movimentos a crédito como movimentos a débito. Para obviar a questão, apontaremos dois métodos: o ***método direto*** e o ***método hamburguês***, sendo o último o mais utilizado na prática bancária, pelas razões que adiante esclareceremos.

3.1. Método direto

Comecemos por observar um conjunto de movimentos registados numa conta de depósitos à ordem (em €).

Datas	Descrição dos movimentos	Quantia
01/01	Saldo anterior	5.325
10/01	Depósito	1.270
27/02	Débito de despesas de cartão de crédito	1.780
13/03	Cheque nº 531	5.100
22/04	Depósito	7.200
17/05	Transferência a n/favor	2.000
22/06	Cheque nº 532	2.740
13/07	Depósito	1.350
22/08	Levantamento ATM	750
15/09	Transferência a favor de outrem	2.000
22/11	Depósito	1.100
14/12	Cheque nº 533	1.250

No ***método direto***, calcula-se o montante do juro a pagar ou a receber, atendendo aos seguintes procedimentos:

– Inscrever em diferentes colunas as importâncias relativas aos movimentos a débito e aos movimentos a crédito.

– Introduzir uma coluna relativa ao número de dias decorridos entre a data da operação e a data de encerramento da conta[13].
– Determinar o "número" correspondente a cada operação, sendo que este resulta da multiplicação do capital respetivo pelo número de dias.
– Efetuar a soma dos "números" a débito e dos "números" a crédito e apurar o denominado "balanço dos números", ou seja, o diferencial existente entre ambas as importâncias encontradas.
– Calcular o juro, sendo que: **Juro = (Balanço dos números × *i*) / 360.**

Aplicando os procedimentos descritos aos valores contidos na tabela anterior, esta surgirá com a seguinte estrutura:

Datas	Movimentos	Quantias		Nº	"Números"	
		Débito	Crédito	dias	Débito	Crédito
01/01	Saldo anterior		5.325	365		1.943.625
10/01	Depósito		1.270	355		450.850
27/02	Débito de despesas	1.780		307	546.460	
13/03	Cheque nº 531	5.100		293	1.494.300	
22/04	Depósito		7.200	253		1.821.600
17/05	Transferência a n/favor		2.000	228		456.000
22/06	Cheque nº 532	2.740		192	526.080	
13/07	Depósito		1.350	171		230.850
22/08	Levantamento ATM	750		131	98.250	
15/09	Transferência a favor de outrem	2.000		107	214.000	
22/11	Depósito		1.100	39		42.900
14/12	Cheque nº 533	1.250		17	21.250	
					2.900.340	4.945.825

Uma vez apurados os "números" a débito e a crédito, podemos calcular o montante do juro final, considerando, para o efeito, a eventualidade de ser praticada uma taxa de juro de 1,5% ao ano.

$$\text{Juro} = \frac{(4.945.825€ - 2.900.340€) \times 1{,}5\%}{360} = 85{,}23€$$

[13] Esta data pode ser 30/11 ou 31/12 de cada ano, dependendo dos bancos. No exemplo presente, consideraremos 31/12 como a data do encerramento da conta. Pressupomos, ainda, que se trata de um ano comum.

Como o somatório dos "números" a crédito é maior que o somatório dos "números" a débito, daí resulta que o titular da conta de depósitos à ordem tenha *juros a receber*, ao invés do que sucederia se os "números" a débito ultrapassassem os "números" a crédito[14] [15].

3.2. Método hamburguês

O método anteriormente descrito tem a particularidade de apenas permitir apurar o montante dos juros na data do encerramento da conta. Esta limitação é ultrapassada no caso do ***método hamburguês***, que possibilita o conhecimento do saldo da conta após a realização de cada operação, bem como do montante de juros respetivos. Na senda do exposto, vamos obedecer às seguintes etapas:

- À semelhança do que sucedia no método anterior, começa-se por separar os movimentos a débito dos movimentos a crédito, inscrevendo-os na coluna correspondente, sendo que o primeiro movimento é o que resulta do saldo transitado do período anterior.
- De seguida, introduzem-se na tabela duas novas colunas, relativas, respetivamente, aos saldos a débito e a crédito; o montante a registar em cada período resulta do montante registado no período anterior, uma vez contempladas as alterações decorrentes da operação em causa.
- Apura-se o número de dias que decorre entre duas operações e inscreve-se numa coluna criada para o efeito.
- Calculam-se os "números" a débito e a crédito, incluindo mais duas colunas na tabela, sendo que **"Números" = Saldos × dias**.
- Efetua-se o somatório dos "números" a débito e dos "números" a crédito.
- Procede-se ao balanço dos "números"[16] e ao cálculo do juro, sendo que **Juro = (Balanço dos "números" × *i*) / 360**.

[14] Repare-se, na tabela, que na primeira operação utilizámos 365 dias (e não 364) por se tratar de uma importância que transitou do dia anterior.

[15] Caso as taxas em apreço fossem ***taxas não recíprocas***, isto é, taxas de juro diferentes para juros devedores e credores, teríamos

$$\text{Juro} = \frac{(\text{"Números" a crédito} \times i_c) - (\text{"Números" a débito} \times i_d)}{360}$$

sendo i_c e i_d as taxas de juro a aplicar, respetivamente, nas operações a crédito e nas operações a débito.

[16] Tal como no método anterior, o Balanço dos "números" = "números" a crédito – "números" a débito.

Acolhendo os procedimentos descritos e recorrendo, de novo, ao conjunto de movimentos registados pela conta de depósitos à ordem que inicialmente propusémos, no caso presente, a tabela surge do modo que segue.

Datas	Movimentos	Quantias		Saldos		Nº dias	"Números"	
		Débito	Crédito	Débito	Crédito		Débito	Crédito
01/01	Saldo anterior		5.325		5.325	10		53.250
10/01	Depósito		1.270		6.595	48		316.560
27/02	Débito de despesas	1.780			4.815	14		67.410
13/03	Cheque nº. 531	5.100		285		40	11.400	
22/04	Depósito		7.200		6.915	25		172.875
17/05	Transferência a n/favor		2.000		8.915	36		320.940
22/06	Cheque nº 532	2.740			6.175	21		129.675
13/07	Depósito		1.350		7.525	40		301.000
22/08	Levantamento ATM	750			6.775	24		162.600
15/09	Transferência a favor de outrem	2.000			4.775	68		324.700
22/11	Depósito		1.100		5.875	22		129.250
14/12	Cheque nº 533	1.250			4.625	17		78.625
							11.400	2.056.885

Uma vez apurados os "números" a débito e a crédito, vamos proceder ao balanço dos "números" e calcular os juros respetivos. Assim sendo,

$$\text{Juro} = \frac{(2.056.885€ - 11.400€) \times 1{,}5\%}{360} = 85{,}23€$$

montante que é, necessariamente, idêntico ao obtido quando aplicámos o método direto, uma vez que nos encontramos no final do ano.

Porém, como sublinhámos de início, o *método hamburguês* permite calcular os juros correspondentes a uma conta de depósitos à ordem em qualquer data pretendida. Consideremos, por exemplo, que necessitamos de conhecer qual o montante de juro vencido pela conta em presença até 15 de junho. Como a última operação ocorreu em 17/05, calculamos o balanço do "números" até essa data, logo

Balanço dos "números" = (53.250€ + 316.560€ + 67.410€ + 172.875€) – (11.400€) = 598.695 €

Por sua vez, o saldo credor de 8.915 €, que resulta da operação de 17/05, só vai vencer juros durante o número de dias que decorre desde 17/05 até 15/06, isto é, durante 29 dias. Calcula-se, então, o "número" respetivo, que acresce ao balanço dos "números" anterior, logo

$$Juro_{15\text{ de junho}} \frac{\left[598.695€ + (8.915€ \times 29)\right] \times 1{,}5\%}{360} = 35{,}72€$$

Este seria, então, o montante de juro vencido em 15 de junho.

Refira-se, todavia, que os dois métodos apontados não esgotam o elenco de possibilidades ao dispor dos bancos. Uma outra metodologia, frequentemente empregue, consiste no cálculo dos juros das contas de depósitos à ordem tendo por base a média dos saldos observados, nas referidas contas, em determinados dias de cada mês (por exemplo, dias 7, 14, 21 e 28).

4. Determinação do fator de capitalização composta[17]

Questão central no âmbito da matemática financeira é a da determinação do fator de capitalização composta, ou seja, a de conhecer exatamente por quanto deveremos multiplicar o capital inicial C_0 para obtermos um determinado valor acumulado C_n.

Nos nossos dias, o problema assume contornos muito simples, uma vez que as calculadoras existentes no mercado – mesmo as que não se encontram dotadas de um elevado nível de sofisticação – realizam todo esse tipo de operações[18 19]. Para além disso, o recurso às funções financeiras do Excel per-

---

[17] A questão coloca-se com particular acuidade no caso da capitalização composta, muito principalmente se se tratar de um expoente muito elevado ou de um expoente fracionário; no caso do regime simples, o cálculo é direto e resulta da aplicação da fórmula $(1 + n \times i)$.

[18] Referimo-nos tanto às potências de expoente positivo, $(1 + i)^n$, como às de expoente negativo, $(1 + i)^{-n}$, bem como, ainda, às potências de expoente fracionário $(1 + i)^{1/n}$.

[19] As calculadoras financeiras permitem a realização de cálculos mais avançados, sendo, porém, de sublinhar que os procedimentos que conduzem a esses cálculos variam em função do modelo considerado.

Assim sendo, limitamo-nos a apresentar quais as variáveis mais comuns: N – número de períodos de tempo; PV – capital inicial (*present value*); FV – capital acumulado (*future value*); I% – taxa de juro anual nominal; $\frac{P}{Y}$ – número de pagamentos por período de tempo; $\frac{C}{Y}$ – número de capitalizações por período de tempo.

mite a resolução dos casos mais complexos, como teremos ocasião de observar doravante em alguns dos exemplos apresentados.

Porém, nem sempre assim sucedeu, pelo que recordamos aqui dois dos métodos tradicionais de cálculo do fator de capitalização composta, a saber, o recurso às ***tabelas financeiras*** e a ***interpolação linear***.

4.1. Tabelas financeiras

As ***tabelas financeiras*** são quadros de dupla entrada, onde, para valores determinados de n e *i*, se indica qual o valor do fator de capitalização composta respetivo. Em linha, surge referenciado o número de períodos inerentes ao processo de capitalização. Nas colunas, indicam-se as diversas taxas de juro contempladas nas tabelas. Cruzando uma dada taxa de juro com o número de períodos de tempo pretendido, obtém-se o fator de capitalização composta correspondente, tal como se ilustra no esquema seguinte.

	i_1	i_2	.....	i_m
1				
...				
k		x		
...				
n				

Significa, então, que x é o fator de capitalização composta para a taxa de juro i_2 e para k períodos de capitalização.

As tabelas financeiras constituíram um importante instrumento de trabalho, antes do uso generalizado de calculadoras. As tabelas sofrem, porém, de algumas lacunas, que procuraremos apontar.

No que concerne à variável tempo, as tabelas apresentam apenas os fatores de capitalização composta para valores inteiros de n > 1 e, ainda assim, na maioria dos casos, somente até n = 25. Note-se que, no contexto do presente

---

No caso das rendas e dos empréstimos, que estudaremos, respetivamente, nos Capítulos 4 e 6, relevam também a variável PMT, relativa ao valor do termo da renda ou da prestação, e as indicações END, para o caso de termos ou prestações postecipados ou BGN, para o caso de termos ou prestações antecipados.

Já $\sum$ INT refere-se ao total de juros pagos, enquanto $\sum$ PRN se reporta ao total das amortizações.

Manual, foram construídas tabelas que contemplam os fatores de capitalização composta para valores inteiros de n compreendidos entre 1 e 40 e também para n = 45 e n = 50 [20] [21].

Também no que se refere às taxas de juro, as tabelas revelam fortes limitações, uma vez que se encontram longe de integrar todas as possibilidades.

EXEMPLO: Recorrendo às tabelas financeiras, determine a quantia que resulta da aplicação de 15.000 €, em regime de capitalização composta, durante 8 anos, à taxa de 3,75% ao ano.

Consultando a tabela financeira constante do Apêndice 1, verificamos que à taxa de 3,75% e para n = 8 corresponde o fator de capitalização composta de 1,34247078. Multiplicando este valor pelo montante de capital inicial, obtemos

$$C_n = 15.000\ € \times 1{,}34247078$$
$$C_n = 20.137{,}06\ €$$

que é assim o valor obtido, após 8 anos de aplicação, à taxa de 3,75%.

A questão que então se coloca é a de saber se haverá algum modo de apurarmos os fatores de capitalização composta para os valores omissos das tabelas. Tal questão merece resposta afirmativa, sendo a interpolação linear a metodologia em apreço, à qual atentaremos na secção seguinte.

4.2. Interpolação linear

Como foi anteriormente referido, a ***interpolação linear*** permite apurar o fator de capitalização composta para valores de n e *i* não previstos nas tabelas finan-

[20] Cfr. a Tabela 1 do Apêndice 2. O mesmo Apêndice inclui, ainda, a Tabela 2, relativa aos coeficientes de atualização e a cuja problemática dedicaremos a nossa atenção ainda no presente Capítulo, bem como as Tabelas 3 e 4, relativas, respetivamente, aos coeficientes $a_{\overline{n}|}$ e $s_{\overline{n}|}$, ambos alvo de estudo no Capítulo 4.

[21] Refira-se, bem assim, que nem todas as tabelas obedecem à estrutura que se descreveu. Em certos casos, surge uma folha para cada uma das taxas de juro consideradas; por sua vez, em linha, aponta-se o número de períodos de capitalização e, nas colunas, os vários parâmetros referidos na nota anterior.

ceiras[22]. As potencialidades da interpolação linear não se esgotam, contudo, na determinação do fator de capitalização composta, possibilitando outros desenvolvimentos, como teremos ocasião de observar ao longo do texto.

Em termos genéricos, sendo $y = f(x)$, a interpolação linear consiste em determinar o valor de um dado y correspondente a um x situado entre dois *pólos* – daí a designação de interpolação – x_0 e x_1 conhecidos. Assumindo o pressuposto que a função que nos permite encontrar y, que designaremos por ***função interpoladora***, evolui linearmente entre os dois pólos, a equação da reta interpoladora surge

$$y_{\text{int}} = y_0 + \frac{y_1 - y_0}{x_1 - x_0}(x - x_0) \qquad [1.18]$$

Aplicando ao caso da capitalização, y representa o fator de capitalização composta, enquanto x se refere à taxa de juro i ou ao número de períodos de capitalização n.

Se, ao invés, pretendermos calcular o valor de x correspondente a um certo y compreendido entre dois pólos y_0 e y_1 conhecidos, teremos

$$x_{\text{int}} = x_0 + \frac{y_1 - y_0}{x_1 - x_0}(y - y_0) \qquad [1.19]$$

Nesta possibilidade, x corresponderá ao valor de n ou de i.

EXEMPLO: Calcular o capital resultante da aplicação de 5.000 €, por um período de 8 anos, à taxa anual de 6,9%, recorrendo a interpolação linear e consultando nas tabelas os fatores de capitalização composta correspondentes aos pólos considerados mais adequados.

Ao observarmos a Tabela 1 do Apêndice 1, verificaremos que os valores disponíveis mais próximos da taxa praticada são $x_0 = 6{,}75\%$ e $x_1 = 7\%$, aos quais correspondem, respetivamente, os fatores de capitalização composta $y_0 = 1{,}68633195$ e $y_1 = 1{,}71818618$.

[22] Para n > 50, este problema poderia eventualmente ser ultrapassado desdobrando o expoente em dois ou mais valores possíveis constantes nas tabelas. Por exemplo, se n = 114, o fator de capitalização composta seria igual a $(1+i)^{50}(1+i)^{50}(1+i)^{14}$.

Sistematizando essa informação numa pequena tabela, resulta:

x	y
$x_0 = 6{,}75\%$	$y_0 = 1{,}68633195$
$x = 6{,}9\%$	$y = ?$
$x_1 = 7\ \%$	$y_1 = 1{,}71818618$

Substituindo em [1.18], teremos:

$$y_{int} = 1{,}68633195 + \frac{1{,}71818618 - 1{,}68633195}{7\% - 6{,}75\%} \times (6{,}9\% - 6{,}75\%)$$

$$y_{int} = 1{,}68633195 + \frac{0{,}03185423}{0{,}25\%} \times 0{,}15\%$$

$$y_{int} = 1{,}68633195 + 0{,}019112538$$

$$y_{int} = 1{,}705444488$$

O fator de capitalização composta para i = 6,9% e n = 8 anos é de 1,705444488 ou, de outro modo,

$$(1 + 6{,}9\%)^8 = 1{,}705444488$$

Uma vez conhecido este fator, bastará substituirmos em [1.11] os valores respetivos para obtermos o montante de capital acumulado no final dos 8 anos, logo

$$C_8 = 5.000\ € \times 1{,}705444488 = 8.527{,}22\ €$$

Como apontámos de início, a função interpoladora assume a forma linear entre os pólos, enquanto, como é sabido, o fator de capitalização composta evolui exponencialmente. Donde se conclui que o valor de y assim obtido será tão mais aproximado do valor real quanto menor for a distância existente entre x_0 e x_1, conforme se observa no gráfico seguinte.

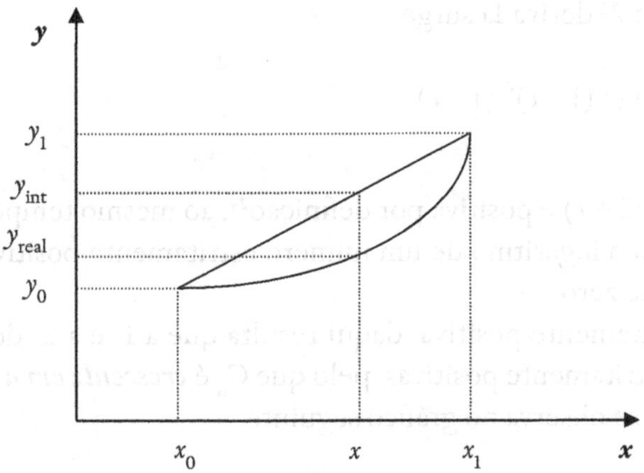

Gráfico 1 – Determinação de y por interpolação linear

Aliás, tomando os dados do exemplo anterior, temos que $y_{int} = 1{,}705444488$; enquanto isso, $y_{real} = (1 + 6{,}9\%)^8 = 1{,}70538187$, donde se conclui, tal como evidenciado no gráfico, que o valor obtido por interpolação linear excede ligeiramente o valor real.

5. Confronto entre os vários regimes de capitalização

Tanto no regime de juro simples puro como no regime de juro "dito simples" podemos representar a função capital acumulado através de uma reta, cuja ordenada na origem é C_0 e cujo declive é $C_0 \times i$. Assim, quanto maior for o valor da taxa de juro maior será o declive da reta e, consequentemente, mais elevado será o montante do juro produzido.

No que se refere ao regime de capitalização composta, o montante do capital acumulado obtém-se, como anteriormente estabelecido, através da expressão

$$C_n = C_0 (1 + i)^n$$

Calculando a 1ª derivada de C_n em ordem a n [23], teremos:

$$\frac{d\,C_n}{dn} = n'\,C_0\,(1 + i)^n \log(1 + i) = C_0 \log(1 + i)^n\,(1 + i)$$

[23] A derivada da função exponencial $y = a^u$ é obtida do seguinte modo: $y' = u'\,a^u \log a$.

Por sua vez, a 2ª derivada surge

$$\frac{d^2C_n}{d_2n} = C_0 \log^2 (1+i)^n (1+i)$$

A expressão $(1 + i)$ é positiva por definição[24], ao mesmo tempo que tanto a potência como o logaritmo de um número estritamente positivo são também maiores que zero.

Sendo i estritamente positiva, daqui resulta que a 1ª e a 2ª derivadas de C_n são ambas estritamente positivas, pelo que C_n é ***crescente em n a uma taxa crescente***, como se observa no gráfico seguinte.

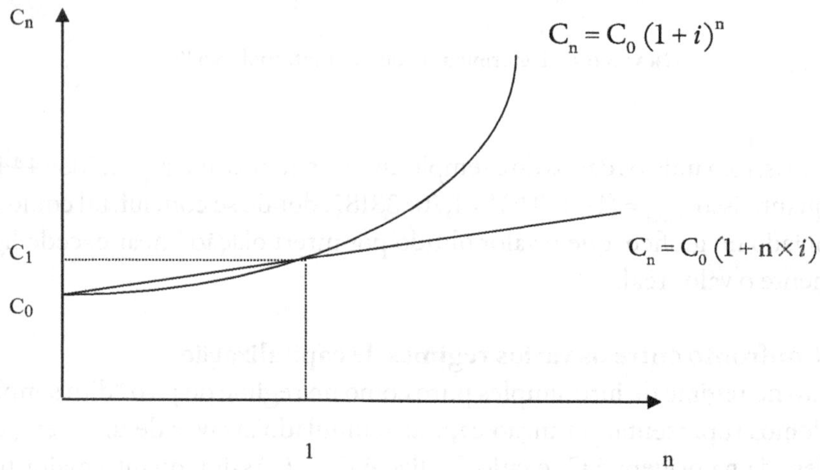

Gráfico 2 – Comparação entre o regime de juro simples e o regime de juro composto

No mesmo gráfico, ilustra-se, ainda, o que sucede no regime de capitalização simples.

Atenda-se, também, ao que ocorre quando n = 1. A função de juro "dito simples" e a função de juro composto cruzam-se neste ponto, uma vez que

$$C_0 (1+i)^1 = C_0 (1 + 1 \times i)$$

---

[24] $(1 + i)$ é sempre ≥ 1, uma vez que a existência de taxas de juro negativas não surge contemplada no âmbito do presente texto. Atenda-se, porém, a que, no passado recente, a taxa de juro assumiu valores negativos, hipótese normalmente desconsiderada nos textos de matemática financeira, dado o princípio básico de valorização do dinheiro no tempo.

Na verdade, trata-se do único momento do processo de capitalização em que o juro produzido em regime de juro simples e em regime de juro composto é igual, considerando, necessariamente, o mesmo capital e a mesma taxa.

Referimos atrás que o regime de capitalização "dito simples" é equivalente ao regime de capitalização simples no pressuposto de os juros que saem do processo de capitalização, em cada momento k, não serem reaplicados. Vamos, de seguida, observar ***o que sucede no caso de esses juros serem, em cada momento k, integralmente recolocados em regime de juro simples*** à mesma taxa i.

Temos que

$$C_n = C_0\,(1 + n \times i) = C_0 + C_0 \times n \times i = C_0 + \sum J_k$$

Havendo reaplicação dos juros, vem, para o **momento 1**, que

$$C_1 = C_0 + C_0 \times i$$

com $C_0 \times i$ a corresponder ao montante de juro periódico produzido.

No **momento 2**, ao juro periódico respetivo, acresce o juro periódico do 1º período, bem como o montante resultante da reaplicação desses juros, pelo que vem

$$C_2 = C_0 + C_0 \times i + C_0 \times i + C_0 \times i \times i = C_0 + 2\,C_0 \times i + C_0 \times i^2$$

Ao juro produzido no **momento 3**, acrescem os juros produzidos nos momentos anteriores, bem como o montante decorrente da reaplicação dos mesmos. Assim sendo, vem

$$C_3 = C_0 + C_0 \times i + 2\,C_0 \times i + C_0 \times i^2 + (2\,C_0 \times i + C_0 \times i^2) \times i =$$

$$= C_0 + 3\,C_0 \times i + 3\,C_0 \times i^2 + C_0 \times i^3$$

Seguindo o mesmo raciocínio para o **momento 4**, surgirá

$$C_4 = C_0 + C_0 \times i + 3\,C_0 \times i + 3\,C_0 \times i^2 + C_0 \times i^3 +$$

$$+ (3\,C_0 \times i + 3\,C_0 \times i^2 + C_0 \times i^3) \times i = C_0 + 4\,C_0 \times i +$$

$$+ 6\,C_0 \times i^2 + 4\,C_0 \times i^3 + C_0 \times i^4$$

e assim em diante.

Tal como definimos, em ***regime de juro composto***, temos que

$$C_n = C_0\,(1+i)^n$$

Atendendo ao desenvolvimento do Binómio de Newton

$$(a+b)^n \sum_{k=0}^{n} \binom{n}{k} a^k b^{n-k}$$

e também a que

$$C_k^n = \binom{n}{k} = \frac{n!}{k!(n-k)!}$$

vem

$$C_0(1+i)^n = C_0 \sum_{k=0}^{n} \frac{n!}{k!(n-k)!} \times 1^k \times i^{n-k} =$$

$$= C_0(1 \times 1 \times i^n + n \times 1 \times i^{n-1} + \frac{n(n-1)}{2!} \times 1 \times i^{n-2} + \frac{n(n-1)(n-2)}{3!} \times 1 \times i^{n-3} +$$

$$+ \ldots + \frac{n!}{(n-3)!3!} \times 1 \times i^3 + \frac{n!}{(n-2)!2!} \times 1 \times i^2 + \frac{n!}{(n-1)!1!} \times 1 \times i^1 + 1 \times 1 \times 1) =$$

$$= C_0 \times i^n + C_0 \times n \times i^{n-1} + C_0 \frac{n(n-1)}{2} \times i^{n-2} + C_0 \frac{n(n-1)(n-2)}{6} \times i^{n-3} + \ldots$$

$$+ \ldots + C_0 \frac{n(n-1)(n-2)}{6} \times i^3 + C_0 \frac{n(n-1)}{2} \times i^2 + C_0 \times n \times i + C_0$$

Para $\mathbf{n = 1} \Rightarrow C_0\,(1+i)^1 = C_0 + C_0 \times i$

Para $\mathbf{n = 2} \Rightarrow C_0\,(1+i)^2 = C_0 + 2\,C_0 \times i + C_0 \times i^2$

Para $\mathbf{n = 3} \Rightarrow C_0\,(1+i)^3 = C_0 + 3\,C_0 \times i + 3\,C_0 \times i^2 + C_0 \times i^3$

Para $\mathbf{n = 4} \Rightarrow C_0\,(1+i)^4 = C_0 + 4\,C_0 \times i + 6\,C_0 \times i^2 + 4\,C_0 \times i^3 + C_0 \times i^4$

Se compararmos os valores encontrados em ambos os regimes de capitalização, verificaremos a coincidência existente entre os capitais acumulados, em cada período, em regime de juro composto e em regime de juro simples, tendo havido, neste último caso, reaplicação de todos os juros produzidos. Concluiremos, então, que ***o regime de juro simples equivale ao regime de juro composto, no pressuposto de todo e qualquer juro produzido ser reaplicado à mesma taxa***.

No ***limite***, o montante de juro produzido em regime de juro simples pode ser superior, se os juros periódicos forem reaplicados a uma taxa maior do que a inicialmente considerada.

6. Cálculo do juro composto com períodos fracionados

Vamos, agora, observar o que sucede, em regime de ***juro composto***, quando o prazo da aplicação corresponde a um número não inteiro, isto é, quando n = m + p, representando m um número inteiro de períodos de referência da taxa de juro e p uma fração do período de referência dessa taxa. Existem duas possibilidades de obviar o problema: ***i***) pressupomos que os juros correspondentes à parte fracionada do período de tempo têm uma ***evolução linear*** ou ***ii***) pressupomos que esses mesmos juros têm uma ***evolução exponencial***.

Na primeira possibilidade, consideramos que os juros referentes à parte inteira do período de tempo (m) capitalizam em regime de juro composto, enquanto os juros referentes à parte fracionada do período de tempo (p) capitalizam em regime de juro simples. Assim sendo, teremos que

$$C_n = C_{m+p} = C_0\,(1+i)^m \left(1 + \frac{p \times i}{12}\right) \qquad [\,1.20\,]$$

caso p se encontre expresso em ***meses***, ou ainda,

$$C_n = C_{m+p} = C_0\,(1+i)^m \left(1 + \frac{p \times i}{360}\right) \qquad [\,1.21\,]$$

quando p se encontrar expresso em ***dias***.

Já na segunda hipótese, tanto os juros concernentes à parcela inteira (m) como à parcela fracionada (p) do período de tempo capitalizam em regime de juro composto, pelo que surge

$$C_n = C_{m+p} = C_0\,(1+i)^{m+\frac{p}{12}} \qquad [\,1.22\,]$$

ou também

$$C_n = C_{m+p} = C_0\,(1+i)^{m+\frac{p}{360}} \qquad [\,1.23\,]$$

As expressões assim definidas não contemplam, necessariamente, todas as possibilidades, sendo que os valores assumidos por m e por p dependerão da relação de proporcionalidade existente entre o prazo da operação e o período de referência da taxa.

EXEMPLO: Qual o capital acumulado pela quantia de 50.000 €, que esteve aplicada em regime de juro composto, durante 3 anos, 7 meses e 13 dias, à taxa anual de 5%? Considere ambas as possibilidades de os juros evoluírem linear e exponencialmente e compare os resultados obtidos.

1) Considerando que os juros evoluem ***linearmente*** e expressando o número de meses em dias, vem

$$C_{3\text{ anos, 7 meses, 13 dias}} = 50.000\text{ €}\,(1+5\%)^3\left(1+\frac{7\times 30+13}{360}\times 5\%\right)$$

$$C_{3\text{ anos, 7 meses, 13 dias}} = 50.000\text{ €}\times 1{,}157625\times 1{,}0309722$$

$$C_{3\text{ anos, 7 meses, 13 dias}} = 59.673{,}96\text{ €}$$

2) Considerando que os juros evoluem ***exponencialmente*** e expressando o número de meses e dias em anos – atendendo ao princípio fundamental de a taxa de juro e o período de tempo se encontrarem expressos na mesma unidade – vem

$$C_{3\text{ anos, 7 meses, 13 dias}} = 50.000\text{ €}\,(1+5\%)^{3+7/12+13/360}$$

$$C_{3\text{ anos, 7 meses, 13 dias}} = 50.000\text{ €}\,(1+5\%)^{(1080+210+13)/360}$$

$$C_{3\text{ anos, 7 meses, 13 dias}} = 50.000\text{ €}\,(1+5\%)^{1303/360}$$

$$C_{3\text{ anos, 7 meses, 13 dias}} = 50.000\text{ €}\times 1{,}19314572851 8$$

$$C_{3\text{ anos, 7 meses, 13 dias}} = 59.657{,}29\text{ €}$$

O montante obtido considerando a evolução linear dos juros é maior do que o que se obtém quando a evolução ocorre exponencialmente. Tal sucede uma vez que o período fracionário é menor que o ano e, neste caso, temos que $(1 + n \times i) > (1 + i)^n$, conforme facilmente decorre do gráfico seguinte. Nele exemplificamos o que sucede quando $n = 2 + \frac{7}{12}$ e ilustramos a "linha quebrada" que se inscreve dentro da curva de juro composto e que une os pontos correspondentes aos períodos inteiros.

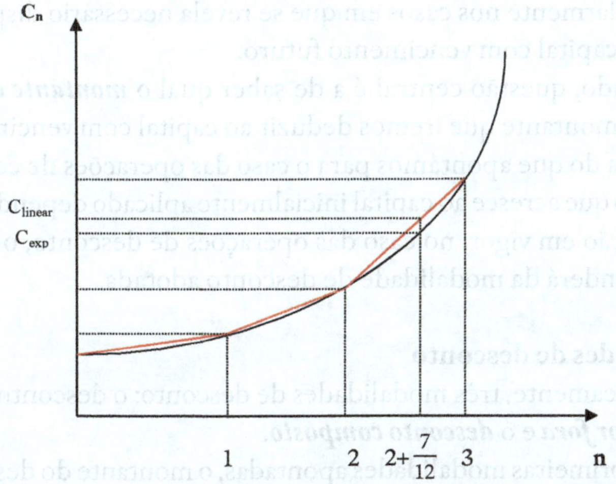

Gráfico 3 – Ilustração do cálculo de juro composto com períodos fracionados

Nos textos de matemática financeira, o cálculo dos juros sob a forma linear surge também disignado como cálculo dos juros "pela prática". Enquanto isso, a forma exponencial corresponde ao cálculo dos juros "pela teoria".

Salvo indicação em contrário, ao longo do nosso estudo, seguiremos sempre a eventualidade de os juros evoluírem exponencialmente.

7. Conceito de atualização ou desconto

Uma ***operação de atualização ou de desconto*** é a operação financeira que torna equivalentes um dado capital, com vencimento num momento futuro (C_n), e um outro capital, com vencimento num dado momento n – t anterior ao momento de vencimento do primeiro. Atendendo aos princípios básicos da matemática financeira, o valor do capital reportado ao momento n – t vai ser menor que o valor que esse capital assume no vencimento. Com efeito, este último engloba o montante dos juros que eventualmente seriam produzidos até ao momento n. Há, então, que *descontar* o montante desses juros ao capital no seu vencimento, donde resulta a designação de *operação de desconto.*

Desta sorte, as operações de atualização ou de desconto são simétricas às operações de capitalização já estudadas. Isto porque, enquanto nas operações de capitalização os juros acrescem ao montante inicial de capital, nas operações de atualização deduziremos os juros ao montante final de capital.

As operações de desconto são recorrentes na atividade económica e financeira, particularmente nos casos em que se revela necessário dispor, no imediato, de um capital com vencimento futuro.

Assim sendo, questão central é a de saber qual o ***montante do desconto***, isto é, qual o montante que iremos deduzir ao capital com vencimento em n. À semelhança do que apontámos para o caso das operações de capitalização, em que o juro que acresce ao capital inicialmente aplicado depende do regime de capitalização em vigor, no caso das operações de desconto, o montante a deduzir dependerá da modalidade de desconto adotada.

8. Modalidades de desconto

Existem, basicamente, três modalidades de desconto: o desconto ***por dentro***, o desconto ***por fora*** e o ***desconto composto***.

Nas duas primeiras modalidades apontadas, o montante do desconto é calculado em acordo com o regime de capitalização simples. Porém, a diferença entre ambas assenta no processo de cálculo: enquanto no desconto por dentro o montante a deduzir a C_n é calculado sobre o valor presente do capital, isto é, sobre $C_{n-t,}$ no desconto por fora esse valor é determinado tendo por base o valor futuro do capital, ou seja, C_n. Resulta, então, claro que, perante idênticos capitais, taxas e prazos, o valor a retirar ao capital futuro será sempre maior no caso do desconto por fora que no caso do desconto por dentro.

Por sua vez, como o próprio nome indica, o desconto composto é calculado atendendo ao regime de capitalização composta.

Mas passemos a explicitar de forma mais circunstanciada cada uma das hipóteses.

8.1. Desconto por dentro

Sendo que o montante do desconto é o que resulta da diferença entre o valor de um capital em um determinado momento n (C_n) e o valor do mesmo num determinado momento n – t (C_{n-t}) e notando por D esse mesmo montante, teremos[25]:

$$D = C_n - C_{n-t} \qquad [1.24]$$

No caso do desconto por dentro (cujo montante designaremos doravante por D_d), o valor do montante a deduzir é calculado sobre o próprio produto líquido do desconto, logo sobre C_{n-t}. Significa, então, que ***o desconto por dentro corresponde ao juro simples vencido pelo valor líquido do desconto no prazo que decorre entre a data do vencimento do capital e aquela em que se realiza a operação***, o mesmo é dizer, em t. Daí que se formalize

$$C_n = C_{n-t} + D_d$$

ou, de outro modo,

$$C_n = C_{n-t} + C_{n-t} \times i \times t$$

donde resulta

$$C_n = C_{n-t}\,(1 + i \times t)$$

e, por conseguinte,

$$C_{n-t} = \frac{C_n}{1 + i \times t} \qquad [1.25]$$

A expressão anterior permite-nos, assim, conhecer o capital líquido do desconto, C_{n-t}, em função do respetivo valor no vencimento, C_n.

Se substituirmos em [1.24] o montante do capital líquido do desconto pela expressão encontrada em [1.25], teremos

$$D_d = C_n - \frac{C_n}{1 + i \times t}$$

$$D_d = \frac{C_n(1 + i \times t) - C_n}{1 + i \times t}$$

[25] Expressão esta que é válida, aliás, para todas as modalidades de desconto em apreço.

logo

$$D_d = \frac{C_n \times i \times t}{1 + i \times t} \qquad [1.26]$$

o que permitirá obter, de modo direto, o ***valor do desconto por dentro***, partindo do montante do capital no termo da operação.

Em ***alternativa***, poderemos calcular, primeiramente, o valor de C_{n-t}, recorrendo a [1.25]. O valor assim apurado possibilita, então, o cálculo do montante do desconto.

EXEMPLO: Qual o desconto por dentro sofrido por um capital de 2.750 €, à taxa de 7%, quando faltavam 50 dias para o seu vencimento?

Uma vez que partimos do montante do capital no seu vencimento – e não do produto líquido do desconto – vamos recorrer à fórmula que encontrámos em [1.26], substituindo nela os valores respetivos. Assim sendo,

$$D_d = \frac{C_n \times i \times t}{1 + i \times t}$$

$$D_d = \frac{2.750€ \times 7\% \times \frac{50}{360}}{1 + 7\% \times \frac{50}{360}}$$

$$D_d = \frac{26,736111€}{1,0097222}$$

$$D_d = 26,48€$$

Outra possibilidade, embora se tratasse de um processo menos direto, seria a de calcular o produto líquido do desconto, ou seja, C_{n-t}, e, em função do valor encontrado, determinar, de seguida, o montante do desconto por dentro. Aplicando a expressão definida através de [1.25],

$$C_{n-t} = \frac{C_n}{1 + i \times t}$$

resultará

$$C_{n-t} = \frac{2.750€}{1 + 7\% \times \frac{50}{360}}$$

$$C_{n-t} = \frac{2.750€}{1{,}0097222}$$

$C_{n-t} = 2.723{,}52$ €

Uma vez apurado o montante de C_{n-t}, e considerando que ***o desconto por dentro corresponde ao juro simples vencido pelo capital líquido do desconto entre os momentos n e n – t***, este pode, muito simplesmente, ser obtido através da expressão

$$D_d = C_{n-t} \times i \times t \qquad [1.27]$$

No exemplo em apreço, obter-se-á

$$D_d = 2.723{,}52€ \times 7\% \times \frac{50}{360}$$

$D_d = 26{,}48$ €

De modo ainda mais simples, teremos que

$D_d = C_n - C_{n-t}$

$D_d = 2.750$ € $- 2.723{,}52$ €

$D_d = 26{,}48$ €

Todos os processos conduzem, forçosamente, ao mesmo resultado.

8.2. Desconto por fora

Esta modalidade de desconto é também designada por ***desconto comercial*** ou ***desconto bancário***, uma vez que é a utilizada pela banca nas operações de desconto de letras, como teremos ocasião de desenvolver no Capítulo 5. No início, referimos que ***o montante do desconto é, neste caso, calculado sobre o***

valor do capital no termo da operação, isto é, sobre C_n[26]. Se notarmos por D_f o montante do desconto por fora, daí resulta que

$$D_f = C_n \times i \times t \qquad \textbf{[1.28]}$$

Se pretendermos determinar o produto líquido do desconto efetuado sobre um determinado capital C_n, devemos recordar que, também no caso do desconto por fora, o montante a deduzir corresponde ao diferencial existente entre o capital futuro e o capital atual. Logo

$$D_f = C_n - C_{n-t}$$

Substituindo por [1.28], somos conduzidos a

$$C_n \times i \times t = C_n - C_{n-t}$$

e ainda a

$$C_{n-t} = C_n\ (1 - i \times t) \qquad \textbf{[1.29]}$$

A fórmula presente permite calcular o valor atual de um determinado capital em função do seu valor futuro, o mesmo é dizer, ***o produto líquido do desconto de um determinado capital, caso seja praticada a modalidade do desconto por fora.***

EXEMPLO: Qual o desconto por fora sofrido pelo capital de 2.750 € que considerámos no ponto anterior, à mesma taxa de 7% e quando faltavam os mesmos 50 dias para o seu vencimento?

Atendendo à expressão encontrada em [1.28],

$$D_f = C_n \times i \times t$$

e nela substituindo os valores correspondentes, surge

$$D_f = 2.750\ € \times 7\% \times \frac{50}{360}$$

$$D_f = 26{,}74\ €$$

[26] No caso das letras, o desconto irá incidir sobre o valor nominal dos títulos.

No caso de pretendermos determinar, também, o produto líquido do desconto, bastará aplicar diretamente a fórmula estabelecida em [1.29], ou seja,

$$C_{n-t} = C_n \ (1 - i \times t)$$

$$C_{n-t} = 2.750\ € \left(1 - 7\% \times \frac{50}{360}\right)$$

$$C_{n-t} = 2.723,26\ €$$

ou, muito simplesmente,

$$C_{n-t} = C_n - D_f$$

$$C_{n-t} = 2.750\ € - 26,74\ €$$

$$C_{n-t} = 2.723,26\ €$$

Por certo se reparou que, sob idênticas condições (iguais valores de capital, taxa e tempo), o montante do desconto é maior se utilizarmos a modalidade de desconto por fora (no exemplo, $D_f = 26,74$ €), em vez do desconto por dentro ($D_d = 26,48$ €). Tal corrobora o que afirmámos de início e justifica-se pelo facto de a base de cálculo do montante do desconto ser maior no caso do desconto por fora (C_n) do que no caso do desconto por dentro (C_{n-t}).

8.3. Desconto composto

Quando falamos de ***desconto composto***, estamos a pressupor que o montante a deduzir ao valor nominal corresponderá ao valor do juro composto a vencer pelo produto líquido do desconto, de modo a perfazer, no vencimento, o próprio valor nominal do capital.

Sendo

$$C_n = C_{n-t} \ (1 + i)^t$$

daqui resulta que

$$C_{n-t} = C_n \ (1 + i)^{-t} \qquad [1.30]$$

que é a ***fórmula fundamental do desconto composto*** à taxa de juro *i.*

Desta sorte, correspondendo o desconto ao diferencial existente entre o valor nominal e o produto líquido do desconto, se notarmos por D_c o montante de desconto composto, teremos

$$D_c = C_n - C_{n-t}$$

$$D_c = C_{n-t}\,(1+i)^t - C_{n-t}$$

$$D_c = C_{n-t}\left[(1+i)^t - 1\right] \qquad [\,1.31\,]$$

A expressão anterior permite-nos conhecer o montante do desconto composto em função do capital líquido do desconto C_{n-t}. Porém, sucede que, na maioria dos casos, é apenas conhecido o valor final do capital, pelo que se revela útil formalizar a expressão do desconto composto em função dos elementos por norma conhecidos, ou seja, C_n, i e t. Para o efeito, recorrendo à ***fórmula fundamental do desconto composto*** e substituindo em [1.31], obtém-se

$$D_c = C_n\,(1+i)^{-t}\left[(1+i)^t - 1\right]$$

donde resulta que

$$D_c = C_n\left[1 - (1+i)^{-t}\right] \qquad [\,1.32\,]$$

EXEMPLO: Calcular o desconto composto sofrido por um capital de 10.000 €, por um período de 3 anos, à taxa de 5%.

Basta aplicarmos a fórmula anterior de modo direto, nela substituindo os valores correspondentes, logo

$$D_c = 10.000\text{ €}\left[1 - (1+5\%)^{-3}\right]$$

$$D_c = 10.000\text{ €}\,(1 - 0{,}8638376)$$

$$D_c = 1.361{,}62\text{ €}$$

Em ***alternativa***, poder-se-ia calcular, primeiramente, o capital líquido do desconto, daí resultando

$$C_{n-t} = C_n\,(1+i)^{-t}$$

$$C_{n-t} = 10.000\text{ €}\,(1+5\%)^{-3}$$

$$C_{n-t} = 8.638{,}38\text{ €}$$

Ao substituirmos o valor de C_{n-t} em [1.32], surgirá

$$D_c = C_{n-t} \left[(1+i)^t - 1\right]$$

$$D_c = 8.638{,}38 \text{ €} \left[(1+5\%)^3 - 1\right]$$

$$D_c = 8.638{,}38 \text{ €} \times 0{,}157625$$

$$D_c = 1.361{,}62 \text{ €}$$

Esta segunda possibilidade é idêntica à que descrevemos para o caso do desconto por dentro, uma vez que em ambas as situações o desconto é calculado sobre o montante de C_{n-t}. Também aqui

$$D_c = C_n = C_{n-t} = 10.000 \text{ €} - 8.635{,}38 \text{ €} = 1.361{,}62 \text{ €}$$

As expressões estabelecidas são válidas na circunstância de ***o desconto composto ocorrer à taxa de juro i.*** Vejamos, agora, a hipótese, que lhe equivale, em que ***o desconto composto é efetuado à taxa de desconto d.***

Tomando, de novo, a expressão encontrada em [1.32],

$$D_c = C_n \left[1 - (1+i)^{-t}\right]$$

e se considerarmos que d é o desconto sofrido por um capital igual à unidade ($C_n = 1$), num período de tempo também unitário ($t = 1$), daí resulta que

$$d = 1 \left[1 - (1+i)^{-1}\right]$$

$$d = 1 - \frac{1}{1+i}$$

$$d = \frac{i}{1+i} \qquad [1.33]$$

Esta expressão permite-nos ***formalizar a taxa de desconto d em função da taxa de juro i.*** Por sua vez, poderemos também expressar i em função de d, ou seja,

$$d\,(1+i) = i$$

$$d + i\,d = i$$

$$i\,(1-d) = d$$

donde se retira que

$$i = \frac{d}{1-d} \qquad [1.34]$$

Substituindo, agora, na ***fórmula fundamental do desconto composto*** à taxa de juro i

$$C_{n-t} = C_n (1+i)^{-t}$$

obtém-se

$$C_{n-t} = C_n \left(1 + \frac{d}{1-d}\right)^{-t}$$

Ao simplificarmos, surge

$$C_{n-t} = C_n (1-d)^t \qquad [1.35]$$

que é a expressão que nos permite obter ***o valor atual de um capital, sendo aplicado o desconto composto à taxa de desconto d.***

Por sua vez, se atendermos à fórmula do desconto composto

$$D_c = C_n\left[1 - (1+i)^{-t}\right]$$

e nela substituirmos i, surge

$$D_c = C_n \left[1 - \left(1 + \frac{d}{1-d}\right)^{-t}\right]$$

ou ainda

$$D_c = C_n\left[1 - (1-d)^t\right] \qquad [1.36]$$

Obtivemos, assim, a expressão do ***desconto composto, ocorrendo este à taxa de desconto d.***

EXEMPLO: Calcular o desconto composto sofrido por um capital de 50.000 €, por um prazo de 3 anos à taxa de juro de 5% e à taxa de desconto equivalente.

Para calcularmos o desconto composto à taxa de juro *i*, recorremos à expressão estabelecida em [1.32], que, uma vez aplicada aos valores em presença, resultará

$$D_c = 50.000\text{ €}\left[1 - (1 + 5\%)^{-3}\right]$$

$$D_c = 50.000\text{ €}\,(1 - 0{,}8638376)$$

$$D_c = 6.808{,}12\text{ €}$$

Já para calcularmos o montante do desconto à taxa de desconto equivalente, principiamos, justamente por determinar *d* através da expressão formalizada em [1.33], logo

$$d = \frac{i}{1+i} + \frac{5\%}{1+5\%} = 4{,}7619\%$$

De seguida, substituímos os valores respetivos na fórmula estabelecida através de [1.36], donde resulta

$$D_c = 50.000\text{ €}\left[1 - (1 - 4{,}7619\%)^{3}\right]$$

$$D_c = 50.000\text{ €} \times 0{,}13616240147$$

$$D_c = 6.808{,}12\text{ €}$$

Ambas as hipóteses conduzem ao mesmo resultado, uma vez que *i* e *d* são taxas equivalentes.

EXERCÍCIOS RESOLVIDOS:

1 – Determinado indivíduo investiu a quantia de 1.000 €, durante 5 anos, à taxa de 4%, em regime de capitalização simples. Pretende-se que determine:

a) o capital acumulado no final do prazo da aplicação;
b) o montante total de juros produzidos;
c) o montante do juro produzido no 3º período de capitalização.

Resolução:

a) O capital acumulado no final do prazo da aplicação, sendo praticado o regime de capitalização simples, resulta da seguinte fórmula

$$C_n = C_0\,(1 + n \times i)$$

o que equivale a acrescentar ao capital inicial o montante total dos juros produzidos, isto é,

$$C_n = C_0 + C_0 \times n \times i$$

Substituindo pelos valores respetivos, teremos

$$C_n = 1.000 \text{ €} + 1000 \text{ €} \times 5 \times 4\%$$

$$C_n = 1.000 \text{ €} + 200 \text{ €} = 1.200 \text{ €}$$

b) O juro total produzido é igual à diferença existente entre o capital acumulado (C_n) e o capital inicialmente aplicado (C_0). Deste modo,

$$\text{Juro total} = C_n - C_0 = 1.200 \text{ €} - 1.000 \text{ €} = 200 \text{ €}$$

O juro total pode também ser obtido através do somatório dos juros vencidos em cada período, logo

$$\text{Juro total} = J_1 + J_2 + J_3 + J_4 + J_5$$

Como em regime de capitalização simples o montante que serve de base ao cálculo dos juros se mantém constante, poderemos, muito simplesmente, calcular $C_0 \times n \times i$, tal como concluímos em [1.3].

$$\sum_{k=1}^{n} J_k = C_0 \times n \times i$$

Substituindo, resulta

$$\Sigma J_k = 1.000 \text{ €} \times 5 \times 4\%$$

$$\Sigma J_k = 200 \text{ €}$$

c) O juro produzido no 3º período de capitalização vai ser igual ao montante do juro produzido nos restantes anos, uma vez que, tal como sublinhámos na alínea anterior, o capital inicial se mantém constante. Com efeito, em juro simples, teremos

$$J_1 = J_2 = \ldots = J_k = \ldots = J_n = C_0 \times i$$

Logo

$J_3 = C_0 \times i$

$J_3 = 1.000\ € \times 4\%$

$J_3 = 40\ €$

Sendo J_k constante em capitalização simples, poder-se-ia, ainda, calcular

$$J_k = \frac{\Sigma J_k}{n} = \frac{200€}{5} = 40€$$

2 – Um capital de 20.000 € esteve aplicado à taxa anual de 8%, em regime de capitalização simples, de 18 de fevereiro a 28 de abril de um certo ano. Qual o montante de juro produzido?

Resolução:

Não podemos calcular o montante do juro sem previamente conhecermos quantos dias decorreram de 18 de fevereiro a 28 de abril. Pressupondo que se trata de um ano comum, n = 10 + 31 + 28 = 69 dias (10 dias referentes ao mês de fevereiro, 31 correspondentes ao mês de março e 28 dias relativos a abril, ou ainda, atendendo à Tabela apresentada no Apêndice 2, 118 – 49 = 69). Podemos, agora, recorrer à fórmula encontrada em [1.9] para calcular o montante de juro produzido.

$$\sum_{k=1}^{n} J_k = C_0 \times \frac{n \times i}{360}$$

$$\Sigma J_k = 20.000\ € \times \frac{69 \times 8\%}{360}$$

$$\Sigma J_k = 306{,}67\ €$$

3 – Determinado comerciante contraiu uma dívida na quantia de 9.000 €, no dia 15 de janeiro de um certo ano. No dia 18 de março desse mesmo ano, liquidou 2.500 €, no dia 22 de junho, 4.000 € e, por fim, no dia 17 de setembro, pagou o que restava da dívida. Sabendo que foram cobrados juros simples à taxa anual de 6%, qual foi o montante total desses juros?

Resolução:

Como o montante em dívida se vai reduzindo, vamos calcular o montante dos juros por diversas fases, tendo por base a expressão formalizada em [1.9].

De 15 de janeiro a 18 de março, estavam em dívida 9.000 €. Pressupondo que se tratava de um ano comum, $n_1 = 62$ dias (16 + 28 + 18), logo

$$J_1 = C_1 \times \frac{n_1 \times i}{360} = 9.000€ \times \frac{62 \times 6\%}{360} = 93€$$

Como em 18 de março foram liquidados 2.500 €, o comerciante passou a dever apenas 6.500 €. Em 22 de junho foi efetuado novo pagamento, pelo que $n_2 = 96$ (13 + 30 + 31 + 22), donde resulta

$$J_2 = C_2 \times \frac{n_2 \times i}{360} = 6.500€ \times \frac{96 \times 6\%}{360} = 104€$$

De 22 de junho a 17 de setembro, data do último pagamento, decorreram 87 dias; sendo $n_3 = 87$, teremos

$$J_3 = C_3 \times \frac{n_3 \times i}{360} = 2.500€ \times \frac{87 \times 6\%}{360} = 36,25€$$

Então

$$\Sigma J_k = J_1 + J_2 + J_3 = 93€ + 104€ + 36,25€ = 233,25€$$

que é o montante total de juros pagos.

4 – Quanto tempo demora um capital, aplicado em regime de juro "dito simples", à taxa anual de 8%, a tornar-se duplo de si próprio?

Resolução:

Se o capital inicial se torna duplo de si próprio, significa que, ao longo desse tempo que pretendemos determinar, vai produzir um montante de juro igual a si próprio, ou seja,

$$\Sigma J_k = C_0 = C_0 \times n \times i$$

Substituindo o valor da taxa de juro e simplificando, vem

$$1 = n \times 8\%$$

$$n = \frac{1}{8\%}$$

$$n = 12{,}5$$

Em alternativa, $C_n = 2\,C_0$, donde, considerando [1.4], resulta que

$$2\,C_0 = C_0\,(1 + n \times i)$$

Também aqui se substitui o valor de *i*, resolvendo-se, de seguida, em ordem a n.

$$2 = 1 + n \times 8\%$$

$$1 = n \times 8\%$$

$$n = 12{,}5$$

à semelhança do que sucedia na expressão anterior.

Verificamos, assim, que o montante do capital não é relevante para a resolução do problema.

Logo podemos concluir que um dado capital, qualquer que ele seja, se aplicado em regime de capitalização "dita simples", à taxa anual de 8%, se torna duplo de si próprio, uma vez decorridos 12 anos e meio.

5 – Um cliente do Banco Peninsular aplicou a quantia de 36.000 €, à taxa anual de 7,2%, durante 4 anos, sendo os juros creditados, no final de cada ano, numa conta de depósitos à ordem. O cliente não procedeu ao levantamento de quaisquer juros, pretendendo saber que montante terá disponível findo o prazo da aplicação.

Resolução:

Poder-se-ia pensar, à primeira vista, estarmos em presença do regime de capitalização "dita simples", o que não sucede na realidade, uma vez que os juros vão sendo creditados, no final de cada ano, na conta à ordem do cliente. Este poderia ter procedido ao seu levantamento após o vencimento de cada juro periódico, o que, contudo, não se verificou. Estamos, assim, em presença do regime de capitalização simples, pelo que o montante disponível no final da aplicação coincidirá com o capital acumulado em regime de juro simples, obtido por intermédio de [1.4]. Sendo que

$$C_n = C_0\ (1 + n \times i)$$

e atendendo aos dados do problema, vem

$$C_n = 36.000\ € \times (1 + 4 \times 7{,}2\%)$$

$$C_n = 36.000\ € \times 1{,}288$$

$$C_n = 46.368\ €$$

Este será, assim, o montante que o cliente terá disponível no termo da aplicação.

6 – Quanto tempo deverá estar aplicado um capital no montante de 5.000 €, de modo a produzir, em regime de juro composto e à taxa de 6% ao ano, um juro de 1.691,13 €?

Resolução:

Estando este capital aplicado em regime de juro composto, o montante total do juro produzido obtém-se por intermédio da expressão estabelecida em [1.12], logo

$$\sum_{k=1}^{n} J_k = C_0 \left[(1 + i)^n - 1\right]$$

Substituindo pelos valores respetivos, teremos

$$1.691{,}13\ € = 5.000\ € \left[(1 + 6\%)^n - 1\right]$$

Bastará, então, resolvermos esta equação em ordem ao expoente n, sendo que

$$1.691{,}13\ € = 5.000\ €\ (1 + 6\%)^n - 5.000\ €$$

$$6.691{,}13\ € = 5.000\ €\ (1 + 6\%)^n$$

$$1{,}338226 = (1{,}06)^n$$

$\log 1{,}338226 = n \log 1{,}06$ [27]

$$n = \frac{\log 1{,}338226}{\log 1{,}06}$$

$$n = \frac{0{,}1265946}{0{,}0582689}$$

$n = 5$

Seriam, portanto, necessários 5 anos para que se produzissem juros no montante de 1.691,13 €.

7 – Quanto tempo deverá permanecer aplicado um capital de 3.500 €, para que, em regime de capitalização composta e à taxa trimestral de 1,5%, produza um montante acumulado de 4.575,69 €?

Resolução:

Sendo que

$C_n = C_0 (1 + i)^n$

a solução para o problema proposto surge substituindo os valores respetivos e resolvendo a equação em ordem ao expoente n. Todavia, sendo a taxa indicada uma taxa trimestral, o valor de n assim obtido virá expresso em trimestres, podendo *a posteriori* ser transformado em anos. Deste modo,

$4.575{,}69\ € = 3.500\ € \, (1 + 1{,}5\%)^n$

$$\frac{4.575{,}69€}{3.500€} = (1{,}015)^n$$

$1{,}30734 = (1{,}015)^n$

$\log 1{,}30734 = n \log 1{,}015$

[27] Recorde-se que se $a = x^b$, então $\log a = b \log x$.

$$n = \frac{\log 1{,}30734}{\log 1{,}015}$$

$$n = \frac{0{,}116388549}{0{,}006466}$$

$n = 18$ trimestres

Como cada ano é composto por 4 trimestres, seriam necessários 4 anos e meio para perfazer a quantia de 4.575,69 €.

8 – Determinado indivíduo aplicou a quantia de 1.000 € num depósito que vence juros mensalmente, à taxa de 0,75%, em regime de capitalização composta. Passado 1 mês, depositou mais 800 €, sendo que, decorridos 2 meses após essa data, efetuou mais um reforço de capital no montante de 4.000 €. Oito meses após o depósito inicial, levantou o montante total das entregas e dos juros produzidos. Pretende-se que determine:

a) o montante total de juros produzidos;
b) o montante levantado no final dos oito meses;
c) o montante do juro produzido no 3º período de capitalização.

Resolução:

a) O montante de capital aplicado vai registando acréscimos, daí que, para determinarmos o montante total dos juros, tenhamos que conhecer, previamente, a importância de capital sobre a qual esses juros vão ser calculados.

Os juros vencidos no final do 1º mês vão ser calculados sobre os 1.000 € inicialmente aplicados. Logo

$$J_1 = 1.000\text{ €} \times 0{,}75\% = 7{,}50\text{ €}$$

donde resulta um capital acumulado de 1007,50 € (C_1).

No final do 1º mês ocorreu um reforço de capital, tendo outro tido lugar no final do 3º mês da aplicação. Assim, o juro produzido no final do 3º mês era de

$$\sum_{k=2}^{3} J_k = (1007{,}50\text{ €} + 800\text{ €})\left[(1 + 0{,}75\%)^2 - 1\right] = 1.807{,}50\text{ €} \times 0{,}0150562 = 27{,}21\text{€}$$

donde resulta um capital acumulado de 1.834,71 € (C_3).

Uma vez efetuado o último reforço no final do 3º mês da aplicação, podemos calcular o montante de juros produzidos desde esse momento até ao final.

$$\sum_{k=4}^{8} J_k = (1.834{,}71\ € + 4.000\ €)\left[(1+0{,}75\%)^5 - 1\right] =$$

$$= 5.834{,}71\ € \times 0{,}0380667 = 222{,}11\ €$$

O montante total dos juros produzidos é igual ao somatório dos juros vencidos em cada uma das fases da aplicação.

$$\sum_{k=1}^{8} J_k = 7{,}50\ € + 27{,}21€ + 222{,}11\ € = 256{,}82\ €$$

b) O montante a levantar no final da aplicação vai corresponder ao montante das entregas acrescido do total de juros produzidos. Deste modo,

Capital acumulado = Entregas + Juros

$$C_n = (1.000\ € + 800\ € + 4.000\ €) + 256{,}82\ € = 5.800\ € + 256{,}82\ € =$$

$$= 6.056{,}82\ €$$

Em alternativa, poder-se-ia formalizar tudo numa única expressão, sendo que

$$C_n = \left\{\left[1.000\ € \,(1+0{,}75\%) + 800\ €\right](1+0{,}75\%)^2 + 4.000\ €\right\}(1+0{,}75\%)^5$$
$$C_n = \left[(1.007{,}50\ € + 800\ €)\,(1+0{,}75\%)^2 + 4.000\ €\right](1+0{,}75\%)^5$$
$$C_n = (1.83{,}71\ € + 4.000\ €)\,(1+0{,}75\%)^5$$
$$C_n = 6.056{,}82\ €$$

c) O juro produzido no 3º período de capitalização, o mesmo é dizer, no 3º mês de vigência da aplicação, corresponde ao diferencial existente entre o capital acumulado no final desse 3º período e o capital acumulado no final do 2º. Então, teremos

$$J_3 = C_3 - C_2$$

C_3 já é nosso conhecido, isto é, $C_3 = 1.834{,}71$ €. Necessitamos, pois, de calcular C_2. Este vai ser igual ao capital acumulado no período anterior (C_1), que também já calculámos na alínea a), acrescido da quantia do reforço entretanto efetuado e, ainda, do montante dos juros produzidos nesse período.

$C_2 = (C_1 + \text{Reforço}) + J_2 = (C_1 + \text{Reforço}) + i\,(C_1 + \text{Reforço}) =$

$= (C_1 + \text{Reforço})\,(1 + i)$

Substituindo pelos valores correspondentes, surge

$C_2 = (1.007{,}50\text{ €} + 800\text{ €})\,(1 + 0{,}75\%) = 1.807{,}50\text{ €} \times 1{,}0075 = 1.821{,}06\text{ €}$

Significa, então, que

$J_3 = 1.834{,}71\text{ €} - 1.821{,}06\text{ €} = 13{,}65\text{ €}$

9 – Recorrendo a interpolação linear, determine a que taxa esteve colocado um capital de 10.000 €, sabendo que, passados 5 anos, em regime de capitalização composta, o juro acumulado ascendia a 2.166,53 €.

Resolução:

$C_n = C_0 + \sum J_k$

$C_n = 10.000\text{ €} + 2.166{,}53\text{ €}$

$C_n = 12.166{,}53\text{ €}$

Por sua vez, sendo

$C_n = C_0\,(1 + i)^n$

daqui resulta que

$12.166{,}53\text{ €} = 10.000\text{ €}\,(1 + i)^5$

ou seja

$1{,}216653 = (1 + i)^5$

Quando recorremos a interpolação linear, a questão que se coloca é a de saber quais os extremos que devemos utilizar. O modo mais simples de obviar o problema é o de considerar um extremo bastante baixo e outro relativamente elevado, de modo a garantir que o valor pretendido pertence a esse intervalo. Assim sendo, podemos utilizar $x_0 = 2\%$ e $x_1 = 10\%$, aos quais corresponderão os valores de y_0 e y_1 que constam da tabela seguinte:

x	y
$x_0 = 2\%$	$y_0 = 1{,}1040808$
$x = ?$	$y = 1{,}216653$
$x_1 = 10\%$	$y_1 = 1{,}61051$

Substituindo em [1.19] os valores respetivos, surgirá

$$x_{int} = 2\% + \frac{10\% - 2\%}{1{,}61051 - 1{,}1040808} \times (1{,}216653 - 1{,}1040808)$$

$$x_{int} = 2\% + \frac{8\%}{0{,}5064292} \times 0{,}1125722$$

$$x_{int} = 2\% + 1{,}778\%$$

$$x_{int} = 3{,}778\%$$ [28]

[28] Se pretendermos verificar se o valor encontrado é o correto, poderemos calcular

$C_n = 10.000\text{ €}\ (1 + 3{,}778\%)^5 = 10.000 \times 1{,}2037228 = 12.037{,}23\text{ €}$

Por sua vez,

$12.166{,}53\text{ €} = 10.000\text{ €}\ (1 + i)^5$

$1{,}21653 = (1 + i)^5$

$i = (1{,}216653)^{\frac{1}{5}} - 1$

$i = 0{,}04 = 4\%$

O diferencial que se observa relativamente aos valores encontrados através de interpolação linear decorre do facto de estarmos a utilizar um intervalo demasiado amplo – 2% e 10% – o que seria facilmente ultrapassado recorrendo a valores mais próximos do valor real.

O problema proposto é, na verdade, muito simples, podendo ser resolvido em qualquer calculadora que contenha a função exponencial. Para além disso, se consultarmos a Tabela 1 do Apêndice 1, verificaremos que, para n = 5, a taxa de juro que corresponde ao coeficiente de capitalização indicado é, com efeito, a taxa de 4%.

10 – Em que data foi aplicado um capital de 7.000 €, em regime de juro simples, à taxa de 5% ao ano, sabendo que no dia 23 de julho venceu juros no montante de 52,50 €?

Resolução:

Para determinarmos a data de colocação deste capital, bastará conhecermos o número de dias pelo qual esteve aplicado, isto é, n. Recorrendo à expressão encontrada em [1.9] e nela substituindo os valores respetivos, teremos

$$\sum_{k=1}^{n} J_k = C_0 \times \frac{n \times i}{360}$$

$$52{,}50\ € = 7.000\ € \times \frac{n \times 5\%}{360}$$

$$n = \frac{360 \times 52{,}50€}{7.000€ \times 5\%}$$

$$n = 54 \text{ dias}$$

Atendendo ao processo de contagem dos dias que referimos anteriormente, considerando o próprio dia 23 de julho, verificaremos que transcorreram 23 dias em julho, 30 dias em junho e 1 dia em maio (num total de 54 dias), pelo que a aplicação terá sido feita no dia 30 de maio desse ano.

11 – Recorrendo a interpolação linear, determine a quantia que resulta da aplicação de um capital de 5.000 €, em regime de capitalização composta, a uma taxa de 7%, durante 3 anos e 9 meses. Para o efeito, consulte as tabelas financeiras constantes no Apêndice 1, escolhendo os pólos mais adequados.

Resolução:

Observando as tabelas financeiras, verificamos que os valores de n mais próximos do solicitado são os que correspondem a $x_0 = 3$ e $x_1 = 4$. Considerando uma taxa de 7%, os fatores de capitalização composta são, respetivamente, 1,225043 e 1,31079601.

Se $x_0 = 3 \Rightarrow y_0 = 5.000\ € \times 1{,}225043 = 6.125{,}22\ €$

Se $x_1 = 4 \Rightarrow y_1 = 5.000\ € \times 1{,}31079601 = 6.553{,}98\ €$

Assim, sintetizando numa tabela informação relevante, teremos

x	y
$x_0 = 3$	$y_0 = 6.125{,}22$
$x = 3 + \frac{9}{12}$	$y = ?$
$x_1 = 4$	$y_1 = 6.553{,}98$

A nossa incógnita é, então, o valor acumulado, pelo que vamos substituir em [1.18] os valores correspondentes.

$$y_{int} = y_0 + \frac{y_1 - y_0}{x_1 - x_0}(x - x_0)$$

$$y_{int} = 6.125{,}22€ + \frac{6.553{,}98€ - 6.125{,}22€}{4 - 3} \times \left(3 + \frac{9}{12} - 3\right)$$

$$y_{int} = 6.125{,}22€ + 321{,}57€$$

$$y_{int} = 6.446{,}79€$$

O capital acumulado no final dos 3 anos e 9 meses é de 6.446,79 € [29].

12 – Um determinado capital esteve aplicado durante 7 anos, em regime de juro composto, à taxa de capitalização anual de 6%. Um outro capital esteve aplicado durante 6 anos, em regime de juro simples, à taxa de 8% ao ano, tendo produzido o mesmo valor acumulado que o anterior. Sabendo que ambos os capitais perfazem a quantia de 25.000 €, determine os respetivos montantes.

---

[29] Recorrendo à calculadora, verificamos que $5.000\,€\,(1 + 7\%)^{3,75} = 6.444{,}05\,€$, menos que o valor obtido por intermédio de interpolação. Tal sucede porque ponderamos o acréscimo de capital acumulado que se obtém entre os pólos $x_0 = 3$ e $x_1 = 4$ pelo coeficiente de proporcionalidade 0,75 como se de juro simples se tratasse, tal como se esclareceu no ponto 6 do presente Capítulo.

Resolução:

Sabemos, desde logo, que

$$C_1 + C_2 = 25.000\ € \qquad (1)$$

donde se retira que

$$C_1 = 25.000\ € - C_2$$

Por sua vez, de acordo com os dados do problema, temos que

$$C_1\,(1 + 6\%)^7 = C_2\,(1 + 6 \times 8\%) \qquad (2)$$

Se substituirmos C_1 pela expressão anteriormente formulada, vem

$$(25.000\ € - C_2)\,(1 + 6\%)^7 = C_2\,(1 + 6 \times 8\%)$$

$$37.590{,}76\ € - 1{,}503663\ C_2 = 1{,}48\ C_2$$

$$2{,}983663\ C_2 = 37.590{,}76\ €$$

$$C_2 = 12.598{,}86\ €$$

Retomando (1), surge que

$$C_1 = 25.000\ € - 12.598{,}86\ €$$

$$C_1 = 12.401{,}14\ €$$

Logo, $C_1 = 12.401{,}14$ € e $C_2 = 12.598{,}86$ €.

Tal como esperado, o capital aplicado em regime de juro composto é menor do que o aplicado em regime de juro simples, dado que produz, no mesmo tempo e à mesma taxa, um montante de juros superior.

13 – Um capital de 10.000 € encontra-se colocado em regime de juro simples, à taxa de 8% ao ano, enquanto um outro capital de 9.600 € foi colocado, no mesmo momento, à taxa de 10% ao ano, também em regime de capitalização simples.

a) Quanto tempo é necessário para que ambas as aplicações se tornem equivalentes?
b) Discuta, em termos gerais, as condições em que o problema é possível.

Resolução:

a) Ambas as aplicações tornam-se equivalentes quando

$C_{n(1)} = C_{n(2)}$

logo no momento em que os respetivos valores acumulados forem iguais. Como estamos em regime de capitalização simples,

$C_{0(1)}(1 + n \times i_{(1)}) = C_{0(2)}(1 + n \times i_{(2)})$

Substituindo, surgirá

$10.000\,€\ (1 + n \times 8\%) = 9.600\,€\ (1 + n \times 10\%)$

Resolvendo em ordem a n, obtém-se

$10.000\,€ + 800n = 9.600\,€ + 960n$

$400 = 160n$

$n = 2{,}5$

Ambas as aplicações tornam-se equivalentes quando decorrerem dois anos e meio.

b) Recorrendo à expressão formalizada na alínea anterior

$C_{0(1)}\ (1 + n \times i_{(1)}) = C_{0(2)}\ (1 + n \times i_{(2)})$

dela resulta que

$C_{0(1)} + C_{0(1)} \times n \times i_{(1)} = C_{0(2)} + C_{0(2)} \times n \times i_{(2)}$

$C_{0(1)} - C_{0(2)} = C_{0(2)} \times n \times i_{(2)} - C_{0(1)} \times n \times i_{(1)}$

$C_{0(1)} - C_{0(2)} = n\left[C_{0(2)} \times i_{(2)} - C_{0(1)} \times i_{(1)}\right]$

donde se retira que

$$n = \frac{C_{0(1)} - C_{0(2)}}{C_{0(2)} \times i_{(2)} - C_{0(1)} \times i_{(1)}}$$

Se $C_{0(1)} > C_{0(2)} \Rightarrow i_{(1)} < i_{(2)}$

Se $C_{0(1)} < C_{0(2)} \Rightarrow i_{(1)} > i_{(2)}$

Se $C_{0(1)} = C_{0(2)} \Rightarrow i_{(1)} = i_{(2)}$, sendo a solução do problema indeterminada, uma vez que qualquer valor de n satisfaz a condição $n = \dfrac{C_{0(1)} - C_{0(2)}}{C_{0(2)} \times i_{(2)} - C_{0(1)} \times i_{(1)}}$.

14 – O Sr. Silva depositou 5.000 €, em regime de juro composto, à taxa anual de 6%. Após 5 anos, tendo necessidade de disponibilizar algum dinheiro, retirou 2.500 € desta aplicação, tendo o valor remanescente continuado a capitalizar à mesma taxa. Passados mais 2 anos, reforçou essa aplicação no montante de 3.000 €. Porém, as condições de mercado modificaram-se, sendo agora a taxa de juro de 4,5% ao ano. Qual o valor que o Sr. Silva acumulou o final de 10 anos?

Resolução:

Este problema pode ser resolvido por fases, atendendo a cada um dos passos, ou formalizando unicamente na seguinte expressão:

$$C_{10} = \{[5.000\ € \ (1 + 6\%)^5 - 2.500\ €]\ (1 + 6\ \%)^2 + 3.000\ €\} \times (1 + 4{,}5\%)^3$$

que decorre do esquema seguinte:

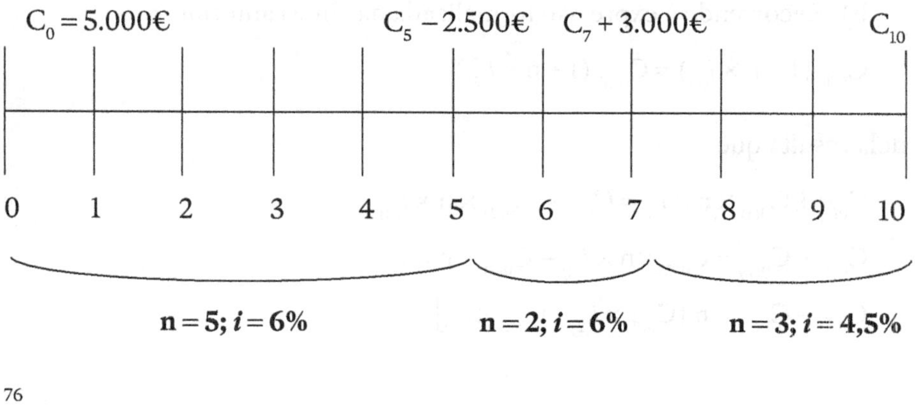

Resulta, então, que

$C_{10} = [4.191,13\text{ €}\ (1 + 6\%)^2 + 3.000\text{ €}]\ (1 + 4,5\%)^3$

$C_{10} = 7.709,15\text{ €}\ (1 + 4,5\%)^3$

$C_{10} = 8.797,42\text{ €}$

Podemos, também, resolver este problema de modo faseado.

1) Determinação do montante acumulado após 5 anos:

$C_5 = 5.000\text{ €}\ (1 + 6\%)^5 = 6.691,13\text{ €}$

2) Determinação do montante acumulado após 7 anos:

$C_7 = (6.691,13\text{ €} - 2.500\text{ €})\ (1 + 6\%)^2 = 4.191,13\text{ €}\ (1 + 6\%)^2 = 4.709,15\text{ €}$

3) Determinação do montante acumulado após 10 anos:

$C_{10} = (4.709,15\text{ €} + 3.000\text{ €})\ (1 + 4,5\%)^3 = 8.797,42\text{ €}$

15 – O Sr. Basílio aplicou 12.000 €, em regime de juro simples, durante três anos, à taxa anual de 7%. Esclareça as circunstâncias em que, partindo desta aplicação, seria possível obter um rendimento de 2.700,52 €.

Resolução:

Vamos, primeiramente, verificar qual o montante de juro simples decorrente da aplicação, através da expressão estabelecida em [1.3].

$\Sigma J_k = 12.000\text{ €} \times 3 \times 7\% = 2.520\text{ €}$

obviamente menos que os 2.700,52 € pretendidos.

Como estamos em regime de juro simples, a única possibilidade de obter um rendimento superior decorre da eventual reaplicação dos juros periódicos.

$J_1 = J_2 = J_3 = 840\text{ €}$

Se reaplicarmos os juros periódicos, será produzido, em cada momento, um montante de juro adicional, tal como se ilustra no esquema seguinte.

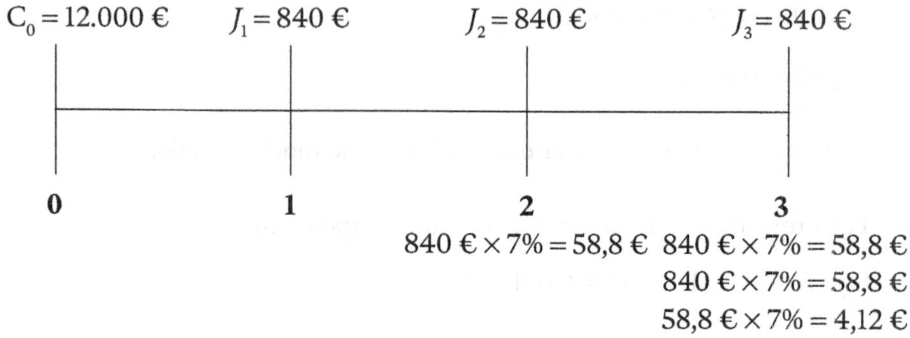

No *momento* 2, para além do juro periódico, obtém-se a quantia resultante da aplicação dos juros referentes ao 1º período. No *momento* 3, para além do juro periódico, obtém-se o resultado da reaplicação dos juros vencidos no 1º e no 2º períodos. Deste modo, o ***montante total de juro produzido*** será igual a

$$\Sigma J_k = 840\text{ €} + 840\text{ €} + 840\text{€} + 58{,}8\text{ €} + 58{,}8\text{ €} + 58{,}8\text{ €} + 4{,}12\text{ €} = 2.700{,}52\text{ €}$$

Será, então, possível obter os 2.700,52 € pretendidos, em regime de juro simples, reaplicando integralmente os juros produzidos, à mesma taxa de juro de 7%. O montante de juro assim obtido coincidirá com montante de juro proporcionado pelo regime de juro composto, à mesma taxa de juro e para o mesmo período de tempo, uma vez que

$$\Sigma J_k = C_0 \left[(1 + i)^n - 1\right]$$

$$\Sigma J_k = 12.000\text{ € } \left[(1 + 7\%)^3 - 1\right]$$

$$\Sigma J_k = 12.000\text{ € } (1{,}225043 - 1)$$

$$\Sigma J_k = 2.700{,}52\text{ €}$$

16 – Certo capital, aplicado em regime de juro simples, à taxa anual de 6,5%, durante 4 anos, produziu de juros menos 99,25 € do que se tivesse sido aplicado em regime de juro composto, pelo mesmo período e à mesma taxa. Determine qual a quantia aplicada, bem como o montante dos juros produzidos em ambas as possibilidades.

Resolução:

Recordemos as expressões formalizadas em [1.3] e [1.12], através das quais calculamos, respetivamente, o montante de juros produzidos em regime de juro simples e o montante de juros produzidos em regime de juro composto,

$$\sum_{k=1}^{n} J_k = C_0 \times n \times i$$

e ainda

$$\sum_{k=1}^{n} J_k = C_0 \left[(1+i)^n - 1\right]$$

Se substituirmos os valores correspondentes e atendendo a que o montante de juro produzido é menor em regime de capitalização simples, surge

$$C_0 \times 4 \times 6{,}5\% + 99{,}25\ € = C_0 \left[(1+6{,}5\%)^4 - 1\right]$$

Resolvendo em ordem a C_0, vem

$$0{,}26\ C_0 + 99{,}25\ € = C_0\ (1{,}286466350625 - 1)$$

$$0{,}026466350625\ C_0 = 99{,}25\ €$$

$$C_0 = 3.750\ €$$

Foram, então, aplicados 3.750 €.

Por sua vez, o montante de juro produzido será, em ***regime de juro simples***, igual a

$$\sum J_k = 3.750\ € \times 4 \times 6{,}5\% = 975\ €$$

e em ***regime de juro composto*** igual a

$$\sum J_k = 3.750\ € \left[(1+6{,}5\%)^4 - 1\right] = 1.074{,}25\ €$$

Este montante poderia ser facilmente obtido adicionando os 99,25 € aos 975 € obtidos em regime de juro simples ou subtraindo esses 99,25 € aos 1.047,25 € obtidos em capitalização composta.

17 – Dois capitais estiveram aplicados em regime de juro simples, durante 5 anos, tendo ambos produzido juros que ascendem a 34.875 €. A taxa a que se encontrou aplicado o primeiro capital excede a do segundo em 1,5% e o segundo capital excede o primeiro em 25%. Caso o primeiro capital tivesse estado aplicado à taxa do segundo e o segundo à taxa do primeiro, o montante de juro produzido teria sido de 36.000 €. Determine ambos os capitais e ambas as taxas.

Resolução:

Designando por C_a o primeiro capital e por C_b o segundo, diremos que

$$1{,}25\ C_a = C_b \qquad (1)$$

Por sua vez, designando por i_a a taxa a que se encontra aplicado o primeiro capital e por i_b a taxa a que se encontra aplicado o segundo, podemos estabelecer que

$$i_a = i_b + 1{,}5\% \qquad (2)$$

Formalizando o problema, surge

$$C_a \times i_a \times 5 + C_b \times i_b \times 5 = 34.875\ € \qquad (3)$$

e também

$$C_a \times i_b \times 5 + C_b \times i_a \times 5 = 36.000\ € \qquad (4)$$

Podemos substituir, nas expressões (3) e (4), os valores de C_b e i_a, estabelecidos, respetivamente, em (1) e (2), donde resulta

$$C_a \times (i_b + 1{,}5\%) \times 5 + 1{,}25\ C_a \times i_b \times 5 = 34.875\ €$$

e também

$$C_a \times i_b \times 5 + 1{,}25\ C_a \times (i_b + 1{,}5\%) \times 5 = 36.000\ €$$

Resolvendo a última expressão em ordem a C_a, obtém-se

$$C_a\,(5\,i_b + 6{,}25\,i_b + 9{,}375\%) = 36.000\ €$$

$$C_a\,(11{,}25\,i_b + 9{,}375\%) = 36.000\ €$$

$$C_a\ \frac{36.000\ €}{11{,}25 i_b + 9{,}375\%}$$

Substituindo C_a na expressão anterior, surge

$$\frac{36.000€}{11{,}25 i_b + 9{,}375\%} \times (i_b + 1{,}5\%) \times 5 + 1{,}25 \times \frac{36.000€}{11{,}25 i_b + 9{,}375\%} \times i_b \times 5 =$$

$$= 34.875\ €$$

expressão esta que nos permite conhecer i_b. Logo, vem

$$\frac{180.000 i_b + 2.700€ + 225.000 i_b}{11{,}25 i_b + 9{,}375\%} = 34.875€$$

$$180.000\ i_b + 2.700\ € + 225.000\ i_b = 392.343{,}75\ i_b + 3.269{,}53\ €$$

$$12.656{,}25\ i_b = 569{,}53\ €$$

$$i_b = 4{,}5\%$$

Retomando (2), verificamos que se

$$i_a = i_b + 1{,}5\%$$

logo

$$i_a = 4{,}5\% + 1{,}5\%$$

$$i_a = 6\%$$

Por seu turno, sendo que

$$C_a\ \frac{36.000\ €}{11{,}25 i_b + 9{,}375\%}$$

substituindo o valor encontrado para i_b, resulta que

$$C_a = \frac{36.000€}{11{,}25 \times 4{,}5\% + 9{,}375\%}$$

$C_a = 60.000$ €

Por último, considerando (1), teremos que

$1{,}25\ C_a = C_b$

$C_b = 75.000$ €

Assim sendo, $C_a = 60.000$ €, $C_b = 75.000$ €, $i_a = 6\%$ e $i_b = 4{,}5\%$.

18 – Certo capital esteve aplicado em regime de juro composto, durante 6 anos, à taxa de juro *i*.

a) Sabendo que o quociente entre os juros periódicos produzidos no momento 3 e no momento 5 é de 0,857338865, determine a taxa de juro *i*.

b) Sabendo que o juro periódico do momento 6 excede o do momento 1 em 844,79 €, calcule o capital inicial, bem como os juros periódicos produzidos nos momentos 2 e 4.

Resolução:

a) O juro periódico em regime de juro composto é dado através da expressão formalizada em [I.13]

$$J_k = C_0\,(1+i)^{k-1} \times i$$

Assim sendo,

$$J_3 = C_0\,(1+i)^{2} \times i$$

e ainda

$$J_5 = C_0\,(1+i)^{4} \times i$$

Como $J_3/J_5 = 0{,}857338865$ [30], vem que

$$\frac{C_0(1+i)^2 \times i}{C_0(1+i)^4 \times i} = 0{,}857338865$$

Simplificando, surge

$$\frac{1}{(1+i)^2} = 0{,}857338865$$

$$(1+i)^2 = \frac{1}{0{,}857338865}$$

$$i = \sqrt{\frac{1}{0{,}857338865}} - 1$$

$i = 8\%$

b) De acordo com o enunciado, podemos estabelecer que

$J_6 - J_1 = 844{,}79$ €

Na mesma linha de raciocínio da alínea anterior, recorrendo, de novo, a [1.13], surge que

$C_0\,(1+8\%)^5 \times 8\% - C_0 \times 8\% = 844{,}79$ €

$0{,}117546246144\ C_0 - 0{,}08\ C_0 = 844{,}79$ €

$0{,}037546246144\ C_0 = 844{,}79$ €

$C_0 = 22.500$ €

Já os ***juros periódicos*** referentes aos momentos 2 e 4 poderão ser facilmente obtidos. Desde logo,

$J_2 = C_0\,(1+i) \times i$

---

[30] De referir que formalizámos J_3/J_5 uma vez que o juro periódico, em regime de juro composto, é crescente em k, conforme se viu no ponto 5 do presente Capítulo.

$J_2 = 22.500\text{ €}\ (1 + 8\%) \times 8\%$

$J_2 = 1.944\text{ €}$

Por sua vez, relativamente a J_4, vem

$J_4 = C_0\ (1 + i)^3 \times i$

$J_4 = 22.500\text{ €}\ (1 + 8\%)^3 \times 8\%$

$J_4 = 2.267{,}48\text{ €}$

19 – Que montante será necessário aplicar, em regime de capitalização contínua, durante 10 anos e à taxa de 8%, de modo a permitir acumular a quantia de 2.781,93 €? Que montante deverá ser aplicado à mesma taxa de juro e durante o mesmo período de tempo, em regime de juro composto, de modo a perfazer a mesma quantia?

Resolução:

No que concerne à primeira parte do problema, se tomarmos a expressão encontrada em [1.17]

$C_n = C_0 \times e^{ni}$

e substituirmos nela os valores respetivos, podemos determinar o montante de C_0. Assim sendo, surge

$2.781{,}93\text{ €} = C_0 \times e^{10 \times 0{,}08}$

$$C_0 = \frac{2.781{,}93\text{€}}{e^{0{,}8}}$$

$C_0 = 1.250\text{ €}$

A quantia a aplicar em regime de capitalização contínua será de 1.250 €. Por sua vez, em regime de juro composto, teremos que

$C_n = C_0\ (1 + i)^n$

ou ainda, substituindo,

$2.781{,}93\text{ €} = C_0\ (1 + 8\%)^{10}$

donde resulta que

$$C_0 = \frac{2.781,93\ €}{(1+8\%)^{10}}$$

$$C_0 = 1.288,57\ €$$

De modo a perfazer o mesmo valor acumulado, em regime de juro composto será necessário aplicar 1.288,57 €, obviamente uma quantia maior que em regime de capitalização contínua.

20 – O detentor de 80.000 € repartiu essa quantia por duas aplicações, a primeira em regime de juro composto e a segunda em regime de capitalização contínua. A primeira quantia esteve aplicada durante 3 anos e 7 meses, à taxa anual de 6%; enquanto isso, a segunda esteve aplicada durante 4 anos, à taxa anual de 7,825%. Sabendo que ambas as aplicações proporcionaram um juro total de 26.289,21 €, determine quais as quantias aplicadas em cada um dos regimes.

Resolução:

Como é sabido, o montante de juro produzido em regime de juro composto é dado pela expressão fixada por intermédio de [1.12]

$$\sum_{k=1}^{n} J_k = C_0\left[(1+i)^n - 1\right]$$

Por sua vez, o montante de juro produzido em regime de capitalização contínua é obtido através de uma fórmula que não deduzimos, mas que surge de modo imediato. Sendo

$$C_n = C_0 \times e^{ni}$$

e também

$$\sum_{k=1}^{n} J_k = C_n - C_0$$

virá que

$$\sum_{k=1}^{n} J_k = C_0 \times e^{ni} - C_0$$

ou ainda

$$\sum_{k=1}^{n} J_k = C_0(e^{ni} - 1)$$

Adaptando aos dados do problema em apreço e designando por C_a o capital aplicado em regime de juro composto e por C_b a quantia investida em regime de capitalização contínua, teremos

$$C_a + C_b = 80.000\ € \quad (1)$$

$$C_a \left[(1+6\%)^{3+\frac{7}{12}} - 1 \right] + C_b\,(e^{4\times 7{,}825\%} - 1) = 26.289{,}21\ € \quad (2)$$

De (1), resulta que

$$C_a = 80.000\ € - C_b$$

Substituindo em (2), surge

$$(80.000\ € - C_b) \left[(1+6\%)^{3+\frac{7}{12}} - 1 \right] + C_b\,(e^{4\times 7{,}825\%} - 1) = 26.289{,}21\ €$$

$$(80.000\ € - C_b) \times 0{,}23219473997 + 0{,}367521531\ C_b = 26.289{,}21\ €$$

$$18.575{,}58\ € - 0{,}23219473997\ C_b + 0{,}367521531\ C_b = 26.289{,}21\ €$$

$$0{,}13532679103\ C_b = 7.713{,}63\ €$$

$$C_b = 57.000\ €$$

Retomando (1), vem que

$$C_a = 80.000\ € - 57.000\ € = 23.000\ €$$

Assim sendo, $C_a = 23.000$ € e $C_b = 57.000$ €.

21 – A quantia de 17.500 € esteve aplicada em regime de juro composto, à taxa anual de 6,5%, durante 5 anos, 4 meses e 16 dias.

a) Recorrendo a interpolação linear, determine qual o capital acumulado por esta aplicação. Para o efeito, consulte a Tabela 1 do Apêndice 1 e escolha os pólos mais indicados.

b) O valor encontrado na alínea anterior pressupõe que os juros obedecem a uma evolução linear ou exponencial? Justifique sem efetuar quaisquer cálculos.

Resolução:

Da consulta efetuada à Tabela 1 do Apêndice 1, concluímos que os fatores de capitalização composta tabelados mais próximos do valor proposto correspondem a n = 5 e n = 6, respetivamente, 1,37008666 e 1,45914230. Daí que

$$C_5 = 17.500\ € \times 1{,}37008666 = 23.976{,}52\ €$$

bem como

$$C_6 = 17.500\ € \times 1{,}45914230 = 25.534{,}99\ €$$

x	y
$x_0 = 5$	$y_0 = 23.976{,}52\ €$
$x = 5 + \frac{4}{12} + \frac{16}{360}$	$y = ?$
$x_1 = 6$	$y_1 = 25.534{,}99\ €$

Considerando a expressão formalizada em [1.18], vem que

$$y_{int} = y_0 + \frac{y_1 - y_0}{x_1 - x_0}(x - x_0)$$

$$y_{int} = 23.976{,}52\ € + \frac{25.534{,}99€ - 23.976{,}52€}{6-5} \times \left(5 + \frac{4}{12} + \frac{16}{360} - 5\right)$$

$$y_{int} = 23.976{,}52\ € + 1.558{,}47\ € \times \frac{136}{360}$$

$$y_{int} = 24.565{,}28\ €$$

O capital acumulado por esta aplicação após 5 anos, 4 meses e 16 dias seria de 24.565,28 €.

Este problema seria facilmente resolvido através de qualquer calculadora com função exponencial, dado que

$$C_n = 17.500€ \left(1 + 6{,}5\%\right)^{5+\frac{4}{12}+\frac{16}{360}}$$

$$C_n = 17.500€ \left(1 + 6{,}5\%\right)^{\frac{1800+120+16}{360}}$$

$$C_n = 17.500€ \left(1 + 6{,}5\%\right)^{\frac{1936}{360}}$$

$$C_n = 24.553{,}77\ €$$

Este montante é ligeiramente menor que o obtido por interpolação linear, pelas razões que aduziremos na alínea seguinte.

b) Como recorremos a interpolação linear e sendo o pólo inferior igual a 5, logo coincidente com a parcela inteira do período da aplicação, assumimos que a função de juro composto tem uma evolução linear entre os pólos, donde estamos a pressupor que a parcela de juros correspondentes ao período fracionado (aos 4 meses e 16 dias) tem uma evolução linear, conforme se observa no gráfico seguinte:

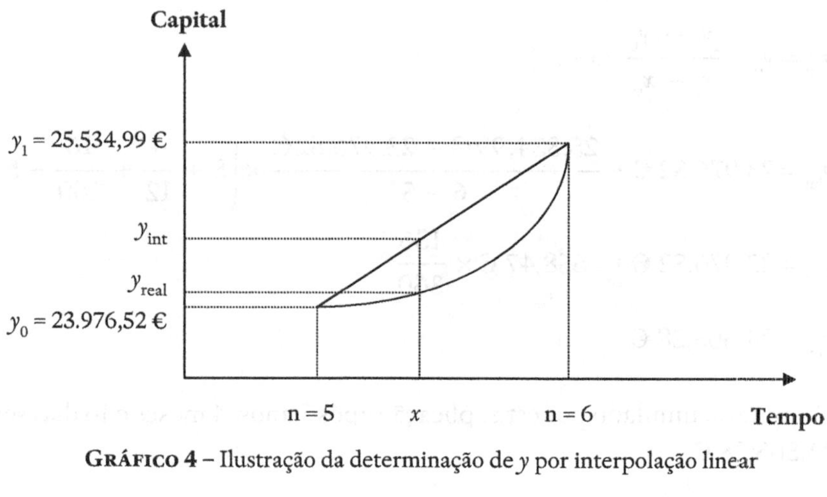

GRÁFICO 4 – Ilustração da determinação de y por interpolação linear

Se os juros tivessem tido uma evolução exponencial após n = 5, o valor encontrado seria o que surge assinalado no gráfico com y_{real} e igual a 24.553,77 €, em vez de $y_{int.}$.

22 – A quantia de 15.000 € esteve aplicada em regime de juro simples, à taxa trimestral de 1,5%, durante 4 anos, 1 mês e 28 dias. De quanto deveria ser acrescida essa quantia para que se obtivesse o valor acumulado proporcionado pelo regime de juro composto?

Resolução:

Primeiramente, vamos calcular qual seria o valor acumulado, obtido em regime de juro composto, resultante da aplicação dos 15.000 €, à taxa trimestral de 1,5%, pelo prazo indicado. Logo, vem

$$C_n = 15.000\ € \ (1 + 1{,}5\%)^{16+\frac{1}{3}+\frac{28}{90}}$$

$$C_n = 15.000\ € \ (1 + 1{,}5\%)^{\frac{1440+30+28}{90}}$$

$$C_n = 15.000\ € \ (1 + 1{,}5\%)^{\frac{1498}{90}}$$

$$C_n = 15.000\ € \times 1{,}2812199160939$$

$$C_n = 19.218{,}30\ €$$

De seguida, formalizamos a expressão que, em regime de juro simples, nos permite acumular o montante de 19.218,30 €, sendo que o capital inicial corresponde aos 15.000 € acrescidos da quantia que pretendemos calcular e que designamos por Q. Surge, então,

$$(15.000\ € + Q)\left[1 + \left(16 + \frac{1}{3} + \frac{28}{90}\right) \times 1{,}5\%\right] = 19.218{,}30\ €$$

$$(15.000\ € + Q)\left(1 + \frac{1498}{90} \times 1{,}5\%\right) = 19.218{,}30\ €$$

$$(15.000\ € + Q) \times 1{,}24966666 = 19.218{,}30\ €$$

$$18.745\ € + 1{,}24966666\ Q = 19.218{,}30\ €$$

$$1{,}24966666\ Q = 473{,}30\ €$$

$$Q = 378{,}74\ €$$

Os 15.000 € deveriam ser acrescidos de 378,74 € para que se pudesse perfazer a quantia de 19.218,30 €.

23 – Um capital no montante de 3.000 € foi aplicado em regime de juro composto, durante 6 anos, tendo, inicialmente, sido acordada a taxa anual de 5%. Porém, devido a condições relacionadas com a conjuntura económica, passado algum tempo, a taxa anual desceu para 4,5%. Sabendo que os juros produzidos, no total dos 6 anos, ascenderam a 972,60 €, determine:

a) Quanto tempo esteve o capital aplicado a cada uma das taxas referidas;

b) A taxa média de aplicação.

Resolução:

a) Estamos perante um problema em que as taxas de juro periódicas são diferentes. Por sua vez, sendo n = 6, o capital terá estado aplicado à taxa de 5% durante k períodos e à taxa de 4,5% durante n – k períodos, ou seja, 6 – k.

Se atendermos à expressão encontrada em [1.15], podemos formalizar

$$3.000\ € \left[(1+5\%)^{k}(1+4{,}5\%)^{6-k}-1\right]=972{,}60\ €$$

Se resolvermos em ordem a k, virá

$$3.000\ €\ (1+5\%)^{k}(1+4{,}5\%)^{6}(1+4{,}5\%)^{-k}=3.972{,}60\ €$$

$$3.000\ € \left(\frac{1+5\%}{1+4{,}5\%}\right)^{k} \times 1{,}302260125=3.972{,}60\ €$$

$$3.906{,}78\ € \left(\frac{1+5\%}{1+4{,}5\%}\right)^{k} = 3.972{,}60\ €$$

$$(1{,}004784689)^{k}=1{,}016847634$$

$$k=\frac{\log 1{,}016847634}{\log 1{,}004784689}$$

$$k=3{,}5$$

Sendo k = 3,5, significa que o capital de 3.000 € esteve aplicado durante 3 anos e meio à taxa de 5% e durante 2 anos e meio à taxa de 4,5%.

b) A taxa média de aplicação pode ser obtida, de modo direto, através da expressão

$$\bar{i} = \left[\prod_{k=1}^{n}(1 + i_k)\right]^{1/n} - 1$$

Como ao longo dos 6 anos da aplicação, a taxa de 5% foi praticada durante 3 anos e meio e a taxa de 4,5% durante 2 anos e meio, resulta que

$$\bar{i} = \left[(1 + 5\%)^{3,5}\ (1 + 4,5\%)^{2,5}\right]^{1/6} - 1$$

$$\bar{i} \cong 4,79\%$$

A taxa média de aplicação foi de, aproximadamente, 4,79%.

24 – Qual a quantia a aplicar hoje, em regime de capitalização contínua e à taxa semestral de 6%, de modo a obter, daqui por 20 anos, a quantia de 1.000.000 €?

Resolução:

Vamos considerar a expressão formalizada em [I.17]

$$C_n = C_0 \times e^{ni}$$

Substituem-se os valores respetivos e resolve-se em ordem a C_0. Como os 20 anos considerados correspondem a 40 semestres – recorde-se que a taxa de juro de 6% é uma taxa semestral –, vem que

$$1.000.000\ € = C_0 \times e^{40 \times 6\%}$$

$$C_0 = \frac{1.000.000€}{e^{2,4}}$$

$$C_0 = 90.717,95\ €$$

Seria necessário aplicar 90.717,95 €.

25 – O juro produzido por um certo capital, aplicado em regime de capitalização contínua, durante 3 anos, à taxa anual de 7%, excede em 106,55 € o juro que essa quantia produziria, aplicada pelo mesmo tempo e à mesma taxa, mas em regime de juro "dito simples". Calcule o montante aplicado.

Resolução:

Conforme referimos no caso nº 20 do presente Capítulo, o cálculo do montante de juro produzido em regime de capitalização contínua pode ser efetuado através da expressão

$$\sum_{k=1}^{n} J_k = C_0(e^{ni} - 1)$$

Por sua vez, em regime de juro "dito simples", temos que

$$\sum_{k=1}^{n} J_k = C_0 \times n \times i$$

Como o montante de juro produzido em capitalização contínua é superior ao montante de juro proporcionado pelo regime "dito simples", surge

$$C_0 \times n \times i + 106{,}55\ € = C_0(e^{ni} - 1)$$

Substituindo pelos valores respetivos e resolvendo em ordem a C_0, vem

$$C_0 \times 3 \times 0{,}07 + 106{,}55\ € = C_0\,(e^{3 \times 0{,}07} - 1)$$

$$0{,}21\ C_0 + 106{,}55\ € = 0{,}23367806\ C_0$$

$$0{,}02367806\ C_0 = 106{,}55\ €$$

$$C_0 = 4.500\ €$$

A quantia aplicada foi de 4.500 €.

26 – Certo capital, aplicado em regime de capitalização contínua, à taxa de 6% ao ano, durante 3 anos, produziu um juro que excede em 688,69 € o montante de juro que seria obtido em regime de capitalização simples, durante o mesmo tempo e à mesma taxa. Calcule qual a quantia aplicada.

Resolução:

O diferencial que se observa em termos de juro produzido é o mesmo que ocorre ao nível do capital acumulado em ambos os regimes. Para além disso, o montante de juro produzido em regime de juro simples é necessariamente menor do que aquele que resulta do regime de capitalização contínua. Assim, tomando as expressões formalizadas em [1.4] e [1.17], estabelecemos que

$$C_0\,(1 + n \times i) + 688{,}89\text{ €} = C_0 \times e^{ni}$$

$$C_0\,(1 + 3 \times 6\%) + 688{,}89\text{ €} = C_0 \times e^{3 \times 0{,}06}$$

$$1{,}18\ C_0 + 688{,}89\text{ €} = 1{,}197217363\ C_0$$

$$0{,}0172173631\ C_0 = 688{,}89\text{ €} \Leftrightarrow C_0 = 40.000\text{ €}$$

Foram aplicados 40.000 €.

27 – Certo capital foi aplicado em regime de juro composto, durante n anos, à taxa anual *i*. Sabendo que: 1) o juro produzido no 3º período foi de 2.756,25 €; 2) o juro produzido no 8º período foi de 3.517,75 €; 3) os juros totais, produzidos ao longo dos n períodos de capitalização, foram de 39.792,82 €. Pretende-se que determine:

a) A taxa anual *i*;
b) O capital aplicado;
c) O número de anos que o capital esteve aplicado.

Resolução:

a) Principiamos por formalizar as expressões referentes aos juros periódicos de 3 e de 8.

Relativamente ao período 3, vem

$$J_3 = 2.756{,}25\text{ €} \Leftrightarrow C_2 \times i = 2.756{,}25\text{ €} \Leftrightarrow C_0(1+i)^2 \times i = 2.756{,}25\text{ €}$$

Por sua vez, relativamente ao período 8, teremos

$$J_8 = 3.517{,}75 \text{ €} \Leftrightarrow C_7 \times i = 3.517{,}75 \text{ €} \Leftrightarrow C_0(1+i)^7 \times i = 3.517{,}75 \text{ €}$$

Podemos desenvolver esta última expressão, nela substituindo o valor correspondente a J_3. Logo

$$C_0(1+i)^7 \times i = 3.517{,}75 \text{ €} \Leftrightarrow (1+i)^5 \times \left[C_0(1+i)^2 \times i\right] = 3.517{,}75 \text{ €} \Leftrightarrow$$

$$\Leftrightarrow 2.756{,}25 \text{ €}\ (1+i)^5 = 3.517{,}75 \text{ €}$$

Resolvendo em ordem a *i*, vem

$$(1+i)^5 = 1{,}276281179 \Leftrightarrow i = (1{,}276281179)^{\frac{1}{5}} - 1 \Leftrightarrow i = 5\%$$

b) Uma vez conhecida a taxa de juro, determinamos C_0 substituindo o valor obtido em J_3 ou em J_8. Atendemos, aleatoriamente, a J_3. Assim,

$$C_0(1+5\%)^2 \times 5\% = 2.756{,}25 \text{ €} \Leftrightarrow 0{,}055125\ C_0 = 2.756{,}25 \text{ €} \Leftrightarrow$$

$$\Leftrightarrow C_0 = 50.000 \text{ €}$$

Tomando J_8, obter-se-ia, necessariamente, o mesmo resultado.

c) Por fim, calculamos o número de anos da aplicação com base no montante total de juros produzidos. De acordo com [1.12], vem

$$50.000 \text{ €} \left[(1+5\%)^n - 1\right] = 39.792{,}82 \text{ €}$$

Resolvemos, então em ordem a n, donde

$$(1+5\%)^n - 1 = 0{,}7958564$$

$$1{,}05^n = 1{,}7958564$$

$$n \log 1{,}05 = \log 1{,}7958564$$

$$n = 12$$

Conclui-se, assim, que o capital de 50.000 € esteve aplicado durante 12 anos, em regime de juro composto, à taxa anual de 5%.

28 – Um capital no montante de 10.000 € vai ser descontado 2 anos antes do seu vencimento. Considerando uma taxa anual de 4,5%, calcule qual o montante do desconto para cada uma das seguintes possibilidades:

a) Foi praticado o desconto por dentro;
b) Foi praticado o desconto por fora;
c) Foi praticado o desconto composto.

Resolução:

a) Como o desconto por dentro é calculado sobre o próprio montante líquido do desconto e a quantia indicada corresponde a C_n, vamos atender à expressão formalizada em [1.26]

$$D_d = \frac{C_n \times i \times t}{1 + i \times t}$$

obtendo-se, no caso presente,

$$D_d = \frac{10.000€ \times 4{,}5\% \times 2}{1 + 4{,}5\% \times 2}$$

$$D_d = \frac{900€}{1{,}09}$$

$$D_d = 825{,}69\ €$$

b) Como o desconto por fora é calculado sobre o valor do capital no seu vencimento, vem

$$D_f = C_n \times i \times t$$

$$D_f = 10.000\ € \times 4{,}5\% \times 2$$

$$D_f = 900\ €$$

c) No caso do desconto composto, o respetivo montante é calculado sobre o montante de capital que, uma vez capitalizado, em regime de juro composto, à mesma taxa e pelo mesmo período de tempo, permite obter o valor desse capital no seu vencimento. Daí que

$$D_c = C_{n-t}\left[(1+i)^t - 1\right]$$

ou também

$$D_c = C_n\left[1 - (1+i)^{-t}\right]$$

No caso em apreço, dado que partimos do valor de C_n, vem

$$D_c = 10.000\ €\left[1 - (1+4{,}5\%)^{-2}\right]$$

$$D_c = 842{,}70\ €$$

29 – O montante do desconto por fora sofrido por um capital de 25.000 € excede em 3,86 € o montante do desconto que teria sido observado uma vez praticada a modalidade do desconto por dentro. Para uma taxa anual de 7,5%, determine:

a) O prazo da operação;
b) O produto líquido do desconto, em ambas as modalidades.

Resolução:

a) Como o montante de desconto por fora é sempre maior que o montante de desconto por dentro, para idênticos valores de capital e para idênticas condições em termos de taxa e de prazo da operação, podemos estabelecer que

$$D_f - D_d = 3{,}86\ €$$

Atendendo, respetivamente, às expressões formalizadas em [1.28] e [1.26], resulta que

$$C_n \times i \times t - \frac{C_n \times i \times t}{1 + i \times t} = 3{,}86€$$

donde, substituindo pelos valores correspondentes e resolvendo em ordem a t, decorre que

$$25.000\ € \times 7{,}5\% \times t - \frac{25.000€ \times 7{,}5\% \times t}{1 + 7{,}5\% \times t} = 3{,}86\ €$$

$$1.875\ t - \frac{1.875t}{1 + 0{,}075t} = 3{,}86\ €$$

Dado que 1 + 0,075 € > 0, podemos considerar que

$$1.875\ t\ (1 + 0{,}75\ t) - 1.875\ t - 3{,}86\ (1 + 0{,}075\ t) = 0$$

$$1.875\ t + 140{,}625\ t^2 - 1.875\ t - 3{,}86 - 0{,}2895\ t = 0$$

$$140{,}625\ t^2 - 0{,}2895\ t - 3{,}86 = 0$$

Recorrendo à fórmula que permite encontrar as soluções de uma equação de 2º grau

$$x = \frac{-b \pm \sqrt{b^2 - 4ac}}{2a}$$

surge

$$t = \frac{0{,}2895 \pm \sqrt{(-0{,}2895)^2 - 4 \times 140{,}625 \times (-3{,}86)}}{2 \times 140{,}625}$$

$$t = \frac{0{,}2895 \pm \sqrt{0{,}08381025 + 2.171{,}25}}{281{,}25}$$

$$t = \frac{0{,}2895 \pm \sqrt{2.171{,}33381025}}{281{,}25}$$

Como t representa um certo período de tempo, tomaremos apenas a solução positiva da equação, donde vem

$$t = \frac{0{,}2895 + 46{,}597573}{281{,}25}$$

$$t = 0{,}1667$$

Significa que o prazo da operação corresponde a 0,1667 do ano. Considerando um ano de 360 dias, teremos

$$t = 0{,}1667 \times 360 = 60 \text{ dias}$$

b) Determinado o prazo da operação, vamos calcular C_{n-t} para ambas as modalidades de desconto, recorrendo às expressões encontradas através de [1.25] e de [1.29]. Assim sendo, no caso do ***desconto por dentro***, vem

$$C_{n-t} = \frac{C_n}{1 + i \times t}$$

$$C_{n-t} = \frac{25.000€}{1 + 7{,}5\% \times \frac{60}{360}}$$

$$C_{n-t} = 24.691{,}36\ €$$

Na modalidade de ***desconto por fora*** surge

$$C_{n-t} = C_n\ (1 - i \times t)$$

$$C_{n-t} = 25.000\ € \times \left(1 - 7{,}5\% \times \frac{60}{360}\right)$$

$$C_{n-t} = 25.000\ € \times 0{,}9875$$

$$C_{n-t} = 24.687{,}50\ €$$

Em ***alternativa***, uma vez conhecido um dos capitais, obtinha-se o outro adicionando ou subtraindo o montante da diferença, consoante partíssemos, respetivamente, do produto líquido do desconto por fora ou do produto líquido do desconto por dentro.

30 – Sobre um capital no montante de 400.000 € foi realizada uma operação de desconto composto, por um período de ano e meio, à taxa de juro anual de 4,5%.

a) Qual o montante do desconto composto nas seguintes possibilidades: *i*) à taxa de juro, nas condições indicadas e *ii*) à taxa de desconto que lhe equivale?

b) Se o montante do desconto composto tivesse sido de 28.228,52 €, qual seria a taxa de desconto praticada na operação? E qual a taxa de juro equivalente?

Resolução:

a) Consideremos, então, ambas as possibilidades:

i) Tomando a expressão que nos permite determinar o montante do desconto composto em função do valor do capital no vencimento e atendendo à taxa de juro *i*,

$$D_c = C_n \left[1 - (1 + i)^{-t}\right]$$

se substituirmos pelos valores correspondentes, vem

$$D_c = 400.000\ € \left[1 - (1 + 4{,}5\%)^{-1{,}5}\right]$$
$$D_c = 400.000\ € \ (1 - 0{,}936107154)$$
$$D_c = 400.000\ € \times 0{,}063892845$$
$$D_c = 25.557{,}14\ €$$

ii) A taxa de desconto que equivale à taxa anual de 4,5% obtém-se através da expressão formalizada em [1.33], donde

$$d = \frac{i}{1+i} = \frac{4{,}5\%}{1+4{,}5\%} = 4{,}30622\%$$

Aplicando o mesmo raciocínio que na hipótese anterior, considerando, agora, a expressão formalizada em [1.36], vem

$$D_c = C_n \left[1 - (1 - d)^{t}\right]$$

donde, no caso presente, resulta que

$$D_c = 400.000\ € \left[1 - (1 - 4{,}30622\%)^{1{,}5}\right]$$
$$D_c = 400.000\ € \ (1 - 0{,}936107155)$$
$$D_c = 400.000\ € \times 0{,}063892844$$
$$D_c = 25.557{,}14\ €$$

Tratando-se de taxas equivalentes, ambas as hipóteses conduzem, como se referiu de início, ao mesmo montante.

b) Se substituirmos os valores respetivos em [1.36] e resolvermos em ordem a *d*, vem que

$$D_c = C_n\left[1-(1-d)^t\right]$$

$$28.228{,}52\text{ €} = 400.000\text{ €}\left[1-(1-d)^{1{,}5}\right]$$

$$0{,}0705713 = 1-(1-d)^{1{,}5}$$

$$0{,}9294287 = (1-d)^{1{,}5}$$

$$(0{,}9294287)^{\frac{1}{1{,}5}} = 1-d$$

$$d = 0{,}047619007$$

$$d = 4{,}7619\%$$

Facilmente se determina a taxa de juro equivalente a esta taxa de desconto através de [1.34], ou seja,

$$i = \frac{d}{1-d} = \frac{4{,}7619\%}{1-4{,}7619\%} = 5\%$$

Podemos confirmar este resultado, aplicando a taxa de juro de 5% na expressão formalizada em [1.32]. Atendendo aos valores do problema, vem que

$$D_c = C_n\left[1-(1+i)^{-t}\right]$$

$$D_c = 400.000\text{ €}\left[1-(1+5\%)^{-1{,}5}\right]$$

$$D_c = 400.000\text{ €}\,(1-0{,}92942864)$$

$$D_c = 400.000\text{ €}\times 0{,}070571359$$

$$D_c = 28.228{,}54\text{ €}$$

valor este praticamente igual ao inicialmente proposto.

FORMULÁRIO (1)

[1.1] $$i = \frac{J}{C_0}$$

[1.2] $$J_k = C_0 \times i$$

[1.3] $$\sum_{k=1}^{n} J_k = C_0 \times n \times i$$

[1.4] $$C_n = C_0 (1 + n \times i)$$

[1.5] $$J_k = C_0 \times \frac{i}{12}$$

[1.6] $$\sum_{k=1}^{n} J_k = C_0 \times \frac{n \times i}{12}$$

[1.7] $$C_n = C_0 \left(1 + \frac{n \times i}{12}\right)$$

[1.8] $$J_k = C_0 \times \frac{i}{360}$$

[1.9] $$\sum_{k=1}^{n} J_k = C_0 \times \frac{n \times i}{360}$$

[1.10] $$C_n = C_0 \left(1 + \frac{n \times i}{360}\right)$$

[1.11] $$C_n = C_0 (1 + i)^n$$

[1.12] $$\sum_{k=1}^{n} J_k = C_0 \left[(1 + i)^n - 1\right]$$

[1.13] $$J_k = C_0 (1 + i)^{k-1} \times i$$

[1.14] $$C_n = C_0 \prod_{k=1}^{n} (1 + i_k)$$

[1.15] $$\sum_{k=1}^{n} J_k = C_0 \left[\prod_{k=1}^{n} (1 + i_k) - 1 \right]$$

[1.16] $$\bar{i} = \left[\prod_{k=1}^{n} (1 + i_k) \right]^{1/n} - 1$$

[1.17] $$C_n = C_0 \times e^{ni}$$

[1.18] $$y_{int} = y_0 + \frac{y_1 - y_0}{x_1 - x_0} (x - x_0)$$

[1.19] $$x_{int} = x_0 + \frac{x_1 - x_0}{y_1 - y_0} (y - y_0)$$

[1.20] $$C_n = C_{m+p} = C_0 (1 + i)^m \left(1 + \frac{p \times i}{12} \right)$$

[1.21] $$C_n = C_{m+p} = C_0 (1 + i)^m \left(1 + \frac{p \times i}{360} \right)$$

[1.22] $$C_n = C_{m+p} = C_0 (1 + i)^{m + \frac{p}{12}}$$

[1.23] $$C_n = C_{m+p} = C_0 (1 + i)^{m + \frac{p}{360}}$$

[1.24] $$D = C_n - C_{n-t}$$

[1.25] $$C_{n-t} = \frac{C_n}{1 + i \times t}$$

[1.26] $$D_d = \frac{C_n \times i \times t}{1 + i \times t}$$

[1.27] $$D_d = C_{n-t} \times i \times t$$

[1.28] $$D_f = C_n \times i \times t$$

[1.29] $$C_{n-t} = C_n (1 - i \times t)$$

[1.30] $$C_{n-t} = C_n (1 + i)^{-t}$$

[1.31] $$D_c = C_{n-t} \left[(1 + i)^t - 1\right]$$

[1.32] $$D_c = C_n \left[1 - (1 + i)^{-t}\right]$$

[1.33] $$d = \frac{i}{1+i}$$

[1.34] $$i = \frac{d}{1-d}$$

[1.35] $$C_{n-t} = C_n (1 - d)^t$$

[1.36] $$D_c = C_n \left[1 - (1 - d)^t\right]$$

Capítulo 2
Taxas de Juro

1. Questões gerais

A distinção entre taxas nominais e taxas efetivas e, muito principalmente, o modo como obtemos um tipo em função do outro constituem questões centrais no âmbito da matemática financeira.

Soares e Cadilhe (1988, p. 74) diferenciam entre ***taxas nominais*** e ***taxas efetivas*** do seguinte modo: «dizem-se *nominais* as taxas que são declaradas ("nomeadas") em vigor num processo de capitalização»; enquanto isso, são «*efectivas* as taxas de juro que, segundo os princípios da matemática financeira, presidem à produção do juro».

Porém, para que possamos entender por completo as diferenças existentes entre uma taxa nominal e uma taxa efetiva devemos atender a dois conceitos prévios: ao conceito de *taxa proporcional* e ao conceito de *taxa equivalente,* que desenvolveremos no ponto seguinte.

2. Taxas proporcionais e taxas equivalentes

Duas taxas dizem-se ***proporcionais*** quando, reportadas a períodos diferentes, a razão existente entre elas for idêntica à que existe entre os períodos de referência de ambas.

Notando, respetivamente, por i_a e i_p as taxas de juro relativas aos períodos de tempo correspondentes, n_a e n_p, ao formalizarmos, surgirá

$$\frac{i_a}{i_p} = \frac{n_a}{n_p} \qquad [2.1]$$

Assim sendo, termos 12% ao ano será o mesmo que termos 6% ao semestre, 3% ao trimestre, 4% ao quadrimestre ou 1% ao mês. Na verdade, correspondendo um ano a 12 meses, um semestre a 6 meses, um quadrimestre a 4 meses e um trimestre a 3 meses, estabelecemos que

$$\frac{12\%}{12}=\frac{6\%}{6}=\frac{4\%}{4}=\frac{3\%}{3}=\frac{1\%}{1}=12$$

O exemplo apontado é, de facto, bastante simples, mas podemos considerar outros menos óbvios, como os que surgem de imediato.

EXEMPLO: Qual é a taxa bienal proporcional à taxa de 2,5% ao trimestre?

Como um biénio contém 8 trimestres, a taxa bienal proporcional vai ser de 20%, isto é, 8 × 2,5%, uma vez que

$$\frac{2{,}5\%}{1}=\frac{20\%}{8}=2{,}5$$

Consideremos, ainda, um outro exemplo.

EXEMPLO: Qual é a taxa semestral proporcional à taxa de 15% referida a um período de dois anos e meio?

Um semestre corresponde a $\frac{1}{5}$ dos dois anos e meio aos quais a taxa de 15% se refere, logo a taxa proporcional ao semestre vai ser igual a $15\% \times \frac{1}{5} = 3\%$. Podemos, ainda, verificar que

$$\frac{15\%}{1}=\frac{3\%}{\frac{1}{5}}=15$$

ou, muito simplesmente,

$$\frac{15\%}{5}=\frac{3\%}{1}=3$$

São, na verdade, infinitas as hipóteses que se podem colocar. O conceito de proporcionalidade entre taxas é um conceito recorrente no contexto da matemática financeira, pelo que a ele voltaremos circunstanciadamente ao longo do presente texto, sobretudo aquando da resolução de casos práticos.

Por sua vez, são ***equivalentes*** as taxas que, reportadas a diferentes períodos de tempo, aplicadas a um mesmo capital e durante um mesmo prazo global, mas sob diferentes condições de capitalização, produzem o mesmo valor acumulado ou montante.

Poderemos, então, formalizar do seguinte modo:

$$C_0\,(1 + i_p)^p = C_0\,(1 + i_a)$$

ou, simplificando,

$$(1 + i_p)^p = (1 + i_a) \qquad [\,2.2\,]$$

sendo que

i_a = taxa inicial;

i_p = taxa relativa a um dado período que é função do período de referência da taxa inicial;

p = número de vezes em que o período de referência de i_a foi dividido, o mesmo é dizer, o número de vezes que ocorre a capitalização (frequência da capitalização).

A expressão anterior traduz a ***relação de equivalência*** que existe entre as taxas i_a e i_p. Dela decorre que

$$i_a = (1 + i_p)^p - 1$$

O valor do expoente p é sempre positivo, mas poderá ser maior que 1, igual a 1 ou menor que 1.

Se **p > 1**, significa que o período para o qual pretendemos calcular a taxa equivalente é menor que o período de referência da taxa inicial. É o que acontece quando pretendemos calcular a taxa semestral equivalente a uma taxa anual ou a taxa quadrimestral equivalente a uma taxa bienal. Indicando p a frequência com que ocorre a capitalização, este será, para os casos apontados, respetivamente, de 2 e de 6, uma vez que um ano é composto por dois semestres e um biénio por 6 quadrimestres.

A hipótese **p = 1** não tem sentido prático, uma vez que corresponde a calcular a taxa equivalente para um período ele próprio idêntico ao período de referência da taxa inicial.

Porém, se **p < 1**, tal implica que o período de referência para o qual pretendemos calcular a taxa equivalente seja maior que o período de referência da taxa inicial. Partindo de uma taxa anual, poderemos obter a taxa equivalente trienal ou, considerando uma taxa mensal, poderemos obter a taxa equivalente ao ano. Nestes casos, p será igual a $\frac{1}{3}$, no primeiro, e a $\frac{1}{12}$, no segundo, atendendo a que um ano corresponde a $\frac{1}{3}$ do triénio e um mês a $\frac{1}{12}$ do ano[1].

Bastará, então, substituirmos os valores respetivos na fórmula anterior e efetuarmos os cálculos matemáticos necessários para, de um modo simples, obtermos uma dada taxa de juro equivalente a outra.

À semelhança do que sucedia para o caso das taxas proporcionais, são múltiplas as situações que podem ocorrer. Limitamo-nos, aqui, a apresentar alguns exemplos, ilustrativos das diferenças existentes nos casos em que $p < 1$ e $p > 1$.

EXEMPLO: Qual a taxa quadrimestral que equivale à taxa semestral de 6%?

Recorrendo à *expressão de equivalência* entre taxas

$$(1 + i_p)^p = (1 + i_a)$$

[1] Soares e Cadilhe (1988, p. 75) designam por *taxa subanual efetiva* a taxa relativa a um período de capitalização menor que o ano. No mesmo sentido, somos, então, levados a atender ao conceito de *taxa sobreanual efetiva*, caso o período de capitalização seja superior ao ano. Devemos, ainda, ter em consideração que nem sempre o período de referência da taxa nominal coincide com o ano, embora esta seja, na verdade, a situação mais comum. Nestes casos, é necessário atender ao período de referência da taxa nominal e contemplar, por exemplo, a existência de uma *taxa subsemestral efetiva*, no caso de o período de referência da taxa nominal ser o semestre e o período de capitalização menor que o semestre, ou, ainda, de uma *taxa sobrequadrimestral efetiva*, se a taxa nominal se reportar ao quadrimestre e o período de capitalização for maior que os 4 meses.

vamos, primeiramente, determinar qual o valor de p. Sendo a taxa inicial (i_a) referida a um período de 6 meses e a taxa que pretendemos conhecer (i_p) reportada a 4 meses, a relação que se estabelece entre ambos os períodos é de $p = \frac{6}{4} = 1{,}5$.

Substituindo na expressão anterior, surge então

$$(1 + i_{\text{quadrimestral}})^{1{,}5} = (1 + i_{\text{semestral}})$$

$$(1 + i_{\text{quadrimestral}})^{1{,}5} = (1 + 6\%)$$

$$i_{\text{quadrimestral}} = (1 + 6\%)^{\frac{1}{1{,}5}} - 1$$

$$i_{\text{quadrimestral}} = 3{,}96\%$$

De modo mais simples, poder-se-ia formalizar

$$i_{\text{quadrimestral}} = (1 + 6\%)^{\frac{2}{3}} - 1$$

$$i_{\text{quadrimestral}} = 3{,}96\%$$

Consideremos um outro exemplo.

EXEMPLO: Qual a taxa correspondente a um período de 5 semestres que equivale à taxa anual de 3,5%?

Tomamos, de novo, a *expressão de equivalência* entre taxas

$$(1 + i_p)^p = (1 + i_a)$$

Como 5 semestres perfazem 2 anos e meio, temos que $p = \frac{1}{2{,}5}$, pelo que resulta

$$(1 + i_{5\text{ semestres}})^{\frac{1}{2{,}5}} = (1 + i_{\text{anual}})$$

$$i_{5\text{ semestres}} = (1 + i_{\text{anual}})^{2{,}5} - 1$$

$$i_{5\text{ semestres}} = (1 + 3{,}5\%)^{2{,}5} - 1$$

$$i_{5\text{ semestres}} = 8{,}981\%$$

3. Taxas nominais e taxas efetivas

Referimos atrás que se entende por ***taxa nominal*** aquela que é declarada em vigor num determinado processo de capitalização, sendo ***efetiva*** a taxa que verdadeiramente preside à formação do juro.

Em juro composto, uma taxa é ***nominal*** quando a taxa efetiva reportada ao período de capitalização lhe é proporcional, coincidindo essa proporção com a frequência da capitalização p.

Enquanto isso, uma taxa é ***efetiva*** quando o período a que se reporta coincidir com o período de capitalização que lhe está associado. Uma taxa anual é efetiva se o período de capitalização que lhe corresponde for o ano ou, ainda, uma taxa trimestral é efetiva se a mesma produzir juros ao trimestre. Porém, se tivermos uma taxa anual com capitalização ao trimestre esta taxa não é efetiva. Veremos adiante o modo como poderemos obter a taxa efetiva correspondente.

Para melhor entendermos o que afirmámos, consideremos a taxa anual nominal de 12% com capitalização ao semestre. Esta taxa é uma taxa nominal, não sendo, contudo, uma taxa efetiva, uma vez que se encontra reportada ao ano e a capitalização ocorre ao semestre. A taxa efetiva para o período de capitalização, no caso o semestre, será de 6%. Verificamos, então que a relação de proporcionalidade que existe entre a taxa nominal reportada ao período inicial, 12%, e a taxa efetiva para o período de capitalização, 6%, é de 2, o que coincide, aliás, com o número de vezes que a capitalização ocorre durante o ano.

A taxa efetiva para o período de referência da taxa nominal pode ser obtida recorrendo à expressão

$$i_{efet} = \left(1 + \frac{i_{nom}}{p}\right)^{p} - 1 \qquad [2.3]$$

com p a representar a frequência da capitalização.

Ao invés, conhecida a taxa efetiva do período de referência da taxa nominal e pretendendo conhecer a taxa nominal que lhe corresponde, retomamos a expressão anterior e resolvemo-la em ordem a i_{nom}. Desta sorte, surge que

$$1 + i_{efet} = \left(1 + \frac{i_{nom}}{p}\right)^{p}$$

$$(1 + i_{efet})^{\frac{1}{p}} = 1 + \frac{i_{nom}}{p}$$

$$i_{nom} + p = p\,(1 + i_{efet})^{\frac{1}{p}}$$

$$i_{nom} = p\left[(1 + i_{efet})^{\frac{1}{p}} - 1\right] \qquad [2.4]$$

Todavia, a problemática da diferenciação entre taxas de juro nominais e taxas de juro efetivas coloca-se, apenas, no regime de juro composto, em que as taxas proporcionais não são equivalentes e, bem assim, as taxas equivalentes não são proporcionais. Enquanto isso, tanto ***no regime de capitalização simples***, como ***no regime de capitalização "dita simples"***, não havendo lugar à formação de "juros de juros", ***as taxas proporcionais são também taxas equivalentes***, donde resulta que ***as taxas nominais são também taxas efetivas.***

4. Hipóteses de problemas

São quatro as hipóteses de problemas com os quais podemos ser confrontados, a saber: 1) determinação de uma *taxa efetiva* em função de uma outra *taxa efetiva*; 2) determinação de uma *taxa efetiva* em função de uma *taxa nominal*; 3) determinação de uma *taxa nominal* em função de uma *taxa efetiva*; 4) por último, determinação de uma *taxa nominal* em função de uma outra *taxa nominal*, tendo havido alteração do período de capitalização.

Sem prejuízo da aplicação direta das expressões encontradas em [2.3] e [2.4], em particular nos casos apontados, respetivamente, em 4.2 e 4.3, descrevemos, de seguida, um conjunto de procedimentos a reter em cada uma das situações em apreço.

4.1. Taxa efetiva/taxa efetiva

Este problema surge quando se altera a frequência da capitalização. Vamos recorrer a uma ***relação de equivalência***, de modo a obtermos a taxa efetiva concernente ao novo período de capitalização.

EXEMPLO: Qual a taxa mensal efetiva que corresponde à taxa trimestral efetiva de 2%?

Ao longo de um trimestre, a taxa mensal capitalizará 3 vezes, pelo que, para que possa produzir o mesmo montante de juro que a taxa trimestral que lhe é equivalente, devemos formalizar

$$(1 + i_{\text{ef. trimestre}}) = (1 + i_{\text{ef. mensal}})^3$$

Substituindo pelos valores respetivos, surge

$$(1 + 2\%) = (1 + i_{\text{ef. mensal}})^3$$

Basta, agora, retirarmos o valor da taxa efetiva mensal da expressão anterior. Logo

$$(1 + 2\%)^{\frac{1}{3}} = (1 + i_{\text{ef. mensal}})$$

$$i_{\text{ef. mensal}} = (1 + 2\%)^{\frac{1}{3}} - 1$$

$$i_{\text{ef. mensal}} = 1{,}0066227 - 1$$

$$i_{\text{ef. mensal}} = 0{,}0066227$$

$$i_{\text{ef. mensal}} = 0{,}66227\%$$

A taxa efetiva mensal é de 0,66227%; esta taxa efetiva é menor que a taxa proporcional mensal que se obteria, ou seja, 0,6(6)%. Tal sucede devido ao facto de nos encontramos em juro composto, com a consequente formação dos "juros de juros"; findo o primeiro mês, os juros produzidos vão capitalizar à taxa de 0,66227%, e assim por diante, no final de cada mês, tal como se capitalizassem à taxa de 2% ao trimestre.

Podemos atender a outro exemplo, desta feita pretendendo calcular a taxa efetiva para um período maior que o período de referência da taxa inicial.

EXEMPLO: Qual é a taxa efetiva ao biénio que corresponde à taxa efetiva de 7% reportada a um período de 8 meses?

Como a um biénio correspondem 24 meses, logo três períodos de 8 meses, significa que, ao longo desse biénio, se vão observar 3 capitalizações, pelo que formalizamos

$$(1 + i_{\text{ef. biénio}}) = (1 + i_{\text{ef. 8 meses}})^3$$

Efetuando as necessárias substituições, surge

$$(1 + i_{\text{ef. biénio}}) = (1 + 7\%)^3$$

sendo simples determinar o valor de $i_{\text{ef. biénio}}$, ou seja,

$$i_{\text{ef. biénio}} = (1 + 7\%)^3 - 1$$
$$i_{\text{ef. biénio}} = 1{,}225043 - 1$$
$$i_{\text{ef. biénio}} = 0{,}225043$$
$$i_{\text{ef. biénio}} = 22{,}5043\%$$

A taxa efetiva ao biénio é de 22,5043%; repare-se que a taxa efetiva assim obtida é maior que a taxa proporcional respetiva, pois a taxa proporcional ao biénio seria de $3 \times 7\% = 21\%$. À semelhança do que se observou no exemplo anterior, tal sucede devido à produção dos denominados "juros de juros", uma vez que ao longo do biénio ocorrem três capitalizações, uma no final de cada período de 8 meses, cujos juros transitam para o processo de capitalização seguinte, dando, por isso, origem a uma taxa efetiva que é superior à taxa proporcional.

4.2. Taxa nominal/taxa efetiva

Esta questão coloca-se quando estamos em presença de uma taxa nominal referente a um dado período, mas com um período de capitalização não coincidente com o período de referência da taxa nominal, e pretendemos obter a taxa efetiva para esse período de referência.

Em primeiro lugar, através de uma ***relação de proporcionalidade***, calculamos a taxa proporcional referente ao período de capitalização. Note-se que a taxa assim obtida é a taxa efetiva para o período de capitalização, uma vez que coincidem esse período de capitalização e o período de referência da taxa proporcional.

De seguida, por intermédio de uma ***relação de equivalência***, apuramos a taxa efetiva para o período de referência da taxa nominal.

EXEMPLO: Qual a taxa efetiva anual correspondente à taxa anual nominal de 6%, no caso de a capitalização se efetuar ao trimestre?

O primeiro passo será o de encontrarmos a taxa proporcional para o período de capitalização; logo dividimos a taxa nominal pelo número de vezes que o período de referência da taxa nominal compreende o período de capitalização, ou seja, pela *frequência da capitalização* correspondente a p.

$$i_{\text{prop. trim.}} = \frac{6\%}{4} = 1{,}5\%$$

Esta taxa, sendo uma taxa referida ao trimestre, nela coincidem o período de referência e o período de capitalização, sendo por isso uma taxa efetiva ao trimestre.

O segundo passo será, então, o de determinarmos a taxa efetiva ao ano por intermédio de uma *relação de equivalência.*

A taxa de 1,5%, sendo uma taxa trimestral, capitaliza 4 vezes durante um ano (p), pelo que

$$(1 + 1{,}5\%)^4 = (1 + i_{\text{ef. anual}})$$

$$i_{\text{ef. anual}} = 1{,}061363551 - 1$$

$$i_{\text{ef. anual}} = 0{,}061363551$$

$$i_{\text{ef. anual}} \cong 6{,}14\%$$

Podemos colocar uma questão similar, considerando agora um período de capitalização superior ao período de referência da taxa inicial.

EXEMPLO: Qual a taxa efetiva anual correspondente à taxa anual de 6%, sendo que a capitalização ocorre ao biénio?

À semelhança do que sucedeu no exemplo anterior, devemos calcular a *taxa proporcional* para o período de capitalização.

O período de capitalização é o dobro do período de referência da taxa nominal; dividir a taxa de 6% por $\frac{1}{2}$, isto é, pelo número de vezes que o período de capitalização "cabe dentro" do período de referência da taxa nominal, é o mesmo que multiplicar essa taxa por 2, logo

$$i_{\text{prop. biénio}} = 2 \times 6\% = 12\%$$

taxa esta que corresponde à taxa efetiva ao biénio.

Uma vez que pretendemos conhecer a taxa efetiva ao ano, e atendendo a que esta capitalizará duas vezes durante o biénio, surge

$$(1 + 12\%) = (1 + i_{\text{ef. anual}})^2$$

$$i_{\text{ef. anual}} = (1 + 12\%)^{\frac{1}{2}} - 1$$

$$i_{\text{ef. anual}} = 0{,}0583005$$

$$i_{\text{ef. anual}} \cong 5{,}83\%$$

A taxa efetiva ao ano é, então, menor que a taxa proporcional, uma vez que a capitalização ocorre com uma frequência inferior àquela que subjaz ao período de referência da taxa nominal (enquanto o período de referência da taxa nominal é o ano, a capitalização processa-se apenas de dois em dois anos).

Em ambos os exemplos apresentados poder-se-ia ter aplicado diretamente a expressão formalizada em [2.3].

4.3. Taxa efetiva/taxa nominal

Nesta situação, estamos em presença de uma taxa efetiva, referente a um determinado período, e pretendemos conhecer a taxa nominal que lhe deu origem. Devemos, então, percorrer o caminho inverso ao do caso anterior, isto é, utilizamos, primeiramente, uma ***relação de equivalência***, de modo a obtermos a taxa efetiva correspondente ao período de capitalização. Seguidamente, aplicando uma ***relação de proporcionalidade***, calculamos a taxa proporcional para o período de referência da taxa efetiva de que partimos. Para melhor ilustrar o que acabamos de afirmar, atenda-se ao exemplo seguinte.

EXEMPLO: Qual a taxa nominal com capitalização mensal que corresponde à taxa efetiva anual de 12,6825%?

Primeiramente, vamos determinar a *taxa equivalente* para o período de capitalização, que, no caso em apreço, é o mês. Como o ano é composto por 12 meses e recorrendo, de novo, a [2.2], resulta que

$$(1 + i_{ef.\ anual}) = (1 + i_{ef.\ mensal})^{12}$$

$$(1 + 12{,}6825\%) = (1 + i_{ef.\ mensal})^{12}$$

$$i_{ef.\ mensal} = (1 + 12{,}6825\%)^{\frac{1}{12}} - 1$$

$$i_{ef.\ mensal} = 1\%$$

Esta é a taxa efetiva mensal, que é também nominal para o período de capitalização. Obtemos a taxa nominal anual recorrendo a uma *relação de proporcionalidade*, multiplicando esta taxa por p, isto é, pela frequência da capitalização. Logo

$$i_{nom.\ anual} = 12 \times 1\% = 12\%$$

Tomemos um outro exemplo, um pouco mais complexo.

EXEMPLO: Qual é a taxa nominal com capitalização ao trimestre, referente a um período de 15 meses, que corresponde à taxa efetiva de 3,75% para um período de 8 meses?

A taxa de 3,75% é uma taxa efetiva para um período de 8 meses. Sendo o trimestre o período de capitalização da taxa que pretendemos conhecer, vamos, através de uma *relação de equivalência*, calcular a taxa efetiva ao trimestre. Deste modo,

$$(1 + i_{ef.\ 8\ meses}) = (1 + i_{ef.\ trimestre})^{\frac{8}{3}}$$

$$(1 + 3{,}75\%) = (1 + i_{ef.\ trimestre})^{\frac{8}{3}}$$

$$i_{ef.\ trimestre} = (1 + 3{,}75\%)^{\frac{3}{8}} - 1$$

$$i_{ef.\ trimestre} = 1{,}39\%$$

Esta taxa, além de efetiva, é também nominal para o trimestre, pelo que a taxa nominal para um período de 15 meses será obtida através de uma *relação de proporcionalidade*[2]. Surge, então, que

$$i_{\text{nom. 15 meses}} = 5 \times 1{,}39\% = 6{,}95\%$$

Ambos os casos poderiam ter sido resolvidos através da aplicação direta da expressão formalizada em [2.4].

Atenda-se, ainda, a que no último exemplo se calculou a taxa nominal para um período de referência que não corresponde ao período da taxa nominal inicial, salvaguardando a relação de proporcionalidade existente entre o período de capitalização e o período da taxa nominal que pretendemos obter. Do mesmo modo, poderemos calcular uma taxa efetiva para um período que não coincida nem com o período de capitalização da taxa nem com o período de referência da taxa nominal inicial.

4.4. Taxa nominal/taxa nominal

Em determinadas circunstâncias, poderá haver interesse em transformar uma dada taxa nominal, referida a um certo período de tempo, mas com um período de capitalização que não lhe é correspondente, em outra taxa nominal, referida ao mesmo período de tempo da taxa inicial, mas com um período de capitalização não coincidente nem com o período de referência de ambas as taxas nem com o período de capitalização da taxa inicial.

Este tipo de problemas deve ser resolvido em três etapas:

- Em primeiro lugar, através de uma ***relação de proporcionalidade***, determinamos a taxa proporcional para o período inicial de capitalização. Como já se sublinhou, a taxa assim obtida é a taxa efetiva para esse período, coincidindo o período de referência e o período de capitalização.
- Em segundo lugar, aplicando uma ***relação de equivalência***, determinamos a taxa equivalente para o novo período de capitalização. Mais uma vez, é de referir que esta taxa é também uma taxa efetiva, desta feita para o novo período de capitalização.

[2] Multiplicamos por 5, uma vez que o período de 15 meses engloba 5 trimestres.

– Por último, recorrendo, de novo, a uma ***relação de proporcionalidade***, calculamos a taxa correspondente ao período de referência da taxa inicial. Obtém-se, assim, a nova taxa nominal, mas com um novo período de capitalização e um período de referência coincidente com o da taxa inicial.

Convém, todavia, sublinhar que ambas as taxas nominais são equivalentes – isto é, proporcionam o mesmo retorno ou o mesmo custo efetivo –, por serem equivalentes as taxas relativas aos respetivos períodos de capitalização.

EXEMPLO: Qual a taxa anual nominal com capitalização ao trimestre que corresponde à taxa anual nominal com capitalização diária de 12,6%?

Vamos, em primeiro lugar, calcular a *taxa proporcional* para o período inicial de capitalização, isto é,

$$i_{\text{prop. diária}} = \frac{12{,}6\%}{360} = 0{,}035\%$$

Esta taxa, para além de proporcional, é também uma taxa efetiva, uma vez que coincidem o período de referência da mesma e o período de capitalização (no caso, o dia).

O passo seguinte é o de determinar a taxa efetiva para o novo período de capitalização, o trimestre, recorrendo à *relação de equivalência* formalizada em [2.2]. Em média, um trimestre corresponde a 90 dias, pelo que

$$(1 + i_{\text{ef. trimestre}}) = (1 + i_{\text{ef. diária}})^{90}$$

$$i_{\text{ef. trimestre}} = (1 + i_{\text{ef. diária}})^{90} - 1$$

Substituindo, surge

$$i_{\text{ef. trimestre}} = (1 + 0{,}035\%)^{90} - 1$$

$$i_{\text{ef. trimestre}} = 1{,}0319957 - 1$$

$$i_{\text{ef. trimestre}} = 0{,}0319957$$

$$i_{\text{ef. trimestre}} = 3{,}2\%$$

Por último, vamos calcular a *taxa proporcional* para o período de referência da taxa inicial. Logo, como um ano corresponde a 4 trimestres, teremos

$$i_{\text{anual nom.}} = 4 \times 3{,}2\% = 12{,}8\%$$

Esta é a nova taxa anual nominal, mas com capitalização trimestral, enquanto a taxa de 12,6% inicialmente indicada era a taxa anual nominal com capitalização diária.

Como é sabido, o período de referência das taxas nem sempre coincide com o ano, embora seja essa a situação mais comum. Vejamos, de seguida, um caso em que tal não sucede.

EXEMPLO: Qual a taxa nominal com capitalização ao trimestre que corresponde à taxa nominal de 7%, referida para um período de 8 meses e que capitaliza quando decorrido cada período de 15 meses?

A taxa que nos é indicada, 7%, é uma taxa nominal reportada a 8 meses e que capitaliza aos 15 meses.

Vamos, primeiramente, recorrer a uma *relação de proporcionalidade*, de modo a determinarmos a taxa proporcional para 15 meses, que, uma vez reportada para o período de capitalização, é também uma taxa efetiva para esse período. Deste modo, resultará

$$i_{\text{prop. 15 meses}} = \frac{15}{8} \times 7\% = 13{,}125\%$$

A taxa assim obtida é a taxa efetiva para o período de capitalização de 15 meses. Através de uma *relação de equivalência*, vamos calcular qual a taxa que lhe equivale para o novo período de capitalização.

$$(1 + i_{\text{ef. trimestre}})^{\frac{15}{3}} = (1 + i_{\text{ef. 15 meses}})$$

$$(1 + i_{\text{ef. trimestre}})^{5} = (1 + 13{,}125\%)$$

$$i_{\text{ef. trimestre}} = (1 + 13{,}125\%)^{\frac{1}{5}} - 1$$

$$i_{\text{ef. trimestre}} = 2{,}49713\%$$

Por último, vamos determinar a *taxa proporcional para o período de referência da taxa nominal*, isto é, para 8 meses[3], donde

$$i_{\text{nom. 8 meses}} = \frac{8}{3} \times 2{,}49713\% = 6{,}659\%$$

5. Taxa média de aplicação[4]

Em presença de um certo número de capitais, colocados em simultâneo, às taxas e pelos períodos de tempo respetivos, designaremos por ***taxa média de aplicação*** aquela que, substituindo as taxas iniciais, produz, nos prazos correspondentes, o mesmo montante total de juros.

Notando por I a taxa média de aplicação, no caso do ***regime de capitalização simples***, teremos

$$\frac{C_1 \times i_1 \times n_1}{360} + \frac{C_2 \times i_2 \times n_2}{360} + \ldots + \frac{C_n \times i_n \times n_n}{360} = \frac{C_1 \times I \times n_1}{360} +$$

$$+ \frac{C_2 \times I \times n_2}{360} + \ldots + \frac{C_n \times I \times n_n}{360}$$

Se colocarmos I em evidência, surge

$$I\left[\frac{C_1 \times n_1}{360} + \frac{C_2 \times n_2}{360} + \ldots + \frac{C_n \times n_n}{360}\right] = \frac{C_1 \times i_1 \times n_1}{360} + \frac{C_2 \times i_2 \times n_2}{360} + \ldots +$$

$$+ \frac{C_n \times i_n \times n_n}{360}$$

---

[3] Eventualmente, o período de referência da segunda taxa nominal pode diferir do período de referência da primeira. Nestes casos, o problema assumirá contornos idênticos, devendo ser considerada a relação de proporcionalidade entre o período de referência da segunda taxa e o respetivo período de capitalização, tal como já sublinhámos a propósito da transformação das taxas efetivas em taxas nominais e das taxas nominais em taxas efetivas.

[4] A ***taxa média de aplicação*** que aqui se apresenta diferencia-se da taxa média de aplicação formalizada em [1.16], uma vez que agora se consideram as condições de aplicação de vários capitais e não apenas taxas periódicas diferentes aplicadas a um mesmo capital.

donde

$$I = \frac{\sum_{k=1}^{n} C_k \times i_k \times n_k}{\sum_{k=1}^{n} C_k \times n_k} \qquad [2.5]$$

EXEMPLO: Qual a rendibilidade média obtida pelos seguintes capitais, aplicados, a partir de hoje, em regime de capitalização simples:

- 6.600 €, por 30 dias, à taxa de 8,5%;
- 2.400 €, por 15 dias, à taxa de 5%;
- 4.500 €, por 50 dias, à taxa de 10%?

Tomando a expressão anterior, obteremos a taxa média de aplicação ou, de outro modo, a rendibilidade média proporcionada por um conjunto de capitais investidos em simultâneo, logo

$$I = \frac{6.600€ \times 30 \times 8,5\% + 2.400€ \times 15 \times 5\% + 4.500€ \times 50 \times 10\%}{6.600€ \times 30 + 2.400€ \times 15 + 4.500€ \times 50}$$

$$I = \frac{41.130€}{459.000€}$$

$$I = 0,0896078$$

$$I \cong 8,961\%$$

A rendibilidade média obtida será de 8,961%.

No exemplo anterior, todos os períodos de tempo surgem referidos à mesma unidade – a dias –, o mesmo sucedendo com as respetivas taxas, que são, todas elas, taxas anuais. A aplicação da expressão encontrada em [2.5] implica, pois, que todos os coeficientes de ponderação se encontrem expressos na mesma unidade de tempo; também o período de referência das taxas praticadas deve ser coincidente, sendo a taxa I a *taxa média* para esse mesmo período de referência. Tratando-se de juro simples, taxas e períodos de tempo equivalentes podem ser calculados recorrendo a *relações de proporcionalidade*.

Por sua vez, se nos encontrarmos em ***regime de capitalização composta***, a *taxa média de aplicação* de n capitais é a taxa I que torna possível a seguinte identidade

$$C_1\left[(1+i_1)^{n_1}-1\right]+C_2\left[(1+i_2)^{n_2}-1\right]+....+C_n\left[(1+i_n)^{n_n}-1\right]=$$

$$=C_1\left[(1+I)^{n_1}-1\right]+C_2\left[(1+I)^{n_2}-1\right]+....+C_n\left[(1+I)^{n_n}-1\right]$$

ou ainda

$$C_1(1+i_1)^{n_1}+C_2(1+i_2)^{n_2}+....+C_n(1+i_n)^{n_n}=$$

$$=C_1(1+I)^{n_1}+C_2(1+I)^{n_2}+....+C_n(1+I)^{n_n} \qquad [\,2.6\,]$$

Releva aqui o que atrás se afirmou relativamente à necessidade de coincidência entre os períodos de tempo e das taxas, sendo que, no caso presente, por se tratar de juro composto, as taxas são transformadas através de *relações de equivalência.*

EXEMPLO: Qual a taxa média de aplicação dos seguintes capitais, que se encontram ambos colocados em regime de juro composto:

- 20.000 €, por 3 anos, à taxa anual de 7,5%;
- e 17.500 €, por 2 anos e meio, à taxa anual de 6%?

Substituindo na expressão anterior, obtém-se

$$20.000\text{ €}\,(1+7{,}5\%)^3+17.500\text{ €}\,(1+6\%)^{2,5}=$$

$$=20.000\text{ €}\,(1+I)^3+17.500\text{ €}\,(1+I)^{2,5}$$

$$24.845{,}94\text{ €}+20.244{,}30\text{ €}=20.000\text{ €}\,(1+I)^3+17.500\text{ €}\,(1+I)^{2,5}$$

$$45.090{,}24\text{ €}=20.000\text{ €}\,(1+I)^3+17.500\text{ €}\,(1+I)^{2,5}$$

Vamos, agora, recorrer a interpolação linear para determinarmos o valor de I[5].

Se a taxa média de aplicação fosse de 6% (a menor das taxas consideradas), o montante total do juro seria de 44.064,62 € e se fosse de 7,5% (a maior das taxas consideradas) o juro seria de 45.814,04 €, conforme se dá conta na tabela seguinte.

x	y
$x_0 = 6\%$	$y_0 = 44.064{,}62$ €
$x = ?$	$y = 45.090{,}24$ €
$x_1 = 7{,}5\%$	$y_1 = 45.814{,}04$ €

A *função interpoladora* surgirá

$$x_{\text{int}} = x_0 + \frac{x_1 - x_0}{y_1 - y_0}(y - y_0)$$

Substituindo pelos valores correspondentes, obtém-se

$$x_{\text{int}} = 6\% + \frac{7{,}5\% - 6\%}{45.814{,}04€ - 44.064{,}62€} \times (45.090{,}24€ - 44.064{,}62€)$$

$$x_{\text{int}} = 6\% + 0{,}87939\%$$

$$x_{\text{int}} = 6{,}87939\%$$

$$x_{\text{int}} \cong 6{,}88\%$$

A taxa média de aplicação de ambos os capitais seria, aproximadamente, de 6,88% [6].

---

[5] Como sempre acontece nos casos de interpolação linear, o problema reside na escolha dos pólos. Neste caso, recorremos a 6% e a 7,5% por serem as taxas de aplicação dos capitais considerados, sendo este, aliás, um procedimento a reter: no cálculo da taxa média de aplicação, no caso do regime de juro composto e com recurso a interpolação linear, utilizam-se como pólos a menor e a maior das taxas de aplicação dos diversos capitais.

[6] Poderemos, aqui, aplicar as funções financeiras do Excel, nomeadamente a função TIR. Esta função é normalmente empregue para determinar a taxa subjacente a um certo

6. Taxas de juro e fiscalidade

Os juros de depósitos, os rendimentos de títulos da dívida, bem como os rendimentos resultantes de operações similares, estão, em regra, sujeitos a um imposto sobre o rendimento por retenção na fonte, a uma taxa liberatória de 28% [7].

Pelo exposto, devemos, então, atender aos conceitos de ***taxa bruta*** e de ***taxa líquida***. Enquanto a ***taxa bruta*** incorpora o que é retido na fonte a título de imposto, a ***taxa líquida*** encontra-se desonerada desse encargo[8] [9].

Em ***juro simples***, teremos:

$$i_{\text{liq}} = i_{\text{bruta}} \times 0{,}72 \qquad [2.7]$$

investimento, reportado ao momento atual, em função dos fluxos financeiros futuros proporcionados pelo mesmo.

Neste caso, consideramos que dois capitais – 20.000 €, aplicados durante 3 anos, e 17.500 €, aplicados durante 2,5 anos – proporcionam um capital final de 45.090,24 €. Assim sendo, atendemos a uma sucessão de seis fluxos semestrais, em que os dois primeiros assumem o montante dos capitais aplicados e os restantes um valor zero. O montante final do capital reportar-se-á ao momento seis e assumirá um valor negativo. Vem, assim, que TIR = 3,385%, sendo, contudo, uma taxa semestral. Obtemos a taxa anual através de uma relação de equivalência, a qual conduz a 6,8846%, taxa esta muito idêntica à obtida por interpolação linear.

Com efeito, o recurso à função TIR implica que os diversos fluxos de capital se reportem a momentos equidistantes no tempo. No presente caso, como tal não sucedeu, contornou-se a questão atribuindo a alguns desses capitais um valor nulo.

Este problema dissipa-se, no entanto, no âmbito da função XTIR, a qual pode ser aplicada a um elenco mais vasto de situações, por permitir associar a cada fluxo o respetivo vencimento.

[7] Consideramos a taxa em vigor à data de publicação do presente *Manual*, tal como definido pelo artigo 71º do Código do Rendimento das Pessoas Singulares (redação que lhe foi conferida pelo Decreto-Lei nº 41/2016, de 1 de agosto.

Para além disso, alguns produtos financeiros poderão beneficiar de um regime fiscal diferenciado, mormente as contas de poupança-habitação e os planos de poupança-reforma, devendo, nestes casos, atender-se ao estipulado no Estatuto dos Benefícios Fiscais.

[8] As taxas de juro anunciadas pelas instituições bancárias para as suas operações passivas são, quase na totalidade dos casos, taxas brutas. Para que o investidor possa aferir a sua rendibilidade deve atender à carga fiscal que recai sobre cada tipo de produto.

[9] Consideramos, em ambos os regimes, uma taxa liberatória de 28%; esta deve ser alterada sempre que os produtos financeiros se encontrem sujeitos a outro tipo de tributação.

EXEMPLO: Qual a taxa bruta a que esteve colocado, em regime de juro simples, um capital de 2.500 €, sabendo que no prazo de 180 dias produziu um juro líquido de 72 €?

O montante de juro produzido por um capital C_0, à taxa de juro *i*, durante n dias, em regime de capitalização simples, é dado por

$$\sum_{k=1}^{n} J_k = C_0 \times \frac{n \times i}{360}$$

Substituindo pelos valores respetivos, vem

$$72\,€ = 2.500\,€ \times \frac{180 \times i}{360}$$

Resolvendo em ordem a *i*, surge

$$0{,}0288 = 0{,}5\, i$$

$$i = 5{,}76\%$$

A taxa assim obtida é uma taxa líquida, uma vez que é com base nela que os juros são calculados, logo

$$i_{liq} = 5{,}76\%$$

Sendo que

$$i_{liq} = i_{bruta} \times 0{,}72$$

$$i_{bruta} = \frac{i_{liq}}{0{,}72} = \frac{5{,}76\%}{0{,}72} = 8\%$$

Por seu turno, em ***juro composto***, devemos, sobretudo, atender ao facto de a retenção poder ser efetuada aquando de cada produção dos juros periódicos ou, em alternativa, de poder ocorrer apenas no final de todo o processo de capitalização.

No primeiro caso, a situação é idêntica à que se observa no caso do regime de juro simples, capitalizando os juros à taxa líquida. Atendendo à expressão formalizada em [1.11], que permite calcular o montante de capital acumulado em regime de juro composto, surge

$$C_n = C_0\,(1 + i_{liq})^n$$

ou, de outro modo

$$C_n = C_0\,(1 + 0{,}72 \times i_{bruta})^n \qquad [2.8]$$

Na eventualidade de a retenção ocorrer apenas no termo da operação financeira – hipótese esta com menos aderência real, mas que pode prevalecer no âmbito de certos produtos, mormente no caso dos planos de pensões – poderemos calcular a taxa efetiva correspondente ao período de referência da taxa bruta.

Recordemos a expressão encontrada em [1.12], que permite obter o montante total de juro produzido, em regime de juro composto.

$$\sum_{k=1}^{n} J_k = C_0\left[(1+i)^n - 1\right]$$

Aplicando ao montante dos juros a taxa liberatória de 28%, vem

$$C_n = C_0 + C_0\left[(1 + i_{bruta})^n - 1\right](1 - 0{,}28)$$

Porém, a taxa periódica que pretendemos obter é uma taxa líquida[10], pelo que podemos também escrever que

$$C_n = C_0\,(1 + i_{liq})^n$$

Igualando ambas as expressões e resolvendo em ordem a i_{liq}, resulta

$$C_0\,(1 + i_{liq})^n = C_0 + C_0\left[(1 + i_{bruta})^n - 1\right](1 - 0{,}28)$$

$$C_0\,(1 + i_{liq})^n = C_0\left[1 + (1 + i_{bruta})^n \times 0{,}72 - (1 - 0{,}28)\right]$$

$$(1 + i_{liq})^n = 0{,}72\,(1 + i_{bruta})^n + 0{,}28$$

[10] A qual corresponde, com efeito, a uma taxa média líquida.

donde se conclui que

$$i_{liq} = \left[0{,}72\,(1 + i_{bruta})^{n} + 0{,}28\right]^{\frac{1}{n}} - 1 \qquad [2.9]$$

Através da expressão anterior, podemos conhecer qual ***a taxa líquida periódica que, em juro composto, equivale a uma taxa bruta conhecida***, no pressuposto de o imposto ser calculado no termo da operação financeira a uma taxa de 28%.

De modo a clarificar o exposto, tomemos o seguinte exemplo.

EXEMPLO: Um capital de 1.000 € esteve aplicado durante 3 anos, à taxa anual de 5%. Calcule o montante de juro líquido produzido, considerando uma taxa de imposto de 28% e confrontando as possibilidades de a tributação ser efetuada período a período ou no final da aplicação.

Comecemos por observar o que sucede no caso de a tributação ser efetuada período a período.

$$i_{liq} = i_{bruta} \times 0{,}72 = 5\% \times 0{,}72 = 3{,}6\%$$

Sendo que

$$C_n = C_0\,(1 + i_{liq})^{n}$$

$$C_n = 1.000\,€\,(1 + 3{,}6\%)^{3}$$

$$C_n = 1.111{,}93\,€$$

Deste modo,

$$\sum J_k = C_n - C_0 = 1.111{,}93\,€ - 1.000\,€ = 111{,}93\,€$$

Para o caso de a tributação ocorrer apenas no final da aplicação, calculamos, recorrendo a [2.9], a taxa periódica líquida equivalente a que os juros capitalizam. Assim sendo, vem

$$i_{liq} = \left[0{,}72\,(1 + i_{bruta})^{n} + 0{,}28\right]^{\frac{1}{n}} - 1$$

$$i_{liq} = \left[0{,}72\,(1 + 5\%)^{3} + 0{,}28\right]^{\frac{1}{3}} - 1$$

$$i_{liq} = 3{,}648\%$$

A taxa obtida é maior que a taxa de 3,6% encontrada para a eventualidade de a tributação ocorrer em cada período de capitalização. O acréscimo registado traduz o facto de o montante de imposto referente a cada período de capitalização permanecer no processo, sendo entregue apenas no final.

Mas retomemos o nosso exemplo. Substituindo a taxa de 3,648% na expressão que nos permite calcular o montante dos juros em regime de juro composto, vem

$$\sum J_k = 1.000\text{ €}\left[(1+3{,}648\%)^3 - 1\right]$$

$$\sum J_k = 1.000\text{ €} \times 0{,}113480918$$

$$\sum J_k = 113{,}48\text{ €}$$

montante este, pelos motivos já expostos, necessariamente maior que o obtido na possibilidade de a tributação ocorrer período a período.

No exemplo anterior, considerámos uma taxa efetiva anual, sendo que a tributação ocorre também anualmente, em concreto, no final de cada ano. Porém, como é sabido, o período de capitalização nem sempre coincide com o ano, pelo que devemos referir quais os procedimentos a reter nestas circunstâncias.

A tributação vai ocorrer em cada produção de juros, pelo que a solução surge em três passos, através: ***i***) do cálculo da taxa efetiva para o período de capitalização, ***ii***) do cálculo da taxa líquida correspondente e ***iii***) da transformação do período de tempo da aplicação em função do período de capitalização *ou* do cálculo da taxa efetiva líquida para o período de referência inicial.

EXEMPLO: Qual a taxa efetiva anual líquida que corresponde à taxa anual nominal bruta de 5% com capitalização ao semestre?

Sendo 5% uma taxa anual nominal, vamos calcular, primeiramente, a taxa efetiva para o período de capitalização, que, no caso presente, se obtém através de uma *relação de proporcionalidade*. Logo, vem

$$i_{\text{ef. sem.}} = \frac{5\%}{2} = 2{,}5\%$$

Calculamos, de seguida, a taxa líquida respetiva, pelo que

$$i_{\text{ef. sem. liq.}} = 2{,}5\% \times 0{,}72 = 1{,}8\%$$

Havendo duas capitalizações durante o ano, a taxa efetiva anual líquida decorre da *relação de equivalência* seguinte:

$$(1 + i_{\text{ef. sem. liq.}})^2 = (1 + i_{\text{ef. anual liq.}})$$

$$i_{\text{ef. anual liq.}} = (1 + i_{\text{ef. sem. liq.}})^2 - 1$$

$$i_{\text{ef. anual liq.}} = (1 + 1{,}8\%)^2 - 1$$

$$i_{\text{ef. anual liq.}} = 3{,}6324\%$$

No exemplo anterior, considerámos apenas as taxas de juro e o tipo de relação que se estabelece entre elas. Vamos, agora, atender a um outro exemplo, que envolve o montante de capital aplicado.

EXEMPLO: Qual o juro líquido produzido por um capital de 1.000 €, que esteve aplicado durante 9 meses, à taxa anual nominal de 6% com capitalização ao trimestre?

Tal como no exemplo anterior, determina-se, em primeiro lugar, a taxa efetiva para o período de capitalização através de uma *relação de proporcionalidade* [11], donde vem

$$i_{\text{ef. trim.}} = \frac{6\%}{4} = 1{,}5\%$$

Por sua vez, a taxa efetiva trimestral líquida será

$$i_{\text{ef. trim. liq.}} = 1{,}5\% \times 0{,}72 = 1{,}08\%$$

Ao longo do prazo da aplicação ocorrem 3 capitalizações, pelo que, recordando de novo a fórmula de cálculo do juro, vem

$$\sum J_k = 1.000\text{ €}\left[(1 + 1{,}08\%)^3 - 1\right]$$

$$\sum J_k = 1.000\text{ €} \times 0{,}032751179$$

$$\sum J_k = 32{,}75\text{ €}$$

[11] Se a taxa indicada fosse uma taxa efetiva obtinha-se a taxa efetiva para o período de capitalização através de uma relação de equivalência, como já se ilustrou em diversos exemplos.

Atenda-se a que, em ambos os exemplos apresentados, pressupusemos que a tributação ocorre no termo de cada período de capitalização.

É, ainda, de referir que a taxa periódica líquida obtida por intermédio de [2.9] configura o caso de uma taxa fictícia, revelando-se pertinente o respetivo cálculo quando se trata de comparar o retorno proporcionado por duas aplicações financeiras, sobre as quais recaem diferentes formas de tributação.

7. Taxas de juro e inflação

A taxa de juro pode ser fragmentada em duas componentes: uma destinada a remunerar a cedência de capital, outra destinada a compensar o efeito do aumento dos preços e a consequente perda de valor desse capital.

Desta sorte, distinguiremos entre ***taxas de juro nominais*** – ou taxas de juro a preços correntes que incorporam o efeito da inflação – e ***taxas de juro reais*** – ou taxas de juro a preços constantes, como tal, desoneradas desse efeito.

Esta distinção assume particular relevo em épocas de inflação acentuada, nas quais a rendibilidade real de uma aplicação se pode cifrar em valores consideravelmente baixos.

Sendo i a taxa de juro nominal, i' a taxa de juro real e z a taxa de inflação, teremos:

$$C_0 (1+i) = C_0 (1+z)(1+i')$$

ou, de outro modo,

$$(1+i) = (1+z)(1+i')$$

Da expressão anterior, resulta que

$$1+i' = \frac{1+i}{1+z}$$

$$i' = \frac{1+i}{1+z} - 1$$

$$i' = \frac{i-z}{1+z} \qquad [\,2.10\,]$$

Porém, ao desenvolvermos a expressão

$$(1+i) = (1+z)(1+i')$$

dela decorre que

$$1 + i = 1 + i' + z + i'z$$

Se tomarmos $i'z$ como sendo um valor residual, podendo, por isso mesmo, ser ignorado, obteremos

$$i = z + i'$$

e consequentemente

$$i' = i - z \qquad [2.11]$$

o que corresponde a uma versão simplificada da expressão que estabelecemos em [2.10].

A consideração do efeito da inflação no contexto das aplicações financeiras revela-se, assim, de importância fundamental, de modo a aferirmos a rendibilidade real das mesmas. Através das expressões formalizadas em [2.10] e [2.11], observámos a relação que se estabelece, ***num dado período de tempo, entre taxa de juro real, taxa de juro nominal e taxa de inflação***. Consideremos um exemplo muito simples.

EXEMPLO: Qual foi o montante real de juro proporcionado por um capital de 5.000 €, que esteve aplicado durante um ano, à taxa de 6%, sabendo que, nesse mesmo ano, a inflação atingiu os 2,8%?

Por intermédio de [2.10] calcula-se a *taxa real anual*, logo

$$i' = \frac{6\% - 2,8\%}{1 + 2,8\%}$$

$$i' \cong 3,11284\%$$

O montante de juro obtido resultará da aplicação direta da taxa de juro real ao montante do capital, uma vez que o prazo da operação foi apenas de um ano. Obtém-se, assim, que

$$J = C_0 \times i'$$

$$J = 5.000\ € \times 3,11284\%$$

$$J = 155,64\ €$$

Na verdade, esta aplicação proporcionou juros que ascendem a 300 € (5.000 € × 6%) tendo sido este o montante disponibilizado ao detentor do capital, embora o seu valor real seja de apenas 155,64 €, já que o restante se destina a compensar o efeito da inflação.

Vejamos, agora, o que sucede para ***n* períodos de tempo**.

Se as taxas forem ***constantes*** ao longo desse lapso de tempo, vem

$$C_0\,(1+i)^n = C_0\,(1+i')^n\,(1+z)^n$$

donde se obtém que

$$i = i' + z + i'z$$

e que, consequentemente, nos remete para [2.10] e [2.11].

Já se as taxas forem ***variáveis*** período a período, será possível determinarmos a ***taxa real média*** para o prazo da aplicação, a qual notaremos por $\overline{i'}$. Logo, vem

$$C_0\,(1+i_1)\times\ldots\times(1+i_n) = C_0\,(1+z_1)\times\ldots\times(1+z_n)\times(1+\overline{i'})$$

donde resulta que

$$\overline{i'} = \frac{(1+i_1)\times\ldots\times(1+i_n)}{(1+z_1)\times\ldots\times(1+z_n)} - 1 \qquad \textbf{[2.12]}$$

EXEMPLO: Um depósito no montante de 8.000 € esteve colocado durante 2 anos, em regime de juro composto, à taxa de 6%. Qual será o valor real dos juros produzidos, sabendo que no primeiro ano a taxa de inflação foi de 3% e no segundo ano de 1,75%?

Calculamos o valor real dos juros atendendo à *taxa real média* para o prazo da aplicação, que obteremos de acordo com [2.12]. Assim sendo, vem

$$\overline{i'} = \frac{(1+6\%)^2}{(1+3\%)\,(1+1{,}75\%)} - 1$$

$$\overline{i'} = 7{,}2111829\%$$

Podemos, agora, calcular o valor real dos juros. Sendo que a taxa obtida através de [2.12] se reporta a todo o prazo da aplicação[12], o montante total pode ser obtido multiplicando esta taxa pelo valor de C_0. Donde resulta que

$$J_{real} = \overline{i'} \times C_0$$ [13]

$$J_{real} = 7{,}2111829\% \times 8.000\ €$$

$$J_{real} = 576{,}89\ €$$

Este será, assim, o valor real dos juros efetivamente recebidos, os quais ascenderam a $\sum_{k=1}^{2} J_k = 8.000€\left[(1+6\%)^2 - 1\right] = 988{,}80€$.

8. Taxa de custo/rendibilidade real

A ***taxa de custo/rendibilidade de uma operação de crédito/aplicação financeira*** corresponde à taxa que torna equivalentes o valor cedido e o valor recebido ou, de outro modo, é a taxa que torna equivalentes as obrigações do mutuante, o que cede o seu capital, e as obrigações do mutuário, aquele a quem o capital é cedido a título de empréstimo. Retomando as noções de operação ativa e de operação passiva avançadas no Capítulo 1, no contexto de uma *operação bancária ativa*, o mutuante é a instituição bancária que cede o capital, enquanto o mutuário é o cliente dessa instituição a quem uma determinada soma de capital é cedida a título de empréstimo; no contexto de uma *operação bancária passiva*, o mutuante é o cliente depositante, enquanto o mutuário é a instituição bancária que recebe o capital e o toma à sua guarda. Neste sentido, podemos afirmar que a ***taxa de custo /rendibilidade real corresponde, respetivamente, à***

---

[12] A taxa real média equivalente para o período de referência das taxas consideradas pode ser obtida através da expressão $\left(\frac{(1+i_1)\times \dots \times(1+i_n)}{(1+z_1)\times \dots \times(1+z_n)}\right)^{1/n} - 1$; para efeito de cálculo do montante do juro real, substitui-se, de seguida, a taxa assim obtida na expressão formalizada em [1.12].

[13] Afigura-se adequado um reparo relativamente ao conceito de *juro real*, muito principalmente se confrontado com o conceito de *juro líquido*, já antes discutido. Enquanto o juro líquido corresponde ao valor efetivamente recebido, o juro real é um valor de referência, que reflete a perda de poder de compra da moeda resultante da inflação, uma vez que o montante de juro efetivamente produzido corresponde ao juro nominal, como, aliás, já se referiu em texto.

taxa de custo efetiva ou de rendibilidade efetiva de uma operação de crédito ou de uma aplicação financeira.

Porém, nem sempre os encargos do mutuário coincidem com os recebimentos do mutuante. Veja-se, por exemplo, o que sucede com os montantes pagos a título de imposto, que oneram o mutuante, mas que não constituem receita da instituição de crédito. Devemos, então, atender a dois conceitos: ao de ***taxa anual de encargos efetiva global***, adiante designada por TAEG, e ao de ***taxa anual efetiva***, adiante designada por TAE.

Em acordo com o estipulado pelo art. 4º do Decreto-Lei nº 359/91, de 21 de setembro, que transpôs para a legislação portuguesa as Diretivas 87/102/ /CEE, de 22 de dezembro de 1986, e 90/88/CEE, de 22 de fevereiro de 1990, a ***taxa anual de encargos efetiva global*** é «a taxa que torna equivalentes, os valores actualizados no conjunto dos empréstimos realizados ou a realizar pelo credor, por um lado, e dos reembolsos e encargos realizados ou a realizar pelo consumidor, por outro». O citado diploma obrigava à divulgação da TAEG nas operações de crédito ao consumo, constituindo esta a taxa de custo efetivamente suportada pelo consumidor.

Por sua vez, a Diretiva 2008/48/CE, de 23 de abril, do Parlamento Europeu e do Conselho, sublinhou a urgência da *realização de um mercado comunitário de produtos e serviços financeiros*, ao mesmo tempo que revogou os textos comunitários existentes neste domínio e a qual foi transposta para o direito interno através do Decreto-Lei nº 133/2009, de 2 de junho[14].

O artigo 24º, número 2, do Decreto-Lei nº 133/2009, estabelece que a TAEG deverá ser calculada de acordo com a expressão matemática que consta da parte I do Anexo I ao referido diploma. Assim sendo, a TAEG é a taxa x que satisfaz a condição seguinte

$$\sum_{k=1}^{m} C_k\,(1+x)^{-tk} = \sum_{l=1}^{m'} D_l\,(1+x)^{-Sl}$$

tendo os símbolos, de acordo com o texto legal, os seguintes significados:

x – taxa anual de encargos efetiva global (TAEG);

[14] Atendemos à versão consolidada, após a republicação do Decreto-Lei nº 42-A/2013, de 28 de março, o qual transpôs para o ordenamento jurídico nacional a Diretiva nº 2011/90/UE da Comissão, de 14 de novembro. Esta Diretiva estabeleceu pressupostos adicionais para o cálculo da taxa anual de encargos efetiva global.

m – número de ordem da última utilização do crédito;

k – número de ordem de uma utilização do crédito, pelo que $1 \leq k \leq m$;

C_k – montante de utilização do crédito *k*;

t_k – é o intervalo, expresso em anos e frações de anos, entre a data da primeira utilização e a data de cada utilização sucessiva, com $t_1 = 0$;

m' –número de ordem do último reembolso ou do último pagamento de encargos;

l – número de um reembolso ou pagamento de encargos;

D_l – montante de um reembolso ou pagamento de encargos;

Sl – intervalo, expresso em anos e frações de um ano, entre a data da primeira utilização e a data de cada reembolso ou pagamento de encargos.

No que concerne à ***taxa anual efetiva***, a alínea *d*) do art. 2º do Decreto-Lei nº 220/94, de 23 de agosto[15], define-a como sendo «a taxa de juro que, para uma espécie de operações de crédito ou para uma determinada operação de crédito, torna equivalentes, numa base anual, os valores actualizados do conjunto das prestações realizadas ou a realizar pelas instituições de crédito e dos pagamentos realizados ou a realizar pelo cliente». Atendendo aos elementos que, de acordo com a redação do artigo 4º do presente Decreto-Lei, contribuem para a determinação da TAE, esta constitui a taxa de rendibilidade real da instituição bancária.

Mais recentemente, o Decreto–Lei nº 211-A/2008, de 3 de novembro, que intenta *o reforço dos deveres de informação e transparência no âmbito do setor financeiro*, o seu artigo 3º, números 2 e 3, confere nova redação ao artigo 77º do Regime Geral das Instituições de Crédito e das Sociedades Financeiras, ao estabelecer que «Em particular, no âmbito da concessão de crédito ao consumo, as instituições autorizadas a conceder crédito prestam ao cliente, antes da celebração do contrato de crédito, as informações adequadas, em papel ou noutro suporte duradouro, sobre as condições e o custo total do crédito, as suas obrigações e os riscos associados à falta de pagamento, bem como asseguram que as empresas que intermedeiam a concessão do crédito prestam aquelas informações nos mesmos termos»; seguidamente, refere-se que «Para garantir a transparência e a comparabilidade dos produtos oferecidos, as informações

[15] Este diploma estabelece a informação mínima que as instituições de crédito devem disponibilizar no contexto das operações de financiamento, nomeadamente a TAE e a taxa de juro nominal.

(...) devem contemplar os elementos caracterizadores dos produtos propostos, nomeadamente incluir a respectiva taxa anual de encargos efetiva global».

Neste domínio, devemos ainda atender ao conteúdo do Decreto-Lei nº 51/2007, de 7 de março, onde se define o modo de divulgação da TAE em caso de obtenção de condições promocionais por parte do cliente, bem como ao disposto no Decreto-Lei nº 192/2009, de 17 de agosto, onde se expõe o conceito de ***taxa anual efetiva revista*** (TAER), a qual deve refletir os custos associados à aquisição de produtos e de serviços financeiros que vise a obtenção de melhores condições de financiamento.

Por ora, limitámo-nos a apresentar, numa perspetiva teórica, o conceito de taxa de custo/rendibilidade efetiva de uma operação financeira. Retomá-lo-emos, de modo recorrente, ao longo de todo o texto, muito em particular no Capítulo 9.

EXERCÍCIOS RESOLVIDOS:

1 – Para uma taxa efetiva de 5% ao semestre, calcule as taxas equivalentes para os seguintes períodos de capitalização:

a) Mensal;
b) Trimestral;
c) Anual.

Resolução:

Como a taxa de que partimos é uma taxa efetiva ao semestre, vamos, simplesmente, aplicar a *relação de equivalência* expressa em [2.2], de modo a obtermos a taxa equivalente para os períodos apontados. Fica, então:

a) $(1 + i_{mensal})^6 = (1 + i_{semestral})$

$$i_{mensal} = (1 + i_{semestral})^{\frac{1}{6}} - 1$$

$$i_{mensal} = (1 + 5\%)^{\frac{1}{6}} - 1$$

$$i_{mensal} = 0{,}81648\%$$

Atenda-se a que p = 6, uma vez que um semestre compreende 6 meses.

b) $(1 + i_{\text{trimestral}})^2 = (1 + i_{\text{semestral}})$

$$i_{\text{trimestral}} = (1 + i_{\text{semestral}})^{\frac{1}{2}} - 1$$

$$i_{\text{trimestral}} = (1 + 5\%)^{\frac{1}{2}} - 1$$

$$i_{\text{trimestral}} = 2{,}4695\%$$

Neste caso, p = 2, por um semestre ser constituído por 2 trimestres.

c) $(1 + i_{\text{anual}})^{\frac{1}{2}} = (1 + i_{\text{semestral}})$

$$i_{\text{anual}} = (1 + 5\%)^2 - 1$$

$$i_{\text{anual}} = 10{,}25\%$$

Agora $p = \frac{1}{2}$, pois um semestre corresponde a metade do ano.

2 – Dada a taxa efetiva semestral de 6%, calcule as seguintes taxas nominais:

a) Anual, com capitalização semestral.

b) Anual, com capitalização mensal.

Resolução:

a) Como estamos em presença de uma taxa efetiva semestral e sendo que o período de capitalização é o semestre, esta taxa é, simultaneamente, efetiva e nominal. Para obtermos a taxa anual nominal, bastará multiplicarmos a referida taxa pelo coeficiente de proporcionalidade correspondente, isto é, por p = 2, uma vez que o ano compreende dois semestres e que a capitalização ocorre duas vezes. Logo

$$i_{\text{anual nom.}} = 2 \times 6\% = 12\%$$

b) Neste caso, a capitalização ocorre mensalmente. Como partimos de uma taxa efetiva, o primeiro procedimento é o de determinar a *taxa equivalente para o período de capitalização*, donde se obtém

$$(1 + i_{mensal})^6 = (1 + i_{semestral})$$

$$(1 + i_{mensal})^6 = (1 + 6\%)$$

$$i_{mensal} = (1 + 6\%)^{\frac{1}{6}} - 1$$

$$i_{mensal} = 0{,}97588\%$$

Esta taxa, sendo efetiva, é também nominal para o mês, pelo que a taxa nominal anual será obtida multiplicando-a pelo número de vezes de ocorrência da capitalização, a saber, p = 12. Assim sendo, resulta

$$i_{anual\ nom.} = 12 \times 0{,}97588\% = 11{,}71\%$$

Esta é a taxa anual nominal com capitalização mensal correspondente à taxa efetiva semestral de 6%.

3 – O senhor Ambrósio aplicou 5.000 € à taxa anual nominal com capitalização trimestral de 8%, enquanto o senhor Baltazar colocou, ao mesmo tempo, 7.000 € à taxa efetiva bienal de 12,36%, ambos em regime de juro composto.

a) Em que momento do tempo são equivalentes ambas as aplicações? (Nota: exprima o resultado em anos).
b) Se em vez de 7.000 € o senhor Baltazar tivesse aplicado 4.000 €, a alínea anterior teria solução? Justifique devidamente a sua resposta.

Resolução:

a) As taxas que nos são indicadas referem-se a diferentes períodos, pelo que, para podermos avaliar acerca da equivalência das duas aplicações, necessitamos que ambas as taxas se encontrem referenciadas ao mesmo período de tempo. Assim sendo (e uma vez que o resultado nos é solicitado em anos), vamos encontrar a taxa anual efetiva que corresponde tanto à taxa anual nominal de 8% com capitalização trimestral como à taxa bienal efetiva de 12,36%.

Começando pela taxa de 8%, sendo esta uma taxa nominal, vamos, primeiramente, através de uma *relação de proporcionalidade*, determinar a taxa proporcional para o período de capitalização, que será, também, uma taxa efetiva ao trimestre. Como pretendemos conhecer a taxa efetiva ao ano, esta será calculada recorrendo a uma *relação de equivalência*, partindo da taxa trimestral inicialmente encontrada. Logo

$$i_{\text{prop. trim.}} = \frac{i_{\text{nom. anual}}}{4} = \frac{8\%}{4} = 2\%$$

Esta taxa é, como já referimos, uma taxa efetiva ao trimestre, por serem coincidentes o período de referência e o período de capitalização. A taxa efetiva anual será dada por

$$(1 + i_{\text{ef. trimestral}})^4 = (1 + i_{\text{ef. anual}})$$

$$i_{\text{ef. anual}} = (1 + i_{\text{ef. trimestral}})^4 - 1$$

$$i_{\text{ef. anual}} = (1 + 2\%)^4 - 1$$

$$i_{\text{ef. anual}} = 8{,}243216\%$$

No que se refere à taxa de 12,36%, sendo esta já uma taxa efetiva, bastará recorrermos a uma *relação de equivalência* para a transformarmos numa taxa anual efetiva. Deste modo,

$$(1 + i_{\text{ef. anual}})^2 = (1 + i_{\text{ef. bienal}})$$

$$i_{\text{ef. anual}} = (1 + i_{\text{ef. bienal}})^{\frac{1}{2}} - 1$$

$$i_{\text{ef. anual}} = (1 + 12{,}36\%)^{\frac{1}{2}} - 1$$

$$i_{\text{ef. anual}} = 6\%$$

Como ambas as aplicações se tornam equivalentes no momento em que produzirem o mesmo valor acumulado, teremos

$$5.000\,€\,(1 + 8{,}243216\%)^n = 7.000\,€\,(1 + 6\%)^n$$

$$\frac{5.000€}{7.000€} = \frac{(1{,}06)^n}{(1{,}08243216)^n}$$

$$0{,}7142857 = 0{,}979276^n$$

$$\log 0{,}7142857 = n \log 0{,}979276$$

$$n = \frac{\log 0{,}7142857}{\log 0{,}979276}$$

$$n = 16{,}06717$$

Concluímos, assim, que serão necessários cerca de 16 anos para que ambas as aplicações se tornem equivalentes.

b) Sendo $C_a (1 + i_a)^n = C_b (1 + i_b)^n$, como a função de juro composto evolui exponencialmente, o problema só é possível se se verificar uma das três condições seguintes:

1) $C_a < C_b$ e $i_a > i_b$

2) $C_a > C_b$ e $i_a < i_b$

3) $C_a = C_b$ e $i_a = i_b$

No caso presente não se observa nenhuma destas possibilidades, uma vez que 5.000 € > 4.000 € ($C_a > C_b$) e 8,24322% > 6% ($i_a > i_b$), pelo que o valor acumulado resultante da primeira aplicação seria, a cada momento, sucessivamente maior que o valor acumulado produzido pela segunda, sem nunca se tornarem equivalentes; logo o problema não teria solução.

4 – Considere a taxa efetiva anual de 9% e determine:

a) a taxa anual nominal com capitalização quadrimestral que lhe corresponde;

b) a taxa efetiva ao biénio;

c) a taxa anual nominal;

d) a taxa anual equivalente em regime de capitalização contínua.

Resolução:

a) Sendo a taxa de 9% uma taxa anual efetiva, significa que a capitalização ocorre ao ano. Querendo determinar a taxa anual nominal com capitalização quadrimestral, vamos determinar, através de uma *relação de equivalência*, a taxa efetiva ao quadrimestre. Logo, vem

$$(1 + i_{ef.\ quad.})^3 = (1 + i_{ef.\ anual})$$

$$(1 + i_{ef.\ quad.})^3 = (1 + 9\%)$$

$$i_{ef.\ quad.} = (1 + 9\%)^{\frac{1}{3}} - 1$$

$$i_{ef.\ quad.} = 2{,}91427\%$$

Esta taxa, sendo efetiva, é também uma taxa nominal ao quadrimestre, pelo que a taxa anual nominal se obtém através da seguinte *relação de proporcionalidade*:

$$i_{anual\ nom.} = i_{quad.} \times 3$$

$$i_{anual\ nom.} = 2{,}91427\% \times 3$$

$$i_{anual\ nom.} = 8{,}74281\%$$

b) Bastará aplicar uma *relação de equivalência* para determinarmos a taxa efetiva ao biénio, pelo que

$$(1 + i_{ef.\ anual})^2 = (1 + i_{ef.\ bienal})$$

$$(1 + 9\%)^2 = (1 + i_{ef.\ bienal})$$

$$i_{ef.\ bienal} = (1 + 9\%)^2 - 1$$

$$i_{ef.\ bienal} = 18{,}81\%$$

c) Recordemos, a propósito, a definição de taxa nominal. Uma taxa é nominal quando a taxa efetiva correspondente reportada ao período de capitalização lhe é proporcional, coincidindo essa proporção com a frequência da capitalização p. Ora como o período de capitalização é o ano, teremos que $\frac{9\%}{9\%} = 1$, que é, aliás, a frequência da capitalização. Assim sendo, $i_{anual\ nom.} = 9\%$.

d) Vamos atender às expressões formalizadas em [1.11] e [1.17], que permitem, respetivamente, calcular o capital acumulado em regime de juro composto e em regime de capitalização contínua

$$C_n = C_0 \, (1 + i)^n$$

e

$$C_n = C_0 \times e^{ni}$$

Como pretendemos conhecer qual a taxa que em regime de capitalização contínua equivale à taxa anual de 9% em regime de capitalização composta, igualamos ambas as expressões, donde

$$C_0 \; (1 + i)^n = C_0 \times e^{ni}$$

Como n = 1 e a taxa em regime de juro composto é de 9%, vem

$$1 + 9\% = e^{i}$$

$$\log 1{,}09 = i \log e$$

$$i = \frac{\log 1{,}09}{\log e}$$

$$i = 0{,}086177696$$

A taxa que em regime de capitalização contínua equivale à taxa anual de 9% em regime de capitalização composta é de, aproximadamente, 8,6%.

5 – O Banco Lusitânia anunciava, para depósitos a prazo a mais de 181 dias, uma taxa anual de 8% com capitalização ao semestre. Atendendo à evolução do mercado, a direção de *marketing* do Banco considerou que seria mais apelativo, sob o ponto de vista comercial, anunciar uma taxa com capitalização mensal. Qual será, em seu entender, a nova taxa anunciada pelo Banco Lusitânia para este tipo de aplicação, sabendo que não é intenção do Banco alterar a remuneração do cliente?

Resolução:

Sendo a taxa de 8% uma taxa anunciada (ou declarada), trata-se, portanto, de uma taxa nominal ao ano, não sendo, contudo, uma taxa efetiva, por não haver coincidência entre o período de referência da taxa – o ano – e o período de capitalização – o semestre.

O 1º passo será o de encontrarmos a *taxa proporcional* para o período de capitalização, isto é, para o semestre, logo

$$i_{\text{prop. sem.}} = \frac{8\%}{2} = 4\%$$

Esta taxa de 4% é uma taxa efetiva ao semestre, uma vez que coincidem o período de referência e o período de capitalização. Acontece que a periodicidade da capitalização vai ser alterada, passando a ocorrer ao mês. Logo devemos, aplicando uma *relação de equivalência*, calcular a taxa efetiva para o novo período de capitalização, pelo que

$$(1 + i_{\text{mensal}})^6 = (1 + i_{\text{sem}})$$

$$(1 + i_{\text{mensal}})^6 = (1 + 4\%)$$

$$i_{\text{mensal}} = (1 + 4\%)^{\frac{1}{6}} - 1$$

$$i_{\text{mensal}} = 0{,}6558\%$$

Esta será a taxa mensal equivalente à taxa semestral de 4% e é, bem assim, uma taxa efetiva.

Mas o que pretendemos conhecer é a taxa anual que o Banco Lusitânia *anunciará* sob estas condições de capitalização. Através de nova *relação de proporcionalidade*, obtém-se a taxa anual nominal com capitalização mensal correspondente à taxa anual nominal com capitalização semestral de 8%. Assim sendo,

$$12 \times 0{,}6558\% = 7{,}8696\%$$

devendo ser esta a nova taxa a anunciar pelo Banco Lusitânia[16].

---

[16] Atenda-se a que este caso prático corresponde, claramente, ao exemplo descrito em 4.4 (obtenção de uma taxa nominal em função de outra taxa nominal com diferentes períodos de

6 – Reconsidere os dados da questão anterior.

a) Qual seria a rendibilidade do cliente se o Banco mantivesse a taxa nominal, mas alterasse, do mesmo modo, as condições de capitalização?

b) Se a capitalização ocorresse ao trimestre, a rendibilidade do cliente seria maior ou menor que a encontrada na alínea a)? Justifique a resposta sem efetuar quaisquer cálculos.

Resolução:

a) Mantendo-se a taxa nominal, determinar a rendibilidade do cliente é o mesmo que calcular a taxa efetiva que corresponde à taxa anual nominal de 8% com capitalização mensal. Assim sendo, fazendo uso de uma *relação de proporcionalidade*, apuramos qual a taxa proporcional para o período de capitalização que, como temos afirmado, é também uma taxa efetiva para esse período. Teremos, então, que

$$i_{\text{mensal}} = \frac{8\%}{12} = 0{,}66(6)\%$$

Seguidamente, determinamos *a taxa anual que lhe equivale*, logo

$$(1 + i_{\text{mensal}})^{12} = (1 + i_{\text{anual}})$$

$$i_{\text{anual}} = (1 + 0{,}667\%)^{12} - 1$$

$$i_{\text{anual}} = 8{,}30425\%$$

Se a capitalização ocorresse ao mês e mantendo-se a taxa anual nominal, os clientes do Banco Lusitânia iriam auferir uma rendibilidade anual da ordem dos 8,3% (taxa efetiva anual).

b) Mantendo-se a taxa anual nominal, a rendibilidade efetiva do cliente será menor no caso em que a capitalização se processa ao trimestre do que aquela que se observa no caso em que a capitalização ocorre ao mês; com

capitalização). Refira-se, ainda, que ambas as taxas proporcionam o mesmo retorno, por serem equivalentes as taxas correspondentes aos respetivos períodos de capitalização.

efeito, havendo menor número de capitalizações, o montante total de juros produzidos será também menor.

7 – Quanto irá receber, a título de remuneração, no final de cada ano, o detentor de um depósito a prazo no montante de 5.000 €, para o qual o Banco anuncia uma taxa anual de 4,5% com capitalização quadrimestral?

Resolução:

Como pretendemos conhecer o montante de juro pago no final de cada ano, podemos recorrer à fórmula encontrada em [1.12], a saber

$$\sum J_k = C_0 \left[(1+i)^n - 1\right]$$

Como cada ano é composto por 3 quadrimestres, tal significa que a taxa proporcional quadrimestral, ou seja, $\frac{4{,}5\%}{3} = 1{,}5\%$, capitalizará 3 vezes ao longo do ano, pelo que, substituindo na fórmula anterior, obteremos o montante total de juros produzidos.

$$\sum J_k = 5.000\ € \left[(1+1{,}5\%)^3 - 1\right]$$

$$\sum J_k = 5.000\ € \times 0{,}0456784$$

$$\sum J_k \cong 5.000\ € \times 4{,}57\%$$

$$\sum J_k \cong 228{,}50\ €$$

Em ***alternativa***, podemos calcular a *taxa efetiva anual* e, muito simplesmente, multiplicá-la pelo montante de capital aplicado. Ambas as hipóteses são equivalentes e conduzem, necessariamente, à mesma solução.

Logo para determinarmos a taxa efetiva anual, devemos, primeiramente, calcular a taxa proporcional ao quadrimestre já encontrada, isto é, 1,5%, que é, também, uma taxa efetiva quadrimestral. Posteriormente, através de uma *relação de equivalência*, obtém-se a taxa efetiva anual, pelo que

$$(1+i_{quad})^3 = (1+i_{anual})$$

$$i_{anual} = (1+1{,}5\%)^3 - 1$$

$$i_{anual} \cong 4{,}57\%$$

Por fim, surgirá

Juro anual = 5.000 € × 4,57%

Juro anual = 228,50 €

8 – Quatro instituições bancárias (A, B, C e D) oferecem as seguintes condições de remuneração dos depósitos junto delas constituídos:

A – Taxa de 5% referida para um período de 9 meses, com capitalização quadrimestral;

B – Taxa de 6% efetiva ao ano;

C – Taxa de 12% nominal bienal, com capitalização ao semestre;

D – Taxa de 1,5% efetiva ao trimestre.

Hierarquize as quatro hipóteses de investimento, justificando devidamente a resposta.

Resolução:

De modo a podermos hierarquizar as quatro aplicações, devemos atender à respetiva ***rendibilidade efetiva***. Logo vamos calcular as taxas efetivas inerentes a cada um dos casos, para o mesmo período de tempo (ou seja, o ano), para que sejam perfeitamente comparáveis.

A taxa efetiva anual inerente à **hipótese B** já se encontra calculada e é de 6%. Vejamos o que sucede nas três hipóteses restantes.

Na hipótese A, a taxa indicada é uma taxa nominal para 9 meses, sendo o período de capitalização o quadrimestre. Por intermédio de uma *relação de proporcionalidade*, obtém-se a taxa proporcional quadrimestral, donde

$$i_{quad} = \frac{4}{9} \times 5\% = 2{,}22\%$$

Coincidindo o período de referência com o período de capitalização – o quadrimestre – esta taxa é, então, uma taxa efetiva para este período; assim sendo, para conhecermos a taxa efetiva anual que lhe corresponde, bastará recorrermos à *relação de equivalência* formalizada em [2.2].

$$(1 + i_{quad.})^3 = (1 + i_{anual})$$

$$i_{anual} = (1 + 2{,}22\%)^3 - 1$$

$$i_{anual} = 6{,}81\%$$

Donde se conclui que $i_{ef.\ anual\ A} = 6{,}81\%$.

Na **hipótese C**, a taxa presente é uma taxa nominal ao biénio, pelo que o primeiro passo será o de *calcular a taxa proporcional* para o período de capitalização. Deste modo,

$$i_{sem} = \frac{1}{4} \times 12\% = 3\%$$

Esta taxa é uma taxa efetiva ao semestre, pelo que, de seguida, através de uma *relação de equivalência*, calcularemos a taxa efetiva anual correspondente. Resultará, então, que

$$(1 + i_{sem})^2 = (1 + i_{anual})$$

$$i_{anual} = (1 + 3\%)^2 - 1$$

$$i_{anual} = 6{,}09\%$$

Assim sendo, $i_{ef.\ anual\ C} = 6{,}09\%$.

Por último, na **hipótese D**, a taxa em apreço é já uma taxa efetiva, pelo que bastará determinar *a taxa anual que lhe equivale.*

$$(1 + i_{trim})^4 = (1 + i_{anual})$$

$$i_{anual} = (1 + 1{,}5\%)^4 - 1$$

$$i_{anual} = 6{,}136\%$$

Daqui resulta que $i_{ef.\ anual\ D} = 6{,}136\%$.

Sendo $i_{ef.\ anual\ A} = 6,81\%$, $i_{ef.\ anual\ B} = 6\%$, $i_{ef.\ anual\ C} = 6,09\%$ e $i_{ef.\ anual\ D} = 6,136\%$, tal significa que

$$i_{ef.\ A} > i_{ef.\ D} > i_{ef.\ C} > i_{ef.\ B}$$

Logo as condições oferecidas pela instituição A são as mais atrativas para o investidor, uma vez que permitem a maior rendibilidade efetiva anual; enquanto isso, a instituição B é a que apresenta condições menos favoráveis para o investidor.

9 – Uma aplicação no montante de 2.700 €, em regime de juro composto, com capitalização quadrimestral, permitiu, ao fim de 3 anos, um rendimento de 526,75 €. Qual a taxa anual nominal praticada na operação?

Resolução:

Como o rendimento proporcionado pela aplicação foi de 526,75 €, diremos que

$$C_n = C_0 + \Sigma J_k$$

$$C_n = 2.700\ € + 526,75\ €$$

$$C_n = 3.226,75\ €$$

que é, então, o capital acumulado findos os 3 anos.

Existem ***duas possibilidades*** para determinarmos a taxa anual nominal:

1) Como a capitalização se efetua com frequência quadrimestral, ao longo dos 3 anos, vão ocorrer 9 processos de capitalização à taxa efetiva quadrimestral. Então, podemos formalizar do seguinte modo:

$$C_n = C_0\ (1 + i_{quad})^9$$

Ao substituir, obtém-se

$$3.226{,}75\ € = 2.700\ € \ (1 + i_{\text{quad}})^9$$

$$1{,}1950926 = (1 + i_{\text{quad}})^9$$

$$i_{\text{quad}} = (1{,}1950926)^{\frac{1}{9}} - 1$$

$$i_{\text{quad}} = 2\%$$

Esta é a taxa efetiva quadrimestral, que é também nominal para o período de capitalização. Como pretendemos obter a taxa anual nominal, bastará aplicarmos uma relação de proporcionalidade. Como o ano integra 3 quadrimestres, teremos

$$i_{\text{nom. anual}} = 3 \times 2\% = 6\%$$

2) Em alternativa, podemos expressar o tempo em anos, donde resulta que

$$C_n = C_0 \ (1 + i_{\text{ef. anual}})^3$$

Substituindo, surgirá

$$3.226{,}75\ € = 2.700\ € \ (1 + i_{\text{ef. anual}})^3$$

$$1{,}1950926 = (1 + i_{\text{ef. anual}})^3$$

$$i_{\text{ef. anual}} = (1{,}1950926)^{\frac{1}{3}} - 1$$

$$i_{\text{ef. anual}} = 6{,}1208\%$$

Esta é a taxa efetiva anual com capitalização quadrimestral. Como pretendemos conhecer a taxa anual nominal, vamos, primeiramente, calcular a *taxa equivalente* para o período de capitalização e, de seguida, apurar a *taxa proporcional* ao ano. Deste modo,

$$(1 + i_{\text{ef. quad}})^3 = (1 + i_{\text{ef. anual}})$$

$$(1 + i_{\text{ef. quad}})^3 = (1 + 6{,}1208\%)$$

$$i_{\text{ef. quad}} = (1 + 6{,}1208\%)^{\frac{1}{3}} - 1$$

$$i_{\text{ef. quad}} = 2\%$$

Consequentemente, a taxa nominal obtém-se através da relação de proporcionalidade

$$i_{\text{nom. anual}} = 3 \times 2\% = 6\%$$

Este outro processo conduz, necessariamente, ao mesmo resultado.

10 – Um conhecido Banco da praça disponibiliza uma aplicação financeira nas seguintes condições:

– remuneração, em regime de juro composto, à taxa anual efetiva de 1%;
– em cada trimestre, acréscimo de 1% na taxa praticada até ao limite de 4%, de acordo com o esquema:

 0 – 3 meses → 1%;
 3 – 6 meses → 2%;
 6 – 9 meses → 3%;
 9 e mais meses → 4%.

a) Qual o juro produzido por 2.500 €, que se encontraram aplicados nestas condições, durante um ano e meio?
b) Qual a taxa efetiva subjacente ao primeiro ano da operação?

Resolução:

a) Vamos recordar a expressão formalizada em [1.14],

$$C_n = C_0 \prod_{k=1}^{n} (1 + i_k)$$

que nos permite calcular o capital acumulado, em regime de juro composto, perante taxas periódicas diferentes. No caso vertente, o capital de 2.500 € esteve aplicado 3 meses à taxa de 1%, tendo o capital daí resultante sido colocado durante 3 meses à taxa de 2%, e assim por diante. Como a taxa de 4% é, por assim dizer, a taxa limite, esta vigorou durante um período de 9 meses. Podemos, então, equacionar o problema do seguinte modo:

$$C_n = 2.500\ € \ (1 + 1\%)^{\frac{1}{4}} \ (1 + 2\%)^{\frac{1}{4}} \ (1 + 3\%)^{\frac{1}{4}} \ (1 + 4\%)^{\frac{3}{4}}$$

$$C_n = 2.500\ € \times 1{,}0452368$$

$$C_n = 2.613{,}09\ €$$

b) Cada uma das taxas apontadas capitalizará apenas durante uma parcela de tempo correspondente a $\frac{1}{4}$ do ano, daí que

$$(1 + 1\%)^{\frac{1}{4}} \ (1 + 2\%)^{\frac{1}{4}} \ (1 + 3\%)^{\frac{1}{4}} \ (1 + 4\%)^{\frac{1}{4}} = (1 + i_{ef.\ anual})$$

$$i_{ef.\ anual} = (1 + 1\%)^{\frac{1}{4}} \ (1 + 2\%)^{\frac{1}{4}} \ (1 + 3\%)^{\frac{1}{4}} \ (1 + 4\%)^{\frac{1}{4}} - 1$$

$$i_{ef.\ anual} = 1{,}024939 - 1$$

$$i_{ef.\ anual} \cong 2{,}5\%$$

11 – Dada a taxa efetiva anual de 16%, determine as taxas que lhe são equivalentes para cada um dos seguintes períodos:

a) 1 mês;
b) 2 meses;
c) 4 meses;
d) 7 meses;
e) 16 meses.

Resolução:

Como a taxa de 16% é uma taxa efetiva e nos é solicitada a taxa equivalente, vamos, para cada um dos casos, recorrer a uma *relação de equivalência*.

a) $(1 + i_{anual}) = (1 + i_{mensal})^{12}$

$$(1+16\%)=(1+i_{mensal})^{12}$$

$$i_{mensal}=(1+16\%)^{\frac{1}{12}}-1$$

$$i_{mensal}=1{,}2445\%$$

b) $$(1+i_{anual})=(1+i_{2\ meses})^{6}$$

$$(1+16\%)=(1+i_{2\ meses})^{6}$$

$$i_{2\ meses}=(1+16\%)^{\frac{1}{6}}-1$$

$$i_{2\ meses}=2{,}5045\%$$

c) $$(1+i_{anual})=(1+i_{4\ meses})^{3}$$

$$(1+16\%)=(1+i_{4\ meses})^{3}$$

$$i_{4\ meses}=(1+16\%)^{\frac{1}{3}}-1$$

$$i_{4\ meses}=5{,}071757\%$$

d) $$(1+i_{anual})=(1+i_{7\ meses})^{\frac{12}{7}}$$

$$(1+16\%)=(1+i_{7\ meses})^{\frac{12}{7}}$$

$$i_{7\ meses}=(1+16\%)^{\frac{7}{12}}-1$$

$$i_{7\ meses}=9{,}04368\%$$

e) $$(1+i_{anual})=(1+i_{16\ meses})^{\frac{12}{16}}$$

$$(1+16\%)=(1+i_{16\ meses})^{\frac{12}{16}}$$

$$i_{16\ meses}=(1+16\%)^{\frac{16}{12}}-1$$

$$i_{16\ meses}=21{,}88324\%$$

12 – Confirme os resultados da questão anterior, aplicando as taxas obtidas em cada uma das hipóteses a um capital de 5.000 €, durante 6 meses.

Resolução:

Vamos, então, determinar o capital acumulado resultante da aplicação de cada uma destas taxas ao capital em apreço, devendo o período de tempo, 6 meses, surgir, em cada uma das hipóteses, expresso em função do período da taxa. O expoente corresponde, assim, ao número de vezes que ocorre a capitalização.

a) $C_n = C_0 (1 + i)^n$

$C_n = 5.000 \text{ €} (1 + 1{,}2445\%)^6$

$C_n = 5.385{,}16 \text{ €}$

b) $C_n = C_0 (1 + i)^n$

$C_n = 5.000 \text{ €} (1 + 2{,}5045\%)^3$

$C_n = 5.385{,}16 \text{ €}$

c) $C_n = C_0 (1 + i)^n$

$C_n = 5.000 \text{ €} (1 + 5{,}071757\%)^{1{,}5}$

$C_n = 5.385{,}16 \text{ €}$

d) $C_n = C_0 (1 + i)^n$

$C_n = 5.000 \text{ €} (1 + 9{,}04368\%)^{\frac{6}{7}}$

$C_n = 5.385{,}16 \text{ €}$

e) $C_n = C_0 (1 + i)^n$

$C_n = 5.000 \text{ €} (1 + 21{,}88324\%)^{\frac{6}{16}}$

$C_n = 5.385{,}16 \text{ €}$

Tratando-se de taxas equivalentes, aplicadas ao mesmo capital, durante o mesmo período de tempo, os resultados vão ser forçosamente iguais em todas as hipóteses.

13 – O senhor Xavier aplicou 10.000 €, durante 5 anos, em regime de juro composto, à taxa anual nominal de 6%, o que permitiu, findo esse prazo, acumular a quantia de 13.448,89 €. Ajude o senhor Xavier a determinar qual terá sido o período de capitalização.

Resolução:

Ao longo dos 5 anos de aplicação, o capital inicial e os juros vão capitalizar à taxa de juro efetiva para o período de capitalização, que pode ser dada por $\frac{6\%}{k}$, representando k o número de vezes que a capitalização ocorre durante o período de referência da taxa de 6%, no caso, o ano. Assim sendo, ao longo dos 5 anos, a capitalização vai ocorrer 5k vezes; logo a expressão que nos permite determinar o período de capitalização é a seguinte:

$$10.000\text{ €}\left(1+\frac{6\%}{k}\right)^{5k}=13.448,89\text{ €}$$

O valor de k pode ser calculado por intermédio de interpolação linear. Embora não disponhamos de informação relativa aos pólos, podemos testar a exequibilidade de alguns valores.

Se a capitalização ocorrer ao semestre, tal significa que k = 2; enquanto isso, se tiver lugar quadrimestralmente, k = 3. Vejamos o que sucede se assumirmos que $x_0 = 2$ e $x_1 = 3$.

x	y
$x_0 = 2$	$y_0 = 13.439,16$ €
$x = ?$	$y = 13.448,89$ €
$x_1 = 3$	$y_1 = 13.458,68$ €

Para os pólos considerados, os valores de y obtidos são, respetivamente, menor e maior que o valor de y apontado, pelo que podemos substituir, de imediato, na equação da reta interpoladora. Logo

$$x_{int}=x_0+\frac{x_1-x_0}{y_1-y_0}(y-y_0)$$

$$x_{int} = 2 + \frac{3 - 2}{13.458{,}68€ - 13.439{,}16€} \times (13.448{,}89€ - 13.439{,}16€)$$

$$x_{int} = 2 + 0{,}4$$

$$x_{int} = 2{,}4$$

Significa que k = 2,4, ou seja, a capitalização ocorre 2,4 vezes no ano. Então, $\frac{12 \text{ meses}}{2{,}4} = 5$ meses, pelo que o período de capitalização corresponde a 5 meses.

Podemos verificar, retomando a expressão inicial que formalizámos

$$10.000\ € \left(1 + \frac{6\%}{k}\right)^{5k} = 13.448{,}89\ €$$

Substituindo, agora, pelo k encontrado, teremos

$$10.000\ € \left(1 + \frac{6\%}{2{,}4}\right)^{5 \times 2{,}4} = 13.448{,}89\ €$$

$$10.000\ €\ (1 + 2{,}5\%)^{12} = 13.448{,}89\ €$$

$$13.448{,}89\ € = 13.448{,}89\ €$$

Podemos, também, afirmar que, ao longo dos 5 anos, ocorreram 12 capitalizações à taxa efetiva de 2,5% para um período de 5 meses.

14 – Considere os seguintes capitais:

- 2.000 €, que estiveram aplicados durante 57 dias, à taxa anual de 6%;
- 7.000 €, que estiveram aplicados durante 2 meses, à taxa trimestral de 2%;
- 3.500 €, que estiveram aplicados durante 1 semestre, à taxa mensal de 0,85%.

Sabendo que, para os três capitais, a produção de juros ocorreu de acordo com o regime de capitalização simples, determine qual a taxa média de aplicação.

Resolução:

A solução para o problema resulta da aplicação da fórmula encontrada em [2.5], ou seja,

$$I = \frac{\sum_{k=1}^{n} C_k \times i_k \times n_k}{\sum_{k=1}^{n} C_k \times n_k}$$

Sucede, porém, que as taxas se encontram referenciadas a períodos de tempo diversos, verificando-se o mesmo para os prazos de aplicação de cada um dos capitais. Retendo o que atrás se afirmou, vamos reportar tanto taxas como prazos de aplicação para o mesmo período de tempo.

Comecemos pelos prazos de aplicação, reportando-os a dias.

$n_1 = 57$ dias;

$n_2 = 2$ meses $\Rightarrow$ 60 dias;

$n_3 = 1$ semestre $\Rightarrow$ 180 dias.

No que concerne às taxas, vamos calcular as taxas anuais equivalentes, o que se obtém através da aplicação de relações de proporcionalidade, dado que se trata do regime de juro simples.

$i_1 = 6\%$ ao ano;

$i_2 = 4 \times i_{\text{trimestral}} = 4 \times 2\% = 8\%$ ao ano;

$i_3 = 12 \times i_{\text{mensal}} = 12 \times 0{,}85\% = 10{,}2\%$ ao ano.

Substituindo, agora, na fórmula, pelos valores respetivos, vem

$$I = \frac{2.000€ \times 57 \times 6\% + 7.000€ \times 8\% \times 60 + 3.500€ \times 10{,}2\% \times 180}{2.000€ \times 57 + 7.000€ \times 60 + 3.500€ \times 180}$$

$$I = \frac{104.700€}{1.164.000€}$$

$$I = 0{,}08994845 \cong 9\%$$

Os vários capitais estiveram aplicados a uma taxa média anual de cerca de 9%.

15 – Certo investidor aplicou 3 capitais, em regime de juro composto, cujos montantes ascendiam, respetivamente, a 2.000 €, a 3.000 € e a 5.000 €. O primeiro capital esteve aplicado durante ano e meio, o segundo capital esteve aplicado durante 8 meses e o terceiro capital esteve aplicado durante 14 meses. A taxa de aplicação do 1º capital corresponde a 1,5 da taxa de aplicação do 2º; enquanto isso, a taxa de aplicação do 3º excede a taxa de aplicação 1º em 0,5%. Sabendo que taxa média de aplicação foi de 5,20615%, determine as taxas a que estiveram aplicados cada um dos capitais.

Resolução:

Atendamos, primeiramente, à relação que se estabelece entre as várias taxas.

$i_1 = 1{,}5\, i_2$ e $i_3 = i_1 + 0{,}5\%$; logo $i_3 = 1{,}5\, i_2 + 0{,}5\%$

Assim sendo, podemos expressar i_1 e i_3 em função de i_2 pelo que

$i_1 = 1{,}5\, i_2$ e $i_3 = 1{,}5\, i_2 + 0{,}5\%$

Recordemos a expressão formalizada em [2.6] e que nos permite determinar a taxa média de aplicação em regime de juro composto.

$$C_1 (1 + i_1)^{n_1} + C_2 (1 + i_2)^{n_2} + ... + C_n (1 + i_n)^{n_n} =$$

$$= C_1 (1 + I)^{n_1} + C_2 (1 + I)^{n_2} + ... + C_n (1 + I)^{n_n}$$

Substituindo pelos valores respetivos, obtém-se

$$2.000\,€\,(1 + 1{,}5\, i_2)^{1,5} + 3.000\,€\,(1 + i_2)^{\frac{8}{12}} + 5.000\,€ \times$$

$$\times (1 + 1{,}5\, i_2 + 0{,}5\%)^{1+\frac{2}{12}} = 2.000\,€\,(1 + 5{,}20615\%)^{1,5} +$$

$$3.000\,€\,(1 + 5{,}20615\%)^{\frac{8}{12}} + 5.000\,€\,(1 + 5{,}20615\%)^{1+\frac{2}{12}}$$

ou ainda

$$2.000\,€\,(1+1{,}5\,i_2)^{1{,}5}+3.000\,€\,(1+i_2)^{\frac{8}{12}}+5.000\,€\times(1+1{,}5\,i_2+0{,}5\%)^{1+\frac{2}{12}}=$$
$$=10.566{,}43\,€$$

Necessitamos de recorrer a interpolação linear para que possamos determinar i_2. Atendendo ao valor assumido pela taxa média de aplicação e sendo i_2 a taxa de aplicação em presença mais baixa, vamos considerar como pólos $x_0 = 3{,}5\%$ e $x_1 = 5\%$.

x	y
$x_0 = 3{,}5\%$	$y_0 = 10.566{,}15\,€$
$x = i_2 = ?$	$y = 10.566{,}43\,€$
$x_1 = 5\%$	$y_1 = 10.798{,}06\,€$

$$x_{int} = x_0 + \frac{x_1 - x_0}{y_1 - y_0}(y - y_0)$$

$$x_{int} = 3{,}5\% + \frac{5\% - 3{,}5\%}{10.798{,}06€ - 10.566{,}15€} \times (10.566{,}43€ - 10.566{,}15€)$$

$$x_{int} = 3{,}5\% + \frac{1{,}5\%}{231{,}91€} \times 0{,}28€$$

$$x_{int} \cong 4\%$$

Sendo $i_2 = 4\%$, vem que $i_1 = 6\%$ e $i_3 = 6{,}5\%$.

16 – Pretende-se que calcule:

a) A taxa anual nominal com capitalização mensal que permite a um certo capital triplicar num período de 15 anos;

b) A taxa anual que, em regime de capitalização contínua, permite que um capital de 1.000 € produza um juro de 250 €, num prazo de 30 meses.

Resolução:

a) Durante os 15 anos da operação, ocorrem $12 \times 15 = 180$ capitalizações mensais. Sendo i a taxa anual nominal e uma vez que o capital triplica, podemos estabelecer

$$C_0 \left(1 + \frac{i}{12}\right)^{180} = 3 \times C_0$$

Resolvendo para i, vem que

$$\left(1 + \frac{i}{12}\right)^{180} = 3$$

$$\frac{i}{12} = 3^{\frac{1}{180}} - 1$$

$$i \cong 7{,}346\%$$

b) Principiamos por atender a que 30 meses correspondem a 2 anos e meio. Para além disso, se o juro produzido é de 250 € para um capital inicial de 1.000 €, o montante final obtido na aplicação será de 1.250 €. Assim, tomando a expressão que, em regime de capitalização contínua, permite calcular o montante de capital acumulado, estabelecida no Capítulo anterior, formalizamos

$$1.250 \text{ €} = 1.000 \text{ €} \times e^{2{,}5 \times i}$$

Resolvendo em ordem a i, vem

$$1{,}25 = e^{2{,}5 \times i}$$

$$1{,}25 = \left(e^{2{,}5}\right)^{i}$$

$$\log 1{,}25 = i \log \left(e^{2{,}5}\right)$$

$$i = 8{,}9256\%$$

Em alternativa, poder-se-ia conduzir o mesmo raciocínio para o prazo de 30 meses, donde se obteria a taxa efetiva mensal de 0,7438%, a qual deveria, então, ser multiplicada por 12, dadas as propriedades da função exponencial.

17 – Qual a taxa anual efetiva líquida que corresponde à taxa anual nominal bruta de 8% com capitalização ao trimestre?

Resolução:

Sendo 8% uma taxa nominal anual, principiamos por determinar qual a taxa efetiva que corresponde ao período de capitalização, isto aplicando uma *relação de proporcionalidade.*

$$i_{\text{prop. trim.}} = \frac{8\%}{4} = 2\%$$

A taxa assim obtida é uma taxa efetiva ao trimestre, tratando-se, porém, de uma taxa bruta. Calculando a taxa líquida, surge que

$$i_{\text{liq}} = 2\% \times 0{,}72 = 1{,}44\%$$

que é, então, a taxa efetiva líquida ao trimestre. Calculamos, de seguida, a taxa efetiva líquida anual.

$$(1 + i_{\text{ef. trim.}})^4 = (1 + i_{\text{ef. anual}})$$

$$(1 + 1{,}44\%)^4 = (1 + i_{\text{ef. anual}})$$

$$i_{\text{ef. anual}} = (1 + 1{,}44\%)^4 - 1$$

$$i_{\text{ef. anual}} = 5{,}8856\%$$

Esta é, assim, a taxa anual efetiva líquida que corresponde à taxa anual nominal bruta de 8% com capitalização ao trimestre.

18 – A quantia de 30.000 € esteve aplicada durante 5 anos em regime de juro composto. Durante os 2 primeiros anos, vigorou uma taxa de 6% ao ano, sendo que no 3º ano desceu para 5% e se manteve até final da aplicação. Qual o juro líquido proporcionado por esta aplicação, sabendo que a retenção na fonte é efetuada anualmente, a uma taxa liberatória de 28%?

Resolução:

A taxa líquida referente aos 2 primeiros anos será de

$$i_{liq1} = i_{bruta1} \times 0{,}72 = 6\% \times 0{,}72 = 4{,}32\%$$

Por sua vez, a taxa líquida referente aos 3 últimos anos da aplicação será de

$$i_{liq2} = i_{bruta2} \times 0{,}72 = 5\% \times 0{,}72 = 3{,}6\%$$

Adaptando [2.8], o capital acumulado por esta aplicação pode ser obtido através da expressão seguinte:

$$C_n = 30.000\ € \ (1 + 4{,}32\%)^2\ (1 + 3{,}6\%)^3$$

$$C_n = 30.000\ € \times 1{,}08826624 \times 1{,}111934656$$

$$C_n = 36.302{,}43\ €$$

Como pretendemos conhecer o ***juro líquido***, este vai ser igual a

$$J_{liq} = C_n - C_0 = 36.302{,}43\ € - 30.000\ € = 6.302{,}43\ €$$

Em alternativa, poder-se-ia recorrer à expressão que permite calcular o total de juros em regime de capitalização composta, formalizada por intermédio de [1.12].

19 – Calcule o juro líquido proporcionado por um capital de 5.000 €, que esteve aplicado durante 4 anos e 8 meses, em regime de juro composto, à taxa efetiva anual com capitalização trimestral de 12,550881%. Considere que a tributação ocorreu periodicamente e que foi praticada uma taxa de imposto de 28%.

Resolução:

Da expressão formalizada em [1.12], decorre que

$$J_{liq} = C_0\ [(1 + i_{liq})^n - 1]$$

Como a taxa que nos é indicada é uma taxa efetiva anual com capitalização trimestral, vamos, por intermédio de uma *relação de equivalência*, calcular a taxa efetiva para o período de capitalização – o trimestre –, donde resulta

$$(1 + i_{trim})^4 = (1 + i_{anual})$$

$$(1 + i_{trim})^4 = (1 + 12{,}550881\%)$$

$$i_{trim} = (1 + 12{,}550881\%)^{\frac{1}{4}} - 1$$

$$i_{trim} = 3\%$$

A taxa assim obtida é uma taxa ilíquida, pelo que

$$i_{liq} = i_{bruta} \times 0{,}72 = 3\% \times 0{,}72 = 2{,}16\%$$

Substituindo[17], agora, na expressão inicialmente formalizada, vem

$$J_{liq} = 5.000\ € \left[(1 + 2{,}16\%)^{18+\frac{2}{3}} - 1\right]$$

$$J_{liq} = 5.000\ € \left[(1 + 2{,}16\%)^{\frac{56}{3}} - 1\right]$$

$$J_{liq} = 5.000\ € \times 0{,}490195$$

$$J_{liq} = 2.450{,}98\ €$$

20 – Qual o valor real líquido de um capital de 100.000 € que esteve aplicado em regime de juro composto, durante 5 anos, sabendo que:

- produziu, durante os 3 primeiros anos, juros à taxa de 8%, tendo sido de 6% a taxa praticada nos 2 últimos;
- do 1º ao 5º ano da aplicação se observou uma taxa de inflação da ordem dos 6,75%, 4,5%, 5%, 7% e 6,5%, respetivamente?

Considere uma taxa liberatória de 28%.

Resolução:

Determinar o *valor real líquido* de um capital implica considerar, em simultâneo, os efeitos da fiscalidade e da inflação.

---

[17] Atenda-se ao expoente do fator de capitalização. Em presença de um taxa efetiva trimestral, expressa-se o prazo da aplicação – 4 anos e 8 meses – em trimestres.

Os juros vão capitalizar à taxa líquida, isto é, 5,76% nos 3 primeiros anos e 4,32% nos dois últimos. Assim sendo, se designarmos por VRL o *valor real líquido* deste capital, formalizaremos que

$$\text{VRL}=100.000\,€\times\frac{(1+5,76\%)^3(1+4,32\%)^2}{(1+6,75\%)\,(1+4,5\%)\,(1+5\%)\,(1+7\%)\,(1+6,5\%)}$$

Enquanto as taxas constantes no numerador nos permitem apurar o valor líquido do capital, no denominador consideramos o efeito resultante da perda do poder de compra da moeda. Prosseguindo os cálculos, vem

$$\text{VRL}=100.000\,€\times\frac{1,182944383\times 1,08826624}{1,334771296}$$

$$\text{VRL}=96.447,87\,€<100.000\,€$$

O valor real líquido do capital é inferior ao seu valor inicial, donde resulta que a rendibilidade líquida auferida por este investimento, ao longo dos 5 anos, não foi suficiente para compensar os efeitos das elevadas taxas de inflação entretanto observadas.

Note-se, contudo, que o valor líquido recebido pelo detentor desta aplicação foi de $100.000\,€\times(1+5,76\%)^3\,(1+4,32\%)^2=128.735,84\,€$.

21 – Determine qual o montante acumulado, em termos líquidos, por um capital de 5.000 €, em regime de juro composto, ao fim de seis anos, sabendo que, no final do 2º ano, a instituição bancária em questão reteve, a título de imposto, o montante de 68,77 € (taxa liberatória de 28%).

Resolução:

A quantia retida a título de imposto corresponde a 28% do juro bruto apurado no final do 2º ano, correspondendo os restantes 72% ao juro líquido. Deste modo, vem

$$0,28\,J_2=68,77\,€\Leftrightarrow J_2=245,61\,€,$$

O montante de juro líquido corresponde a 72% deste valor, ou seja, a 176,84 €. Como os juros capitalizam à taxa de juro líquida, uma vez que há retenção em cada período, a expressão que nos permite determinar a taxa líquida é a que surge formalizada de imediato:

$$5.000\ € \ (1 + i_{liq}) \times i_{liq} = 176,84\ €$$

$$(1 + i_{liq}) \times i_{liq} = 0,035368$$

$$(i_{liq})^2 + i_{liq} - 0,035368 = 0$$

A taxa líquida pode ser encontrada através da expressão relativa às equações do 2º grau

$$x = \frac{-b \pm \sqrt{b^2 - 4ac}}{2a}$$

donde resulta

$$i_{liq} = \frac{-1 \pm \sqrt{1^2 - 4 \times 1 \times (-0,035368)}}{2 \times 1}$$

$$i_{liq} = \frac{-1 \pm \sqrt{1,141472}}{2}$$

$$i_{liq} = \frac{-1 \pm 1,0684}{2}$$

Como se trata de uma taxa de juro, apenas faz sentido considerar a solução positiva da equação, pelo que

$$i_{liq} = \frac{-1 + 1,0684}{2}$$

$$i_{liq} = 3,42\%$$

Uma vez determinada a taxa de juro líquida da operação, podemos retomar a fórmula

$$C_n = C_0 \ (1 + i_{liq})^n$$

e substituir nela os valores respetivos, donde resulta

$$C_6 = 5.000\ € \ (1 + 3,42\%)^6$$

$$C_6 = 5.000\text{ €} \times 1{,}223565437$$

$$C_6 = 6.117{,}83\text{ €}$$

sendo este o montante acumulado no termo da aplicação.

22 – Qual a taxa anual nominal bruta que vigorará no seguinte investimento: 7.500 €, aplicados durante 3 anos, com capitalizações mensais, que proporcionarão um juro líquido de 1.035,81 €?
Nota: juros sujeitos a uma taxa liberatória de 28%.

Resolução:

Como os juros capitalizam com periodicidade mensal, a taxa que dará lugar à formação dos 1.035,81 € será a taxa efetiva mensal líquida, com um número de capitalizações correspondente a 36 meses. Atendendo à expressão que nos permite encontrar o montante de juro composto produzido, podemos formalizar

$$J_{liq} = C_0 \left[(1 + i_{ef.\ mensal\ liq.})^n - 1\right]$$

Se substituirmos pelos valores respetivos e resolvermos em ordem a $i_{ef.\ mensal\ liq}$, vem

$$1.035{,}81\text{ €} = 7.500\text{ €} \left[(1 + i_{ef.\ mensal\ liq.})^{36} - 1\right]$$

$$1{,}138108 = (1 + i_{ef.\ mensal\ liq.})^{36}$$

$$i_{ef.\ mensal\ liq.} = (1{,}138108)^{\frac{1}{36}} - 1$$

$$i_{ef.\ mensal\ liq} = 1{,}0036 - 1$$

$$i_{ef.\ mensal\ liq} = 0{,}36\%$$

Se esta é a taxa líquida, a taxa efetiva mensal bruta vai ser obtida do seguinte modo:

$$i_{bruta} = \frac{i_{liq}}{0{,}72} = \frac{0{,}36\%}{0{,}72} = 0{,}5\%$$

Esta é a taxa efetiva mensal bruta, que é também a taxa nominal mensal bruta. A taxa nominal anual bruta surge através da seguinte *relação de proporcionalidade*:

$$i_{\text{nom. anual bruta}} = 12 \times 0{,}5\% = 6\%$$

23 – Consulte as tabelas financeiras que constam do Anexo 1.

a) Com base em valores adequados e por intermédio de interpolação linear, determine o fator de capitalização composta correspondente à taxa de 4,25%, para 2 anos e 7 meses;

b) O fator de capitalização composta encontrado na alínea anterior corresponde a uma taxa proporcional ou a uma taxa efetiva? Justifique sem efetuar quaisquer cálculos.

Resolução:

a) Entre os valores tabelados, os mais próximos do valor solicitado reportam-se a n=2 e a n=3. Se sintetizarmos os valores encontrados numa tabela, obteremos:

x	y
$x_0 = 2$	$y_0 = 1{,}08680625$
$x = 2 + \frac{7}{12}$	$y = ?$
$x_1 = 3$	$y_1 = 1{,}13299552$

Tomemos, de novo, a expressão formalizada em [1.18]. Se nela substituirmos os valores presentes, surge

$$y_{\text{int}} = y_0 + \frac{y_1 - y_0}{x_1 - x_0}\,(x - x_0)$$

$$y_{\text{int}} = 1{,}08680625 + \frac{1{,}13299552 - 1{,}08680625}{3 - 2} \times \left(2 + \frac{7}{12} - 2\right)$$

$$y_{\text{int}} = 1{,}11374999$$

O fator de capitalização composta para uma taxa de 4,25% e para um período de 2 anos e 7 meses é de 1,11374999.

b) Sendo considerados os pólos $x_0 = 2$ e $x_1 = 3$, a taxa correspondente ao período não inteiro, isto é, aos 7 meses, é uma taxa proporcional (maior que a taxa efetiva respetiva), uma vez que foi obtida por interpolação linear. Presume-se, assim, que evolui linearmente entre os pólos, tal como foi, de resto, ilustrado por intermédio dos gráficos 1 e 4, apresentados no Capítulo 1.

24 – Certo capital esteve aplicado durante um ano, com capitalizações ao trimestre, tendo proporcionado um juro líquido no montante de 67,49 €. A taxa efetiva anual praticada no 1º trimestre foi de 1,5%, acrescendo de 0,25% em cada um dos trimestres seguintes. Sabendo que esta aplicação se encontra sujeita a uma taxa liberatória de 28%, determine:

a) O montante de capital aplicado;

b) A taxa efetiva anual líquida desta aplicação.

Resolução:

a) Estamos em presença de um caso em que as taxas periódicas são diferentes, pelo que devemos atender à expressão formalizada no Capítulo anterior

$$\sum_{k=1}^{n} J_k = C_0 \left[\prod_{k=1}^{n} (1 + i_k) - 1 \right]$$

Por sua vez, em acordo com a regra previamente formulada, cada capitalização vai ocorrer à taxa líquida, pelo que podemos escrever

$$C_0 \left[(1 + 1{,}5\% \times 0{,}72)^{\frac{1}{4}} \times (1 + 1{,}75\% \times 0{,}72)^{\frac{1}{4}} \times (1 + 2\% \times 0{,}72)^{\frac{1}{4}} \times \right.$$

$$\left. \times (1 + 2{,}25\% \times 0{,}72)^{\frac{1}{4}} - 1 \right] = 67{,}49€$$

$$C_0 \left[(1 + 1{,}08\%)^{\frac{1}{4}} \times (1 + 1{,}26\%)^{\frac{1}{4}} \times (1 + 1{,}44\%)^{\frac{1}{4}} \times (1 + 1{,}62\%)^{\frac{1}{4}} - 1 \right] =$$

$$= 67{,}49€$$

$$C_0\,(1{,}013498002 - 1) = 67{,}49€$$

$$C_0 = 5.000\ €$$

O capital aplicado foi de 5.000 €.

b) A taxa efetiva anual líquida resulta do confronto entre o juro líquido anual e o montante de capital aplicado, isto é,

$$i_{\text{ef. anual liq.}} = \frac{67{,}49€}{5.000€} = 1{,}3498\%$$

Em alternativa, poder-se-ia considerar

$$i_{\text{ef. anual líq.}} = \left[\sum_{k=1}^{4}(1+i_k)\right]^{1/4} - 1$$

onde i_k identifica a taxa anual efetiva líquida correspondente a cada um dos trimestres. Vem, então que

$$i_{\text{ef. anual líq.}} = \left[(1+1{,}08\%)\ (1+1{,}26\%)\ (1+1{,}44\%)\ (1+1{,}62\%)\right]^{\frac{1}{4}} - 1$$

$$i_{\text{ef. anual líq.}} = 1{,}3498\%$$

25 – Um capital de 10.000 € esteve aplicado em regime de juro simples, à taxa anual de 5,5%, tendo proporcionado um juro líquido de 88 €. Considerando uma taxa liberatória de 28%, qual terá sido o prazo da operação (em dias)?

Resolução:

O juro indicado foi produzido à taxa líquida, pelo que principiamos por determinar essa mesma taxa. De acordo com [2.7], teremos que

$$i_{\text{liq.}} = i_{\text{bruta}} \times 0{,}72 = 5{,}5\% \times 0{,}72 = 3{,}96\%$$

Por sua vez, se tomarmos e adaptarmos a expressão estabelecida no Capítulo anterior por intermédio de [1.9], vem que

$$\sum_{k=1}^{n} J_k = C_0 \times \frac{n \times i_{\text{liq}}}{360}$$

expressão esta que, uma vez substituídos os valores correspondentes, resolvemos em ordem a n. Logo

$$88\ € = 10.000\ € \times \frac{n \times 3{,}96\%}{360}$$

$$88\ € = 1{,}1\ n$$

$$n = 80$$

Tal significa que o capital esteve aplicado durante 80 dias.

26 – Um certo capital, colocado em regime de juro simples, durante 5 anos, à taxa anual nominal de 3,2%, produziu de juros menos 325,93 € do que se tivesse sido investido em regime de juro composto, à mesma taxa e pelo mesmo período de tempo. Calcule o montante de capital, sabendo que em ambos os casos recai sobre os rendimentos brutos uma taxa liberatória de 28% e que, no caso do juro composto, a tributação ocorre em cada período de capitalização.

Resolução:

O problema assemelha-se a alguns dos casos apresentados no Capítulo anterior, sendo que agora a produção de juros ocorre à taxa líquida. Principiamos, então, por determinar a taxa líquida que corresponde à taxa bruta de 3,2%, donde

$$i_{liq} = i_{bruta} \times 0{,}72 = 3{,}2\% \times 0{,}72 = 2{,}304\%$$

Assim, tendo em consideração as expressões que nos permitem determinar os juros produzidos em regime de juro simples e em regime de juro composto, respetivamente [1.3] e [1.12], podemos estabelecer que

$$C_0 \times 5 \times 2{,}304\% + 325{,}93\ € = C_0\left[(1 + 2{,}304\%)^5 - 1\right]$$

$$0{,}1152\ C_0 + 325{,}93\ € = 0{,}120632137\ C_0$$

$$0{,}00543213736\ C_0 = 325{,}93\ €$$

$$C_0 \cong 60.000\ €$$

O capital terá sido de 60.000 €.

Com efeito, este problema é idêntico a outros oportunamente resolvidos no Capítulo 1, requerendo apenas o cálculo prévio da taxa líquida.

FORMULÁRIO (2)

[2.1] $$\frac{i_a}{i_p} = \frac{n_a}{n_p}$$

[2.2] $$(1 + i_p)^p = (1 + i_a)$$

[2.3] $$i_{efect} = \left(1 + \frac{i_{nom}}{p}\right)^p - 1$$

[2.4] $$i_{nom} = p\left[(1 + i_{efect})^{\frac{1}{p}} - 1\right]$$

[2.5] $$I = \frac{\sum_{k=1}^{n} C_k \times i_k \times n_k}{\sum_{k=1}^{n} C_k \times n_k}$$

[2.6] $$C_1(1 + i_1)^{n_1} + C_2(1 + i_2)^{n_2} + ... + C_n(1 + i_n)^{n_n} =$$

$$= C_1(1 + I)^{n_1} + C_2(1 + I)^{n_2} + ... + C_n(1 + I)^{n_n}$$

[2.7] $$i_{liq} = i_{bruta} \times 0{,}72$$

[2.8] $$C_n = C_0(1 + 0{,}72 \times i_{bruta})^n$$

[2.9] $$i_{liq} = \left[0{,}72(1 + i_{bruta})^n + 0{,}28\right]^{\frac{1}{n}} - 1$$

[2.10] $$i' = \frac{i - z}{1 + z}$$

[2.11] $$i' = i - z$$

[2.12] $$\overline{i'} = \frac{(1 + i_1) \times ... \times (1 + i_n)}{(1 + z_1) \times ... \times (1 + z_n)} - 1$$

Capítulo 3
Equivalência de Capitais

1. Capital comum e vencimento comum

No contexto da atividade económica e financeira, perante uma dada sucessão de capitais, reportados a diferentes momentos no tempo, poderá haver interesse em substituir esses vários capitais, por ***um capital único que, necessariamente, lhes seja equivalente***. É o que ocorre, por exemplo, quando um devedor tem várias dívidas para com um só credor, a vencer em momentos diversos, e essas dívidas são substituídas por um pagamento único, caso as partes envolvidas assim o entendam.

Designaremos, então, o montante desse pagamento único por ***capital comum***, enquanto o momento em que o mesmo ocorre será denominado de ***vencimento comum***.

O ***capital comum*** resultará da soma dos vários capitais em questão, todos eles reportados para o momento do vencimento comum. Para tal, iremos pressupor a existência de um processo implícito de capitalização/atualização entre o momento do vencimento de cada um dos capitais e o momento considerado como sendo o do vencimento comum.

O problema reduz-se, assim, a um determinado número de capitalizações, para os capitais cujo vencimento ocorra antes do vencimento comum, e a um outro número de descontos ou atualizações, tantos quantos aqueles cujos capitais vençam após o vencimento comum.

Notando por C_k cada um dos *m* capitais considerados, por t o vencimento comum e por t_k o vencimento de cada um dos C_k, poderemos reportar cada um destes capitais para o momento correspondente ao do vencimento comum, do seguinte modo:

$$C_k(1 + i)^{t-t_k} \qquad \text{sendo } k = 1, 2, ..., m$$

Será, então, fácil concluirmos que $\mathbf{t - t_k > 0}$ quando o vencimento dos capitais se situar aquém do vencimento comum, havendo, então, que proceder a capitalizações.

Por sua vez, se $\mathbf{t - t_k < 0}$, tal significa que o vencimento dos capitais se situa para além do vencimento comum, havendo então lugar a atualizações ou descontos.

Um caso particular é aquele em que $\mathbf{t - t_k = 0}$. Isto sucede quando o vencimento de C_k coincide com o próprio vencimento comum, estando, por isso, já reportado a esse momento.

Sendo ***o capital comum igual ao somatório dos diversos capitais reportados para o momento do vencimento comum***, poderemos, então, formalizar do seguinte modo[1]:

$$C_{comum} = \Sigma\left[C_k(1 + r)^{t-t_k}\right]$$

Como $(1 + r)^t$ é constante, obteremos:

$$C_{comum} = (1 + r)^t \; \Sigma\left[C_k(1 + r)^{-t_k}\right] \qquad \textbf{[3.1]}$$

O capital comum é, então, ***equivalente*** ao conjunto de capitais considerados. Através do gráfico seguinte, pretendemos ilustrar as situações de capitalização e de atualização quando, a partir de um certo elenco de capitais, pretendemos determinar o capital comum respetivo.

[1] Recorremos à notação r – em vez de i – por se tratar de uma *taxa de avaliação*, como teremos ocasião de esclarecer no ponto 2 deste Capítulo.

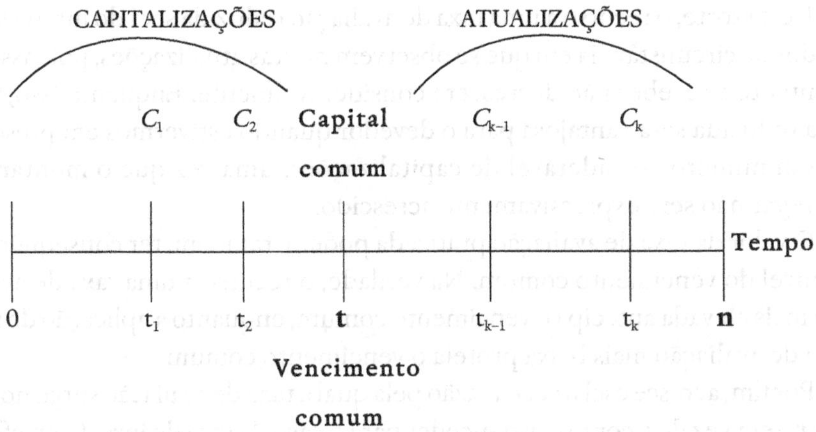

No que diz respeito à determinação do ***vencimento comum***, não existe propriamente uma fórmula que nos permita calcular, de modo direto, o valor de t. Porém, aplicando a expressão de determinação do capital comum anteriormente formalizada, podemos encontrar o vencimento comum através de uma das possibilidades estudadas no Capítulo 1: cálculo com logaritmos, tabelas financeiras, interpolação linear ou, ainda, recorrendo a uma folha de cálculo.

2. Taxa de avaliação

Designaremos por ***taxa de avaliação*** a taxa de juro implícita nos processos de capitalização e de atualização subjacentes à determinação do capital comum.

Facilmente se entende que não é indiferente usarmos uma ou outra taxa de avaliação, isto é, uma ou outra taxa de juro. Como é sabido, nas operações de capitalização, o valor apurado evolui no mesmo sentido da taxa de juro praticada; enquanto isso, nas operações de atualização ou desconto, quanto maior for a taxa aplicada menor será o valor obtido. Tomando como exemplo o caso de *m* dívidas a substituir por um pagamento único, o credor terá interesse em que seja praticada uma taxa de avaliação elevada se for efetuado um número considerável de capitalizações, o que, consequentemente, aumentará o valor do capital comum. Já o devedor terá vantagem em aplicar uma taxa de avaliação elevada, o que, obviamente, reduzirá o montante a entregar, isto no caso de as operações de atualização preponderarem sobre as capitalizações.

Desta sorte, o recurso a uma taxa de avaliação reduzida será do interesse do credor na circunstância em que se observem muitas atualizações, pois assim o montante a receber não decrescerá consideravelmente. Enquanto isso, uma taxa reduzida será vantajosa para o devedor quando estivermos em presença de um número considerável de capitalizações, uma vez que o montante a entregar não será expressivamente acrescido.

O valor da taxa de avaliação praticada poderá, também, ter consequências ao nível do vencimento comum. Na verdade, o recurso a uma taxa de avaliação mais elevada antecipa o vencimento comum, enquanto a aplicação de uma taxa de avaliação mais baixa protela o vencimento comum.

Por fim, acresce esclarecer a razão pela qual a taxa de avaliação surge notada por r – em vez de i, como é uso suceder para o caso da taxa de juro. Com efeito, a taxa de avaliação não corresponde à taxa subjacente a uma certa operação financeira efetivamente observada, pretendendo antes refletir o *custo de oportunidade do capital*, o que fundamenta o recurso a uma notação diferente.

3. Hipóteses de problemas

Grosso modo, três tipos de problemas se podem colocar neste contexto. Sendo o capital comum, o vencimento comum e a taxa de atualização as variáveis em causa, as questões que daqui resultam traduzem-se na determinação de cada um destes fatores, sendo os outros dois conhecidos antecipadamente. Deste modo, teremos:

1 – Determinação do ***capital comum***, sendo o vencimento comum e a taxa de atualização previamente estabelecidos.

EXEMPLO: Qual o pagamento único, a ocorrer daqui por ano e meio, que substitui os seguintes capitais:

- 8.000 €, vencíveis daqui a um ano,
- 3.500 €, vencíveis daqui por 15 meses,
- 1.600 €, vencíveis daqui por 18 meses,
- e 7.000 €, vencíveis daqui por 21 meses,

no pressuposto de se utilizar uma taxa de avaliação de 5% ao ano?

Obteremos o ***capital comum*** substituindo, de modo direto, os valores respetivos na expressão encontrada em [3.1]. Devemos, porém, atender previamente a que alguns t_k se encontram expressos em meses; logo vamos determinar quais os valores correspondentes em anos[2], uma vez que a taxa de avaliação que nos é indicada é uma taxa anual. Assim sendo, surgirá

$$C_{comum} = (1+5\%)^{1,5} \left[8.000\text{ €}\,(1+5\%)^{-1} + 3.500\text{ €}\,(1+5\%)^{-1,25} + \right.$$

$$\left. + 1.600\text{ €}\,(1+5\%)^{-1,5} + 7.000\text{ €}\,(1+5\%)^{-1,75}\right]$$

$$C_{comum} = 1{,}0759298\,(7.619{,}05\text{ €} + 3.292{,}92\text{ €} + 1.487{,}09\text{ €} + 6.427{,}13\text{ €})$$

$$C_{comum} = 1{,}0759298 \times 18.826{,}19\text{ €}$$

$$C_{comum} = 20.255{,}66\text{ €}$$

Em alternativa, se pretendêssemos "trabalhar" em meses[3], seria necessário calcularmos a taxa mensal equivalente à taxa anual de 5%.

2 – Determinação do ***vencimento comum***, sendo o capital comum e a taxa de avaliação previamente estabelecidos.

EXEMPLO: Quando deverá ser efetuado um pagamento de 12.000 €, sabendo que se destina a substituir os seguintes capitais:

- 5.000 €, com vencimento daqui por 2 anos;
- 4.000 €, com vencimento daqui por 3 anos;
- 3.000 €, com vencimento daqui por 6 anos;

e no pressuposto de ter sido praticada uma taxa de avaliação de 7%?

---

[2] De notar que 1,25 anos correspondem a 15 meses, 1,5 anos a 18 meses e 1,75 anos a 21 meses.

[3] Utilizando meses, o problema formaliza-se do seguinte modo:

a) Determinação da *taxa mensal equivalente*

$$(1+r_{mensal})^{12} = (1+r_{anual}) \Leftrightarrow (1+r_{mensal})^{12} = (1+5\%) \Leftrightarrow r_{mensal} = (1+5\%)^{1/12} - 1 \Leftrightarrow$$

$$\Leftrightarrow r_{mensal} = 0{,}41\%$$

b) Determinação do *capital comum*

$$C_{comum} = (1+0{,}41\%)^{18}\left[8.000\text{ €}\,(1+0{,}41\%)^{-12} + 3.500\text{ €}\,(1+0{,}41\%)^{-15} + \right.$$

$$\left. + 1.600\text{ €}\,(1+0{,}41\%)^{-18} + 7.000\text{ €}\,(1+0{,}41\%)^{-21}\right]$$

Trata-se, pois, de calcular o ***vencimento comum*** que, como sabemos, não existe uma fórmula específica para o efeito. Vamos, então, substituir em [3.1] os valores respetivos, donde resulta

$$12.000\ € = (1 + 7\%)^{t} \left[5.000\ € \ (1 + 7\%)^{-2} + 4.000\ € \ (1 + 7\%)^{-3} + \right.$$

$$\left. + \ 3.000 \ (1 + 7\%)^{-6}\right]$$

$$12.000\ € = (1 + 7\%)^{t} \times 9.631{,}41\ €$$

$$1{,}2459235 = (1 + 7\%)^{t}$$

$$\log 1{,}2459235 = t \log 1{,}07$$

$$t = \frac{0{,}0954913}{0{,}0293837}$$

$$t = 3{,}2497966$$

$$t \cong 3{,}25 \text{ anos}$$

A entrega única no montante de 12.000 € deverá ocorrer daqui por 3 anos e 3 meses.

3 – Determinação da ***taxa de avaliação***, sendo conhecidos o capital comum e o vencimento comum.

EXEMPLO: Qual foi a taxa de avaliação praticada na seguinte operação: substituição de dois capitais, cujos montantes são de 35.000 € e de 75.000 €, com vencimentos, respetivamente, por 6 e 2 anos, pela quantia única de 109.045,38 €, com vencimento daqui por 3 anos?

Tal como sucede para o caso do vencimento comum, necessitamos de recorrer a [3.1] para obtermos a ***taxa de avaliação***. Daí resulta que

$$109.045{,}38\ € = (1 + r)^{3} \times \left[75.000\ € \ (1 + r)^{-2} + 35.000\ € \ (1 + r)^{-6}\right]$$

O cálculo de r implica o uso de uma da três modalidades estudadas no Capítulo 1, a saber, *interpolação linear*, *logaritmos* ou *tabelas financeiras* ou, ainda, o recurso a uma calculadora gráfica ou às funções financeiras do Excel.

No presente contexto, vamos recorrer a interpolação linear, fixando os pólos $x_0 = 2\%$ e $x_1 = 8\%$.

x	y
$x_0 = 2\%$	$y_0 = 109.481{,}28$ €
$x = ?$	$y_0 = 109.045{,}38$ €
$x_1 = 8\%$	$y_0 = 108.784{,}13$ €

Recordemos a expressão que formalizámos no Capítulo 1, no contexto do processo de interpolação linear

$$x_{int} = x_0 + \frac{x_1 - x_0}{y_1 - y_0}\,(y - y_0)$$

Substituindo pelos respetivos valores apontados no quadro, surge

$$x_{int} = 2\% + \frac{8\% - 2\%}{108.784{,}13€ - 109.481{,}28€} \times (109.045{,}38€ - 109.481{,}28€)$$

$$x_{int} = 2\% + \frac{6\%}{-697{,}15€} \times (-\,435{,}90\ €)$$

$$x_{int} = 2\% + 3{,}75\%$$

$$x_{int} \cong 5{,}75\%$$

A taxa de avaliação praticada terá sido, aproximadamente, de 5,75%; dizemos aproximadamente uma vez que, tratando-se de interpolação linear, pressupomos que a função evolui linearmente entre os pólos, o que na realidade não sucede.

Eventualmente, poderá, ainda, surgir uma ***quarta categoria de problemas***, em que são conhecidos o capital comum, o vencimento comum e a taxa de avaliação, pretendendo determinar quais os montantes dos capitais (C_k) ou, bem assim, os prazos de vencimento desses capitais (t_k).

Este tipo de problemas só terá resolução se for possível exprimir os vários C_k em função de um C_k específico ou os vários t_k em função de um t_k em particular. Substituindo na fórmula, resolve-se a equação em ordem a esse valor específico, podendo os restantes ser determinados de acordo com as relações previamente estabelecidas.

Observamos um pequeno exemplo, desta feita, relativo ao caso dos C_k.

EXEMPLO: Um capital, no montante de 22.067,50 € e com vencimento daqui por 3 anos, vai ser substituído por três entregas de igual valor, que ocorrerão, respetivamente, daqui por um, dois e três anos. Pressupondo uma taxa de avaliação de 5%, qual o montante de cada uma dessas entregas?

No caso em apreço, o capital comum corresponde a 22.067,50 € e o vencimento comum a 3 anos. Recorrendo, novamente, a [3.1], substituem-se na expressão os valores respetivos, o que permite obter

$$22.067{,}50\ € = C_1\,(1+5\%)^{3-1} + C_2\,(1+5\%)^{3-2} + C_3\,(1+5\%)^{3-3}$$

Sucede, porém, que

$$C_1 = C_2 = C_3 = C$$

donde

$$22.067{,}50\ € = C\,(1+5\%)^2 + C\,(1+5\%) + C$$

Resolvendo em ordem a C, vem

$$22.067{,}50\ € = 3{,}1525\ C$$

$$C = 7.000\ €$$

Cada uma dessas entregas será no montante de 7.000 €.

Este exemplo torna-se bastante simples, uma vez que se estabelece uma relação de igualdade entre as várias entregas. Um caso mais complexo neste domínio é o que se apresenta com o nº 2 na secção de Exercícios Resolvidos deste Capítulo. Já o caso nº 8 referir-se-á ao momento de vencimento das entregas, ou seja, aos t_k.

4. Dois casos particulares

Nos exemplos focados no ponto anterior, considerámos que ou o capital comum ou o vencimento comum eram previamente conhecidos. Poderá, no entanto, suceder que ambos os parâmetros sejam desconhecidos. Neste caso, existem dois processos de contornar a questão e que consistem na ***assunção de hipóteses relativamente a um dos fatores, surgindo o outro definido em função dos pressupostos considerados.***

O ***primeiro processo*** considera que o vencimento comum coincide com o momento atual, ou seja t = 0, o que implica efetuar o desconto de todos os capitais para o momento zero. Tal é o que, na realidade, se verifica quando se pretende liquidar antecipadamente (no momento presente) uma sucessão de dívidas reportadas a momentos futuros, uma vez que o valor a pagar resultará da adição dos valores atualizados para o momento presente.

Retomando a expressão que nos permitiu determinar o capital comum

$$C_{comum} = (1+r)^t \, \Sigma \left[C_k (1+r)^{-t_k} \right]$$

sendo agora o vencimento comum igual a zero, daí resultará

$$C_{comum} = (1+r)^0 \, \Sigma \left[C_k (1+r)^{-t_k} \right]$$

ou, muito simplesmente,

$$C_{comum} = \Sigma \left[C_k (1+r)^{-t_k} \right] \qquad [3.2]$$

EXEMPLO: Qual a quantia que deve substituir três capitais de igual montante (2.000 €), mas com vencimento daqui por 1, 2 e 3 meses, respetivamente? Recorra a uma taxa de avaliação anual de 5%.

Não sendo indicado o momento correspondente ao vencimento comum, vamos estabelecer que ele corresponde ao momento atual, ou seja, a t = 0. Deste modo, o capital comum obtém-se aplicando a fórmula anterior; atenda-se, contudo, a que, sendo a taxa de avaliação uma taxa anual e encontrando-se os vencimentos respetivos reportados a meses, vamos expressar esses meses em anos. Do exposto, resulta que

$$C_{comum} = 2.000 \text{ €} \left[(1+5\%)^{-\frac{1}{12}} + (1+5\%)^{-\frac{2}{12}} + (1+5\%)^{-\frac{3}{12}} \right]$$

$$C_{comum} = 2.000\ € \left[(1+5\%)^{-\frac{1}{12}} + (1+5\%)^{-\frac{1}{6}} + (1+5\%)^{-\frac{1}{4}}\right]$$

$$C_{comum} = 2.000\ € \times 2{,}9757202$$

$$C_{comum} = 5.951{,}44\ €$$

No ***segundo processo***, iremos assumir que o capital comum resulta da soma pura e simples dos diversos capitais, calculando o vencimento comum em função do valor assim encontrado, ou seja,

$$C_{comum} = \Sigma\, C_k \qquad [3.3]$$

Neste caso, o vencimento comum merecerá a designação de ***vencimento médio***. Certos autores denunciam, contudo, a existência de alguma impropriedade em tal denominação, dado o valor obtido para t não corresponder à média aritmética dos diversos vencimentos[4].

EXEMPLO: Utilizando uma taxa de avaliação anual de 4,5%, qual o *vencimento médio* dos seguintes capitais:

- 300.000 €, vencíveis daqui por 4 meses;
- 180.000 €, vencíveis daqui por 8 meses;
- e 120.000 €, vencíveis daqui por 11 meses?

No caso vertente, determinamos, em primeiro lugar, qual o capital comum, que, atendendo a [3.3], resulta da simples adição dos diversos capitais.

$$C_{comum} = 300.000\ € + 180.000\ € + 120.000\ € = 600.000\ €$$

Também aqui se coloca a necessidade de expressar os meses em anos, atendendo a que a taxa de avaliação é uma taxa anual[5]. Aplicando, novamente, a fórmula encontrada em [3.1] e substituindo os valores respetivos, vem

$$600.000\ € = (1+4{,}5\%)^{t}\left[300.000\ € \times (1+4{,}5\%)^{-\frac{4}{12}} + 180.000\ € \times (1+4{,}5\%)^{-\frac{8}{12}} + \right.$$
$$\left. + 120.000\ € \times (1+4{,}5\%)^{-\frac{11}{12}}\right]$$

[4] A este propósito, cfr., por todos, Soares e Cadilhe (1988, p. 164).

[5] Recorde-se que, em alternativa, poder-se-ia calcular a taxa equivalente mensal.

$$600.000\text{ €} = (1 + 4{,}5\%)^{t}\,(295.630{,}45\text{ €} + 174.794{,}73\text{ €} + 115.254{,}52\text{ €})$$

$$600.000\text{ €} = (1 + 4{,}5\%)^{t} \times 585.679{,}7\text{ €}$$

$$1{,}0244507 = (1 + 4{,}5\%)^{t}$$

$$\log 1{,}0244507 = t \log 1{,}045$$

$$t = 0{,}548803$$

O vencimento médio é de 0,548803 anos, o que corresponde, aproximadamente, a 6 meses e 18 dias.

Se nos encontrássemos em *regime de juro simples*, a determinação do *vencimento médio* surgiria:

$$C_{comum}\,(1 - t \times i) = C_1\,(1 - t_1 \times i) + C_2\,(1 - t_2 \times i) + ... + C_n\,(1 - t_n \times i)$$

$$(C_1 + C_2 + ... + C_n)\,(1 - t \times i) = C_1 - C_1 \times t_1 \times i + C_2 - C_2 \times t_2 \times i + ... +$$
$$+ C_n - C_n \times t_n \times i$$

$$C_1 - C_1 \times t \times i + C_2 - C_2 \times t \times i + ... + C_n - C_n \times t \times i =$$

$$= C_1 - C_1 \times t_1 \times i + C_2 - C_2 \times t_2 \times i + ... + C_n - C_n \times t_n \times i$$

Transferindo para o lado esquerdo da expressão os capitais C_1 a C_n e multiplicando ambos os membros por −1, obtém-se

$$C_1 \times t \times i + C_2 \times t \times i + ... + C_n \times t \times i = C_1 \times t_1 \times i + C_2 \times t_2 \times i + ... + C_n \times t_n \times i$$

Sendo t o vencimento comum, pondo em evidência, resulta que

$$t\,(C_1 \times i + C_2 \times i + ... + C_n \times i) = C_1 \times t_1 \times i + C_2 \times t_2 \times i + ... + C_n \times t_n \times i$$

donde

$$t = \frac{C_1 \times t_1 \times i + C_2 \times t_2 \times i + ... + C_n \times t_n \times i}{C_1 \times i + C_2 \times i + ... + C_n \times i}$$

ou ainda

$$t = \frac{C_1 \times t_1 + C_2 \times t_2 + ... + C_n \times t_n}{C_1 + C_2 + ... + C_n} \qquad [3.4]$$

Tal significa que, se acolhermos as críticas dirigidas ao expediente de cálculo anteriormente descrito, só no regime de juro simples se deverá falar de vencimento médio, uma vez que t corresponde à média dos diversos t_k, ponderados pelos capitais respetivos.

5. A equivalência e a disponibilidade dos capitais

O ***conceito clássico de equivalência de capitais*** assenta em três aspetos basilares, a saber:

- dois ou mais capitais são equivalentes quando são iguais os respetivos valores atuais, calculados à mesma taxa de juro;
- dois ou mais capitais só são comparáveis se reportados ao mesmo período de tempo (por norma, o momento 0);
- se dois ou mais capitais são equivalentes no momento 0, não o voltarão a ser em nenhum outro momento.

Porém, este conceito não atende a uma questão fundamental, que concerne ao momento de vencimento dos capitais em apreço, ou seja, ao momento em que os mesmos se tornam disponíveis. Deste modo, incorporando o ***princípio da disponibilidade*** de um dado capital, o ***conceito de equivalência de capitais*** surge reformulado e assente nos seguintes pressupostos:

- dois capitais são equivalentes se adquirem o mesmo valor quando reportados para as datas de vencimento respetivas;
- dois capitais são comparáveis entre si quando reportados ao mesmo momento de tempo (a data de vencimento de um deles);
- dois capitais são equivalentes em qualquer uma de ambas as datas de vencimento.

6. Taxa de avaliação: um aprofundamento

Podemos definir ***taxa de avaliação***, em alternativa ao conceito avançado no ponto 2, como a taxa de juro que torna equivalentes um certo capital, com vencimento num dado momento – que designaremos, respetivamente, por capital comum e por vencimento comum – e um dado conjunto de capitais, reportados a diversos momentos futuros.

Ora na tomada de decisões de investimento compara-se, precisamente, o montante a despender no presente e os fluxos financeiros futuros resultantes desse investimento. Assim sendo, a taxa que permite igualar o valor atualizado dos fluxos de tesouraria e o montante de investimento realizado recebe o nome de ***taxa interna de rendibilidade***, vulgarmente designada por TIR.

Grosso modo, serão viáveis os projetos de investimento que apresentem uma TIR que exceda o custo dos capitais permanentes, sob pena de ser mais vantajoso aplicar o montante em questão em depósitos bancários ou afins.

A TIR será utilizada de modo recorrente, não só no presente contexto mas também aquando do estudo de todas as temáticas de índole financeira.

Um outro conceito fundamental no âmbito da formulação de decisões de investimento é o de ***valor atual líquido***, correntemente nomeado por VAL. O VAL corresponde ao valor atualizado de todos os fluxos de tesouraria decorrentes desse investimento, incluindo o próprio valor do investimento e o valor residual.

Embora reservemos para os manuais especializados o estudo aprofundado dos conceitos de TIR e de VAL, estes serão retomados no Capítulo 10, onde serão discutidas algumas possibilidades de aplicação da taxa de avaliação. Por ora, o nosso objetivo é, apenas, o de sublinhar a similitude existente entre estes conceitos e os assuntos expostos ao longo do presente Capítulo.

EXERCÍCIOS RESOLVIDOS:

1 – Substituir os seguintes capitais:

- 20.000 €, com vencimento daqui a 1 ano;
- 30.000 €, com vencimento daqui a 15 meses;
- 8.000 €, com vencimento daqui a 4 anos;

por um pagamento único, a ocorrer daqui a 2 anos e meio, pressupondo uma taxa de avaliação de 7% ao ano.

Resolução:

O momento previsto para a entrega única, os 2 anos e meio, corresponde ao vencimento comum; como o vencimento dos dois primeiros capitais, respetivamente, 1 ano e 15 meses, se verifica *antes* do vencimento comum, e o vencimento do terceiro capital ocorre após o vencimento comum, vamos efetuar duas operações de capitalização e uma operação de atualização. Como temos uma taxa de avaliação anual e 15 meses = 1,25 anos, surge

$$C_{comum} = 20.000\,€\,(1+7\,\%)^{2,5-1} + 30.000\,€\,(1+7\%)^{2,5-1,25} + 8.000\,€\,(1+7\%)^{2,5-4}$$

$$C_{comum} = 20.000\,€\,(1+7\,\%)^{1,5} + 30.000\,€\,(1+7\%)^{1,25} + 8.000\,€\,(1+7\%)^{-1,5}$$

$$C_{comum} = 20.000\,€ \times 1,1068166 + 30.000\,€ \times 1,0882526 + 8.000\,€ \times 0,903492$$

$$C_{comum} = 22.136,33\,€ + 32.647,58\,€ + 7.227,94\,€$$

$$C_{comum} = 62.011,85\,€$$

A entrega única, a ocorrer daqui por 2 anos e meio, será no montante de 62.011,85 €.

2 – A tem para com B as seguintes dívidas:

- 5.000 €, vencíveis daqui a 8 meses;
- 12.000 €, vencíveis daqui a 15 meses;
- 7.000 €, vencíveis daqui a um ano e meio.

Porém, devido a questões que se prendem com a sua tesouraria, A pretende substituir esses pagamentos por apenas dois, ocorrendo o 1º daqui por 6 meses e o 2º daqui por um ano. B aceita a proposta de A, desde que seja praticada uma taxa de avaliação de 6% e que a 1ª quantia entregue seja dupla da 2ª. Determine ambas as quantias.

Resolução:

Neste caso, em vez de um capital comum, temos dois "capitais comuns", o que coloca a questão de saber qual o vencimento comum a adotar. Uma vez que se trata de um problema de equivalência de capitais, a solução consiste em reportar um dos "capitais comuns" para o momento de vencimento do outro, o que equivale a estabelecer o vencimento de um deles como sendo o vencimento comum.

Se, por hipótese, considerarmos que o vencimento comum ocorre daqui por 6 meses e sabendo que o 1º pagamento é duplo do 2º, formalizaremos o problema do seguinte modo:

$$2C + C\,(1+6\%)^{\frac{1}{2}-1} = 5.000\text{ €} \times (1+6\%)^{\frac{6}{12}-\frac{8}{12}} + 12.000\text{ €} \times (1+6\%)^{\frac{6}{12}-\frac{15}{12}}$$

$$+\,7.000\text{ €} \times (1+6\%)^{\frac{6}{12}-\frac{18}{12}}$$

Resolvendo esta equação em ordem a C, obteremos

$$2C + C\,(1+6\%)^{-\frac{1}{2}} = 5.000\text{ €} \times (1+6\%)^{-\frac{2}{12}} + 12.000\text{ €} \times (1+6\%)^{-\frac{9}{12}} +$$

$$+\,7.000\text{ €} \times (1+6\%)^{-1}$$

$$2C + 0{,}9712858C = 5.000\text{ €} \times 0{,}9903355 + 12.000\text{ €} \times 0{,}9572394 +$$

$$+\,7.000\text{ €} \times 0{,}9433962$$

$$2{,}9712858C = 4.951{,}68\text{ €} + 11.486{,}87\text{ €} + 6.603{,}77\text{ €}$$

$$2{,}9712858C = 23.042{,}32\text{ €}$$

$$C = 7.755\text{ €}$$

Sendo C = 7.755 €, significa que a 2ª quantia entregue foi deste montante, enquanto a 1ª, sendo dupla da 2ª, foi de 15.510 €.

Se, em vez de considerarmos o vencimento comum aos 6 meses, tivéssemos pressuposto que este coincidia com o vencimento da 2ª entrega, ou seja, um ano, obter-se-ia

$$2C\,(1+6\%)^{1-\frac{1}{2}} + C = 5.000\text{ €} \times (1+6\%)^{1-\frac{8}{12}} + 12.000\text{ €} \times (1+6\%)^{1-\frac{15}{12}} +$$

$$+\,7.000\text{ €} \times (1+6\%)^{1-\frac{18}{12}}$$

$$2C\,(1+6\%)^{\frac{1}{2}} + C = 5.000\ € \times (1+6\%)^{\frac{4}{12}} + 12.000\ € \times (1+6\%)^{-\frac{3}{12}} +$$

$$+\, 7.000\ € \times (1+6\%)^{-\frac{6}{12}}$$

$$2C \times 1{,}029563 + C = 5.000\ € \times 1{,}0196128 + 12.000\ € \times 0{,}9855383 +$$

$$+\, 7.000\ € \times 0{,}9712858$$

$$2{,}059126\ C + C = 5.098{,}06\ € + 11.826{,}46\ € + 6.799\ €$$

$$3{,}059126\ C = 23.723{,}52\ €$$

$$C = 7.755\ €$$

ou seja, como é evidente, o mesmo resultado que o obtido na hipótese anterior.

3 – Reelabore o exercício anterior, pressupondo que, em vez de 6%, foi praticada uma taxa de avaliação de 4%. Comente os resultados obtidos.

Resolução:

Na expressão formalizada no caso anterior, vamos substituir a taxa de 6% por 4% e resolver novamente em ordem a C. Como ambas as hipóteses de resolução consideradas são equivalentes, atenderemos apenas à 1ª, ou seja, àquela em que o vencimento comum corresponde ao momento da 1ª entrega. Logo, surgirá

$$2C + C\,(1+4\%)^{\frac{1}{2}-1} = 5.000\ € \times (1+4\%)^{\frac{6}{12}-\frac{8}{12}} + 12.000\ € \times (1+4\%)^{\frac{6}{12}-\frac{15}{12}}$$

$$+\, 7.000\ € \times (1+4\%)^{\frac{6}{12}-\frac{18}{12}}$$

$$2C + C\,(1+4\%)^{-\frac{1}{2}} = 5.000\ € \times (1+4\%)^{-\frac{2}{12}} + 12.000\ € \times (1+4\%)^{-\frac{9}{12}} +$$

$$+\, 7.000\ € \times (1+4\%)^{-1}$$

$$2C + 0{,}9805806C = 5.000\ € \times 0{,}9934845 + 12.000\ € \times 0{,}9710128 +$$

$$+\, 7.000\ € \times 0{,}9615384$$

$$2{,}9805806C = 4.967{,}42\ € + 11.652{,}15\ € + 6.730{,}77\ €$$

$$2{,}9805806C = 23.350{,}34\ €$$

$$C = 7.834{,}16\ €$$

Utilizando uma taxa de avaliação de 4%, as quantias a entregar aquando do 1º e do 2º pagamento seriam, respetivamente, de 15.668,32 € e de 7.834,16 €, ambas superiores às calculadas no caso anterior.

Aplicando uma taxa de avaliação de 6%, A entregaria a B, em termos globais, a quantia de 23.265 €, resultante do somatório dos dois pagamentos.

Por sua vez, recorrendo a uma taxa de avaliação de 4%, A teria que entregar a B o montante total de 23.502,48 €, ou seja, uma diferença de 237,48 € entre ambas as alternativas.

Desde logo se corrobora o que atrás se afirmou, que o recurso a uma ou a outra taxa de avaliação não é indiferente para efeitos de apuramento do capital comum. No caso em apreço, o credor surge beneficiado quando a taxa de avaliação é menor, o que se justifica pelo facto de as operações de atualização preponderarem sobre as operações de capitalização.

4 – Quando deverá ser entregue um capital no montante de 31.160,57 €, quando o mesmo se destina a substituir as seguintes dívidas:

- 7.250 €, vencíveis daqui por 45 dias;
- 10.000 €, vencíveis daqui por meio ano;
- 8.000 €, vencíveis daqui por 8 meses;
- 6.000 €, vencíveis daqui por 1 ano ?

Considere que foi acordada uma taxa de avaliação de 6% ao ano.

Resolução:

O problema consiste em determinar qual o vencimento comum dos capitais acima referidos. Vamos, uma vez mais, recorrer a [3.1], pelo que se define

$$31.160,57\text{ €} = 7.250\text{ € }(1+6\%)^{t-\frac{45}{360}} + 10.000\,(1+6\%)^{t-0,5} +$$

$$+ 8.000\text{ € }(1+6\%)^{t-\frac{8}{12}} + 6.000\text{ € }(1+6\%)^{t-1}$$

Pondo $(1+6\%)^t$ em evidência, surge

$$31.160,57\text{ €} = (1+6\%)^t\left[7.250\text{ € }(1+6\%)^{-\frac{45}{360}} + 10.000\text{ €}\times(1+6\%)^{-0,5} +\right.$$

$$\left. + 8.000\text{ € }(1+6\%)^{-\frac{8}{12}} + 6.000\text{ € }(1+6\%)^{-1}\right]$$

$$31.160,57\text{ €} = (1+6\%)^t \times 30.265,82\text{ €}$$

$$1{,}0295631 = (1 + 6\%)^t$$

$$\log 1{,}0295631 = t \log 1{,}06$$

$$t = \frac{\log 1{,}0295631}{\log 1{,}06}$$

$$t = \frac{0{,}0291345}{0{,}0582689}$$

$$t = 0{,}5$$

Sendo o *vencimento comum* igual a 0,5, significa que o pagamento vai ser efetuado daqui por meio ano.

5 – Qual é o vencimento médio referente aos seguintes capitais:
- 2.500 €, vencíveis daqui a 1 ano;
- 8.000 €, vencíveis daqui a 2 anos e meio;
- 3.500 €, vencíveis daqui a 4 anos;

pressupondo uma taxa de avaliação de 4,25% ao ano?

Resolução:

Neste caso, o capital comum resultará do somatório dos diversos C_k, tal como estabelecemos em [3.3]. Logo

$$C_{comum} = \Sigma\, C_k = 2.500\text{ €} + 8.000\text{ €} + 3.500\text{ €} = 14.000\text{ €}$$

Atendendo, de novo, à fórmula encontrada em [3.1]

$$C_{comum} = (1 + r)^t\, \Sigma \left[C_k (1 + r)^{-t_k}\right]$$

e substituindo nela os valores respetivos, vem

$$14.000\text{€} = (1 + 4{,}25\%)^t \left[2.500\text{€}\,(1 + 4{,}25\%)^{-1} + 8.000\text{€} \times (1 + 4{,}25\%)^{-2{,}5} +\right.$$

$$\left. + 3.500\text{€}\,(1 + 4{,}25\%)^{-4}\right]$$

A nossa incógnita será t, correspondendo ao *vencimento comum*. Resolvendo a equação, teremos

$$14.000 \text{ €} = (1{,}0425)^t (2.500 \text{ €} \times 0{,}9592326 + 8.000 \text{ €} \times 0{,}9011764 +$$

$$+ 3.500 \text{ €} \times 0{,}846634)$$

$$14.000 \text{ €} = (1{,}0425)^t (2.398{,}08 \text{ €} + 7.209{,}41 \text{ €} + 2.963{,}22 \text{ €})$$

$$14.000 \text{ €} = (1{,}0425)^t \times 12.570{,}71 \text{ €}$$

$$1{,}1137 = (1{,}0425)^t$$

$$\log 1{,}1137 = t \log 1{,}0425$$

$$t = \frac{\log 1{,}1137}{\log 1{,}0425}$$

$$t = \frac{0{,}1076878}{0{,}0416216}$$

$$t = 2{,}587301 \text{ anos}$$

$$t \cong 2{,}6 \text{ anos}$$

Conclui-se, então, que o vencimento médio corresponde, aproximadamente, a 2,6 anos, ou seja, a 2 anos, 7 meses e 6 dias.

6 – Sabendo que as seguintes dívidas:
- 5.000 €, vencíveis daqui a 2 meses,
- 6.000 €, vencíveis daqui a 6 meses,
- e 12.000 €, vencíveis daqui a 1 ano,

foram substituídas por um pagamento único de 22.758,26 €, a efetuar daqui por 5 meses, determine qual foi a taxa anual de avaliação que se utilizou.

Resolução:

Vamos aplicar, mais uma vez, a fórmula encontrada em [3.1]. Como pretendemos conhecer a taxa de avaliação anual (r), vamos expressar o vencimento comum, bem como os vencimentos dos diversos capitais, em função do ano, muito embora pudéssemos "trabalhar" com meses, convertendo, posteriormente, para anual a taxa mensal assim obtida. Surge então

$$22.758,26\ € = 5.000\ €\ (1+r)^{\frac{5}{12}-\frac{2}{12}} + 6.000\ €\ (1+r)^{\frac{5}{12}-\frac{6}{12}} +$$

$$+\ 12.000\ €\ (1+r)^{\frac{5}{12}-\frac{12}{12}}$$

$$22.758,26\ € = 5.000\ €\ (1+r)^{\frac{3}{12}} + 6.000\ €\ (1+r)^{-\frac{1}{12}} + 12.000\ €\ (1+r)^{-\frac{7}{12}}$$

Uma vez aqui chegados, podemos recorrer a interpolação linear para determinarmos qual foi a taxa de avaliação praticada. À semelhança do que sucede na generalidade dos casos em que se utiliza interpolação linear, não temos qualquer referência quanto ao valor dos pólos; iremos, então, pressupor que $x_0 = 1\%$ e que $x_1 = 8\%$, o que significa que se as taxas de avaliação tivessem sido, respetivamente, de 1% e de 8%, os montantes do capital comum seriam os apontados na tabela seguinte. Como o montante do capital comum que nos é indicado – 22.758,26 € – é, respetivamente, menor e maior que os valores de y_0 e de y_1 obtidos, facilmente se conclui que a taxa de avaliação praticada neste caso se situa algures no intervalo compreendido entre x_0 e x_1.

x	y
$x_0 = 1\%$	$y_0 = 22.938,03$ €
$x = ?$	$y = 22.758,26$ €
$x_1 = 8\%$	$y_1 = 22.531,96$ €

Fazendo uso da expressão que formalizámos em [1.19], teremos

$$x_{int} = x_0 + \frac{x_1 - x_0}{y_1 - y_0}\,(y - y_0)$$

Substituindo pelos valores respetivos, surge

$$x_{int} = 1\% + \frac{8\% - 1\%}{22.531,96€ - 22.938,03€} \times (22.758,26\ € - 22.938,03\ €)$$

$$x_{int} = 1\% + 7\% \times 0,4427069$$

$$x_{int} = 1\% + 3\%$$

$$x_{int} = 4\%$$

A taxa de avaliação anual praticada foi de 4%.

Em alternativa, a taxa de avaliação poderá ser obtida através da função financeira do Excel que permite determinar a TIR. Desta feita, consideramos uma sucessão de fluxos mensais com vencimentos daqui por 2, 6 e 12 meses, cujos montantes são, respetivamente, de 5.000 €, de 6.000 € e de 12.000 €. Para além disso, consideramos um fluxo de 22.758,26 €, com sinal negativo, reportado aos cinco meses e correspondente ao capital comum. Obtemos, assim, que $r = 0,327\%$, taxa esta que tem uma periodicidade mensal. Calculamos a taxa anual de avaliação através de uma relação de equivalência, donde

$$(1 + r_{anual}) = (1 + r_{mensal})^{12}$$

$$(1 + r_{anual}) = (1 + 0,327\%)^{12}$$

$$r_{anual} = (1 + 0,327\%)^{12} - 1$$

$$r_{anual} = 3,9953\ \%$$

ou seja, um valor bastante aproximado do que resultou da interpolação linear.

7 – Um investidor dispõe da quantia de 200.000 €, que poderá aplicar junto de uma instituição financeira, à taxa efetiva anual de 5,75%. Em alternativa, poderá ceder esse capital a uma empresa sua conhecida, o que lhe permitirá os seguintes retornos: 55.000 €, daqui por 2 anos, 85.000 €, daqui por 3 anos e 145.000 € daqui por 5 anos. Qual das duas possibilidades julga mais conveniente, pressupondo que a liquidez não é determinante para a decisão do investidor?

Resolução:

De modo a podermos decidir qual das hipóteses se revela mais vantajosa para este investidor, vamos reportar ambos os capitais – valor a investir e valor a receber – ao mesmo do tempo, no caso, vamos ***torná-los equivalentes*** para o momento atual, isto é, o momento no qual se realizará o investimento. Para o efeito, vamos atualizar os vários fluxos financeiros subjacentes à operação de financiamento, recorrendo à taxa de atualização de 5,75%, pelo que iremos obter o denominado valor atual líquido, vulgo VAL.

$$C_0 = 55.000\,€\,(1+5{,}75\%)^{-2} + 85.000\,€\,(1+5{,}75\%)^{-3} + 145.000\,€ \times (1+5{,}75\%)^{-5}$$

$$C_0 = 230.695{,}78\,€$$

O valor obtido é superior aos 200.000 € que o investidor dispõe, o que nos permite concluir que se aplicar o seu capital à taxa de 5,75%, para obter o retorno associado à operação de financiamento, ele necessitaria de 230.695,78 €. Assim sendo, a ***taxa interna de rendibilidade*** associada à operação de financiamento é maior que os 5,75% proporcionados pela aplicação financeira. Essa taxa pode ser calculada atendendo à correspondente função financeira do Excel, isto é, à função TIR. Para o efeito, consideramos um valor atual de 200.000 € e uma sucessão de três capitais, de montantes iguais a 55.000 €, 85.000 € e 145.000 €, com vencimentos por daqui a 2, 3 e 5 anos, respetivamente. Necessariamente, consideraremos, ainda, que nos momentos 1 e 4 ocorre um fluxo financeiro de montante nulo. Do exposto, resulta que TIR = 9,903%.

A TIR associada à operação de financiamento é, então, de 9,903%, consideravelmente maior que os 5,75% proporcionados pela aplicação financeira. Na verdade, o retorno decorrente da operação de crédito só seria possível, à taxa de 5,75%, investindo uma quantia maior que os 200.000 € de que o investidor dispõe.

8 – Uma dívida no montante de 6.000 € será paga por meio de duas entregas de 3.000 € e de 3.500 €. Para uma taxa de 5% ao ano, qual o vencimento das referidas entregas, sabendo que a segunda terá lugar 6 meses após a primeira?

Resolução:

Se considerarmos que a primeira dívida vence no momento *t*, o prazo de vencimento da segunda será, necessariamente, de $t + \frac{6}{12}$ ou de $t + 0{,}5$. Atualizando ambas as entregas para o momento presente, vem

$$6.000 \text{ €} = 3.000 \text{ €} \left(1+5\%\right)^{-t} + 3.500 \text{ €} \left(1+5\%\right)^{-(t+0,5)}$$

Resolvemos, de seguida, em ordem a *t*.

$$6.000 \text{ €} = 3.000 \text{ €} \left(1+5\%\right)^{-t} + 3.500 \text{ €} \left(1+5\%\right)^{-t} \left(1+5\%\right)^{-0,5}$$

$$6.000 \text{ €} = 3.000 \text{ €} \left(1+5\%\right)^{-t} + 3.4156,65 \text{ €} \left(1+5\%\right)^{-t}$$

$$6.000 \text{ €} = \left(3.000 \text{ €} + 3.415,65 \text{ €}\right) \left(1+5\%\right)^{-t}$$

$$6.000 \text{ €} = 6.415,65\text{€} \times 1,05^{-t}$$

$$0,935213111 = 1,05^{-t}$$

$$\log 0,935213111 = -t \log 1,05$$

$$-t = -1,372835$$

$$t = 1,372835$$

O valor obtido corresponde a 1 ano, 4 meses e 14 dias. Assim, a primeira entrega ocorrerá daqui por 1 ano, 4 meses e 14 dias e a segunda terá lugar 6 meses depois, ou seja, daqui por 1 ano, 10 meses e 14 dias.

9 – Um determinado indivíduo pretende investir, daqui por dois anos, a quantia de 150.000 €. Prevê-se que este investimento permita o retorno de 80.000 €, daqui por 4 anos, e de mais 90.000 €, daqui por 5 anos.
Sabendo que, em alternativa, o indivíduo poderá aplicar o capital que pretende investir junto de uma instituição bancária, onde os juros capitalizam em regime de juro composto, à taxa anual de 3,75%, avalie se o indivíduo deve ou não realizar este investimento.

Resolução:

Para podermos decidir acerca da realização ou não deste investimento, necessitamos de comparar os vários capitais reportados ao mesmo período de tempo. Como o investimento de 150.000 € vai ter lugar daqui por 2 anos, podemos reportar os outros capitais a esse momento, conforme decorre do esquema seguinte.

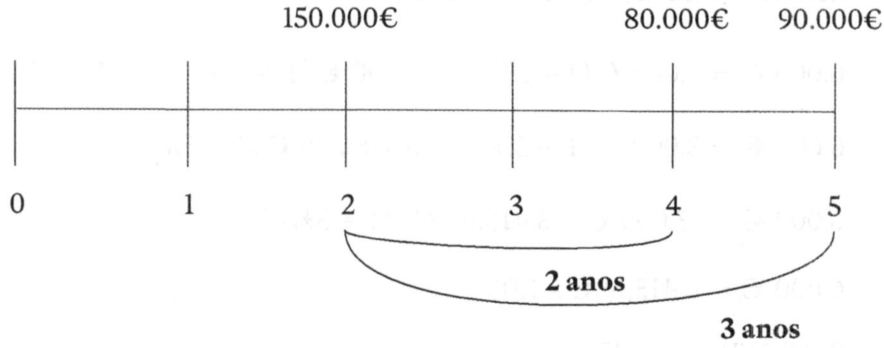

Deste modo, vamos calcular o valor que os recebimentos terão no momento 2, que designaremos por C_2, atualizando o recebimento de 80.000 € por 2 anos e o recebimento de 90.000 € por 3 anos, recorrendo à taxa de 3,75% ao ano. Logo

$$C_2 = 80.000\ € \ (1 + 3{,}75\%)^{-2} + 90.000\ € \ (1 + 3{,}75\%)^{-3}$$

$$C_2 = 80.000\ € \times 0{,}9290172739 + 90.000\ € \times 0{,}895438336$$

$$C_2 = 74.321{,}38\ € + 80.589{,}45\ € = 154.910{,}78\ €$$

Como $C_2 > 150.000$ €, significa que o investimento deve ser realizado, atendendo a que o respetivo *valor atual líquido* é positivo. De outro modo, poderemos afirmar que para perfazer 80.000 € e 90.000 € nos vencimentos respetivos seria necessário dispor de 154.910,78 € daqui por 2 anos, em vez dos 150.000 € a investir. Daqui resulta, ainda, que a *taxa interna de rendibilidade* deste investimento excede os 3,75% a que o capital poderia ser aplicado.

10 – Qual o momento do tempo em que deverá ser entregue a quantia de 78.760,97 €, sendo que a mesma se destina a substituir os capitais que constam da tabela seguinte:

Capitais	Vencimento
22.000 €	Daqui por 6 meses
35.000 €	Daqui por 15 meses
27.000 €	Daqui por 28 meses

Para o efeito, considere uma taxa de avaliação de 4% ao ano. Interprete, ainda, o resultado obtido.

Resolução:

Vamos determinar qual o vencimento comum que corresponde ao capital comum de 78.760,97 €, sendo, assim, que

$$78.760{,}97€ = 22.000€\,(1+4\%)^{t-\frac{6}{12}} + 35.000€\,(1+4\%)^{t-\frac{15}{12}} +$$

$$+ 27.000\,€)\,(1+4\%)^{t-\frac{28}{12}}$$

Colocamos $(1+4\%)^t$ em evidência donde resulta

$$78.760{,}97€ = (1+4\%)^t\left[22.000€\,(1+4\%)^{-\frac{6}{12}} + 35.000€\,(1+4\%)^{-\frac{15}{12}} +\right.$$

$$\left.+ 27.000€\,(1+4\%)^{-\frac{28}{12}}\right]$$

$$78.760{,}97€ = (1+4\%)^t \times 79.537{,}04€$$

$$0{,}990242659 = (1+4\%)^t$$

$$\log 0{,}990242659 = t \log 1{,}04$$

$$t = -\,0{,}25 \text{ anos}$$

Tal equivale a ter $t = -\,3$ meses. No entanto, a obtenção de um vencimento comum de sinal negativo indica que o montante correspondente ao capital comum já se encontra vencido, isto é, tal quantia só seria equivalente aos capitais mencionados caso tivesse sido entregue há 3 meses atrás. ***Em alternativa***, esse capital poderia ser substituído, no momento presente, pela quantia de 78.760,97€ $(1+4\%)^{\frac{3}{12}}$ = 79.537,04€.

FORMULÁRIO (3):

[3.1] $$C_{comum} = (1+r)^{t}\ \Sigma\left[C_{k}(1+r)^{-t_k}\right]$$

[3.2] $$C_{comum} = \Sigma\left[C_{k}(1+r)^{-t_k}\right]$$

[3.3] $$C_{comum} = \Sigma\ C_{k}$$

[3.4] $$t = \frac{C_1 \times t_1 + C_2 \times t_2 + \ldots + C_n \times t_n}{C_1 + C_2 + \ldots + C_n}$$

Capítulo 4
Rendas

1. Conceito e características das rendas

Uma ***renda*** pode ser definida como uma sucessão de capitais que se vencem em momentos equidistantes no tempo.

Os capitais que pertencem a essa sucessão, isto é, os capitais que constituem a renda, designam-se por ***termos*** da renda, os quais são, genericamente, identificados por T_k. Por sua vez, o ***período*** da renda é o intervalo de tempo que decorre entre o vencimento de um termo e o vencimento do termo seguinte. Já a ***duração*** da renda engloba o tempo total que separa o início do período relativo ao primeiro termo do fim do período concernente ao último termo da renda.

As rendas podem revestir-se de características diversas, sendo múltiplos os critérios que contribuem para as classificar. Esses critérios serão apresentados no ponto seguinte.

Em termos práticos, é considerável o número de produtos financeiros que, dadas as características dos capitais em apreço, obedece a esses critérios, pelo que lhe podem ser aplicados os conceitos e os procedimentos que desenvolveremos ao longo do presente Capítulo.

Porém, importa mais uma vez sublinhar que o que identifica uma sucessão de capitais como sendo uma renda, independentemente de outros fatores, é a ***equidistância entre o vencimento dos seus termos.***

2. Classificação das rendas

As rendas podem ser classificadas tendo em atenção um vasto elenco de critérios, entre os quais apontamos:

a) *A duração*

No que diz respeito à duração, as rendas dizem-se ***temporárias***, quando compostas por um número limitado de termos, ou ***perpétuas***, nos casos em que são compostas por um número ilimitado de termos.

b) *A dependência de fatores aleatórios*

As rendas em que todos os elementos são previamente conhecidos designam-se por rendas ***certas***, enquanto aquelas em que determinados elementos podem ser alterados em função da ocorrência de certos fatores aleatórios se denominam por rendas ***incertas***[1 2].

c) *O vencimento dos termos*

As rendas podem ser ***antecipadas***, caso os seus termos vençam no início do período respetivo, ou ***"postecipadas"*** ou ***normais***, caso o vencimento dos termos ocorra no final do período correspondente[3].

d) *O valor dos termos*

Quando os termos da renda se mantêm inalterados, isto é, $T_1 = T_2 = ... = T_n = T$, diremos que se trata de uma renda de ***termos constantes***; porém, os termos da renda podem alterar-se em função de determinados critérios, sendo que então se trata de uma renda de ***termos variáveis***.

---

[1] Um exemplo de uma renda incerta é o caso de uma renda vitalícia, em que o número de termos dependerá do número de anos de vida dos intervenientes. Já um empréstimo liquidado mensalmente, através de um determinado número de prestações previamente definidas, é exemplo de uma renda certa.

As rendas incertas, cujo número de termos é função da duração da vida humana, não devem ser confundidas com as rendas perpétuas, pois embora o número de termos das primeiras seja desconhecido é, no entanto, limitado, enquanto nas últimas esse número tenderá para infinito.

[2] Para maior aprofundamento no âmbito das rendas incertas, cfr. A. P. Quelhas (2010), essencialmente os Capítulos I e II.

[3] Uma renda antecipada é igual à mesma renda postecipada capitalizada por um período, como teremos ocasião de ilustrar adiante.

Os termos variáveis podem evoluir em função de uma progressão aritmética, de uma progressão geométrica ou, ainda, em função de um qualquer outro critério considerado adequado.

e) *O diferimento*

As rendas cujo primeiro termo se vença no primeiro período da renda dizem-se rendas ***imediatas***. As rendas imediatas podem ser antecipadas ou normais, consoante o vencimento do primeiro termo coincida, respetivamente, com o início do primeiro período da renda ou com o final desse mesmo período.

Porém, existem rendas em que o vencimento do primeiro termo não se verifica no primeiro período da renda, ocorrendo w períodos adiante. Neste caso, diremos estar em presença de uma renda ***diferida***, correspondendo o diferimento a $w > 0$. O ***prazo de diferimento*** será, então, o intervalo de tempo que decorre desde o momento do vencimento do primeiro termo da renda até ao momento em que esse vencimento ocorreria caso se tratasse de uma renda imediata[4].

A existência de diferimentos é muito comum, nomeadamente na prática bancária, em que, uma vez concedido um empréstimo, este começará a ser liquidado pelo devedor apenas w períodos adiante. No contexto dos empréstimos bancários, é ainda uso designar o período de diferimento por ***período de carência***.

Esta situação é ainda corrente no caso das vendas a prestações, quando a sucessão de pagamentos principia w períodos após a aquisição do bem.

f) *O período*

As rendas podem ter períodos diversos, devendo apenas, como já se sublinhou, os vencimentos ocorrer em momentos equidistantes no tempo. Embora não existam regras específicas quanto à fixação do período da renda, os mais vulgares são os seguintes: o ano, sendo, neste caso, os termos designados por ***anuidades***; o semestre, sendo os termos respetivos conhecidos por ***semestralidades***; o trimestre, dando lugar ao surgimento de ***trimestralidades***; ou o mês, havendo lugar, neste caso, à designação de ***mensalidades***.

---

[4] Pelo exposto, resulta claro que também as rendas diferidas podem ser antecipadas ou postecipadas, conforme o vencimento se verifique no início ou no fim do período w.

g) *A finalidade*

Quando o objetivo de uma renda é apenas o de remunerar a colocação de um capital, diremos que se trata de uma ***renda de remuneração***. O juro simples decorrente de um empréstimo, liquidado em cada período, é um exemplo inequívoco de uma renda de remuneração.

Porém, outros casos existem a merecer maior interesse. Quando a renda, ou seja, a sucessão de termos T_k, se destina a liquidar uma dívida contraída no momento zero, designá-la-emos por ***renda de amortização***. Os termos da renda englobam os juros decorrentes do serviço da dívida, sendo o montante da renda no momento zero designado por ***valor atual***.

Por sua vez, estaremos em presença de uma ***renda de acumulação*** caso os termos da renda se destinem à formação de um determinado montante de capital, num momento futuro. Ao total das entregas, isto é, ao total dos termos da renda, acrescido dos juros produzidos, designaremos por ***valor acumulado***.

Tanto as rendas de amortização como as rendas de acumulação configuram ***casos particulares*** de equivalência de capitais, sendo o capital comum, respetivamente, o valor atual e o valor acumulado. Já o vencimento comum corresponderá ao momento zero, no âmbito das rendas de amortização, e ao momento n, no âmbito das rendas de acumulação.

3. Dois casos fundamentais

Pela importância que assumem na prática, merecem destaque no nosso estudo as ***rendas de amortização de termos constantes*** e as ***rendas de acumulação de termos constantes***. Entre as primeiras, incluiremos, a título de exemplo, os empréstimos bancários que serão liquidados através de n prestações constantes de valor T; no âmbito das segundas, poderemos considerar as entregas realizadas periodicamente para um fundo de poupança, como é o caso dos planos de poupança reforma.

3.1. Rendas de amortização de termos constantes

Neste caso, o valor dos termos da renda deve incluir uma parcela destinada a liquidar o capital inicial e outra destinada a liquidar os juros, calculados sobre o montante de capital em dívida no início de cada período, a uma dada taxa de juro *i*. O valor atual da renda, que passaremos a designar por R(0), será, então, igual ao somatório dos termos T, atualizados para o momento zero, conforme decorre do esquema seguinte.

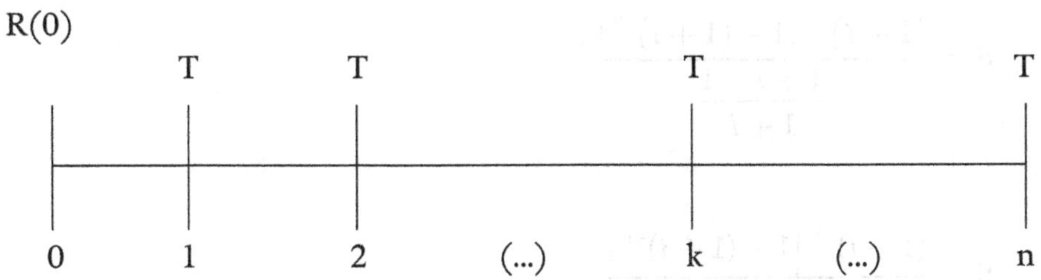

Assim sendo, podemos formalizar R(0) do seguinte modo:

$$R(0) = T\,(1+i)^{-1} + T\,(1+i)^{-2} + ... + T\,(1+i)^{-n}$$

ou então, pondo T em evidência,

$$R(0) = T\left[(1+i)^{-1} + (1+i)^{-2} + ... + (1+i)^{-n}\right]$$

Sucede, porém, que os elementos que se encontram dentro do parêntesis reto correspondem à soma dos n primeiros termos de uma progressão geométrica de razão $(1+i)^{-1}$. Sendo que a soma desses n primeiros termos pode ser obtida através da expressão

$$S = \frac{u_1 - u_n r}{1 - r}$$

e substituindo nessa fórmula os valores respetivos, teremos

$$S = \frac{(1+i)^{-1} - (1+i)^{-n}\,(1+i)^{-1}}{1-(1+i)^{-1}}$$

donde

$$S = \frac{(1+i)^{-1}\left[1-(1+i)^{-n}\right]}{1-\dfrac{1}{1+i}}$$

$$S = \frac{(1+i)^{-1}\left[1-(1+i)^{-n}\right]}{\frac{1+i-1}{1+i}}$$

$$S = \frac{(1+i)^{-1}\left[1-(1+i)^{-n}\right]}{(1+i)^{-1}\, i}$$

$$S = \frac{1-(1+i)^{-n}}{i}$$

Retomando a expressão do valor atual que inicialmente formalizámos

$$R(0) = T\left[(1+i)^{-1} + (1+i)^{-2} + \dots + (1+i)^{-n}\right]$$

e substituindo nela a soma dos n primeiros termos da progressão geométrica de razão $(1+i)^{-1}$ entretanto estabelecida, obteremos

$$R(0) = T \times \frac{1-(1+i)^{-n}}{i} \qquad [\,4.1\,]$$

Se notarmos por $a_{\overline{n}|}$ o valor correspondente à soma dos n primeiros termos da progressão geométrica, vem

$$a_{\overline{n}|} = \frac{1-(1+i)^{-n}}{i} \qquad [\,4.2\,]$$

resultando, ainda, que

$$R(0) = T \times a_{\overline{n}|} \qquad [\,4.3\,]$$

Esta expressão é equivalente à que obtivemos em [4.1] e vai permitir determinar ***o valor atual de uma renda de amortização com n termos constantes e postecipados***.

EXEMPLO: Calcular o termo constante de uma renda de amortização de 16 anuidades, cujo valor atual é de 50.000 €, à taxa de 8,5% ao ano.

Recorrendo a [4.1] e substituindo pelos valores respetivos, obter-se-á

$$50.000\ € = T \times \frac{1-(1+8{,}5\%)^{-16}}{8{,}5\%}$$

Resolvendo em ordem a T, resulta

$$50.000\ € = T \times 8{,}5753333$$

$$T = 5.830{,}68\ €$$

O termo constante será igual a 5.830,68 €.

3.2. Rendas de acumulação de termos constantes

Neste caso, o valor acumulado obtido no momento n resultará do montante total das entregas efetuadas ($n \times T$), acrescido do montante dos juros por elas produzidos, o que equivale a dizer que o valor acumulado será igual ao somatório dos T termos capitalizados para o momento n.

Tratando-se de uma renda normal, o primeiro termo capitalizará $n - 1$ períodos, uma vez que a entrega é efetuada apenas no final do período; enquanto isso, a última entrega não chegará a produzir juros, atendendo a que coincide com o final do último período da renda, conforme podemos observar no esquema seguinte.

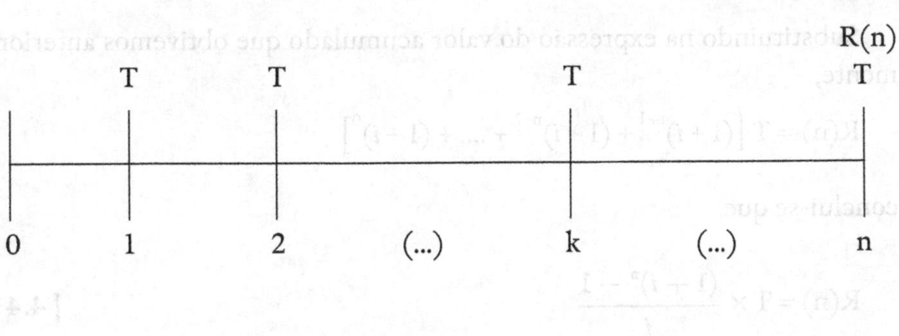

Notando por R(n) o valor acumulado, ao formalizarmos, surgirá

$$R(n) = T\,(1+i)^{n-1} + T\,(1+i)^{n-2} + ... + T\,(1+i)^{n-n}$$

ou então, pondo T em evidência, vem que

$$R(n) = T\left[(1+i)^{n-1} + (1+i)^{n-2} + ... + (1+i)^{0}\right]$$

À semelhança do que sucedia com o caso anterior, também agora os elementos que se encontram dentro do parêntesis reto correspondem à soma dos n primeiros termos de uma progressão geométrica de razão $(1 + i)^{-1}$, em que $u_1 = (1 + i)^{n-1}$ e $u_n = (1 + i)^0 = 1$. Assim sendo, vem

$$S = \frac{(1+i)^{n-1} - 1 \times (1+i)^{-1}}{1-(1+i)^{-1}}$$

$$S = \frac{(1+i)^{-1}\left[(1+i)^{n} - 1\right]}{\dfrac{1+i-1}{1+i}}$$

$$S = \frac{(1+i)^{-1}\left[(1+i)^{n} - 1\right]}{(1+i)^{-1}i}$$

$$S = \frac{(1+i)^{n} - 1}{i}$$

Substituindo na expressão do valor acumulado que obtivemos anteriormente,

$$R(n) = T\left[(1+i)^{n-1} + (1+i)^{n-2} + ... + (1+i)^{0}\right]$$

conclui-se que

$$R(n) = T \times \frac{(1+i)^{n} - 1}{i} \qquad \textbf{[4.4]}$$

Notando por $s_{\overline{n|}}$ o valor correspondente à soma dos n primeiros termos da progressão geométrica de razão $(1 + i)^{-1}$, ou seja,

$$s_{\overline{n|}} = \frac{(1+i)^n - 1}{i} \qquad [\,\mathbf{4.5}\,]$$

podemos reescrever a expressão definida em [4.4], donde

$$R(n) = T \times s_{\overline{n|}} \qquad [\,\mathbf{4.6}\,]$$

Através desta fórmula, poderemos calcular ***o valor produzido por uma renda de acumulação de n termos constantes e postecipados.***

EXEMPLO: Quanto terá sido acumulado por uma dada aplicação financeira, ao fim de 10 anos, à taxa anual nominal de 12%, sabendo que para essa aplicação foram efetuadas entregas mensais no montante de 100 €?

Bastará recorrermos à expressão encontrada em [4.4] e nela efetuarmos as substituições correspondentes. Antes, porém, devemos atender à periodicidade da renda, que é uma renda mensal, enquanto a taxa que nos é indicada é uma taxa anual. Um princípio fundamental a reter no contexto das rendas é o que impõe a ***aplicação da taxa efetiva correspondente ao período da renda.*** Logo, no caso em apreço, calculamos a taxa mensal que corresponde à taxa anual de 12%, através de uma *relação de proporcionalidade*, dado que a taxa que nos é facultada é uma taxa nominal.

$$i_{\text{mensal}} = \frac{12\%}{12} = 1\%$$

Por sua vez, tratando-se de uma renda mensal, o tempo deverá surgir, também, contado em meses, pelo que n = 10 anos × 12 meses = 120 meses. Deste modo,

$$R(n) = 100\text{ €} \times \frac{(1+1\%)^{120} - 1}{1\%}$$

$$R(n) = 100\text{ €} \times 230{,}03869$$

$$R(n) = 23.003{,}87\text{ €}$$

No final dos 10 anos, estarão acumulados nessa aplicação 23.003,87 €.

4. Rendas antecipadas

As fórmulas anteriormente apontadas dizem respeito a rendas normais ou postecipadas, isto é, a rendas cujo vencimento do 1º termo ocorre aquando do final do 1º período da renda. Muitas vezes, sucede, contudo, estarmos em presença de rendas antecipadas, ou seja, de rendas cujo vencimento do 1º termo ocorre no início do 1º período da renda[5].

À semelhança do que vimos anteriormente para o caso das rendas postecipadas, também no caso em apreço, determinar o valor atual de uma renda antecipada corresponderá a calcular o somatório dos seus n termos devidamente atualizados para o momento zero.

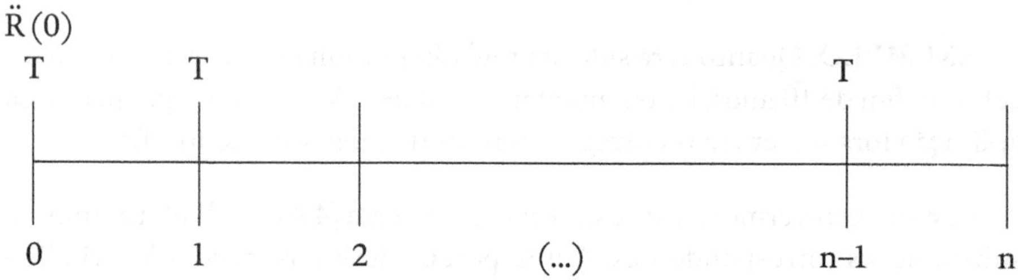

No entanto, o 1º termo vence-se, agora, no momento zero, isto é, no início do 1º período da renda; enquanto isso, o último termo reporta-se ao momento n – 1, isto é, ao início do último período da renda. Notando por $\ddot{R}(0)$ o valor atual de uma renda antecipada, teremos:

$$\ddot{R}(0) = T\,(1+i)^{0} + T\,(1+i)^{-1} + ... + T\,(1+i)^{-(n-1)}$$

Esta expressão é idêntica à que foi apresentada no ponto anterior para o caso das rendas normais, se multiplicarmos os termos desta última por $(1 + i)$, como de seguida se observa.

$$\ddot{R}(0) = T\left[(1+i)\,(1+i)^{-1} + (1+i)\,(1+i)^{-2} + ... + (1+i)\,(1+i)^{-n}\right]$$

[5] É o que sucede, por exemplo, nas operações de locação financeira, em que a 1ª prestação é paga, em regra, à data do contrato ou, ainda, nas aplicações financeiras em que a primeira entrega ocorre no momento presente.

Pondo em evidência $(1 + i)$, obtém-se

$$\ddot{R}(0) = (1+i)\,T\left[(1+i)^{-1} + (1+i)^{-2} + ... + (1+i)^{-n}\right]$$

Também aqui a expressão entre parêntesis reto corresponde à soma dos n primeiros termos de uma progressão geométrica de razão igual a $(1 + i)^{-1}$, pelo que poderemos dizer que ***uma renda de amortização antecipada é equivalente a uma renda de amortização postecipada capitalizada por um período***, pelo que

$$\ddot{R}(0) = (1+i) \times T \times \frac{1-(1+i)^{-n}}{i} \qquad [\,4.7\,]$$

ou, bem assim,

$$\ddot{R}(0) = (1+i) \times T \times a_{\overline{n}|} \qquad [\,4.8\,]$$

EXEMPLO: Qual o valor atual de uma renda de 16 termos constantes, no montante de 500 €, à taxa de 6%, no pressuposto de que o primeiro termo vence no início do primeiro período da renda?

A solução do problema proposto resulta da simples aplicação da fórmula encontrada em [4.7], assumindo, é claro, que a taxa de 6% é a que corresponde à periodicidade dos termos. Logo

$$\ddot{R}(0) = (1+6\%) \times 500\ € \times \frac{1-(1+6\%)^{-16}}{6\%}$$

$$\ddot{R}(0) = 5.356{,}12\ €$$

Vejamos, agora, o que sucede quando se trata de uma ***renda de acumulação de termos antecipados.*** Como os vários termos se reportam ao início dos períodos respetivos, ao primeiro termo corresponde o momento 0, sendo que ao último corresponderá o momento n–1. Deste modo, o primeiro termo capitalizará exatamente os n períodos da duração da renda, capitalizando o último termo um período.

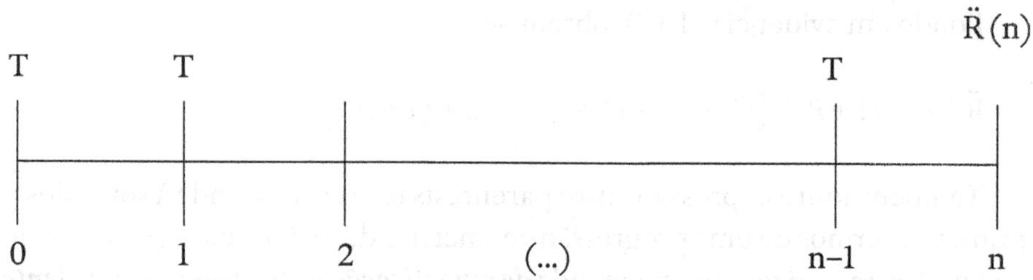

Ao formalizarmos, notando por $\ddot{R}(n)$ o valor final de uma renda de termos antecipados, decorre que

$$\ddot{R}(n) = T\,(1+i)^n + T\,(1+i)^{n-1} + ... + T\,(1+i)$$

Pondo T em evidência, surge

$$\ddot{R}(n) = T\left[(1+i)^n + (1+i)^{n-1} + ... + (1+i)\right]$$

Se desdobrarmos os diversos termos que se encontram dentro do parêntesis reto do seguinte modo

$$\ddot{R}(n) = T\left[(1+i)\,(1+i)^{n-1} + (1+i)\,(1+i)^{n-2} + ... + (1+i)\,(1+i)^0\right]$$

e se colocarmos $(1 + i)$ em evidência, resulta que

$$\ddot{R}(n) = T\,(1+i)\left[(1+i)^{n-1} + (1+i)^{n-2} + ... + (1+i)^0\right]$$

A expressão colocada entre parêntesis reto é idêntica à que obtivemos em [4.4] e corresponde à soma dos n primeiros termos de uma progressão geométrica de razão $(1 + i)^{-1}$, pelo que nos escusamos, à semelhança do que sucedeu para o caso das rendas de amortização de termos antecipados, de repetir todos os cálculos, limitando-nos a concluir que

$$\ddot{R}(n) = (1+i) \times T \times \frac{(1+i)^n - 1}{i} \qquad \textbf{[4.9]}$$

ou, de outro modo,

$$\ddot{R}(n) = (1+i) \times T \times s_{\overline{n}|} \qquad \textbf{[4.10]}$$

Por conseguinte, podemos afirmar que ***uma renda de acumulação antecipada é equivalente a uma renda de acumulação postecipada capitalizada por um período*** [6].

EXEMPLO: Um cliente de uma certa instituição bancária deposita no início de cada mês a quantia de 1.000 €. Quanto terá acumulado passado um ano, sabendo que o banco pratica, para esse tipo de operação, uma taxa de capitalização mensal de 0,65%?

Foram efetuados 12 depósitos de 1.000 € no início de cada período da renda, pelo que, da aplicação direta da expressão encontrada em [4.9], obteremos o valor pretendido.

$$\ddot{R}(n) = (1 + 0{,}65\%) \times 1.000\ € \times \frac{(1 + 0{,}65\%)^{12} - 1}{0{,}65\%}$$

$$\ddot{R}(n) = (1 + 0{,}65\%) \times 1.000\ € \times 12{,}438432$$

$$\ddot{R}(n) = 12.519{,}28\ €$$

No final do ano terá acumulado 12.519,28 €, mais 80,85 € do que se tivesse efetuado as entregas postecipadamente, uma vez que, neste caso, a quantia acumulada teria sido de 12.438,43 €.

5. Rendas diferidas

Nos pontos anteriores, focámos a nossa atenção nas denominadas rendas imediatas, aquelas em que o primeiro termo se reporta ao primeiro período da renda, vencendo tanto no início como no fim desse período, consoante se trate, respetivamente, de rendas antecipadas ou de rendas normais.

Quando assim não acontece, dizemos estar em presença de uma ***renda diferida*** e denominamos por ***período de diferimento*** o lapso de tempo que medeia entre o momento do vencimento do primeiro termo e o momento em que o mesmo termo venceria caso se tratasse de uma renda normal e imediata – ou seja, o final do primeiro período. Se notarmos por ***w*** o ***período de diferimento***

[6] O que é de fácil entendimento, dado que todos os termos permanecem no processo de capitalização por mais um período.

de uma renda, tal significa que o vencimento do primeiro termo ocorreu no momento $w + 1$, tal como se observa no esquema seguinte.

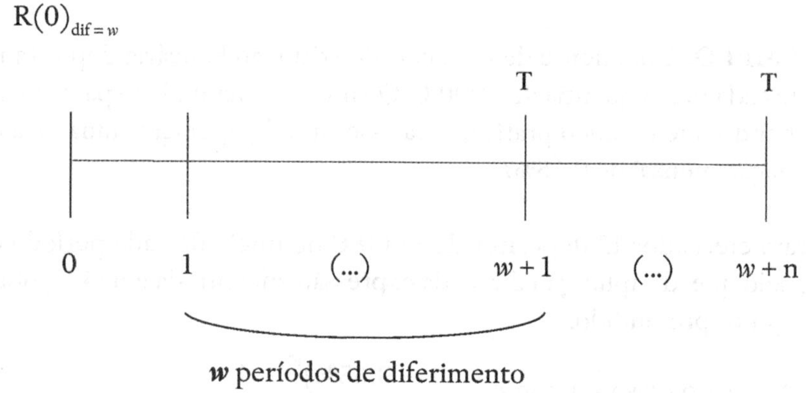

A ocorrência de diferimentos regista-se, sobretudo, no contexto das rendas de amortização, a cuja possibilidade o esquema se refere. Imagine-se, por exemplo, o caso de um empréstimo cujo capital (valor atual) é imediatamente entregue ao devedor, sendo liquidado através de prestações semestrais constantes (termos da renda), ocorrendo a primeira prestação daqui a ano e meio. Caso se tratasse de uma renda normal e imediata, o primeiro vencimento verificar-se-ia no final do 1º semestre. Em vez disso, desde esse momento até ao do vencimento do 1º termo decorre um ano, pelo que $w = 2$ semestres[7].

A questão que se coloca é a de saber como determinar o ***valor atual de uma renda de amortização com termos diferidos.*** Ora o valor atual de uma renda de amortização obtém-se por intermédio do somatório dos seus termos uma vez atualizados para o momento zero. Por sua vez, o 1º termo da renda reporta-se ao momento $w + 1$, conforme se observa no esquema anterior.

Ao formalizarmos, surgirá

$$R(0)_{dif=w} = T\,(1+i)^{-(w+1)} + T\,(1+i)^{-(w+2)} + ... + T\,(1+i)^{-(w+n)}$$

[7] No contexto dos empréstimos, é uso designar o período de diferimento por ***período de carência***. Devemos, porém, distinguir entre os casos em que existe carência de capital e de juros e os casos em que se observa apenas carência de juros. Esta diferenciação será oportunamente aprofundada no Capítulo 6, aquando do estudo dos processos de amortização.

o que equivale a ter

$$R(0)_{dif=w} = T\,(1+i)^{-w}\,(1+i)^{-1} + T\,(1+i)^{-w}\,(1+i)^{-2} + ... + T\,(1+i)^{-w}\,(1+i)^{-n}$$

Observando o 2º membro da expressão anterior, verificaremos que $T\,(1+i)^{-w}$ é comum a todos os termos que o compõem, pelo que

$$R(0)_{dif=w} = T\,(1+i)^{-w}\left[(1+i)^{-1} + (1+i)^{-2} + ... + (1+i)^{-n}\right]$$

A expressão que se obtém dentro do parêntesis reto é equivalente à soma dos n primeiros termos de uma progressão geométrica de razão $(1+i)^{-1}$, já calculada em [4.1], pelo que podemos concluir que

$$R(0)_{dif=w} = (1+i)^{-w} \times T \times \frac{1-(1+i)^{-n}}{i} \qquad [\,4.11\,]$$

ou ainda

$$R(0)_{dif=w} = (1+i)^{-w} \times T \times a_{\overline{n}|} \qquad [\,4.12\,]$$

Ambas as expressões [4.11] e [4.12] permitem calcular o ***valor atual de uma renda com n termos constantes e postecipados com w períodos de diferimento***.

Podemos, então concluir, enunciando que ***o valor atual de uma renda de amortização com termos diferidos é equivalente a uma renda de amortização imediata e normal, uma vez multiplicada por um fator de atualização cujo expoente corresponde ao período de diferimento***. Com efeito, ao calcularmos $T \times \frac{1-(1+i)^{-n}}{i}$, obteremos o valor da renda no momento *w*. Atualizando esse montante por *w* períodos, reportaremos o valor respetivo para o momento atual.

EXEMPLO: Um determinado computador cujo preço era de 1.000 € foi adquirido no dia 1 de março de 2016, sendo pago por intermédio de prestações mensais de capital e juros, no montante de 46,05 €. Sabendo que foi anunciada uma taxa de juro de 8,4% ao ano, em que data terá ocorrido o 1º pagamento?

Pretende-se conhecer qual o período de diferimento, caso este exista. Recorrendo à expressão anterior

$$R(0)_{dif=w} = (1+i)^{-w} \times T \times \frac{1-(1+i)^{-n}}{i}$$

e substituindo nela os valores correspondentes, obtém-se

$$1.000\ € = (1+0{,}7\%)^{-w} \times 46{,}05\ € \times \frac{1-(1+0{,}7\%)^{-24}}{0{,}7\%}$$

$$1.000\ € = (1+0{,}7\%)^{-w} \times 1.014{,}1\ €$$

$$0{,}986096 = (1+0{,}7\%)^{-w}$$

$$\log 0{,}986096 = -\,w \log(1+0{,}7\%)$$

$$w = -\frac{\log 0{,}986096}{\log 1{,}007}$$

$$w \cong 2$$

Sendo $w = 2$, significa que o período de diferimento foi de dois meses, logo o primeiro pagamento ocorreu em 1 de junho desse ano[8].

Atenda-se, ainda, a que procedemos ao cálculo da taxa proporcional mensal $\left(\frac{8{,}4\%}{12} = 0{,}7\%\right)$, uma vez que o valor em dívida é liquidado por intermédio de mensalidades e consideramos que 8,4% é a taxa declarada ou nomeada para a operação, logo é a taxa anual nominal.

Não será muito pertinente determinarmos o valor acumulado de uma renda com n períodos e com w períodos de diferimento. Com efeito, tal poderá corresponder a calcularmos o ***valor final de uma renda com* n – *w termos***, conforme se ilustra no esquema seguinte, com n a corresponder ao fim do último período da renda.

[8] Se o pagamento ocorresse de modo imediato seria efetuado em 1 de abril de 2016, uma vez que se trata de uma renda postecipada. Como há um diferimento, esse primeiro pagamento teria lugar dois meses a contar dessa data, logo a 1 de junho do mesmo ano.

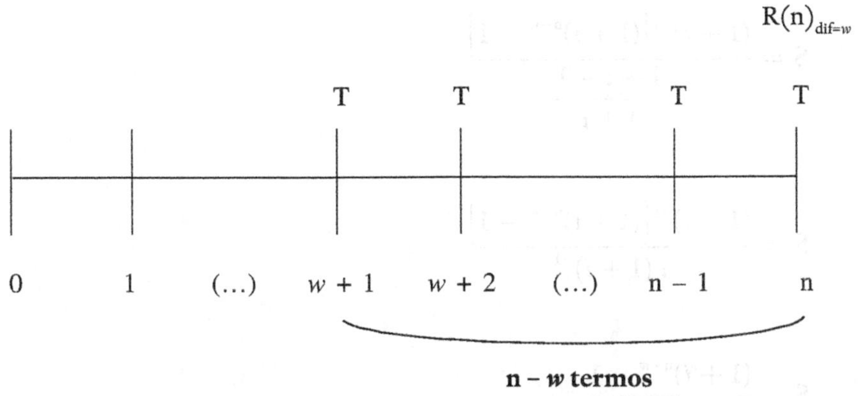

Porém, podemos formalizar, atendendo a que

$$R(n)_{dif=w} = T\,(1+i)^{n-(w+1)} + T\,(1+i)^{n-(w+2)} + ... + T\,(1+i)^{n-(n-1)} + T\,(1+i)^{n-n}$$

Pondo T em evidência, surge

$$R(n)_{dif=w} = T\left[(1+i)^{n-(w+1)} + (1+i)^{n-(w+2)} + ... + (1+i)^{n-(n-1)} + (1+i)^{n-n}\right]$$

Dentro do parêntesis reto encontramos a soma dos n–*w* termos de uma progressão geométrica de razão $(1+i)^{-1}$.

Mais uma vez, recorremos a $S = \dfrac{u_1 - u_n \times r}{1 - r}$. No caso presente, resulta que

$$S = \frac{(1+i)^{n-(w-1)} - (1+i)^{n-n}\,(1+i)^{-1}}{1-(1+i)^{-1}}$$

$$S = \frac{(1+i)^{n-w-1} - (1+i)^{-1}}{1 - \dfrac{1}{1+i}}$$

$$S = \frac{(1+i)^{-1}\left[(1+i)^{n-w} - 1\right]}{\frac{1+i-1}{1+i}}$$

$$S = \frac{(1+i)^{-1}\left[(1+i)^{n-w} - 1\right]}{i\,(1+i)^{-1}}$$

$$S = \frac{(1+i)^{n-w} - 1}{i}$$

Logo,

$$R(n)_{dif=w} = T \times \frac{(1+i)^{n-w} - 1}{i} \qquad [\,4.13\,]$$

ou também

$$R(n)_{dif=w} = T \times s_{\overline{n-w}|} \qquad [\,4.14\,]$$

Atendendo às similitudes existentes entre as expressões encontradas em [4.13] e [4.14] e as formalizadas através de [4.4] e [4.6], podemos estabelecer que ***o valor acumulado de uma renda com n períodos mas com w períodos de diferimento é equivalente ao valor acumulado de uma renda com n – w termos,*** sendo estes constantes e idênticos em ambos os casos.

EXEMPLO: Daqui por 2 anos, o senhor Pato pretende ter acumulada, numa conta bancária, a quantia de 5.000 €. Para o efeito, procederá a depósitos mensais, que capitalizarão à taxa mensal de 1%. Qual deverá ser o montante das entregas mensais, sabendo que a primeira ocorrerá apenas daqui por 4 meses?

Sendo que a 1ª entrega ocorre daqui por 4 meses e tratando-se de uma renda normal, tal significa que o período de diferimento $w = 3$ meses. Aplicando diretamente a fórmula obtida em [4.13], surgirá

$$5.000\text{ €} = T \times \frac{(1+1\%)^{21}-1}{1\%}$$

$$5.000\text{ €} = T \times 23{,}23919$$

$$T = 215{,}15\text{ €}$$

Este exemplo ilustra o que sucede no caso de uma renda de termos postecipados. Surge, então, a questão de saber como resolver o problema tratando-se de uma renda antecipada.

Generalizando o que antes se afirmou relativamente às rendas antecipadas e postecipadas, consideraremos que ***uma renda de amortização, diferida e de termos antecipados, equivale a uma renda de amortização, diferida e de termos postecipados, capitalizada por um período.***

Ao formalizarmos surgirá

$$\ddot{R}(0)_{dif=w} = (1+i) \times (1+i)^{-w} \times T \times \frac{1-(1+i)^{-n}}{i}$$

ou ainda

$$\ddot{R}(0)_{dif=w} = (1+i)^{-(w-1)} \times T \times \frac{1-(1+i)^{-n}}{i} \qquad [\,4.15\,]$$

De outro modo, teremos que

$$\ddot{R}(0)_{dif=w} = (1+i)^{-(w-1)} \times T \times a_{\overline{n}|} \qquad [\,4.16\,]$$

EXEMPLO: Uma viatura no montante de 13.500 €, hoje adquirida, vai ser liquidada ao longo dos próximos 4 anos através de prestações constantes a pagar no início de cada mês. Por razões de natureza comercial, o vendedor facilita o pagamento da viatura, ocorrendo a 1ª prestação daqui por 6 meses. Sabendo que foi praticada uma taxa mensal de 0,6%, determine o montante das prestações.

Trata-se de uma renda de amortização de termos constantes, mensais e antecipados, atendendo a que cada pagamento ocorre no início de cada mês. Porém, existe um diferimento, no caso de 6 meses, relativamente ao momento em que deveria ter lugar o 1º pagamento, isto é, no momento zero.

Assim sendo, recorremos a [4.15] de modo a determinarmos o montante das prestações, com $w = 6$. Por sua vez, $n = 42$, reportando-se o 1º pagamento ao momento $k = 6$ e o último no momento $k = 47$. Logo, substituindo pelos valores respetivos, vem

$$13.500\text{ €} = (1 + 0{,}6\%)^{-(6-1)} \times T \times \frac{1 - (1 + 0{,}6\%)^{-42}}{0{,}6\%}$$

Resolvendo em ordem a T, vem

$$13.500\text{ €} = 0{,}9705325 \times T \times 37{,}028297$$

$$T = 375{,}66\text{ €}$$

As prestações mensais serão no montante de 375,66 €.

Sendo uma ***renda de acumulação simultaneamente antecipada e diferida*** por w períodos, tal equivale a ter uma renda de acumulação com $n - w$ termos antecipados.

6. Rendas fracionadas

Como referimos de início, no que concerne à relação que se estabelece entre o período da renda e o período da taxa, podemos distinguir entre ***rendas inteiras***, aquelas cujo período corresponde ao período de capitalização da taxa, e ***rendas fracionadas***, quando o período respetivo não coincide com o período de capitalização da taxa.

Com efeito, as fórmulas estudadas encontram aplicação nos casos em que os períodos da renda e da taxa são coincidentes; torna-se, por isso, necessário encontrar um expediente que permita transformar rendas fracionadas em rendas inteiras.

Este problema apresenta, desde logo, fácil resolução, uma vez que, através das regras já nossas conhecidas[9], podemos *i*) ***transformar a taxa em causa numa taxa referida ao período da renda*** e, bem assim, *ii*) ***transformar o número de termos que compõem a renda,*** tendo em conta a duração e a periodicidade da mesma, isto para ambos os casos das rendas de amortização e das rendas de acumulação. Aliás, estes procedimentos já foram aplicados ao longo do presente Capítulo.

---

[9] Cfr. *supra* Capítulo 2.

Ilustramos, de novo, a situação em apreço, recorrendo a dois exemplos, respetivamente, para as rendas de amortização e para as rendas de acumulação. Refira-se, contudo, que existe na liteartura formulário adequado para este tipo de problemas, o qual nos escusamos de apresentar dada a maior simplicidade subjacente ao método proposto.

EXEMPLO: Uma determinada empresa adquiriu material informático que irá liquidar através de 4 prestações trimestrais, no montante de 250 €, ocorrendo a primeira daqui por 3 meses. Sabendo que a taxa efetiva anual para operações análogas é de 15%, determine o custo do equipamento.

Vamos, primeiramente, calcular a taxa trimestral que equivale à taxa efetiva anual de 15%, recorrendo a uma relação de equivalência. Surge, então, que

$$(1 + i_{\text{ef. anual}}) = (1 + i_{\text{ef. trim.}})^4$$

$$i_{\text{ef. trim}} = (1 + i_{\text{ef. anual}})^{\frac{1}{4}} - 1$$

$$i_{\text{ef. trim}} = (1 + 15\%)^{\frac{1}{4}} - 1$$

$$i_{\text{ef. trim}} = 3{,}5558\%$$

Como se trata de uma renda trimestral, determinando a taxa efetiva ao trimestre, transformámos a renda fracionada numa renda inteira. Podemos, agora, aplicar a fórmula encontrada em [4.1], uma vez que o preço do equipamento corresponde ao valor atual de uma renda imediata, de termos constantes e postecipados.

$$R(0) = T \times \frac{1 - (1 + i)^{-n}}{i}$$

$$R(0) = 250\ € \times \frac{1 - (1 + 3{,}5558\%)^{-4}}{3{,}5558\%}$$

$$R(0) = 917{,}05\ €$$

O preço do equipamento será, então, de 917,05 €.

Tomemos um outro exemplo, este referente a uma renda de acumulação.

EXEMPLO: De modo a perfazer, daqui por 4 anos, o montante de 915,91 €, quanto deverá ser depositado no início de cada semestre, sabendo que as entregas capitalizam à taxa anual nominal de 6%?

Para além de uma renda fracionada, estamos, também, em presença de uma renda de acumulação de termos antecipados, sendo que

$$\ddot{R}(n) = (1+i) \times T \times \frac{(1+i)^n - 1}{i}$$

Como a taxa de 6% é uma taxa anual nominal e as entregas são efetuadas ao semestre, vamos calcular a taxa semestral que lhe corresponde, donde surge

$$i_{sem} = \frac{i_{anual}}{2} = \frac{6\%}{2} = 3\%$$

Esta taxa transforma a renda fracionada inicial numa renda inteira; substituindo na expressão anterior, vem

$$915{,}91€ = (1+3\%) \times T \times \frac{(1+3\%)^8 - 1}{3\%}$$

Resolvendo em ordem a T, obtemos

$$915{,}91\ € = T \times 9{,}1591$$

$$T = 100\ €$$

As entregas efetuadas no início de cada semestre serão no montante de 100 €.

Uma ***última nota*** no que concerne às taxas utilizadas no contexto das rendas fracionadas.

No primeiro exemplo, como estávamos em presença de uma *taxa efetiva*, determinámos a taxa correspondente ao período da renda através de uma *relação de equivalência*. Já no segundo exemplo, sendo a taxa inicial uma *taxa nominal*, obtivemos a taxa equivalente para o período da renda aplicando uma *relação de proporcionalidade*.

7. Rendas de termos variáveis

Nem sempre sucede que o termo de uma dada renda seja constante, como tem sido observado nos exemplos anteriores. Quando os n termos de uma certa renda não são iguais, dizemos estar em presença de uma ***renda de termos variáveis***.

Porém, importa esclarecer em que medida se opera essa variação. Entre as rendas de termos variáveis podemos identificar dois grandes grupos: ***a***) aquelas cuja modificação dos termos não obedece a qualquer tipo de critério e ***b***) aquelas cuja variação dos termos ocorre de acordo com regras previamente estabelecidas.

No caso das primeiras, torna-se difícil encontrar um método expedito que permita determinar tanto o valor atual como o valor acumulado das rendas. Revela-se, então, necessário considerar individualmente cada um dos termos, procedendo à sua atualização ou à sua capitalização, pelos períodos de tempo respetivos, consoante se trate de rendas de amortização ou de rendas de acumulação, o que configura, na verdade, um caso de equivalência de capitais, como os estudados no capítulo anterior.

No caso das segundas, dedicaremos a nossa atenção a dois tipos particulares, a saber, o caso em que os termos da renda variam em função de uma *progressão aritmética* e, bem assim, o caso em que os termos da renda variam em acordo com uma *progressão geométrica*.

Quando os termos da renda variam em ***progressão aritmética*** de razão r_a, teremos

$$T_1$$

$$T_2 = T_1 + r_a$$

$$T_3 = T_2 + r_a = T_1 + 2\,r_a$$

$$T_4 = T_3 + r_a = T_1 + 3\,r_a$$

......

$$T_n = T_{n-1} + r_a = T_1 + (n-1)\,r_a$$

donde se conclui que o termo genérico k pode ser obtido através de

$$T_k = T_1 + (k-1)\,r_a \qquad [\,\mathbf{4.17}\,]$$

O valor atual de uma renda cujos termos obedecem a estas características será dado por

$$R(0) = T_1 (1+i)^{-1} + T_2 (1+i)^{-2} + T_3 (1+i)^{-3} + ... + T_n (1+i)^{-n}$$

ou ainda

$$R(0) = T_1 (1+i)^{-1} + (T_1 + r_a) (1+i)^{-2} + (T_1 + 2 r_a) (1+i)^{-3} + ... +$$

$$+ \left[T_1 + (n-1) r_a\right] (1+i)^{-n}$$

$$R(0) = T_1 (1+i)^{-1} + T_1 (1+i)^{-2} + r_a (1+i)^{-2} + T_1 (1+i)^{-3} +$$

$$+ 2 r_a (1+i)^{-3} + ... + T_1 (1+i)^{-n} + (n-1) r_a (1+i)^{-n}$$

Multiplicando ambos os termos por $(1 + i)$, surgirá

$$R(0) \times (1+i) = T_1 + T_1 (1+i)^{-1} + r_a (1+i)^{-1} + T_1 (1+i)^{-2} +$$

$$+ 2 r_a (1+i)^{-2} + ... + T_1 (1+i)^{-n+1} + (n-1) r_a (1+i)^{-n+1}$$

Sendo que $R(0) \left[(1+i) - 1\right] = R(0) \times (1+i) - R(0)$, vem

$$R(0) \left[(1+i) - 1\right] = T_1 + T_1 (1+i)^{-1} + r_a (1+i)^{-1} + T_1 (1+i)^{-2} +$$

$$+ 2 r_a (1+i)^{-2} + ... + T_1 (1+i)^{-n+1} + (n-1) r_a (1+i)^{-n+1}$$

$$- T_1 (1+i)^{-1} - (T_1 + r_a) (1+i)^{-2} - (T_1 + 2 r_a) (1+i)^{-3} - \left[T_1 + (n-1) r_a\right] \times (1+i)^{-n}$$

$$R(0) \left[(1+i) - 1\right] = T_1 + r_a (1+i)^{-1} + r_a (1+i)^{-2} + ... + r_a (1+i)^{-n+1}$$

$$- T_1 (1+i)^{-n} - (n-1) r_a (1+i)^{-n}$$

$$R(0) \times i = T_1 + r_a (1+i)^{-1} + r_a (1+i)^{-2} + ... + r_a (1+i)^{-n+1} - T_1 (1+i)^{-n}$$

$$- n r_a (1+i)^{-n} + r_a (1+i)^{-n}$$

$$R(0) \times i = T_1 \left[1 - (1+i)^{-n}\right] + r_a \frac{1-(1+i)^{-n}}{i} - n\, r_a (1+i)^{-n}$$

$$R(0) = \left(T_1 + \frac{r_a}{i}\right)\left(\frac{1-(1+i)^{-n}}{i}\right) - \frac{n \times r_a \times (1+i)^{-n}}{i} \qquad [\,\mathbf{4.18}\,]$$

Esta é a expressão que nos permitirá determinar o ***valor atual de uma renda de n termos variáveis em progressão aritmética de razão*** r_a, sendo o primeiro termo igual a T_1 e considerando a taxa de juro *i*.

EXEMPLO: Uma dada empresa adquiriu um equipamento que liquidará nos próximos 5 anos, por intermédio de prestações variáveis. A primeira prestação será de 60.000 € e, atendendo à rendibilidade esperada para este investimento, a empresa considera poder acrescer a sua prestação, em cada ano, no montante de 5.000 €. Sabendo que foi praticada uma taxa de juro de 7,5%, quanto teria despendido a empresa se tivesse adquirido o equipamento a pronto pagamento?

O montante despendido pela empresa teria sido o correspondente ao preço do equipamento, como tal, ao valor atual de uma renda de amortização. O problema vertente encontra solução na aplicação direta da fórmula anterior, sendo que $T_1 = 60.000$ € e $r_a = 5.000$ €.

$$R(0) = \left(60.000€ + \frac{5.000€}{7,5\%}\right)\left(\frac{1-(1+7,5\%)^{-5}}{7,5\%}\right) - \frac{5 \times 5.000€ \times (1+7,5\%)^{-5}}{7,5\%}$$

$$R(0) = 126.666,67\ € \times 4,0458849 - 232.186,21\ €$$

$$R(0) = 280.292,56\ €$$

A pronto pagamento, o equipamento teria custado 280.292,56 €.

Vejamos o que sucede no caso de se tratar de uma ***renda de acumulação*** de termos variáveis. O valor da renda no final será dado pela expressão seguinte:

$$R(n) = T_1 (1+i)^{n-1} + T_2 (1+i)^{n-2} + T_3 (1+i)^{n-3} + \ldots + T_{n-1} (1+i) + T_n$$

$$R(n) = T_1 (1+i)^{n-1} + (T_1 + r_a)(1+i)^{n-2} + (T_1 + 2\,r_a)(1+i)^{n-3} + \ldots +$$

$$+ \left[T_1 + (n-2)\,r_a\right](1+i) + \left[T_1 + (n-1)\,r_a\right]$$

Pondo $(1+i)^n$ em evidência, resulta que

$$R(n) = (1+i)^n \left\{T_1 (1+i)^{-1} + (T_1 + r_a)(1+i)^{-2} + (T_1 + 2\,r_a) \times (1+i)^{-3} +\right.$$

$$\left. + \ldots + \left[T_1 + (n-2)\,r_a\right](1+i)^{-n+1} + \left[T_1 + (n-1)\,r_a\right](1+i)^{-n}\right\}$$

Entre chavetas temos uma das expressões encontradas aquando da determinação de R(0), pelo que diremos que

$$R(n) = (1+i)^n \times R(0)$$

Substituindo por [4.18] surgirá

$$R(n) = (1+i)^n \times \left\{\left(T_1 + \frac{r_a}{i}\right)\left(\frac{1-(1+i)^{-n}}{i}\right) - \frac{n \times r_a \times (1+i)^{-n}}{i}\right\}$$

donde se retira que

$$R(n) = \left(T_1 + \frac{r_a}{i}\right)\left(\frac{(1+i)^n - 1}{i}\right) - \frac{n \times r_a}{i} \qquad [4.19]$$

Recorrendo a esta expressão, determinamos o ***valor acumulado de uma renda de n termos variáveis em progressão aritmética de razão r_a***, sendo o primeiro termo igual a T_1 e considerando a taxa de juro *i*.

EXEMPLO: O senhor Serôdio pretende depositar, em cada aniversário do filho, uma certa quantia, para que este, ao atingir a maioridade, possa dispor do montante entretanto acumulado. No 1º aniversário depositará 200 € e em cada um dos anos seguintes depositará mais 50 € que no anterior. Sabendo que tais entregas capitalizarão a uma taxa de 4% ao ano, qual será o montante disponível ao atingir a maioridade, sendo que a última entrega coincidirá com essa data?

O problema enunciado configura o caso de uma renda de 18 termos variáveis, crescentes em progressão aritmética de razão igual a 50 € e cujo 1º termo é de 200 €.

Aplicando a fórmula encontrada em [4.19], vem

$$R(n) = \left(200€ + \frac{50€}{4\%}\right)\left(\frac{(1+4\%)^{18}-1}{4\%}\right) - \frac{18 \times 50€}{4\%}$$

$$R(n) = 1.450\ € \times 25{,}645413 - 22.500\ €$$

$$R(n) = 14.685{,}85\ €$$

Ao completar a maioridade, estarão acumulados 14.685,85 €.

Na eventualidade de os termos da renda variarem em ***progressão geométrica***, cuja razão notaremos por r_g, surgirá

T_1

$T_2 = T_1 \times r_g$

$T_3 = T_2 \times r_g = T_1 \times r_g^2$

$T_4 = T_3 \times r_g = T_1 \times r_g^3$

......

$T_n = T_{n-1} \times r_g = T_1 \times r_g^{n-1}$

pelo que qualquer termo k da renda será dado por

$$T_k = T_1 \times r_g^{k-1} \qquad \textbf{[4.20]}$$

Reportando todos os termos da renda para o momento atual, à taxa de juro *i*, obtém-se

$$R(0) = T_1 (1+i)^{-1} + T_2 (1+i)^{-2} + T_3 (1+i)^{-3} + ... + T_n (1+i)^{-n}$$

ou ainda

$$R(0) = T_1 (1+i)^{-1} + T_1 \times r_g (1+i)^{-2} + T_1 \times r_g^{\,2} (1+i)^{-3} + \ldots.. + T_1 \times r_g^{\,n-1} (1+i)^{-n}$$

Colocando T_1 em evidência, surgirá

$$R(0) = T_1 \left[(1+i)^{-1} + r_g (1+i)^{-2} + r_g^{\,2} (1+i)^{-3} + \ldots.. + r_g^{\,n-1} (1+i)^{-n}\right]$$

Dentro dos parêntesis retos temos os n termos de uma progressão geométrica de razão igual a $r_g (1+i)^{-1}$.

Sabendo que a soma desses n primeiros termos da progressão geométrica é dada por

$$S = \frac{u_1 - u_n r}{1 - r}$$

no caso presente, resulta que

$$S = \frac{(1+i)^{-1} - r_g^{n-1}(1+i)^{-n} r_g (1+i)^{-1}}{1 - r_g (1+i)^{-1}}$$

$$S = \frac{(1+i)^{-1}\left[1 - r_g^{n}(1+i)^{-n}\right]}{\frac{1+i-r_g}{1+i}}$$

$$S = \frac{1 - r_g^{n}(1+i)^{-n}}{1+i-r_g}$$

Por conseguinte, decorre que

$$R(0) = T_1 \times \frac{1 - r_g^{n}(1+i)^{-n}}{1+i-r_g} \qquad [\,4.21\,]$$

sendo esta a expressão que nos permite calcular o ***valor de uma renda de amortização, de termos postecipados e variáveis em progressão geométrica*** de razão r_g.

EXEMPLO: De modo a ampliar as suas instalações fabris, uma dada empresa contraiu um empréstimo junto de uma instituição bancária, no montante de 300.000 €, que amortizará, no final de cada um dos próximos 10 anos, através de prestações crescentes de capital e juros, calculadas à taxa de 5%. Sabendo que a taxa de inflação esperada para o prazo do empréstimo é de 2,5% ao ano, determine qual o montante da sétima prestação.

Pretendemos, então, conhecer T_7. Antes disso, porém, devemos atender a que se a taxa de inflação esperada é, em média, para os próximos 10 anos, de 2,5%, significa que os termos da renda vão, precisamente, crescer à taxa de 2,5%. Notando por *z* a taxa de inflação, daí resulta que

$$r_g = \frac{T_k}{T_{k-1}} = \frac{T_{k-1}(1+z)}{T_{k-1}} = 1 + z$$

logo, substituindo, vem

$$r_g = 1 + 2{,}5\% = 1{,}025$$

Recorrendo a [4.21] e substituindo nessa expressão os valores correspondentes, obtém-se

$$300.000\ € = T_1 \times \frac{1-(1+2{,}5\%)^{10}(1+5\%)^{-10}}{1+5\%-(1+2{,}5\%)}$$

o que nos permite determinar o valor do 1º termo da renda.

$$300.000\ € = T_1 \times \frac{1-1{,}2800845 \times 0{,}6139133}{1{,}05-1{,}025}$$

$$300.000\ € = T_1 \times \frac{1-0{,}7858609}{0{,}025}$$

$$300.000\ € = T_1 \times 8{,}565564$$

$$T_1 = 35.023{,}96\ €$$

Como o termo geral de uma renda de amortização de termos crescentes em progressão geométrica de razão r_g é dado por

$$T_k = T_1 \times r_g^{\,k-1}$$

teremos que

$T_7 = 35.023,96\ € \times (1 + 2,5\%)^6$

$T_7 = 40.617,06\ €$

O sétimo termo será, assim, no montante de 40.617,06 €.

E o que sucede se em vez de uma renda de amortização estivermos em presença de uma ***renda de acumulação***?

Como é sabido, o valor de uma renda de acumulação equivale ao valor de uma renda de amortização capitalizada por n períodos, o que também se aplica ao caso das rendas de termos variáveis. Logo,

$$R(n) = T_1 \times \frac{1 - r_g^n (1+i)^{-n}}{1 + i - r_g} \times (1+i)^n$$

donde se obtém

$$R(n) = T_1 \times \frac{(1+i)^n - r_g^n}{1 + i - r_g} \qquad [\,4.22\,]$$

sendo esta a expressão que nos permite determinar o ***valor acumulado de uma renda de termos crescentes em progressão geométrica*** de razão igual a r_g.

EXEMPLO: O senhor Xavier depositou, ao longo dos últimos 10 anos, uma certa quantia, que acresceu, em cada ano, em função da taxa de inflação observada. Sabendo que a taxa de juro média anual foi de 11%, que a taxa média de inflação rondou os 3,5% e que o primeiro depósito foi de 200 €, qual o montante acumulado findo o prazo considerado?

No caso presente, temos que

$r_g = (1 + 3,5\%) = 1,035$

Da aplicação direta de [4.22], resulta que

$$R(10) = 200\ € \times \frac{(1 + 11\%)^{10} - (1 + 3{,}5\%)^{10}}{1{,}11 - 1{,}035}$$

$$R(10) = 3.810{,}19\ €$$

As fórmulas expressas em [4.18], [4.19], [4.21] e [4.22] poderão, eventualmente, ser desdobradas, caso exista, em cada um dos casos, antecipação ou diferimento dos termos da renda, tal como ilustraremos na secção de Exercícios Resolvidos do presente Capítulo. Por ora, abstemo-nos de apresentar tais desenvolvimentos, de modo a não sobrecarregar o teor do texto.

8. Rendas perpétuas de termos constantes

Como apontámos anteriormente, ***rendas perpétuas*** são aquelas que se compõem por um número ilimitado de termos. Neste tipo de rendas, conhecemos o momento no qual vence o 1º termo, sendo que o último se reporta, necessariamente, ao infinito.

A questão que se coloca é, então, a de saber qual o valor assumido por uma renda de acumulação e por uma renda de amortização com um ***número ilimitado de termos***.

Como $n \rightarrow +\infty$, no caso das rendas de acumulação, teremos

$$\lim_{n \to \infty} \frac{(1 + i)^n - 1}{i} = +\infty$$

pelo que o valor acumulado por uma renda perpétua de termos constantes será, também ele, infinito, o que não faz sentido sob o ponto de vista financeiro. Como tal, as rendas de acumulação de termos ilimitados não merecerão o nosso interesse.

O mesmo não sucede com as rendas de amortização. Neste caso,

$$\lim_{n \to \infty} \frac{1 - (1 + i)^{-n}}{i} = \frac{1}{i}$$

uma vez que $(1 + i)^{-n} \rightarrow 0$. Podemos então estabelecer que

$$a_{\overline{\infty}|} = \frac{1}{i} \qquad [4.23]$$

donde resulta que o ***valor atual de uma renda de amortização com termos normais e ilimitados*** seja obtido através da seguinte expressão:

$$R(0) = T \times a_{\overline{\infty|}}$$

ou ainda

$$R(0) = T \times \frac{1}{i} \qquad [4.24]$$

E se em vez de termos normais estivermos perante termos antecipados? Tal como sucedeu nos casos anteriores, uma renda de termos antecipados corresponde a uma renda de termos postecipados capitalizada por um período. Donde se retira que

$$\ddot{R}(0) = T \times \frac{1}{i} \times (1+i) \qquad [4.25]$$

Esta expressão permite, assim, calcular o valor atual de ***valor atual de uma renda de amortização antecipada com termos ilimitados.***

Por último, vamos atender ao caso das rendas perpétuas, de termos constantes e diferidos. Retendo o mesmo procedimento que em casos anteriores, também aqui surge que

$$R(0) = T \times \frac{1}{i} \times (1+i)^{-w} \qquad [4.26]$$

correspondendo w ao número de períodos de diferimento. A expressão anterior permite, assim, encontrar o ***valor atual de uma renda perpétua, de termos constantes e diferidos.***

Tomemos um exemplo ilustrativo das possibilidades que descrevemos.

EXEMPLO: O proprietário de uma certa moradia arrendou-a por tempo indeterminado pela quantia de 500 € mensais. Sabendo que a taxa de juro anunciada pela banca é de 9% ao ano, ajude este proprietário a determinar o valor atual dos fluxos financeiros que receberá no futuro em cada uma das três seguintes possibilidades:

1) se o recebimento da primeira quantia mensal ocorrer no momento imediato;

2) se o recebimento da primeira quantia mensal ocorrer no final do mês;

3) se o recebimento da primeira quantia mensal ocorrer daqui por 4 meses.

Como os recebimentos, em todas as modalidades consideradas, vão ocorrer com uma periodicidade mensal, calculamos a taxa mensal proporcional à taxa de 9% ao ano. Logo

$$i_{\text{mensal}} = \frac{9\%}{12} = 0{,}75\%$$

Em **1**), sendo os termos antecipados, teremos que

$$\ddot{R}(0) = T \times \frac{1}{i} \times (1 + i)$$

donde resulta

$$\ddot{R}(0) = 500\ € \times \frac{1}{0{,}75\%} \times (1 + 0{,}75\%)$$

$$\ddot{R}(0) = 67.166{,}67\ €$$

O valor atual da renda é de 67.166,67 €.

Já em **2**), os termos são normais ou postecipados, pelo que recorreremos a [4.24] para conhecer o valor atual dos recebimentos. Temos, então, que

$$R(0) = T \times \frac{1}{i}$$

$$R(0) = 500\ € \times \frac{1}{0{,}75\%} = 66.666{,}67\ €$$

Por último, em **3**), uma vez que o primeiro recebimento se realiza daqui por 4 meses, os termos da renda surgem diferidos de 3 períodos, donde vem

$$R(0) = T \times \frac{1}{i} \times (1 + i)^{-w}$$

$$R(0) = 500\ € \times \frac{1}{0{,}75\%} \times (1 + 0{,}75\%)^{-3}$$

$$R(0) = 65.188{,}89\ €$$

Sublinhe-se que a diferença entre os montantes obtidos em **1**) e **2**) é de 500 €, ou seja, igual ao valor de um termo.

Com efeito, o valor de uma renda perpétua de termos antecipados pode ser calculado adicionando a quantia correspondente ao termo ao valor da mesma renda de termos postecipados. De notar que este procedimento difere daquele que se observa no caso das rendas temporárias.

Em jeito de ***síntese do presente capítulo***, diremos que seria inviável esgotarmos todas as possibilidades que se colocam no domínio das rendas e o leitor até talvez já se tenha confrontado com problemas que não encontram solução em nenhuma das propostas apresentadas. Ao longo deste Capítulo, pretendemos apenas ilustrar as situações mais comuns no contexto das finanças.

EXERCÍCIOS RESOLVIDOS:

1 – O senhor Anacleto é detentor de um plano poupança reforma para o qual efetua entregas de 1.000 € no final de cada ano. Porém, o senhor Anacleto já não sabe ao certo qual o valor que tem acumulado no presente, recordando-se apenas que um extrato, referente a um dado momento k, indicava um montante de 20.023,59 €. No pressuposto de que a entidade gestora do fundo garante uma taxa de 4% ao ano até final do contrato, ajude o senhor Anacleto a:

a) Determinar o momento k;

b) Apurar o valor acumulado no final, supondo que em k o senhor Anacleto tinha 54 anos e que poderá levantar o montante do fundo aos 65 anos.

Resolução:

a) Os 20.023,59 € são o resultado de uma renda de acumulação de k termos de 1.000 €, pelo que, aplicando [4.4], vem

$$20.023{,}59\ € = 1.000\ € \times \frac{(1+4\%)^k - 1}{4\%}$$

$$0{,}8009436 = (1+4\%)^k - 1$$

$$1{,}8009436 = (1+4\%)^k$$

$$\log 1{,}8009436 = k \log 1{,}04$$

$$k = \frac{\log 1{,}8009436}{\log 1{,}04}$$

$$k = \frac{0{,}2555001}{0{,}0170333}$$

$$k = 15$$

b) O valor acumulado quando o senhor Anacleto tiver 65 anos pode ser obtido de duas formas:

– a primeira consiste em calcular o valor de uma renda de acumulação de 26 termos (referentes aos 15 já passados e aos 11 que ainda faltam até o senhor Anacleto completar 65 anos) de 1.000 €, logo

$$R(n) = 1.000\ € \times \frac{(1+4\%)^{26} - 1}{4\%}$$

$$R(n) = 1.000\ € \times 44{,}311745$$

$$R(n) = 44.311{,}75\ €$$

– a segunda consiste em calcular o valor de uma renda de acumulação de 11 termos de 1.000 € (correspondentes às entregas a efetuar até aos 65 anos), acrescida dos 20.023,59 € capitalizados por 11 anos à taxa anual de 4%.

$$\text{Valor acumulado} = 1.000\ € \times \frac{(1+4\%)^{11} - 1}{4\%} + 20.023{,}59\ € \times (1+4\ \%)^{11}$$

$$\text{Valor acumulado} = 13.486{,}35\ € + 30.825{,}40\ €$$

$$\text{Valor acumulado} = 44.311{,}75\ €$$

Ambas as hipóteses conduzem, necessariamente, ao mesmo resultado.

2 – Determine o valor que o senhor Anacleto teria acumulado aos 65 anos no caso de as entregas terem sido efetuadas no início de cada período.

Resolução:

O valor acumulado pelo senhor Anacleto aos 65 anos resultaria, nestas circunstâncias, de uma renda de acumulação de 26 termos antecipados, no montante de 1.000 € cada[10]. Assim sendo, se recorrermos à expressão formalizada em [4.9], surge

$$\ddot{R}(n) = 1.000\ € \times \frac{(1+4\%)^{26}-1}{4\%} \times (1+4\%)$$

$$\ddot{R}(n) = 1.000\ € \times 44{,}311745 \times 1{,}04$$

$$\ddot{R}(n) = 46.084{,}22\ €$$

Poder-se-ia, muito simplesmente, multiplicar o resultado obtido no exercício anterior, 44.311,75 €, pelo fator de capitalização (1 + 4%); tratando-se de uma renda antecipada, tal significa que todos os termos permanecem no processo de capitalização mais um período do que aquilo que sucedia caso se tratasse de uma renda normal.

3 – O senhor X realizou obras no seu apartamento que ascenderam a 25.000 €. Para o efeito, contraiu um empréstimo que liquidará nos próximos 5 anos, por meio de prestações mensais constantes, calculadas à taxa nominal anual de 9,75%.

a) Calcule o montante que o senhor X deverá pagar mensalmente.
b) Após o pagamento da 38ª prestação, devido a alterações das condições de mercado, a taxa de juro desceu para 9,18%. Calcule o montante da nova prestação mensal.

Resolução:

a) O montante de 25.000 € será liquidado através de 60 prestações mensais (5 × 12), cujo valor iremos apurar. Atenda-se, contudo, a que, tratando-se de mensalidades, devemos recorrer à taxa proporcional mensal. Donde

[10] Sublinhe-se que o momento k não é relevante para a resolução deste exercício, tal como sucedia no caso anterior, interessando agora apenas o número global de entregas realizadas.

$$i_{\text{mensal}} = \frac{i_{\text{anual}}}{12} = \frac{9{,}75\%}{12} = 0{,}8125\%$$

Esta é a taxa efetiva mensal que vigorava à data do contrato, com base na qual se calculou o montante inicial das prestações. Substituindo em [4.1], resultará

$$25.000\ € = \text{T} \times \frac{1-(1+0{,}8125\%)^{-60}}{0{,}8125\%}$$

$$25.000\ € = \text{T} \times 47{,}338973$$

$$\text{T} = 528{,}11\ €$$

A prestação mensal será no montante de 528,11 €.

b) Se a taxa de juro de mercado tiver descido para 9,18%, temos de calcular qual a nova taxa mensal que lhe corresponde. Logo

$$i_{\text{mensal}} = \frac{i_{\text{anual}}}{12} = \frac{9{,}18\%}{12} = 0{,}765\%$$

Aquando da alteração da taxa de juro, já tinham sido pagas 38 prestações, pelo que faltava liquidar 22. O montante das novas prestações vai, pois, ser calculado atendendo à quantia ainda em dívida nesta data e que corresponde ao valor atual de uma renda de 22 termos de 528,11 €, podendo este ser determinado por intermédio de [4.1]. Daí resulta que

$$\text{Capital}_{\text{em dívida}} = 528{,}11\ € \times \frac{1-(1+0{,}8125\%)^{-22}}{0{,}8125\%}$$

$$\text{Capital}_{\text{em dívida}} = 528{,}11\ € \times 20{,}071482$$

$$\text{Capital}_{\text{em dívida}} = 10.599{,}95\ €$$

Esta quantia vai ser liquidada, agora, através de 22 prestações mensais calculadas à taxa de 0,765%. Como a nova taxa de juro é menor que os 0,8125% previamente praticados, as novas prestações vão, necessariamente, ser também menores que as anteriores.

$$10.599,95\ € = T \times \frac{1-(1+0,765\%)^{-22}}{0,765\%}$$

$$10.599,95\ € = T \times 20,177553$$

$$T = 525,33\ €$$

Após a descida da taxa de juro, a prestação mensal será de 525,33 €.

4 – O casal Borges adquiriu, há oito anos, um apartamento no montante de 150.000 €, importância que foi integralmente financiada através de um crédito à habitação contraído junto do Banco Peninsular. No contrato de crédito, ficou estabelecido que o casal Borges liquidaria o valor em dívida através de prestações mensais constantes de capital e juros, à taxa anual nominal de 9%, pelo prazo de 25 anos. Acontece que o casal Borges, no momento, foi brindado com a sorte de um prémio de jogo no montante de 111.523,72 € e com o qual pretende liquidar o valor em dívida junto do Banco Peninsular.

a) Será que o montante recebido é suficiente para liquidar a importância em dívida?
b) No caso de não o ser, determine o novo encargo mensal dos Borges, no pressuposto de que não pretendem reduzir o prazo do contrato.
c) Determine, ainda, quantas prestações seriam necessárias para liquidar o montante em dívida, no caso de se pretender manter o valor da prestação, bem como o eventual valor residual a pagar um mês após o vencimento da última prestação.

Resolução:

a) Em primeiro lugar, vamos apurar qual o valor das prestações mensais inicialmente previsto. Este corresponde ao termo de uma renda de amortização, com 300 termos (12 mensalidades por ano, durante 25 anos), calculados à taxa mensal de 0,75% $\left(\frac{9\%}{12}\right)$ e de valor atual igual ao valor da compra. Aplicando, de novo, [4.1], vem

$$150.000\text{ €} = T \times \frac{1-(1+0{,}75\%)^{-300}}{0{,}75\%}$$

$$150.000\text{ €} = T \times 119{,}16162$$

$$T = 1.258{,}79\text{ €}$$

Este foi o valor das mensalidades inicialmente previsto e foi também o valor efetivamente pago, em cada mês, pelo casal Borges, durante os 8 anos de vigência do contrato decorridos até ao momento.

Em segundo lugar, de modo a concluirmos se o valor do prémio ganho é suficiente para liquidar o valor em dívida, temos que calcular qual é esse valor em dívida.

Ora já foram pagas 96 prestações de 1.258,79 €, estando, então, por liquidar outras 204. Daí que

$$\text{Capital}_{\text{em dívida}} = 1.258{,}79\text{ €} \times \frac{1-(1+0{,}75\%)^{-204}}{0{,}75\%}$$

$$\text{Capital}_{\text{em dívida}} = 1.258{,}79\text{ €} \times 104{,}29661$$

$$\text{Capital}_{\text{em dívida}} = 131.287{,}53\text{ €}$$

Sendo o capital em dívida, no momento presente, de 131.287,53 € e o prémio no montante de 111.523,72 €, significa que este último é insuficiente para liquidar o empréstimo na íntegra, daí resultando um valor remanescente de 19.763,81 €.

b) Para determinarmos o valor das novas prestações mensais, no pressuposto de que o número de prestações se mantém, devemos recorrer a uma renda de amortização cujo valor atual corresponde ao montante do capital em dívida. Deste modo,

$$19.763{,}81\text{ €} = T \times \frac{1-(1+0{,}75\%)^{-204}}{0{,}75\%}$$

$$19.763{,}81\text{ €} = T \times 104{,}29661$$

$$T = 189{,}50\text{ €}$$

O casal Borges passaria a ter um encargo mensal de apenas 189,50 €.

c) Caso o montante das prestações se mantivesse, o número de termos vai ser o que verifica a condição

$$19.763,81\text{ €} = 1.258,79\text{ €} \times \frac{1-(1+0,75\%)^{-n}}{0,75\%}$$

Resolvendo em ordem a n, obtém-se

$$0,8822452 = (1,0075)^{-n}$$

$$\log 0,8822452 = -\,n \log 1,0075$$

$$n = -\,\frac{\log 0,8822452}{\log 1,0075}$$

$$n = 16,767$$

Significa, então, que deveriam ser pagas mais 16 prestações mensais no montante de 1.258,79 €. Porém, não tendo sido obtido um número inteiro, resulta que a dívida não fica totalmente saldada. Considere-se, aliás, que

$$1.258,79\text{ €} \times \frac{1-(1+0,75\%)^{-16}}{0,75\%} = 18.912,45\text{ €}$$

menos que os 19.763,81 € em dívida. Deve ser, então, paga uma 17ª prestação, para além das 16 prestações inteiras, cujo valor Z podemos determinar. Considerando que esse pagamento se efetua um mês após o pagamento da última prestação integral, surge

$$19.763,81\text{ €} = 1.258,79\text{ €} \times \frac{1-(1+0,75\%)^{-16}}{0,75\%} + Z\,(1+0,75\%)^{-17}$$

Resolvendo em ordem a Z, vem

$$19.763,81\text{ €} - 18.912,45\text{ €} = Z \times 0,8807123$$

$$851,36\text{ €} = 0,8807123\,Z$$

$$Z = 966,67\text{ €}$$

No pressuposto de que se mantém o valor dos termos, devem ser pagas 16 prestações de 1.258,79 €, bem como uma 17ª prestação residual no montante de 966,67 €.

5 – Desde que entrou no ensino superior que Francisco realiza uma poupança mensal de 120 €, que capitaliza à taxa anual nominal de 3%, com o objetivo de, daí por 3 anos, adquirir um veículo em 2ª mão, cujo preço se estima que venha a ser de 7.500 €. No entanto, na ocasião do aniversário de Francisco, o qual coincidiu com a realização da 18ª entrega normal, a sua Tia decidiu reforçar a poupança do sobrinho com uma entrega extraordinária de 1.000 €. Serão estas entregas suficientes para cumprir o objetivo de Francisco? Justifique devidamente.

Resolução:

O valor acumulado daqui por 3 anos resultará das 36 entregas mensais entretanto realizadas, acrescidas do valor capitalizado pela entrega extraordinária de 1.000 €. Esta entrega ocorre no 18º mês, logo será necessário somá-la ao valor já capitalizado nesse momento, isto para além das 18 entregas posteriormente efetuadas.

Para além disso, é necessário calcular a taxa efetiva mensal, logo, sendo a taxa de 3% uma taxa anual nominal, vem que

$$i_{\text{mensal}} = \frac{3\%}{12} = 0{,}25\%$$

Traduzindo, em termos formais, o raciocínio anteriormente apontado, teremos

$$\text{Valor acumulado} = \left[120\ € \times \frac{(1+0{,}25\%)^{18}-1}{0{,}25\%} + 1.000\ €\right] \times$$

$$\times (1+0{,}25\%)^{18} + 120\ € \times \frac{(1+0{,}25\%)^{18}-1}{0{,}25\%} = (2.206{,}52\ € + 1.000\ €) \times$$

$$\times (1+0{,}25\%)^{18} + 2.206{,}52\ € = 5.560{,}44\ €$$

Ficam a faltar 1.939,55 € para que o Francisco possa adquirir uma viatura no montante de 7.500 €.

6 – O José Maria pretende aplicar um prémio que ganhou na Lotaria, no valor de 19.689,16 €, em regime de capitalização composta, durante dois anos, à taxa anual efetiva de 12,6825%. Tenciona também depositar no mesmo fundo 1.000,99 €, no final de cada mês, durante os próximos dois anos. Após esta data, pretende levantar 5.000 € trimestralmente, por forma a esgotar completamente o fundo. Determine:

a) O número total de levantamentos completos;

b) O montante do levantamento residual, a efetuar dois meses após o último levantamento normal.

Resolução:

a) Em primeiro lugar, vamos determinar qual o valor que o José Maria terá acumulado no final dos dois anos e que resulta, conjuntamente, da aplicação do montante do prémio e da renda de acumulação originada pelos depósitos de 1.000,99 € efetuados mensalmente. Estes depósitos capitalizarão à taxa efetiva mensal, enquanto a taxa indicada é uma taxa efetiva anual. Logo para podermos determinar o valor da renda de acumulação, devemos, antes de mais, calcular a taxa efetiva mensal. Recorrendo a uma relação de equivalência, teremos

$$(1+i_{\text{efetiva mensal}})^{12}=(1+i_{\text{efetiva anual}})$$

$$i_{\text{efetiva mensal}}=(1+i_{\text{efetiva anual}})^{\frac{1}{12}}-1$$

$$i_{\text{efetiva mensal}}=(1+0{,}126825)^{\frac{1}{12}}-1$$

$$i_{\text{efetiva mensal}}=1\%$$

Por conseguinte,

$$R(n)=19.689{,}16\text{ €}\,(1+12{,}6825\%)^{2}+1.000{,}99\text{ €}\times\frac{(1+1\%)^{24}-1}{1\%}$$

$$R(n)=25.000\text{ €}+27.000{,}16\text{ €}=52.000{,}16\text{ €}$$

Este montante vai, então, ser levantado em montantes trimestrais de 5.000 €, pelo que vai corresponder ao valor atual de uma renda de amortização com n trimestralidades de 5.000 €.

Para determinarmos o número de levantamentos trimestrais, devemos conhecer a taxa efetiva trimestral, pelo que

$$(1 + i_{\text{efetiva trimestral}})^4 = (1 + i_{\text{efetiva anual}})$$

$$i_{\text{efetiva trimestral}} = (1 + i_{\text{efetiva anual}})^{\frac{1}{4}} - 1$$

$$i_{\text{efetiva trimestral}} = (1 + 0{,}126825)^{\frac{1}{4}} - 1$$

$$i_{\text{efetiva trimestral}} = 3{,}0301\%$$

Assim sendo, recorrendo, mais uma vez, a [4.1], obtemos

$$52.000{,}16\text{ €} = 5.000\text{ €} \times \frac{1 - (1 + 3{,}0301\%)^{-n}}{3{,}0301\%}$$

$$0{,}3151314 = 1 - (1+3{,}0301\%)^{-n}$$

$$0{,}6848686 = (1+3{,}0301\%)^{-n}$$

$$\log 0{,}6848686 = -\,n \log 1{,}030301$$

$$n = -\frac{\log 0{,}6848686}{\log 1{,}030301}$$

$$n = 12{,}680593$$

Significa, então, que será possível efetuar 12 levantamentos trimestrais de 5.000 €.

b) Como não obtivémos, na alínea anterior, um número inteiro, tal significa que a quantia acumulada de 52.000,16 € não ficou completamente esgotada com a sucessão de 12 levantamentos de 5.000 €. Na verdade, existe um certo valor residual, cujo montante iremos determinar e que será levantado dois meses após o último levantamento normal. Assim sendo, notando por R esse valor residual, teremos

$$52.000{,}16\ € = 5.000\ € \times \frac{1-(1+3{,}0301\%)^{-12}}{3{,}0301\%} + R\ (1+3{,}0301\%)^{-(12+2/3)}$$

$$52.000{,}16\ € = 5.000\ € \times 9{,}9361424 + R \times (1+3{,}0301\%)^{-\frac{38}{3}}$$

$$52.000{,}16\ € = 49.680{,}71\ € + R \times 0{,}6851533$$

$$R \times 0{,}6851534 = 2.319{,}45\ €$$

$$R = 3.385{,}30\ €$$

O valor residual a levantar será de 3.385,30 €.

Por último, um apontamento relativo ao expoente do fator de atualização do valor residual. Esta quantia vai permanecer apenas por mais dois meses no processo de capitalização; enquanto isso, a taxa utilizada é uma taxa efetiva ao trimestre, sendo também o trimestre o período da renda. Assim sendo, esta quantia residual permanecerá no processo de capitalização por um lapso de tempo correspondente a $\frac{2}{3}$ do período a que a taxa se refere, conforme decorre do esquema seguinte.

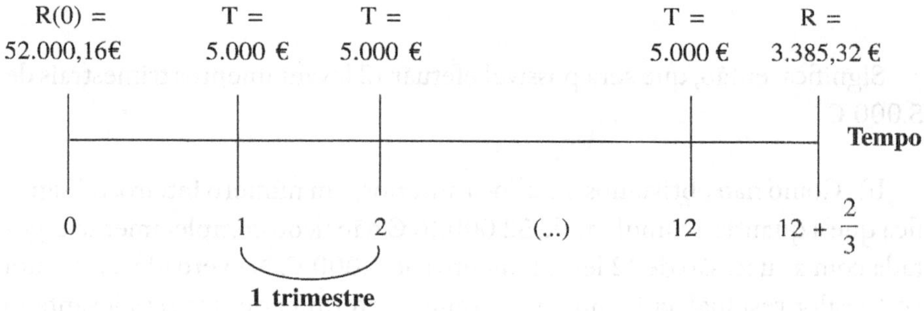

Em alternativa, poder-se-ia calcular a taxa bimensal equivalente[11], surgindo o problema formalizado do seguinte modo:

$$52.000{,}16\ € = 5.000\ € \times \frac{1-(1+3{,}0301\%)^{-12}}{3{,}0301\%} + R\,(1+2{,}01\%)^{-19}$$

Neste caso, o expoente corresponde ao número de bimestres incluídos no período de tempo em que se efetuaram os levantamentos trimestrais (12 trimestres = 3 anos = 18 bimestres), mais o bimestre após o qual se procedeu ao levantamento da quantia residual. Ambas as formalizações conduzem, necessariamente, ao mesmo resultado, sendo então que

$$52.000{,}16\ € = 49.680{,}71\ € + R \times 0{,}6851534$$

donde se retira

$$R = 3.385{,}30\ €$$

7 – Um determinado equipamento vai ser liquidado através da entrega a pronto de 2.000 € e do pagamento de 8 prestações semestrais constantes, no montante de 2.756,92 €, as quais incluem juros calculados à taxa anual nominal de 9,5%. Determine o montante a pagar caso se pretendesse liquidar a dívida através de mensalidades constantes, ocorrendo a primeira no momento do contrato, bem como o preço do equipamento.

Resolução:

Será indiferente liquidar a presente dívida através do processo descrito ou através de mensalidades constantes antecipadas. Daí que ***ambas as possibilidades sejam equivalentes.***

---

11 Sendo $(1+i_{anual}) = (1+i_{bimensal})^6$ e $i_{anual} = 12{,}6825\%$, resultará

$$(1+12{,}6825\%) = (1+i_{bimensal})^6$$

$$(1+i_{bimensal}) = (1+12{,}6825\%)^{\frac{1}{6}}$$

$$i_{bimensal} = 2{,}01\%$$

Como a taxa que nos é indicada é uma taxa anual nominal, calculamos a taxa efetiva ao semestre por meio de uma relação de proporcionalidade, donde

$$i_{sem} = \frac{9,5\%}{2} = 4,75\%$$

Recorrendo a [4.1], determinamos o preço do equipamento, corresponde ao valor atual de uma renda de 8 semestralidades, acrescido dos 2.000 € iniciais. Vem, assim, que

$$\text{Preço} = 2.000\text{ €} + R(0) = 2.000\text{ €} + 2.756,92\text{ €} \times \frac{1-(1+4,75\%)^{-8}}{4,75\%}$$

$$\text{Preço} = 2.000\text{ €} + 18.000\text{ €} = 20.000\text{ €}$$

Este montante pode, no entanto, ser liquidado através de prestações mensais antecipadas. Primeiramente, é de sublinhar que 8 semestres correspondem a 48 meses. Para além disso, calculamos a taxa efetiva mensal que equivale à anterior taxa semestral, logo

$$i_{ef.\,mensal} = (1 + i_{ef.\,sem.})^{\frac{1}{6}} - 1$$

$$i_{ef.\,mensal} = (1 + 4,75\%)^{\frac{1}{6}} - 1$$

$$i_{ef.\,mensal} = 0,776\%$$

Por fim, determinamos o montante das prestações mensais antecipadas, sendo que

$$20.000\text{ €} = T \times \frac{1-(1+0,776\%)^{-48}}{0,776\%} \times (1 + 0,776\%)$$

$$20.000\text{ €} = T \times 40,25652968$$

$$T = 496,81\text{ €}$$

Este será o valor da prestação mensal antecipada.

Em alternativa, este problema poderia ser resolvido igualando ambas as hipóteses, dado serem equivalentes, reservando para o final a determinação do preço do equipamento (bastando para o efeito, como facilmente se entende, apenas uma das hipóteses).

8 - Uma dívida no montante de 25.000 € encontrava-se a ser liquidada através de 10 anuidades constantes, calculadas à taxa de 12% ao ano. Após o vencimento do 6º termo, as partes envolvidas no contrato decidiram alterar as condições de pagamento, sendo agora o montante em dívida liquidado através de uma sucessão de 8 pagamentos anuais, calculados à mesma taxa de 12% ao ano, e cujo montante acrescerá 500 € em cada ano. Determine o 1º, o 4º e o último desses pagamentos.

Resolução:

O primeiro procedimento é o de determinar o montante das 10 anuidades iniciais, pelo que recorremos à expressão formalizada em [4.1].

$$R(0) = T \times \frac{1-(1+i)^{-n}}{i}$$

$$25.000\text{ €} = T \times \frac{1-(1+12\%)^{-10}}{12\%}$$

$$T = 4.424{,}60\text{ €}$$

Seguidamente, calculamos o capital em dívida após o vencimento do 6º termo, isto é, quando faltam pagar 4 das anuidades iniciais. Assim sendo, vem

$$\text{Capital}_{\text{em dívida}} = 4.424{,}60\text{ €} \times \frac{1-(1+12\%)^{-4}}{12\%}$$

$$\text{Capital}_{\text{em dívida}} = 13.439{,}06\text{ €}$$

Este montante vai corresponder ao valor atual de uma renda de 8 termos postecipados, variáveis em progressão aritmética de razão igual a 500 €. Considerando a expressão formalizada em [4.18], substituímos pelos valores respetivos.

$$R(0) = \left(T_1 + \frac{r_a}{i}\right)\left(\frac{1-(1+i)^{-n}}{i}\right) - \frac{n \times r_a \times (1+i)^{-n}}{i}$$

$$13.439{,}06€ = \left(T_1 + \frac{500€}{12\%}\right)\left(\frac{1-(1+12\%)^{-8}}{12\%}\right) - \frac{8 \times 500€ \times (1+12\%)^{-8}}{12\%}$$

Podemos, agora, resolver em ordem a T_1.

$$13.439{,}06\ € = (T_1 + 4.166{,}67\ €) \times 4{,}96763977 - 13.462{,}77\ €$$

$$4{,}96763977\ T_1 = 13.439{,}06\ € - 20.698{,}52\ € + 13.462{,}77\ €$$

$$T_1 = 1.248{,}74\ €$$

Este é o primeiro termo da sucessão de 8 termos variáveis. Os restantes calculam-se atendendo a [4.17], ou seja, a

$$T_k = T_1 + (k-1)\ r_a$$

Assim sendo, surge

$$T_4 = 1.248{,}74\ € + (4-1) \times 500\ € = 2.748{,}74\ €$$

e também

$$T_8 = 1.248{,}74\ € + (8-1) \times 500\ € = 4.748{,}74\ €$$

9 – A empresa XPTO adquiriu um equipamento no valor de 50.000 € que irá liquidar por intermédio de prestações mensais constantes, durante 5 anos, calculadas à taxa efetiva anual de 6%. Após o pagamento da 18ª prestação, atendendo ao orçamento de tesouraria, verificou que lhe seria conveniente proceder à liquidação integral do valor em dívida no momento do vencimento da 24ª prestação (não efetuando, contudo, qualquer pagamento entre o vencimento da 18ª e o vencimento da 24ª prestações).

a) Qual a importância que deverá, nesta data, entregar ao credor, sabendo que tal montante foi apurado recorrendo à mesma taxa anual de 6%?

b) Se, após o pagamento da 18ª mensalidade, o montante em dívida passasse a ser liquidado através de 10 prestações semestrais de 4.000 €, qual seria o montante a entregar juntamente com a última prestação semestral, de forma a saldar completamente a dívida?

Resolução:

a) Primeiramente, vamos calcular o montante das prestações mensais inicialmente acordado. Uma vez que 6% é uma taxa efetiva anual, calculamos a taxa mensal que lhe equivale para apurarmos o valor dessas mensalidades. Donde

$$i_{\text{ef. mensal}} = (1 + 6\%)^{\frac{1}{12}} - 1$$

$$i_{\text{ef. mensal}} = 0{,}4868\%$$

Substituindo em [4.1] pelos valores respetivos, vem

$$50.000\ € = \text{T} \times \frac{1 - (1 + 0{,}4868\%)^{-60}}{0{,}4868\%}$$

$$50.000\ € = \text{T} \times 51{,}923147$$

$$\text{T} = 962{,}96\ €$$

O montante das prestações inicialmente previsto era de 962,96 €, das quais foram liquidadas 18. Imediatamente após o pagamento da 18ª mensalidade, encontravam-se por liquidar 42 prestações, pelo que o capital em dívida neste momento é igual ao valor atual de uma renda de 42 termos de 962,96 €. Logo

$$\text{Capital}_{\text{em dívida}} = 962{,}96\ € \times \frac{1 - (1 + 0{,}4868\%)^{-42}}{0{,}4868\%}$$

$$\text{Capital}_{\text{em dívida}} = 962{,}96\ € \times 37{,}901598$$

$$\text{Capital}_{\text{em dívida}} = 36.497{,}72\ €$$

Acontece, porém, que este valor só vai ser liquidado no momento do vencimento da 24ª mensalidade, indo, necessariamente, vencer juros. Somos aqui confrontados com duas possibilidades de resolução: 1) capitalização dos 36.497,72 € à taxa de 0,4868%, por 6 períodos; ou 2) somatório das 6 mensalidades que decorrem do momento 18 ao momento 24, capitalizadas para o momento 24, e das 36 mensalidades que decorrem do momento 24 até final, estas atualizadas para o momento 24. Deste modo,

1) $\text{Capital}_{24^{\text{a}}\text{ prestação}} = 36.497{,}72\text{ €}\,(1+0{,}4868\%)^{6} = 37.576{,}81\text{ €}$

ou

2) $$\text{Capital}_{24^{\text{a}}\text{prestação}} = 962{,}96\text{€}\times\left[\frac{(1+0{,}4868\%)^{6}-1}{0{,}4868\%}+\frac{1-(1+0{,}4868\%)^{-36}}{0{,}4868\%}\right]=$$

$$= 962{,}96\text{ €}\,(6{,}073496 + 32{,}9487) = 962{,}96\text{ €}\times 39{,}022196 =$$

$$= 37.576{,}81\text{ €}$$

O montante a entregar ao credor no momento da 24ª prestação será de 37.576,81 €.

b) Como o valor em dívida após o pagamento da 18ª prestação, os 36.497,72 € encontrados na alínea anterior, vão, nesta hipótese, ser liquidados por intermédio de prestações semestrais de 4.000 €, necessitamos de saber qual é a taxa efetiva ao semestre. Assim sendo,

$$i_{\text{ef. sem.}} = (1+6\%)^{\frac{1}{2}} - 1$$

$$i_{\text{ef. sem.}} = 2{,}956\%$$

donde, por consequência,

$$36.497{,}72\text{ €} = 4.000\text{ €}\times\frac{1-(1+2{,}956\%)^{-10}}{2{,}956\%} + X\,(1+2{,}956\%)^{-10}$$

X corresponde ao montante a entregar juntamente com a 10ª prestação semestral, de modo a saldar completamente a dívida, pelo que surge, na expressão anterior, atualizado por 10 semestres à taxa semestral de 2,956%. Resolvendo em ordem a X, obteremos

36.497,72 € = 4.000 € × 8,549389 + 0,74728 X

36.497,72 € = 34.197,56 € + 0,74728 X

X = 3.078,04 €

10 – Duas empresas de locação financeira oferecem as seguintes condições de financiamento por cada 1.000 €:

- **Empresa 1**: pagamento de 48 prestações mensais constantes e antecipadas de 28,66 €, sendo o valor residual de 2%, a pagar na data de vencimento do contrato.
- **Empresa 2**: pagamento de 12 prestações quadrimestrais constantes e antecipadas no montante de 110,26 €, sendo o valor residual de 4%, a pagar 8 meses após o pagamento do último termo.

Escolha qual a melhor opção de financiamento.

Resolução:

No caso da **empresa 1**, a expressão que nos permite apurar o custo do financiamento por cada 1.000 € é a seguinte:

$$1.000€ = 28{,}66€ \times \frac{1-(1+i_{\text{mensal}})^{-48}}{i_{\text{mensal}}} \times (1+i_{\text{mensal}}) + 20€ \times (1+i_{\text{mensal}})^{-48}$$

O pagamento do valor residual não coincide com o pagamento da última prestação; tratando-se de uma renda antecipada, o pagamento da última prestação ocorre no momento 47, enquanto o pagamento o valor residual se observa no termo do contrato, logo no momento 48.

Neste caso, recorremos às funções financeiras do Excel, concretamente à função TIR, dado que a taxa subjacente à operação corresponde à taxa interna de rendibilidade de uma operação com um valor atual igual a 1.000 € – 28,66 €, por estarmos em presença de uma renda antecipada. Consideraremos, assim, uma renda com 47 termos de 28,66 € e com um 48º termo de 20 €, referente ao valor residual (2% × 1.000 €).

Teremos, então, que a TIR = 1,50 %, logo $i_{mensal} = 1{,}50\%$.

No que se refere à **empresa 2**, o custo do financiamento é a taxa que verifica a seguinte condição:

$$1.000€ = 110{,}26€ \times \frac{1-(1+i_{quad})^{-12}}{i_{quad}}(1+i_{quad}) + 40€\,(1+i_{quad})^{-13}$$

Atendemos a um procedimento idêntico ao que descrevemos para o caso anterior, sendo que agora o valor atual é de 1.000 € – 110,26 €, com um número de termos de 110,26 € igual a 11. Para além disso, como o valor residual é liquidado 8 meses (logo 2 períodos) após o último pagamento normal, teremos um 12º termo de valor zero e 13º termo correspondente a esse valor residual, ou seja, a 4% × 1.000 € = 40 €. Deste modo, vem que a TIR = 5,97%, logo $i_{quad} = 5{,}97\%$.

Tal significa que a taxa de custo do financiamento junto da 2ª empresa é de 5,97% ao quadrimestre. Como para a empresa 1 obtivemos uma taxa mensal de 1,50%, temos que reportar ambas as taxas ao mesmo período de tempo. Podemos, por exemplo, calcular a taxa quadrimestral que equivale à taxa de custo mensal de 1,50%. Então

$$(1+1{,}50\%)^4 = (1+i_{quad})$$

$$i_{quad} = (1+1{,}50\%)^4 - 1$$

$$i_{quad} = 6{,}136\%$$

Como a taxa quadrimestral equivalente à taxa mensal praticada pela empresa 1 é maior que a praticada pela empresa 2, devíamos optar por esta última.

Eventualmente, poder-se-iam calcular as taxas efetivas anuais relativas a ambas as hipóteses, as quais seriam, respetivamente, de 19,56% e de 19%.

11 – Um financiamento bancário para a aquisição de novo equipamento no valor de 75.000 € foi efetuado em 15 de junho de 2016 à taxa anual de 7%. Ficou estabelecido que o pagamento da dívida seria efetuado em 12 trimestralidades, vencendo-se a primeira em 15 de dezembro do mesmo ano.

Sabendo que as dificuldades financeiras se irão concentrar especialmente na fase inicial do empréstimo, e procurando facilitar o pagamento da dívida, ficou também estabelecido que as primeiras 6 trimestralidades seriam iguais entre si, sendo as restantes seis iguais ao dobro das primeiras.

a) Qual o montante de cada trimestralidade?

b) Qual a importância que a empresa deverá entregar ao banco caso pretenda liquidar toda a dívida após o pagamento da 5ª trimestralidade?

Resolução:

a) A primeira das 6 primeiras mensalidades terá lugar 6 meses após o contrato, razão pela qual deveremos considerar a existência de um período de diferimento, já que é de trimestralidades que se trata. Por sua vez, as últimas 6 trimestralidades terão um diferimento de 7 períodos, as quais são, ainda, duplas das primeiras. Assim, se designarmos as primeiras por T, as segundas corresponderão, necessariamente, a 2 × T. De referir, ainda, que recorremos à taxa efetiva trimestral, donde

$$i_{ef.trimestral} = (1+7\%)^{\frac{1}{4}} - 1 = 1{,}706\%$$

Ao formalizarmos, surge

$$75.000\text{ €} = \text{T} \times \frac{1-(1+1{,}706\%)^{-6}}{1{,}706\%} \times (1+1{,}706\%)^{-1} +$$

$$+2\,\text{T} \times \frac{1-(1+1{,}706\%)^{-6}}{1{,}706\%} \times (1+1{,}706\%)^{-7}$$

$$75.000\text{ €} = 5{,}562536648\text{ T} + 10{,}05132777\text{ T}$$

$$75.000\text{ €} = 15{,}61386442\text{ T}$$

$$\text{T} = 4.803{,}42\text{ €}$$

As 6 primeiras trimestralidades serão no montante de 4.803,42 €, enquanto as últimas 6 serão no montante de 9.606,84 €.

b) Uma vez liquidada a 5ª trimestralidade, ficam por pagar uma trimestralidade no montante de 4.803,42 € e as restantes seis no montante de 9.606,84 €. Estas últimas têm, contudo, um diferimento de um período. Formalizamos, assim, que

$$\text{Dívida} = 4.803{,}42 \text{ €} \times \left(1 + 1{,}706\%\right)^{-1} +$$

$$+9.606{,}42 \text{ €} \times \frac{1 - \left(1 + 1{,}706\%\right)^{-6}}{1{,}706\%} \times \left(1 + 1{,}706\%\right)^{-1}$$

$$\text{Dívida} = 4.722{,}85 \text{ €} + 53.436{,}06 \text{ €}$$

$$\text{Dívida} = 58.158{,}91 \text{ €}$$

12 – Uma empresa na área das Neurociências pretende constituir um fundo de modo a financiar a atribuição à comunidade científica de um prémio anual de 50.000 €. Para uma taxa anual de 3%, calcule o montante a depositar no início de cada trimestre, de modo a que, na data da 1ª edição do prémio (daqui por 10 anos), estejam acumulados 50% dos encargos totais que daí resultarão.

Resolução:

Principiamos por fixar que a equivalência entre o montante de encargos subjacentes ao prémio e o capital acumulado para o financiar se estabelecerá no momento n = 10 anos. Assim sendo:

– o montante dos encargos subjacentes ao prémio corersponderá ao valor atual de uma renda perpétua de termos antecipados, donde, de acordo com [4.25], vem que

$$R(0) = 50.000 \text{ €} \times \frac{1}{3\%} \times (1 + 3\%)$$

$$R(0) = 1.716.666{,}67 \text{ €}$$

– por sua vez, o capital acumulado para financiar o prémio corresponde a 50% desse valor, ou seja, a 50% × 1.716.666,67 € = 858.333,33 €, sendo ainda que este resultará da acumulação de 40 termos trimestrais antecipados, os quais calculamos através de [4.9]. No entanto, determinamos, primeiramente, a taxa efetiva trimestral.

$$(1 + i_{3\,meses})^4 = (1 + i_{anual})$$

$$i_{3\,meses} = (1 + i_{anual})^{\frac{1}{4}} - 1$$

$$i_{3\,meses} = (1 + 3\%)^{\frac{1}{4}} - 1$$

$$i_{3\,meses} = 0{,}7417\%$$

Formalizamos, então, que

$$858.333{,}33€ = T \times \frac{(1 + 0{,}7417\%)^{40} - 1}{0{,}7417\%} \times (1 + 0{,}7417\%)$$

858.333,33 € = 46,71205994 T

T = 18.374,98 €

O montante do depósito trimestral será de 18.374,98 €.

13 – Um apartamento pode ser arrendado, de modo indeterminado, por 750 € mensais, a pagar no início de cada mês. Para uma taxa de avaliação de 5% ao ano, determine o valor financeiro do apartamento.

Resolução:

O valor financeiro do apartamento equivale ao valor de uma renda perpétua, de termos mensais e antecipados. Corresponde, assim, ao valor atualizado de todos os fluxos de rendimento que é suposto o referido apartamento gerar no futuro. Tratando-se de termos mensais, calculamos, desde logo, a taxa efetiva ao mês, donde

$$i_{mensal} = (1 + 5\%)^{\frac{1}{12}} - 1 = 0,4074\%$$

Tomamos a expressão definida em [4.25] e substituímos pelos valores correspondentes, logo

$$\ddot{R}(0) = T \times \frac{1}{i} \times (1 + i)$$

$$\ddot{R}(0) = 750\ € \times \frac{1}{0,4074\%} \times (1 + 0,4074\%)$$

$$\ddot{R}(0) = 184.844,26\ €$$

14 – No dia 2 de maio de 2016, foi contraída uma dívida, cujo montante é de 175.000 € e que será liquidada através de 10 prestações quadrimestrais constantes no montante de 19.917,80 € cada, calculadas à taxa efetiva anual de 9,2727%. Determine as datas correspondentes à primeira e à última prestações.

Resolução:

Vamos, em primeiro lugar, calcular a taxa quadrimestral que equivale à taxa efetiva anual de 9,2727%, uma vez que é de prestações quadrimestrais que se trata.

$$(1 + i_{anual}) = (1 + i_{quad})^3$$

$$i_{quad} = (1 + i_{anual})^{\frac{1}{3}} - 1$$

$$i_{quad} = (1 + 9,2727\%)^{\frac{1}{3}} - 1$$

$$i_{quad} = 3\%$$

Se estivéssemos em presença de uma renda postecipada, o 1º termo ter-se-ia vencido a 2 de setembro de 2016, logo um quadrimestre após o contrato. Porém, vamos confirmar essa data, verificando se ocorreram antecipações ou diferimentos. Podemos, então, formalizar que

$$175.000\ € = 19.917{,}80\ € \times \frac{1-(1+3\%)^{-10}}{3\%} \times (1+3\%)^{-w}$$

$$1{,}030000234 = (1+3\%)^{-w}$$

$$\log 1{,}030000234 = -\ w \log 1{,}03$$

$$w = -\frac{\log 1{,}030000234}{\log 1{,}03}$$

$$w = -1$$

Havendo um diferimento negativo e de um período, tal equivalerá a ter uma renda antecipada, tal como resulta da seguinte formalização:

$$175.000\ € = 19.917{,}80\ € \times \frac{1-(1+3\%)^{-10}}{3\%} \times (1+3\%)^{-(-1)}$$

Assim sendo, a primeira prestação ocorreu na data da transação, isto em em 2 de maio de 2016, indo a última reportar-se a 2 de maio de 2019.

15 – O senhor Boavida realizou um depósito no dia 1 de fevereiro de 2013 no montante de 2.000 €, que capitalizará em regime de juro composto à taxa anual efetiva de 5,75%. A partir de 1 de maio do mesmo ano, começou a efetuar, na mesma conta, depósitos mensais no montante de 300 €, que capitalizarão à mesma taxa efetiva anual, tendo o último ocorrido em 1 de setembro de 2015. Em 1 de outubro desse mesmo ano, deu início a uma sequência de 6 levantamentos bimestrais constantes, por forma a esgotar completamente o montante acumulado.

Qual o saldo do referido depósito após ter ocorrido o 3º levantamento bimestral?

Resolução:

O montante acumulado antes de se dar início à sucessão de levantamentos bimestrais resulta, conjuntamente, do depósito de 2.000 € inicialmente realizado e do conjunto de depósitos mensais de 300 €.

De fevereiro de 2013 a setembro de 2015 decorreram 32 meses, enquanto entre 1 de maio de 2013 e 1 de setembro de 2015 foram efetuadas 29 entregas mensais.

Por seu turno, como a taxa de 5,75% é uma taxa efetiva anual, vamos calcular a taxa efetiva mensal que lhe equivale, logo

$$(1 + i_{ef.\ anual}) = (1 + i_{ef.\ mensal})^{12}$$

$$i_{ef.\ mensal} = (1 + i_{ef.\ anual})^{\frac{1}{12}} - 1$$

$$i_{ef.\ mensal} = (1 + 5{,}75\%)^{\frac{1}{12}} - 1$$

$$i_{ef.\ mensal} = 0{,}467\%$$

O valor acumulado em 1 de setembro de 2015 será igual a

$$C_n = 2.000\ € \ (1 + 5{,}75\%)^{\frac{32}{12}} + 300\ € \times \frac{(1 + 0{,}467\%)^{29} - 1}{0{,}467\%}$$

$$C_n = 2.321{,}55\ € + 9.293{,}46\ €$$

$$C_n = 11.615{,}01\ €$$

O montante assim acumulado vai corresponder ao valor atual de uma renda de 6 termos constantes de periodicidade bimestral. Vamos então calcular a taxa efetiva ao bimestre, de modo a apurarmos o montante desses termos.

$$(1 + i_{ef.\ bimestral}) = (1 + i_{ef.\ mensal})^2$$

$$i_{ef.\ bimestral} = (1 + i_{ef.\ mensal})^2 - 1$$

$$i_{ef.\ bimestral} = (1 + 0{,}467\%)^2 - 1$$

$$i_{ef.\ bimestral} = 0{,}93618089\%$$

Como o capital acumulado anteriormente calculado se refere a 1 de setembro e o 1º levantamento bimestral ocorre a 1 de outubro, a renda de amortização surge antecipada de um mês – ou seja, metade do período de referência da renda – pelo que podemos escrever[12]

$$11.615{,}01€ = (1 + 0{,}93618089\%)^{\frac{1}{2}} \times T \times \frac{1 - (1 + 0{,}93618089\%)^{-6}}{0{,}93618089\%}$$

Resolvendo em ordem a T, surge

$$11.615{,}01\ € = 1{,}00467 \times T \times 5{,}808208$$

$$11.615{,}01\ € = T \times 5{,}8353323$$

$$T = 1.990{,}46\ €$$

A partir de 1 de outubro, têm lugar 6 levantamentos bimensais no montante de 1.990,46 €. O saldo do depósito após a ocorrência do 3º levantamento corresponde ao montante que permanece na conta quando se encontram por realizar outros três levantamentos. Esta quantia, que podemos designar por S_3, obtém-se através do valor atual de uma renda de 3 termos de 1.990,46 €. Assim sendo, vem

$$S_3 = 1.990{,}46\ € \times \frac{1 - (1 + 0{,}93618089\%)^{-3}}{0{,}93618089\%}$$

$$S_3 = 5.861{,}29\ €$$

Após o 3º levantamento, restam no depósito 5.861,29 €.

16 – A aquisição de um eletrodoméstico, cujo preço era de 780 €, foi acordada nas seguintes condições:

- pagamento de 200 € à data da compra, no caso em 1 de março de 2015;
- pagamento de 24 prestações mensais, que incluem juros à taxa efetiva de 8,5% ao ano.

---

[12] Sendo 0,467% a taxa efetiva mensal, ***em alternativa***, poder-se-ia formalizar

$$11.615{,}01\ € = (1 + 0{,}467\%) \times T \times \frac{1 - (1 + 0{,}93618089\%)^{-6}}{0{,}93618089\%}$$

Porém, esta sucessão de pagamentos mensais foi, num dado momento, substituída pelo pagamento de três prestações trimestrais no montante de 104,78 €.

Em que data foi alterado o esquema de pagamentos?

Resolução:

Como estamos em presença de uma taxa anual efetiva, calculamos a taxa mensal que lhe equivale, logo

$$(1 + i_{anual}) = (1 + i_{mensal})^{12}$$

$$i_{mensal} = (1 + i_{anual})^{\frac{1}{12}} - 1$$

$$i_{mensal} = (1 + 8{,}5\%)^{\frac{1}{12}} - 1$$

$$i_{mensal} = 0{,}68215\%$$

Atendendo à modalidade de pagamento acordada, podemos escrever

$$780 \text{ €} = 200 \text{ €} + \text{T} \times \frac{1 - (1 + 0{,}68215\%)^{-24}}{0{,}68215\%}$$

$$580 \text{ €} = \text{T} \times 22{,}06917$$

$$\text{T} = 26{,}28 \text{ €}$$

que é o montante da prestação mensal inicialmente fixada.

A sequência das três prestações trimestrais destina-se a liquidar o montante em dívida quando se encontravam por liquidar *m* das 24 prestações mensais inicialmente acordadas. Podemos, então, tomar como equivalentes os respetivos capitais em dívida, logo[13]

$$26{,}28\text{€} \times \frac{1 - (1 + 0{,}68215\%)^{-m}}{0{,}68215\%} = 104{,}78\text{€} \times \frac{1 - (1 + 2{,}06044\%)^{-3}}{2{,}06044\%}$$

---

[13] Atenda-se a que 2,06044% é a taxa efetiva trimestral que equivale à taxa efetiva anual de 8,5%, obtida de acordo com as regras de equivalência já nossas conhecidas.

$$26{,}28\ € \times \frac{1-(1+0{,}68215\%)^{-m}}{0{,}68215\%} = 301{,}82\ €$$

$$1-(1+0{,}68215\%)^{-m} = 0{,}078343422$$

$$(1+0{,}68215\%)^{-m} = 0{,}921656578$$

$$-m \log 1{,}0068215 = \log 0{,}921656578$$

$$m = -\frac{\log 0{,}921656578}{\log 1{,}0068215}$$

$$m = 12$$

Se à data em que foi alterado o esquema de pagamentos se encontravam por liquidar 12 mensalidades, significa que, a essa data, já haviam sido liquidadas outras 12 dessas mensalidades, pelo que o esquema de liquidação foi alterado um ano após o contrato, logo em março de 2016.

17 – Um automóvel, que se encontra marcado pelo preço de 25.511 €, pode ser adquirido através de um contrato de locação financeira nas seguintes condições:

- entrada inicial correspondente a 25% do preço de pronto pagamento;
- pagamento de despesas iniciais de contrato no montante de 148,75 €;
- pagamento de 48 prestações mensais no montante de 290 €;
- no termo do contrato, o adquirente pode optar por adquirir a viatura pelo valor residual correspondente;
- taxa praticada na operação: 5,55% efetiva anual.

No pressuposto de que, no termo da operação, o automóvel tem o valor comercial de 8.000 €, diga se deve, ou não, o adquirente optar pela compra da viatura ao abrigo das condições do contrato. Justifique.

Resolução:

Calculamos, desde já, o montante da entrada inicial.

$$25\% \times 25.511\ € = 6.377{,}75\ €$$

Por sua vez, à taxa anual efetiva de 5,55%, corresponde a seguinte taxa mensal:

$$(1 + i_{anual}) = (1 + i_{mensal})^{12}$$

$$i_{mensal} = (1 + i_{anual})^{\frac{1}{12}} - 1$$

$$i_{mensal} = (1 + 5{,}55\%)^{\frac{1}{12}} - 1$$

$$i_{mensal} = 0{,}451136\%$$

De modo a decidirmos acerca da aquisição da viatura, vamos determinar o montante do valor residual e compará-lo com o preço de mercado. Podemos, então, estabelecer que

$$25.511\ € + 148{,}75\ € = 6.377{,}75\ € + 290\ € \times \frac{1 - (1 + 0{,}451136\%)^{-48}}{0{,}451136\%} +$$
$$+ R\,(1 + 5{,}55\%)^{-4}$$

representando R o valor residual, isto é, o montante a liquidar 4 anos após a definição do contrato. Resolvendo em ordem a esta variável, vem

$$19.282\ € = 12.490{,}77\ € + R\,(1 + 5{,}55\%)^{-4}$$

$$R\,(1 + 5{,}55\%)^{-4} = 6.791{,}23\ €$$

$$R = 8.429{,}10\ €$$

Como o valor residual é maior que o valor de mercado, significa que o adquirente não deve optar por comprar a viatura ao abrigo do contrato de locação financeira. Seria, assim, mais vantajoso adquiri-la diretamente no mercado.

18 – O senhor Laureano é o beneficiário de uma herança, que irá receber nos seguintes moldes:

- durante o primeiro ano, recebimento de 500 € no início de cada mês;
- no ano seguinte, recebimento de 550 € no final de cada mês;
- no 3º ano e seguintes, recebimento de 750 € no início de cada mês.

Considerando uma taxa anual nominal de 6%, determine o valor da herança.

Resolução:

O valor da herança pode ser determinado através do somatório do valor atual de três rendas: a 1ª, uma renda antecipada e imediata, relativa aos termos do 1º ano e cujo montante é de 500 €; a 2ª, uma renda postecipada com um diferimento de 12 meses, uma vez que o 1º termo de 550 € vence 13 meses após o momento atual; por último, vamos ter uma renda perpétua, cujos termos de 750 € vencem antecipadamente, sendo, em simultâneo, diferidos de 24 meses. Assim sendo, a expressão que permite obter o valor atual das três rendas é a seguinte:

$$R(0) = R(0)_1 + R(0)_2 + R(0)_3 = 500\ € \times (1 + 0{,}5\%) \times \frac{1-(1+0{,}5\%)^{-12}}{0{,}5\%} +$$

$$+ 550\ € \times \frac{1-(1+0{,}5\%)^{-12}}{0{,}5\%} \times (1+0{,}5\%)^{-12} +$$

$$+ 750\ € \times (1+0{,}5\%) \times (1+0{,}5\%)^{-24} \times \frac{1}{0{,}5\%}$$

$$R(0) = 5.838{,}51\ € + 6.019{,}16\ € + 133.743{,}24\ € = 145.600{,}91\ €$$

O valor da herança é, assim, de 145.600,91 €.

19 – Demonstre que o valor atual de uma renda de termos antecipados variáveis em progressão aritmética de razão r_a corresponde ao valor atual de uma renda de termos postecipados variáveis em progressão aritmética de razão r_a capitalizado por um período.

Resolução:

Vimos anteriormente, através de [4.18], que

$$R(0) = \left(T_1 + \frac{r_a}{i}\right)\left(\frac{1-(1+i)^{-n}}{i}\right) - \frac{n \times r_a \times (1+i)^{-n}}{i}$$

sendo esta a expressão que nos permite determinar o valor atual de uma renda de termos postecipados e variáveis em progressão aritmética de razão r_a.

Pretendemos, agora, conhecer o valor atual de uma renda de termos variáveis e antecipados; tratando-se de uma renda antecipada, significa que o 1º termo tem vencimento no momento zero, evoluindo os restantes de acordo com o esquema que segue.

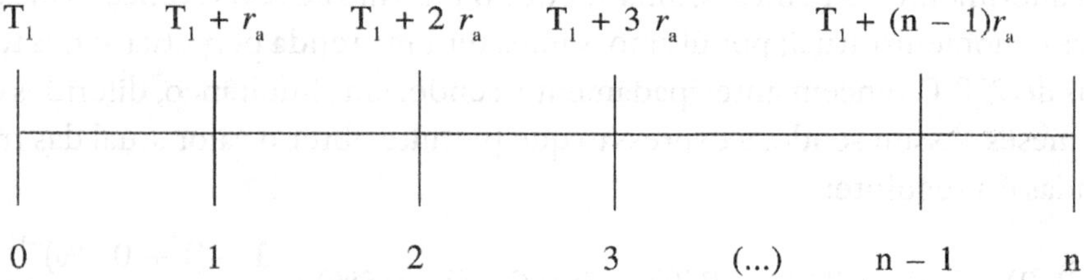

Deste modo, surge que

$$\ddot{R}(0) = T_1 + (T_1 + r_a)\,(1+i)^{-1} + (T_1 + 2\,r_a)\,(1+i)^{-2} +$$

$$+ (T_1 + 3\,r_a)\,(1+i)^{-3} + \ldots\ldots + \left[T_1 + (n-1)\,r_a\right](1+i)^{-(n-1)}$$

o que é o mesmo que ter

$$\ddot{R}(0) = T_1\,(1+i)\,(1+i)^{-1} + (T_1 + r_a)\,(1+i)\,(1+i)^{-2} +$$

$$+ (T_1 + 2\,r_a)\,(1+i)\,(1+i)^{-3} + (T_1 + 3\,r_a)\,(1+i)\,(1+i)^{-4} +$$

$$+ \ldots\ldots + \left[T_1 + (n-1)\,r_a\right](1+i)\,(1+i)^{-n}$$

Pondo $(1 + i)$ em evidência, obtém-se

$$\ddot{R}(0) = (1+i)\left\{T_1\,(1+i)^{-1} + (T_1 + r_a)\,(1+i)^{-2} +\right.$$

$$+ (T_1 + 2\,r_a)\,(1+i)^{-3} + (T_1 + 3\,r_a)\,(1+i)^{-4} +$$

$$\left. + \ldots\ldots + \left[T_1 + (n-1)\,r_a\right](1+i)^{-n}\right\}$$

Entre chavetas encontra-se a expressão que conduziu à formalização estabelecida para R(0) através de [4.18], donde sucede que

$$\ddot{R}(0) = (1+i) \times R(0)$$

De outro modo, substituindo pela expressão concernente a R(0), vem

$$\ddot{R}(0) = (1+i) \times \left\{ \left(T_1 + \frac{r_a}{i} \right) \left(\frac{1-(1+i)^{-n}}{i} \right) - \frac{n \times r_a \times (1+i)^{-n}}{i} \right\}$$

ou ainda

$$\ddot{R}(0) = \left(T_1 + \frac{r_a}{i} \right) \left(\frac{1-(1+i)^{-n}}{i} \right) (1+i) - \frac{n \times r_a \times (1+i)^{-n+1}}{i}$$

Assim, tal como queríamos demonstrar, o valor atual de uma renda de termos antecipados variáveis em progressão aritmética de razão r_a corresponde ao valor atual de uma renda de termos postecipados variáveis em progressão aritmética de razão r_a capitalizado por um período.

20 – Um cidadão benemérito decidiu apoiar as atividades de uma associação sem fins lucrativos procedendo a uma contribuição anual, sendo que, por motivos inerentes à própria atividade da instituição, essa contribuição será de 500 € nos anos ímpares e de 1.000 € nos anos pares. Sabendo que a 1ª prestação ocorre de imediato (ano par) e que a taxa de juro é de 5% efetiva ao ano, determine o valor atual da renda no momento da 1ª prestação.

Resolução:

Estamos em presença de uma renda perpétua, de termos antecipados, atendendo a que a 1ª prestação coincide com o momento do valor atual da renda. Não se trata, porém, de uma renda de termos constantes, uma vez que os termos relativos aos anos ímpares têm um valor diferente dos termos relativos aos anos pares. Podemos, no entanto, transformar esta renda em duas rendas de termos constantes de periodicidade bienal, tal como se observa no esquema seguinte.

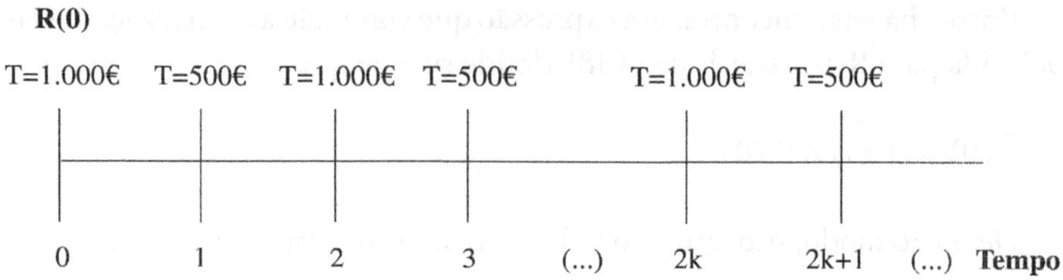

Resulta, então, que o valor atual vai ser igual à soma de uma renda perpétua bienal, de termos antecipados e constantes, no valor de 1.000 €, e de uma renda perpétua bienal, de termos constantes iguais a 500 €, ocorrendo o 1º daí por um ano.

Devemos, desde logo, calcular a taxa bienal que equivale à taxa anual de 5%, donde surge

$$(1 + i_{\text{anual}}) = (1 + i_{\text{bienal}})^{\frac{1}{2}}$$

$$(1 + 5\%) = (1 + i_{\text{bienal}})^{\frac{1}{2}}$$

$$i_{\text{bienal}} = (1 + 5\%)^2 - 1$$

$$i_{\text{bienal}} = 10{,}25\%$$

Retomando o raciocínio proposto, ao formalizarmos vem

$$R(0) = \frac{1}{10{,}25\%} \times 1.000\text{ €} \times (1 + 10{,}25\%) + \frac{1}{10{,}25\%} \times 500\text{ €} \times (1 + 5\%)$$

Considerarmos $(1 + 5\%)$ será o mesmo que termos $(1 + 10{,}25\%)^{1-\frac{1}{2}}$, uma vez que, no que se refere aos termos dos anos ímpares, temos uma renda ao mesmo tempo antecipada, mas com um diferimento de um ano, logo metade do período ao qual se refere a taxa de 10,25%. Prosseguindo os cálculos, obtém-se

$$R(0) = 10.756{,}10\text{ €} + 5.121{,}95\text{ €}$$

$$R(0) = 15.878{,}05\text{ €}$$

O valor atual da renda será de 15.878,05 €.

21 – Uma dívida no montante de 107.022,68 € encontra-se a ser liquidada através de 20 termos anuais antecipados que crescem em progressão aritmética de razão igual a 500 €, sendo os juros calculados à taxa de 6% ao ano.

a) Qual o valor da 5ª e da 10ª prestações?

b) Qual o capital em dívida imediatamente após o pagamento da 8ª prestação?

Resolução:

a) No exercício resolvido nº 19, encontrámos a expressão que nos permite determinar o valor atual de uma renda de termos antecipados e variáveis em progressão aritmética de razão r_a e que é

$$\ddot{R}(0) = \left(T_1 + \frac{r_a}{i}\right)\left(\frac{1-(1+i)^{-n}}{i}\right)(1+i) - \frac{n \times r_a \times (1+i)^{-n+1}}{i}$$

Se nela substituirmos cada um dos valores correspondentes e resolvermos em ordem a T_1, vem

$$107.022{,}68\ € = 107.022{,}68€ = \left(T_1 + \frac{500€}{6\%}\right)\left(\frac{1-(1+6\%)^{-20}}{6\%}\right)(1+6\%)$$

$$-\frac{20 \times 500€ \times (1+6\%)^{-19}}{6\%}$$

$$107.022{,}68\ € = (T_1 + 8.333{,}33\ €) \times 12{,}15811649 - 55.085{,}50\ €$$

$$107.022{,}68\ € = 12{,}15811649\ T_1 + 101.317{,}64\ € - 55.085{,}50\ €$$

$$12.15811649\ T_1 = 60.790{,}54\ €$$

$$T_1 = 5.000\ €$$

Uma vez conhecido o montante da 1ª prestação, podemos, através da expressão formalizada em [4.17], determinar T_5 e T_{10}. Surge, então, que

$$T_5 = T_1 + (5 - 1) \times r_a$$

$$T_5 = 5.000 \text{ €} + (5 - 1) \times 500 \text{ €}$$

$$T_5 = 7.000 \text{ €}$$

e também

$$T_{10} = T_1 + (10 - 1) \times r_a$$

$$T_{10} = 5.000 \text{ €} + (10 - 1) \times 500 \text{ €}$$

$$T_{10} = 9.500 \text{ €}$$

b) O capital em dívida imediatamente após o pagamento da 8ª prestação coincide com o valor atual de uma renda de 12 termos postecipados e variáveis em progressão aritmética de razão igual a 500 € e em que o 1º termo corresponde a T_9, conforme decorre do esquema seguinte:

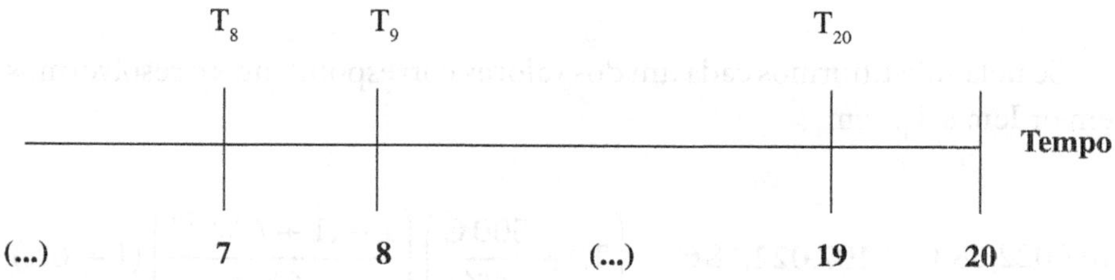

Se calcularmos T_9 e designarmos por D_8 o capital em dívida após o pagamento da 8ª prestação, vem

$$T_9 = T_1 + (9 - 1) \times r_a$$

$$T_9 = 5.000 \text{ €} + (9 - 1) \times 500 \text{ €}$$

$$T_9 = 9.000 \text{ €}$$

sendo, ainda, que

$$D_8 = \left(T_9 + \frac{r_a}{i}\right)\left(\frac{1 - (1 + i)^{-12}}{i}\right) - \frac{12 \times r_a \times (1 + i)^{-12}}{i}$$

$$D_8 = \left(9.000€ + \frac{500€}{6\%}\right)\left(\frac{1-(1+6\%)^{-12}}{6\%}\right) - \frac{12 \times 500€ \times (1+6\%)^{-12}}{6\%}$$

$$D_8 = 17.333,33\ € \times 8,38384394 - 49.696,94\ €$$

$$D_8 = 95.622,99\ €$$

O capital em dívida imediatamente após o pagamento da 8ª prestação é, assim, de 95.622,99 €.

22 – Uma dívida contraída em 31 de março de 2015 vai ser liquidada através de 10 prestações semestrais tendo a primeira ocorrido em 30 de junho desse ano. As prestações que vencem no mês de junho são constantes, no montante de 1.000 €, enquanto as prestações a vencer em dezembro variam, acrescendo, cada uma delas, em 500 € relativamente à prestação do ano anterior. Para uma taxa efetiva semestral de 2,5% e sabendo que o montante do 1º termo variável coincide com o dos termos fixos, determine a quantia inicial da dívida.

Resolução:

Podemos ilustrar a sequência dos pagamentos recorrendo ao esquema seguinte:

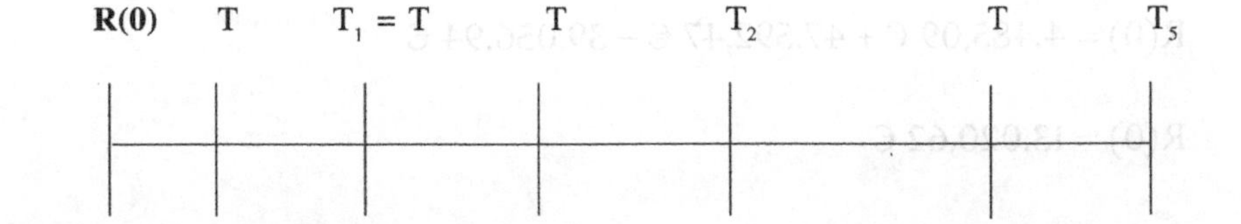

Os termos fixos alternam com os termos variáveis, pelo que o valor em dívida vai corresponder ao somatório do valor atual de duas rendas – uma de termos fixos, outra de termos variáveis, ambas com periodicidade anual.

Como a taxa indicada é uma taxa efetiva ao semestre, calcula-se a taxa efetiva anual, obtendo-se

$$(1 + i_{ef.\ sem.})^2 = (1 + i_{ef.\ anual})$$

$$i_{ef.\ anual} = (1 + i_{ef.\ sem.})^2 - 1$$

$$i_{ef.\ anual} = (1 + 2{,}5\%)^2 - 1$$

$$i_{ef.\ anual} = 5{,}0625\%$$

A renda de termos constantes surge antecipada por um período de 9 meses, uma vez que o primeiro termo de uma sucessão de termos normais venceria em 31 de março de 2016, surgindo a renda de termos variáveis antecipada por um período de 3 meses. Decorre, então, que

$$R(0) = 1.000\ € \times \frac{1-(1+5{,}0625\%)^{-5}}{5{,}0625\%} \times (1+5{,}0625\%)^{\frac{9}{12}} +$$

$$+\left(1.000€ + \frac{500€}{5{,}0625\%}\right)\left(\frac{1-(1+5{,}0625\%)^{-5}}{5{,}0625\%}\right) \times (1+5{,}0625\%)^{\frac{3}{12}}$$

$$-\frac{5 \times 500€ \times (1+5{,}0625\%)^{-5}}{5{,}0625\%} \times (1+5{,}0625\%)^{\frac{3}{12}}$$

$$R(0) = 4.485{,}09\ € + 47.592{,}47\ € - 39.056{,}94\ €$$

$$R(0) = 13.020{,}62\ €$$

A dívida era de 13.020,62 €.

23 – Calcule o valor final de uma renda de 15 termos antecipados, à taxa de 5%, sabendo que o 1º termo é de 1.000 € e que cada um dos termos corresponde a 80% do imediatamente anterior.

Resolução:

A expressão que formalizámos em [4.22] permite encontrar o valor final de uma renda de termos postecipados variáveis em progressão geométrica de razão igual a r_g. No caso em apreço, os termos da renda sucedem-se de acordo com o esquema seguinte:

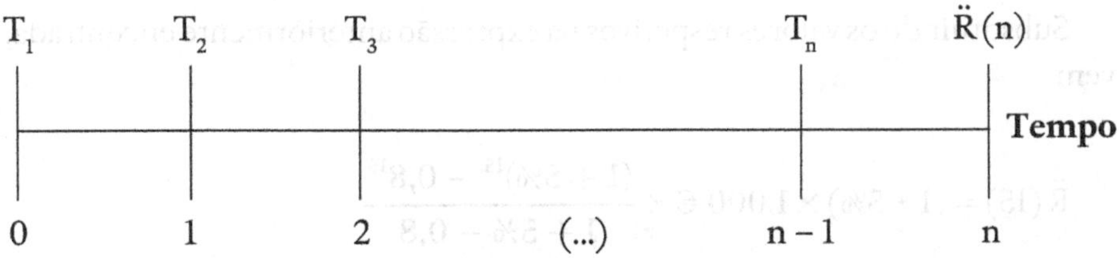

Podemos, então, escrever

$$\ddot{R}(n) = T_1\,(1+i)^n + T_2\,(1+i)^{n-1} + \ldots.. + T_n\,(1+i)$$

ou, pondo $(1 + i)$ em evidência, vem

$$\ddot{R}(n) = (1+i)\left[T_1\,(1+i)^{n-1} + T_2\,(1+i)^{n-2} + \ldots.. + T_n\,(1+i)^0\right]$$

A expressão que se encontra entre parêntesis retos é a que conduz a R(n), pelo que podemos estabelecer que

$$\ddot{R}(n) = (1+i) \times R(n)$$

ou, de outro modo,

$$\ddot{R}(n) = (1+i) \times T_1 \times \frac{(1+i)^n - r_g^n}{1+i-r_g}$$

Assim sendo, o valor final ou acumulado de uma renda de termos antecipados e variáveis em progressão geométrica de razão r_g é igual ao valor final de uma renda de termos postecipados e variáveis em progressão geométrica de razão r_g capitalizado por um período.

Neste caso concreto, no que concerne à razão, temos que

$$T_k = 0{,}8\ T_{k-1}$$

pelo que

$$r_g = 0{,}8$$

Substituindo os valores respetivos na expressão anteriormente encontrada, vem

$$\ddot{R}(15) = (1 + 5\%) \times 1.000\ € \times \frac{(1 + 5\%)^{15} - 0{,}8^{15}}{1 + 5\% - 0{,}8}$$

$$\ddot{R}(15) = 8.583{,}72\ €$$

24 – Certa dívida pode ser liquidada através de uma das seguintes possibilidades:

i) pagamento de 12 prestações mensais, sendo que o valor de cada mensalidade acresce em 100 € relativamente ao montante pago no mês anterior;

ii) pagamento de 12 prestações mensais, sendo que o valor de cada mensalidade aumenta 10% relativamente ao montante pago no mês anterior.

Para uma taxa anual nominal de 6% e sabendo que, no caso da 6ª prestação, a quantia a pagar na 1ª hipótese excede em 112,95 € a quantia a pagar na 2ª possibilidade, calcule:

a) o capital inicial;

b) o capital em dívida, em ambas as possibilidades, após o pagamento da 7ª prestação.

Resolução:

a) Em ambas as hipóteses é de mensalidades que se trata, enquanto a taxa indicada é uma taxa anual. Sendo uma taxa nominal, obtém-se por proporcionalidade a taxa mensal correspondente de 0,5%.

Na primeira possibilidade, temos uma renda de termos variáveis em progressão aritmética de razão igual a 100 €, pelo que podemos escrever

$$R(0) = \left(T_1 + \frac{100€}{0,5\%}\right)\left(\frac{1-(1+0,5\%)^{-12}}{0,5\%}\right) - \frac{12 \times 100€ \times (1+0,5\%)^{-12}}{0,5\%} \quad (1)$$

Recordando o termo genérico da renda de termos variáveis em progressão aritmética de razão r_a, vem que

$$T_k = T_1 + (k-1)\, r_a$$

$$T_6 = T_1 + (6-1) \times 100\ €$$

$$T_6 = T_1 + 500\ €$$

$$T_1 = T_6 - 500\ €$$

que podemos substituir em (1), donde surge

$$R(0) = \left(T_6 - 500€ + \frac{100€}{0,5\%}\right)\left(\frac{1-(1+0,5\%)^{-12}}{0,5\%}\right)$$

$$- \frac{12 \times 100€ \times (1+0,5\%)^{-12}}{0,5\%} \quad (2)$$

Na segunda hipótese, estamos perante uma renda de termos variáveis em progressão geométrica de razão igual a 1,1, uma vez que o montante das prestações aumenta 10% em cada período. Assim sendo, vem

$$R(0) = T_1 \times \frac{1-(1+10\%)^{12}\ (1+0,5\%)^{-12}}{1+0,5\% - (1+10\%)} \quad (3)$$

Percorrendo um raciocínio análogo para a renda de termos variáveis em progressão geométrica, obtém-se

$$T_k = T_1 \times r_g^{\,k-1}$$

$$T_6 = T_1 \times (1 + 10\%)^5$$

$$T_1 = \frac{T_6}{(1+10\%)^5}$$

que podemos, agora, substituir em (3).

$$R(0) = \frac{T_6}{(1+10\%)^5} \times \frac{1-(1+10\%)^{12}\,(1+0{,}5\%)^{-12}}{1+0{,}5\%-(1+10\%)} \quad (4)$$

Como o montante da dívida é idêntico em ambas as possibilidades, podemos igualar as expressões formalizadas em (2) e (4). Sendo que o 6º termo é maior na 1ª possibilidade que na 2ª, vem

$$\left(T_6 + 112{,}95€ - 500€ + \frac{100€}{0{,}5\%}\right)\left(\frac{1-(1+0{,}5\%)^{-12}}{0{,}5\%}\right)$$

$$- \frac{12 \times 100€ \times (1+0{,}5\%)^{-12}}{0{,}5\%} =$$

$$= \frac{T_6}{(1+10\%)^5} \times \frac{1-(1+10\%)^{12}\,(1+0{,}5\%)^{-12}}{1+0{,}5\%-(1+10\%)}$$

com T_6 a identificar o montante da 6ª prestação a pagar na 2ª possibilidade. Resolvemos, então, em ordem a esta variável, donde

$$(T_6 + 19.62{,}95\ €) \times 11{,}6189320668 - 226.057{,}28\ € = 12{,}78511283\ T_6$$

$$12{,}78511283\ T_6 - 11{,}6189320668\ T_6 = 227.881{,}53\ € - 226.057{,}28\ €$$

$$T_6 = 1.564{,}30\ €$$

que é, assim, a quantia a pagar na 2ª hipótese, no momento da 6ª prestação. Já para a 1ª possibilidade vem que

$$T_6 = 1.564{,}30\ € + 112{,}95\ € = 1.677{,}25\ €$$

Tomando um destes termos e substituindo na expressão respetiva – ou seja, em (4) ou em (2) –, obtém-se o valor da dívida. Se optarmos pela possibilidade em que os termos da renda variam em progressão geométrica vem

$$R(0) = \frac{1.564{,}30€}{(1+10\%)^5} \times \frac{1-(1+10\%)^{12}\ (1+0{,}5\%)^{-12}}{1+0{,}5\%-(1+10\%)}$$

$$R(0) = 971{,}31\ € \times 20{,}59055207$$

$$R(0) \cong 20.000\ €$$

A quantia em dívida é, então, de 20.000 €.

b) Na 1ª possibilidade, o montante em dívida após o pagamento da 7ª prestação corresponde ao valor atual de uma renda de 5 termos variáveis em progressão aritmética de razão igual a 100 € – pois falta entregar 5 prestações –, sendo T_8 o primeiro termo. Comecemos por calcular T_8.

$$T_8 = T_6 + 2\,r_a$$

$$T_8 = 1.677{,}25\ € + 2 \times 100\ € = 1.877{,}25\ €$$

Se designarmos por D_7 o capital em dívida após o pagamento da 7ª prestação, vem

$$D_7 = \left(T_8 + \frac{100€}{0{,}5\%}\right)\left(\frac{1-(1+0{,}5\%)^{-5}}{0{,}5\%}\right) - \frac{5 \times 100€ \times (1+0{,}5\%)^{-5}}{0{,}5\%}$$

$$D_7 = \left(1.877{,}25€ + \frac{100€}{0{,}5\%}\right)\left(\frac{1-(1+0{,}5\%)^{-5}}{0{,}5\%}\right) - \frac{5 \times 100€\ \times (1+0{,}5\%)^{-5}}{0{,}5\%}$$

$$D_7 = 107.764{,}41\ € - 97.537{,}07\ € = 10.227{,}34\ €$$

Na eventualidade de a dívida ser liquidada de acordo com a ***primeira modalidade*** proposta, o capital em dívida após a entrega do 7º termo será de 10.227,34 €.

Vejamos, agora, o que sucede no caso de ter sido escolhida a ***segunda modalidade***. Também aqui o montante em dívida vai corresponder ao valor atual de uma renda de termos variáveis em progressão geométrica de razão 1,1, sendo T_8 o primeiro desses termos. Principiemos por calcular T_8.

$$T_8 = T_6 \times 1{,}1^2$$

$$T_8 = 1.564{,}30\ € \times 1{,}1^2 = 1.892{,}80\ €$$

Designando, mais uma vez, por D_7 o montante de capital em dívida após a 7ª entrega, vem

$$D_7 = T_8 \times \frac{1 - (1 + 10\%)^5\ (1 + 0{,}5\%)^{-5}}{1 + 0{,}5\% - (1 + 10\%)}$$

$$D_7 = 1.892{,}80\ € \times \frac{1 - (1 + 10\%)^5\ (1 + 0{,}5\%)^{-5}}{1 + 0{,}5\% - (1 + 10\%)}$$

$$D_7 = 11.373{,}62\ €$$

Se se tivesse optado pela segunda modalidade, o capital em dívida após o pagamento da 7ª prestação era de 11.373,62 €. Concluímos, bem assim, que o ritmo de amortização do empréstimo é maior na 1ª hipótese, por ser menor o montante do capital em dívida no momento considerado.

25 – No dia 31 de janeiro de 2016, foi contraída uma dívida no montante de 50.000 €, tendo ficado estabelecido que a mesma seria liquidada através de 24 mensalidades crescentes em 2,5% cada mês, calculadas à taxa de efetiva anual de 3,66%, ocorrendo a primeira prestação em 31 de maio desse ano.

Porém, após o 8º pagamento, o mutuário decidiu aumentar o ritmo de crescimento das prestações para 10%, por forma a liquidar mais rapidamente a dívida. Quantos pagamentos são agora necessários para liquidar o montante em dívida, no pressuposto que a taxa de juro se mantém? Calcule também o montante de um eventual último pagamento residual, a ocorrer um mês após o último termo da renda, de modo a liquidar integralmente a quantia em dívida.

Resolução:

Estamos em presença de uma renda de termos variáveis em progressão geométrica de razão igual a 1,025, uma vez que os termos crescem 2,5% em cada mês.

Como a dívida ocorreu em 31 de janeiro e o 1º pagamento teve lugar em 31 de maio do mesmo ano, observa-se um diferimento de 3 meses, correspondente ao lapso de tempo entre o momento em que teria ocorrido o 1º pagamento normal e o momento em que este efectivamente se verificou. Necessitamos, assim, de formalizar a expressão que permite determinar o valor atual de uma renda de termos diferidos e variáveis em progressão geométrica de razão r_g.

Ilustremos, em termos gráficos, o modo como se processa o pagamento dos termos.

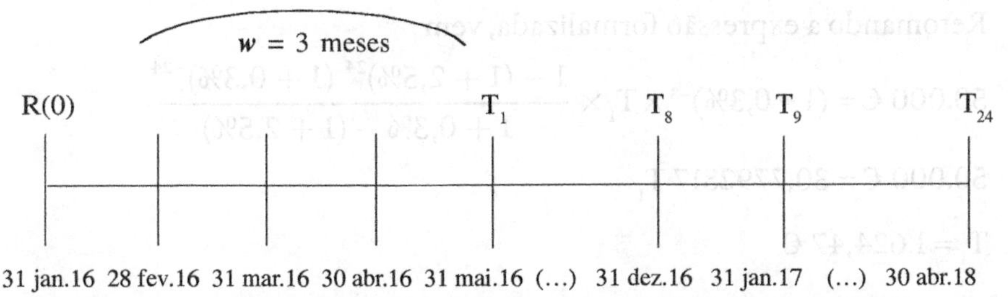

Daqui decorre que

$$R(0)_{dif=w} = T_1\,(1+i)^{-(w+1)} + T_2\,(1+i)^{-(w+2)} + ... + T_n\,(1+i)^{-(w+n)}$$

ou, colocando $(1+i)^{-w}$ em evidência

$$R(0)_{dif=w} = (1+i)^{-w}\left[T_1\,(1+i)^{-1} + T_2\,(1+i)^{-2} + ... + T_n\,(1+i)^{-n}\right]$$

A expressão entre parêntesis reto é a mesma que permitiu apurar R(0) para o caso das rendas crescentes em progressão geométrica, pelo que

$$R(0)_{dif=w} = (1+i)^{-w} \times R(0)$$

$$R(0)_{dif=w} = (1+i)^{-w} \times T_1 \times \frac{1 - r_g^n(1+i)^{-n}}{1+i-r_g}$$

A expressão anterior permite assim encontrar o valor atual de uma renda de termos diferidos e variáveis em progressão geométrica de razão igual a r_g. Substituindo pelos valores respetivos, podemos determinar T_1. Antes disso, porém, calculamos a taxa efetiva mensal que vigorava à data de contratação da dívida.

$$(1 + i_{ef.\ anual}) = (1 + i_{ef.\ mensal})^{12}$$

$$i_{ef.\ mensal} = (1 + i_{ef.\ anual})^{\frac{1}{12}} - 1$$

$$i_{ef.\ mensal} = (1 + 3{,}66\%)^{\frac{1}{12}} - 1$$

$$i_{ef.\ mensal} = 0{,}3\%$$

Retomando a expressão formalizada, vem

$$50.000\ € = (1 + 0{,}3\%)^{-3} \times T_1 \times \frac{1 - (1 + 2{,}5\%)^{24}\ (1 + 0{,}3\%)^{-24}}{1 + 0{,}3\% - (1 + 2{,}5\%)}$$

$$50.000\ € = 30{,}7792817\ T_1$$

$$T_1 = 1.624{,}47\ €$$

Conhecido T_1, podemos determinar T_9, já que o capital em dívida após a entrega do 8º termo equivale ao valor atual de uma renda de 16 termos postecipados e variáveis de razão 1,025 e cujo 1º termo é T_9, tal como se ilustrou no esquema inicial. Por conseguinte, temos que

$$T_9 = T_1 \times r_g^{\ 8}$$

$$T_9 = 1.624{,}47\ € \times (1{,}025)^8$$

$$T_9 = 1.979{,}26\ €$$

Se designarmos por D_8 o capital em dívida após o 8º pagamento, vem

$$D_8 = 1.979,26\ € \times \frac{1-(1+2,5\%)^{16}\ (1+0,3\%)^{-16}}{1+0,3\%-(1+2,5\%)}$$

$$D_8 = 37.339,11\ €$$

Vamos, agora, analisar em que medida o acréscimo das prestações interfere no ritmo de reembolso da dívida.

$$37.339,11\ € = 1.979,26\ € \times \frac{1-(1+10\%)^{n}\ (1+0,3\%)^{-n}}{1+0,3\%-(1+10\%)}$$

$$-1,82992313794 = 1-(1+10\%)^{n}\ (1+0,3\%)^{-n}$$

$$2,82992313794 = (1+10\%)^{n}\ (1+0,3\%)^{-n}$$

$$2,82992313794 = \frac{(1+10\%)^{n}}{(1+0,3\%)^{n}}$$

$$2,82992313794 = \left(\frac{1+10\%}{1+0,3\%}\right)^{n}$$

$$\log 2,82992313794 = n \log 1,09670987$$

$$n = \frac{\log 2,82992313794}{\log 1,09670987}$$

$$n = 11,268518$$

Serão necessários 11 pagamentos, em vez dos 14 iniciais, que, no entanto, não liquidam completamente a dívida. Calculamos, então, a quantia remanescente que designamos por X e que será entregue ao 12º mês, atendendo a que é de pagamentos mensais que se trata.

$$37.339,11€ = 1.979,26€ \times \frac{1-(1+10\%)^{11}\ (1+0,3\%)^{-11}}{1+0,3\%-(1+10\%)} + X\ (1+0,3\%)^{-12}$$

$$37.339,11\ € = 35.925,34\ € + X\ (1+0,3\%)^{-12}$$

$$X = \frac{37.339{,}11€ - 35.925{,}34€}{(1 + 0{,}3\%)^{-12}}$$

$$X = 1.465{,}51\ €$$

O último pagamento será, então, de 1.465,51 €

26 – O padrinho do Edmundo, quando este nasceu, decidiu depositar 1.000 € numa conta de depósito a prazo, comprometendo-se a efetuar reforços anuais no mesmo montante, até que este atinja a idade de 18 anos (*inclusive*). Esta conta capitaliza juros à taxa de 5% ao ano, taxa esta que acresce, contudo, 1% em cada ano, até um limite de 10%. Ajude o Edmundo a determinar a quantia que poderá levantar quando atingir a maioridade.

Resolução:

O primeiro depósito de 1.000 € ocorre no momento imediato, pelo que poderemos afirmar que esses depósitos configuram o caso de uma renda de acumulação de termos antecipados. Porém, a remuneração não se mantém constante, estabilizando, no entanto, uma vez atingidos os 10%. O esquema seguinte ajuda ao entendimento do problema proposto, bem como à respetiva formalização.

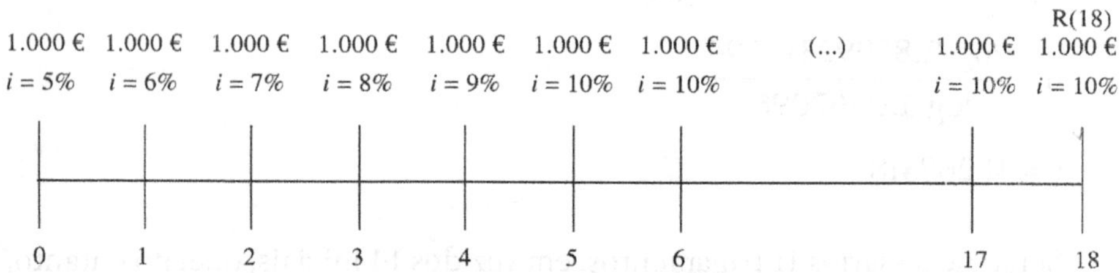

A primeira entrega vai capitalizar durante 18 anos, à taxa de 5%, a segunda capitalizará durante 17 anos à taxa de 6%, a terceira, durante 16 anos à taxa de 7%, e assim por diante, até que seja atingida a taxa de 10%, a qual passará a vigorar quando Edmundo atingir 5 anos. A entrega a realizar nesta data corresponde, então, ao primeiro termo de uma renda de acumulação de 14 termos normais (=1.000 €). Assim, a quantia de que Edmundo poderá dispor aos 18 anos, que designaremos por R(18) será dada por

$$R(18) = 1.000\text{ €}\,(1+5\%)^{18} + 1.000\text{ €}\,(1+6\%)^{17} + 1.000\text{ €}\,(1+7\%)^{16} +$$

$$+\,1.000\text{ €}\,(1+8\%)^{15} + 1.000\text{ €}\,(1+9\%)^{14} + 1000\text{ €} \times \frac{(1+10\%)^{14}-1}{10\%} =$$

$$= 2.406,62\text{ €} + 2.692,77\text{ €} + 2.952,16\text{ €} + 3.172,17\text{ €} + 3.341,73\text{ €} +$$

$$+\,27.974,98\text{ €}$$

$$R(18) = 42.540,43\text{ €}$$

27 – Bernardo contraiu um empréstimo junto de uma instituição bancária, o qual liquidou através de 36 prestações mensais postecipadas, no montante de 299,21 €, que incluem juros calculados à taxa efetiva anual de 5%.

Gustavo contraiu também um empréstimo, junto da mesma instituição, pelo mesmo prazo e ao qual foram aplicadas condições idênticas às de Bernardo, porém, com um capital diferente, uma vez que pagou de juros mais 250 € do que Bernardo.

Determine o montante do empréstimo contraído por Gustavo.

Resolução:

Embora não seja solicitado, dispomos de elementos que permitem calcular o montante do empréstimo contraído por Bernardo, informação que será útil para a resolução do problema. Principiamos, porém, por calcular a taxa efetiva mensal.

$$(1 + i_{\text{ef. anual}}) = (1 + i_{\text{ef. mensal}})^{12}$$

$$(1 + 5\%) = (1 + i_{\text{ef. mensal}})^{12}$$

$$i_{\text{ef. mensal}} = (1 + 5\%)^{\frac{1}{12}} - 1$$

$$i_{\text{ef. mensal}} = 0,4074\%$$

Por sua vez,

$$R(0) = 299,21\text{€} \times \frac{1-(1+0,4074\%)^{-36}}{0,4074\%} = 10.000\text{€}$$

Para liquidar este empréstimo, Bernardo dispendeu um total de 36 × × 299,21 € = 10.771,56 €; como 10.000 € correspondem ao capital cedido, daí decorre que os juros ascenderam a 771,56 €.

Por conseguinte, os juros pagos por Gustavo terão sido de 771,56 € + + 250 € = 1.021,56 €, donde resulta que o montante do capital mutuado seja de 36 × T – 1.021,56 €. Podemos, assim, determinar o valor de T, o qual, por sua vez, nos conduzirá ao montante do empréstimo.

$$36 \times T - 1.021{,}56\ € = T \times \frac{1-(1+0{,}4074\%)^{-36}}{0{,}4074\%}$$

$$36 \times T - 1.021{,}56\ € = 33{,}4213467\ T$$

$$T = 396{,}16\ €$$

Por último,

$$R(0) = 396{,}16\ € \times \frac{1-(1+0{,}4074\%)^{-36}}{0{,}4074\%}$$

$$R(0) = 13.240{,}20\ €$$

Gustavo contraiu um empréstimo no montante de 13.240,20 €.

28 – Um determinado edifício necessita de obras, as quais, por razões de planificação, terão início daqui por 2 anos, decorrendo as mesmas nos 18 meses seguintes. De acordo com o orçamento apresentado pela empresa que se propõe realizar as obras, estas implicarão, após o seu início, o dispêndio de 20.000 € em cada trimestre.

Por uma questão de prudência, os condóminos decidiram constituir um fundo de poupança, para o qual verterão entregas mensais antecipadas, até ao início dos trabalhos.

Para uma taxa efetiva anual de 4%, determine o montante das entregas mensais a realizar.

Resolução:

Estamos em presença de duas rendas, uma de acumulação e outra de amortização, as quais serão equivalentes daqui por 2 anos. Desta sorte, o valor acumulado pela primeira corresponderá ao valor atual da segunda. Para além disso, as entregas referentes à primeira renda têm uma periodicidade mensal, perfazendo 24 termos, e os pagamentos relativos à segunda ocorrem trimestralmente, consequentemente, num total de 6. Tal implica, desde logo, que calculemos as taxas efetivas mensal e trimestral. Assim,

$$i_{ef.mensal} = (1 + 4\%)^{\frac{1}{12}} - 1 = 0{,}327\%$$

e ainda

$$i_{ef.trimestral} = (1 + 4\%)^{\frac{1}{4}} - 1 = 0{,}985\%$$

Atendendo, ainda, a que as entregas são antecipadas, teremos que

$$T \times \frac{(1 + 0{,}327\%)^{24} - 1}{0{,}327\%} \times (1 + 0{,}327\%) = 20.000\ € \times \frac{1 - (1 + 0{,}985\%)^{-6}}{0{,}985\%}$$

$$25{,}00604213\ T = 115.969{,}30\ €$$

$$T = 4.637{,}65\ €$$

As entregas mensais a realizar pelos condóminos devem ser no montante de 4.637,65 €.

FORMULÁRIO (4):

[4.1] $$R(0) = T \times \frac{1 - (1 + i)^{-n}}{i}$$

[4.2] $$a_{\overline{n}|} = \frac{1 - (1 + i)^{-n}}{i}$$

[4.3] $$R(0) = T \times a_{\overline{n}|}$$

[4.4] $$R(n) = T \times \frac{(1+i)^n - 1}{i}$$

[4.5] $$s_{\overline{n}|} = \frac{(1+i)^n - 1}{i}$$

[4.6] $$R(n) = T \times s_{\overline{n}|}$$

[4.7] $$\ddot{R}(0) = (1+i) \times T \times \frac{1-(1+i)^{-n}}{i}$$

[4.8] $$\ddot{R}(0) = (1+i)\, T \times a_{\overline{n}|}$$

[4.9] $$\ddot{R}(n) = (1+i) \times T \times \frac{(1+i)^n - 1}{i}$$

[4.10] $$\ddot{R}(n) = (1+i) \times T \times s_{\overline{n}|}$$

[4.11] $$R(0)_{dif=w} = (1+i)^{-w} \times T \times \frac{1-(1+i)^{-n}}{i}$$

[4.12] $$R(0)_{dif=w} = (1+i)^{-w} \times T \times a_{\overline{n}|}$$

[4.13] $$R(n)_{dif=w} = (1+i)^{-w} \times T \times \frac{(1+i)^n - 1}{i}$$

[4.14] $$R(n)_{dif=w} = (1+i)^{-w} \times T \times s_{\overline{n}|}$$

[4.15] $$\ddot{R}(0)_{dif=w} = (1+i)^{-(w-1)} \times T \times \frac{1-(1+i)^{-n}}{i}$$

[4.16] $$\ddot{R}(0)_{dif=w} = (1+i)^{-(w-1)} \times T \times a_{\overline{n}|}$$

[4.17] $$T_k = T_1 + (k-1)\, r_a$$

[4.18] $$R(0) = \left(T_1 + \frac{r_a}{i}\right)\left(\frac{1-(1+i)^{-n}}{i}\right) - \frac{n \times r_a \times (1+i)^{-n}}{i}$$

[4.19] $$R(n) = \left(T_1 + \frac{r_a}{i}\right)\left(\frac{(1+i)^n - 1}{i}\right) - \frac{n \times r_a}{i}$$

[4.20] $$T_k = T_1 \times r_g^{k-1}$$

[4.21] $$R(0) = T_1 \times \frac{1 - r_g^n (1+i)^{-n}}{1 + i - r_g}$$

[4.22] $$R(n) = T_1 \times \frac{(1+i)^n - r_g^n}{1 + i - r_g}$$

[4.23] $$a_{\overline{\infty|}} = \frac{1}{i}$$

[4.24] $$R(0) = T \times \frac{1}{i}$$

[4.25] $$\ddot{R}(0) = T \times \frac{1}{i} \times (1+i)$$

[4.26] $$R(0) = T \times \frac{1}{i} \times (1+i)^{-w}$$

Capítulo 5
Financiamentos de Curto Prazo

1. Desconto de títulos de crédito

A emissão de títulos de crédito como forma de titularização das dívidas de curto prazo – no caso, ***letras*** ou ***livranças***, cujos conceitos trataremos adiante – ocorre, no contexto da atividade comercial, essencialmente devido a duas ordens de razões.

Em primeiro lugar, a emissão de um título de crédito justifica-se perante a ausência de uma forte relação de confiança entre o devedor e o credor. Em caso de incumprimento, a posse do título permite ao credor a ação cambiária[1].

Em segundo lugar, mesmo havendo confiança entre as partes, a existência de um título de crédito possibilita a sua apresentação a desconto junto de uma instituição bancária e a mobilização dos fundos correspondentes à dívida titulada. Acresce ainda que os títulos podem ser endossados; deste modo, os próprios títulos funcionam como meios de pagamento, uma vez que o direito ao crédito é transferido para outrem.

Nos pontos seguintes, para além das características inerentes aos títulos de crédito apontados, veremos como se processa a operação de desconto em ambos os casos: o ***desconto bancário***, no caso das letras, e o ***desconto por financiamento***, no caso das livranças.

[1] Relativamente ao conceito de ação cambiária, cfr. Franco e Martins (1991, p. 24).

1.1. Conceito e características das letras

A ***letra*** é um título de crédito pelo qual uma pessoa – o *sacador* – ordena a outra – o *sacado* – que lhe pague a si próprio ou a um terceiro – o *tomador* ou *beneficiário* – uma determinada importância em determinada data.

De acordo com o estabelecido pelo artigo 1º da Lei Uniforme relativa às Letras e Livranças (adiante designada abreviadamente por LULL)[2], a letra deverá conter os seguintes elementos:

1 – A palavra «letra» inserida no próprio texto do título e expressa na língua utilizada na sua redação;
2 – O mandato puro e simples de pagar uma determinada quantia;
3 – O nome daquele que deve pagar (quer dizer, do sacado);
4 – A data de pagamento;
5 – A indicação do local onde se deve efetuar o pagamento;
6 – O nome da pessoa a quem, ou à ordem de quem, a letra deve ser paga (isto é, do beneficiário);
7 – A indicação da data e do local em que a letra é passada;
8 – A assinatura de quem passa a letra (ou seja, do sacador).

Por se encontrarem previstos na LULL, os elementos acima referidos são normalmente denominados de *menções obrigatórias* da letra. Porém, a letra pode conter outros elementos ou outras informações, designadas *menções facultativas* e que passamos a enunciar:

1 – O nome e a morada do sacador;
2 – O motivo subjacente à letra[3];

---

[2] A Lei Uniforme relativa às Letras e Livranças, em vigor entre nós, respeita os princípios decorrentes das Convenções de Genebra, de 7 de junho de 1930. Tais Convenções foram aprovadas pelo Decreto nº 23.721, de 29 de março de 1934, e publicadas no Diário do Governo, de 21 de junho do mesmo ano. Para maiores desenvolvimentos em torno da LULL, cfr. Pitão (2007).

[3] Uma letra deverá sempre titular uma dívida resultante de uma transação comercial, não sendo, entre nós, permitidas as denominadas *letras de favor*. As letras de favor não têm subjacente qualquer transação real, sendo um artifício utilizado por quem tem dificuldade em obter financiamentos através dos mecanismos normais.

3 – O aceite[4];
4 – O número do aceite;
5 – O número do saque.

O formato das letras tem sofrido algumas modificações ao longo do tempo, sem que com isso se ponha em causa o que se encontra prescrito na LULL. Foi o que aconteceu na sequência da publicação da Lei nº 150/99, de 11 de setembro, que aprovou o Código do Imposto do Selo e a Tabela Geral, revogando, respetivamente, o Regulamento do Imposto do Selo, aprovado pelo Decreto nº 12.700, de 20 de novembro de 1926, e a Tabela Geral do Imposto do Selo, aprovada pelo Decreto nº 21.916, de 28 de novembro de 1932, bem como as alterações posteriores.

Uma das mudanças mais relevantes introduzidas pelo novo ordenamento consistiu na abolição das estampilhas fiscais, tal como decorre do estabelecido no número 1 do artigo 2º da referida Lei. Desde então, o pagamento do imposto do selo passou a efetuar-se por meio de guia, em acordo com o estabelecido pelo número 2 do artigo 2º do mesmo diploma.

O Anexo III à Lei nº 150/99, de 11 de setembro, é composto pela Tabela Geral do Imposto do Selo, denominada em euros e que, como tal, se encontra em vigor desde 1 de janeiro de 2002[5]. O ponto 23.1 desta tabela determina o pagamento de 0,5% sobre o valor nominal de cada letra, a título de imposto do selo, com o valor mínimo de 1 €.

Assim sendo, a Portaria nº 28/2000, de 27 de janeiro, veio aprovar os novos modelos de letras (e de livranças, como veremos adiante), tendo em conta as modificações introduzidas pela Lei nº 150/99, de 11 de setembro.

No ponto 1.1 desta Portaria estabelece-se que «os modelos de letras têm o formato normalizado de 211 mm × 102 mm»; este espaço integra um *setor superior* com a área de 211 mm × 86 mm, destinado ao texto da letra, de acordo com o definido pela alínea *a*) do ponto 1.2.1 da presente Portaria, que passamos a transcrever: «Local e data de emissão (ano, mês, dia); importância (...); saque nº ...; outras referências; vencimento (ano, mês, dia); valor; «No seu ven-

[4] O aceite traduz-se no reconhecimento da dívida pelo sacado, para o que deverá apor a sua assinatura no espaço reservado para o efeito no impresso da letra. Embora sendo uma menção facultativa à luz da LULL, o certo é que, entre nós, um vastíssimo número de instituições bancárias não procede ao desconto de letras sem aceite.

[5] Esta Tabela substituiu a Tabela constante no Anexo II à mesma Lei, esta denominada em escudos e que vigorou desde 1 de janeiro de 2000 até final de 2001.

cimento pagará(ão) V. Exª (s) por esta única via de letra a ... »; local de pagamento/domiciliação, NIB (número de identificação bancária); assinatura do sacador; número de contribuinte do sacado; aceite nº ...; nome e morada do sacado; numeração sequencial (...) e, junto à margem esquerda, centrada e em posição vertical a indicação "Aceite"»[6].

Na alínea *c*) do mesmo número prevê-se a existência de um *setor inferior*, com a área de 211 mm × 16 mm, contendo a indicação «Imposto do selo pago por meio de guia», bem como o montante de imposto correspondente ao valor da letra e a respetiva data de liquidação.

Ainda a mesma Portaria estabelece, por intermédio das alíneas do ponto 1.4.2, que as letras em euros têm um «Fundo geral de segurança, em azul», «Texto geral (...) e texto adicional (...) em preto» e «Símbolo do euro (...) em cor azul-escura ou preta, contrastante com o fundo».

Dos elementos descritos decorre que as letras apresentem a seguinte configuração:

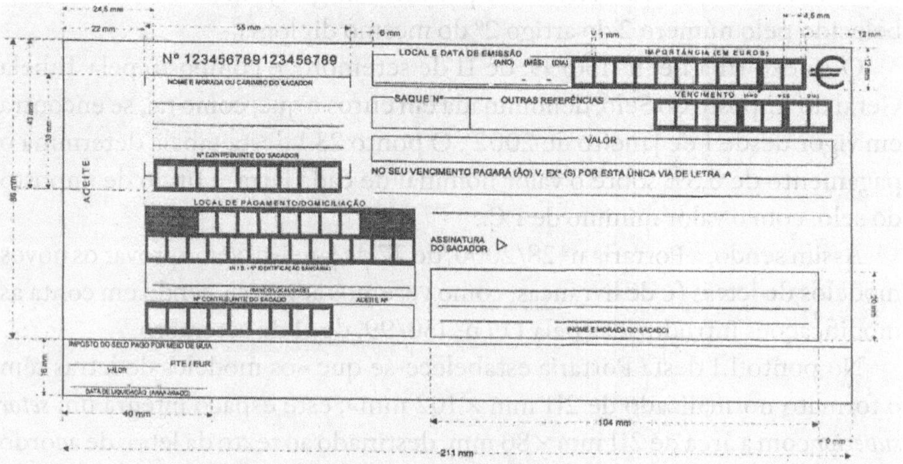

Figura 1 – Formato das letras de acordo com o modelo previsto pelo Anexo III da Portaria nº 28/2000, de 27 de janeiro

[6] A *numeração sequencial* referida na alínea *a*) surge esclarecida na alínea *d*) do mesmo ponto 1.2.1 da Portaria n.º 28/2000, uma vez que «corresponde ao número com que a letra ficará registada na escrita da entidade liquidadora do imposto do selo, devendo obedecer à seguinte estrutura: 9 dígitos correspondentes ao número de identificação fiscal da tipografia produtora do impresso, 2 dígitos correspondentes aos 2 últimos dígitos do ano de produção do impresso, 6 dígitos correspondentes ao número sequencial do ano indicado nos 2 dígitos anteriores, 1 dígito de controlo dos 8 dígitos imediatamente anteriores, num total de 18 dígitos numéricos».

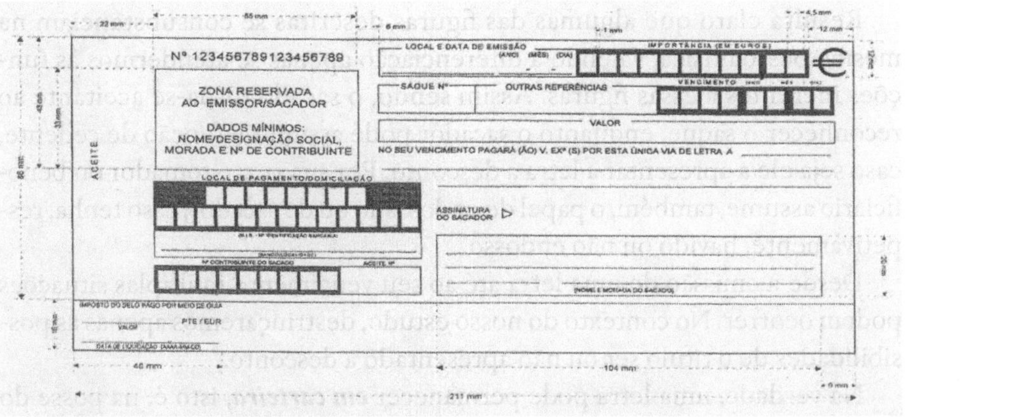

FIGURA 2 – Formato das letras de acordo com o modelo previsto pelo Anexo IV da Portaria nº 28/2000, de 27 de janeiro

Não existe na LULL, nem em outros diplomas em vigor, quaisquer disposições que indiquem quem deverá pagar a selagem das letras. Porém, a situação mais comum é aquela em que é o sacado quem se dirige a uma Repartição de Finanças e liquida a importância devida por intermédio de guia, em acordo com o preceituado pelo Código do Imposto do Selo, guardando para si o documento comprovativo do cumprimento da obrigação fiscal.

Importa, ainda, referir que, para além dos intervenientes inicialmente apontados – *sacador*, *sacado* e *tomador* ou *beneficiário* – outros poderão surgir no contexto da emissão e da negociação de uma letra. São eles os seguintes:

- *aceitante*: o sacado após ter reconhecido o saque e assinado a letra;
- *endossante*: pessoa que transfere os seus direitos por intermédio do ato de endosso[7];
- *endossado*: aquele a quem são transmitidos os direitos pelo endossante;
- *cedente*: pessoa que apresenta a letra ao banco para desconto;
- *avalista*: aquele que se responsabiliza pelo pagamento da dívida, no todo ou em parte[8].

[7] O aceitante pode limitar o endosso colocando junto do aceite a designação "não à ordem".

[8] É cada vez menos usual a presença do avalista no âmbito das letras, em grande medida devido à extraordinária proliferação que o crédito bancário registou, no nosso país, desde meados dos anos 90 do século XX até cerca de meados de 2010, e à consequente simplificação

Resulta claro que algumas das figuras descritas se consubstanciam na mesma pessoa física, valendo a diferenciação apenas se atendermos às funções inerentes a essas figuras. Assim sendo, o sacado torna-se aceitante ao reconhecer o saque, enquanto o sacador pode assumir a função de cedente, caso seja ele a apresentar a letra a desconto. Por sua vez, o tomador ou beneficiário assume, também, o papel de endossado ou de sacador, caso tenha, respetivamente, havido ou não endosso.

Desde a emissão de uma letra até ao seu vencimento múltiplas situações podem ocorrer. No contexto do nosso estudo, destrinçaremos apenas as possibilidades de o título ser ou não apresentado a desconto.

Na verdade, uma letra pode permanecer ***em carteira***, isto é, na posse do sacador ou daquele a quem o título foi endossado, até ao respectivo vencimento. Nessa data, compete ao devedor proceder à liquidação do montante em dívida junto do beneficiário, sem que haja intervenção direta[9] de uma entidade bancária.

Enquanto isso, na eventualidade de o sacador – ou daquele em cuja posse a letra se encontra – necessitar de fundos, apresenta a letra ***a desconto***, antes do seu vencimento, junto de uma instituição bancária. Esta credita a conta à ordem do cedente pelo valor líquido da operação, uma vez deduzidos os encargos inerentes ao desconto. No vencimento, o banco debitará a conta do cedente pelo montante correspondente ao valor nominal do título, que coincidirá com o montante a liquidar pelo sacado.

1.2. Desconto de letras

No desconto de letras, designaremos por ***desconto bancário*** a totalidade de encargos a deduzir ao valor nominal do título. Para além do montante dos juros, calculados de acordo com a modalidade do desconto por fora, existem outros custos que passamos a descrever.

---

dos processos burocráticos. Por outro lado, nas operações de grande montante, as instituições bancárias preferem a prestação de garantias reais (a hipoteca, por exemplo), em vez de garantias pessoais (como é o caso do aval).

[9] Falamos de intervenção direta, dado que, mesmo nas denominadas letras de negociação particular, as entidades bancárias podem assumir um papel indireto, já que a liquidação se processa, muitas vezes, através de uma conta bancária mencionada no próprio título.

1) ***Comissão de cobrança*** – trata-se, em regra, de uma percentagem (ou permilagem) que incide sobre o valor nominal da letra e cujo valor depende da tabela de preços praticada por cada Banco. A taxa a aplicar resultará do efeito conjugado dos critérios de *domiciliação da letra* e da possibilidade de *existência de protesto*. Atendendo ao primeiro critério, a taxa será crescente para cada uma das seguintes possibilidades: *letra domiciliada na própria instituição bancária*, *letra domiciliada noutra instituição bancária* e *letra não domiciliada*. Daí que seja fundamental o adequado preenchimento da letra, indicado o local de pagamento da mesma, uma vez que a ausência desta informação a coloca entre as letras não domiciliadas, com o consequente agravamento dos encargos envolvidos. Já no que se refere ao segundo critério, a letra pode ser emitida *com protesto* ou *sem protesto*, sendo a taxa a aplicar mais elevada na primeira possibilidade. Serão considerados *sem protesto* os efeitos que contenham a cláusula "sem despesas", devidamente reconhecida pelo sacador.

Todavia, devido à forte concorrência que se faz sentir no setor, os bancos isentam, muitas vezes, do pagamento de comissões de cobrança – ou praticam condições mais favoráveis do que as que recaem sobre a clientela em geral – os clientes de menor risco ou de elevado interesse comercial[10].

2) ***Imposto do selo*** – calculado à taxa legal em vigor[11], o imposto do selo incide sobre o somatório dos montantes do desconto por fora e da comissão de cobrança.

3) ***Portes*** – à semelhança do que sucede com as comissões de cobrança, o valor dos portes depende do estabelecido na tabela de preços de cada Banco, muito embora sejam, em regra, de montante reduzido. Destinam-se a cobrir despesas de correio e/ou de comunicação associadas ao desconto da letra[12].

---

[10] Por vezes, as instituições bancárias estabelecem montantes fixos por efeito, independentemente do respetivo valor nominal, ou fixam limites mínimos e máximos a aplicar por cada título descontado. Pode, ainda, suceder que as comissões a aplicar dependam do prazo da operação.

Nos casos mencionados, será necessário calcular o desconto bancário atendendo às respetivas componentes, tal como apresentaremos em alguns exemplos incluídos no presente Capítulo.

[11] A Lei nº 150/99, publicada em Diário da República de 11 de setembro, aprovou o Código do Imposto do Selo, bem como a Tabela Geral prevista no Anexo III, denominada em euros, e que substituiu a anterior, denominada em escudos.

[12] Esta componente tende a reduzir no total de encargos, dada a evolução observada ao nível das facilidades de comunicação, mormente em termos digitais.

O seu montante é fixo por letra, ou conjunto de letras, independentemente do valor nominal respetivo, sendo também frequente a isenção do pagamento de portes para determinados segmentos da clientela.

Assim sendo, o montante do ***desconto bancário*** (que passaremos a notar por D_B) ou, de outro modo, do somatório das deduções efetuadas pela entidade bancária ao valor nominal da letra, pode ser obtido através da expressão seguinte:

$$D_B = D_f + \text{C. Cob.} + \text{Imp. Selo} + P$$

em que as siglas representam

D_f = montante dos juros calculados através de desconto por fora;
C. Cob. = montante da comissão de cobrança;
Imp. Selo = imposto do selo, calculado à taxa legal em vigor;
P = portes.

Sendo que o desconto por fora é calculado sobre o valor nominal da letra[13], poderemos formalizar que

$$D_f = VN \times \left(\frac{t+2}{360} \times d\right) \qquad [5.1]$$

com VN, t e d a representarem, respetivamente, o *valor nominal* da letra descontada, o *número de dias* que decorrem desde a data do desconto à data do vencimento da letra e a *taxa praticada* na operação de desconto[14].

---

[13] Entre nós, a cobrança de juros antecipados não é permitida, exceto nos casos enunciados na lei, tal como resulta do artigo 6º do Decreto-Lei nº 58/13, de 8 de maio, diploma este que surge em Anexo. Assim, de acordo com o número 1 do referido artigo, «Nas operações de desconto de letras e livranças, bem como de outros títulos de crédito, as instituições podem cobrar a importância dos juros antecipadamente, por dedução ao valor nominal dos títulos de crédito».

[14] De notar que na expressão do desconto bancário acrescem dois dias ao período de tempo decorrente desde o desconto até ao vencimento da letra. Tal facto deve-se à possibilidade consentida pela Lei de uma letra poder ser liquidada nos dois dias ulteriores ao seu vencimento. Para salvaguardar essa eventualidade, os bancos procedem ao cálculo do desconto contemplando esses dois dias no período de tempo considerado. Acresce, ainda, que se o último dia da operação coincidir com uma 6ª feira, os dois dias dão lugar a três, de modo a precaver a possibilidade de o título ser liquidado apenas na 2ª feira seguinte.

Uma vez que a comissão de cobrança é calculada sobre o valor nominal da letra, teremos que

$$C.\ Cob. = VN \times CC \qquad [5.2]$$

com CC a notar a taxa aplicada pela instituição bancária.

Por sua vez, o Imposto do Selo é calculado à taxa legal em vigor – no caso, 4% –, sobre o somatório dos juros e da comissão de cobrança, donde

$$Imp.\ Selo = 4\% \times VN \times \left(\frac{t+2}{360} \times d + CC\right) \qquad [5.3]$$

Se somarmos as várias componentes do desconto bancário, vem que

$$D_B = VN \times \left(\frac{t+2}{360} \times d\right) + VN \times CC + 4\% \times VN \times \left(\frac{t+2}{360} \times d + CC\right) + P$$

Generalizando para uma taxa de imposto do selo igual a IS e colocando em evidência os elementos comuns, vem

$$D_B = VN\left(\frac{t+2}{360} \times d + CC\right)(1 + IS) + P \qquad [5.4]$$

A expressão presente permite, assim, calcular o montante a deduzir ao valor nominal da letra aquando da sua apresentação a desconto junto da banca. Deste modo, se em vez do desconto bancário pretendermos apurar qual o montante a creditar na conta do cedente, que designaremos por ***produto líquido do desconto*** e notaremos por PLD_B, bastará deduzir o montante do desconto bancário ao valor nominal do título. Surge, então,

$$PLD_B = VN - D_B \qquad [5.5]$$

ou, de outro modo,

$$PLD_B = VN - \left[VN\left(\frac{t+2}{360} \times d + CC\right)(1 + IS) + P\right] \qquad [5.6]$$

EXEMPLO: Uma letra, cujo valor nominal era de 2.750 €, encontrava-se datada para 30 de agosto de um determinado ano. Qual terá sido o montante creditado na conta do cedente, sabendo que a mesma foi apresentada a desconto em 22 de junho e que a instituição bancária escolhida para o efeito praticou as seguintes condições:

Taxa de desconto – 12%;
Comissão de cobrança – 1%;
Portes – 2 € ?

O exemplo presente é bastante simples e encontra solução se substituirmos os valores respetivos na expressão formalizada em [5.6].

Impõem-se, porém, dois reparos prévios.

O primeiro concerne à contagem do número de dias da operação. Não tendo nós indicação do número de dias em concreto, mas apenas das datas inicial e final, o valor de t é obtido em moldes idênticos aos já descritos no Capítulo 1. Assim sendo,

$$t = 8 + 31 + 30 = 69 \text{ dias}$$

reportando-se os 8, os 31 e os 30 dias, respetivamente, aos meses de junho, julho e agosto.

O segundo prende-se com o caráter legal do imposto do selo. Ainda que não seja expressamente apontado no exemplo em apreço, vamos contemplá-lo à taxa legal em vigor, ou seja, a 4%[15].

Do exposto, resulta então

$$PLD_B = 2.750\text{ €} - \left[2.750\text{€}\left(\frac{69+2}{360} \times 12\% + 1\%\right)(1 + 4\%) + 2\text{€}\right]$$

$$PLD_B = 2.750\text{ €} - [2.750\text{ €} \times 0{,}033(6) \times 1{,}04] - 2\text{ €}$$
$$PLD_B = 2.750\text{ €} - 96{,}29\text{ €} - 2\text{ €}$$
$$PLD_B = 2.651{,}71\text{ €}$$

O problema podia também ser resolvido por fases, calculando, em primeiro lugar, o montante do desconto bancário ($D_B = 98{,}29$ €), através de [5.4], e, de seguida, o produto líquido do desconto através de [5.5].

---

15 Cfr. *supra* as notas 5 e 11 do presente Capítulo.

1.3. Conceito e características das livranças

A ***livrança*** é um título de crédito negociável, através do qual o *subscritor* se compromete a pagar ao *beneficiário*, ou à ordem deste, uma dada importância, numa data futura. As livranças são utilizadas, na maioria dos casos, para titular financiamentos bancários de curto prazo, em que o beneficiário é uma entidade bancária, apesar de existirem livranças em que ambos os intervenientes são particulares.

O artigo 75º da LULL estabelece os elementos que a livrança deve conter. São eles os seguintes:

1 – A palavra «livrança» inserida no próprio texto do título e expressa na língua utilizada na sua redação;
2 – A promessa pura e simples de pagar uma quantia determinada;
3 – A data de pagamento;
4 – A indicação do local onde se deve efetuar o pagamento;
5 – O nome da pessoa ou à ordem de quem deve ser paga;
6 – A indicação da data e do local onde a livrança é passada;
7 – A assinatura de quem passa a livrança (ou seja, do subscritor).

A livrança distingue-se da letra uma vez que enquanto a primeira se trata de uma *promessa* de pagamento, a segunda comporta uma *ordem* de pagamento. Por outro lado, a letra surge na sequência de uma transação comercial[16], sendo que a livrança se associa a financiamentos diretos.

Sendo títulos de diferente natureza, tendo por base operações distintas, facilmente se entende que os intervenientes na livrança não coincidam com os intervenientes na letra. Obrigatoriamente, intervirão na livrança o *subscritor* ou *emitente* – quem emite o título e que, pela sua assinatura, se obriga a pagar uma determinada importância no futuro – e o *beneficiário* ou *tomador* – aquele a quem ou à ordem de quem, o título é pagável. Facultativamente, poderão surgir as figuras do *avalista* – quando o aval for requerido pelo tomador – e do *endossante* e do *endossado* – em caso de endosso.

Também no que se refere às livranças, a Portaria nº 28/2000, de 27 de janeiro, estabelece quais os requisitos do seu formato. Assim sendo, no ponto 2.1, lê-se que «os modelos de livrança têm o formato normalizado de

---

[16] Excetua-se o caso das letras de favor, como já foi referido.

211 mm × 102 mm »; mais adiante, na alínea *a*) do ponto 2.2.1, prevê-se a existência de «um setor superior, com a área de 211 mm × 86 mm», contendo as seguintes indicações: «Local e data de emissão (ano, mês, dia); importância (...); valor; vencimento (ano, mês, dia); "No seu vencimento pagarei(emos), por esta única via de livrança a ... ou à sua ordem a quantia de ..."; livrança nº ...; assinatura(s) do(s) subscritor(es); local de pagamento/domiciliação (banco/localidade), NIB (número de identificação bancária); nome e morada do(s) subscritor(es) e numeração sequencial descrita na alínea *c*)»[17].

Enquanto isso, o ponto 2.2.2 estabelece os requisitos da inserção de um «texto adicional», prevendo a respetiva alínea *a*) que, no canto superior esquerdo, se encontre «A designação, iniciais e/ou logotipo da entidade emissora».

O Anexo VI da referida Portaria apresenta o modelo de livranças a utilizar e que reproduzimos de seguida.

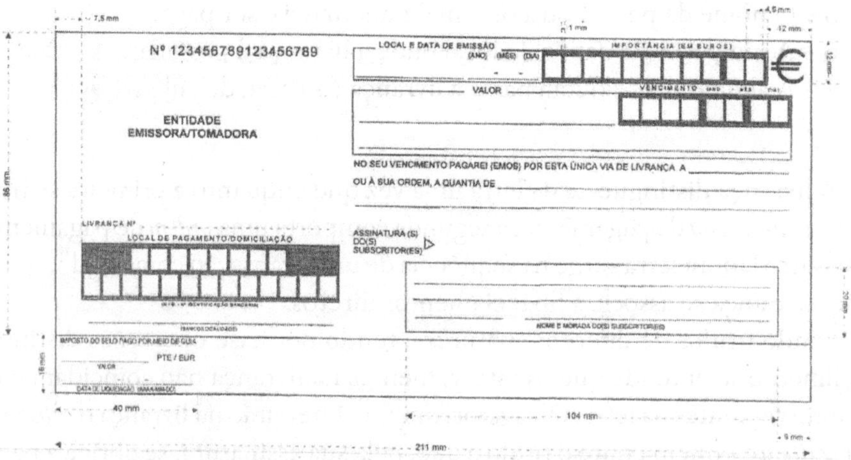

FIGURA 3 – Formato das livranças de acordo com o modelo previsto no Anexo VI da Portaria nº 28/2000, de 27 de janeiro

[17] Também esta numeração sequencial, à semelhança do que sucede nas letras, comporta uma sucessão de 18 dígitos numéricos, de acordo com a seguinte estrutura: «9 dígitos correspondentes ao número de identificação fiscal da tipografia produtora do impresso, 2 dígitos correspondentes aos 2 últimos dígitos do ano de produção do impresso, 6 dígitos correspondentes ao número sequencial do ano indicado nos 2 dígitos anteriores, 1 dígito de controlo dos 8 dígitos imediatamente anteriores».

Do que expusemos atrás, resulta que os intervenientes na livrança diferem dos intervenientes na letra. Vejamos, de seguida, o que sucede ao nível dos encargos, isto é, o modo como o ***desconto por financiamento***, praticado no caso da livrança, se distingue do desconto comercial, praticado no caso da letra.

1.4. Desconto de livranças

No desconto de livranças são devidos *juros* calculados de modo idêntico ao caso das letras, isto é, considerando os dois dias adicionais para pagamento[18]. Porém, em vez do desconto por fora, será aplicada a modalidade de desconto por dentro, na medida em que os juros são calculados sobre o capital efetivamente utilizado pelo subscritor.

Estando as livranças domiciliadas no banco que realiza a operação de financiamento, por norma, não se observa o pagamento das quantias adicionais referentes a comissões de cobrança e a portes. Não obstante, no passado recente, na sequência da descida das taxas de juro praticadas nas operações ativas e do processo de desintermediação financeira, os bancos optaram pela aplicação de comissões no âmbito de um elenco alargado de produtos financeiros, como meio de salvaguarda das respetivas rendibilidades.

Ainda assim, no presente contexto, discutiremos o caso mais simples, ou seja, aquele em que não se observa a cobrança de tal tipo de encargos. Enquanto isso, é cobrado o imposto do selo, que, como apontámos atrás, resulta de imposição legal, incidindo, desta feita, sobre o montante dos juros à taxa de 4%.

Por conseguinte, no contexto do desconto por financiamento, os encargos cingem-se aos ***juros***, determinados em função do montante de crédito efetivamente concedido, e ao ***imposto do selo***, calculado do modo que já se descreveu.

Existem, todavia, três possibilidades no que concerne à concessão de crédito titulado por intermédio de livranças, o denominado ***desconto por financiamento***, a saber:

---

[18] Tal fica a dever-se aos motivos já apresentados para as letras, isto é, à prática bancária, que permite que as livranças sejam liquidadas nos dois dias posteriores ao seu vencimento. À semelhança das letras, se o último dia da operação coincidir com uma 6ª feira, a livrança poderá ser liquidada na 2ª feira seguinte.

1 – o valor nominal da livrança corresponde ao capital mutuado, sendo os encargos decorrentes da operação de desconto tratados autónoma e postecipadamente;

2 – o valor nominal da livrança inclui o montante de capital mutuado, bem como os respetivos encargos;

3 – o valor nominal da livrança corresponde ao capital mutuado, sendo os juros postecipados pagos antecipadamente pelo seu valor atual.

No **caso 1**, o valor nominal da livrança corresponde ao montante de crédito concedido, quantia esta que a instituição bancária creditará na conta do subscritor da livrança na data da operação e que deverá ser restituída até ao último dia de pagamento, juntamente com o montante dos encargos inerentes à operação.

Notando por PLD_F o ***produto líquido do desconto por financiamento***, diremos que, nesta possibilidade,

$$PLD_F = VN \qquad [5.7]$$

Considerando os encargos inerentes ao desconto de livranças – juros e imposto do selo – podemos formalizar a ***expressão que permite determinar o montante do desconto por financiamento***. Designando o desconto por financiamento por D_F, surgirá

$$D_F = PLD_F \left(\frac{t+2}{360} \times d \right) (1 + IS) \qquad [5.8]$$

o que, se atendermos a [5.7], será equivalente a ter que

$$D_F = VN \left(\frac{t+2}{360} \times d \right) (1 + IS) \qquad [5.9]$$

O valor a liquidar no vencimento resulta da soma da quantia devida (VN) e do montante do desconto por financiamento (D_F). Representando esse valor por VL, surgirá

$$VL = VN + D_F \qquad [5.10]$$

ou ainda, recorrendo a [5.9],

$$VL = VN + VN \left(\frac{t+2}{360} \times d \right) (1 + IS)$$

donde

$$VL = VN \left[1 + \left(\frac{t+2}{360} \times d \right) (1 + IS) \right] \quad [5.11]$$

Considerando, de novo, [5.7], teremos, necessariamente,

$$VL = PLD_F \left[1 + \left(\frac{t+2}{360} \times d \right) (1 + IS) \right] \quad [5.12]$$

EXEMPLO: O empresário A contratou hoje com o Banco B um financiamento a 90 dias, titulado através de uma livrança cujo valor nominal é de 12.000 €. Quanto deverá, no vencimento, A entregar a B, sabendo que o valor nominal corresponde ao montante do financiamento e que esta instituição pratica uma taxa de 7,5% ao ano em operações desta natureza?

Para conhecermos o montante que A deverá, no vencimento, entregar a B, bastará substituirmos os valores respetivos em [5.12]. O PLD_F corresponde ao valor nominal da livrança, logo

$$VL = 12.000\text{ €} \left[1 + \left(\frac{90+2}{360} \times 7{,}5\% \right) (1 + 4\%) \right]$$

$$VL = 12.000\text{ €} \times 1{,}0199333$$
$$VL = 12.239{,}20\text{ €}$$

Significa, então, que o valor a entregar no vencimento é de 12.239,20 €, donde se conclui que $D_F = 239{,}20$ €.

Na **hipótese 2**, uma vez que o valor nominal da livrança engloba os encargos inerentes à operação de desconto, na data de emissão, a conta à ordem do subscritor será creditada pelo produto líquido do desconto, devendo a mesma ser debitada, no vencimento, pelo valor nominal da livrança. Logo, teremos

$$VN = PLD_F + D_F \qquad [\mathbf{5.13}]$$

O *montante do desconto por financiamento* calcula-se de modo idêntico ao que sucedia no caso anterior, isto é, sobre o produto líquido do desconto ou capital efetivamente mutuado, pois os juros são determinados com base na modalidade do desconto por dentro. Se considerarmos a expressão formalizada em [5.8] e a substituirmos na anterior, resulta que

$$VN = PLD_F + PLD_F \left(\frac{t+2}{360} \times d \right) (1 + IS) \qquad [\mathbf{5.14}]$$

A expressão assim encontrada permite calcular o valor nominal de uma livrança partindo do montante de crédito concedido ou, resolvendo em ordem a PLD_F, conhecer qual o capital mutuado partindo do valor nominal da livrança.

EXEMPLO: Reconsidere o exemplo anterior. Pressupondo, agora, que o valor nominal da livrança inclui os encargos inerentes ao desconto, qual será esse valor nominal, atendendo a que o montante de capital mutuado é o mesmo e são idênticas as restantes condições?

O montante do financiamento (12.000 €) corresponde ao PLD_F, pelo que, a manterem-se as restantes condições inerentes à operação, o valor nominal da livrança vai ser obtido recorrendo a [5.14].

$$VN = PLD_F + PLD_F \left(\frac{t+2}{360} \times d \right) (1 + IS)$$

$$VN = 12.000\text{ €} + 12.000\text{ €} \times \left(\frac{90+2}{360} \times 7{,}5\% \right) (1 + 4\%)$$

$$VN = 12.000\text{ €} + 239{,}20\text{ €}$$
$$VN = 12.239{,}20\text{ €}$$

Como tal, o $D_F = 239{,}20$ €, isto é, igual ao valor obtido na hipótese anterior. Na verdade, num caso e noutro, os juros são cobrados postecipadamente e em ambos calculados sobre a mesma quantia, isto é, sobre o montante de capital efetivamente mutuado, sendo, por isso mesmo, ***praticamente equivalentes sob o ponto de vista financeiro***.

Dizemos praticamente equivalentes uma vez que a única diferença a assinalar decorre do montante de imposto a pagar aquando da selagem das livranças. Tal como sucede no caso das letras, também nas livranças, aquando da sua emissão, é devida a importância de 5‰ sobre o valor nominal respetivo, a liquidar por intermédio de guia junto da Autoridade Tributária.

Ora, na primeira possibilidade, o valor nominal da livrança coincide com o montante do crédito, isto é, 12.000 €, sendo que **0,005 × 12.000 € = 60 €**. Enquanto isso, na segunda possibilidade, o valor da selagem será maior, uma vez que, neste caso, o valor nominal engloba o montante de crédito concedido bem como o próprio montante do desconto por financiamento. Verifica-se, então, que **0,005 × 12.239,20 € = 61,20 €**.

Embora se trate de um acréscimo pouco significativo, resulta que, nesta segunda modalidade, o Imposto do Selo a liquidar através de guia aumenta em 5‰ relativamente ao valor do desconto por financiamento propriamente dito, tendo como referência o que seria pago no primeiro caso.

Vejamos, por último, o que sucede na **possibilidade 3**, em que os encargos, embora postecipados, são pagos "à cabeça" pelo seu valor atualizado.

Tal como já se referiu, de acordo com a legislação portuguesa, apenas poderá haver cobrança antecipada de juros postecipados nas operações de desconto de letras, extratos de fatura e *warrants*. Porém, não se considera ter havido cobrança antecipada de juros se o valor colocado à disposição do beneficiário for menor que o valor do título e essa diferença corresponder aos encargos atualizados de acordo com a modalidade do desconto por dentro.

Assim sendo, o valor nominal da livrança vai corresponder à quantia a liquidar no vencimento; enquanto isso, o montante a creditar na conta do subscritor resulta da aplicação conjunta das fórmulas estabelecidas em [1.26] e [5.9]. Designando por VC o valor a creditar, teremos que

$$VC = VN - \frac{D_F}{1 + i \times t} \qquad \textbf{[5.15]}$$

sendo D_F previamente calculado, de acordo como o modo já desenvolvido.

EXEMPLO: Mais uma vez, vamos atender ao desconto de uma livrança a 90 dias, cujo valor nominal é de 12.000 €, sendo praticada uma taxa de juro de 7,5% ao ano. Consideremos, agora, que os encargos são postecipados, mas liquidados antecipadamente. Qual o montante líquido do financiamento?

O problema colocado encontra fácil resolução recorrendo à expressão formalizada em [5.15]. Calculemos, porém, previamente o montante de D_F. Sendo

$$D_F = VN \left(\frac{t+2}{360} \times d \right) (1 + IS)$$

$$D_F = 12.000\ € \left(\frac{90+2}{360} \times 7{,}5\% \right) (1 + 4\%)$$

$$D_F = 12.000\ € \times 0{,}01993(3)$$
$$D_F = 239{,}20\ €$$

montante este, aliás, já nosso conhecido das possibilidades anteriores. Sucede, agora, que atualizamos essa quantia, do modo proposto através da fórmula [5.15]. Como

$$VC = VN - \frac{D_F}{1 + i \times t}$$

vem que

$$VC = 12.000\ € - \frac{239{,}20€}{1 + 0{,}075 \times \frac{92}{360}}$$

$$VC = 12.000\ € - 234{,}70\ €$$
$$VC = 11.765{,}30\ €$$

Este será o valor a creditar na conta do subscritor da livrança, caso seja praticada esta modalidade de desconto. Facilmente se conclui que se o subscritor pretendesse obter um financiamento no montante de 12.000 €, o valor nominal da livrança deveria ser necessariamente maior.

Pondo de lado as implicações decorrentes da selagem da letra, todas as hipóteses apresentadas são equivalentes em termos de custo financeiro. Na hipótese 3, muito embora os juros sejam pagos antecipadamente, são calculados, tal como o Imposto do Selo, pelo seu valor atualizado, o que é idêntico a serem determinados postecipadamente.

Podemos, assim afirmar que ***o desconto por financiamento configura um caso inequívoco de aplicação da modalidade do desconto por dentro***; mesmo quando os juros são pagos antecipadamente, o seu cálculo incidirá sobre o montante líquido do desconto, isto é, sobre o montante do encaixe financeiro permitido ao subscritor, o que não acontece no caso do desconto de letras.

A ***principal diferença*** a apontar reside, então, no seguinte: enquanto o desconto bancário é calculado atendendo ao montante inscrito nos títulos, no caso ao valor nominal das letras, o desconto por financiamento é calculado sobre o valor líquido do financiamento, nas hipóteses 1 e 2 sobre o valor nominal das livranças e na hipótese 3 sobre o valor nominal das livranças deduzido dos encargos antecipados.

Embora possa parecer pouco pertinente comparar letras e livranças, por envolverem, normalmente, finalidades diversas e montantes compatíveis com essas finalidades, podemos afirmar que, para situações de idêntico valor nominal, prazo de desconto e encargos, ***o desconto bancário acarretará sempre um custo superior ao custo do desconto por financiamento.***

Importa, ainda, referir que a modalidade mais comum na prática bancária é a que se reporta à hipótese 1. No entanto, enquanto nas letras os procedimentos de desconto são idênticos em todas as instituições bancárias, nas operações de desconto por financiamento, o subscritor deverá averiguar quais são exatamente os critérios utilizados pela entidade junto da qual pretende realizar a operação.

1.5. Quadros de desconto

Um ***quadro de desconto*** é um mapa no qual se identificam as características dos títulos de crédito – no caso, das *letras* e das *livranças* – que um dado indivíduo A apresentou a desconto junto de um certo Banco B. As características dos títulos surgem mencionadas em cada uma das colunas do mapa, a saber:

– número do efeito;
– local de pagamento;
– valor nominal;
– data de vencimento;

– número de dias desde a data do desconto até à data do vencimento (t);
– taxa de desconto (*d*);
– comissões de cobrança;
– Imposto do Selo e outros encargos, nomeadamente, portes.

No contexto das empresas, podemos encontrar dois tipos de quadros de desconto, com idêntica estrutura, embora com finalidades diversas.

Os quadros do primeiro tipo identificam os títulos apresentados a desconto junto de cada um dos bancos com os quais as empresas trabalham, havendo, por isso, lugar à elaboração de tantos quadros de desconto quantos os bancos que suportem as operações de desconto da empresa[19].

Estes mapas constituem um importante instrumento de gestão, uma vez que, entre outras funções, permitem verificar se o sacado interveniente numa data letra procedeu ou não ao seu pagamento junto do banco. Como apontámos de início, o local de pagamento de uma letra é, habitualmente, o domicílio do sacador. Se a letra tiver sido apresentada a desconto, compete ao sacado liquidá-la, no vencimento e pelo valor nominal, ao banco que realizou a operação. Se assim não acontecer, nos dois dias após o vencimento, será debitada a conta do sacador pelo valor nominal da letra. Do confronto entre os extratos bancários e os quadros de desconto decorre a possibilidade de a entidade sacadora identificar os títulos que não foram liquidados atempadamente.

Por outro lado, os quadros de desconto, ao indicarem o total do valor descontado, bem como o produto líquido do desconto, permitem, *grosso modo*, evidenciar as condições de desconto praticadas por cada banco e, consequentemente, condicionar o encaminhamento de operações futuras.

Sucede, porém, que nem todas as letras são apresentadas a desconto, podendo, assim, surgir, no contexto das empresas, a necessidade de produzir um outro tipo de mapas, referentes às *letras em carteira*. Neste outro tipo de quadros, as colunas referem-se aos seguintes elementos:

– número do efeito;
– local de pagamento;
– valor nominal;

[19] Estes quadros são, aliás, em tudo semelhantes aos existentes na própria banca. Enquanto as empresas elaboram um quadro por banco, os bancos possuem um quadro de desconto por cedente.

– vencimento;
– eventual identificação do sacado.

Através destes quadros, o sacador controla se as letras que possui em carteira são efetivamente pagas, ao mesmo tempo que suportam a decisão no que concerne aos títulos a apresentar a desconto.

Pela sua importância no contexto das empresas, tanto ao nível do controlo financeiro como instrumento de suporte no processo de tomada de decisões, recorremos, aqui, a dois tipos de exemplo de quadros de desconto, o primeiro relativo a títulos já descontados e outro relativo a letras em carteira.

EXEMPLO I-A: A empresa Forreta, SA, com sede em Coimbra, apresentou, no dia 25 de janeiro de um certo ano comum, junto do Banco Aliança, os seguintes títulos a desconto:

– uma letra com o valor nominal de de 1.450 €, pagável em Guimarães, com vencimento para o dia 12 de março;
– uma letra com o valor nominal de 8.725 €, pagável em Algés, com vencimento para 4 de abril.

No dia 12 de fevereiro, a mesma empresa apresentou junto do mesmo Banco, os seguintes títulos a desconto:

– uma letra com o valor nominal de de 2.350 €, pagável na Sertã, com vencimento para o dia 28 de abril;
– uma letra com o valor nominal de 780 €, com vencimento para 3 de maio, pagável em Montemor-o-Novo.

Sabendo que o Banco Aliança pratica as seguintes condições:

– taxa de desconto: 9,75%;
– comissão de cobrança: 1%, com um valor mínimo de 10 € por efeito;
– o Imposto do Selo é calculado à taxa legal de 4%;

elabore os quadros de desconto respetivos.

Atendendo aos efeitos submetidos a desconto em 25 de janeiro, o quadro de desconto é o seguinte:

BANCO ALIANÇA Efeitos apresentados a desconto pela Forreta, SA Coimbra, 25 de janeiro								
Nº do efeito	**Local de pagamento**	**Valor nominal**	**Data de vencimento**	**Nº de dias**	**Desconto à taxa de 9,75%**	**Comissão de cobrança**	**Imposto do Selo**	**Observa-ções**
1	Guimarães	1.450 €	12 março	48	18,85 €	14,50 €	1,33 €	
2	Algés	8.725 €	4 abril	71	167,77 €	87,25 €	10,20 €	
		10.175 €			186,62 €	101,75 €	11,53 €	
	Total desc. Bancário	299,90 €						
	Total do p.l.desc.	9.875,10 €						

Por sua vez, relativamente aos efeitos submetidos a desconto em 12 de fevereiro, teremos:

BANCO ALIANÇA Efeitos apresentados a desconto pela Forreta, SA Coimbra, 12 de fevereiro								
Nº do efeito	**Local de pagamento**	**Valor nominal**	**Data de vencimento**	**Nº de dias**	**Desconto à taxa de 9,75%**	**Comissão de cobrança**	**Imposto do Selo**	**Observações**
3	Sertã	2.350 €	28 abril	95	60,46 €	23,50 €	3,36 €	
4	Montemor	780 €	3 maio	100	21,13 €	10 €	1,25 €	
		3.130 €			81,59 €	33,50 €	4,61 €	
	Total desc. bancário	119,70 €						
	Total do p.l.desc.	3.010,30 €						

EXEMPLO I–B: A mesma empresa Forreta, SA apresentou, em 17 de março desse ano, junto do Banco Bairrista, os seguintes títulos a desconto:

- uma letra com o valor nominal de 2.780 €, pagável em Setúbal, com vencimento para o dia 23 de abril;
- uma letra com o valor nominal de 3.500 €, pagável em Vila Flor, com vencimento para 20 de junho.

No dia 28 de abril, a Forreta, SA apresentou ainda junto do Banco Bairrista, os seguintes títulos a desconto:

- uma letra com o valor nominal de de 1.800 €, pagável em Gaia, com vencimento para o dia 15 de julho;
- uma letra com o valor nominal de 4.315 €, com vencimento para 13 de agosto, pagável na Figueira da Foz.

Sabendo que o Banco Bairrista pratica as seguintes condições:

- taxa de desconto: 8%;
- comissão de cobrança: 3%;
- o Imposto do Selo é calculado à taxa legal de 4%;

elabore os quadros de desconto respetivos.

BANCO BAIRRISTA
Efeitos apresentados a desconto pela Forreta, SA
Coimbra, 17 de março

Nº do efeito	Local de pagamento	Valor nominal	Data de vencimento	Nº de dias	Desconto à taxa de 8%	Comissão de cobrança	Imposto do Selo	Observações
5	Setúbal	2.780 €	23 abril	39	24,09 €	83,40 €	4,30 €	
6	Vila Flor	3.500 €	20 junho	97	75,44 €	105 €	7,22 €	
		6.280 €			99,53 €	188,40 €	11,52 €	
	Total desc. Bancário	299,45 €						
	Total do p.l.desc.	5.980,55 €						

Por sua vez, relativamente aos efeitos submetidos a desconto em 28 de abril, teremos:

BANCO BAIRRISTA Efeitos apresentados a desconto pela Forreta, SA Coimbra, 28 de abril								
Nº do efeito	**Local de pagamento**	**Valor nominal**	**Data de vencimento**	**Nº de dias**	**Desconto à taxa de 8%**	**Comissão de cobrança**	**Imposto do Selo**	**Observações**
7	Gaia	1.800 €	15 julho	80	32 €	54 €	3,44 €	
8	Fig. Foz	4.315 €	13 Ago.	109	104,52 €	129,45 €	9,36 €	
		6.115 €			136,52 €	183,45 €	12,80 €	
	Total desc. Bancário	332,77 €						
	Total do p.l.desc.	5.782,23 €						

Da observação dos quadros apresentados, verificamos que a comissão de cobrança praticada pelo Banco Bairrista onera consideravelmente o custo da operação, muito embora a taxa de desconto seja menor que a praticada pelo Banco Aliança.

Surge, então, a questão de saber porque é que, em termos práticos, as operações de desconto não são canalizadas unicamente para a instituição ou instituições que oferecem as condições mais favoráveis.

Sucede que os cedentes têm, na maioria dos casos, linhas e limites de crédito negociados com as diversas instituições bancárias com as quais trabalham, que estabelecem, como o próprio nome indica, *plafonds* para cada tipo de operação.

Assim sendo, uma vez atingido o limite junto de uma certa instituição, as operações de desconto são encaminhadas para uma instituição bancária concorrente, ainda que tal facto comporte uma solução de 2º ótimo.

Vejamos, agora, em que medida a existência de quadros relativos às letras em carteira pode sustentar a decisão de escolha dos títulos a apresentar a desconto.

EXEMPLO II: Considere os seguintes títulos que se encontravam na posse da empresa Forreta, SA, em 18 de junho de um certo ano.

Nº do efeito	Local de pagamento	Valor nominal	Data de vencimento	Eventual Identif. sacado	Observações
1	Viseu	3.800 €	13 julho	–	–
2	Elvas	2.750 €	2 agosto	–	–
3	Mortágua	1.400 €	25 setembro	–	–
4	Avis	650 €	4 outubro	–	–
5	Vila Real	1.800 €	15 novembro	–	–

Qual ou quais os títulos que a empresa deve apresentar a desconto, de modo a que o custo da operação seja o menor possível, sabendo que a empresa pretende obter, no imediato, a quantia de 2.000 €?

Sem prejuízo do cálculo do custo do desconto bancário, que trataremos de modo mais circunstanciado no ponto 3 do presente Capítulo, apresentamos, de seguida, alguns dos critérios a observar na escolha do título ou títulos a apresentar a desconto.

Devemos, em primeiro lugar, optar pelas letras cujo ***vencimento esteja mais próximo***, uma vez que daí decorre um desconto bancário menor. Por outro lado, devemos atender também ao ***valor nominal do título*** – e isto numa dupla prespectiva –, ou seja, se o valor nominal é suficiente para perfazer a quantia pretendida ou se esse valor é demasiado elevado, dando lugar ao pagamento de comissões de cobrança desmesuradas.

No caso em apreço, o efeito nº 2 surgia como sendo a hipótese mais consistente, uma vez que o efeito nº 1, embora sendo o de vencimento mais próximo, tem um valor nominal demasiado elevado relativamente à quantia de 2.000 € que se pretende obter. Descontando a letra de 3.800 €, a empresa não otimiza o custo de financiamento, uma vez que suporta encargos relativos a capitais alheios que poderá eventualmente não utilizar.

2. Reforma de títulos de crédito

Na data de vencimento de um título de crédito[20], duas situações podem ocorrer: o devedor procede ao pagamento em dívida – que corresponde, no caso da letra, ao valor nominal e, no caso da livrança, ao valor nominal ou ao valor nominal acrescido dos juros – ou pode não dispor dos meios suficientes para liquidar a quantia em dívida.

Tratando-se de uma letra, esta pode, como referimos anteriormente, ter permanecido *em carteira* ou ter sido apresentada *a desconto*. Na possibilidade de a letra ter permanecido em carteira, o sacado liquida diretamente ao sacador o montante correspondente ao seu valor nominal, ainda que essa operação possa ter como suporte uma transferência bancária. Por sua vez, na eventualidade de a letra ter sido apresentada a desconto, o sacado procede à liquidação do montante correspondente ao valor nominal junto da instituição bancária que realizou a operação.

Já no caso das livranças, como o beneficiário é, em regra, uma instituição bancária, o subscritor liquidará a quantia correspondente ao valor nominal do título junto da instituição beneficiária, acrescida do montante de juros vencidos consoante a possibilidade de desconto praticada.

Porém, uma situação corrente é aquela em que, no vencimento, o sacado, no caso das letras, e o subscritor, no caso das livranças, não possuem a quantia necessária para solver o montante em dívida. É, então, necessário proceder a uma ***operação de reforma***, que consiste na substituição do título de crédito anterior por um novo título de crédito, com vencimento a ocorrer num momento futuro. O valor nominal do novo título resultará, tanto para as letras como para as livranças, do efeito conjugado de um certo número de fatores.

Questão essencial entre esses fatores é a de saber se se trata de uma ***reforma total***, isto é, quando no vencimento o devedor não efetuou qualquer pagamento, sendo o valor nominal do novo título calculado em função do total do valor nominal do título inicial ou se, em vez disso, se trata de uma ***reforma parcial***, quando parte da dívida é liquidada no vencimento e o novo título é emitido tendo por base o valor remanescente.

[20] Quando falamos em data de vencimento poderemos referir-nos ao dia mencionado no título, bem como aos dois dias que lhe sucedem, uma vez que a LULL permite essa dilação no pagamento tanto das letras como das livranças.

Para além disso, na prática bancária, a taxa a utilizar nas operações de reforma é, em regra, maior que a taxa observada na operação inicial cerca de 1% a 2%, surgindo acrescida em cada operação de reforma que for efetuada. Também as comissões e os demais encargos serão superiores nas operações de reforma aos aplicados no desconto do efeito inicial.

2.1. Reforma de letras

A situação mais comum é aquela em que o sacado liquida uma parcela do valor da dívida, aceitando uma nova letra pelo valor remanescente. Nestes casos, estaremos perante uma *reforma parcial.*

Embora teoricamente possível, a *reforma integral,* aquela em que o sacado não efetua qualquer pagamento, não é uma situação vulgar, principalmente devido ao facto de os bancos mostrarem alguma relutância em descontar letras integralmente reformadas, por envolverem um considerável acréscimo de risco.

A questão fundamental que então se coloca é a de saber qual o valor nominal da nova letra. Em ambas as situações, ***do desconto imediato da letra de reforma resulta um produto líquido igual ao montante não liquidado no vencimento da letra inicial.*** Se notarmos por PLD_R o *produto líquido do desconto da letra de reforma,* por VN_I o *valor nominal da letra reformada,* por VN_R o *valor nominal da letra de reforma* e por PP o *pagamento realizado no caso de reforma parcial,* teremos

$$PLD_R = VN_I \qquad \textbf{[5.16]}$$

no caso de ***reforma integral*** ou, ainda,

$$PLD_R = VN_I - PP \qquad \textbf{[5.17]}$$

na eventualidade de ocorrer uma ***reforma parcial.***

Por sua vez, em ambas as situações, o produto líquido do desconto da letra de reforma é obtido de acordo com [5.6], pelo que

$$PLD_R = VN_R - \left[VN_R \left(\frac{t+2}{360} \times d + CC \right) (1 + IS) + P \right]$$

Assim sendo, o ***valor nominal da letra de reforma*** será obtido, em caso de ***reforma integral***, recorrendo à expressão

$$VN_I = VN_R - \left[VN_R \left(\frac{t+2}{360} \times d + CC \right) (1 + IS) + P \right] \qquad [\,5.18\,]$$

Enquanto isso, tratando-se de uma ***reforma parcial***, a expressão surgirá

$$VN_I - PP = VN_R - \left[VN_R \left(\frac{t+2}{360} \times d + CC \right) (1 + IS) + P \right] \qquad [\,5.19\,]$$

Resolvendo em ordem a VN_R, obter-se-á, em ambos os casos, o ***valor nominal da letra de reforma***.

EXEMPLO: O sacado de uma letra de valor nominal de 5.000 €, cujo vencimento ocorre hoje, verificou não dispor de meios financeiros para proceder à sua liquidação. Solicitou, então, a reforma integral da mesma por um período de 45 dias. Sabendo que a nova letra engloba os encargos decorrentes de um possível desconto bancário imediato e que as condições praticadas pela banca em operações similares são as seguintes:

- Taxa de desconto: 8%;
- Comissões de cobrança: 2,25%;
- Portes: 2 €;

determine o valor nominal da nova letra.

Tratando-se de uma reforma integral, substituindo pelos valores respetivos na expressão encontrada em [5.18], resulta

$$5.000\,€ = VN_R - \left[VN_R \left(\frac{45+2}{360} \times 8\% + 2{,}25\% \right) (1 + 4\%) + 2€ \right]$$

Bastará resolvermos em ordem a VN_R, pelo que se obtém

$$5.000\,€ = VN_R - 0{,}0342622\,VN_R - 2\,€$$
$$0{,}9657377\,VN_R = 5.002\,€$$
$$VN_R = 5.179{,}46\,€$$

O valor nominal da letra de reforma será de 5.179,46 €. O montante do desconto bancário da letra de reforma será exatamente de 179,46 €; a letra de reforma, uma vez descontada, há de produzir um produto líquido do desconto exatamente igual à quantia em dívida.

O que sucede no caso de haver uma reforma parcial? É o que observaremos no exemplo seguinte.

EXEMPLO: Reconsidere os dados do exemplo anterior, atendendo a que, na data do vencimento, o sacado procedeu à entrega de 40% do valor em dívida. Qual será o valor nominal da letra de reforma nestas circunstâncias?

O valor em dívida corresponde ao valor nominal da letra reformada, logo

$$PP = 40\% \times 5.000\,€ = 2.000\,€$$

Recorrendo a [5.19], efetuadas as substituições respetivas, obtém-se

$$5.000€ - 2.000€ = VN_R - \left[VN_R \left(\frac{45+2}{360} \times 8\% + 2{,}25\% \right)(1+4\%) + 2€ \right]$$

$$3.000\,€ = VN_R - 0{,}0342622\,VN_R - 2\,€$$
$$0{,}9657377\,VN_R = 3.002\,€$$
$$VN_R = 3.108{,}50\,€$$

O valor nominal da letra de reforma é de 3.108,50 €. Esta letra, uma vez descontada, vai produzir um produto líquido do desconto igual ao valor remanescente da dívida, isto é, aos 3.000 € ainda não liquidados.

2.2. Reforma de livranças

Tal como sucede no contexto das letras, também no caso das livranças existe a eventualidade de, uma vez chegada a data de vencimento, o subscritor não possuir o montante necessário, na íntegra ou em parte, para entregar ao beneficiário e proceder ao pagamento do título. Nestas circunstâncias, deve realizar-se uma ***operação de reforma***; no vencimento da livrança inicial, esta é substituída por uma outra, designada por ***livrança de reforma***, com vencimento posterior.

Ainda à semelhança do que sucede nas letras, também a reforma das livranças pode ser ***integral***, quando na data do vencimento não é efetuada qualquer amortização, ou ***parcial***, quando é liquidada certa percentagem do valor em dívida, havendo lugar à emissão de uma nova livrança correspondente à quantia remanescente. Em ambos os casos, a questão que surge de imediato é a de saber qual o ***valor nominal da livrança de reforma***.

Recordemos as três possibilidades de desconto por financiamento descritas em 1.4.

Em **1**, apontámos a hipótese de os juros serem tratados autónoma e postecipadamente; se os juros da livrança de reforma também o forem, significa que, em caso de ***reforma integral***, no vencimento da livrança inicial são liquidados os encargos, dando lugar à emissão de uma nova livrança com o mesmo valor nominal que a anterior. Os encargos da nova livrança serão, então, liquidados no vencimento respetivo.

Acresce, porém, que, tal como sugerimos para o caso das letras, também a taxa de desconto por financiamento aplicada nas operações de reforma é superior à praticada nas operações iniciais de financiamento.

EXEMPLO: Um financiamento bancário no montante de 6.000 € foi titulado através de uma livrança a 180 dias. No vencimento, não dispondo de fundos para liquidar o montante em dívida, o subscritor solicitou a reforma integral da livrança a 90 dias, o que o Banco tomador aceitou. A taxa praticada nas operações de desconto por financiamento é de 8%, acrescendo em 1,5% no caso das operações de reforma. Sabendo que os encargos foram tratados autónoma e postecipadamente, determine o montante do desconto por financiamento, tanto para o caso da livrança inicial como para o caso da livrança de reforma.

Principiemos por calcular o montante dos encargos a pagar no vencimento da livrança inicial e que se obtém atendendo à expressão do desconto por financiamento formalizada em [5.9], logo

$$D_F = VN \left(\frac{t+2}{360} \times d \right) (1 + IS)$$

$$D_F = 6.000\text{ €}\left(\frac{180+2}{360}\times 8\%\right)(1+4\%)$$

$$D_F = 6.000\text{ €}\times 0{,}042062$$

$$D_F = 252{,}37\text{ €}$$

Este será o montante a liquidar no vencimento do 1º título. Nesta data, é emitida a livrança de reforma com o mesmo valor nominal que a anterior. O montante dos encargos a liquidar no vencimento da livrança de reforma calcula-se, também, atendendo à expressão já formalizada em [5.9].

$$D_F = 6.000\text{ €}\left(\frac{90+2}{360}\times 9{,}5\%\right)(1+4\%)$$

$$D_F = 6.000\text{ €}\times 0{,}0252489$$

$$D_F = 151{,}49\text{ €}$$

Tratando-se de uma ***reforma parcial***, o valor nominal da livrança de reforma surge reduzido da quantia paga, a título de amortização, no vencimento da livrança inicial. Assim sendo, se notarmos por D_{FR} o *montante do desconto da livrança de reforma*, por VN_I o *valor nominal da livrança inicial* e por PP o *montante pago no vencimento da livrança inicial*, podemos estabelecer que

$$D_{FR} = (VN_I - PP)\left(\frac{t+2}{360}\times d\right)(1+IS)$$

Representando VN_R o *valor nominal da livrança de reforma*, podemos escrever

$$VN_R = VN_I - PP$$

resultando, ainda, que

$$D_{FR} = VN_R\left(\frac{t+2}{360}\times d\right)(1+IS) \qquad [5.20]$$

sendo esta expressão idêntica à que encontrámos em [5.9].

EXEMPLO: Uma livrança, cujo valor nominal era de 6.000 €, foi reformada parcialmente no seu vencimento, tendo o subscritor entregue 1.000 € e pago os encargos decorrentes do desconto por financiamento. Qual o montante de encargos inerentes à operação de reforma da livrança, a liquidar no respetivo vencimento, sabendo que o novo título foi emitido a 60 dias e que a taxa praticada é de 10%?

O problema encontra fácil solução aplicando a fórmula estabelecida em [5.20], sendo o valor nominal da livrança de reforma igual a 5.000 €, uma vez que é a diferença entre o valor nominal da livrança inicial e a entrega parcial efetuada no seu vencimento[21]. Assim sendo, vem

$$D_{FR} = 5.000\text{ €}\left(\frac{60+2}{360}\times 10\%\right)(1+4\%)$$

$$D_{FR} = 5.000\text{ €}\times 0{,}01791$$

$$D_{FR} = 89{,}56\text{ €}$$

Observemos, agora, o caso previsto na hipótese **2**, em que os encargos do desconto por financiamento são englobados no valor nominal da livrança. Tratando-se de uma ***reforma total***, o produto líquido do desconto da livrança de reforma corresponde ao valor nominal da livrança inicial, pelo que surge

$$VN_R = PLD_R + D_{FR}$$

ou ainda

$$VN_R = PLD_R + PLD_R\left(\frac{t+2}{360}\times d\right)(1+IS) \qquad [\,5.21\,]$$

uma vez que os encargos são calculados sobre o produto líquido do financiamento.

Na data de vencimento da livrança inicial, a conta do subscritor é debitada pelo valor nominal dessa livrança e creditada pelo produto líquido do desconto da livrança de reforma, que, como vimos, são iguais.

---

[21] Neste caso, o prazo de vencimento do título inicial não é relevante para a resolução do problema.

EXEMPLO: Retomemos o problema sugerido para a hipótese 1, isto é, uma dívida no montante de 6.000 €, titulada através de uma livrança datada a 180 dias, que, por não ter sido liquidada no vencimento, foi integralmente reformada a 90 dias. Considerando os mesmos encargos de financiamento (taxa de desconto de 8% na operação inicial e de 9,5% na operação de reforma), determine o valor nominal de ambas as livranças.

Neste caso, temos que

$$VN_I = PLD_F + PLD_F \left(\frac{t+2}{360} \times d \right) (1 + IS)$$

ou seja, o valor da dívida – 6.000 € – corresponde ao próprio produto líquido do financiamento, donde resulta que o valor nominal da livrança inicial vai ser

$$VN_I = 6.000 \text{ €} + 6.000 \text{ €} \left(\frac{180+2}{360} \times 8\% \right) (1 + 4\%)$$

$$VN_I = 6.000 \text{ €} + 252,37 \text{ €}$$
$$VN_I = 6.252,37 \text{ €}$$

Este é o montante em dívida que não foi liquidado no vencimento da livrança inicial, tratando-se, portanto, do produto líquido do desconto da livrança de reforma. Atendendo às condições praticadas na operação de reforma, vem

$$VN_R = 6.252,37 \text{ €} + 6.252,37 \text{ €} \left(\frac{90+2}{360} \times 9,5\% \right) (1 + 4\%)$$

$$VN_R = 6.252,37 \text{ €} + 157,87 \text{ €}$$
$$VN_R = 6.410,24 \text{ €}$$

Em caso de ***reforma parcial***, isto é, tendo ocorrido a amortização de certa parcela do valor em dívida na data de vencimento da livrança inicial, surge que

$$PLD_R = VN_I - PP$$

Nesta data, a conta do subscritor é debitada pelo valor nominal da livrança inicial e creditada pelo produto líquido do desconto da livrança de reforma, correspondendo o diferencial à amortização.

O montante do valor nominal da livrança de reforma é calculado do mesmo modo que no caso de reforma total, através de [5.21], sendo que agora o produto líquido do desconto por financiamento equivale a $VN_I - PP$.

EXEMPLO: Vamos considerar, de novo, o caso da operação de financiamento titulada através de uma livrança, cujo valor nominal era de 6.000 € e que foi reformada parcialmente no seu vencimento. Sabendo que o aceitante amortizou 1.000 € do valor em dívida, que o novo título foi emitido a 60 dias e que a taxa praticada na operação é de 10%, determine o valor nominal da livrança de reforma, no pressuposto de que esta inclui os encargos inerentes ao desconto por financiamento.

Neste caso, tem-se que

$$PLD_R = VN_I - PP$$
$$PLD_R = 6.000\ € - 1.000\ € = 5.000\ €$$

Como se referiu, o valor nominal da livrança de reforma determina-se de acordo com [5.21], pois o desconto por financiamento é calculado sobre o produto líquido do financiamento da livrança de reforma.

$$VN_R = 5.000\ € + 5.000\ € \left(\frac{60+2}{360} \times 10\% \right) (1+4\%)$$
$$VN_R = 5.000\ € + 89{,}56\ €$$
$$VN_R = 5.089{,}56\ €$$

Se o desconto por financiamento ocorrer de acordo com a hipótese contemplada em **3**, os encargos do desconto são pagos antecipadamente. Sabemos que

$$VC = VN - \frac{D_F}{1 + i \times t}$$

ou também

$$VN = VC + \frac{D_F}{1 + i \times t}$$

com D_F a incidir sobre o valor nominal da livrança inicial.

Havendo uma ***reforma total***, será emitida uma nova livrança, cujo valor nominal é o que satisfaz a condição

$$VN_I = VN_R - \frac{D_{FR}}{1 + i \times t} \qquad [5.22]$$

com D_{FR} calculado, naturalmente, sobre VN_R.

No vencimento da livrança inicial, a conta do subscritor é debitada pelo valor nominal respetivo e creditada por $VN_R - \dfrac{D_{FR}}{1 + i \times t}$.

EXEMPLO: De modo a podermos efetuar comparações adequadas, vamos considerar, de novo, a operação de reforma integral apontada para os casos de a operação de desconto ter sido efetuada de acordo com as modalidades propostas em 1 e 2. Temos, então, uma livrança com o valor nominal de 6.000 € datada a 180 dias, que, por não ter sido liquidada nessa data, foi solicitada a sua reforma total a 90 dias. Sabendo que as taxas praticadas foram de 8% para a operação de desconto inicial e de 9,5% para a operação de reforma, determine o montante creditado na conta do cliente na operação inicial, bem como o valor nominal da livrança de reforma, considerando que os encargos foram pagos antecipadamente em ambos os casos.

Atendendo às condições de desconto praticadas, temos que

$$VC = VN - \frac{D_{FR}}{1 + i \times t}$$

logo vem

$$VC = 6.000\text{ €} - \frac{6.000\text{€} \times \left(\frac{180 + 2}{360} \times 8\%\right) \times (1 + 4\%)}{1 + \frac{182}{360} \times 8\%}$$

$$VC = 6.000\text{ €} - 242{,}56\text{ €}$$
$$VC = 5.757{,}44\text{ €}$$

Esta é a quantia que foi creditada na conta do subscritor aquando do desconto da livrança inicial.

Se os 6.000 € correspondentes ao valor nominal da livrança inicial não forem pagos no vencimento, este será o montante a creditar ao subscritor no momento da operação de reforma. O valor nominal da livrança de reforma será o que verifica a seguinte condição:

$$6.000\ € = VN_R - \frac{VN_R \times \left(\frac{90+2}{360} \times 9{,}5\%\right) \times (1+4\%)}{1 + \frac{92}{360} \times 9{,}5\%}$$

Resolvendo em ordem a VN_R, surge que

$$6.000\ € = VN_R - 0{,}02465\ VN_R$$
$$VN_R = 6.151{,}64\ €$$

Quando se trata de uma ***reforma parcial***, no vencimento da livrança primitiva, a conta do subscritor é debitada pelo valor nominal dessa livrança – que constitui o montante em dívida –, sendo creditada pela quantia correspondente a $VN_I - PP$.

Por consequência, o valor nominal da livrança de reforma é o que verifica a seguinte condição:

$$VN_I - PP = VN_R - \frac{D_{FR}}{1 + i \times t} \qquad [5.23]$$

EXEMPLO: Vamos considerar, mais uma vez, a operação de reforma parcial já descrita para as modalidades de desconto discutidas em 1 e 2.

Uma livrança, cujo valor nominal era de 6.000 €, foi reformada parcialmente no seu vencimento, tendo o subscritor entregue 1.000 € e sido emitido um novo título a 60 dias. Qual o valor nominal desta nova livrança, sabendo que a taxa praticada é de 10% e que os encargos foram pagos antecipadamente?

Substituindo os valores do caso proposto na expressão anteriormente formalizada, vem que

$$6.000\ € - 1.000\ € = VN_R - \frac{VN_R \times \left(\frac{60+2}{360} \times 10\%\right) \times (1+4\%)}{1 + \frac{62}{360} \times 10\%}$$

$5.000\text{ €} = VN_R - 0{,}01761\, VN_R$
$VN_R = 5.089{,}62\text{ €}$

Nos exemplos apresentados pressupusemos que a operação de reforma ocorre nos mesmos moldes que a operação de financiamento inicial. Porém, nem sempre assim sucede, podendo os intervenientes na livrança alterar a modalidade de cálculo do desconto em cada operação realizada.

A modalidade de desconto observada na operação de reforma pode, desta feita, não coincidir com a modalidade adotada na operação inicial de financiamento. Isso mesmo ilustraremos através do caso nº 13 integrado na secção de Exercícios Resolvidos do presente Capítulo.

Acresce, ainda, referir que o custo associado às operações de reforma pode também ele ser calculado observando os princípios que descreveremos no ponto seguinte.

3. Custo efetivo do desconto

O ***custo efetivo do desconto*** corresponde à *ratio* existente entre o montante do desconto propriamente dito e o capital resultante dessa operação[22].

Ora sucede que o montante do desconto e, bem assim, o montante de capital que daí decorre variam em acordo com a modalidade de desconto praticada. Assim sendo, procuraremos determinar como se calcula o custo efetivo do desconto para cada uma das modalidades de desconto estudadas, tanto para as possibilidades genéricas de desconto que discutimos no Capítulo 1 – o ***desconto por dentro***, o ***desconto por fora*** e o ***desconto composto*** –, bem como para os casos concretos de desconto de títulos de crédito agora em apreço – o ***desconto bancário*** e o ***desconto por financiamento***.

Desde logo, o ***custo efetivo do desconto por dentro*** resulta do confronto entre o montante do desconto D_d e o valor presente do capital C_{n-t}. Logo virá

$$d_{\text{efect. Dd}} = \frac{D_d}{C_{n-t}} \qquad [\,5.24\,]$$

[22] Este é, aliás, o princípio subjacente à determinação do custo efetivo inerente a qualquer fonte de financiamento, o qual resulta do confronto entre o montante de encargos envolvidos e o montante de capital captado por essa fonte de financiamento.

Substituindo D_d e C_{n-t} pelas expressões encontradas no Capítulo 1, respetivamente, através de [1.26] e de [1.25], obtém-se

$$d_{\text{efect. Dd}} = \frac{\dfrac{C_n \times i \times t}{1 + i \times t}}{\dfrac{C_n}{1 + i \times t}}$$

ou seja

$$d_{\text{efect. Dd}} = i \times t \qquad [\,5.25\,]$$

donde se conclui que ***o custo efetivo do desconto por dentro iguala a própria taxa de juro praticada na operação, ponderada pelo respetivo período de tempo***.

EXEMPLO: Qual o custo efetivo da seguinte operação: desconto por dentro de um capital de 4.000 €, a 18 dias do seu vencimento, sabendo que foi praticada uma taxa anual de 7,5%?

Comecemos por calcular

$$C_{n-t} = \frac{C_n}{1 + i \times t}$$

$$C_{n-t} = \frac{4.000€}{1 + 7{,}5\% \times \dfrac{18}{360}}$$

$$C_{n-t} = \frac{4.000€}{1{,}00375}$$

$$C_{n-t} \cong 3.985{,}06\ €$$

e também

$$D_d = C_{n-t} \times i \times t$$

$$D_d = 3.985{,}06\ € \times 7{,}5\% \times \frac{18}{360}$$

$$D_d = 14{,}94\ €$$

Atendendo a que

$$d_{\text{efect. Dd}} = \frac{D_d}{C_{n-t}}$$

logo obtém-se

$$d_{\text{efect. Dd}} = \frac{14{,}94€}{3.985{,}06€}$$

$$d_{\text{efect. Dd}} = 0{,}375\%$$

Este é o custo efetivo da operação de desconto por dentro ***para o período t considerado***, no caso para 18 dias. Uma vez que o desconto por dentro é calculado de acordo com o regime de juro simples, obtém-se o custo efetivo anual multiplicando a expressão anterior pelo fator de proporcionalidade relativamente a t. Deste modo, surge

$$d_{\text{efect. anual}} = \frac{D_d \times 360}{C_{n-t} \times t}$$

$$d_{\text{efect. anual}} = 0{,}375\% \times \frac{360}{18}$$

$$d_{\text{efect. anual}} = 7{,}5\%$$

que é a taxa de juro anual.

Em alternativa, poder-se-ia, muito simplesmente, recorrer a [5.25], ou seja,

$$d_{\text{efect. Dd}} = i \times t$$

$$d_{\text{efect. Dd}} = 7{,}5\% \times \frac{18}{360}$$

$$d_{\text{efect. Dd}} = 0{,}375\%$$

Recorrendo a raciocínio análogo ao anteriormente exposto, podemos determinar o ***custo efetivo do desconto por fora***. Deste modo, surgirá

$$d_{\text{efect. Df}} = \frac{D_f}{C_{n-t}} \qquad \textbf{[5.26]}$$

Tendo em consideração os valores de D_f e de C_{n-t}, obtemos

$$d_{\text{efect. Df}} = \frac{C_n \times i \times t}{C_n(1 - i \times t)}$$

ou ainda

$$d_{\text{efect. Df}} = \frac{i \times t}{1 - i \times t} \qquad [5.27]$$

Torna-se imediato que $i \times t < \dfrac{i \times t}{1 - i \times t}$; por conseguinte, ***perante idênticas condições de taxa de juro e de tempo, o custo efetivo do desconto por fora é sempre maior que o custo efetivo do desconto por dentro.***

EXEMPLO: Considerando os dados do exemplo anterior, determine o custo efetivo do desconto, no pressuposto de ter sido praticada a modalidade do desconto por fora.

Se calcularmos

$$D_f = C_n \times i \times t$$

$$D_f = 4.000\ € \times 7{,}5\% \times \frac{18}{360}$$

$$D_f = 15\ €$$

e ainda

$$C_{n-t} = C_n - D_f$$
$$C_{n-t} = 4.000\ € - 15\ €$$
$$C_{n-t} = 3.985\ €$$

podemos, então, determinar

$$d_{\text{efect. Df}} = \frac{15€}{3.985€}$$

$$d_{\text{efect. Df}} = 0{,}3764\%$$

Este é o custo efetivo do desconto por fora para o ***período de tempo considerado***, isto é, para os 18 dias. Se pretendermos determinar o custo efetivo anual do desconto por fora, teremos que multiplicar pelo coeficiente de proporcionalidade respetivo, isto é,

$$d_{\text{efect. anual}} = 0{,}3764\% \times \frac{360}{18}$$

$$d_{\text{efect. anual}} = 7{,}528\%$$

logo ***um custo efetivo superior ao encontrado para o caso do desconto por dentro*** e, outrossim, maior que a taxa de juro anual praticada na operação.

O custo efetivo do desconto por fora, considerando o período t, podia ser obtido, de modo imediato, aplicando a fórmula encontrada em [5.27]. Desta sorte, vem que

$$d_{\text{efect. Df}} = \frac{i \times t}{1 - i \times t}$$

$$d_{\text{efect. Df}} = \frac{7{,}5\% \times \frac{18}{360}}{1 - 7{,}5\% \times \frac{18}{360}}$$

$$d_{\text{efect. Df}} = \frac{0{,}00375}{0{,}99625}$$

$$d_{\text{efect. Df}} = 0{,}3764\%$$

Resulta, contudo, evidente que o custo efetivo do desconto – tanto no desconto por dentro como no desconto por fora – não depende do montante de capital considerado, sendo apenas relevantes as variáveis relativas ao *prazo da operação* (t) e à *taxa de juro* (i) considerada.

No caso do ***custo efetivo do desconto composto***, este corresponde à *ratio* existente entre o montante do desconto composto D_c e o montante do produto líquido do desconto C_{n-t}, isto é,

$$d_{\text{efect. Dc}} = \frac{D_c}{C_{n-t}} \qquad \textbf{[5.28]}$$

Atendendo às expressões formalizadas, respetivamente, em [1.31] e [1.30], surgirá

$$d_{\text{efect. Dc}} = \frac{C_{n-t}\left[(1+i)^t - 1\right]}{C_n(1+i)^{-t}}$$

donde, substituindo C_{n-t} por $C_n\ (1 + i)^{-t}$, se obterá

$$d_{\text{efect. Dc}} = (1+i)^t - 1 \qquad [5.29]$$

Verificamos que, também no caso do desconto composto, o montante de capital envolvido não é relevante para a determinação do custo efetivo da operação.

EXEMPLO: Qual o custo efetivo do desconto composto sofrido por um capital de 3.000 €, à taxa de 5%, por um período de 63 dias?

De modo imediato, podemos recorrer a [5.29] e calcular

$$d_{\text{efect. Dc}} = (1+5\%)^{\frac{63}{360}} - 1$$

$$d_{\text{efect. Dc}} = 0{,}85748\%$$

Este é o custo efetivo da operação de desconto composto para o período de tempo considerado, isto é, para 63 dias. Se pretendermos calcular qual o custo efetivo anual, necessitamos de determinar qual a taxa anual que lhe equivale.

No cálculo do custo efetivo do desconto por dentro e do desconto por fora, apurámos o custo anual através de uma *relação de proporcionalidade*, por terem implícito um processo de capitalização em regime de juro simples; enquanto isso, vamos, no caso presente, recorrer a uma *relação de equivalência*. Assim sendo, teremos

$$(1 + d_{63\ \text{dias}})^{\frac{360}{63}} = (1 + d_{\text{anual}})$$

$$d_{\text{anual}} = (1 + 0{,}85748\%)^{\frac{360}{63}} - 1$$
$$d_{\text{anual}} = 5\%$$

Deste modo, observamos que o ***custo efetivo anual do desconto composto corresponde à própria taxa efetiva anual praticada na operação.***

Atendemos, agora, ao custo efetivo subjacente às operações de desconto de títulos de crédito.

No que se refere ao ***custo efetivo do desconto bancário***, este vai corresponder à razão existente entre o montante do desconto bancário e o do produto líquido do desconto ou, de outro modo, entre os encargos decorrentes da utilização, pelo período t, de um certo capital e esse mesmo capital. Daí que

$$d_{\text{efect. DB}} = \frac{D_B}{PLD_B} \qquad [5.30]$$

EXEMPLO: Uma letra, cujo valor nominal é de 1.750 €, foi descontada 31 dias antes do seu vencimento. Qual terá sido o custo efetivo da operação de desconto, sabendo que a instituição bancária que a realizou pratica as seguintes condições:

Taxa de desconto: 7,5%;
Comissão de cobrança: 2%
Portes: 2 €?

Vamos, primeiramente, calcular o montante do desconto bancário. Substituindo os valores respetivos na expressão formalizada em [5.4], obteremos

$$D_B = 1.750\text{ €}\left(\frac{31+2}{360} \times 7{,}5\% + 2\%\right)(1+4\%) + 2\text{ €}$$

$$D_B = 1.750\text{ €} \times 0{,}02795 + 2\text{ €}$$
$$D_B = 48{,}91\text{ €} + 2\text{ €}$$
$$D_B = 50{,}91\text{ €}$$

Por sua vez,

$$PLD_B = VN - D_B$$
$$PLD_B = 1.750\text{ €} - 50{,}91\text{ €}$$
$$PLD_B = 1.699{,}09\text{ €}$$

Por conseguinte,

$$d_{\text{efect. DB}} = \frac{50{,}91\text{€}}{1.699{,}09\text{€}}$$

$$d_{\text{efect. DB}} = 0{,}029963$$
$$d_{\text{efect. DB}} \cong 3\%$$

Este é o custo efetivo do desconto bancário – o custo da letra enquanto fonte de financiamento – para o prazo da operação. Por sua vez, a taxa de custo efetiva anual do desconto bancário é a taxa d_{anual} que verifica a condição[23]

$$(1 + 3\%)^{\frac{365}{33}} = (1 + d_{\text{anual}})$$

$$d_{\text{anual}} = (1 + 3\%)^{\frac{365}{33}} - 1$$

$$d_{\text{anual}} = 1{,}3867158687 - 1$$
$$d_{\text{anual}} = 38{,}67\%$$

Do exposto anteriormente, dois aspetos resultam óbvios: em primeiro lugar, ***o custo efetivo do desconto bancário é superior à taxa de desconto praticada na operação***, uma vez que aquela reflete todos os encargos suportados pelo beneficiário do desconto[24]; em segundo lugar, surge a hipótese de bancos diferentes apresentarem custos efetivos das operações de desconto também diferentes, atendendo a que as comissões de cobrança e os portes variam de acordo com as respetivas tabelas de preços. Nesse sentido, convirá proceder à comparação das condições de desconto oferecidas por várias instituições bancárias, de modo a aferir qual a melhor possibilidade disponível no mercado.

No contexto das letras, para além da taxa de custo efetivo do desconto bancário, devemos ainda atender aos conceitos de ***taxa anual efetiva*** e de ***taxa real de desconto.***

A ***taxa anual efetiva***, corroborando o que se afirmou no Capítulo 2, é a taxa que traduz a remuneração do capital cedido, na ótica das instituições bancárias. Assim sendo, o desconto bancário deverá ser calculado sem atender ao

---

[23] No presente caso, consideramos 365 dias em vez dos 360 dias utilizados para as operações bancárias, uma vez que se trata do custo efetivo a suportar pelo beneficiário do desconto durante um ano, sendo, por isso, um indicador de gestão e não um encargo bancário.

Por sua vez, contamos 33 dias para o prazo da operação, uma vez que o financiamento pode ser obtido por esse período, pelo facto de a letra poder ser liquidada nos dois dias posteriores ao vencimento. Isto é o que sucede em termos práticos, na maioria dos casos, uma vez que os cedentes dilatam o pagamento da letra até ao limite máximo que lhes é permitido por lei.

[24] Mesmo havendo decisão comercial no sentido de isentar de comissão de cobrança e de portes, o imposto de selo é sempre suportado por força legal.

Imposto do Selo, dado que este se trata de uma receita que reverterá a favor da Autoridade Tributária.

Se designarmos por D'_B o montante do desconto bancário sem que inclua o Imposto do Selo, vem que

$$D'_B = VN\left(\frac{t+2}{360} \times d + CC\right) + P \qquad [\,5.31\,]$$

Logo a taxa anual efetiva associada a uma operação de desconto bancário, a qual surge identificada por d'_{DB}, será dada por

$$d'_{DB} = \frac{D'_B}{PLD_B} \qquad [\,5.32\,]$$

Importa sublinhar que o montante do produto líquido do desconto bancário que consideramos para efeitos do cálculo de d'_{DB} é necessariamente o mesmo que o considerado no cálculo do custo efetivo do desconto bancário – isto é, já desonerado do Imposto do Selo – por ser este montante de capital efectivamente cedido pela instituição bancária.

Por seu turno, a ***taxa real de desconto*** é a taxa única que, em regime de juro simples, permite traduzir todos os encargos inerentes à operação de desconto. Uma vez calculado o custo efetivo do desconto bancário para o prazo da operação (incluindo o Imposto do Selo), a taxa real de desconto obtém-se multiplicando pelo coeficiente de proporcionalidade respetivo. Na senda do exposto, notando por d_{real} a taxa real de desconto, podemos formalizar que

$$d_{real} = \frac{360}{t+2} \times d_{efect.\,DB} \qquad [\,5.33\,]$$

EXEMPLO: Reconsideramos os elementos contemplados no exemplo anterior e calculamos a taxa anual efetiva e taxa real de desconto.

Como a taxa efetiva anual resulta da aplicação de [5.32], começamos por determinar o montante do desconto bancário de acordo com a expressão estabelecida em [5.31], isto é,

$$D'_B = 1.750\ € \times \left(\frac{31+2}{360} \times 7{,}5\% + 2\%\right) + 2\ €$$

$$D'_B = 49{,}03\ €$$

Por seu turno, $PLD_B = 1.699,09$ €, já calculado no exemplo anterior. Logo

$$d'_{DB} = \frac{49,03€}{1.699,09€} = 2,8857\%$$

Tal como sucedia para o custo efetivo anual, a taxa assim obtida reporta-se ao prazo da operação. Logo determinamos a taxa efetiva anual recorrendo a uma relação de equivalência.

$$(1 + 2,8857\%)^{\frac{360}{33}} = (1 + d'_{anual}) \Leftrightarrow d'_{anual} = 36,39\%$$

Já a taxa real pode ser obtida através de [5.33], donde

$$d_{real} = \frac{360}{33} \times 3\% = 32,72\%$$

De outro modo, a taxa real de desconto é a que permite obter o montante correspondente ao valor nominal, uma vez aplicado o produto líquido do desconto, em regime de juro simples, pelo prazo da operação. No caso presente, ter-se-ia que

$$1.699,09 \text{ €} \times \left(1 + \frac{33}{360} \times d_{real}\right) = 1.750 \text{ €}$$

que conduz, necessariamente, a idêntico resultado.

Detemo-nos, por fim, sobre o ***custo efetivo do desconto por financiamento***, resultando este da *ratio* entre o montante do desconto por financiamento propriamente dito e o valor líquido do capital. Assim sendo, surgirá

$$d_{efect.\,DF} = \frac{D_F}{PLD_F} \qquad [\,5.34\,]$$

diferindo o denominador em função da modalidade de desconto adotada.

Deste modo, a taxa ***de custo efetivo anual do desconto por financiamento*** é aquela que, numa base anual, reflete todos os encargos efetivamente suportados pelo subscritor da livrança.

EXEMPLO: Um financiamento no montante de 25.000 € foi titulado através de uma livrança datada para 60 dias. Sabendo que foi praticada uma taxa de desconto de 9% ao ano, calcule e compare o custo anual efetivo do desconto por financiamento em cada uma das seguintes eventualidades: *i*) os encargos do desconto são pagos autonomamente no momento do vencimento; *ii*) os encargos integram o valor nominal da livrança; *iii*) os encargos são pagos antecipadamente.

i) No caso de os encargos serem pagos autonomamente no momento do vencimento, temos que

$$PLD_F = VN = 25.000\text{ €}$$

e também que

$$D_F = PLD_F \left(\frac{t+2}{360} \times d \right) (1 + IS)$$

$$D_F = 25.000\text{ €} \left(\frac{60+2}{360} \times 9\% \right) (1 + 4\%)$$

$$D_F = 403\text{ €}$$

De acordo com [5.34], vem que

$$d_{\text{efect. DF}} = \frac{D_F}{PLD_F}$$

Ao substituirmos pelos valores respetivos, surge

$$d_{\text{efect. DF}} = \frac{403\text{€}}{25.000\text{€}} = 1{,}612\%$$

que é, assim, o custo efetivo do desconto por financiamento para os 62 dias da operação. A taxa de custo efetiva anual é a que verifica a seguinte *relação de equivalência*:

$$(1 + 1{,}612\%)^{\frac{365}{62}} = (1 + d_{\text{anual}})$$

$$d_{\text{anual}} = 9{,}8717\%$$

ii) Caso os encargos se encontrem incluídos no valor nominal do titulo, para que o subscritor possa aceder a um financiamento de 25.000 €, o valor nominal da livrança vai ser necessariamente superior, calculado através da expressão

$$VN = PLD_F + D_F$$

correspondendo o PLD_F a 25.000 € e o D_F idêntico ao obtido na hipótese anterior, logo VN = 25.403 €

Ambas as modalidades descritas são equivalentes, já que conduzem ao mesmo custo anual efetivo do desconto por financiamento. A única diferença entre estas duas possibilidades decorre da selagem da livrança, uma vez que o valor nominal é ligeiramente superior na segunda hipótese[25].

iii) Na eventualidade de os encargos serem pagos "à cabeça" e sendo os 25.000 € o montante a creditar na conta do subscritor da livrança, temos que

$$VC = VN - \frac{D_F}{1 + i \times t}$$

Sabemos, ainda, que

$$D_F = 25.000\ € \left(\frac{60 + 2}{360} \times 9\%\right)(1 + 4\%) = 403\ €$$

Substituindo na expressão anterior e resolvendo em ordem a VN, vem que

$$25.000\ € = VN - \frac{403€}{1 + 9\% \times \frac{62}{360}}$$

$$VN = 25.000\ € + 396{,}85\ €$$
$$VN = 25.396{,}85\ €$$

O montante do desconto por financiamento assim obtido é idêntico ao das possibilidades anteriores, tal como o próprio montante do financiamento,

[25] O que implica um aumento, em termos de encargos, de 5‰ sobre o acréscimo do valor nominal da livrança.

conduzindo, portanto, ao mesmo custo efetivo. Como já havíamos sublinhado anteriormente, ***a única diferença entre as três hipóteses descritas reside no valor da selagem da livrança***, por ser também diferente o valor nominal das livranças em cada um dos casos. Desta sorte, podemos estabelecer que

$$VN_i < VN_{iii} < VN_{ii} \Rightarrow (\text{Selagem})_i < (\text{Selagem})_{iii} < (\text{Selagem})_{ii}$$

À semelhança do que ocorreu para as letras, também no caso das livranças podemos calcular a ***taxa efetiva anual*** (d'_{DF}) e a ***taxa real*** (d_{real}) do desconto por financiamento.

A ***taxa anual efetiva*** traduz a remuneração efetiva anual da entidade bancária que realiza a operação de desconto por financiamento. Esta difere da taxa de custo efetivo anual por excluir o Imposto do Selo, por um lado, e por ser calculada numa base de 360 dias, por outro. Devemos, também aqui, calcular o desconto por financiamento atendendo exclusivamente aos juros.

Como vimos, o montante do desconto por financiamento é sempre calculado sobre o produto líquido do desconto, quer este coincida ou não com o valor nominal. Assim sendo, se identificarmos por D'_F o desconto por financiamento não atendendo à carga fiscal resultante do Imposto do Selo, vem que

$$D'_F = PLD_F \left(\frac{t+2}{360} \times d \right) \qquad [5.35]$$

e ainda

$$d'_{DF} = \frac{D'_F}{PLD_F} \qquad [5.36]$$

Apresenta-se, de seguida, um exemplo, tendente a clarificar o conceito exposto.

EXEMPLO: Reconsideramos os dados do exemplo, isto é, o caso de um financiamento no montante de 25.000 €, titulado através de uma livrança datada para 60 dias, tendo sido descontada no imediato. Sabendo que foi praticada uma taxa de desconto de 9% ao ano e que os encargos integram o valor nominal da livrança, calculamos a taxa anual efetiva inerente à operação.

Neste caso, determinamos o desconto por financiamento atendendo apenas aos juros, donde vem

$$D'_F = PLD_F \left(\frac{t+2}{360} \times d \right) = 25.000\ € \times \frac{62}{360} \times 9\% = 387{,}50\ €$$

Por outro lado, estabelecemos que

$$d'_{DF} = \frac{D'_F}{PLD_F} = \frac{387{,}50€}{25.000€} = 1{,}55\%$$

que traduz a remuneração efetiva da instituição bancária de suporte para o prazo da operação. A taxa efetiva anual é a que verifica a condição estabelecida de imediato.

$$(1 + d'_{anual}) = (1 + 1{,}55\%)^{\frac{360}{62}}$$

$$d'_{anual} = 9{,}3419\ \%$$

Impõem-se, aqui, duas pequenas notas. Desde logo, tal como para o caso das letras, calculamos a taxa efetiva anual para 360 dias dado que se trata do custo na ótica da banca. Para além disso, o montante do financiamento será sempre o mesmo, independentemente da modalidade de desconto considerada, pois, tal como referimos oportunamente, é o valor nominal da livrança que assume valores diversos.

Por último, a ***taxa real*** do desconto por financiamento é a taxa que aplicando o produto líquido do desconto, em regime de juro simples e pelo prazo da operação, permite perfazer o valor nominal da livrança[26]. Logo este conceito merecerá uma formalização idêntica à proposta para o caso das letras.

Muito embora seja calculada tendo por base o regime de juro simples, a taxa real é maior que a taxa de desconto praticada na operação, precisamente devido à questão fiscal.

---

[26] Recorde-se que na eventualidade de os encargos serem tratados autonomamente, o valor nominal da livrança coincide com o produto líquido do desconto por financiamento. Neste caso, o valor nominal da livrança deve ser entendido como o montante a liquidar no vencimento.

EXEMPLO: Tomemos, de novo, os dados do caso anterior. Calcule a taxa real do desconto, na eventualidade de o valor nominal da livrança incorporar os encargos decorrentes da operação e na eventualidade de os encargos serem pagos antecipadamente pelo seu valor atualizado.

Já apurámos os elementos necessários ao cálculo das taxas solicitadas. Sabemos, desde logo, que $PLD_F = 25.000$ € e $D_F = 403$ €.

Se os encargos estiverem incluídos no valor nominal da livrança, vem que VN = 25.403 € e, como tal, podemos escrever

$$25.000\ € \left(1 + \frac{62}{360} \times d_{real}\right) = 25.403\ €$$

donde se retira que $d_{real} = 9{,}36\%$. Este valor é idêntico ao que se obteria se aplicássemos a relação de proporcionalidade ao custo do desconto correspondente ao prazo da operação. Logo, viria

$$d_{real} = 1{,}612\% \times \frac{360}{62} = 9{,}36\%$$

Quando os encargos são pagos separadamente, observámos que VL = = 25.396,85 €. Assim sendo, formalizamos que

$$25.000\ € \left(1 + \frac{62}{360} \times d_{real}\right) = 25.396{,}85\ €$$

donde resulta que $d_{real} = 9{,}217\%$, valor este menor que na possibilidade anterior. Daqui resulta que, ao invés do que sucede com o custo efetivo, ***a modalidade de desconto praticada condiciona a taxa real de desconto***; ao recorrermos à taxa real de desconto como critério para aferir e comparar o custo decorrente de várias operações de desconto por financiamento, devemos ter presente qual ou quais as modalidades em presença, de modo a salvaguardar a pertinência das conclusões.

4. Outros produtos financeiros emitidos a desconto

A ocorrência de operações de desconto não se limita ao caso das letras e das livranças, estendendo-se antes a toda uma panóplia de produtos financeiros.

Sem pretendermos esgotar as várias situações possíveis, incluímos, no presente texto, dois produtos financeiros emitidos a desconto, a saber, os ***bilhetes do tesouro*** e o ***papel comercial***. Relativamente aos primeiros, a escolha justifica-se pela sua importância enquanto meio de titularização da dívida pública; quanto aos segundos, a relevância como fonte de financiamento de curto prazo das grandes empresas, bem como a (ainda) reduzida difusão no contexto do mercado financeiro português, determinaram a sua consideração.

4.1. Os bilhetes do tesouro

4.1.1. Características dos bilhetes do tesouro

Os ***bilhetes do tesouro*** (que adiante designaremos abreviadamente por BT) são títulos emitidos pelo Estado português, através do Instituto de Gestão do Crédito Público, por prazos não superiores a um ano (em concreto, 91, 182 ou 364 dias). Durante largo tempo, sendo títulos da dívida pública, os BT foram considerados pelo público como um produto financeiro de baixo risco. Todavia, a crise da dívida soberana, que se tornou incontornável após a crise financeira do *subprime*, alterou, em certa medida, este entendimento.

Os BT são colocados, numa 1ª fase, através de um *sistema de leilão* (Mercado Interbancário de Títulos, vulgo MIT), através do Banco Central; as instituições financeiras, autorizadas a efetuar tal tipo de operações, apresentam ao Banco de Portugal as suas propostas de subscrição, contendo, cada uma delas, os montantes pretendidos, bem como a respetiva taxa de juro. Compete, então, ao Banco de Portugal avaliar todas as propostas e hierarquizá-las por ordem crescente das taxas de juro, satisfazendo, primeiramente, as propostas de taxa de juro mais baixa, até atingir o montante total de BT a colocar ou a taxa máxima que o Estado está disposto a pagar na emissão em causa, denominada ***taxa de intervenção***[27].

Sendo emitidos a desconto, o valor nominal dos BT vai ser maior que o seu valor atual ou valor líquido. Daí que, na data da emissão, o montante líquido

[27] Atenda-se a que as emissões de BT se rodeiam de objetivos de política económica, nomeadamente o financiamento do défice orçamental e o exercício de mecanismos de controlo monetário. A participação de Portugal no Sistema Europeu de Bancos Centrais reforçou o papel dos BT enquanto meio de financiamento e atenuou a sua vertente monetária.

dos BT subscritos é creditado na conta do Instituto de Gestão do Crédito Público junto do Banco de Portugal, por contrapartida do débito das contas de depósitos à ordem das instituições compradoras. Por sua vez, na data do vencimento, é efetuado lançamento inverso, só que, desta vez, pelo valor nominal dos títulos.

Podemos, então, falar numa 2ª fase de *subscrição* dos BT. Aqui, duas possibilidades podem ocorrer:

i) as instituições adquirentes ficam com os BT subscritos em carteira, funcionando como prestamistas do Estado e ganhando o diferencial existente entre o valor líquido dos títulos – valor efetivamente investido – e o respetivo valor nominal – pelo qual vão ser reembolsadas;
ii) ou procedem à sua colocação junto dos investidores.

Apesar de as emissões serem efetuadas por prazos de 91, 182 ou 364 dias, as instituições financeiras podem colocá-los por prazos exatamente idênticos a esses inicialmente previstos ou por prazos inferiores. É relativamente corrente a situação em que os BT permanecem durante algum tempo na carteira da instituição colocadora, sendo subscritos pelo público pelos prazos remanescentes em relação aos períodos inicialmente previstos.

Também aqui a subscrição é efetuada *a desconto*, isto é, o investidor adquire os BT por um valor líquido menor que o valor pelo qual estes lhe irão ser resgatados no vencimento.

Acresce, ainda, que a taxa praticada, pelas instituições financeiras, na fase de colocação dos BT junto do público é necessariamente menor[28] do que a taxa à qual o Banco de Portugal lhes remunera a cedência de liquidez, na 1ª fase de subscrição. O ganho das instituições financeiras traduz-se, assim, no diferencial existente entre a taxa praticada pelo Banco de Portugal e a taxa oferecida aos clientes.

Coloca-se, então, a questão de saber quais os motivos que levam as instituições financeiras a procederem à colocação dos BT, transferindo parte considerável da remuneração obtida para os investidores, ao invés de os guardarem na sua própria carteira de títulos.

[28] Pode, no limite, ser igual, dependendo da «valia» do cliente. Na prática, as taxas aplicadas pelos bancos na colocação dos BT são alvo de negociação casuística.

Razões de natureza comercial justificam tal atuação. Desde logo, a inclusão de BT nos *portfolios* permite a diversificação do investimento e a consequente redução do risco[29]. Acresce que os BT são considerados pela clientela como uma aplicação de elevada segurança, ao mesmo tempo que proporcionam boa rendibilidade, principalmente se atendermos à curta amplitude dos prazos pelos quais podem ser subscritos.

4.1.2. Valor de aquisição dos bilhetes do tesouro

O ***valor de aquisição*** de um bilhete do tesouro é o que se obtém deduzindo o montante do desconto ao valor nominal desse BT.

Notando por VA o valor de aquisição, por VN o valor nominal e por D o desconto, teremos abreviadamente

$$VA = VN - D$$

Por sua vez, atendendo a que a modalidade de desconto praticada é a modalidade do ***desconto por dentro***, o montante do desconto será calculado sobre o valor líquido do título, logo teremos

$$\text{Desconto} = \text{Valor de aquisição} \times \text{taxa} \times \text{prazo}$$

ou, recorrendo às notações respetivas

$$D = VA \times i \times \frac{t}{360}$$

em que t corresponde ao número de dias da aplicação.

Substituindo o valor do desconto na expressão do valor de aquisição, teremos

$$VA = VN - VA \times i \times \frac{t}{360}$$

$$VA + VA \times i \times \frac{t}{360} = VN$$

[29] A propósito dos efeitos da diversificação no decréscimo do risco de investimento, cfr. Markowitz (1952).

$$VA\left[1 + i \times \frac{t}{360}\right] = VN$$

$$VA = \frac{VN}{1 + i \times \dfrac{t}{360}}$$

$$VA = \frac{VN \times 360}{360 \times i \times t} \qquad [5.37]$$

A fórmula assim obtida permite determinar o valor de aquisição de um BT, sendo conhecidos o valor nominal do título, o prazo da operação e a taxa subjacente.

EXEMPLO: Um cliente do Banco Lusitânia pretende adquirir BT de modo a que, daqui a 75 dias, seja reembolsado no montante de 10.000 €. Sabendo que a taxa oferecida pelo Banco é de 2,75% ao ano, qual o montante que necessita de aplicar no presente?

Basta substituirmos os valores respetivos na fórmula encontrada em [5.37], como tal

$$VA = \frac{10.000€ \times 360}{360 + 2{,}75\% \times 75}$$

$$VA = \frac{3.600.000€}{360 + 2{,}0625}$$

$$VA = \frac{3.600.000€}{362{,}0625}$$

$$VA = 9.943{,}03\ €$$

Este é o montante efetivamente investido pelo cliente e, bem assim, a quantia que será debitada na sua conta bancária no momento da subscrição, indo receber, no resgate, a quantia correspondente ao valor nominal dos BT, ou seja, 10.000 €.

Porém, o investidor poderá pretender saber qual o montante pelo qual a sua conta será creditada no momento do vencimento, tendo por base a quantia investida. Neste caso, devemos proceder ao raciocínio inverso, donde estabelecemos que

$$VN = VA + D$$

Sendo $D = VA \times i \times \frac{t}{360}$, podemos substituir na fórmula anterior. Logo

$$VN = VA + VA \times i \times \frac{t}{360}$$

$$VN = VA\left(1 + \frac{i \times t}{360}\right) \qquad [5.38]$$

A expressão assim encontrada permite calcular o valor nominal dos BT, isto é, a quantia que o investidor receberá no resgate, partindo do valor investido.

EXEMPLO: Se um investidor subscrever hoje 10.000 € em BT, por um prazo de 60 dias, à taxa de 2,5%, qual o valor que lhe vai ser creditado no vencimento?

Tal corresponde a encontrar o valor nominal dos títulos, logo bastará recorrermos à fórmula encontrada em [5.38] e substituirmos pelos valores respetivos. Assim sendo, teremos

$$VN = 10.000\ € \left(1 + \frac{2{,}5\% \times 60}{360}\right)$$

$$VN = 10.000\ € \times 1{,}0041(6)$$
$$VN = 10.041{,}67\ €$$

Este será o montante a creditar na conta do investidor no momento do reembolso.

4.2. O papel comercial

4.2.1. Características do papel comercial

O ***papel comercial*** (que adiante designaremos abreviadamente por PC) é um produto da dívida privada de curto prazo, que permite às entidades emitentes – as empresas – a obtenção direta de fundos no mercado, sem recurso a intermediários financeiros.

Apesar de ser portador de uma longa tradição enquanto fonte de financiamento em alguns países europeus – como é o caso da França e do Reino Unido – e também nos Estados Unidos, o PC foi introduzido em Portugal em 1992, por intermédio do Decreto-Lei nº 181/92, de 22 de agosto, ao embalo do clima financeiro de mudança que então se vivia entre nós.

O regime jurídico do PC foi posteriormente alterado, através de vários diplomas, entre os quais destacamos o Decreto-Lei nº 69/2004, de 25 de março, com as alterações que lhe foram introduzidas pelo Decreto-Lei nº 52/2006, de 15 de março; não obstante, prevaleceram as características essenciais que se encontravam definidas no diploma de 1992.

Atendendo a essas características, o PC destina-se, fundamentalmente, ao financiamento da tesouraria de grandes empresas[30], uma vez que o valor nominal dos títulos ascende a valores elevados.

O papel comercial é, contudo, considerado um produto de elevada segurança, essencialmente devido a três tipos de fatores: em primeiro lugar, as exigências colocadas às entidades emissoras afastam do mercado as empresas com dificuldades creditícias; em segundo lugar, em regra, as instituições bancárias, encarregues de proceder à montagem da operação de financiamento, garantem o reembolso dos títulos em caso de incumprimento do emitente; por último, as emissões de papel comercial fazem-se acompanhar de notações de *rating*[31], que constituem uma indicação para os investidores relativamente à qualidade do serviço da dívida.

---

[30] Entre nós, a EDP e a Portugal Telecom figuram entre as principais emitentes de papel comercial.

[31] A notação de *rating* é produzida por uma sociedade de *rating* e tem como objetivo a avaliação do risco inerente à subscrição de um determinado título. Deste modo, as notações de *rating* não pretendem classificar a entidade emitente, em termos globais, mas sim a sua capacidade de cumprir o serviço da dívida inerente a cada emissão.

As notações de *rating* obedecem a sinais convencionais, sendo os mais utilizados os propostos pela Standard & Poor's e pela Moody's, duas das mais importantes empresas de *rating* à escala mundial. Esses sinais são os seguintes: AAA – grau de risco nulo; AA – grau de risco

4.2.2. Valor de aquisição do papel comercial

O valor de aquisição do papel comercial depende do modo como é colocada a emissão.

Se a emissão for colocada ***pelo valor nominal,*** significa que, na data da subscrição, o investidor despende o montante correspondente ao valor nominal dos títulos, sendo reembolsado, uma vez findo o prazo, por esse valor nominal acrescido dos juros. Significa, então, que quando a emissão é feita pelo valor nominal, ***o valor de aquisição coincide com o próprio valor nominal,*** isto é,

$$VA = VN$$

Podemos, no entanto, encontrar a expressão que permite calcular o valor pelo qual o cliente vai ser reembolsado, ou seja,

Valor de reembolso = Valor nominal + Juros

Se notarmos por VR o valor de reembolso, vamos obter

$$VR = VN + VN \times i \times \frac{t}{360}$$

colocada

$$VR = VN\left(1 + \frac{i \times t}{360}\right) \qquad [5.39]$$

praticamente nulo; A – grau de risco reduzido; BBB – grau de risco médio; BB – grau de risco acima da média; B – grau de risco elevado; CCC – operação totalmente especulativa; CC – previsível risco de incumprimento; C – forte risco de incumprimento e D – incumprimento.

Em Portugal, existe apenas uma sociedade de *rating,* dada a reduzida dimensão do nosso mercado financeiro.

De referir, todavia, que a reputação das agências de *rating* foi afetada na sequência da crise do *subprime,* por terem classificado como dívida de alta qualidade algumas emissões que, mais tarde, se revelaram como produtos tóxicos.

EXEMPLO: Por quanto será reembolsado um papel cujo valor nominal é de 10.000 €, sendo que o prazo da emissão foi de 180 dias e foi praticada uma taxa de 3,5%?

Substituindo em [5.39], pelos valores correspondentes, teremos

$$VR = 10.000\text{ €} \times \left(1 + \frac{3{,}5\% \times 180}{360}\right)$$

$$VR = 10.000\text{ €} \times 1{,}0175$$

$$VR = 10.175\text{ €}$$

Este seria, então, o valor de resgate do título, no caso de ter sido emitido pelo valor nominal[32].

Por sua vez, se a emissão for colocada ***a desconto***, o investidor irá adquirir os títulos por uma quantia inferior ao valor nominal. O diferencial existente entre o valor nominal e o valor de aquisição corresponde ao montante do ***desconto***, pelo que, mais uma vez, surgirá

$$VA = VN - D$$

À semelhança do que sucede no caso dos BT, também aqui a modalidade de desconto utilizada é a do ***desconto por dentro***. O valor do desconto corresponde, assim, ao montante dos juros produzidos sobre o valor de aquisição.

Seremos, então, conduzidos a fórmula idêntica à que obtivemos em [5.37] para o caso dos BT, pelo que nos escusamos de a demonstrar. Logo poderemos determinar o valor de aquisição do PC, quando este é emitido a desconto, recorrendo à seguinte expressão:

$$VA = \frac{VN \times 360}{360 + i \times t}$$

[32] Não deixa de prefigurar uma operação de desconto pelo facto de o título ser emitido pelo valor nominal. Recorde-se, aliás, o que sucede no caso das livranças, no desconto por financiamento, em que $VN = PLD_F$.

EXEMPLO: Quanto deverá ser dispendido por um investidor que pretende adquirir um título de PC, emitido a desconto e que será resgatado por 15.000 €? A operação decorrerá por um período de 270 dias, à taxa anual de 4,5%.

Recorrendo à fórmula anterior – a mesma que utilizámos no caso dos bilhetes do tesouro – ao substituirmos os valores respetivos, obtém-se

$$VA = \frac{15.000€ \times 360}{360 + 4,5\% \times 270}$$

$$VA = \frac{5.400.000€}{372,5}$$

$$VA = 14.510,28\ €$$

5. Contas correntes caucionadas

Uma conta corrente caucionada (*pledged current account*)[33] caracteriza-se por ser um instrumento de apoio continuado à tesouraria das empresas (empréstimo de curto prazo muito volátil), através da concessão de um montante máximo de crédito por um prazo determinado, podendo o cliente, dentro dos limites fixados, movimentar com grande flexibilidade, à medida das suas necessidades, a respetiva conta, sem sujeição a um plano pré-determinado.

A abertura de crédito através de conta corrente[34] ocorre mediante a celebração de um contrato, onde se estabelece, designadamente, o limite máximo do crédito, o prazo, a taxa de juro, as garantias pessoais e/ou reais, as obrigações do devedor, bem como as condições de denúncia do contrato. A taxa de juro é normalmente indexada à Euribor, acrescida de um *spread* resultante da análise do risco de crédito (atribuído com base numa análise casuística).

---

[33] Na gírica bancária, as contas correntes caucionadas são frequentemente identificadas pela sigla CCC.

[34] O conceito de conta corrente aqui apontado refere-se ao ***contrato de conta corrente***, o qual não deve ser confundido com a aceção contabilística de conta corrente, entendida enquanto processo de contabilização. A este propósito, recordamos o disposto pelo artigo 344º do Código Comercial: «Dá-se contrato de conta corrente todas as vezes que duas pessoas, tendo de entregar valores uma a outra, se obrigam a transformar os seus créditos em artigos de "deve", e "há de haver", de sorte que só o saldo final resultante da sua liquidação seja exigível».

Trata-se de uma das formas mais flexíveis de gerir as necessidades de tesouraria das empresas, dado que estas poderão dispor de crédito até ao limite fixado inicialmente, numa ou várias ocasiões, de modo continuado, desde que o mesmo se encontre disponível (financiamento *revolving*).

5.1. Características das contas correntes caucionadas

As contas correntes caucionadas constituem uma forma de financiamento particularmente adaptada às necessidades de capital circulante de pequenas e médias empresas, para apoio à tesouraria, que apresentam, *grosso modo*, as seguintes características essenciais:

- O banco disponibiliza um determinado montante, ao qual o cliente poderá aceder à medida das necessidades de tesouraria, durante o período de vigência do contrato. Assim, a empresa e a entidade bancária definem um limite de crédito, o qual é suscetível de modificação, por acordo entre ambas as partes. Refira-se, ainda, que pode ser fixado um limite mínimo de utilização.
- A celebração de um contrato de conta corrente obriga à abertura de uma nova conta, de forma a garantir a articulação entre os movimentos na conta caucionada e na conta à ordem, sendo que as empresas têm liberdade de transferir o valor da conta caucionada para a conta à ordem, até ao limite permitido pelo banco, e efetuar transferências de e para a conta à ordem, de acordo com as instruções da empresa, sem qualquer plano de amortização pré-estabelecido.
- Por norma, as contas caucionadas tem uma validade inferior a um ano, sendo o prazo mais comum o de 180 dias, podendo, no entanto, atingir os 12 meses, com possibilidade de renovação, por períodos a definir. No final do prazo, o saldo devedor da conta corrente caucionada deverá ser necessariamente nulo.
- Os juros são calculados diariamente sobre os saldos utilizados, de acordo com o valor do empréstimo em cada momento (base de cálculo de 360 dias), e debitados de acordo com a periodicidade acordada (mensal/trimestral/semestral), para além de serem cobrados postecipadamente. A situação mais comum é aquela em que os juros são debitados mensalmente na conta à ordem associada, com taxa de juro atualizada, dado que esta é periodicamente revista.

Em síntese, podemos, então, afirmar que o limite subjacente às contas correntes caucionadas é definido casuisticamente, em função das necessidades do cliente, sendo também casuística a remuneração respetiva, a qual, em regra, se baseia na Euribor.

Já em termos de garantias envolvidas, as mais frequentes são a hipoteca, a subscrição de livrança com aval ou o penhor de aplicação financeira.

5.2. Vantagens e limites associados às contas correntes caucionadas

A conta corrente caucionada é uma solução de crédito adequada à gestão quotidiana das necessidades pontuais de tesouraria, que apresenta sucintamente as seguintes vantagens:

- Forma de financiamento bastante flexível;
- Disponibilização imediata dos montantes negociados;
- Forma de financiamento particularmente adaptada às necessidades de capital circulante das PME;
- Taxa de juro competitiva, com cálculo diário sobre o saldo em dívida nesse dia, sendo, por norma, menos elevada que a taxa de juro associada às operações de descoberto (*overdraft*);
- Movimentações na conta corrente realizadas mediante comunicação do cliente, na forma prevista no contrato;
- Movimentação a débito pelas utilizações e movimentações a crédito pelas amortizações, as quais ocorrem mediante transferência para e da conta de depósitos à ordem associada.

Com efeito, a flexibilidade associada às contas correntes caucionadas coloca-se em termos de prazos, de montantes de crédito, de taxa de juro e ainda quanto aos modos de utilização e de liquidação. A empresa pode dispor do crédito exigido pelas suas especificidades, solução que permite a negociação de montantes e prazos adequados às respetivas necessidades de tesouraria, tendo normalmente associadas taxas indexadas.

No que concerne aos custos de financiamento, importa sublinhar que estes são proporcionais à utilização dos limites contratualmente estabelecidos. Desta sorte, os juros são pagos periodicamente sobre o capital utilizado e proporcionais à utilização dos fundos, dado que o pagamento de juros é calculado somente sobre os saldos utilizados[35].

Uma vez contratado o limite da linha de crédito, a empresa poderá utilizar a linha de crédito livremente, de acordo com as suas necessidades de tesouraria de curto prazo, sem ficar sujeita a um plano de amortização pré-definido. A utilização ocorre através de pedidos de transferência da conta corrente para a conta à ordem associada, o que se torna muito vantajoso para as organizações, tanto em termos de simplificação como de rapidez.

Outra vantagem associada às contas correntes caucionadas resulta do facto de poder ser contratada uma linha de crédito numa moeda estrangeira, desde que esta se encontre cotada pelo Banco de Portugal. Esta possibilidade será particularmente interessante para as empresas que mantenham consideráveis relações comerciais com os países onde essa moeda circule.

Todavia, esta fonte de financiamento apresenta também alguns limites ou desvantagens, que passamos a enunciar.

- Modalidade de acesso restrito, uma vez que, normalmente, é apenas concedida a bons clientes de risco reduzido;
- É aplicada uma comissão de imobilização, correspondente a uma percentagem calculada sobre o montante por utilizar e a pagar nos períodos de contagem de juros;
- É um crédito limitado que, pela sua simplicidade de utilização, pode ser desvirtuado, tornando-se numa fonte de financiamento permanente, contudo, sem ter as características de uma fonte de financiamento de médio e longo prazos.
- O banco reserva-se o direito de exigir ao cliente garantias idóneas, reais ou pessoais, por exemplo, uma livrança com aval dos sócios e/ou gestores, a entrega de títulos para garantia do crédito ou a manutenção de determinados saldos médios. É justamente a existência deste tipo de garantias que determina que estejamos em presença de uma conta corrente caucionada.

---

[35] A este propósito, cfr. o nº 2 do artigo 6º do Decreto-Lei nº 58/2013, de 8 de maio, diploma que apresentamos em Anexo, e o qual estabelece que: «Os juros relativos às operações de abertura de crédito, empréstimos em conta corrente ou outras de natureza similar são calculados em função dos montantes e períodos de utilização efetiva dos fundos pelo beneficiário, de acordo com as taxas de juro contratadas».

- Embora não assuma um caráter obrigatório, pode ainda ser subscrito um seguro de proteção do financiamento.

5.3. Custos comuns subjacentes às contas correntes caucionadas

Entre os custos associados a uma conta corrente caucionada, apontamos: a) a *taxa efetiva anual*, b) as *comissões* e c) os *impostos*, os quais passamos a explicitar mais circunstanciadamente.

a) No contexto das contas correntes caucionadas, a ***taxa anual efetiva*** (TAE) calcula-se com base numa taxa anual nominal (TAN) de x%, que corresponde à soma da Euribor a um mês (média aritmética simples das cotações diárias do mês anterior ao período de contagem de juros, que, por exemplo, no mês de abril de 2013 foi de 0,118%), com um *spread* de y%, determinado para cada conta corrente caucionada dentro de um limite, estipulado por cada entidade bancária, também em função do risco da empresa.

b) A taxa de juro (fixa ou variável), livremente negociada entre a instituição de crédito e o cliente bancário, é apenas uma das componentes do "preço" a pagar pela concessão do empréstimo, pois o cliente tem de pagar ***comissões e outros encargos*** (como os custos de processo, despesas de avaliação e/ou vistorias, comissão de gestão, etc.), que são cobrados pela instituição tanto no início da operação ("à cabeça") como durante a vigência do contrato.

Vamos, então, atender a algumas das ***comissões*** mais comuns na contratação de uma conta corrente caucionada para apoio de tesouraria das empresas. Esta classificação não é exaustiva, pois nem todos os bancos possuem estas comissões; no entanto, têm outras com denominações diferentes, mas com impacto e finalidade semelhantes.

b.1) Comissão de organização/dossier/formalização, outros

Esta comissão é, regra geral, cobrada pelos bancos independentemente da concessão do crédito em conta corrente. É uma comissão que em alguns bancos é variável em função do limite da conta corrente caucionada, enquanto noutros assume um valor fixo.

Alguns dos bancos nacionais cobram 2% do limite da conta corrente neste tipo de comissão; outros, porém, cobram uma comissão fixa de aproximadamente 250 € (para uma conta corrente de 200.000 € pode pagar-se uma comissão de organização de 4.000 €, ou seja, **2% do limite** do crédito).

b.2) Comissão de abertura (*flat*)

Esta comissão é devida na abertura da conta corrente caucionada e, em regra, assume um valor variável em função do limite da conta corrente. Esta comissão situa-se atualmente entre 0,40% e 1% do limite, havendo bancos que não possuem este tipo de comissão. Para um limite de 200.000 €, a comissão de abertura pode, assim, variar entre os 800 € e os 2.000 €.

b.3) Comissão de imobilização

Esta comissão é comum na maioria dos bancos e incide sobre o montante do limite da conta corrente caucionada que não está a ser utilizado.

Em regra, esta comissão é anual, com um valor próximo dos 2%, e a sua cobrança realiza-se mensalmente na data do pagamento dos juros. Por exemplo, se o montante médio mensal de capital não utilizado for 100.000 €, o cliente pagará, aproximadamente, 167 € mensais de comissão de imobilização.

b.4) Comissão de gestão

É uma comissão pouco usual, no entanto, uma vez presente, assume valores muito elevados e incide sobre o limite do crédito, em cada vencimento da conta corrente caucionada, podendo atingir 3% do respetivo limite. Uma empresa com um limite de 200.000 € pagará, em média, 6.000 €.

b.5) Comissão de utilização

É também uma comissão pouco habitual, embora existente em alguns bancos. Aplica-se sempre que existe uma utilização do limite ou parte do limite da conta corrente e, por regra, tem um valor fixo.

c) Nos contratos de crédito, o cliente tem ainda ***encargos fiscais***, pois paga o *imposto do selo* que incide sobre o montante financiado e, no caso das contas correntes caucionadas, sobre o montante médio de crédito utilizado mensalmente (atualmente, é de 0,07%, para prazos inferiores a 1 ano; de 0,90%, para prazos superiores a 1 ano, e de 1,00%, para prazos superiores a 5 anos), bem como o *imposto do selo* de 4% sobre juros e comissões bancárias.

Da conjugação destes custos resulta a denominada ***taxa anual efetiva global*** (TAEG), a cujo significado já aludimos oportunamente e que pode ser entendida como o custo total de um crédito ao consumidor. No presente contexto, a TAEG corresponde à percentagem anual do montante do crédito recebido e cobre as despesas de cobrança de reembolsos e pagamentos de juro, bem como restantes encargos obrigatórios a suportar pela entidade credora (impostos, selos fiscais, seguros, etc).

Em jeito de síntese, podemos afirmar que, apesar de serem uma fonte de financiamento bastante popular entre as empresas, as contas correntes caucionadas têm associados custos elevados, os quais podem comprometer os níveis de rendibilidade pretendidos. Com efeito, a avaliação do peso que uma conta corrente caucionada assume nos custos financeiros de uma empresa pode conduzir a resultados surpreendentes. Por exemplo, uma conta corrente caucionada de 100.000 €, pelo prazo de 12 meses, com uma taxa de juro (média do mercado) igual à Euribor a 3 meses, mais 8% de *spread*, junto com as comissões e impostos, pode custar ao empresário mais de 14% ao ano. No entanto, a grande maioria dos empresários reconhece que é necessário possuir uma conta corrente caucionada como forma de garantir liquidez imediata às empresas.

O crédito bancário, sob a forma de crédito direto, continua a ser a forma de financiamento mais utilizada pelas empresas nacionais, mormente pelas PME. Os financiamentos bancários de curto prazo são operações de que normalmente se vencem a 90, 120 ou 180 dias, por exemplo, para resolver dificuldades de liquidez imediatas. Para além do desconto de títulos de crédito, entre os quais elegemos as letras e as livranças para discussão no presente Capítulo, e das contas correntes caucionadas, podemos, ainda, considerar os descobertos bancários autorizados ou operações de *overdraft*.

Este produto assemelha-se ao crédito em conta corrente, diferindo, porém, no tipo de garantias e na forma como é concretizado. O descoberto bancário tem também como objetivo ultrapassar dificuldades de tesouraria não permanentes e implica a aceitação por parte da instituição bancária (geralmente só concedida aos melhores clientes). Este tipo de crédito é mais dispendioso do que o crédito normal, pois à taxa de juro das operações ativas acrescem normalmente alguns pontos percentuais.

Em termos de caução, é normalmente solicitada uma livrança em branco, subscrita pelo cliente, não selada e, portanto, com o montante e a data de vencimento por preencher. Em regra, os juros são pagos mensalmente e calculados com base numa taxa de referência sobre o valor dos saques a descoberto.

Em termos de acesso a esta fonte de financiamento, o banco determina um limite máximo, variável consoante o cliente, acordando-se o prazo, a taxa de juro e a periodicidade de pagamento dos juros; a prorrogação é negociável pontualmente.

Não obstante a flexibilidade associada a esta forma de financiamento ser particularmente adaptada às necessidades de capital de curto prazo das PME, trata-se de uma modalidade de acesso restrito, apenas concedida a clientes de risco reduzido e, em regra, mais onerosa que as contas correntes caucionadas.

O exemplo que apresentamos de seguida, para além de pretender ilustrar o que expusemos relativamente às contas correntes caucionadas, inclui a possibilidade de recurso a outras fontes de financiamento, nomeadamente à celebração de um contrato de *factoring*[36] e à realização de uma operação de descoberto autorizado. O nosso propósito não é o de aprofundar este tipo de produtos, mas apenas o de indicar algumas das soluções ao dispor das empresas, bem como o de evidenciar os custos que lhes são inerentes.

EXEMPLO: A empresa XPC, Lda, ao elaborar o orçamento financeiro e de tesouraria para o ano seguinte – 20X1, detetou a necessidade de obter, nos meses de agosto e setembro, recursos a curto prazo, que rondarão o montante de 200.000 € (C_0).

---

[36] O contrato de *factoring*, também designado por *invoice discount*, é um contrato puramente financeiro, pois a entidade financiadora limita-se a antecipar os fundos, cobrando posteriormente os créditos, materializados nas dívidas dos clientes que se vencem a prazo. Assim, este tipo de operação assemelha-se ao desconto de faturas.

Em termos de cálculos, a operação de *factoring* resolve-se de modo semelhante ao desconto bancário, sendo, porém, que só são calculados os dias reais de utilização dos saldos e o pagamento de juros é postecipado.

Entre as ***vantagens*** que se associam a este tipo de financiamento (serviço), apontamos:

a) Antecipação do pagamento; b) Forma rápida de obtenção de financiamento de curto prazo; c) Simplificação administrativa, conduzindo a ganhos de eficiência; d) Simplificação ao nível contabilístico; e) Diminuição do risco de crédito a clientes.

Apontamos, porém, as suas principais ***desvantagens***: a) Acarreta custos que devem ser ponderados (por exemplo, segundo a legislação, só a comissão máxima pelo serviço de cobrança sem adiantamento é de 3% sob o valor da fatura); b) Risco de utilização limitada; c) Outros custos associados (por exemplo, os adiantamentos realizados em moeda estrangeira não cobrem os riscos de câmbio).

Assim vai negociar com o seu banco a melhor das seguintes alternativas, tendo em conta as cláusulas apresentadas:

1) Um crédito em conta corrente caucionada (*pledged current account*) pelo *plafond* total, pelo prazo de um bimestre, eventualmente renovável por mais um trimestre,
2) Uma operação de *factoring* (*invoice discount*), ou
3) Um descoberto autorizado (*overdraft*).

As condições contratuais são:

1) Conta corrente caucionada
a) *Plafond* no valor de 200.000 €;
b) Juros:
   b.1) Apurados mensalmente e contados ao dia sobre os montantes utilizados, a uma taxa de juro indexada à Euribor a um mês do dia anterior ao início do período, mais um *spread* de 6,5%;
   b.2) O pagamento dos juros é postecipado;
   b.3) Taxa Euribor a um mês no dia 31 de julho de 20X1: 1,5%.
c) Comissões:
   c.1) Comissão *flat* ou de abertura: 0,5% a liquidar na data do contrato;
   c.2) Comissão de imobilização: comissão mensal única de 0,3% sobre o montante médio não utilizado em cada mês.
d) Encargos fiscais:
   d.1) Imposto do Selo de 0,07%, contado ao mês, sobre o montante médio do crédito utilizado;
   d.2) Imposto do Selo de 4% sobre juros e comissões (*tis*2).

2) Operação de *factoring*
a) Adiantamento do valor da fatura: 90% (% do VF);
b) Juros:
   b.1) O pagamento dos juros é antecipado;
   b.2) A taxa anual nominal: 6%.
c) Comissões: Comissão *flat* ou de abertura: 1% do valor do adiantamento, a liquidar na data do contrato (*tCf*);
d) Encargos fiscais:
   d.1) Imposto do Selo 0,07% contado ao mês sobre o montante médio do crédito utilizado (*tis*1);

d.2) Imposto do Selo de 4% sobre juros e comissões (*tis*2);

e) PMR: 60 dias (2 meses).

3) Descoberto bancário autorizado

a) Juros:

a.1) O pagamento dos juros é postecipado;

a.2) Taxa anual nominal: 11%.

c) Comissões: Comissão *flat* ou de abertura de 1,5% a liquidar mensalmente;

d) Encargos fiscais:

d.1) Imposto do Selo de 0,07%, contado ao mês sobre o montante médio do crédito utilizado;

d.2) Imposto do Selo de 4% sobre juros e comissões (*tis*2).

Consideramos que as utilizações médias mensais, durante o ano, serão idênticas às do mês de agosto e que, por simplificação, a Euribor se manterá estável ao longo dos quinquemestre.

Pretende-se, para o mês de agosto, que:

1) Conta corrente caucionada

a) Calcule o total dos encargos previstos pela utilização deste crédito, incluindo os custos de negociação;

b) Determine a taxa de custo efetivo (antes de impostos) da operação.

2) Operação de *factoring*

a) Calcule o valor das faturas a entregar (VF);

b) Calcule o montante de encargos previstos pela utilização deste crédito, incluindo o Imposto do Selo de 0,07%, contado ao mês sobre o montante médio do crédito utilizado e os custos de negociação;

c) Determine a taxa de custo efetivo (antes de impostos) da operação.

3) Descoberto bancário autorizado

a) Calcule o montante de encargos previstos pela utilização deste crédito, incluindo agora os custos de negociação;

b) Determine a taxa de custo efetivo (antes de impostos) da operação.

Atendendo ao solicitado, vem, assim, que:

1) Conta corrente caucionada

a) Total dos encargos:

Data	Data-valor	Movimento	Dias	Montantes	Valores/dias
02/01/20X1	02/01/20X2	Utilização	31	200 000 €	6.200.000 €
SOMA			**31**		**6.200.000 €**

O valor médio mensal utilizado corresponde, assim, a $\frac{6.200.000€}{31}$ = = 200.000 €. Os encargos totais, que incluem juros, comissões e encargos fiscais, são a seguir calculados, tendo em atenção os dados do enunciado. Recorremos a uma tabela de modo a melhor evidenciarmos esses montantes.

Designação	Bases		Taxas		IS	Totais
Juros + Imposto de Selo (IS)	200.000 €	×	$\frac{8,00\%}{12}$	×	1,04 =	1.386,67 €
Comissão de abertura + IS	200.000 €	×	0,50%	×	1,04 =	1.040,00 €
Com. imob. mensal única + IS	0 € (200.000 € –200.000 €)	×	0,30%	×	1,04 =	0 €
IS sobre o valor médio de crédito	396.667 €	×		×	0,07% =	140,00 €
Total de encargos						2.566,67 €

b) Taxa de custo efetivo do mês de janeiro = 1,29%

$$\frac{\text{Total de encargos}}{\text{Valor médio mensal utilizado – Valor da comissão de abertura}} =$$

$$= \frac{2.566,67€}{200.000€ - 1.040€} = \frac{2.566,67€}{198.960€} = 1,29\%$$

2) Operação de *factoring*

a) Cálculo do valor das faturas a entregar (VF)

Com base no modelo de solução genérico seguinte:

$$C_0 = VF \times \left\{ \%VF - \left[\frac{i}{12} \times PMR \times \left(1 + tis2\right) + tCF \times \left(1 + tis2\right) \right] \right\}$$

teremos que

$$200.000€ = VF \times \left\{ 90\% - \left[\frac{6\%}{12} \times 2 \times (1 + 0{,}04) + 0{,}001 \times (1 + 0{,}04) \right] \right\}$$

donde $VF = \frac{200.000€}{0{,}898856} = 222.505{,}05\ €$

b) Cálculo do montante de encargos

Os encargos totais, que incluem juros, comissões e encargos fiscais, são a seguir calculados, tendo como suporte o quadro seguinte:

Designação	Bases		Taxas		IS	Totais
Juros + Imposto de Selo (IS)	222.505,05 €	×	$\frac{6\%}{12} \times 2$	×	1,04 =	2.314,05 €
Comissão de abertura + IS	222.505,05 €	×	1,00%	×	1,04 =	2.314,05 €
IS sobre o valor médio de crédito	222.505,05 €	×		×	0,07% =	155,75 €
Total de encargos						**4.783,85 €**

c) Determinação da taxa de custo efetivo (antes de imposto) da operação = 2,42%

$$\frac{\text{Total de encargos}}{\text{Valor médio mensal utilizado} - \text{Valor da comissão de abertura}} =$$

$$= \frac{4.783{,}85€}{200.000€ - 2.314{,}05€} = \frac{4.783{,}85€}{197.685{,}95€} = 0{,}024199 = 2{,}42\%$$

3) Descoberto bancário autorizado

a) Cálculo do montante de encargos (Considerando que durante o mês foi utilizado todo o crédito)

Designação	Bases		Taxas		IS	Totais
Juros + Imposto de Selo (IS)	200.000 €	×	$\frac{11\%}{12}$	×	1,04 =	1.906,67 €
Comissão de abertura + IS	200.000 €	×	1,50%	×	1,04 =	3.120 €
IS sobre o valor médio de crédito	200.000 €	×		×	0,07% =	140 €
Total de encargos						**5.166,67 €**

b) Determinação da taxa de custo efetivo (antes de impostos) da operação = 2,624%

$$\frac{\text{Total de encargos}}{\text{Valor médio mensal utilizado} - \text{Valor da comissão de abertura}} =$$

$$= \frac{5.166,67€}{200.000€ - 3.120€} = \frac{5.166,67€}{196.880€} = 0,02624 = 2,62\%$$

EXERCÍCIOS RESOLVIDOS:

1 – Uma letra, de valor nominal igual a 7.000 € e com vencimento para 12 de fevereiro de um certo ano, possibilitou um produto líquido do desconto no montante de 6.780,41 €. Sabendo que as condições praticadas foram as seguintes:

- taxa de desconto: 8%;
- comissão de cobrança: 1,5%;
- Imposto do Selo: 4%;
- portes: 2 €;

Pretende-se que determine:

a) a data em que foi realizada a operação de desconto;
b) a taxa de custo efetivo anual da operação de desconto bancário.

Resolução:

a) De modo a determinarmos a data em que a operação de desconto foi realizada, necessitamos de conhecer o prazo da operação, isto é, *t*, pelo que atendemos à expressão formalizada em [5.6]

$$PLD_B = VN - \left[VN \left(\frac{t+2}{360} \times d + CC \right) (1 + IS) + P \right]$$

No presente caso, substituindo pelos valores correspondentes, obtém-se

$$6.780{,}41 \text{ €} = 7.000 \text{ €} - \left[7.000 \text{ €} \left(\frac{t+2}{360} \times 8\% + 1{,}5\% \right) (1 + 4\%) + 2 \text{ €} \right]$$

$$6.780{,}41 \text{ €} = 7.000 \text{ €} - \left[7.000 \text{ €} \left(\frac{0{,}08t + 0{,}16}{360} + 0{,}015 \right) \times 1{,}04 + 2 \text{ €} \right]$$

$$6.780{,}41 \text{ €} = 7.000 \text{ €} - 1{,}6178\, t - 3{,}24 \text{ €} - 109{,}20 \text{ €} - 2 \text{ €}$$
$$1{,}6178\, t = 7.000 \text{ €} - 6.780{,}41 \text{ €} - 3{,}24 \text{ €} - 109{,}20 \text{ €} - 2 \text{ €}$$
$$1{,}6178\, t = 105{,}15 \text{ €}$$
$$t = 65$$

Significa que o desconto ocorreu 65 dias antes da data prevista para pagamento, ou seja, da data de vencimento inscrita no título[37]. Recorrendo à tabela para contagem de dias que apresentamos em apêndice, verificamos que desde o início do ano até 12 de fevereiro decorrem 43 dias. Os restantes 22 dias necessários para perfazer os 65 dias da operação reportam ao ano transato. Sendo que 365 – 22 = 343, se consultarmos a Tabela que consta do Apêndice 2, verificaremos que o dia 9 de dezembro é o que corresponde ao número 343.

Pelo raciocínio exposto, concluímos que a letra foi descontada no dia 9 de dezembro do ano anterior.

b) Como VN = 7.000 € e PLD_B = 6.780,41 €, vem que D_B = 219,59 €. Consequentemente,

$$d_{efect.\,DB} = \frac{D_B}{PLD_B} = \frac{219{,}59\text{€}}{6.780{,}41\text{€}} = 3{,}23859\%$$

[37] No período líquido do desconto considerámos os 2 dias adicionais; porém, esses 2 dias só são contados para além da data de vencimento que se encontra indicada no título.

que é o custo efetivo para o período de 67 dias que pode decorrer entre as datas de desconto e de vencimento da letra. A taxa de custo efetivo anual é a que se obtém resolvendo a expressão seguinte:

$$(1+3{,}23859\%)^{\frac{365}{67}} = (1+d_{anual})$$

$$d_{anual} = (1+3{,}23859\%)^{\frac{365}{67}} - 1$$

$$d_{anual} = 18{,}962\%$$

2 – Uma letra foi apresentada a desconto antes do seu vencimento, em 19 de outubro de um certo ano, sendo conhecidas, a respeito dessa operação, as seguintes informações:

- Importância paga a título de juros: 42,50 €;
- Taxa de desconto: 12%;
- Importância paga a título de Imposto do Selo (à taxa de 4%): 3,20 €;
- Produto líquido do desconto: 2.415,05 €;
- Portes: 1,75 €.

Determine:

a) o valor nominal da letra;
b) a taxa de comissão de cobrança praticada;
c) a data de vencimento da letra;
d) a taxa real de desconto.

Resolução:

a) Se desdobrarmos a expressão que formalizámos em [5.4] relativa ao desconto bancário, verificamos que

$$D_B = VN \times \frac{t+2}{360} \times d + VN \times CC + IS \times \left(VN \times \frac{t+2}{360} \times d + VN \times CC \right) + P$$

O montante do desconto bancário corresponde, assim, ao somatório das diversas componentes que formalizámos de [5.1] a [5.3], para além dos portes.

Sendo, ainda, que

$$D_B = VN - PLD_B$$

e designando por Q_{CC} a quantia paga a título de comissão de cobrança, podemos escrever, no caso presente que

$$VN - 2.415,05\ € = 42,50\ € + Q_{CC} + 3,20\ € + 1,75\ € \quad (1)$$

Sucede, porém, que

$$3,20\ € = 0,04 \times (42,50\ € + Q_{CC}) \quad (2)$$

donde resulta que

$$80\ € = 42,50\ € + Q_{CC}$$
$$Q_{CC} = 37,50\ €$$

Se substituirmos em (1), vem

$$VN = 2.415,05\ € + 42,50\ € + 37,50\ € + 3,20\ € + 1,75\ €$$
$$VN = 2.500\ €$$

b) Como vimos, $Q_{CC} = 37,50$ €. Atendendo a que o montante da comissão de cobrança é calculada sobre o valor nominal da letra à taxa respetiva, vem que

$$37,50\ € = CC \times 2.500\ €$$
$$CC = 1,5\%$$

A taxa de comissão de cobrança praticada foi de 1,5%.

c) Como sabemos que o montante pago a título de juros é de 42,50 €, podemos estabelecer que

$$42,50\ € = 2.500\ € \times \frac{t+2}{360} \times 12\%$$

e resolver em ordem a t, de modo a determinar o prazo da operação.

$$\frac{42,50€ \times 360}{2.500€ \times 12\%} = t + 2$$

$$51 = t + 2$$
$$t = 49$$

O prazo da operação é de 49 dias. Se consultarmos a tabela da contagem de dias, verificamos que ao dia 19 de outubro corresponde o número 292. Adicionando 49 dias, obtém-se 341, que corresponde, por sua vez, ao dia 7 de dezembro. A letra encontrava-se, assim, datada para 7 de dezembro desse ano.

d) Das alíneas anteriores decorre que $D_B = 84{,}95$ € e $PLD_B = 2.415{,}05$ €. Como tal, atendendo a [5.30], vem que

$$d_{\text{efect. DB}} = \frac{84{,}95€}{2.415{,}05€} = 3{,}5175255\%$$

que corresponde, assim, ao custo efetivo do desconto bancário para o prazo da operação.

A taxa real de desconto resulta da relação de proporcionalidade seguinte:

$$d_{\text{real}} = \frac{360}{51} \times 3{,}5175255\% \cong 24{,}83\%$$

3 – Um comerciante adquiriu mercadorias em 2 de janeiro de 2016, tendo, nesta data, liquidado 20% do seu valor e aceite uma letra pelo restante valor da dívida. Esta letra, cujo valor nominal englobava os encargos decorrentes de uma possível negociação bancária imediata (taxa de desconto: 12%; comissão de cobrança: 1% e Imposto do Selo: 4%), venceu em 1 de abril de 2016. Nesta data, o comerciante solicitou a sua reforma parcial, a 60 dias, tendo entregue 30% do valor em dívida. O credor procedeu ao desconto imediato da letra de reforma, cujo valor nominal era de 6.060,18 €.

Sabendo que a instituição bancária junto da qual se procedeu à operação de desconto pratica uma taxa de 14% nas operações de reforma, mantendo as demais condições, determine o valor das mercadorias adquiridas.

Resolução:

O produto líquido do desconto da letra inicial coincide com o valor de aquisição das mercadorias, deduzido dos 20% que foram entregues no imediato. Logo podemos formalizar

$$PLD_I = P_{merc} - 20\%\ P_{merc}$$

Mas o produto líquido do desconto da letra inicial é também igual ao valor nominal dessa letra, uma vez retirado o montante do eventual desconto bancário imediato. Deste modo,

$$PLD_I = VN_I - DB_I$$

ou ainda

$$P_{merc} - 20\%\ P_{merc} = VN_I - DB_I$$

Por sua vez, na data do vencimento, a letra inicial foi reformada parcialmente, tendo ocorrido um pagamento de 30% sobre o respetivo valor nominal. Significa, então, que o produto líquido do eventual desconto da letra de reforma vai ser igual ao valor nominal da letra inicial, uma vez deduzido o pagamento parcial, isto é,

$$PLD_R = VN_I - 30\%\ VN_I$$

Mas também

$$PLD_R = VN_R - DB_R$$

Como o valor nominal da letra de reforma é de 6.060,18 €, recorrendo à fórmula apontada em [5.19], resultará

$$VN_I - 0{,}3\ VN_I = 6.060{,}18€ - 6.060{,}18€ \left[\left(\frac{62}{360} \times 14\% + 1\%\right)(1 + 4\%)\right]$$

$$0{,}7\ VN_I = 6.060{,}18\ € - 214{,}99\ €$$
$$VN_I = 8.350{,}27\ €$$

Retomando a expressão formalizada de início

$$P_{merc} - 20\%\ P_{merc} = VN_I - DB_I$$

e substituindo nela os valores respetivos, obter-se-á

$$P_{merc} - 0{,}2\ P_{merc} = 8.350{,}27€ - 8.350{,}27€ \left[\left(\frac{91}{360} \times 12\% + 1\%\right)(1 + 4\%)\right]$$

Resolvendo esta equação, apuramos o valor das mercadorias vendidas. Surge, então,

$$0{,}8\ P_{merc} = 8.350{,}27\ € - 350{,}27\ €$$
$$0{,}8\ P_{merc} = 8.000\ €$$
$$P_{merc} = 10.000\ €$$

Foram vendidas mercadorias no valor de 10.000 €.

4 – Na data do seu vencimento, uma letra foi substituída por uma outra com vencimento a 70 dias, que foi imediatamente descontada, possibilitando um produto líquido do desconto no montante de 7.155,30 €.

Sabendo que as condições praticadas pela instituição bancária que realizou a operação são as seguintes: *i*) taxa de desconto nas operações de reforma: 12%, *ii*) comissão de cobrança: 2% e *iii*) portes: 1,5 €, calcule:

a) A taxa de custo efetivo anual associada à operação;
b) A taxa anual efetiva;
c) A taxa real de desconto.

Resolução:

a) Calculando o valor nominal da letra, conseguimos determinar o desconto bancário e, consequentemente, as diversas taxas solicitadas. Atendendo a que

$$PLD_B = VN - \left[VN\left(\frac{t+2}{360} \times d + CC\right)(1+IS) + P\right]$$

vem

$$7.155{,}30\ € = VN - \left[VN\left(\frac{70+2}{360} \times 12\% + 2\%\right)(1+4\%) + 1{,}5€\right]$$

$$7.155{,}30\ € = VN - 0{,}04576\ VN - 1{,}5\ €$$
$$VN = 7.500\ €$$

Se VN = 7.500 € e PLD_B = 7.155,30 €, daí resulta que o montante do desconto bancário seja de 344,70 €.

De acordo com [5.30], temos que

$$d_{\text{efect. DB}} = \frac{D_B}{PLD_B}$$

donde vem

$$d_{\text{efect. DB}} = \frac{344{,}70€}{7.155{,}30€} = 4{,}81741\%$$

que é o custo efetivo do desconto para o prazo da operação. A taxa de custo efetivo anual do desconto é a que se obtém através da seguinte *relação de equivalência*:

$$(1 + 4{,}81741\%)^{\frac{365}{72}} = (1 + d_{\text{anual}})$$

$$d_{\text{anual}} \cong 26{,}936\%$$

A taxa de custo efetivo anual desta operação é, assim, de 26,936%.

b) Para determinarmos a taxa anual efetiva, que, como vimos, é a taxa que reflete a rendibilidade da instituição bancária que realiza a operação, temos que refazer os cálculos inerentes ao desconto bancário, não integrando, desta feita, o Imposto do Selo. Assim sendo, vem

$$D'_B = \left[7.500€\left(\frac{70+2}{360} \times 12\% + 2\%\right) + 1{,}5\ €\right] = 331{,}50\ €$$

De acordo com a alínea anterior, $PLD_B = 7.155{,}30$ €, o que permite estabelecer

$$d'_{DB} = \frac{331{,}50€}{7.155{,}30€} = 4{,}6329\%$$

que é a taxa que traduz a remuneração da instituição bancária para o período em apreço. Vem, então, que a taxa efetiva anual é a que resulta da seguinte condição:

$$(1 + 4{,}6329\%)^{\frac{360}{72}} = (1 + d'_{\text{anual}}) \Leftrightarrow d'_{\text{anual}} = 25{,}41264\%$$

c) Sendo a taxa de custo efetivo para os 72 dias da operação de 4,81741%, a taxa real do desconto obtém-se através da seguinte *relação de proporcionalidade*

$$d_{real} = \frac{360}{72} \times 4{,}81741\% = 24{,}08705\%$$

5 – Uma letra cujo valor nominal é de 5.000 € vai ser descontada 42 dias antes do seu vencimento. Antes de proceder à operação de desconto, o detentor da letra fez uma consulta ao mercado, tendo averiguado que o Banco Mediterrâneo pratica as seguintes condições: taxa de desconto – 12%, comissão de cobrança – 2,5% e portes – 1,40 €; enquanto isso, o Banco Lusitano, em operações análogas, pratica as seguintes taxas: taxa de desconto – 13% e comissão de cobrança – 1%.

a) Sabendo que, em ambos os casos, será aplicado Imposto do Selo à taxa de 4%, qual das hipóteses se afigura mais vantajosa?
b) Suponha que, uma vez realizada a operação de desconto, o detentor da letra verifica que, afinal, não necessita do montante obtido. Vai, então, aplicar o montante líquido do desconto de modo a que possa perfazer, no vencimento, a quantia correspondente ao valor nominal. Qual taxa efetiva anual mínima a que deve ser colocado este capital, de modo a permitir obter os 5.000 € na data de vencimento?

Resolução:

a) Recorrendo a [5.4], podemos calcular o montante do desconto bancário para ambos os casos.

Para a ***1ª hipótese***, teremos:

$$D_B = VN\left(\frac{t+2}{360} \times d + CC\right)(1 + IS) + P$$

$$D_B = 5.000\,€\left(\frac{42+2}{360} \times 12\% + 2{,}5\%\right)(1 + 4\%) + 1{,}40€$$

$$D_B = 207{,}67\,€$$

Por sua vez, o PLD_B obtém-se através de [5.5], ou seja,

$$PLD_B = VN - D_B$$
$$PLD_B = 5.000 € - 207,67 € = 4.792,33 €$$

Para a ***2ª hipótese***, teremos:

$$D_B = 5.000 € \left(\frac{42 + 2}{360} \times 13\% + 1\% \right) (1 + 4\%)$$

$$D_B = 134,62 €$$

Consequentemente, surge que

$$PLD_B = 5.000 € - 134,62 € = 4.865,38 €$$

É preferível a 2ª possibilidade, uma vez que o montante do desconto bancário é menor, donde resulta, necessariamente, um produto líquido do desconto maior e um custo efetivo do desconto também menor que no 1º caso.

b) Os 4.865,38 € correspondentes ao produto líquido do desconto vão estar aplicados, durante 42 dias, a uma dada taxa efetiva anual. De modo a perfazer exatamente os 5.000 €, a taxa efetiva anual é a que verifica a seguinte condição[38]:

$$5.000 € = 4.865,38 € (1 + i_{efect.})^{\frac{42}{360}}$$

$$1,027668959 = (1 + i_{efect.})^{\frac{42}{360}}$$

$$i_{efect.} = (1,027668959)^{\frac{360}{42}} - 1$$

$$i_{efect.} = 26,36\%$$

De modo a perfazer os 5.000 €, o capital tinha que estar aplicado, no mínimo, à taxa efetiva anual de 26,36%.

---

38 Consideramos os 360 dias, à semelhança do que sucede na operação de desconto, por se tratar de uma aplicação bancária. Caso pretendêssemos conhecer o custo efetivo do desconto, utilizaríamos 44 e 365 dias, em vez de 42 e 360, respetivamente.

6 – A empresa Bons Ares, Lda adquiriu um equipamento informático que liquidará através do aceite de duas letras, de valor nominal igual a 1.500 € e 3.000 €, com vencimentos, respetivamente, a 60 e a 90 dias. À data da compra, ficou estabelecido que a 1ª letra seria descontada de imediato, enquanto a 2ª permaneceria em carteira até ao vencimento, sendo que o valor nominal de ambas já inclui os custos respetivos.

a) Sabendo que a taxa de desconto em vigor no mercado é de 11%, que a comissão de cobrança é de 1% e que a taxa para aplicações inferiores a 180 dias é de 6,5%, determine o custo do equipamento.

b) Na data do vencimento da última letra, a empresa Bons Ares, Lda verifica que não dispõe do montante total necessário à liquidação da dívida. Solicita, então, ao fornecedor a reforma da letra, procedendo ao pagamento parcial de uma certa quantia e ao aceite de uma nova letra a 30 dias, de valor nominal igual a 2.161,70 € e que inclui os encargos de uma possível negociação bancária imediata. Sabendo que a taxa de desconto praticada nas operações de reforma é de 14% e que as comissões de cobrança são de 1,5%, determine qual a percentagem do valor nominal da letra inicial que terá sido amortizada.
NOTA: Sobre as operações de desconto e reforma incide uma taxa de Imposto do Selo de 4%.

Resolução:

a) O custo do equipamento corresponde ao somatório do produto líquido do desconto da 1ª letra e ao valor atualizado da 2ª letra à taxa praticada nas operações ativas até 180 dias. Salvaguarda-se, assim, a possibilidade que o fornecedor do equipamento tinha de aplicar o capital correspondente ao valor líquido da letra em carteira, o que não sucede por estar a conceder crédito ao seu cliente. Assim sendo, podemos formalizar que

$$\text{Custo} = 1.500\ € - 1.500\ € \left(\frac{60+2}{360} \times 11\% + 1\% \right) (1 + 4\%) +$$

$$+ 3.000\ € \ (1 + 6{,}5\%)^{-\frac{90}{360}}$$

$$\text{Custo} = 1.500\ € - 45{,}15\ € + 2.953{,}14\ € = 4.407{,}99\ €$$

O custo do equipamento terá sido de 4.407,99 €.

b) Apesar de a 2ª letra ter permanecido em carteira, esta pode ser reformada através de acordo direto entre o sacador e o sacado, sendo a letra de reforma apresentada a desconto.

No caso em apreço, estamos perante uma reforma parcial, sendo que

$$VN_I - PP = VN_R - \left[VN_R\left(\frac{t+2}{360}\times d + CC\right)(1+IS) + P\right]$$

Substituindo pelos valores respetivos, a nossa incógnita vai corresponder a PP, isto é, à amortização parcial efetuada. Logo, vem

$$3.000€ - PP = 2.161{,}70€ - \left[2.161{,}70€\left(\frac{30+2}{360}\times 14\% + 1{,}5\%\right)(1+4\%)\right]$$

$$3.000\ € - PP = 2.100\ €$$

$$PP = 900\ €$$

Como o valor nominal da letra de reforma era de 3.000 €, foi amortizado, à data de emissão da nova letra, 30% desse valor.

7 – Uma empresa obteve, em 30 de maio de 2016, um financiamento titulado através de 4 livranças, de igual valor nominal, com vencimento, respetivamente, para 30 de junho, 30 de julho, 30 de agosto e 30 de setembro do mesmo ano. A entidade bancária que realizou a operação pratica uma taxa de desconto de 9%. Sabendo que o total dos encargos inerentes à operação de desconto foi pago autonomamente e ascendeu a 8.190 €, determine:

a) o montante do financiamento obtido;
b) o valor a liquidar à entidade bancária aquando do vencimento da 3ª livrança.

Resolução:

a) Como o valor nominal das quatro livranças é igual, podemos escrever

$$VN_1 = VN_2 = VN_3 = VN_4$$

Sucede, porém, que, por intermédio de [5.7], no caso das livranças, temos

$$PLD_F = VN$$

e daí que

$$C_0 = (PLD_F)_1 + (PLD_F)_2 + (PLD_F)_3 + (PLD_F)_4$$

ou também

$$C_0 = 4VN = \Sigma\, PLD_F$$

Quer isto dizer que o montante do financiamento corresponde ao somatório do produto líquido do desconto das 4 livranças em 30 de maio de 2016. O valor que nos é facultado é o resultante da soma dos 4 descontos por financiamento, ou seja,

$$8.190\ € = (D_F)_1 + (D_F)_2 + (D_F)_3 + (D_F)_4$$

Recorrendo à expressão encontrada em [5.9],

$$D_F = VN\left(\frac{t+2}{360}\times d\right)(1+\text{IS})$$

podemos equacionar[39]

$$8.190\ € = VN\left(\frac{31+2}{360}\times 9\%\right)(1+4\%) + VN\left(\frac{61+2}{360}\times 9\%\right)(1+4\%) +$$

$$+ VN\left(\frac{92+2}{360}\times 9\%\right)(1+4\%) + VN\left(\frac{123+2}{360}\times 9\%\right)(1+4\%)$$

$$8.190\ € = 0{,}00858\ VN + 0{,}01638\ VN + 0{,}02444\ VN + 0{,}0325\ VN$$
$$8.190\ € = 0{,}0819\ VN$$
$$VN = 100.000\ €$$

[39] É de reter que a contagem dos dias obedece aos mesmos critérios que no desconto das letras.

O valor nominal de cada uma das livranças é de 100.000 €; sendo 4 títulos, tal significa que o montante global do financiamento foi de 400.000 €.

b) Recorrendo a [5.11], podemos calcular o valor a liquidar no momento do vencimento da 3ª livrança, donde

$$VL = VN\left[1 + \left(\frac{t+2}{360} \times d\right)(1 + IS)\right]$$

$$VL = 100.000€\left[1 + \left(\frac{92+2}{360} \times 9\%\right)(1 + 4\%)\right]$$

$$VL = 100.000\ €\ (1 + 0{,}02444)$$
$$VL = 102.444\ €$$

No vencimento da 3ª livrança devem ser entregues ao banco 102.444 €, 100.000 € correspondentes ao valor do financiamento propriamente dito e 2.444 € referentes a encargos (*desconto por financiamento*). Embora o valor das livranças seja idêntico, o mesmo não sucede com os respetivos encargos, dado que são diferentes os prazos respetivos.

8 – A empresa ABC, Lda necessita de dispor no imediato da quantia de 75.000 €. Para o efeito, contratou com o Banco Peninsular uma operação de financiamento, titulada através de uma livrança com vencimento a 180 dias e com juros pagos antecipadamente. Sabendo que o Banco Peninsular pratica uma taxa de desconto por financiamento de 8,5% ao ano e que a operação se encontra sujeita a Imposto do Selo a uma taxa de 4%, calcule o valor nominal da livrança.

Resolução:

Recorrendo à expressão estabelecida em [5.9] e atendendo às condições praticadas, podemos formalizar que

$$D_F = VN\left(\frac{180+2}{360} \times 8{,}5\%\right)(1 + 4\%)$$

$$D_F = 0{,}044691 \times VN$$

Sucede, ainda, que a empresa pretende ver creditados na sua conta 75.000 €, isto é, VC = 75.000 €. Como os juros referentes ao desconto por financiamento são pagos antecipadamente, podemos considerar [5.15] e nela substituir os valores respetivos de modo a determinar VN. Logo, vem

$$VC = VN - \frac{D_F}{1 + i \times t}$$

$$75.000\ € = VN - \frac{0{,}044691 \times VN}{1 + \frac{182}{360} \times 8{,}5\%}$$

$$75.000\ € = 0{,}9571503449\ VN$$

$$VN = 78.357{,}60\ €$$

O valor nominal da livrança é de 78.357,60 € [40].

9 – Foi acordado realizar o pagamento de uma certa mercadoria através do aceite de duas letras de igual valor nominal – 5.000 € –, datadas, respetivamente, para 45 e 90 dias, tendo sido ambas descontadas de imediato, nas seguintes condições:

– Taxa de desconto: 9%;
– Comissão de cobrança: 5 € por cada letra;
– Imposto do Selo à taxa de 4%.

No vencimento da 1ª letra, esta não foi paga devido a dificuldades financeiras do aceitante. Passados 15 dias, procedeu à entrega de 20% do montante em dívida, tendo, nessa data, solicitado a reforma integral da 2ª letra, pelo que foi emitido um novo título, a 180 dias, destinado a substituir as dívidas decorrentes das letras iniciais.

---

[40] O montante do desconto corresponde a 0,044691 × 78.357,60 € = 3.501,88 €. Como este valor é pago antecipadamente, vem $\frac{3.501{,}88€}{1 + \frac{182}{360} \times 8{,}5\%} = 3.357{,}60$ €, que corresponde à diferença entre o valor nominal da livrança e o montante a creditar na conta do subscritor.

a) Determine o valor da mercadoria adquirida.
b) Determine o valor nominal da letra que se destina a substituir os dois títulos iniciais, sabendo que a taxa de desconto praticada acresceu para 10,25% e que o banco aplica uma taxa de 15% ao ano para as quantias em mora[41].

Resolução:

a) O preço da mercadoria corresponde ao somatório do produto líquido do desconto das duas letras iniciais, logo

$$P_{merc} = PLD_1 + PLD_2$$

Como neste caso o montante da comissão de cobrança é fixo, a expressão que permite calcular o montante do desconto bancário surge reformulada, de acordo com o modo que segue:

$$PLD = VN - \left[\left(VN \times \frac{t+2}{360} \times d + CC\right)(1 + IS) + P\right]$$

$$PLD_1 = 5.000\ € - \left[\left(5.000€ \times \frac{45+2}{360} \times 9\% + 5€\right)(1 + 4\%)\right]$$

$$PLD_1 = 5.000\ € - 66{,}30\ €$$

$$PLD_1 = 4.933{,}70\ €$$

Do mesmo modo, vem

$$PLD_2 = 5.000\ € - \left[\left(5.000€ \times \frac{90+2}{360} \times 9\% + 5€\right)(1 + 4\%)\right]$$

$$PLD_2 = 5.000\ € - 124{,}80\ €$$

[41] Trata-se de um exemplo académico, pois veja-se o que, a este propósito, estabelece, entre nós, o artigo 8º do Decreto-Lei nº 58/2013, de 8 de maio, relativamente às quantias em mora: «Em caso de mora do devedor e enquanto a mesma se mantiver, as instituições podem cobrar juros moratórios, mediante a aplicação de uma sobretaxa anual máxima de 3%, a acrescer à taxa de juros remuneratórios aplicável à operação, considerando-se, na parte em que a exceda, reduzida a esse limite máximo».

$$PLD_2 = 4.875{,}20\ €$$

Resulta, então, que

$$P_{merc} = 4.933,\ 70\ € + 4.875{,}20\ € = 9.808{,}90\ €$$

b) Os 5.000 € correspondentes ao valor nominal da **1ª letra** não foram liquidados no seu vencimento, indo, por isso mesmo, ser onerados dos juros calculados à taxa aplicada às importâncias em mora. Deste modo, o montante em dívida passados 15 dias do vencimento da 1ª letra será de

$$\text{Dívida} = 5.000\ € \times \left(1 + \frac{15}{360} \times 15\%\right) = 5.031{,}25\ €$$

Como foram pagos 20% desse montante, daí decorre um valor remanescente de $0{,}8 \times 5.031{,}25\ € = 4.025\ €$.

No caso da **2ª letra**, esta vai ser reformada antecipadamente, isto é, antes do seu vencimento. Neste caso, coloca-se o problema de o valor em dívida na data em que a reforma é solicitada ser menos que o valor nominal, dado o lapso de tempo que ainda decorrerá até ao vencimento. Seria, então, de recorrer a uma taxa de avaliação para determinar o valor equivalente, nessa data, ao valor nominal.

Esta situação surge, porém, contornada em termos práticos, uma vez que os bancos procedem à reforma das letras pelo seu valor nominal, independentemente do facto de o título se encontrar ou não no vencimento. Resulta claro que se trata de uma hipótese pouco vantajosa para o subscritor, sendo, por esse motivo, pouco comum e apenas utilizada quando não é possível obter liquidez de outro modo. Tal situação requereria, contudo, a anuência da instituição bancária.

O produto líquido do desconto da letra de reforma corresponde ao somatório das dívidas decorrentes dos dois títulos iniciais, pelo que

$$PLD_R = 4.025\ € + 5.000\ € = 9.025\ €$$

Substituindo na expressão

$$PLD_R = VN_R - \left[\left(VN_R \times \frac{t+2}{360} \times d + CC\right)(1 + IS) + P\right]$$

calculamos o valor nominal da letra de reforma.

$$9.025\text{ €} = VN_R - \left[\left(VN_R \times \frac{180+2}{360} \times 10{,}25\% + 5\text{€}\right)(1+4\%)\right]$$

$$9.025\text{ €} = VN_R - 0{,}053892\ VN_R - 5{,}20\text{ €}$$
$$0{,}946108\ VN_R = 9.030{,}20\text{ €}$$
$$VN_R = 9.544{,}58\text{ €}$$

O valor nominal da letra a 180 dias que substitui os dois títulos iniciais vai ser de 9.544,58 €.

10 – Uma livrança com vencimento a 60 dias foi reformada parcialmente, tendo o subscritor procedido à entrega de 25% do seu valor nominal. Nessa data, foi emitida uma nova livrança a 30 dias, cujos encargos de desconto ascendem a 56,85 €. A entidade tomadora pratica as seguintes condições: 8,75% nas operações de desconto por financiamento e 10,25% no desconto de livranças de reforma. Sabendo que em ambas as operações os juros foram tratados autónoma e postecipadamente, calcule a quantia total que o subscritor teve que despender na data de vencimento da livrança primitiva.

Resolução:

A quantia total que o subscritor teve que despender resulta do somatório dos encargos inerentes à livrança inicial e do montante da entrega de 25%. Como conhecemos o montante do desconto da operação de reforma, bem como as condições praticadas, podemos determinar o valor nominal da livrança de reforma, através da aplicação de [5.20]. Por conseguinte, surge

$$D_{FR} = VN_R \left(\frac{t+2}{360} \times d\right)(1+\text{IS})$$

$$56{,}85\text{ €} = VN_R \left(\frac{30+2}{360} \times 10{,}25\%\right)(1+4\%)$$

$$56{,}85\text{ €} = VN_R \times 0{,}00947(5)$$
$$VN_R = 6.000\text{ €}$$

Podemos escrever também que

$$VN_R = VN_I - PP$$
$$6.000\ € = VN_I - 0{,}25\ VN_I$$
$$VN_I = 8.000\ €$$

Este é o valor nominal da livrança inicial e é sobre ele que vamos calcular o montante do desconto por financiamento. Aplicando [5.9], vem

$$D_F = 8.000\ € \left(\frac{60+2}{360} \times 8{,}75\%\right)(1+4\%)$$
$$D_F = 8.000\ € \times 0{,}015672$$
$$D_F = 125{,}38\ €$$

A este montante acresce a entrega de 25% do valor nominal da livrança inicial, isto é, a quantia total entregue na data de vencimento da livrança primitiva é de 125,38 € + 0,25 × 8.000 € = 2.125,38 €.

11 – Certo comerciante adquiriu mercadorias no valor de 3.000 €, tendo liquidado na data de transação 30% desse valor. O restante será pago a 90 dias, acrescido de juros à taxa de 10% calculados em regime de juro simples, tendo o devedor procedido ao aceite de uma letra com valor nominal correspondente ao montante em dívida.

a) Qual o valor nominal da letra?
b) Porém, passados 18 dias, devido a dificuldades financeiras, o sacador apresentou a letra a desconto. Qual o montante que recebeu, sabendo que as condições praticadas pela entidade que realizou a operação de desconto são as seguintes:

   - Taxa de desconto: 8%;
   - Comissão de cobrança: 0,25%, com um mínimo de 10 € e um máximo de 50 € por efeito;
   - Imposto do Selo: 4%;
   - Portes: 3 € ?

c) Qual seria, em seu entender, a taxa de juro a praticar pelo comerciante na operação de crédito a 90 dias de modo a compensar o custo inerente à operação de desconto?

Resolução:

a) O valor não liquidado na data da transação corresponde a

$$3.000\ € \times (1 - 0,3) = 2.100\ €$$

A este valor vão acrescer juros simples, correspondentes a 90 dias, calculados à taxa de 10%, pelo que

$$C_n = 2.100\ € \times \left(1 + \frac{90}{360} \times 10\%\right)$$

$$C_n = 2.152,50\ €$$

O valor nominal da letra foi de 2.152,50 €.

b) Embora a comissão de cobrança incida sobre o valor nominal, tal como sucedia nos casos que conduziram à formalização de [5.4], devemos atender, na situação presente, a que a comissão de cobrança varia entre dois limites mínimo e máximo por cada efeito considerado. Logo, vem

$$CC = 0,25\% \times 2.152,50\ € = 5,38\ €$$

Porém, como o valor mínimo a considerar é de 10 €, reformulamos a expressão encontrada em [5.6], que surge

$$PLD_B = VN - \left[\left(VN \times \frac{t+2}{360} \times d + CC\right)(1 + IS) + P\right]$$

Substituindo pelos valores respetivos, obtém-se

$$PLD_B = 2.152,50€ - \left[\left(2.152,50€ \times \frac{72+2}{360} \times 8\% + 10€\right)(1 + 4\%) + 3€\right]$$

$$PLD_B = 2.152,50\ € - 50,21\ € = 2.102,29\ €$$

O comerciante recebeu a quantia de 2.102,29 € resultante do desconto da letra. Atenda-se a que este valor é maior que os 2.100 € iniciais porque a letra foi descontada 18 dias após a sua emissão.

c) Vamos calcular o custo efetivo da operação de desconto bancário da letra a 90 dias, o qual confrontaremos com a taxa de 10% praticada na operação de crédito. Comecemos por calcular o montante do desconto bancário se a letra tivesse sido descontada na data da aquisição.

$$D_B = \left(VN \times \frac{t+2}{360} \times d + CC \right)(1 + IS) + P$$

$$D_B = \left(2.152{,}50€ \times \frac{90+2}{360} \times 8\% + 10€ \right)(1 + 4\%) + 3€$$

$$D_B = 59{,}17\ €$$

Por conseguinte, vem

$$PLD_B = VN - D_B = 2.152{,}50\ € - 59{,}17\ € = 2.093{,}33\ €$$

Deste modo, atendendo a [5.30], surge

$$d_{\text{efect. DB}} = \frac{D_B}{PLD_B}$$

$$d_{\text{efect. DB}} = \frac{59{,}17€}{2.093{,}33€} \cong 0{,}028266 = 2{,}8266\%$$

que é a taxa de custo desta fonte de financiamento para um período de 92 dias. Recorrendo à *relação de equivalência* entre taxas, a taxa de custo efetivo anual virá

$$(1 + d_{\text{anual}}) = (1 + 2{,}8266\%)^{\frac{365}{92}}$$

$$d_{\text{anual}} = (1 + 2{,}8266\%)^{\frac{365}{92}} - 1$$

$$d_{\text{anual}} = 11{,}69\%$$

Como o custo efetivo anual do desconto bancário é de 11,69%, esta deveria ter sido a taxa praticada pelo comerciante de modo a compensar os encargos decorrentes de um eventual desconto bancário.

12 – Um casal pretende renovar o seu apartamento e adquirir mobiliário no montante de 5.500 €, não dispondo, porém, dessa quantia no imediato.

A empresa vendedora propõe-lhe que a transação se realize através do saque de três letras, com vencimentos a 60, 120 e 180 dias, cada uma delas com o valor nominal de 1.905 €.

Em alternativa, certa instituição bancária concede crédito no montante da aquisição, devendo este casal subscrever três livranças, também com vencimentos a 60, 120 e 180 dias e de idêntico valor nominal. Sabendo que esse valor nominal inclui os encargos correspondentes, com juros calculados à taxa de 9,75%, esclareça qual das hipóteses se revela mais vantajosa para os compradores.

Resolução:

Se calcularmos o valor nominal de cada uma das livranças, podemos compará-lo com o valor nominal das letras, uma vez que correspondem ambos à quantia a liquidar em cada um dos vencimentos pelo casal comprador. Por sua vez, sabemos também que o valor da dívida vai corresponder ao somatório do produto líquido do desconto por financiamento das três livranças, isto é,

$$5.500\ € = PLD_{F1} + PLD_{F2} + PLD_{F3} \tag{1}$$

Como os encargos do financiamento estão incluídos no valor nominal das livranças, temos que

$$VN = PLD_F + PLD_F \left(\frac{t+2}{360} \times d\right)(1 + IS)$$

o que equivale a ter

$$VN = PLD_F \left[1 + \left(\frac{t+2}{360} \times d\right)(1 + IS)\right]$$

ou ainda

$$PLD_F = \frac{VN}{1 + \left(\frac{t+2}{360} \times d\right)(1 + IS)} \tag{2}$$

Se substituirmos (2) em (1), vem

$$5.500\ € = \frac{VN}{1+\left(\frac{t_1+2}{360}\times d\right)(1+IS)} + \frac{VN}{1+\left(\frac{t_2+2}{360}\times d\right)(1+IS)} + \frac{VN}{1+\left(\frac{t_3+2}{360}\times d\right)(1+IS)}$$

Substituindo, agora, pelos valores respetivos, surge

$$5.500\ € = \frac{VN}{1+\left(\frac{60+2}{360}\times 9{,}75\%\right)(1+4\%)} + \frac{VN}{1+\left(\frac{120+2}{360}\times 9{,}75\%\right)(1+4\%)} + \frac{VN}{1+\left(\frac{180+2}{360}\times 9{,}75\%\right)(1+4\%)}$$

$$5.500\ € = 0{,}9828364\ VN + 0{,}9667783\ VN + 0{,}9512364\ VN$$
$$5.500\ € = 2{,}9008511\ VN$$
$$VN = 1.896\ €$$

Como cada livrança tem o valor nominal de 1.896 €, significa que para o mesmo montante de financiamento – os 5.500 € da compra – o montante a pagar em cada um dos vencimentos é menor do que os 1.905 € decorrentes da proposta do vendedor; assim sendo, seria de optar pelo desconto por financiamento, em vez do desconto bancário, uma vez que tem associado um custo inferior.

13 – O subscritor de uma livrança, a qual permitiu um financiamento no montante de 100.000 € e que se encontrava datada a 90 dias, não dispondo, no seu vencimento, da quantia necessária para a liquidar, solicitou à instituição bancária em apreço a reforma do título a 60 dias, efetuando uma amortização de 30% do valor em dívida, condições que o banco aceitou. Porém, na data de vencimento da livrança de reforma, solicitou a emissão de um novo título, agora a 30 dias, tendo procedido à entrega de 40% do valor em dívida. Sabendo que:

- a taxa de desconto praticada na 1ª operação de financiamento foi de 11%, acrescendo 2% em cada reforma solicitada;
- na livrança inicial, os encargos estavam incluídos no valor nominal do título, na 1ª livrança de reforma, foram pagos antecipadamente e, na 2ª livrança de reforma, foram tratados autonomamente;

Pretende-se que determine:

a) o montante a liquidar no vencimento da 2ª livrança de reforma;
b) o custo efetivo anual da operação inicial de financiamento;
c) a taxa anual efetiva associada à primeira operação de reforma;
d) a taxa real de desconto associada à segunda operação de reforma.

Resolução:

a) Como na 1ª livrança os encargos se incluem no valor nominal da livrança e os 100.000 € correspondem ao montante do financiamento, vamos determinar o valor nominal deste 1º título, sendo que

$$VN = PLD_F + PLD_F \left(\frac{t+2}{360} \times d \right) (1 + IS)$$

$$VN = 100.000\text{ €} + 100.000\text{ €} \left(\frac{90+2}{360} \times 11\% \right) (1 + 4\%)$$

$$VN = 100.000\text{ €} + 2.923{,}56\text{ €}$$
$$VN = 102.923{,}56\text{ €}$$

Este é o montante que deveria ter sido pago no vencimento da 1ª livrança e do qual o subscritor liquidou apenas 30%, traduzindo-se os restantes 70% no montante em dívida, ou seja, 102.923,56 € × 70% = 72.046,49 €.

Como na 1ª livrança de reforma os encargos vão ser liquidados antecipadamente, os 72.046,49 € correspondem à quantia a creditar na conta do subscritor. O valor nominal da nova livrança decorre da aplicação de [5.15], atenta a expressão que permite calcular o montante do D_F, formalizada através de [5.9]. Logo

$$72.046{,}49\ € = VN_R - \frac{VN_R\left(\frac{60+2}{360} \times 13\%\right)(1+4\%)}{1+\frac{62}{360} \times 13\%}$$

donde se retira que

$$VN_R = 73.725{,}56\ €$$

Sendo este o montante a liquidar no vencimento da 1ª livrança de reforma, dele foram pagos 40%, daí resultando um valor em dívida de $0{,}6 \times 73.725{,}56\ € =$ $= 44.235{,}34\ €$. Este é o valor nominal da 2ª livrança de reforma, sobre o qual serão calculados os encargos a liquidar no vencimento. Sabemos, então, que

$$VL = VN\left[1+\left(\frac{t+2}{360} \times d\right)(1+IS)\right]$$

$$VL = 44.235{,}34\ €\left[1+\left(\frac{30+2}{360} \times 15\%\right)(1+4\%)\right]$$

$$VL = 44.235{,}34\ € + 613{,}40\ €$$

$$VL = 44.848{,}74\ €$$

O valor a liquidar no vencimento da 2ª livrança de reforma será de 44.848,74 €, correspondendo 44.235,34 € ao valor nominal da livrança e 613,40 € aos encargos.

b) Atendendo a [5.34], temos que

$$d_{\text{efect. DF}} = \frac{D_F}{PLD_F} = \frac{2.923{,}56€}{100.000€} = 2{,}92356\%$$

que representa o custo efetivo do financiamento para o prazo da operação, que, no limite, pode atingir os 92 dias. O *custo efetivo anual* para o subscritor da livrança é o que verifica a seguinte condição de equivalência:

$$(1 + 2{,}92356\%)^{\frac{365}{92}} = (1 + d_{\text{anual}}) \Leftrightarrow d_{\text{anual}} = 12{,}11174356\%$$

c) Determinamos a taxa anual efetiva associada à primeira operação de reforma, considerando apenas o montante de encargos que correspondem à remuneração da entidade bancária que suportou a operação. Como decorre da alínea a), $VN_R = 73.725{,}56$ € e, assim sendo, podemos calcular

$$D'_F = 73.725{,}56 \text{ €} \times \frac{62}{360} \times 13\% = 1.650{,}63 \text{ €}$$

Por seu turno, vem que

$$d'_{\text{efect. DF}} = \frac{D'_F}{PLD_F} = \frac{1.650{,}63}{72.046{,}49} = 2{,}291\%$$

sendo esta a taxa efetiva para o prazo da operação. Por sua vez, a *taxa anual efetiva* correspondente à primeira operação de reforma é a que verifica a relação de equivalência

$$(1 + 2{,}291\%)^{\frac{360}{62}} = (1 + d'_{\text{anual}})$$

sendo, então que $d'_{\text{anual}} = 14{,}0566\%$

d) Como na segunda operação de reforma os encargos são pagos separadamente, vamos considerar o valor nominal da livrança que titulou a operação, bem como o montante a liquidar no vencimento. Sendo que VN = 44.235,34 € e VL = 44.848,74 €, formalizamos

$$44.235{,}34 \text{ €} \left(1 + \frac{32}{360} \times d_{\text{real}}\right) = 44.848{,}74 \text{ €}$$

$$d_{\text{real}} = 15{,}6\%$$

14 – Certo investidor pretende aplicar 5.000 €, pelo prazo de 90 dias. Uma conhecida instituição bancária da praça propõe-lhe as seguintes alternativas:

- aplicação numa conta de depósito, que capitaliza juros ao trimestre, à taxa anual efetiva de 3,5%;
- aplicação em Bilhetes do Tesouro, sendo que, findos os 90 dias, lhe será creditada a importância de 5.043,75 €.

No pressupondo de que ambas as hipóteses se encontram desoneradas de quaisquer encargos bancários, qual é mais vantajosa para o investidor?

Resolução:

Existem duas possibilidades de resolução do problema presente. Na ***primeira possibilidade***, calculamos o valor acumulado que o depósito proporciona no final dos 90 dias recorrendo à expressão

$$C_n = C_0 \, (1 + i)^n$$

e comparamo-lo com a importância a creditar pela aplicação dos BT. A taxa que nos é indicada é uma taxa efetiva anual, mas como o período de capitalização coincide com o próprio prazo da operação (90 dias = 1 trimestre), basta formalizar que

$$C_n = 5.000 \text{ €} \, (1 + 3{,}5\%)^{\frac{90}{360}}$$
$$C_n = 5.043{,}19 \text{ €}$$

donde se conclui que, embora por uma ligeira diferença, a aplicação em BT seria preferível.

Outra possibilidade seria comparar as taxas efetivas a observar em cada caso.

No depósito, a taxa efetiva para o trimestre (que como já vimos coincide com o prazo da aplicação) é a seguinte:

$$(1 + i_{\text{ef. anual}}) = (1 + i_{\text{ef. trim.}})^4$$
$$(1 + 3{,}5\%) = (1 + i_{\text{ef. trim.}})^4$$

$$i_{\text{ef. trim.}} = (1 + 3{,}5\%)^{\frac{1}{4}} - 1$$
$$i_{\text{ef. trim.}} = 0{,}8637\%$$

Por sua vez, a taxa anual vigente na aplicação em BT é a que satisfaz a condição formalizada em [5.38]

$$VN = VA \left(1 + \frac{i \times t}{360}\right)$$

$$5.043{,}75 \text{ €} = 5.000 \text{ €} \left(1 + \frac{i \times 90}{360}\right)$$

$$1{,}00875 = 1 + 0{,}25\,i$$

$$i = \frac{0{,}00875}{0{,}25}$$

$$i = 3{,}5\%$$

Esta é a taxa para um período de 360 dias; a taxa para 90 dias obtém-se através de uma *relação de proporcionalidade*, donde

$$i_{90\ \text{dias}} = \frac{90}{360} \times 3{,}5\% = 0{,}875\%$$

taxa esta ligeiramente superior que a obtida para o depósito bancário.

15 – Sobre um capital no montante de 400.000 € foi realizada uma operação de desconto, por um período de ano e meio, à taxa de juro anual de 4,5% com capitalização aos 7 meses.

a) Calcule o custo efetivo anual: *i*) na eventualidade de ter sido praticada a modalidade do desconto por dentro; *ii*) na eventualidade de ter sido praticada a modalidade do desconto por fora; *iii*) na eventualidade de ter sido praticada a modalidade do desconto composto.

b) Qual o montante do desconto composto à taxa de desconto que equivale à taxa de juro indicada?

c) Qual o custo efetivo anual do desconto composto na hipótese considerada na alínea anterior?

d) Se o montante do desconto composto tivesse sido de 33.864,41 €, qual seria a taxa anual nominal equivalente à taxa de desconto praticada na operação?

Resolução:

a) Antes de determinarmos o custo efetivo do desconto para cada uma das possibilidades, necessitamos de calcular, previamente, os montantes de desconto respetivos.

Nas modalidades de desconto em regime de juro simples – *desconto por dentro* e *desconto por fora* –, atendemos à taxa proporcional para um período de

7 meses, ou seja, $i_{7\text{meses}} = \dfrac{7}{12} \times 4{,}5\% = 2{,}625\%$, sendo, ainda, que o prazo da operação de desconto vai corresponder a $\left(2 + \dfrac{4}{7}\right)$ do período da taxa.

i) Para a modalidade de ***desconto por dentro***, tal como oportunamente estabelecido em [1.26], vem que

$$D_d = \frac{C_n \times i \times t}{1 + i \times t} = \frac{400.000€ \times 2{,}625\% \times \left(2 + \frac{4}{7}\right)}{1 + 2{,}625\% \times \left(2 + \frac{4}{7}\right)} = \frac{27.000€}{1{,}0675} = 25.292{,}74\,€$$

Se atendermos a [5.24], vem que

$$d_{\text{efect. Dd}} = \frac{D_d}{C_{n-t}} = \frac{25.292{,}74€}{400.000\,€ - 25.292{,}74€} = 6{,}75\%$$

Esta é a taxa de custo efetiva para todo o prazo da operação – 18 meses – sendo o custo efetivo anual obtido através da seguinte relação de proporcionalidade:

$$d_{\text{efect. anual Dd}} = \frac{12}{18} \times 6{,}75\% = 4{,}5\%$$

que coincide com a taxa de juro da operação, como aliás já havíamos referido.

ii) No caso do ***desconto por fora***, em função de [1.28], vem que

$$D_f = 400.000\,€ \times 2{,}625\% \times \left(2 + \frac{4}{7}\right) = 27.000\,€$$

Para além disso,

$$d_{\text{efect. Df}} = \frac{D_f}{C_{n-t}}$$

$$d_{\text{efect. Df}} = \frac{27.000€}{400.000€ - 27.000€} = \frac{27.000€}{373.000€} = 7{,}2386\%$$

À semelhança do que sucedia para o desconto por dentro, também este custo se reporta aos 18 meses da operação, sendo o custo efetivo anual obtido por proporcionalidade. Assim sendo, obtém-se

$$d_{\text{efect. anual Df}} = \frac{12}{18} \times 7{,}2386\% = 4{,}82573(3)\%$$

iii) Sendo praticada a modalidade do ***desconto composto***, recordamos que a taxa de 2,625% é a taxa efetiva para o período de capitalização, isto é, para os 7 meses. Se retomarmos a expressão formalizada em [1.32], vem que

$$D_c = 400.000\text{ €} \times \left[1 - (1 + 2{,}625\%)^{-\left(2+\frac{4}{7}\right)}\right] = 25.783{,}21\text{ €}$$

Por seu turno,

$$d_{\text{efect. Dc}} = \frac{D_c}{C_{n-t}} = \frac{25.783{,}21\text{€}}{400.000\text{€} - 25.783{,}21\text{€}} = 6{,}8899\%$$

O custo efetivo anual do desconto composto pode ser obtido através da relação de equivalência seguinte:

$$(1 + d_{18\text{ meses}}) = (1 + d_{\text{anual}})^{1,5}$$
$$(1 + 6{,}8899\%) = (1 + d_{\text{anual}})^{1,5}$$
$$d_{\text{anual}} = (1 + 6{,}8899\%)^{\frac{2}{3}} - 1$$
$$d_{\text{anual}} = 4{,}542\%$$

sendo esta a taxa efetiva anual que corresponde à taxa efetiva de 2,625% para um período de 7 meses.

Tanto no desconto por dentro como no desconto composto o custo efetivo do desconto coincide com a taxa de juro, uma vez que a operação de desconto incide sobre o produto líquido respetivo; o mesmo não sucede, contudo, no caso de desconto por fora, resultando, assim, um custo efetivo superior.

b) Principiamos por determinar a taxa de desconto que equivale à taxa efetiva para um período de 7 meses, a qual se obtém através da expressão formalizada no Capítulo 1, por intermédio de [1.33]. Surge, assim, que

$$d = \frac{i}{1+i} = \frac{2{,}625\%}{1+2{,}625\%} = 2{,}5579\%$$

Por seu turno, de acordo com [1.36], vem

$$D_c = 400.000\ € \left[1 - (1 - 2{,}5579\%)^{2+\frac{4}{7}}\right]$$

$$D_c = 400.000\ € \ (1 - 0{,}93554089)$$
$$D_c = 400.000\ € \times 0{,}06445911$$
$$D_c = 25.783{,}64\ €$$

c) O montante obtido na alínea anterior é praticamente idêntico ao que obtivemos em a), quando calculamos o desconto composto à taxa efetiva a 7 meses de 2,625%. Logo se o montante do desconto é idêntico, o mesmo sucederá com C_{n-t}, pelo que o custo efetivo anual corresponderá ao que já calculámos anteriormente (4,542%).

d) Recorrendo à expressão estabelecida no Capítulo 1,

$$D_c = C_n \left[1 - (1 - d)^t\right]$$

se substituirmos pelos valores correspondentes e resolvermos em ordem a *d*, obtemos a taxa de desconto para 7 meses. Assim sendo, surge

$$33.864{,}41\ € = 400.000\ € \left[1 - (1 - d)^{2+\frac{4}{7}}\right]$$

$$0{,}915338975 = (1 - d)^{2+\frac{4}{7}}$$
$$(1 - d) = 0{,}96618$$
$$d = 0{,}0338164$$

Esta é a taxa de desconto para 7 meses; podemos, agora, calcular a taxa de juro que lhe equivale, para o mesmo período de 7 meses, sendo que

$$i = \frac{d}{1-d} = \frac{0{,}0338164}{1 - 0{,}338164} = 3{,}5\%$$

A taxa assim obtida é uma taxa efetiva para 7 meses. A taxa anual nominal decorre da relação de proporcionalidade seguinte:

$$i_{\text{anual nom.}} = \frac{12}{7} \times 3{,}5\% = 6\%$$

16 – A empresa ABC, Lda, após ter elaborado um plano financeiro plurianual, apercebeu-se da necessidade de obter, pontualmente, recursos a curto prazo, pelo que acordou com o seu banco um crédito em conta corrente caucionada (*pledged current account*) no montante de 1.000.000 €, pelo prazo de um trimestre, renovável por igual período de tempo.

As condições contratuais são as seguintes:

a) **Juros:**

1) Apurados mensalmente e contados ao dia sobre os montantes utilizados, a uma taxa de juro indexada à Euribor a um mês do dia anterior ao início do período, mais um *spread* de 3,5%;
2) O pagamento dos juros é postecipado;
3) A taxa Euribor a um mês, no dia 31 de dezembro de 20X0, era de 2,6%.

b) **Comissões:**

1) Comissão *flat* (ou de abertura): 0,3%, a liquidar na data do contrato;
2) Comissão de Imobilização: comissão mensal única de 0,2% sobre o montante médio não utilizado em cada mês.

c) **Encargos fiscais:**

1) Imposto do Selo de 0,07%, contado ao mês, sobre o montante médio do crédito utilizado;
2) Imposto do Selo de 4% sobre juros e comissões.

Tendo em vista a apreciação dos encargos inerentes à utilização desta modalidade de crédito, estimaram-se as seguintes utilizações e amortizações no mês de janeiro de 20X1 (em euros):

1º Mês:

Data	Data-valor	Movimento	Dias	Montantes
02/01/20X1	02/01/20X2	Utilização	6	500 000
08/01/20X1	08/01/20X2	Utilização	4	300 000
12/01/20X1	12/01/20X2	Amortização	6	400 000
18/01/20X1	18/01/20X2	Utilização	6	300 000
24/01/20X1	24/01/20X2	Amortização	4	450 000
28/01/20X1	28/01/20X2	Amortização	2	250 000
30/01/20X1	30/01/20X2	Utilização	2	600 000

Estima-se que as utilizações médias mensais, durante o ano, sejam idênticas às do mês de janeiro e que, por simplificação, a Euribor se manterá estável ao longo do trimestre.

Pretende-se que:

a) Calcule o total dos encargos previstos pelas utilizações e amortizações deste crédito para o mês de janeiro, incluindo os custos de negociação;

b) Determine a taxa de custo efetiva (antes de impostos) da operação para o mês de janeiro;

c) Determine a taxa de custo anual efetiva (antes de impostos) prevista para a operação.

Resolução:

Consideramos, então, cada uma das alíneas propostas.

a) Para cálculo dos encargos previstos, vamos apresentar um quadro de resolução no qual se calculam os valores/dias, obtidos pelo produto dos saldos em dívida pelos dias dessa mesma dívida; o valor assim obtido, dividido pelos dias totais de utilização, permite encontrar o valor médio mensal utilizado.

Data	Data-valor	Movimento	Dias	Montantes	Valores/dias
02/01/20X1	02/01/20X2	Utilização	6	500 000 €	3.000.000 €
08/01/20X1	08/01/20X2	Utilização	4	300 000 €	1.200.000 €
12/01/20X1	12/01/20X2	Amortização	6	400 000 €	2.400.000 €
18/01/20X1	18/01/20X2	Utilização	6	300 000 €	1.800.000 €
24/01/20X1	24/01/20X2	Amortização	4	450 000 €	1.800.000 €
28/01/20X1	28/01/20X2	Amortização	2	250 000 €	500.000 €
30/01/20X1	30/01/20X2	Utilização	2	600 000 €	1.200.000 €
SOMA			30		11.900.000 €

O valor médio mensal utilizado corresponde, assim, a $\frac{11.900.000€}{30} =$ $= 396.667€$.

Designação	Bases		Taxas		IS	Totais
Juros + Imposto de Selo (IS)	396.667 €	×	$\frac{6,1\%}{12}$	×	1,04 =	2.097,04 €
Comissão de abertura + IS	1.000.000 €	×	0,30%	×	1,04 =	3.120,00 €
Comissão mensal única + IS	603.333 € (1.000.000€–396.667€)	×	0,20%	×	1,04 =	1.254,93 €
IS sobre o valor médio de crédito	396.667 €	×		×	0,07% =	277,67 €
Total de encargos						6.749,64 €

b) A taxa de custo efetiva correspondente ao **mês de janeiro** pode ser obtida através da expressão

$$\frac{\text{Total de encargos}}{\text{Valor médio mensal utilizado} - \text{Valor da comissão de abertura}}, \text{ logo}$$

$$\frac{6.749{,}64€}{396.667€ - 3.120{,}00€} = \frac{6.749{,}64€}{393.546{,}67€} = 0{,}01715 = 1{,}715\%$$

c) Para calcularmos a taxa de custo anual efetiva necessitamos de conhecer a taxa de custo efetiva correspondente aos restantes meses do ano, a qual pode ser obtida através da expressão

$$\frac{\text{Total de encargos} - \text{Valor da comissão de abertura}}{\text{Valor médio mensal utilizado}}$$

donde

$$\frac{6.749{,}64€ - 3.120{,}00€}{396.667€} = \frac{3.629{,}64€}{396.667€} = 0{,}00915 = 0{,}915\%$$

Deste modo, o custo efetivo anual $= (1+1{,}715\%)(1+0{,}915\%)^{11} - 1 = 12{,}434\%$.

FORMULÁRIO (5)

[5.1] $$D_f = VN \times \left(\frac{t+2}{360} \times d \right)$$

[5.2] $$C.\ Cob. = VN \times CC$$

[5.3] $$Imp.\ Selo = 4\% \times VN \times \left(\frac{t+2}{360} \times d + CC \right)$$

[5.4] $$D_B = VN \left(\frac{t+2}{360} \times d + CC \right)(1 + IS) + P$$

[5.5] $$PLD_B = VN - D_B$$

[5.6] $$PLD_B = VN - \left[VN \left(\frac{t+2}{360} \times d + CC \right)(1 + IS) + P \right]$$

[5.7] $$PLD_F = VN$$

[5.8] $$D_F = PLD_F \left(\frac{t+2}{360} \times d \right)(1 + IS)$$

[5.9] $$D_F = VN \left(\frac{t+2}{360} \times d \right)(1 + IS)$$

[5.10] $$VL = VN + D_F$$

[5.11] $$VL = VN \left[1 + \left(\frac{t+2}{360} \times d \right)(1 + IS) \right]$$

[5.12] $$VL = PLD_F \left[1 + \left(\frac{t+2}{360} \times d \right)(1 + IS) \right]$$

[5.13] $$VN = PLD_F + D_F$$

[5.14] $$VN = PLD_F + PLD_F \left(\frac{t+2}{360} \times d \right)(1 + IS)$$

[5.15] $$VC = VN - \frac{D_F}{1 + i \times t}$$

[5.16] $$PLD_R = VN_I$$

[5.17] $$PLD_R = VN_I - PP$$

[5.18] $$VN_I = VN_R - \left[VN_R \left(\frac{t+2}{360} \times d + CC \right) (1 + IS) + P \right]$$

[5.19] $$VN_I - PP = VN_R - \left[VN_R \left(\frac{t+2}{360} \times d + CC \right) (1 + IS) + P \right]$$

[5.20] $$D_{FR} = VN_R \left(\frac{t+2}{360} \times d \right) (1 + IS)$$

[5.21] $$VN_R = PLD_R + PLD_R \left(\frac{t+2}{360} \times d \right) (1 + IS)$$

[5.22] $$VN_I = VN_R - \frac{D_{FR}}{1 + i \times t}$$

[5.23] $$VN_I - PP = VN_R - \frac{D_{FR}}{1 + i \times t}$$

[5.24] $$d_{efect.\ Dd} = \frac{D_d}{C_{n-t}}$$

[5.25] $$d_{efect.\ Dd} = i \times t$$

[5.26] $$d_{efect.\ Df} = \frac{D_f}{C_{n-t}}$$

[5.27] $$d_{efect.\ Df} = \frac{i \times t}{1 - i \times t}$$

[5.28] $$d_{efect.\ Dc} = \frac{D_c}{C_{n-t}}$$

[5.29] $$d_{efect.\ Dc} = (1 + i)^t - 1$$

[5.30] $$d_{efect.\ DB} = \frac{D_B}{PLD_B}$$

[5.31] $$D'_B = VN\left(\frac{t+2}{360} \times d + CC\right) + P$$

[5.32] $$d'_{DB} = \frac{D'_B}{PLD_B}$$

[5.33] $$d_{real} = \frac{360}{t+2} \times d_{efect.\ DB}$$

[5.34] $$d_{efect.\ DF} = \frac{D_F}{PLD_F}$$

[5.35] $$D'_F = PLD_F\left(\frac{t+2}{360} \times d\right)$$

[5.36] $$d'_{DF} = \frac{D'_F}{PLD_F}$$

[5.37] $$VA = \frac{VN \times 360}{360 \times i \times t}$$

[5.38] $$VN = VA\left(1 + \frac{i \times t}{360}\right)$$

[5.39] $$VR = VN\left(1 + \frac{i \times t}{360}\right)$$

Capítulo 6
Empréstimos Clássicos

1. Noção e características dos empréstimos

Um ***empréstimo é uma operação financeira*** através da qual um dado indivíduo, que designaremos por *sujeito ativo*, cede a outro, denominado *sujeito passivo*, uma certa quantia C_0, por um dado período de tempo n, obrigando-se o segundo a devolver ao primeiro essa quantia, de uma só vez ou em montantes fracionados, acrescida dos juros calculados à taxa convencionada entre as partes.

Entre nós, o artigo 1142º do Código Civil define o que se entende por *contrato de mútuo*: «Mútuo é o contrato pelo qual uma das partes empresta à outra dinheiro ou outra coisa fungível ficando a segunda obrigada a restituir outro tanto do mesmo género e qualidade». É com base neste conceito legal que podemos designar, *lato sensu*, o sujeito ativo de um empréstimo financeiro por *mutuante*, enquanto o sujeito passivo recebe a denominação de *mutuário*.

Atendendo ao conceito de empréstimo que de início apresentámos, devemos sublinhar que, no contexto da matemática financeira, apenas interessam os contratos de mútuo em que a coisa mutuada é o dinheiro e que, para além disso, têm caráter oneroso. Tal significa que, recorrendo de novo ao texto da lei, a restituição de «outro tanto do mesmo género e qualidade», que corresponde, no caso dos empréstimos financeiros, ao montante do capital cedido (C_0), deverá ser acrescida do montante de juros respetivos.

Os empréstimos financeiros constituem uma entre as várias fontes de financiamento a que as empresas podem recorrer[1].

À semelhança do sucedido no âmbito das rendas, diversos são, também, os critérios de classificação dos empréstimos; o que mais releva, porém, no contexto da matemática financeira, é o que resulta do ***processo de amortização*** dos mesmos, ou seja, do modo como esses empréstimos são liquidados. São múltiplas as hipóteses neste domínio, sendo que, em qualquer dos casos, deve observar-se o denominado ***princípio fundamental da amortização de empréstimos***, o qual estabelece que, à data do contrato, *o valor atual das obrigações do mutuante equivale ao valor atual das obrigações do mutuário.*

Tal preceito decorre do próprio princípio da equivalência de capitais que formalizámos anteriormente, pelo que podemos afirmar que o capital cedido pelo sujeito ativo é equivalente, no momento do contrato, ao montante dos reembolsos a efetuar pelo sujeito passivo, à taxa de juro acordada entre ambos.

Alguns autores apresentam o conceito de ***reserva matemática***, pretendendo referir-se ao montante que, em cada momento *t*, restabelece a equivalência entre as obrigações do mutuante e as obrigações do mutuário. Por sua vez, a reserva matemática assume duas aceções: se considerarmos o montante das prestações já reembolsadas, falamos de ***reserva ativa*** ou ***retrospetiva***; em vez disso, se atendermos ao montante das prestações ainda não efetuadas, falaremos de ***reserva passiva*** ou ***prospetiva***[2].

---

[1] Na perspetiva das instituições financeiras, podemos classificar as fontes de financiamento do seguinte modo:

– produtos de ***intermediação financeira***, quando a instituição cede fundos próprios assumindo o risco da operação de financiamento, onde, por sua vez, se incluem: as operações de *crédito por desembolso*, no caso de existir uma efetiva cedência de fundos, e de que são exemplo as letras, as livranças e as contas correntes caucionadas, oportunamente examinadas, e os empréstimos de médio e longo prazo agora em apreço; as operações de *crédito por assinatura*, onde a instituição financeira se obriga a solver determinados compromissos assumidos pelos seus clientes, auferindo uma dada percentagem do montante em causa (comissão), sendo de apontar, neste contexto, as garantias e as cartas de crédito;

– produtos de ***desintermediação financeira***, no âmbito dos quais as instituições financeiras promovem o contacto entre os agentes excedentários de liquidez e os agentes carecidos de liquidez, onde incluiremos o *leasing*, o *factoring*, o papel comercial, já referido no Capítulo 5, e os empréstimos obrigacionistas, que estudaremos no capítulo seguinte.

[2] Cfr., por todos, Terceno Gómez *et* al. (1997, pp. 231 e segs). Atenda-se, contudo, a que o conceito de reserva matemática se encontra sobretudo presente no contexto da matemática atuarial.

2. Sistemas de amortização de empréstimos

Os vários sistemas de amortização de empréstimos distinguem-se atendendo, fundamentalmente, a dois fatores:

– ao modo de reembolso do capital;
– ao modo de pagamento dos juros.

No presente contexto, começaremos por tratar do ***sistema de amortização não sistemática*** – a desenvolver no ponto 2.1 – que, devido à ausência de regras e orientações prévias, é escassamente utilizado no contexto das relações de crédito, como teremos ocasião de observar.

De seguida, analisaremos os casos em que ***o capital é reembolsado de uma só vez***, sendo os juros pagos de acordo com uma das seguintes hipóteses: pagamento periódico de juros, pagamento antecipado de juros ou pagamento de juros no final, e que consideraremos, respetivamente, nos pontos 2.2, 2.3 e 2.4.

Também os sistemas em que ***o capital é amortizado de modo escalonado ao longo do prazo do empréstimo*** serão alvo do nosso interesse. Nos sistemas de amortização com reembolsos periódicos, há sempre lugar à constituição de uma *renda de amortização*, uma vez que os termos são entregues ao mutuante, reduzindo o montante do capital em dívida. Cada termo da renda (que notaremos por C_k) é composto por duas parcelas:

– uma parcela de juro (ou ***quota de juro***), calculada sobre o valor do capital em dívida no início de cada período, representada por J_k,
– e uma parcela de reembolso (ou ***quota de capital***), que amortiza parte do capital em dívida e que designaremos por M_k.

Deste modo, o ***termo genérico da renda de amortização*** referente a um dado período k será dado por $C_k = J_k + M_k$.

No que concerne à evolução das parcelas que compõem o termo da renda, verificaremos que, ao longo da vida de um dado empréstimo, a parcela J_k será sempre decrescente, uma vez que o montante do capital em dívida se reduz[3].

Quanto ao modo de evolução de C_k e de M_k, este é fixado pelas partes, podendo obedecer a múltiplas hipóteses, à semelhança do que sucede com as rendas de termos variáveis.

---

[3] Retomaremos este assunto adiante, no ponto 4.1 do presente Capítulo.

Porém, as situações mais comuns são aquelas em que: *a*) é constante o termo da renda de amortização ($\overline{C}$), ou *b*) é constante a quota de reembolso ($\overline{M}$).

No presente texto, trataremos do ***sistema de amortização progressiva*** ou ***sistema de pagamentos constantes*** – também conhecido por ***sistema francês*** –, do ***sistema alemão*** – idêntico ao sistema francês, mas com juros pagos antecipadamente – e do ***sistema de amortização constante***, por vezes também designado por ***sistema italiano***, que desenvolveremos, respetivamente, nos pontos 2.5, 2.6 e 2.7.

Convém, no entanto, precisar que as instituições bancárias podem propor modalidades de amortização alternativas, bem como outros métodos de determinação do montante das prestações[4]. Essencialmente devido à concorrência significativa que se observa no setor, as instituições bancárias procuram desenvolver as soluções que melhor se adequam aos interesses dos potenciais clientes. A discussão dessas soluções extravasa, todavia, o âmbito do presente texto, pelo que nos restringimos a examinar as hipóteses mais comuns.

2.1. Amortização não sistemática

Neste sistema, a amortização do empréstimo processa-se sem que se observe qualquer tipo de regra, o que, importa acentuar, é extremamente pouco usual. A amortização irregular ocorre, sobretudo, no âmbito de empréstimos não titulados ou procedentes da existência de relações de proximidade entre mutuantes e mutuários.

Porém, o recurso a este sistema de amortização pode decorrer da impossibilidade de fazer cumprir o plano de amortização inicialmente previsto, na sequência da insolvência do mutuário.

Dados o seu caráter pouco frequente e a impossibilidade de estabelecermos regras de âmbito genérico, limitamo-nos a apresentar um exemplo de aplicação deste sistema.

---

[4] A título de exemplo, apontamos os denominados ARM 2/28 ou ARM 3/27, os quais se tornaram conhecidos após a deflagração da crise do *subprime*. Estas modalidades correspondiam a empréstimos a 30 anos com taxa revisível – daí a sigla ARM (*adjusted rate mortgage*) –, com um período inicial de 2 ou 3 anos, respetivamente, com taxas muito baixas, tornando-se, assim, bastante atrativos para os eventuais mutuários, mas que rapidamente impunham o pagamento de juros a uma taxa variável, os quais estes mutuários não tiveram, na maioria dos casos, condições para suportar.

EXEMPLO: Um determinado empréstimo no montante de 23.000 €, contraído há dois anos atrás, foi liquidado do seguinte modo:

- entrega de 8.000 €, 3 meses após a contratação do empréstimo;
- entrega de 5.000 €, 15 meses após a contratação do empréstimo;
- entrega de 7.000 €, 21 meses após a contratação do empréstimo;
- entrega de 3.000 €, no momento presente.

Sabendo que, em cada amortização, para além dos montantes mencionados, foram também pagos os juros em dívida, calcule o montante total desses juros, no pressuposto de ter sido praticada uma taxa anual de 8%.

Atenda-se ao esquema seguinte[5].

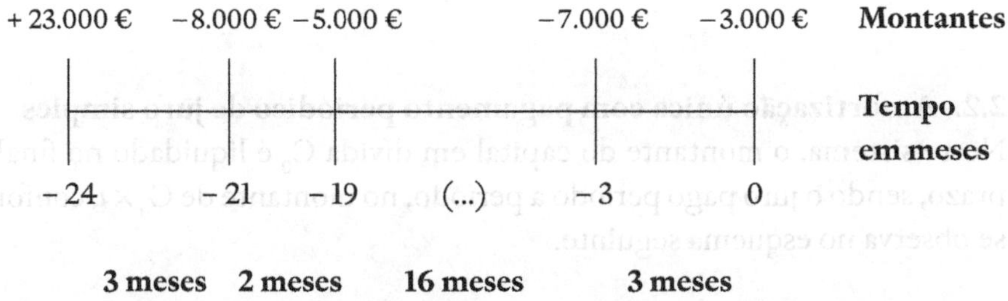

Sendo que os juros são calculados sobre o montante do capital em dívida no início do período a que os mesmos se reportam, foram pagos juros sobre a quantia de 23.000 €, durante 3 meses; como 3 meses após o início do empréstimo foram amortizados 8.000 €, os juros referentes ao período seguinte – 2 meses – serão calculados sobre 15.000 € (23.000 € – 8.000 €); e assim por diante, de acordo com o esquema anterior. Recordando a fórmula de cálculo dos juros, em regime de juro composto, que encontrámos no Capítulo 1,

$$\sum_{k=1}^{n} J_k = C_0 \left[(1+i)^n - 1\right]$$

podemos replicá-la para cada período de contagem de juros e estabelecer que

[5] No que se refere a montantes, assinalamos com sinal positivo as quantias recebidas ou a receber e com sinal negativo as quantias pagas ou a pagar, procedimento este que adotaremos doravante.

$$\sum_{k=1}^{n} J_k = 23.000\text{ €}\left[(1+8\%)^{3/12}-1\right] + 15.000\text{ €}\left[(1+8\%)^{2/12}-1\right] +$$

$$+\,10.000\text{ €}\left[(1+8\%)^{16/12}-1\right] + 3.000\text{ €}\left[(1+8\%)^{3/12}-1\right]$$

$$\sum_{k=1}^{n} J_k = 446{,}81\text{ €} + 193{,}64\text{ €} + 1.080{,}64\text{ €} + 58{,}28\text{ €} = 1.779{,}37\text{ €}$$

Foram pagos 1.779,37 € a título de juros, sendo que, em cada momento, as entregas efetuadas a título de reembolso foram acrescidas do montante dos juros. Desta feita, aos 3 meses foram pagos 8.446,81 €, aos 5 meses foram pagos 5.193,64 €, aos 21 meses foram pagos 8.080,64 € e, por último, no termo do empréstimo, foram pagos 3.058,28 €.

2.2. Amortização única com pagamento periódico de juro simples

Neste sistema, o montante do capital em dívida C_0 é liquidado no final do prazo, sendo o juro pago período a período, no montante de $C_0 \times i$, conforme se observa no esquema seguinte.

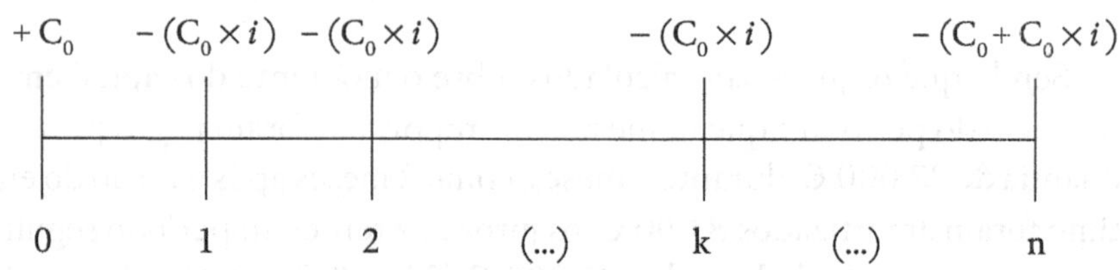

O juro a pagar em cada período obtém-se de acordo com a expressão já nossa conhecida e que formalizámos no contexto do regime de juro simples. Deste modo,

$$J_k = C_0 \times i \qquad [6.1]$$

Por sua vez, se designaremos por C_n o encargo do mutuário no momento do vencimento, resulta que

$$C_n = C_0 + C_0 \times i$$

o que equivale a ter

$$C_n = C_0 + J_k \qquad [6.2]$$

Atendendo à periodicidade constante com que ocorre o pagamento dos juros, estamos em presença de uma *renda de remuneração*. Observemos um exemplo que ilustra a presente possibilidade.

EXEMPLO: A quantia de 5.000 € foi emprestada por um ano, tendo sido acordado que seriam pagos juros mensais à taxa de 9% ao ano e o que o capital seria devolvido no final do prazo. Calcule o montante de juro a entregar em cada mês, o montante total pago a título de juros e o montante a entregar na última prestação.

Como o juro é pago mensalmente e a taxa que nos é indicada é uma taxa anual, vamos primeiramente, recorrendo uma *relação de proporcionalidade*, apurar a taxa mensal que lhe corresponde[6]. Logo, surge

$$i_{\text{mensal}} = \frac{9\%}{12} = 0{,}75\%$$

Uma vez conhecida a taxa mensal, o montante a pagar em cada mês resulta da aplicação direta de [6.1], sendo que

$$J_k = 5.000\ € \times 0{,}75\% = 37{,}50\ €$$

O montante total a pagar a título de juro resulta da aplicação da mesma fórmula, mas utilizando a taxa anual, isto é,

$$\sum_{k=1}^{n} J_k = 5.000\ € \times 9\% = 450\ €$$

Em alternativa, podemos atender ao somatório dos juros mensais, donde

$$\sum_{k=1}^{n} J_k = n \times J_k = 12 \times 37{,}50\ € = 450\ €$$

6 Recorde-se que em regime de juro simples as taxas proporcionais são também equivalentes.

Por último, o montante a entregar no último período obtém-se através de [6.2], ou seja,

$$C_n = C_0 + J_k = 5.000\ € + 37{,}50\ € = 5.037{,}50\ €$$

2.3. Amortização única com pagamento antecipado de juro composto

Esta modalidade é conhecida, na gíria bancária, como havendo um pagamento de juros "à cabeça"[7]. No momento atual, são cobrados ao mutuário os juros totais decorrentes de um processo de capitalização composta. Esse juro total pode ser obtido através do diferencial existente entre C_n e C_0, tal como vimos anteriormente, ou seja,

$$\sum_{k=1}^{n} J_k = C_0\left[(1+i)^n - 1\right]$$

Porém, estes juros são liquidados "à cabeça", pelo que teremos que os reportar para o momento atual. Designando por J_0 o montante a pagar, teremos

$$J_0 = C_0\left[(1+i)^n - 1\right](1+i)^{-n}$$

$$J_0 = C_0\left[1 - (1+i)^{-n}\right] \qquad [6.3]$$

O valor líquido resultante do financiamento (adiante notado por V_{LF}), após a dedução do juro composto cobrado "à cabeça", corresponde ao diferencial existente entre o capital mutuado, C_0[8], e o juro a pagar à data do contrato, J_0. Logo

$$V_{LF} = C_0 - C_0\left[1 - (1+i)^{-n}\right]$$

---

[7] Não obstante o que se avançou no Capítulo 5, relativamente à proibição de cobrança de juros "à cabeça", discutimos aqui esta possibilidade de amortização sobretudo pelo interesse teórico de que se reveste, muito principalmente se considerarmos uma taxa de juro demasiado elevada. Para além disso, de notar que J_0 corresponde à quantia que, no momento atual, equivale ao total de juro composto a vencer em n, o que torna viável o recurso ao presente método de amortização.

[8] O capital mutuado é, muitas vezes, apenas designado por ***principal***, mormente nos livros de texto de origem castelhana, por ser, em certa medida, a componente principal dos empréstimos.

ou também

$$V_{LF} = C_0 (1 + i)^{-n} \qquad [6.4]$$

No vencimento do empréstimo, o montante a pagar será igual ao capital mutuado, ou seja, C_0, tal como se observa no esquema seguinte.

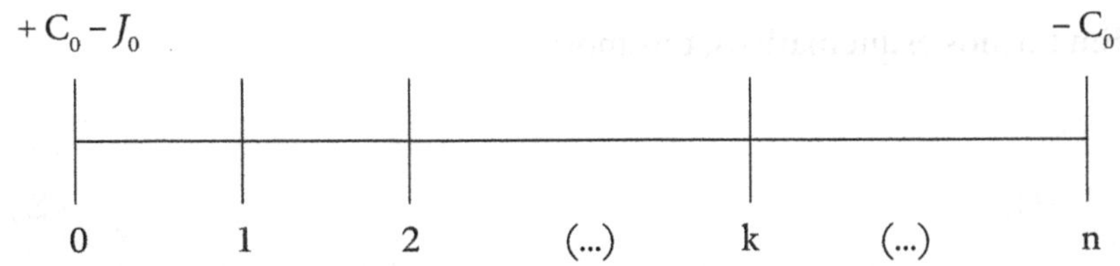

EXEMPLO: Devido a necessidades de tesouraria, uma empresa pretende dispor no imediato de 16.000 €. De quanto deverá ser o montante de capital mutuado, sabendo que a instituição bancária que vai realizar a operação cobra juros "à cabeça" a uma taxa anual de 7,5% e propôs que o capital fosse liquidado na íntegra daqui por 1 ano?

Aplicando a fórmula anterior, a nossa incógnita será C_0, isto é, o montante de financiamento a contratar para podermos obter no imediato 16.000 € (V_{LF}). Então, vem

$$16.000 \text{ €} = C_0 (1 + 7{,}5\%)^{-1}$$
$$16.000 \text{ €} = C_0 \times 0{,}930232558$$
$$C_0 = 17.200 \text{ €}$$

O capital mutuado deveria ser de 17.200 €, necessariamente maior que os 16.000 € obtidos após serem retirados os juros "à cabeça".

2.4. Amortização única com acumulação de juro composto

Nesta possibilidade de amortização, deixa-se "correr" o empréstimo, não se efetuando qualquer amortização de capital nem quaisquer pagamentos de juros.

No vencimento, o mutuário entrega ao mutuante o capital inicialmente cedido, acrescido dos juros vencidos, calculados de acordo com as fórmulas já estudadas no contexto do regime de juro composto. Assim sendo, surge

$$C_n = C_0 + \Sigma J_k$$
$$C_n = C_0 + C_0 \left[(1 + i)^n - 1\right]$$

logo

$$C_n = C_0 (1 + i)^n \qquad [6.5]$$

Em termos esquemáticos, teremos:

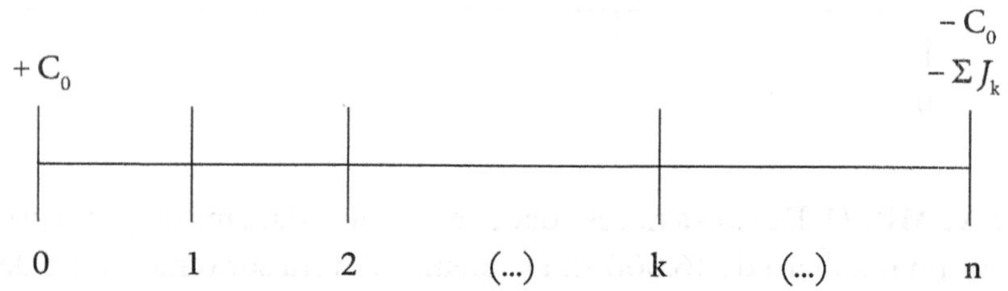

EXEMPLO: Uma empresa contraiu hoje um empréstimo no montante de 50.000 €, destinados à aquisição de um novo equipamento fabril. Daqui por 4 anos, liquidará o montante de capital, bem como os juros acumulados, de acordo com o regime de capitalização composta, à taxa de 6%. Calcule o montante a entregar, após os 4 anos, à instituição que realizou o financiamento.

Sendo que

$$C_n = C_0 (1 + i)^n$$

no caso presente surge

$$C_n = 50.000 \text{ €} \, (1 + 6\%)^4$$
$$C_n = 50.000 \text{ €} \times 1{,}262477$$
$$C_n = 63.123{,}85 \text{ €}$$

Logo o montante a liquidar passados 4 anos será de 63.123,85 €.

Este sistema de amortização merece, porém, tratamento mais aprofundado. Atendendo a que o montante final a satisfazer pode ascender a valores muito elevados (consideradas as próprias características do regime de juro composto), o devedor poderá optar pela constituição de um ***fundo de amortização***.

Desta sorte, um ***fundo de amortização*** é um fundo de poupança constituído pelo mutuário de um dado empréstimo, com o objetivo de vir a acumular, no futuro, o montante suficiente para colmatar os encargos decorrentes desse empréstimo.

Esta situação – a da existência de um fundo de amortização associado a um empréstimo – é relativamente corrente nos Estados Unidos, pelo que, muitas vezes, este sistema de amortização é designado por ***sistema americano***; enquanto isso, o fundo de amortização surge denominado de *sinking fund*.

Tal modalidade encerra, porém, algumas limitações, difíceis de contornar. Tendo um caráter meramente facultativo (e voluntário) este sistema não permite garantir que, na data do vencimento, o valor acumulado corresponda, efetivamente, ao montante pretendido, como teremos ocasião de observar adiante. Muitas vezes, a existência de outras prioridades conduz a que os excedentes financeiros de uma determinada entidade não sejam encaminhados para o fundo ou, ainda, que o próprio saldo do fundo possa ser mobilizado para satisfazer necessidades emergentes.

Acresce, ainda, referir que aplicaremos, no caso em apreço, os conhecimentos adquiridos no Capítulo 4 concernentes às rendas de acumulação.

Neste contexto, revela-se particularmente útil a construção de um ***quadro do fundo de amortização***, o qual permite conhecer, em cada momento, o montante que se encontra acumulado no fundo, bem como outra informação relevante. Assim sendo, um quadro referente a um fundo de amortização comporta, no mínimo, quatro colunas, a saber:

- a ***primeira coluna*** refere-se ao período de tempo em questão;
- a ***segunda coluna*** reflete o montante das entregas efetuadas em cada período;
- a ***terceira coluna*** respeita ao montante do juro produzido em cada período e calcula-se aplicando a taxa de juro respetiva à quantia acumulada no período anterior[9];

[9] Isto tratando-se de entregas postecipadas. Se, em vez disso, as entregas forem antecipadas, os montantes entregues no início de cada período devem ser contemplados para efeitos de cálculo dos juros.

- por último, a ***quarta coluna*** corresponde ao montante acumulado no final de cada período, que se obtém adicionando o montante acumulado no período anterior, o juro produzido e as entregas efetuadas em cada momento.

Para além destas colunas, ***outras*** podem ser contempladas, nomeadamente:

- uma coluna comportando informação relativa à taxa de juro praticada;
- outra coluna relativa à existência de eventuais transferências ou entregas adicionais e, bem assim, ao saldo daí resultante.

EXEMPLO: Tomemos os dados do exemplo anterior. Para fazer face ao montante a liquidar daqui por 4 anos, o mutuário deste empréstimo irá constituir, pelo mesmo prazo, um fundo de amortização, para o qual efetuará entregas constantes no final de cada ano e que capitalizarão juros à taxa de 4%. Calcule o montante da entrega a efetuar em cada ano e construa o quadro do fundo de amortização.

Já é nosso conhecido o encargo que o devedor terá daqui por 4 anos, isto é,

$C_4 = 63.123,85 €$

Este é, também, o montante que pretendemos ter acumulado no fundo de amortização. O passo seguinte será, então, o de determinar qual o montante das entregas anuais, que é o mesmo que calcular o valor do termo de uma renda de acumulação. Logo

$$63.123,85 € = T \times \frac{(1 + 4\%)^4 - 1}{4\%}$$

$$63.123,85 € = T \times 4,246464$$

$$T = 14.865,04 €$$

Uma vez encontrado o termo da renda de acumulação, 14.865,04 €, podemos, de seguida, preencher o quadro do fundo de amortização.

(em €)

TEMPO (anos)	Entregas	Juros	Valor acumulado
1	14.865,04	–	14.865,04
2	14.865,04	594,60	30.324,68
3	14.865,04	1.212,99	46.402,71
4	14.865,04	1.856,11	63.123,86

Dois breves comentários ao quadro anterior. Em primeiro lugar, o valor acumulado da última linha do quadro de amortização corresponde, como era esperado, ao encargo decorrente do empréstimo[10]. Também de referir que, tratando-se de entregas postecipadas, o montante do juro referente ao 1º período será necessariamente nulo, correspondendo o valor acumulado ao valor da própria entrega. Já o montante acumulado em cada um dos restantes períodos será igual ao montante acumulado do período anterior, acrescido da entrega efetuada e dos juros vencidos em k. Por ora, recorremos à possibilidade mais simples e que ilustra o problema que resolvemos anteriormente. Teremos, no entanto, ocasião de observar quadros mais complexos, particularmente na secção de Exercícios Resolvidos do presente Capítulo.

De notar, ainda, que o recurso a um fundo de amortização (e à metodologia de cálculo que a ele se associa, baseada nas rendas de acumulação) não se confina aos casos em que o empréstimo se encontra a ser amortizado através de uma entrega única de capital com acumulação de juro composto. Com efeito, esta possibilidade coaduna-se com qualquer sistema de amortização, sempre que o montante das prestações o justifique, a exigência do mutuante o imponha ou a vontade do mutuário o determine. Mais ainda, esta será a metodologia a empregar sempre que se pretenda ter acumulado certo montante, num momento futuro, independentemente do facto de este ser ou não aplicado na amortização de um empréstimo.

[10] Em abono da verdade, obtém-se uma diferença de um cêntimo, o que resulta dos arredondamentos realizados.

2.5. Sistema de amortização progressiva ou sistema francês

Neste caso, teremos

$$C_1 = C_2 = ... = C_n = \bar{C}$$

Por seu turno, o ***termo genérico da renda de amortização*** surgirá

$$\bar{C} = J_k + M_k \quad [6.6]$$

Se $\bar{C}$ é constante por decisão e J_k é decrescente por definição, resulta que as amortizações de capital, ou seja, os M_k terão de ser, necessariamente, crescentes em k. Eis porque este processo de amortização se designa também por ***sistema de amortização progressiva***. Em termos esquemáticos, a situação descrita surge representada do seguinte modo:

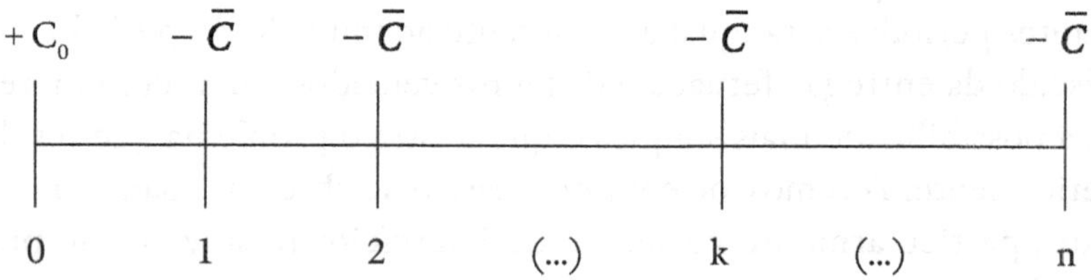

O capital mutuado C_0 corresponde ao valor atual de uma renda de amortização com n termos constantes iguais a $\bar{C}$.

Se recordarmos a expressão encontrada em [4.1] e a adaptarmos ao caso presente, resulta que

$$C_0 = \bar{C} \times \frac{1 - (1 + i)^{-n}}{i} \quad [6.7]$$

Esta expressão permite-nos calcular o montante de capital mutuado, conhecer o valor do termo da renda ou determinar qualquer um dos outros fatores, tal como sucedia no caso das rendas. Aliás, a aplicação dos conhecimentos adquiridos aquando do estudo das rendas assume, no contexto da amortização de empréstimos, um caráter recorrente.

Consideremos o seguinte exemplo.

EXEMPLO: Um empréstimo no montante de 500.000 € vai ser liquidado nos próximos 3 anos, através de prestações semestrais constantes de capital e juros. Sabendo que foi praticada uma taxa anual nominal de 13%, indique qual o montante das prestações.

Estando em presença de uma taxa anual nominal e sendo o empréstimo liquidado através de semestralidades, vamos calcular a taxa semestral proporcional à taxa anual, isto é,

$$i_{sem} = \frac{13\%}{2} = 6{,}5\%$$

De modo a calcularmos o montante das prestações, vamos substituir em [6.7] os valores respetivos. Logo vem

$$500.000\ € = \bar{C} \times \frac{1 - (1 + 6{,}5\%)^{-6}}{6{,}5\%}$$

$$500.000\ € = \bar{C} \times 4{,}841013557$$
$$\bar{C} = 103.284{,}16\ €$$

Tomemos um outro exemplo.

EXEMPLO: Um certo empréstimo vai ser amortizado através de 24 mensalidades constantes de capital e juros no montante de 1.854,90 €. Sabendo que se observa um período de carência de capital e juros de dois meses e que a taxa nominal anual praticada vai ser de 9%, determine o montante do empréstimo.

Tendo havido um período de carência de capital e juros de dois meses, tal significa que a 1ª amortização ocorrerá dois meses após o que seria normal, isto é, no final do 3º mês após a celebração do contrato. Tal equivale ao que sucede no caso das rendas de amortização com diferimento, pelo que, no presente contexto, a expressão encontrada em [6.7] deve ser adaptada, surgindo

$$C_0 = \bar{C} \times \frac{1 - (1 + i)^{-n}}{i} \times (1 + i)^{-2}$$

Como a taxa de 9% é nominal ao ano, vamos calcular a taxa mensal que lhe corresponde; como o referido empréstimo é liquidado por intermédio de mensalidades, a taxa assim obtida é também uma taxa efetiva. Logo vem

$$i_{mensal} = \frac{i_{anual}}{12} = \frac{9\%}{12} = 0,75\%$$

Substituindo na expressão anterior, surge que

$$C_0 = 1.854,90\text{ €} \times \frac{1-(1+0,75\%)^{-24}}{0,75\%} \times (1+0,75\%)^{-2}$$

$$C_0 = 1.854,90\text{ €} \times 21,8891461 \times (1+0,75\%)^{-2}$$
$$C_0 = 40.000\text{ €}$$

Observemos, agora, a relação que se estabelece, no ***sistema francês***, entre uma dada quota de capital e a quota de capital imediatamente anterior.

$$M_k = M_{k-1} + M_{k-1} \times i$$

Em cada período, a quota de capital surge acrescida do montante de juros que deixam de ser pagos, isto é, $M_{k-1} \times i$. Com efeito, sendo o montante dos juros, pagos em cada período k, calculado sobre o montante do capital em dívida no início desse período, esse capital diminui em M_{k-1}, uma vez que foi essa a amortização de capital efetuada no período anterior.

Pondo em evidência, vem

$$M_k = M_{k-1}(1+i) \qquad [6.8]$$

Podemos generalizar, estabelecendo a relação existente entre uma dada quota de capital de ordem k + m e uma outra quota de capital de ordem k.

$$M_{k+m} = M_k(1+i)^m \qquad [6.9]$$

Da mesma forma, podemos considerar o caso particular da relação que se estabelece entre uma dada quota de capital k e a primeira amortização efetuada, surgindo, desta feita, que

$$M_k = M_1(1+i)^{k-1} \qquad [6.10]$$

Logo, genericamente, M_k cresce em progressão geométrica de razão $(1+i)$.

As fórmulas expressas em [6.8], [6.9] e [6.10] são particularmente úteis na resolução de problemas, mormente nos casos em que a única informação disponível diz respeito à relação que se estabelece entre as quotas de amortização de vários momentos, tal como se ilustra no exemplo seguinte.

EXEMPLO: Relativamente a um certo empréstimo que se encontra a ser amortizado através de prestações anuais constantes de capital e juros, sabemos que a quota de capital contida na 8ª prestação corresponde a 1,26247696 da quota de capital contida na 4ª e que a diferença entre ambas é de 185,31 €. Determine a ***taxa de juro*** praticada na operação e o montante da ***primeira amortização***.

Sabemos que $M_8 = 1{,}26247696 \times M_4$, uma vez que $M_8 > M_4$. Porém, se atendermos a [6.9],

$$M_8 = M_4 (1 + i)^4$$

e substituirmos pelos valores correspondentes, podemos determinar a taxa de juro. Logo surge

$$1{,}26247696\, M_4 = M_4 (1 + i)^4$$
$$1{,}26247696 = (1 + i)^4$$
$$i = (1{,}26247696)^{\frac{1}{4}} - 1$$
$$i = 6\%$$

A ***taxa de juro*** é de 6% ao ano.

Vamos, de seguida, determinar o montante da primeira amortização, isto é, de M_1. Sabemos que $M_8 - M_4 = 185{,}31$ €. Tomando, de novo, a expressão formalizada em [6.9], vem que

$$M_1 (1 + 6\%)^7 - M_1 (1 + 6\%)^3 = 185{,}31 \text{ €}$$
$$1{,}503630259\, M_1 - 1{,}191016\, M_1 = 185{,}31 \text{ €}$$
$$M_1 = 592{,}78 \text{ €}$$

O montante da ***primeira amortização*** é, assim, de 592,78 €.

Atendemos, de seguida, ao modo como se calcula o ***montante do capital em dívida num determinado momento*** – procedimento particularmente útil e necessário quando queremos determinar os juros pagos num dado período k. O capital em dívida vai, assim, corresponder ao valor atualizado das prestações que se encontram por liquidar, o mesmo é dizer, ao ***valor de uma renda de amortização com m termos constantes, sendo m o número de prestações em falta.***

Notando por D_p o capital em dívida imediatamente após o pagamento da prestação de ordem p, surge que

$$D_p = \bar{C} \times \frac{1-(1+i)^{-m}}{i} \qquad [6.11]$$

sendo que n = p + m.

Em termos esquemáticos, teremos

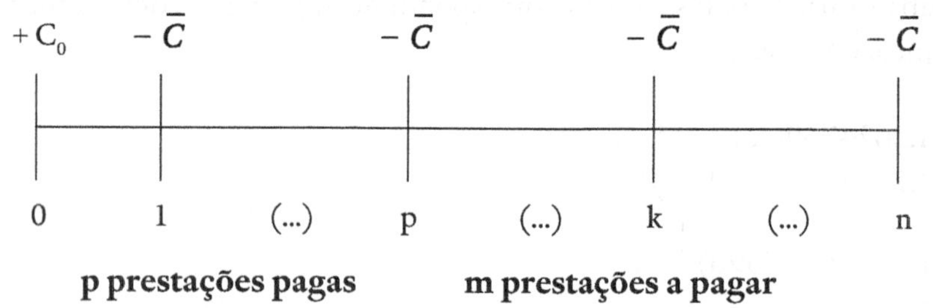

Consideremos um exemplo muito simples.

EXEMPLO: Um empréstimo no montante de 500.000 € vai ser amortizado ao longo dos próximos dez anos, através de prestações mensais constantes, à taxa nominal de 8,4% ao ano. Qual o montante em dívida após o pagamento da 78ª prestação?

Vamos conhecer, primeiramente, qual o montante de cada uma das 120 prestações mensais que liquidarão o empréstimo. Aos 8,4% ao ano, correspondem 0,7% ao mês, obtidos através de uma relação de proporcionalidade. Atendendo à expressão formalizada em [6.7]

$$C_0 = \bar{C} \times \frac{1-(1+i)^{-n}}{i}$$

ao substituirmos, surge

$$500.000\text{ €} = \bar{C} \times \frac{1-(1+0{,}7\%)^{-120}}{0{,}7\%}$$

$$\bar{C} = 6.172{,}58\text{ €}$$

Após o pagamento da 78ª prestação, encontram-se por liquidar 42; o cálculo do valor em dívida resulta, então, da aplicação direta de [6.11], sendo que p = 78, m = 42 e, necessariamente, n = 120.

$$D_p = \bar{C} \times \frac{1-(1+i)^{-m}}{i}$$

$$D_{78} = 6.172{,}58\text{ €} \times \frac{1-(1+0{,}7\%)^{-42}}{0{,}7\%}$$

$$D_{78} = 223.941{,}02\text{ €}$$

Porém, em vez de pretendermos conhecer qual o montante de capital ainda em dívida, poderá ser necessário determinar qual o montante de capital já amortizado, após o pagamento de uma dada prestação de ordem p. Tal importância resulta da diferença entre o montante de capital mutuado (C_0) e o montante de capital ainda não amortizado (D_p), cuja fórmula acabámos de definir. Logo se designarmos por A_p o capital amortizado após o pagamento da prestação de ordem p, como $A_p + D_p = C_0$, vem

$$A_p = C_0 - \bar{C} \times \frac{1-(1+i)^{-m}}{i} \qquad [\mathbf{6.12}]$$

Outro processo de apurar este montante é o que decorre da soma das amortizações de capital efetuadas até ao momento p, ou seja,

$$A_p = \sum_{k=1}^{p} M_k = M_1 + M_2 + M_3 + ... + M_p$$

Se recordarmos que

$$M_k = M_1 (1 + i)^{k-1}$$

podemos definir as restantes quotas de amortização em função da primeira, donde se obtém

$$\sum_{k=1}^{p} M_k = M_1 + M_1 (1 + i) + M_1 (1+ i)^2 + ... + M_1 (1 + i)^{p-1}$$

Colocando M_1 em evidência, resulta

$$\sum_{k=1}^{p} M_k = M_1 [1 + (1 + i) + (1+ i)^2 + ... + (1 + i)^{p-1}]$$

A expressão que se encontra entre parêntesis retos corresponde à soma dos p primeiros termos de uma progressão geométrica de razão $(1 + i)$. Uma vez efetuada essa soma[11], teremos

$$\sum_{k=1}^{p} M_k = M_1 \times \frac{1 - (1 + i)^{p-1} (1 + i)}{1 - (1 + i)}$$

$$\sum_{k=1}^{p} M_k = M_1 \times \frac{1 - (1 + i)^p}{- i}$$

$$\sum_{k=1}^{p} M_k = M_1 \times \frac{(1 + i)^p - 1}{i}$$

Esta última expressão permite-nos calcular o montante de capital já amortizado após o pagamento de p prestações, sendo conhecido o valor da primeira quota de capital, isto é, M_1. Resulta, então, que

$$A_p = M_1 \times \frac{(1 + i)^p - 1}{i} \qquad [\,6.13\,]$$

[11] Recorde-se que $S = \frac{u_1 - u_n r}{1 - r}$.

Por último, sendo o ***juro periódico*** calculado tendo por base o montante do capital em dívida no início do período a que os mesmos se reportam, teremos que

$$J_k = i \times D_{k-1}$$

ou ainda

$$J_k = i \times \bar{C} \times \frac{1-(1+i)^{-(n-k+1)}}{i} \qquad [\,6.14\,]$$

Existem, porém, ***duas exceções***, em que o cálculo do juro periódico surge mais simplificado. É o caso das quotas de juro correspondentes à primeira e à última prestações.

No caso da ***primeira prestação***, o montante do capital em dívida coincide com o próprio montante do empréstimo, pelo que

$$J_1 = i \times C_0 \qquad [\,6.15\,]$$

Já no que se refere à ***última prestação***, o montante do capital em dívida no início do período vai coincidir com a amortização efetuada nesse período, donde surge

$$J_n = i \times M_n \qquad [\,6.16\,]$$

EXEMPLO: Retomemos os dados do exemplo anterior e vamos calcular o montante de capital amortizado após pagamento da 55ª prestação.

Sabemos, desde já, que $\bar{C}$ = 6.172,58 €. Se recorremos a [6.13], vem que

$$A_p = M_1 \times \frac{(1+i)^p - 1}{i}$$

O valor de i é já nosso conhecido, bem com o valor de p (= 55), não se sabendo, porém, qual o valor de M_1, pelo que temos de o calcular. Sendo a prestação constante, podemos formalizar que

$$\bar{C} = M_1 + J_1$$

J_1 pode ser facilmente obtido, atendendo a que o capital em dívida no início do período corresponde a C_0. Logo vem

$$\bar{C} = M_1 + i \times C_0$$
$$6.172{,}58\text{ €} = M_1 + 0{,}7\% \times 500.000\text{ €}$$
$$M_1 = 6.172{,}58\text{ €} - 3.500\text{ €}$$
$$M_1 = 2.672{,}58\text{ €}$$

Atendendo, finalmente, a [6.13], surge que

$$A_{55} = 2.672{,}58\text{ €} \times \frac{(1+0{,}7\%)^{55}-1}{0{,}7\%}$$
$$A_{55} = 178.545{,}35\text{ €}$$

Após o pagamento da 55ª prestação, encontram-se amortizados 178.545,35 € [12].

2.6. Sistema alemão

Trata-se, à semelhança do que sucede com o sistema francês, de um sistema de prestações constantes, sendo cada uma delas composta por uma quota de juros e por uma quota de capital. Porém, o sistema alemão distingue-se do sistema francês, pois enquanto no primeiro ambas as quotas se reportam ao mesmo período de tempo, no sistema alemão, os juros correspondentes à prestação de ordem k são pagos antecipadamente no momento k – 1.

Como estamos em regime de juro composto e sendo os juros pagos antecipadamente, estes são calculados à taxa de desconto $d = \frac{i}{1+i}$ [13].

[12] Em ***alternativa***, podíamos calcular

$$A_{55} = C_0 - \bar{C} \times \frac{1-(1+i)^{-m}}{i} = 500.000\text{ €} - 6.172{,}58\text{ €} \times \frac{1-(1+0{,}7\%)^{-65}}{0{,}7\%} =$$
$$= 500.000\text{ €} - 321.455{,}24\text{€} = 178.544{,}76\text{ €}.$$

Verifica-se, então, que é apenas de alguns cêntimos a diferença entre os valores resultantes de ambos os processos.

[13] Atenda-se, ainda, a que $i = \frac{d}{1-d}$. A taxa de desconto d é a taxa que reportada ao momento zero equivale à taxa de juro i reportada ao momento 1. Assim, os juros pagos no momento zero calculados à taxa de desconto d, uma vez capitalizados, por um período, à taxa de juro i, perfazem a importância de juros calculados no momento 1, à taxa de juro i.

Daqui resulta que, no ***momento zero***, são pagos os juros correspondentes à 1ª prestação, isto é,

$$J_1 = C_0 \times d \qquad [\,6.17\,]$$

Do mesmo modo, no ***momento 1*** serão pagos os juros referentes à 2ª prestação, ou seja,

$$J_2 = (C_0 - M_1) \times d$$

Por sua vez, a prestação correspondente ao ***momento 1*** terá a seguinte estrutura:

$$\bar{C} = (C_0 - M_1) \times d + M_1$$

No ***momento 2***, serão pagos os juros referentes à 3ª prestação, pelo que

$$J_3 = (C_0 - M_1 - M_2) \times d$$

Também a prestação a pagar no ***momento 2*** é constante, obedecendo à seguinte estrutura:

$$\bar{C} = (C_0 - M_1 - M_2) \times d + M_2$$

Podemos generalizar o nosso raciocínio para o ***momento k***, no qual se tem

$$J_{k+1} = (C_0 - M_1 - M_2 - .... - M_k) \times d \qquad [\,6.18\,]$$

e ainda

$$\bar{C} = (C_0 - M_1 - M_2 - .... - M_k) \times d + M_k \qquad [\,6.19\,]$$

Como as quotas de juro são pagas antecipadamente, significa que a ***última prestação*** vai ser integralmente composta por capital, uma vez que os juros correspondentes foram pagos em n – 1, ou seja,

$$\bar{C} = M_n \qquad [\,6.20\,]$$

Por sua vez, o ***termo genérico da renda de amortização*** será dado por

$$\bar{C} = J_{k+1} + M_k \qquad [\,6.21\,]$$

Em termos esquemáticos, teremos:

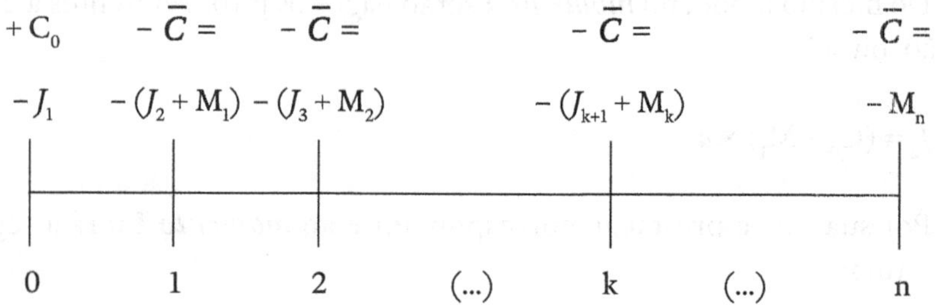

Se pretendermos determinar qual o montante do termo de amortização, teremos que

$$C_0 - J_1 = \bar{C} \times \frac{1-(1+i)^{-n}}{i}$$

uma vez que, para além da sucessão dos n termos constantes, serão liquidados no momento inicial os juros relativos à 1ª prestação. Substituindo J_1 pelo valor correspondente, vem

$$C_0 - C_0 \times d = \bar{C} \times \frac{1-(1+i)^{-n}}{i}$$

Para além disso, expressamos i em função de d, donde

$$C_0(1-d) = \bar{C} \times \frac{1-\left(1+\dfrac{d}{1-d}\right)^{-n}}{\dfrac{d}{1-d}}$$

$$C_0(1-d) = \bar{C} \times \frac{1-\left(\dfrac{1-d+d}{1-d}\right)^{-n}}{\dfrac{d}{1-d}}$$

$$C_0(1-d)=\bar{C}\times\frac{\frac{1-(1-d)^n}{d}}{1-d}$$

$$C_0(1-d)=\bar{C}\times\frac{1-d}{d}\times\left[1-(1-d)^n\right]$$

$$C_0=\bar{C}\times\frac{1-(1-d)^n}{d} \qquad [6.22]$$

A expressão anterior permite conhecer o ***montante de capital mutuado*** e, bem assim, encontrar o ***valor de cada uma das restantes variáveis, no contexto do sistema alemão de reembolso***. Tomemos o exemplo seguinte.

EXEMPLO: Um empréstimo no montante de 200.000 € vai ser amortizado ao longo dos próximos 5 anos, através do sistema alemão, sendo praticada uma taxa de juro de 6% ao ano. Calcule o montante das prestações, bem como o montante dos juros correspondentes à 1ª prestação.

O montante das prestações resulta da aplicação de [6.22], resolvendo em ordem a $\bar{C}$. Porém, sendo conhecida a taxa de juro *i*, necessitamos de calcular qual a taxa de desconto que lhe corresponde, ou seja,

$$d=\frac{i}{1+i}=\frac{5\%}{1+5\%}=4{,}7619\%$$

Substituindo em [6.22] os valores respetivos, surge

$$200.000\text{ €}=\bar{C}\times\frac{1-(1-4{,}7619\%)^5}{4{,}7619\%}$$

$$200.000\text{ €}=\bar{C}\times 4{,}545951$$

$$\bar{C}=43.995{,}19\text{ €}$$

Este é o montante da prestação a pagar em cada um dos 5 períodos de vigência do empréstimo, sendo que no 5º período este montante se compõe, integralmente, por capital a amortizar, tal como decorre de [6.20].

Por sua vez, o montante de juro correspondente à 1ª prestação (e pago no momento zero) obtém-se através de [6.17], isto é,

$$J_1 = C_0 \times d$$
$$J_1 = 200.000\ € \times 4{,}7619\% = 9.523{,}80\ €$$

Qual a ***relação que se estabelece entre duas quotas de capital***, no caso do sistema alemão de reembolso? Como se calcula o ***capital em dívida*** num determinado momento ou o ***montante de capital já amortizado***? À semelhança do que sucedeu na secção anterior, para o caso do sistema francês, procuraremos aqui dar resposta a esta e a outras questões.

Retomemos a expressão formalizada em [6.19], relativa ao termo genérico k da renda de amortização

$$\overline{C} = (C_0 - M_1 - M_2 - .... - M_k) \times d + M_k$$

Por sua vez, o termo k + 1 vai ser igual a

$$\overline{C} = (C_0 - M_1 - M_2 - .... - M_k - M_{k+1}) \times d + M_{k+1}$$

Sendo ambos necessariamente iguais, estabelece-se que

$$(C_0 - M_1 - M_2 - .... - M_k) \times d + M_k =$$
$$= (C_0 - M_1 - M_2 - .... - M_k - M_{k+1}) \times d + M_{k+1}$$

Se simplificarmos a igualdade anterior, obtém-se

$$C_0 d - M_1 d - M_2 d - .... - M_k d + M_k =$$
$$= C_0 d - M_1 d - M_2 d - .... - M_k d - M_{k+1} d + M_{k+1}$$
$$M_k = - M_{k+1} d + M_{k+1}$$
$$M_k = M_{k+1} (1 - d)$$

Sendo $d = \dfrac{i}{1+i}$, vem

$$M_k = M_{k+1} \left(1 - \frac{i}{1+i}\right)$$

$$M_k = M_{k+1}\,(1+i)^{-1}$$
$$M_{k+1} = M_k\,(1+i) \qquad \text{(a)}$$

Podemos generalizar, estabelecendo que

$$M_{k+m} = M_k\,(1+i)^m \qquad \text{(b)}$$

As expressões encontradas em (a) e (b) são já nossas conhecidas e idênticas às que formalizámos em [6.8] e [6.9], para o caso do sistema francês[14].

Outra questão pertinente é a de saber como se calcula o ***montante de capital em dívida*** num dado período e, bem assim, o montante de capital já amortizado. Não podemos, pura e simplesmente, proceder à atualização das prestações em dívida, uma vez que a última delas se compõe apenas de principal.

Sabemos, no entanto, que

$$C_0 = \sum_{k=1}^{n} M_k$$

e que as sucessivas quotas de capital crescem em progressão geométrica de razão $(1 + i)$, isto é,

$$C_0 = M_1 + M_1\,(1+i) + ... + M_1\,(1+i)^{k-1} + ... + M_1\,(1+i)^{n-1}$$

ou ainda

$$C_0 = M_1\,[1 + (1+i) + ... + (1+i)^{k-1} + ... + (1+i)^{n-1}]$$

Aplicando as propriedades das progressões, vem que

$$C_0 = M_1 \times \frac{(1+i)^n - 1}{i}$$

sendo também que

$$M_1 = \frac{C_0 \times i}{(1+i)^n - 1} \qquad [\,6.23\,]$$

expressão esta que nos permite calcular a ***primeira amortização de capital no sistema alemão de reembolso***.

[14] As expressões a que seremos conduzidos em [6.23], [6.24] e [6.25] também poderão ser aplicadas no caso do sistema francês.

Se considerarmos, de novo, que n = p + m, o capital amortizado após o pagamento da prestação p será dado por

$$A_p = M_1 \left[1 + (1+i) + \ldots + (1+i)^{k-1} + \ldots + (1+i)^{p-1}\right]$$

donde, por consequência,

$$A_p = M_1 \times \frac{(1+i)^p - 1}{i} \qquad [\,6.24\,]$$

Por sua vez, designando por D_p o capital ainda em dívida, este será dado por

$$D_p = C_0 - A_p$$

$$D_p = M_1 \times \frac{(1+i)^n - 1}{i} - M_1 \times \frac{(1+i)^p - 1}{i}$$

$$D_p = M_1 \times \frac{(1+i)^n - (1+i)^p}{i} \qquad [\,6.25\,]$$

EXEMPLO: Qual o capital que se encontra em dívida após o pagamento da 15ª prestação, no caso de um empréstimo no montante de 20.000 €, que se encontra a ser amortizado através de 48 mensalidades, calculadas de acordo com o sistema alemão de reembolso, à taxa de juro anual nominal de 9,6%?

Como a taxa indicada é uma taxa de juro anual nominal, vamos calcular a respetiva taxa mensal, pelo que

$$i_{mensal} = \frac{9{,}6\%}{12} = 0{,}8\%$$

Para podermos aplicar a expressão encontrada em [6.25], necessitamos de conhecer qual o valor da 1ª amortização, que se obtém através de

$$M_1 = \frac{C_0 \times i}{(1+i)^n - 1}$$

Substituindo pelos valores correspondentes, vem

$$M_1 = \frac{20.000€ \times 0{,}8\%}{(1+0{,}8\%)^{48} - 1} = 343{,}42\ €$$

Retomando, agora a expressão formalizada em [6.25], surge

$$D_p = M_1 \times \frac{(1+i)^n - (1+i)^p}{i}$$

Efetuando as substituições necessárias, vem

$$D_{15} = 343{,}42\ € \times \frac{(1+0{,}8\%)^{48} - (1+0{,}8\%)^{15}}{0{,}8\%}$$

$$D_{15} = 14.550{,}08\ €$$

Encontram-se ainda por amortizar 14.550,08 €.

2.7. Sistema de amortização constante

Neste caso, teremos

$$M_1 = M_2 = ... = M_n = \bar{M}$$

Sendo $\bar{M}$ constante por decisão e sendo J_k sempre decrescente, significa que C_k é necessariamente decrescente em k.

O ***termo genérico da renda de amortização*** é dado por

$$C_k = J_k + \bar{M} \qquad [\,6.26\,]$$

O valor de $\bar{M}$, ou seja, o ***valor da parcela de capital a amortizar em cada período*** é, então, igual ao montante do capital inicial dividido pelo número de prestações de capital a efetuar, isto é,

$$\bar{M} = \frac{C_0}{n} \qquad [\,6.27\,]$$

No que concerne à ***quota de juro a pagar num dado momento k***, esta vai ser calculada tendo por base o montante do capital em dívida no início do período. Ora, nesse momento, já terão sido efetuadas k – 1 amortizações, estando por realizar n – (k – 1), donde resulta que

$$J_k = \left[C_0 - (k-1)\,\bar{M}\right] \times i \qquad [\,6.28\,]$$

ou também

$$J_k = [n - (k - 1)] \times \bar{M} \times i \qquad [6.29]$$

Podemos, ainda, estabelecer que o ***capital amortizado após o pagamento de uma dada prestação k*** corresponde a $k \times \bar{M}$, enquanto o ***capital ainda em dívida após o pagamento dessa prestação k*** corresponde a $(n - k) \times \bar{M}$.

EXEMPLO: Certo empréstimo vai ser amortizado através de 10 prestações anuais constantes de capital, sendo os juros cobrados à taxa de 6% ao ano. Sabendo que os juros que compõem a 8ª anuidade ascendem a 630 €, determine o montante do empréstimo, bem como o montante da 5ª anuidade.

Sabemos que $J_8 = 630$ €, pelo que, recorrendo à expressão anteriormente formalizada, podemos determinar a quantia correspondente à amortização de capital. Assim sendo,

$$J_8 = [10 - (8 - 1)] \times \bar{M} \times 6\% = 630 \text{ €}$$

Resolvendo em ordem a $\bar{M}$, virá

$$3 \times \bar{M} \times 6\% = 630 \text{ €}$$

$$0{,}18\ \bar{M} = 630 \text{ €}$$

$$\bar{M} = 3.500 \text{ €}$$

Por sua vez, por intermédio de [6.27], obtém-se que

$$C_0 = n \times \bar{M}$$

$$C_0 = 10 \times 3.500 \text{ €} = 35.000 \text{ €}$$

Este é, assim, o montante do empréstimo. Qual será, então, o montante da 5ª anuidade?

Recorde-se o termo genérico da renda de amortização, dado por

$$C_k = J_k + \bar{M}$$

Neste caso, vem que

$$C_5 = J_5 + \bar{M}$$

Como conhecemos o valor de $\bar{M}$, vamos calcular J_5, recorrendo, de novo, à expressão

$$J_k = \left[n - (k-1)\right] \times \bar{M} \times i$$

donde surge que

$$J_5 = \left[10 - (5-1)\right] \times 3.500\ € \times 6\%$$

$$J_5 = 6 \times 3.500\ € \times 6\% = 1.260\ €$$

Finalmente, teremos

$$C_5 = 1.260\ € + 3.500\ € = 4.760\ €$$

sendo assim obtido o montante da 5ª anuidade.

3. Construção de quadros de amortização

Os quadros de amortização têm como objetivo dar conta da evolução de um determinado empréstimo, isto é, indicar que valores assumem, em cada momento, os montantes do capital em dívida, da quota de juro, da quota de amortização, da prestação a pagar ou, ainda, fornecer informação relativa a outras variáveis consideradas relevantes para o processo de amortização.

Podemos descrever os quadros de amortização como sendo quadros de dupla entrada. Em *linha*, surge identificado o *período de tempo* k; enquanto isso, em *coluna*, teremos a informação relativa aos elementos acima referenciados, do modo que passamos a caracterizar mais circunstanciadamente.

A ***primeira*** coluna indica o ***valor do capital em dívida*** no início de cada período.

A ***segunda*** coluna dá conta dos ***juros a pagar*** em cada período, sendo J_k obtido multiplicando por i o valor do capital em dívida no início de k.

A ***terceira*** coluna informa quanto ao valor da ***amortização de capital*** a efetuar em cada período, ou seja, quanto ao valor de M_k.

Por último, na ***quarta*** coluna inscrevem-se os valores referentes à ***prestação efetivamente paga***, ou seja, aos C_k, que resultam da adição dos valores de J_k e de M_k.

Atendendo às características descritas, os quadros de amortização surgem com a seguinte estrutura:

Tempo	**Capital em dívida**	**Juro (J_k)**	**Amortização (M_k)**	**Prestação (C_k)**
1				
2				
...				
k				
...				
n				

Como C_k é constante no caso do sistema francês, poderemos prescindir desta coluna, se for este o sistema de amortização utilizado. O mesmo sucede, aliás, com a coluna relativa a M_k, no contexto do sistema de amortizações constantes de capital. Já no sistema alemão consideramos adequada a manutenção de todas as colunas, de modo a que surja evidenciado o montante do juro liquidado no momento zero.

Estas são, com efeito, as colunas que entendemos como *essenciais* num quadro de amortização. Porém, colunas *adicionais* poderão ser incluídas, mormente as que dizem respeito a ***despesas inerentes ao contrato***, de que são exemplo o Imposto do Selo e as despesas bancárias. Estas vão, nos vários sistemas de amortização em apreço, onerar o valor das prestações, devendo constar na coluna imediatamente anterior.

Também poderá ser útil incluir uma coluna indicativa da ***taxa de juro*** praticada, muito principalmente se esta sofrer alterações durante o empréstimo. Nessa ocasião, de forma a facilitar os cálculos, esta coluna deverá figurar entre as colunas 1 e 2, relativas, respetivamente, ao montante do capital em dívida no início do período e ao montante de juro a pagar.

Do exposto resulta claro que apenas fará sentido falarmos de quadros de amortização no contexto dos sistemas de amortização periódica, pois só nestes se observa a diminuição gradual do valor da dívida. Todavia, o ritmo de redução do capital em dívida varia em função do sistema utilizado, dando, por isso, origem a valores diversos de J_k, de M_k ou de C_k, ao longo do tempo.

Muito embora prossigam objetivos idênticos – evidenciar a evolução do processo de amortização do empréstimo – estes quadros obedecem a mecanismos de construção diferentes nos vários casos dos sistemas de amortização periódica.

Apresentamos, de seguida, três exemplos ou, melhor, três quadros de amortização referentes ao mesmo empréstimo, no pressuposto de este ser reembolsado através de cada um dos sistemas de amortização periódica em estudo.

EXEMPLO: Um empréstimo no montante de 50.000 € vai ser amortizado durante os próximos 5 anos, sendo os juros calculados à taxa anual de 7,5%. Construa o respetivo quadro de amortização, para cada uma das possibilidades:

1) O empréstimo é amortizado através de prestações constantes de capital e juros;

2) O empréstimo é amortizado através do sistema alemão;

3) O empréstimo é amortizado através de quotas constantes de capital.

Desenvolvamos, então, cada uma das hipóteses.

1) No caso de o empréstimo ser amortizado através de prestações constantes de capital e juros, devemos, primeiramente, calcular o montante dessas prestações. Sendo que

$$C_0 = \bar{C} \times \frac{1-(1+i)^{-n}}{i}$$

substituindo pelos valores respetivos e resolvendo em ordem a $\bar{C}$, vem

$$50.000€ = \bar{C} \times \frac{1-(1+7,5\%)^{-5}}{7,5\%}$$

$$50.000\ € = \bar{C} \times 4,0458849$$

$$\bar{C} = 12.358,24\ €$$

(em €)

Tempo	Cap. em dívida	Juros (J_k)	Amortização (M_k)	Prestação ($\bar{C}$)
1	50.000	3.750	8.608,24	12.358,24
2	41.391,76	3.104,38	9.253,86	12.358,24
3	32.137,90	2.410,34	9.947,90	12.358,24
4	22.190,00	1.664,25	10.693,99	12.358,24
5	11.496,01	862,20	11.496,01(*)	12.358,24

(*) – valor ajustado em 3 cêntimos.

No presente quadro, a quantia conhecida é a que se refere ao montante da prestação; pelo que, uma vez determinado o montante do juro a pagar, calculado sobre o capital em dívida, determina-se, ***por subtração***, o valor correspondente à amortização efetuada no período, ou seja,

$$M_k = \bar{C} - J_k$$

Por sua vez, o montante do capital em dívida no início de cada período obtém-se deduzindo ao capital em dívida no início do período anterior o montante de capital amortizado no período anterior. Designando por $Cdiv_k$ o montante de capital em dívida no início do período k, verifica-se que

$$Cdiv_k = Cdiv_{k-1} - M_{k-1}$$

e também, como já referimos,

$$J_k = i \times Cdiv_k$$

2) No caso de o empréstimo ser amortizado através do sistema alemão, começamos por determinar qual a taxa *d* que equivale à taxa de juro *i*, para, de seguida, calcularmos o montante de juro correspondente à 1ª prestação, bem como o montante global das restantes prestações.

$$d = \frac{i}{1+i} = \frac{7{,}5\%}{1+7{,}5\%} = 6{,}9767\%$$

Por sua vez,

$$C_0 - J_1 = \bar{C} \times \frac{1-(1+i)^{-n}}{i}$$

Substituindo, vem

$$50.000\ € - 6{,}9767\% \times 50.000\ € = \bar{C} \times \frac{1-(1+7{,}5\%)^{-5}}{7{,}5\%}$$

$$46.511{,}65\ € = \bar{C} \times 4{,}0458849$$

$$\bar{C} = 11.496{,}04\ €$$

Acrescentamos uma linha ao quadro, referente ao momento zero, onde apontamos o montante de juro relativo à 1ª prestação e que é igual a 50.000 € × 6,9767% = 3.488,35 €.

Sabemos ainda que

$$\bar{C} = J_2 + M_1$$

donde se obtém

$$11.496{,}04\ € = 0{,}069767 \times (50.000\ € - M_1) + M_1$$
$$11.496{,}04\ € = 3.488{,}35\ € + 0{,}930233\ M_1$$
$$M_1 = 8.608{,}26\ €$$

Tal como vimos atrás,

$$M_{k+1} = M_k\ (1+i)$$

o que nos permite calcular, de modo expedito, as quantias correspondentes às restantes prestações de capital, as quais inscrevemos no quadro de amortização.

$$M_2 = M_1\ (1+i) = 8.608{,}26\ €\ (1+7{,}5\%) = 9.253{,}88\ €$$
$$M_3 = M_1\ (1+i)^2 = 8.608{,}26\ €\ (1+7{,}5\%)^2 = 9.947{,}92\ €$$
$$M_4 = M_1\ (1+i)^3 = 8.608{,}26\ €\ (1+7{,}5\%)^3 = 10.694{,}01\ €$$
$$M_5 = M_1\ (1+i)^4 = 8.608{,}26\ €\ (1+7{,}5\%)^4 = 11.496{,}06\ €$$

Atenda-se a que a última prestação vai ser integralmente destinada à amortização do capital ainda em dívida – pelo que se obtém um valor ajustado – tendo o juro sido já liquidado antecipadamente no momento 4.

(em €)

Tempo	Cap. Em dívida	Juros (J_k)	Amortização (M_k)	Prestação ($\bar{C}$)
0	50.000	3.488,35	0	3.488,35
1	50.000	2.887,78	8.608,26	11.496,04
2	41.391,74	2.242,16	9.253,88	11.496,04
3	32.137,86	1.548,12	9.947,92	11.496,04
4	22.189,94	802,03	10.694,01	11.496,04
5	11.495,93	0	11.495,93	11.495,93 (*)

(*) – valor ajustado.

Como o juro pago em cada momento se reporta ao período imediatamente seguinte, esse juro vai ser obtido multiplicando a taxa *d* pelo diferencial existente entre o capital em dívida e a amortização de capital efetuada nesse mesmo período. Deste modo,

$$J_2 = (50.000\ € - 8.608{,}26\ €) \times 0{,}069767 = 2.887{,}78\ €$$

que, necessariamente, corresponde ainda à diferença existente entre o valor da prestação constante o montante da prestação de capital.

$$J_3 = (41.391{,}74\ € - 9.253{,}88\ €) \times 0{,}069767 = 2.242{,}16\ €$$

e assim por diante.

3) No caso de o empréstimo ser amortizado através de prestações constantes de capital, surge que

$$\bar{M} = \frac{C_0}{n}$$

logo, vem

$$\bar{M} = \frac{50.000€}{5} = 10.000€$$

Como a amortização de capital é conhecida, o montante da prestação obtém-se ***adicionando*** a essa quantia o valor do juro periódico, este calculado atendendo ao capital em dívida no início do período respetivo.

(em €)

Tempo	Cap. em dívida	Juros (J_k)	Amortização ($\bar{M}$)	Prestação (C_k)
1	50.000	3.750	10.000	13.750
2	40.000	3.000	10.000	13.000
3	30.000	2.250	10.000	12.250
4	20.000	1.500	10.000	11.500
5	10.000	750	10.000	10.750

Concluímos, assim, que a construção de quadros de amortização de empréstimos obedece a especificidades, consoante o sistema de reembolso considerado.

De reter, ainda, que os quadros de amortização de empréstimos não devem ser confundidos com os quadros concernentes à constituição de fundos para amortização, já estudados anteriormente. Enquanto os primeiros evidenciam o decréscimo do montante do capital em dívida referente a um dado empréstimo, os segundos destinam-se a mostrar o processo de acumulação de uma determinada quantia destinada, *grosso modo*, a suprir uma dívida futura.

4. Confronto entre os sistemas de amortização com reembolsos periódicos

4.1. Decréscimo dos juros

Afirmámos anteriormente que J_k é decrescente no caso dos sistemas de amortização periódica. Desde logo se coloca a questão de saber em que medida se opera esse decréscimo.

O que sucede no caso do ***sistema francês***? Qual a relação que se estabelece entre as diversas quotas de juro?

A medida do crescimento de M_k vai corresponder ao inverso do decréscimo de J_k, uma vez que o montante das prestações, ou seja, o montante dos termos da renda de amortização é constante.

Considerando dois termos sucessivos da renda de amortização, teremos

$$M_k + J_k = M_{k-1} + J_{k-1}$$

donde, atendendo a [6.8], resulta que

$$M_{k-1}(1 + i) + J_k = M_{k-1} + J_{k-1}$$

Por definição, $J_{k-1} > J_k$. Logo

$$J_{k-1} - J_k = M_{k-1}(1 + i) - M_{k-1}$$
$$J_{k-1} - J_k = M_{k-1}\left[(1 + i) - 1\right]$$
$$J_{k-1} - J_k = i \times M_{k-1} \qquad [6.30]$$

A fórmula anterior permite-nos obter o ***diferencial existente entre duas quotas de juro consecutivas***, em função da amortização de capital efetuada no período anterior. Na verdade, o diferencial existente entre duas quotas de juro imediatamente subsequentes é o montante de juro que deixa de ser pago pelo facto de o capital em dívida ter diminuído na quantia correspondente a M_{k-1}.

O mesmo diferencial pode ser expresso atendendo à amortização de capital efetuada no próprio período, do modo seguinte:

$$J_{k-1} - J_k = i \times \frac{M_k}{1 + i} \qquad [6.31]$$

Sendo M_k crescente em k e sendo i constante, o diferencial existente entre uma dada quota de juro e a seguinte vai ser também crescente; então, ***J_k é decrescente em k a uma taxa crescente***.

EXEMPLO: Relativamente a um dado empréstimo que se encontra a ser amortizado através de prestações constantes, à taxa anual de 4%, conhece-se que $J_5 = 310{,}23$ € e $J_6 = 263{,}46$ €. Determine o montante do empréstimo bem como o número de reembolsos necessários para o liquidar.

Aplicando a expressão estabelecida em [6.30], vem que

$$J_5 - J_6 = i \times M_5$$

Substituindo pelos valores respetivos, teremos

$$310{,}23\ € - 263{,}46\ € = 0{,}04 \times M_5$$
$$M_5 = 1.169{,}25\ €$$

Como conhecemos os valores referentes a J_5 e M_5, podemos determinar o montante da prestação.

$$\bar{C} = J_5 + M_5 = 310{,}23\ € + 1.169{,}25\ € = 1.479{,}48\ €$$

Para chegarmos a C_0, vamos determinar M_1 através de M_5, donde vem

$$M_1 = M_5\ (1 + 4\%)^{-4}$$
$$M_1 = 1.169{,}25\ € \times 0{,}85480419$$
$$M_1 = 999{,}48\ €$$

Sendo que

$$\bar{C} = J_1 + M_1$$

daí resulta

$$1.479{,}48\ € = 0{,}04 \times C_0 + 999{,}48\ €$$
$$0{,}04\ C_0 = 480\ €$$
$$C_0 = 12.000\ €$$

Podemos determinar o número de reembolsos aplicando, novamente, a expressão encontrada em [6.7] e resolvendo em ordem a n.

$$12.000\ € = 1.479{,}48\ € \times \frac{1 - (1 + 4\%)^{-n}}{4\%}$$

$$0{,}6755616838 = (1 + 4\%)^{-n}$$
$$\log 0{,}6755616838 = -\ n \log 1{,}04$$

$$n = -\frac{\log 0{,}6755616838}{\log 1{,}04}$$

$$n = 10$$

Vejamos, agora, o que sucede quando ***as quotas de amortização não são consecutivas***. De acordo com o termo geral da renda de amortização,

$$J_{k+m} + M_{k+m} = J_k + M_k$$

Como $J_k > J_{k+m}$, podemos escrever

$$J_k - J_{k+m} = M_{k+m} - M_k$$

donde resulta

$$J_k - J_{k+m} = M_k \left[(1+i)^m - 1\right] \quad \textbf{[6.32]}$$

EXEMPLO: Certo empréstimo encontra-se a ser amortizado através de trimestralidades constantes. Sendo que $J_3 = 356{,}65$ €, $J_{14} = 84{,}96$ € e $\overline{C} = 1.473$ €, determine a taxa nominal anual, o capital mutuado e o número de prestações.

Recorrendo à expressão formalizada em [6.32], podemos escrever, no caso presente, que

$$J_3 - J_{14} = M_3 \left[(1+i)^{11} - 1\right]$$

Como conhecemos o valor de $\overline{C}$, podemos calcular M_3 e substitui-lo na expressão anterior, o que permite calcular a ***taxa de juro***. Então, surge

$$M_3 = \overline{C} - J_3$$
$$M_3 = 1.473 \text{ €} - 356{,}65 \text{ €}$$
$$M_3 = 1.116{,}35 \text{ €}$$

Ao substituirmos em [6.32], obtém-se

$$356{,}65\ € - 84{,}96\ € = 1.116{,}35\ € \left[(1+i)^{11} - 1\right]$$
$$1{,}2433734939759 = (1+i)^{11}$$
$$i = (1{,}2433734939759)^{\frac{1}{11}} - 1$$
$$i = 2\%$$

Como esta taxa é trimestral, a ***taxa anual nominal*** vai ser igual a $4 \times 2\% = 8\%$.

O montante de capital mutuado determina-se recorrendo aos valores da 1ª prestação, dado que desconhecemos o número de prestações[15], donde

$$\overline{C} = M_1 + J_1$$

sendo ainda que

$$M_3 = M_1\,(1+i)^2$$
$$1.116{,}35\ € = M_1\,(1+2\%)^2$$
$$M_1 = 1.073\ €$$

Por consequência,

$$J_1 = \overline{C} - M_1$$
$$J_1 = 1.473\ € - 1.073\ €$$
$$J_1 = 400\ €$$

O ***montante de capital mutuado*** resulta da expressão

$$J_1 = i \times C_0$$

Ao substituirmos, vem

$$400\ € = 2\% \times C_0$$
$$C_0 = 20.000\ €$$

---

[15] Com efeito, o capital inicial pode ser determinado através de uma das seguintes hipóteses:

– aplicação da expressão formalizada em [6.7], o que implica o conhecimento de todos os parâmetros envolvidos;

– atendendo à composição da 1ª prestação, ou seja, através de J_1.

Por último, o ***número de prestações*** determina-se através da expressão formalizada em [6.7]

$$C_0 = \bar{C} \times \frac{1-(1+i)^{-n}}{i}$$

$$20.000\ € = 1.473\ € \times \frac{1-(1+2\%)^{-n}}{2\%}$$

$$0{,}728445349 = (1+2\%)^{-n}$$
$$\log 0{,}728445349 = -\,n \log 1{,}02$$
$$n = 16 \text{ trimestres}$$

Mais uma vez, tal como sucedia para [6.8], [6.9] e [6.10], as fórmulas anteriormente apontadas revelam-se extremamente úteis, principalmente nos casos em que necessitamos de apurar uma dada quota de juro em função de uma outra quota ou, ainda, quando pretendemos determinar uma taxa de juro com base em duas quotas de juro conhecidas.

Já concluímos acerca do modo como se processa o decréscimo dos juros no sistema francês.

Importa, também, observar o que sucede nos outros dois sistemas de amortização periódica que estudámos. Comecemos pelo ***sistema de amortizações constantes***.

Como é sabido, o montante dos juros a pagar em cada período é calculado sobre o montante do capital em dívida no início desse período. Logo, tal como estabelecemos em [6.28],

$$J_k = \left[C_0 - (k-1)\ \bar{M}\right] \times i$$

ou, no caso particular em que k = n, surgirá

$$J_n = \bar{M} \times i \qquad \textbf{[6.33]}$$

uma vez que o capital em dívida no início do último período corresponde ao montante da amortização a efetuar nesse período, por forma a liquidar completamente o montante da dívida.

Assim, atendendo à formalização genérica do juro periódico e à diferença entre duas ***quotas de juro consecutivas***, vem que

$$J_{k-1} - J_k = \left[C_0 - (k-2)\ \bar{M}\right] \times i - \left[C_0 - (k-1)\ \bar{M}\right] \times i$$

$$J_{k-1} - J_k = C_0 \times i - (k-2)\ \bar{M} \times i - C_0 \times i + (k-1)\ \bar{M} \times i$$

$$J_{k-1} - J_k = -\,k \times \bar{M} \times i + 2 \times \bar{M} \times i + k \times \bar{M} \times i - \bar{M} \times i$$

$$J_{k-1} - J_k = \bar{M} \times i \qquad [\,6.34\,]$$

Como $\bar{M}$ é constante, o valor do capital em dívida no início de cada período vai decrescer de um modo linear; por consequência, ***será também linear o decréscimo do montante dos juros*** e, bem assim, do montante das prestações a pagar.

De outro modo, ainda, o decréscimo do montante dos juros, no caso do sistema de amortizações constantes, vai obedecer a uma progressão aritmética de razão $\bar{M} \times i$.

Atendendo à expressão formalizada em [6.28], quando se trata de ***prestações não consecutivas***, temos que

$$J_k = \left[C_0 - (k-1)\ \bar{M}\right] \times i$$

e também

$$J_{k+m} = \left[C_0 - (k+m-1)\ \bar{M}\right] \times i$$

Como $J_k > J_{k+m}$,

$$J_k - J_{k+m} = \left[C_0 - (k-1)\ \bar{M}\right] \times i - \left[C_0 - (k+m-1)\ \bar{M}\right] \times i$$

$$J_k - J_{k+m} = C_0 \times i - k \times \bar{M} \times i + \bar{M} \times i - C_0 \times i + k \times \bar{M} \times i + m \times \bar{M} \times i - \bar{M} \times i$$

$$J_k - J_{k+m} = m \times \bar{M} \times i \qquad [\,6.35\,]$$

EXEMPLO: Certo empréstimo encontra-se a ser amortizado através de 12 quotas semestrais constantes de capital, às quais acrescem juros calculados à taxa anual nominal de 7%. Sabendo que a diferença entre o montante de juros pagos na 4ª e na 9ª prestações é de 8.750 €, determine o montante de capital mutuado.

Sabemos, desde logo, que

$$J_4 - J_9 = 8.750\ €$$

e ainda que

$$\bar{M} = \frac{C_0}{12}$$

Se aplicarmos a fórmula anterior, e atendendo a que a taxa semestral de 3,5% se obtém por proporcionalidade, surge

$$8.750\ € = (9-4) \times \frac{C_0}{12} \times 3{,}5\%$$

$$8.750\ € = 0{,}01458(3)\ C_0$$
$$C_0 = 600.000\ €$$

Por fim, para o caso do ***sistema alemão***, temos que o juro periódico referente a um dado período k é pago no momento k – 1, pelo que deve ser calculado à taxa *d*, considerando a amortização efetuada em k – 1.

Tendo por base a expressão encontrada em [6.25], podemos formalizar que

$$J_k = d \times M_1 \times \frac{(1+i)^n - (1+i)^{k-1}}{i}$$

e também que

$$J_{k+1} = d \times M_1 \times \frac{(1+i)^n - (1+i)^k}{i}$$

donde resulta que

$$J_k - J_{k+1} = d \times M_1 \times \frac{(1+i)^n - (1+i)^{k-1}}{i} - d \times M_1 \times \frac{(1+i)^n - (1+i)^k}{i}$$

$$J_k - J_{k+1} = d \times M_1 \times \frac{(1+i)^n - (1+i)^{k-1} - (1+i)^n + (1+i)^k}{i}$$

$$J_k - J_{k+1} = d \times M_1 \times \frac{(1+i)^k - (1+i)^{k-1}}{i}$$

$$J_k - J_{k+1} = d \times M_1 \times \frac{(1+i)^{k-1}\left[(1+i)-1\right]}{i}$$

$$J_k - J_{k+1} = d \times M_1 \times (1+i)^{k-1}$$

$$J_k - J_{k+1} = d \times M_k \qquad [6.36]$$

Não se tratando de prestações consecutivas, por exemplo, no que concerne às quotas J_k e J_{k+m}, teremos que

$$J_k - J_{k+m} = d \times M_1 \times \frac{(1+i)^n - (1+i)^{k-1}}{i} - d \times M_1 \times \frac{(1+i)^n - (1+i)^{k+m-1}}{i}$$

$$J_k - J_{k+m} = d \times M_1 \times \frac{(1+i)^n - (1+i)^{k-1} - (1+i)^n + (1+i)^{k+m-1}}{i}$$

$$J_k - J_{k+m} = d \times M_1 \times \frac{(1+i)^{k+m-1} - (1+i)^{k-1}}{i}$$

$$J_k - J_{k+m} = d \times \frac{M_{k+m} - M_k}{i}$$

$$J_k - J_{k+m} = \frac{i}{1+i} \times \frac{M_{k+m} - M_k}{i}$$

$$J_k - J_{k+m} = \frac{M_{k+m} - M_k}{1+i} \qquad [6.37]$$

EXEMPLO: Relativamente a um certo empréstimo que se encontra a ser amortizado através de 20 anuidades calculadas através do sistema alemão de reembolso, à taxa de juro anual de 5,5%, sabemos que $J_8 = 11.931,78$ € e que $J_{13} = 8.290,23$ €. Determine o montante do empréstimo.

Se atendermos à expressão formalizada em [6.37], temos que

$$J_8 - J_{13} = \frac{M_{13} - M_8}{1 + 5,5\%}$$

$$11.931,78\ € - 8.290,23\ € = \frac{M_8(1+5,5\%)^5 - M_8}{1+5,5\%}$$

$$3.841,83525 = M_8 \times 0,306960006409375$$
$$M_8 = 12.515,75\ €$$

Se recordarmos a composição das prestações no caso do sistema alemão de reembolso, temos

$$\bar{C} = J_{k+1} + M_k$$

pelo que podemos, no caso presente, calcular $\bar{C}$ se conhecermos M_7 ou M_{12}. Surge, então, que

$$M_7 = \frac{M_8}{1+5,5\%} = 11.863,27\ €$$

donde decorre

$$\bar{C} = J_8 + M_7 = 11.931,78\ € + 11.863,27\ € = 23.795,05\ €$$

De atender, também que

$$d = \frac{i}{1+i} = \frac{5,5\%}{1+5,5\%} = 5,21327\%$$

Recorrendo, agora, a [6.22] e substituindo pelos valores respetivos, podemos, por fim, determinar o montante de capital mutuado.

$$C_0 = 23.795,07\ € \times \frac{1-(1-5,21327\%)^{20}}{5,21327\%}$$

$$C_0 = 300.000\ €$$

4.2. Valor dos termos da renda de amortização

Para o mesmo montante de capital, o mesmo prazo e a mesma taxa, será indiferente recorrermos a um ou a outro processo de amortização? Algum dos sistemas em apreço, perante circunstâncias específicas, poderá proporcionar menores custos? São questões legítimas, para as quais procuraremos encontrar resposta nesta secção.

Dos exemplos que têm sido apresentados – muito particularmente do exemplo exposto no ponto 3, onde o mesmo empréstimo surge amortizado através dos três sistemas de amortização periódica em estudo – verificamos, desde logo, que é diferente o montante das prestações a pagar em cada um dos casos. De reter, porém, que o somatório das quotas de capital (M_k) é, nos três sistemas, evidentemente igual ao montante do capital inicial C_0.

Recordemos os valores encontrados, através do esquema seguinte. Na 1ª linha, assinalam-se as quantias a pagar no caso de o empréstimo ser liquidado através de prestações constantes; na 2ª linha, surgem os montantes a pagar em cada período, sendo o empréstimo amortizado através do sistema alemão; por fim, temos os valores relativos ao sistema de amortizações constantes.

0	1	2	3	4	5
	$\bar{C}$ = 12.358,24 €	$\bar{C}$ = 12.358,24 €	$\bar{C}$ = 12.358,24 €	$\bar{C}$ = 12.358,24 €	$\bar{C}$ = 12.358,24 €
J_1 = 3.488,35 €	$\bar{C}$ = 11.496,04 €	$\bar{C}$ = 11.496,04 €	$\bar{C}$ = 11.496,04 €	$\bar{C}$ = 11.496,04 €	$\bar{C}$ = 11.496,04 €
	C_1 = 13.750 €	C_2 = 13.000 €	C_3 = 12.250 €	C_4 = 11.500 €	C_5 = 10.750 €

Retomando os conceitos de taxa de avaliação e de taxa interna de rendibilidade apresentados no Capítulo 3, podemos atualizar o montante das prestações a pagar em cada um dos sistemas, utilizando, para o efeito, uma taxa anual de 7,5%.

Se designarmos por V_0 o valor atual das prestações, surge, para o caso do ***sistema de prestações constantes*** que

$$V_0 = \frac{12.358,24€}{1+7,5\%} + \frac{12.358,24€}{(1+7,5\%)^2} + \frac{12.358,24€}{(1+7,5\%)^3} + \frac{12.358,24€}{(1+7,5\%)^4} + \frac{12.358,24€}{(1+7,5\%)^5}$$

$$V_0 = 11.496,04\text{ €} + 10.693,99\text{ €} + 9.947,90\text{ €} + 9.253,86\text{ €} + 8.608,24\text{ €}$$

$$V_0 = 50.000,03\text{ €} \cong C_0$$

Por seu turno, no caso do ***sistema alemão***, vem que

$$V_0 = 3.488,35\text{ €} + \frac{11.496,04\text{€}}{1+7,5\%} + \frac{11.496,04\text{€}}{(1+7,5\%)^2} + \frac{11.496,04\text{€}}{(1+7,5\%)^3} +$$

$$+ \frac{11.496,04\text{€}}{(1+7,5\%)^4} + \frac{11.496,04\text{€}}{(1+7,5\%)^5}$$

$$V_0 = 3.488,35\text{ €} + 10.693,99\text{ €} + 9.947,90\text{ €} + 9.253,86\text{€} + 8.608,24\text{ €} +$$
$$+ 8.007,67\text{ €}$$

$$V_0 = 50.000,01\text{ €} \cong C_0$$

Atendendo, por último, ao ***sistema de amortizações constantes***, obtém-se

$$V_0 = \frac{13.750\text{€}}{1+7,5\%} + \frac{13.000\text{€}}{(1+7,5\%)^2} + \frac{12.250\text{€}}{(1+7,5\%)^3} + \frac{11.500\text{€}}{(1+7,5\%)^4} + \frac{10.750\text{€}}{(1+7,5\%)^5}$$

$$V_0 = 12.790,70\text{ €} + 11.249,32\text{ €} + 9.860,77\text{ €} + 8.611,21\text{ €} + 7.488,00\text{ €}$$

$$V_0 = 50.000\text{ €}$$

Verificamos, assim, que o valor atual dos encargos corresponde, nos três sistemas, ao capital mutuado, pelo que se pode afirmar que a taxa de juro – no caso 7,5% – representa a taxa de custo efetiva do empréstimo, independentemente do processo de amortização adotado[16].

Os três sistemas são, assim, ***equivalentes sob o ponto de vista financeiro***, não o sendo, contudo, em termos de tesouraria. Na realidade, o valor das prestações é diferente em cada uma das hipóteses, tal como começámos por referir, uma vez que é diferente o montante dos juros pagos em cada caso.

Com efeito, o ***montante de juros a pagar***, tanto no sistema de prestações constantes como no sistema de amortizações constantes, será dado por

$$\sum_{k=1}^{n} J_k = J_1 + J_2 + \ldots + J_n$$

com cada um dos J_k a ser calculado em função do capital em dívida no início do respetivo período.

[16] Retomaremos este assunto de modo mais aprofundado no Capítulo 9.

No caso do ***sistema de prestações constantes***, este montante pode ser deduzido de modo muito simples, atendendo à diferença entre o total das prestações ($n \times \bar{C}$) e o próprio capital mutuado. Assim sendo,

$$\sum_{k=1}^{n} J_k = n \times \bar{C} - C_0 \qquad [6.38]$$

Já no ***sistema de amortizações constantes***, recordamos que os juros decrescem linearmente, sendo esse decréscimo de $\bar{M} \times i$, o qual corresponde à razão (negativa) existente entre os n termos de uma progressão aritmética, em que o primeiro termo equivale a J_1 e o último a J_n. Sendo que a soma desses n primeiros termos pode ser obtida através de $\frac{n \times (u_1 + u_n)}{2}$ e atendendo à formalização proposta para

$$J_1 = C_0 \times i = n \times \bar{M} \times i$$

e para

$$J_n = n \times \bar{M}$$

resultará que,

$$\sum_{k=1}^{n} J_k = \frac{n\left[(n \times \bar{M} \times i) + (\bar{M} \times i)\right]}{2}$$

$$\sum_{k=1}^{n} J_k = \frac{n^2 \times \bar{M} \times i + n \times \bar{M} \times i}{2}$$

$$\sum_{k=1}^{n} J_k = \frac{(n+1)(n \times \bar{M} \times i)}{2} \qquad [6.39]$$

Embora os dois sistemas sejam equivalentes em termos de custo de financiamento, a expressão formalizada em [6.39] conduz a um montante total de juros menor do que o que se obtém através de [6.38]. Tal sucede porque no sistema de amortizações constantes as primeiras prestações surgem oneradas, uma vez que a amortização do capital se reparte equitativamente entre todas as prestações. Desta sorte, a dívida é amortizada mais rapidamente e o valor dos juros a pagar é menor[17]. Aliás, se atendermos, de novo, ao exemplo discutido no ponto 3 deste Capítulo, verificaremos que $\sum_{k=1}^{n} J_k = 11.259€$, no caso de o empréstimo ser amortizado através de quotas constantes de capital; enquanto isso, sendo o empréstimo amortizado através de quotas crescentes de capital, $\sum_{k=1}^{n} J_k = 11.791{,}17€$, o que vem corroborar o nosso entendimento.

Pelas razões expostas, o sistema de amortizações constantes é, muitas vezes, preferido pelas empresas, para o que concorre também o tratamento contabilístico diferenciado de que são alvo J_k e M_k. Já o sistema francês pondera nas amortizações de empréstimos concedidos a clientes particulares que, por razões de simplificação, optam pelo pagamento de prestações constantes.

Por fim, no que concerne ao ***sistema alemão***, este equivale aos dois sistemas já examinados, com uma taxa de custo efetiva a corresponder à taxa de juro i, uma vez que i e d são equivalentes. Este é, no entanto, o sistema que conduz ao menor montante de juros, dado que os mesmos são pagos antecipadamente. Se nos sustentarmos, de novo, no exemplo apresentado no ponto 3, verificaremos que, no caso do sistema alemão de reembolso, $\sum_{k=1}^{n} J_k = 10.968{,}44€$, que, tal como facilmente se entende, é o mesmo que ter os juros pagos no sistema francês, atualizados por um período, à taxa de juro i $\left(10.968{,}44€ \cong \dfrac{11.791{,}17€}{1+7{,}5\%}\right)$.

EXERCÍCIOS RESOLVIDOS:

1 – A empresa Beta & Cª contraiu um empréstimo de 300.000 €, a liquidar passados 6 anos, acrescidos dos juros vencidos à taxa anual de 8%. De modo a poder acorrer ao pagamento da dívida, 2 anos após a contração do empréstimo,

[17] $J_1 = C_0 \times i$ em ambos os casos, sendo, aliás, o único momento do tempo, para uma situação de identidade em termos de taxa, montante e prazo, em que a quota de juro a pagar é igual no sistema de amortização crescente e no sistema de amortização constante. Trata-se, com efeito, do único período em que o capital em dívida é igual.

decidiu constituir um fundo de amortização, para o qual efetuará entregas no início de cada ano, que capitalizarão à taxa de 5%. Qual o montante das entregas a efetuar, sabendo ainda que, à data de constituição do fundo, a empresa procedeu à amortização de 75.000 € do capital em dívida?

Construa, também, o quadro do fundo.

Resolução:

Primeiramente, vamos determinar qual o montante em dívida passados dois anos da contratação do empréstimo, recorrendo à expressão formalizada em [6.5] e que já havíamos obtido no Capítulo 1. Logo

$$C_n = C_0 (1 + i)^n$$
$$C_2 = 300.000\ € \times (1 + 8\%)^2$$
$$C_2 = 349.920\ €$$

Nesta data, foram liquidados 75.000 €, pelo que o montante em dívida decresceu para 274.920 €, os quais irão capitalizar juros por mais 4 anos, até ao termo do empréstimo. Logo

$$C_6 = 274.920\ € (1 + 8\%)^4$$
$$C_6 = 374.025{,}62\ €$$

que é o valor que pretendemos acumular através do fundo[18]. Podemos, então, calcular o montante das prestações. Tratando-se de prestações antecipadas e considerando uma taxa de juro anual de 5%, surge

$$374.025{,}62\ € = (1 + 5\%) \times T \times \frac{(1 + 5\%)^4 - 1}{5\%}$$
$$374.025{,}62\ € = T \times 4{,}52563125$$
$$T = 82.646{,}07\ €$$

Por sua vez, o quadro do fundo de amortização é o que de seguida se expõe. No caso presente, o montante dos juros vai ser calculado tendo por base o valor acumulado no período anterior acrescido do montante da entrega rea-

[18] O montante em dívida no fim dos 6 anos poderá ser obtido, de um modo mais direto, através da expressão

$$C_6 = \left[300.000\ € (1 + 8\%)^2 - 75.000\ €\right] (1 + 8\%)^4 = 374.025{,}62\ €$$

lizada no início do período, uma vez que se trata de uma renda antecipada. Enquanto isso, o valor acumulado em cada período resulta da soma do valor acumulado no período anterior, do montante da entrega efetuada no período e dos juros referentes ao período[19].

(em €)

TEMPO	Entregas no início do período	Juros no fim do período	Valor acumulado
1	82.646,07	4.132,30	86.778,37
2	82.646,07	8.471,22	177.895,66
3	82.646,07	13.027,09	273.568,82
4	82.646,07	17.810,74	374.025,63

2 – A empresa ABC, Lda. contraiu um empréstimo pelo prazo de 3 anos, à taxa de 8%, tendo os juros compostos sido pagos à cabeça e deduzidos ao capital mutuado. O montante líquido do financiamento excede os juros pagos em 58.766,44 €.

De modo a acumular o montante necessário à liquidação da dívida, a Helgalife decidiu, no momento da contratação do empréstimo, constituir um fundo de amortização, para o qual efetuará entregas semestrais postecipadas, que capitalizarão juros à taxa nominal de 3,5% ao ano. Porém, um excedente de liquidez permitiu a realização de uma entrega extraordinária no montante de 15.000 €, à data da 2ª entrega normal.

Elabore o quadro do fundo de amortização, sabendo que, na maturidade, se encontra acumulado o montante exatamente necessário para acorrer à liquidação do empréstimo.

Resolução:

Necessitamos, desde logo, de conhecer qual o montante do empréstimo que é, assim, a quantia que a ABC terá que entregar ao mutuante no final dos três anos. Como o montante líquido do financiamento excedeu em

[19] Devemos atender a estes procedimentos sempre que se trate do preenchimento do quadro de um fundo com entregas antecipadas.

58.766,44 € o montante de juros pagos, através de [6.3] e [6.4] podemos formalizar que

$$C_0\left[1-(1+8\%)^{-3}\right]+58.766{,}44\ € = C_0\,(1+8\%)^{-3}$$
$$0{,}20616776\ C_0+58.766{,}44\ € = 0{,}79383224\ C_0$$
$$0{,}58766448\ C_0 = 58.766{,}44\ €$$
$$C_0 = 100.000\ €$$

Este é o montante que a ABC irá liquidar passados 3 anos e, consequentemente, a quantia a acumular no fundo. Vamos, então, determinar o montante das entregas inicialmente previstas, considerando, para o efeito, a taxa semestral proporcional à taxa anual de 3,5%.

$$100.000\ € = T\times\frac{(1+1{,}75\%)^6-1}{1{,}75\%}$$
$$T = 15.952{,}26\ €$$

À data da 2ª entrega normal é efetuada uma entrega extraordinária; vamos, então, calcular a quantia que se encontrava acumulada nessa data.

$$R(2) = 15.952{,}26\ €\times\frac{(1+1{,}75\%)^2-1}{1{,}75\%}$$
$$R(2) = 32.183{,}68\ €$$

Este montante, juntamente com os 15.000€ da entrega extraordinária, capitalizará por mais 4 semestres. Com mais as 4 entregas semestrais vão perfazer os 100.000 € referentes ao capital mutuado. Vamos, então, calcular o novo montante das entregas, necessariamente menores que os 15.952,26 € iniciais. Logo, vem

$$100.000\ € = (32.183{,}6\ €+15.000\ €)\,(1+1{,}75\%)^4+T\times\frac{(1+1{,}75\%)^4-1}{1{,}75\%}$$

$$100.000\ € = 50.574{,}25\ € + T\times 4{,}106230359375$$
$$T = 12.036{,}77\ €$$

Uma vez conhecido o montante das entregas após a entrega extraordinária, podemos, então, passar ao preenchimento do quadro.

(em €)

TEMPO	Entregas	Juros	Valor acumulado	Transferências	Saldo final
1	15.952,26	0	15.952,26	0	15.952,26
2	15.952,26	279,16	32.183,68	15.000	47.183,68
3	12.036,77	825,71	60.046,16	0	60.046,16
4	12.036,77	1.050,81	73.133,74	0	73.133,74
5	12.036,77	1.279,84	86.450,35	0	86.450,35
6	12.036,77	1.512,88	100.000,00	0	100.000,00

De notar que neste quadro se incluem duas colunas adicionais, nas quais se reportam, respetivamente, as transferências realizadas e o saldo final. Para além disso, tratando-se de uma renda de termos postecipados, tal implica que os juros sejam calculados unicamente sobre o valor acumulado do período anterior, o que explica que os juros do 1º período sejam nulos e que o respetivo valor acumulado coincida com o montante da entrega.

3 – Um empréstimo no montante de 100.000 €, contraído há precisamente 4 anos, vai ser amortizado hoje, com juros acrescidos calculados à taxa anual de 3,5%. Na data da contratação do empréstimo, de modo a ter acumulado o montante necessário para liquidar a dívida na sua maturidade, o mutuário optou pela constituição de um fundo de amortização, para o qual iria realizar entregas semestrais que capitalizariam à taxa efetiva anual de 2,5%. Porém, dificuldades de tesouraria impediram-no de realizar a 4ª e a 5ª entregas, tendo as mesmas sido retomadas, pelo mesmo montante, no 6º semestre.

a) Calcule o montante adicional, para além, da quantia acumulada no fundo, que o mutuário terá que disponibilizar para liquidar completamente a dúvida.

b) Preencha a primeira e a última linhas do quadro do fundo de amortização.

Resolução:

a) Principiamos por obter o montante a liquidar decorrente da contratação do empréstimo.

$$C_n = C_0 \left(1 + i\right)^n$$

$$C_n = 100.000\ € \left(1 + 3{,}5\%\right)^4$$

$$C_n = 114.752{,}30\ €$$

Este seria o montante acumulado no fundo, caso tivessem sido realizadas todas as entregas inicialmente previstas. Podemos, então, calcular o montante dessas entregas, recorrendo, para o efeito, à taxa efetiva semestral $i_{sem} = (1 + 2{,}5\%)^{\frac{1}{2}} - 1 = 1{,}2423\%$.

$$T \times \frac{\left(1 + 1{,}2423\%\right)^8 - 1}{1{,}2423\%} = 114.752{,}30\ €$$

$$8{,}356622082\, T = 114.752{,}30\ €$$

$$T = 13.731{,}90\ €$$

Destas entregas foram, porém, realizadas apenas as 3 primeiras e as 3 últimas. Logo o montante acumulado no momento 3 deverá, então, ser capitalizado por 5 períodos até ao final da operação. Vem, assim, que

$$R(8) = 13.731{,}90\ € \times \frac{\left(1 + 1{,}2423\%\right)^3 - 1}{1{,}2423\%} \times \left(1 + 1{,}2423\%\right)^5 +$$

$$+13.731{,}90\ € \times \frac{\left(1 + 1{,}2423\%\right)^3 - 1}{1{,}2423\%} = 44.365{,}56\ € + 41.709{,}59\ € =$$

$$= 86.075{,}15\ €$$

Estavam acumulados 86.075,15 €, pelo que a quantia adicional que permite liquidar totalmente o empréstimo será igual a 114.752,30 € – 86.075,15 € = = 28.677,15 €.

b) Preenchemos agora a primeira e a última linhas do quadro do fundo de amortização.

(em €)

Tempo	Entregas	Juros	Valor acumulado
1	13.731,90	0	13.731,90
			R (7) = 71.455,56
8	13.731,90	887,69	86.075,15

Duas observações:

1) Os juros do primeiro período são nulos por estarmos em presença de uma renda postecipada.
2) Os juros do último período são calculados tendo por base o valor acumulado no período 7 e que é igual a

$$R\,(7) = 13.731{,}90\ € \times \frac{(1+1{,}2423\%)^3-1}{1{,}2423\%} \times (1+1{,}2423\%)^4 +$$

$$+13.731{,}90\ € \times \frac{(1+1{,}2423\%)^2-1}{1{,}2423\%} = 71.455{,}56\ €$$

Facilmente se compreende que o montante acumulado no fundo seja igual apenas a 86.075,15 € e não aos 114.752,30 € inicialmente previstos.

4 – Um empréstimo no montante de 40.000 € será liquidado findo o prazo contratual – 4 anos – durante o qual vencerá juros acumulados ao trimestre, à taxa anual efetiva de 12,550881%. Para, na data prevista, ter acumulado o montante suficiente para suprir o encargo da dívida, o mutuário deste empréstimo decidiu constituir um fundo de amortização, para o qual fará entregas semestrais que capitalizarão juros semestralmente à taxa anual nominal de 5%. Porém, após ter efetuado a 3ª entrega, o mutuário verificou que necessitava de dispor imediatamente de 15.000 €, os quais retirou do montante do fundo.

Pretende-se que:

a) Determine o montante de cada uma das entregas a efetuar nos períodos seguintes se, mesmo assim, quiser obter, na maturidade, o montante necessário à liquidação do empréstimo.
b) Elabore o quadro do fundo de amortização.

Resolução:

a) Neste caso, o primeiro procedimento a reter é o de calcular qual o montante a liquidar no final dos 4 anos, ou seja, o montante pelo qual o fundo deve ser constituído. Sabemos que a dívida vence juros ao trimestre, mas acontece que a taxa que nos é facultada é já uma taxa efetiva, pelo que podemos, muito simplesmente, formalizar[20]

$$C_4 = C_0\,(1 + i)^4$$
$$C_4 = 40.000 \text{ €}\,(1 + 12{,}550881\%)^4$$
$$C_4 = 40.000 \text{ €} \times 1{,}604706439$$
$$C_4 = 64.188{,}26 \text{ €}$$

De seguida, vamos determinar o montante das entregas semestrais a efetuar, para que no final dos 4 anos se encontrem acumulados no fundo os 64.188,26 € necessários para liquidar o empréstimo. Logo, aplicando a fórmula referente às rendas de acumulação, teremos

$$64.188{,}26 \text{ €} = T \times \frac{(1 + 2{,}5\%)^8 - 1}{2{,}5\%}$$

$$64.188{,}26 \text{ €} = T \times 8{,}736116$$
$$T = 7.347{,}46 \text{ €}$$

Para que no final dos 4 anos esteja acumulado o montante pretendido, implica que se realizem 8 entregas semestrais de 7.347,46 € cada.

Mas acontece que, uma vez feita a 3ª entrega, o mutuário retirou do fundo 15.000 €, pelo que necessitamos, desde já, de conhecer qual o montante que se encontrava acumulado na altura. Resulta, então, que

$$\text{Valor acumulado}_{\text{após 3ª entrega}} = 7.347{,}46 \text{ €}\ \frac{(1 + 2{,}5\%)^3 - 1}{2{,}5\%}$$

$$\text{Valor acumulado}_{\text{após 3ª entrega}} = 22.598{,}03 \text{ €}$$

[20] Em alternativa poder-se-ia calcular a taxa efetiva ao trimestre, isto é,

$$(1 + 12{,}5500881\%)^{\frac{1}{4}} - 1 = 3\%$$

Logo, o capital em dívida no final dos 4 anos, quer dizer, dos 16 trimestres, seria dado por $C_{16} = 40.000 \text{ €}\,(1 + 3\%)^{16} = 64.188{,}26 \text{ €}$

A este valor foram retirados 15.000 €, pelo que ficaram no fundo 7.598,03 €, que vão capitalizar por 5 semestres, uma vez que é o tempo que decorrerá até à data da liquidação da dívida. Assim sendo, o valor das novas entregas, de modo a termos acumulada a mesma quantia no final o prazo, será obtido da seguinte forma

$$7.598{,}03\ € \ (1 + 2{,}5\%)^5 + T \times \frac{(1 + 2{,}5\%)^5 - 1}{2{,}5\%} = 64.188{,}26\ €$$

Resolvendo a equação em ordem a T, resulta

$$8.596{,}47\ € + T \times 5{,}2563285 = 64.188{,}26\ €$$
$$5{,}2563285\ T = 55.591{,}79\ €$$
$$T = 10.576{,}16\ €$$

As novas entregas deverão ser no montante de 10.576,16 €. Estas são, como era esperado, maiores que as anteriores, uma vez que pretendemos refazer o montante de 64.188,26 € inicialmente previsto.

O quadro do fundo de amortização surgirá da seguinte forma:

(em €)

TEMPO (semestres)	Entregas	Juros	Valor acumulado	Transferência	Saldo
1	7.347,46	0	7.347,46	0	7.347,46
2	7.347,46	183,69	14.878,61	0	14.878,61
3	7.347,46	371,97	22.598,03	15.000	7.598,03
4	10.576,16	189,95	18.364,14	0	18.364,14
5	10.576,16	459,10	29.399,40	0	29.399,40
6	10.576,16	734,95	40.710,55	0	40.710,55
7	10.576,16	1.017,76	52.304,47	0	52.304,47
8	10.576,16	1.307,61	**64.188,24**	0	**64.188,26**

Alguns reparos ao quadro anterior:

– o valor acumulado no final do 3º período obtido no quadro coincide com o que já havíamos calculado recorrendo às rendas de acumulação;

- os juros do 4º semestre são calculados sobre o montante que resta, uma vez retirados os 15.000 €, isto é, sobre os 7.598,03 €;
- observa-se um diferencial de 2 cêntimos entre o valor obtido e o valor pretendido, devido aos arredondamentos efetuados;
- juntámos duas colunas ao quadro do fundo de modo a evidenciar a transferência ocorrida;
- os juros periódicos devem, assim, ser calculados sobre o saldo do período anterior.

5 – A empresa Betamax, Lda obteve um financiamento cujo montante é de 52.500 € e que liquidará na íntegra findo o prazo do contrato – 3 anos. Os juros são pagos quadrimestralmente à taxa nominal anual de 9%. De modo a acumular o montante necessário para liquidar a dívida, a Betamax decidiu constituir um fundo de amortização para o qual efetuará entregas, no início de cada semestre e que capitalizarão à taxa efetiva anual de 4,04%. Elabore o quadro do fundo de amortização em cada um dos casos:

a) A Betamax pretende acumular apenas o montante correspondente ao capital mutuado;

b) A Betamax pretende acumular o montante necessário para liquidar o valor em dívida no momento n.

Resolução:

a) Como o juro é pago periodicamente, a empresa apenas pretende acumular o montante correspondente ao capital mutuado, isto é, aos 52.500 €. Ao longo dos três anos, vão ser efetuadas 6 entregas antecipadas para o fundo de amortização, as quais capitalizam à taxa efetiva semestral obtida através da seguinte *relação de equivalência*:

$$(1 + i_{anual}) = (1 + i_{sem})^2$$
$$(1 + 4{,}04\%) = (1 + i_{sem})^2$$
$$i_{sem} = (1 + 4{,}04\%)^{\frac{1}{2}} - 1$$
$$i_{sem} = 2\%$$

O montante das entregas semestrais é o montante T que satisfaz a condição:

$$52.500\ € = (1 + 2\%) \times T \times \frac{(1 + 2\%)^6 - 1}{2\%}$$

$52.500\ € = T \times 6{,}434283382464$
$T = 8.159{,}42\ €$

Podemos, então, proceder ao preenchimento do quadro do fundo, atendendo aos procedimentos já descritos aquando da resolução do exercício nº 1.

(em €)

TEMPO	Entregas	Juros	Valor acumulado
1	8.159,42	163,19	8.322,61
2	8.159,42	329,64	16.811,67
3	8.159,42	499,42	25.470,51
4	8.159,42	672,60	34.302,53
5	8.159,42	849,24	43.311,19
6	8.159,42	1.029,41	**52.500,02**

Recorde-se que, como as entregas são antecipadas, as mesmas vencem juro logo no 1º período.

b) Nesta possibilidade, ao montante do capital mutuado acresce o montante de juro periódico referente ao último período, isto é,

$J_k = i_{quad} \times C_0$

Atendendo a que $i_{quad} = \dfrac{9\%}{3} = 3\%$, vem

$J_k = 0{,}03 \times 52.500\ € = 1.575\ €$

pelo que o capital a acumular vai ser de 52.500 € + 1.575 € = 54.075 €

O valor das entregas obtém-se, então, de modo análogo ao da alínea anterior.

$$54.075\ € = (1 + 2\%) \times T \times \frac{(1 + 2\%)^6 - 1}{2\%}$$

$54.075\ € = T \times 6{,}434283382464$
$T = 8.404{,}20\ €$

Nestas circunstâncias, o quando do fundo de amortização é o seguinte:

(em €)

TEMPO	Entregas	Juros	Valor acumulado
1	8.404,20	168,08	8.572,28
2	8.404,20	339,53	17.316,01
3	8.404,20	514,40	26.234,61
4	8.404,20	692,78	35.331,59
5	8.404,20	874,72	44.610,51
6	8.404,20	1.060,29	**54.075,00**

6 – Um empréstimo no montante de 40.000 € encontra-se a ser amortizado através de 24 prestações trimestrais constantes de capital e juros. A taxa inicialmente acordada foi de 5% anual nominal, sendo que, imediatamente após o pagamento da 14ª prestação, passou a ser de 6,555% anual efetiva.

a) Determine o montante das trimestralidades após a modificação da taxa, sabendo que o mutuário não pretende modificar o número de prestações a pagar.

b) Calcule o montante do pagamento adicional necessário à integral liquidação do empréstimo, a ocorrer um mês após o pagamento da última prestação, na eventualidade de o mutuário pretender manter tanto o número como o montante das prestações.

Resolução:

a) À taxa anual nominal de 5% inicialmente acordada corresponde a taxa trimestral de 1,25%, obtida através de uma *relação de proporcionalidade*, ou seja,

$$i_{\text{trim}} = \frac{5\%}{4} = 1{,}25\%$$

Vamos, primeiramente, calcular o montante das 24 prestações trimestrais inicialmente previstas, pelo que

$$C_0 = \bar{C} \times \frac{1-(1+i)^{-n}}{i}$$

$$40.000\ € = \bar{C} \times \frac{1-(1+1{,}25\%)^{-24}}{1{,}25\%}$$

$$\bar{C} = 1.939{,}47\ €$$

De seguida, apuramos o capital em dívida após o pagamento da 14ª prestação, isto é, quando se encontram por efetuar 10 reembolsos (p = 14 e m = 10). Aplicando [6.11], vem

$$D_{14} = 1.939{,}47\ € \times \frac{1-(1+1{,}25\%)^{-10}}{1{,}25\%}$$

$$D_{14} = 18.125{,}37\ €$$

Este capital vai agora ser liquidado através de 10 prestações trimestrais que incluem juros calculados à taxa efetiva anual de 6,555%. Necessitamos, pois, antes de determinarmos o valor da prestação, de conhecer a taxa efetiva trimestral.

$$(1+i_{anual}) = (1+i_{trim})^4$$

$$i_{trim} = (1+i_{anual})^{\frac{1}{4}} - 1$$

$$i_{trim} = (1+6{,}555\%)^{\frac{1}{4}} - 1$$

$$i_{trim} = 1{,}6\%$$

Calculando, então, o valor das novas prestações, vem que

$$18.125{,}37\ € = \bar{C} \times \frac{1-(1+1{,}6\%)^{-10}}{1{,}6\%}$$

$$\bar{C} = 1.975{,}84\ €$$

As novas prestações são ligeiramente mais elevadas que as anteriores, o que facilmente se compreende devido ao acréscimo da taxa de juro.

b) Já temos calculado o montante do capital em dívida após o pagamento da 14ª prestação (D_{14} = 18.125,37 €). Este montante vai agora ser liquidado através de 10 prestações trimestrais de 1.939,47 €, acrescidas de um certo montante X, que determinamos do seguinte modo:

$$18.125,37\ € = 1.939,47\ € \times \frac{1-(1+1,6\%)^{-10}}{1,6\%} + X\,(1+1,6\%)^{-\left(10+\frac{1}{3}\right)}$$

Resolvendo em ordem a X, vem

$$18.125,37\ € = 17.791,76\ € + 0,84872\ X$$
$$X = 393,07\ €$$

Esta é a quantia a entregar um mês após o pagamento da última prestação trimestral, que é consequência do acréscimo da taxa de juro.

7 – Uma empresa obteve um financiamento junto de uma instituição de crédito no montante de 1.000.000 €, tendo sido acordadas as seguintes condições para a sua liquidação:

- Prazo total do empréstimo: 3 anos;
- Período de carência de capital: 1 semestre;
- Reembolso em prestações semestrais constantes de capital;
- Juros semestrais e postecipados;
- Taxa de juro anual efetiva de 10,25%.

Contudo, sucedeu que a instituição de crédito, após o pagamento da 2ª prestação, propôs a renegociação da dívida, nos termos que de seguida se descrevem e que foram aceites pela empresa:

- Liquidação do capital através de 5 prestações semestrais constantes de capital e juros;
- Nova taxa anual efetiva de 12,36%.

Elabore o quadro de amortização do empréstimo.

Resolução:

Como o prazo total do empréstimo inicialmente previsto era de 3 anos e houve um período de carência de capital de um semestre, dever-se-iam ter observado 5 amortizações constantes de capital no montante de 200.000 € cada, uma vez que

$$\bar{M} = \frac{C_0}{n} = \frac{1.000.000\ €}{5} = 200.000\ €$$

Ora acontece que destas prestações ocorreram apenas duas, uma vez que após o 2º pagamento a empresa mutuária solicitou a renegociação do plano de amortização. O capital em dívida é, então, de:

$$\text{Cap. div.} = C_0 - k \times \bar{M}$$

representando k o número de amortizações já efetuadas. Logo, obtém-se

$$\text{Cap. div.} = 1.000.000\ € - 2 \times 200.000\ € = 600.000\ €$$

Assim sendo, esta importância representa o valor atual de uma renda de amortização, cujo termo vai corresponder à nova prestação semestral constante de capital e juros.

Inicialmente, até à renegociação da dívida, foi praticada uma taxa efetiva anual de 10,25%. Como as prestações são pagas ao semestre, temos que obter a taxa semestral correspondente.

$$(1 + i_{ef.\ semestral})^2 = (1 + 10{,}25\%)$$
$$i_{ef.\ semestral} = (1 + 10{,}25\%)^{\frac{1}{2}} - 1$$
$$i_{ef.\ semestral} = 5\%$$

No entanto, uma vez que a taxa se alterou, após a renegociação da dívida passaremos a ter

$$(1 + i_{ef.\ semestral})^2 = (1 + 12{,}36\%)$$

$$i_{\text{ef. semestral}} = (1 + 12{,}36\%)^{\frac{1}{2}} - 1$$

$$i_{\text{ef. semestral}} = 6\%$$

Substituindo na fórmula encontrada em [6.7], obtém-se

$$600.000€ = \bar{C} \times \frac{1-(1+6\%)^{-5}}{6\%}$$

$$600.000\ € = \bar{C} \times 4{,}2123638$$
$$\bar{C} = 142.437{,}84\ €$$

que é o valor da nova prestação.

Podemos, seguidamente, proceder ao preenchimento do quadro de amortização. Nele se inclui uma coluna relativa à taxa de juro, atendendo a que esta se alterou ao longo do empréstimo.

(em €)

TEMPO	Capital em dívida	Taxa de juro	Juros	Amortização	Prestação
1	1.000.000	5%	50.000	0	50.000
2	1.000.000	5%	50.000	200.000	250.000
3	800.000	5%	40.000	200.000	240.000
4	600.000	6%	36.000	106.437,84	142.437,84
5	493.562,16	6%	29.613,73	112.824,11	142.437,84
6	380.738,05	6%	22.844,28	119.593,56	142.437,84
7	261.144,49	6%	15.668,67	126.769,17	142.437,84
8	134.375,32	6%	8.062,52	134.375,32	142.437,84

Para além disso, reiteramos que, enquanto o empréstimo foi amortizado através de quotas constantes de capital, o valor da prestação resultou da adição de J_k e de $\bar{M}$. Já quando passou a ser amortizado através de quotas crescentes de capital, essa quota obteve-se subtraindo os juros periódicos ao valor da prestação. O presente quadro contempla, assim, os dois sistemas de amortização estudados.

8 – Um certo empréstimo está a ser amortizado através de prestações mensais constantes de capital e juros, à taxa anual nominal de 7,2%. Sabendo que a vigésima quota de capital é de 389,21 € e que a razão entre a primeira e a última é de 1,423242, determine:

a) o número de prestações;
b) o montante da prestação mensal;
c) o montante do capital inicial;
d) os valores que compõem a 40ª linha do quadro de amortização.

Resolução:

a) Sendo $M_{20} = 389{,}21$ € e conhecendo o valor da taxa de juro, podemos determinar M_1, recorrendo à expressão apontada em [6.10]. Como a taxa que nos é facultada é uma taxa anual nominal e como se tratam de mensalidades, vamos determinar a taxa mensal correspondente, isto é,

$$i = \frac{7{,}2\%}{12} = 0{,}6\%$$

Sendo

$$M_k = M_1 (1 + i)^{k-1}$$

substituindo os valores respetivos, teremos

$$M_{20} = M_1 (1 + i)^{19}$$
$$389{,}21 \text{ €} = M_1 (1 + 0{,}6\%)^{19}$$
$$M_1 = \frac{389{,}21\text{€}}{1{,}1203704}$$
$$M_1 = 347{,}39 \text{ €}$$

Sabendo nós a razão existente entre a 1ª e a última quota de capital, podemos, com facilidade, apurar o valor de M_n, embora se desconheça ainda qual o valor de n. Assim sendo, resulta que

$$\frac{M_n}{M_1} = 1{,}423242$$ [21]

pelo que

$$M_n = 1{,}423242 \times 347{,}39\ €$$
$$M_n = 494{,}42\ €$$

Podemos obter o valor de n recorrendo, de novo, à expressão formalizada em [6.10], donde vem

$$M_n = M_1\,(1 + 0{,}6\%)^{n-1}$$

Substituindo os valores já conhecidos, o valor de n surge através da aplicação de logaritmos.

$$494{,}42\ € = 347{,}39\ €\ (1 + 0{,}6\%)^{n-1}$$

$$\frac{494{,}42€}{347{,}39€} = (1 + 0{,}6\%)^n\,(1 + 0{,}6\%)^{-1}$$

$$1{,}423242 = (1 + 0{,}6\%)^n \times 0{,}99403579$$
$$1{,}431781452 = (1 + 0{,}6\%)^n$$
$$\log 1{,}431781452 = n \log 1{,}006$$

$$n = \frac{\log 1{,}431781452}{\log 1{,}006}$$

$$n = \frac{0{,}3589194}{0{,}00598207}$$

$$n = 60$$

Significa que houve 60 prestações, ou seja, o empréstimo foi liquidado em 5 anos.

[21] Atende-se a que notámos $\frac{M_n}{M_1}$ e não $\frac{M_1}{M_n}$, uma vez que, tratando-se do sistema de amortizações crescentes, M_n é necessariamente maior que M_1.

b) Para determinarmos o valor de $\bar{C}$, como a 60ª prestação é a última, o montante do capital em dívida no início do período coincide com o montante da amortização efetuada nesse período, pelo que podemos estabelecer

$$\bar{C} = M_{60} + i \times M_{60}$$

$$\bar{C} = 494{,}42\ € + 0{,}6\% \times 494{,}42\ € = 497{,}39\ €$$

c) No que concerne a C_0, temos que

$$C_0 = \bar{C} \times \frac{1-(1+i)^{-n}}{i}$$

Atendendo aos valores para o caso presente, surge

$$C_0 = 497{,}39\ € \times \frac{1-(1+0{,}6\%)^{-60}}{0{,}6\%}$$

$$C_0 = 497{,}39\ € \times 50{,}26213$$
$$C_0 = 24.999{,}88\ €$$
$$C_0 \cong 25.000\ €$$

Acontece, ainda, que, sendo $\bar{C}$ constante, é também igual a $M_1 + J_1$; logo outra possibilidade de apurarmos o valor de C_0 é a de atendermos à composição da 1ª prestação, em vez de considerarmos a composição da última, tal como observámos anteriormente. O montante de C_0 obter-se-ia, então, do seguinte modo:

$$C_0 = (M_1 + i \times C_0) \times \frac{1-(1+i)^{-n}}{i}$$

$$C_0 = (347{,}39\ € + 0{,}6\% \times C_0) \times \frac{1-(1+0{,}6\%)^{-60}}{0{,}6\%}$$

$$C_0 = (347{,}39\ € + 0{,}6\% \times C_0) \times 50{,}26213$$

$$C_0 = 17.460{,}56\ € + 0{,}3015727\ C_0$$

$$C_0 - 0{,}3015727\ C_0 = 17.460{,}56\ €$$

$$0{,}6984272\ C_0 = 17.460{,}56\ €$$
$$C_0 = 24.999{,}83\ €$$
$$C_0 \cong 25.000\ €$$ [22]

d) Nos quadros de amortização, dispomos de elementos relativos ao ***capital em dívida no início do período***, ao ***juro***, à ***amortização*** e à ***prestação***, para cada um dos períodos de vigência do empréstimo. Assim sendo, de modo a preenchermos a 40ª linha do quadro de amortização, devemos calcular:

i) ***Capital em dívida***: o capital em dívida no início do 40º período é o capital que se encontra por amortizar após terem sido efetuados 39 reembolsos, estando, assim, por efetuar 21 desses pagamentos. Da expressão formalizada em [6.11], decorre que

$$D_{39} = 497{,}39\ € \times \frac{1-(1+0{,}6\%)^{-21}}{0{,}6\%}$$
$$D_{39} = 497{,}39\ € \times 19{,}6755279$$
$$D_{39} = 9.786{,}41\ €$$

ii) ***Juro***: atendendo a que

$$J_k = D_{k-1} \times i$$

daí resulta que

$$J_{40} = 9.786{,}41\ € \times 0{,}6\% = 58{,}72\ €$$

iii) ***Amortização***:

$$M_{40} = M_1\,(1+0{,}6\%)^{39}$$
$$M_{40} = 347{,}39\ € \times 1{,}2627613$$
$$M_{40} = 438{,}67\ €$$

---

[22] Sendo $C_0 = 25.000\ €$ e $M_1 = 347{,}39\ €$, $\overline{C} = 347{,}39\ € + 0{,}6\% \times 25.000\ € = 347{,}39\ € + 150\ € = 497{,}39\ €$, tal como seria de esperar, uma vez que $\overline{C}$ é constante.

iv) ***Prestação***: a prestação $\overline{C}$ já foi calculada anteriormente e é igual a 497,39 €.

Uma outra opção seria, dado que conhecemos M_1, a de calcular M_{40}, apurando, de seguida J_{40}, por diferença relativamente ao montante da prestação. Para além disso, o capital em dívida corresponde a $\frac{J_{40}}{i}$.

9 – Um empréstimo no montante de 100.000 € foi contratado nas seguintes condições:

– prazo global do empréstimo: 5 anos;
– carência de capital e juros: 1 ano;
– amortização constante de capital;
– juros calculados à taxa de 8,5% ao ano.

Elabore o quadro de amortização do empréstimo.

Resolução:

Antes de construirmos o quadro de amortização do empréstimo, devemos atender a algumas questões prévias.

Desde logo, havendo um período de carência de capital e juros, tal significa que o capital em dívida no início do 2º período de vigência do contrato será igual ao montante do capital inicial acrescido dos juros vencidos no 1º ano. Assim sendo,

$$\text{Capital}_{\text{em dívida}} = 100.000\text{ €} + 100.000\text{ €} \times 8{,}5\% = 108.500\text{ €}$$

Esta quantia corresponde, então, ao capital a amortizar nos 4 anos seguintes. Como é utilizado o sistema de amortizações constantes, teremos

$$\overline{M} = \frac{C_0}{n} = \frac{108.500€}{4} = 27.125€$$

O quadro de amortização obedecerá, então, à seguinte estrutura:

(em €)

TEMPO	Capital em dívida no início do período	Juro (J_k)	Amortização ($\bar{M}$)	Prestação (C_k)
1	100.000	8.500	–	–
2	108.500	9.222,50	27.125	36.347,50
3	81.375	6.916,88	27.125	34.041,88
4	54.250	4.611,25	27.125	31.736,25
5	27.125	2.305,63	27.125	29.430,63

Notámos, anteriormente, que, no sistema de amortizações constantes, surgia

$$J_{k-1} - J_k = \bar{M} \times i$$

No caso vertente, o diferencial existente entre duas quotas de juro imediatamente subsequentes (27.125 € × 8,5% = 2.305,63 €) nem sempre é exatamente igual, por via dos arredondamentos efetuados.

10 – Um empréstimo no montante de 500.000 € vai ser amortizado nos próximos 4 anos, através de prestações mensais constantes de capital e juros, à taxa anual nominal de 9%.

Preenchemos a 1ª, a 15ª e a última linhas do quadro de amortização.

Resolução:

Tratando-se de prestações mensais, temos que recorrer à taxa mensal proporcional à taxa anual nominal de 9%, logo

$$i_{mensal} = \frac{9\%}{12} = 0,75\%$$

Uma vez conhecida a taxa mensal, vamos calcular qual o valor da prestação constante, sendo que

$$C_0 = \bar{C} \times \frac{1-(1+i)^{-n}}{i}$$

Efetuando as substituições necessárias e uma vez que $n = 4 \times 12 = 48$, obtém-se

$$500.000\text{ €} = \bar{C} \times \frac{1-(1+0{,}75\%)^{-48}}{0{,}75\%}$$

donde resulta que

$$\bar{C} = 12.442{,}52\text{ €}$$

valor este que se repetirá ao longo de todo o quadro.

Necessitamos, então, de calcular, os restantes valores relativos às linhas solicitadas.

No que concerne à **1ª linha**:

- O montante de capital em dívida é o próprio montante do empréstimo, isto é, C_0;
- Por sua vez, $J_1 = i \times C_0 = 0{,}75\% \times 500.000\text{ €} = 3.750\text{ €}$;
- Sendo que $\bar{C} = M_1 + J_1$, logo $M_1 = \bar{C} - J_1 = 12.442{,}52\text{ €} - 3.750\text{ €} = 8.692{,}52\text{ €}$.

Relativamente à **15ª linha**:

- O montante do capital em dívida no início do período corresponde à quantia em dívida após ter sido efetuada a 14ª amortização, isto é, quando faltam liquidar 34 (48 – 14) prestações; então o capital em dívida no início do período é o valor atual de uma renda de amortização com 34 termos iguais ao montante da prestação, ou seja,

$$D_{14} = 12.442{,}52\text{ €} \times \frac{1-(1+0{,}75\%)^{-34}}{0{,}75\%}$$

$$D_{14} = 372.190{,}32\text{ €};$$

- Por consequência, $J_{15} = 0{,}75\% \times 372.190{,}32\text{ €} = 2.791{,}43\text{ €}$;

- Como $\bar{C} = M_{15} + J_{15}$, daí resulta que

$M_{15} = 12.442,52 € - 2.791,43 € = 9.651,09 €$[23]

Quanto à **última linha**:

– Como se trata da última prestação, o valor do capital em dívida no início do período vai coincidir com o valor da amortização;

– Deste modo, $\bar{C} = i \times M_n + M_n$, logo

$12.442,52 € = 0,75\% \times M_{48} + M_{48}$

donde decorre

$M_{48} = 12.349,90 €$;

– Assim sendo, $J_{48} = 0,75\% \times 12.349,90 € = 92,62 €$.

Uma vez encontrados os valores correspondentes às linhas solicitadas, podemos proceder ao preenchimento do quadro de amortização.

(em €)

TEMPO	Capital em dívida no início do período	Juro (J_k)	Amortização (M_k)	Prestação ($\bar{C}$)
1	500.000	3.750	8.692,52	12.442,52
:				
15	372.190,31	2.791,43	9.651,09	12.442,52
:				
48	12.349,90	92,62	12.349,90	12.442,52

[23] Desenvolvemos o processo alternativo, já apresentado no exercício n.º 8, que nos permitiria obter os elementos da 15.ª linha do quadro de amortização:

1) Sendo $M_{15} = M_1 (1 + i)^{14} \Leftrightarrow M_{15} = 8.692,52 € (1 + 0,75\%)^{14} = 9.651,09 €$;

2) Logo $J_1 = \bar{C} - M_1 = 12.442,52 € - 9.651,09 € = 2.791,43 €$;

3) Como os juros são calculados sobre o valor do capital em dívida, daí resulta que

$\text{Capital}_{\text{em dívida}} = \frac{J_k}{i} = \frac{2.791,43€}{0,75\%} = 372.190,67 €$, valor aproximadamente igual ao obtido pelo processo anterior.

11 – Um empréstimo será amortizado ao longo dos próximos 3 anos, através de amortizações semestrais constantes, de acordo com as seguintes condições: as amortizações do segundo e do terceiro anos correspondem, respetivamente, ao dobro e ao triplo das amortizações do primeiro ano. Sendo que $C_2 = 178.875$ € e $C_6 = 457.875$ €, calculamos o montante do empréstimo e a taxa nominal ao ano.

Resolução:

Em cada ano, ocorrem 2 amortizações, num total de 6. Porém, estas assumem valores diferentes, conforme anteriormente indicado. Deste modo, a figura seguinte ajudar-nos-á a resolver o problema.

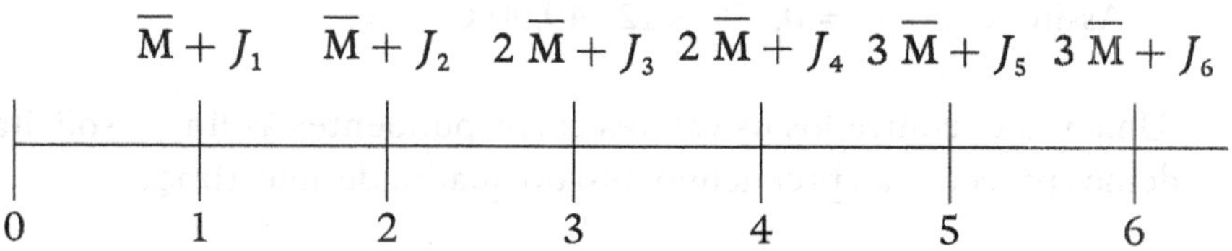

Deste modo,

$$C_0 = \left(\overline{M} + \overline{M}\right) + \left(2\,\overline{M} + 2\,\overline{M}\right) + \left(3\,\overline{M} + 3\,\overline{M}\right) \text{ ou ainda } C_0 = 12\,\overline{M}$$

Podemos, então, estabelecer que

$$\begin{cases} \overline{M} + (12\,\overline{M} - \overline{M}) \times i = 178.875\text{ €} \\ 3\,\overline{M} + (12\,\overline{M} - 9\overline{M}) \times i = 457.875\text{ €} \end{cases} \Leftrightarrow \begin{cases} \overline{M} + 11\,\overline{M}i = 178.875\text{ €} \\ 3\,\overline{M} + 3\,\overline{M}i = 457.875\text{ €} \end{cases} \Leftrightarrow$$

$$\Leftrightarrow \begin{cases} i = \dfrac{178.875\text{ €} - \overline{M}}{11\,\overline{M}} \\ 3\,\overline{M} + 3\,\overline{M} \times \left(\dfrac{178.875\text{ €} - \overline{M}}{11\,\overline{M}}\right) = 457.875\text{ €} \end{cases} \Leftrightarrow$$

$$\Leftrightarrow \begin{cases} \text{——————} \\ 3\,\overline{M} + 48.784{,}09\text{€} - 0{,}27(27)\,\overline{M} = 457.875\text{ €} \end{cases} \Leftrightarrow$$

$$\begin{cases} \text{———————} \\ 2{,}72(72)\,\overline{M} = 409.090{,}91\ € \end{cases} \Leftrightarrow \begin{cases} i = 1{,}75\% \\ \overline{M} = 150.000\ € \end{cases}$$

Se $\overline{M} = 150.000\ €$, então $C_0 = 12 \times 150.000\ € = 1.800.000\ €$.

Para além disso, 1,75% é a taxa semestral, logo a taxa anual nominal será

$$i = 2 \times 1{,}75\% = 3{,}5\%$$

12 – Certo empréstimo encontra-se a ser amortizado através de trimestralidades constantes. Sendo que $J_8 = 336{,}20$ €, $J_{13} = 212{,}01$ € e $\overline{C} = 2.770{,}77$ €, determine:

a) A taxa nominal anual, o capital mutuado e o número de prestações.
b) O capital amortizado e os juros pagos entre a 9ª e a 14ª prestações (ambas inclusive).

Resolução:

a) Principiamos por determinar a taxa efetiva trimestral já que é de trimestralidades que se trata.

$$M_8 = \overline{C} - J_8 = 2.770{,}77\ € - 336{,}20\ € = 2.434{,}57\ €$$

$$M_{13} = \overline{C} - J_{13} = 2.770{,}77\ € - 212{,}01\ € = 2.558{,}76\ €$$

Recorrendo à expressão que permite relacionar duas quotas de capital não consecutivas, vem

$$M_{13} = M_8\,(1+i)^5$$

$$2.558{,}76\ € = 2.434{,}57\ €\,(1+i)^5$$

$$1{,}051011062 = (1+i)^5$$

$$i = (1{,}051011062)^{\frac{1}{5}} - 1$$

$$i = 1\%$$

A taxa assim obtida é a taxa efetiva trimestral; logo a taxa anual nominal será igual a $i_{nom.} = 4 \times 1\% = 4\%$.

Para além disso, como ainda desconhecemos o número de prestações envolvidas, calculamos o capital mutuado por intermédio da composição da 1ª prestação e, bem assim, do 1º juro. Deste modo,

$$M_8 = M_1 \left(1 + i\right)^7$$

$$2.434{,}57\ € = M_1 \left(1 + 1\%\right)^7$$

$$M_1 = 2.270{,}77\ €$$

Consequentemente, $J_1 = \overline{C} - M_1 = 2.770{,}77\ € - 2.270{,}77\ € = 500\ €$.

Mais ainda, calculamos C_0 atendendo a que $C_0 = \frac{J_1}{i}$. Logo

$$C_0 = \frac{500\ €}{1\%} = 50.000\ €$$

Por fim, calculamos o número de prestações que liquidam o empréstimo.

$$C_0 = \overline{C} \times \frac{1 - \left(1 + i\right)^{-n}}{i}$$

$$50.000\ € = 2.770{,}77\ € \times \frac{1 - \left(1 + 1\%\right)^{-n}}{1\%}$$

$$0{,}180455252 = 1 - \left(1 + 1\%\right)^{-n}$$

$$0{,}819544747 = 1{,}01^{-n}$$

$$\log 0{,}819544747 = -n \log 1{,}01$$

$$n = 20$$

O empréstimo, no montante de 50.000 €, será amortizado através de 20 trimestralidades, sendo os juros calculados à taxa anual nominal de 4%.

b) O capital amortizado entre a 9ª prestação e a 14ª prestação corresponderá a

$$\sum_{k=9}^{14} M_k = M_9 + M_{10} + ... + M_{14}$$

Porém, em vez da morosidade subjacente ao cálculo dos vários M_k, poderemos, de forma mais simples, atender à diferença entre os capitais em dívida nos dois momentos. Logo

$$\sum_{k=9}^{14} M_k = 2.770{,}77\text{ €} \times \frac{1-(1+1\%)^{-12}}{1\%} - 2.770{,}77\text{ €} \times$$

$$\times \frac{1-(1+1\%)^{-6}}{1\%} = 15.127{,}30\text{ €}$$

Por fim, entre a 9ª e a 14ª trimestralidades, ocorrem 6 prestações, pelo que

$$\sum_{k=9}^{14} J_k = 6 \times \bar{C} - \sum_{k=9}^{14} M_k$$

$$\sum_{k=9}^{14} J_k = 6 \times 2.770{,}77\text{ €} - 15.127{,}30\text{ €}$$

$$\sum_{k=9}^{14} J_k = 1.497{,}32\text{ €}$$

13 - Um determinado empréstimo vai ser amortizado durante os próximos 5 anos através de quotas semestrais constantes de capital. Sabendo que a quota de juros pertencente à 8ª prestação é de 11.250 € e que a 5ª prestação ascende a 97.500 €, determine:

a) A taxa de juro;
b) O capital inicial;
c) O montante da 4ª prestação;
d) A taxa efetiva anual do empréstimo.

Resolução:

a) Tratando-se de amortizações constantes de capital, surge que

$$J_k = \left[C_0 - (k-1)\ \bar{M}\right] \times i$$

donde

$$J_8 = \left[C_0 - (8-1)\ \bar{M}\right] \times i$$
$$J_8 = C_0 \times i - 7\ \bar{M} \times i = 11.250\ €$$

Por sua vez,

$$C_5 = \bar{M} + J_5$$
$$C_5 = \bar{M} + \left[C_0 - (5-1)\ \bar{M}\right] \times i$$
$$C_5 = \bar{M} + C_0 \times i - 4\ \bar{M} \times i = 97.500\ €$$

Nas duas expressões encontradas referentes a J_8 e a C_5 temos três incógnitas (C_0, $\bar{M}$ e i). Sucede que no sistema de amortizações constantes de capital

$$C_0 = n \times \bar{M}$$

Sendo n = 10 (uma vez que as amortizações são efetuadas ao semestre, ao longo de 5 anos), podemos substituir C_0 por $10 \times \bar{M}$ em ambas as expressões. Logo

$$10\ \bar{M} \times i - 7\ \bar{M} \times i = 11.250\ €$$

donde se retira que

$$3\ \bar{M} \times i = 11.250\ €$$

No que concerne à segunda expressão, teremos que

$$\bar{M} + C_0 \times i - 4\ \bar{M} \times i = 97.500\ €$$
$$\bar{M} + 10\ \bar{M} \times i - 4\ \bar{M} \times i = 97.500\ €$$
$$\bar{M} + 6\ \bar{M} \times i = 97.500\ €$$
$$\bar{M}\ (1 + 6 \times i) = 97.500\ €$$

$$\bar{M} = \frac{97.500 \text{ €}}{1 + 6 \times i}$$

Substituindo na primeira expressão encontrada, vem

$$3 \times \frac{97.500 \text{ €}}{1 + 6 \times i} \times i = 11.250 \text{ €}$$

Resolvendo em ordem a *i*, surge

$$292.500 \text{ €} \times i = 11.250 \text{ €} \ (1 + 6\ i)$$
$$292.500 \text{ €} \times i - 67.500 \text{ €} \times i = 11.250 \text{ €}$$

$$i = \frac{11.250 \text{ €}}{225.000 \text{ €}}$$

$$i = 0{,}05 = 5\%$$

A taxa de juro ao semestre será de 5%.

b) Como referimos na alínea anterior, $C_0 = n \times \bar{M}$. Concluímos, também, que

$$\bar{M} = \frac{97.500 \text{ €}}{1 + 6 \times i}$$

Substituindo por $i = 5\%$, obtém-se

$$\bar{M} = \frac{97.500 \text{ €}}{1 + 6 \times 5\%}$$

$$\bar{M} = \frac{97.500 \text{ €}}{1{,}3}$$

$$\bar{M} = 75.000 \text{ €}$$

Sendo n = 10, teremos então que

$$C_0 = n \times \bar{M} = 10 \times 75.000 \text{ €} = 750.000 \text{ €}$$

c) A quantia correspondente à 4ª prestação será obtida através da fórmula

$$C_k = \bar{M} + \left[C_0 - (k-1)\ \bar{M}\right] \times i$$

logo, no caso vertente,

$$C_4 = \bar{M} + [C_0 - (4-1)\,\bar{M}] \times i$$

Substituindo pelos valores respetivos, resulta que

$$C_4 = 75.000\text{ €} + [750.000\text{ €} - (4-1)\,75.000\text{ €}] \times 5\%$$
$$C_4 = 75.000\text{ €} + (750.000\text{ €} - 225.000\text{ €}) \times 5\%$$
$$C_4 = 75.000\text{ €} + 26.250\text{ €}$$
$$C_4 = 101.250\text{ €}$$

Esta será a quantia a entregar na 4ª prestação.

d) Como a taxa semestral é de 5%, resulta que

$$(1 + i_{sem})^2 = (1 + i_{anual})$$
$$i_{anual} = (1 + i_{sem})^2 - 1$$
$$i_{anual} = (1 + 5\%)^2 - 1$$
$$i_{anual} = 10{,}25\%$$

A taxa efetiva anual do empréstimo é, assim, de 10,25%.

14 – O mutuante de um determinado empréstimo confere a possibilidade de o mesmo ser amortizado através de prestações constantes de capital e juros ou por intermédio de amortizações constantes de capital. Sabendo que a diferença entre a 1ª prestação em cada uma das possibilidades apontadas é de 4.296,49 €, na eventualidade de o mesmo empréstimo ser liquidado através de 10 semestralidades que incluem juros calculados à taxa efetiva anual de 5,0625%, determine:

a) O montante do empréstimo;
b) O quadro do serviço da dívida, em ambas as possibilidades.

Resolução:

a) O montante da 1ª prestação a pagar, caso seja adotado o sistema de prestações constantes de capital e juros, será dado por

$$C_0 = C_1 \times \frac{1-(1+i_{sem})^{-10}}{i_{sem}}$$

Como as prestações são constantes, podemos substituir C_1 por $\bar{C}$ e resolver em ordem a $\bar{C}$, donde resulta

$$\bar{C} = \frac{C_0}{\frac{1-(1+i_{sem})^{-10}}{i_{sem}}}$$

Para além disso, dado que o empréstimo vai ser liquidado através de semestralidades, necessitamos de calcular a taxa semestral equivalente à taxa efetiva anual de 5,0625%. Recorrendo a uma *relação de equivalência*, obtém-se

$$(1+i_{sem})^2 = (1+i_{anual})$$
$$(1+i_{sem})^2 = (1+5{,}0625\%)$$
$$i_{sem} = (1+5{,}0625\%)^{\frac{1}{2}} - 1$$
$$i_{sem} = 2{,}5\%$$

Então, a 1ª prestação a pagar, de acordo com a primeira modalidade de amortização, será dada por

$$\bar{C} = \frac{C_0}{\frac{1-(1+2{,}5\%)^{-10}}{2{,}5\%}}$$

Na segunda modalidade de amortização, através de amortizações constantes de capital, a quantia a entregar na 1ª prestação será dada por

$$C_1 = \bar{M} + J_1 = \frac{C_0}{n} + C_0 \times i_{sem} = \frac{C_0}{10} + C_0 \times 2{,}5\%$$

Como estamos a comparar a 1ª prestação em ambas as hipóteses de amortização, surge que $C_1 > \bar{C}$, donde

$$C_1 - \bar{C} = 4.296{,}49 \text{ €}$$

Substituindo por cada uma das expressões obtidas, vem

$$\frac{C_0}{10} + C_0 \times 2{,}5\% - \frac{C_0}{\frac{1-(1+2{,}5\%)^{-10}}{2{,}5\%}} = 4.296{,}49 \text{ €}$$

$$0{,}1\ C_0 + 0{,}025\ C_0 - 0{,}114258763\ C_0 = 4.296{,}49 \text{ €}$$

$$0{,}010741236\ C_0 = 4.296{,}49 \text{ €}$$

$$C_0 \cong 400.000 \text{ €}$$

b) Na 1ª possibilidade de amortização, isto é, recorrendo a prestações constantes de capital e juros, surge agora que

$$\bar{C} = \frac{400.000\text{€}}{\frac{1-(1+2{,}5\%)^{-10}}{2{,}5\%}}$$

$$\bar{C} = 45.703{,}51 \text{ €}$$

Uma vez obtido o montante da prestação, podemos proceder ao preenchimento do quadro de amortização.

(em €)

TEMPO	Capital em dívida no início do período	Juro (J_k)	Amortização (M_k)	Prestação ($\bar{C}$)
1	400.000	10.000	35.703,51	45.703,51
2	364.296,49	9.107,41	36.596,10	45.703,51
3	327.700,39	8.192,51	37.511	45.703,51
4	290.189,39	7.254,73	38.448,78	45.703,51
5	251.740,61	6.293,52	39.409,99	45.703,51
6	212.330,62	5.308,27	40.395,24	45.703,51
7	171.935,38	4.298,38	41.405,13	45.703,51
8	130.530,25	3.263,26	42.440,25	45.703,51
9	88.090	2.202,25	43.501,26	45.703,51
10	44.588,74	1.114,72	44.588,74 (*)	45.703,51

(*) – valor ajustado, uma vez que a quantia obtida era de 44.558,79 €.

Na segunda possibilidade, surge que

$$\bar{M} = \frac{C_0}{n} = \frac{400.000€}{10} = 40.000€$$

que é agora o parâmetro constante.

O quadro de amortização, nesta segunda hipótese de amortizações constantes de capital, será o seguinte:

(em €)

TEMPO	Capital em dívida no início do período	Juro (J_k)	Amortização ($\bar{M}$)	Prestação (C_k)
1	400.000	10.000	40.000	50.000
2	360.000	9.000	40.000	49.000
3	320.000	8.000	40.000	48.000
4	280.000	7.000	40.000	47.000
5	240.000	6.000	40.000	46.000
6	200.000	5.000	40.000	45.000
7	160.000	4.000	40.000	44.000
8	120.000	3.000	40.000	43.000
9	80.000	2.000	40.000	42.000
10	40.000	1.000	40.000	41.000

15 – Relativamente a um dado empréstimo, reembolsável através de 16 prestações semestrais constantes, sabe-se que:

$M_1 + M_2 = 17.330,66$ €
$M_2 + M_3 = 18.197,19$ €

Determine:

a) A taxa efetiva anual;
b) A 1ª amortização;
c) A última amortização;
d) O montante da prestação;
e) O capital mutuado.

Resolução:

a) Atendendo à expressão formalizada em [6.8], podemos estabelecer que

$$M_1 + M_2 = 17.330{,}66\ € \Leftrightarrow M_1 + M_1\,(1+i) = 17.330{,}66\ €$$

e ainda que

$$M_1\left[1+(1+i)\right] = 17.330{,}66\ € \Leftrightarrow M_1 = \frac{17.330{,}66€}{2+i}$$

Atendendo, agora, a [6.10], a segunda expressão pode escrever-se

$$M_1\,(1+i) + M_1\,(1+i)^2 = 18.197{,}19\ €$$

Substituindo nesta última a expressão referente a M_1 anteriormente estabelecida[24], resulta

$$\frac{17.330{,}66\,(1+i)}{2+i} + \frac{17.330{,}66\,(1+i)^2}{2+i} = 18.197{,}19€$$

Colocando, de novo, $(1+i)$ em evidência, vem

$$\frac{17.330{,}66\,(1+i)\left[1+(1+i)\right]}{2+i} = 18.197{,}19€$$

$$\frac{17.330{,}66\,(1+i)\,(2+i)}{2+i} = 18.197{,}19€$$

$$17.330{,}66\ €\,(1+i) = 18.197{,}19\ €$$

$$1+i = 1{,}05$$

$$i = 5\%$$

Esta é uma taxa efetiva ao semestre, considerando que é semestral o período da renda. Logo, a taxa efetiva anual obtém-se muito facilmente através de uma *relação de equivalência*.

---

[24] De modo simples, poder-se-ia considerar que $M_2 + M_3 = 18.197{,}19\ € \Leftrightarrow M_1\,(1+i) + M_1\,(1+i)^2 = 18.197{,}19\ € \Leftrightarrow (1+i)\,[M_1 + M_1\,(1+i)] = 18.197{,}19\ €$ e substituir a expressão dentro do parêntesis recto pelo valor respectivo.

$$(1 + i_{ef.anual}) = (1 + i_{ef.\ semestral})^2$$
$$i_{ef\ anual} = (1 + i_{ef.\ semestral})^2 - 1$$
$$i_{ef\ anual} = (1 + 5\%)^2 - 1$$
$$i_{ef\ anual} = 10{,}25\%$$

b) Uma vez encontrada a taxa de juro $i = 5\%$, para conhecermos o montante da 1ª prestação, vamos substituir na expressão que definimos na alínea anterior referente a M_1. Assim sendo

$$M_1 = \frac{17.330{,}66\ €}{2 + 0{,}05}$$
$$M_1 = 8.453{,}98\ €$$

c) Mais uma vez, o montante da última prestação, neste caso da 16ª, será obtido através de [6.10], pelo que

$$M_{16} = M_1\ (1 + i)^{15}$$
$$M_{16} = 8.453{,}98\ €\ (1 + 5\%)^{15}$$
$$M_{16} = 17.575{,}22\ €$$

d) Como é sabido, o juro contido na última prestação de um empréstimo amortizado através de prestações constantes incide sobre a quota de capital dessa prestação, uma vez que é esse o capital em dívida no início do último período. Logo, no caso presente, temos

$$J_{16} = i \times M_{16}$$

Consequentemente,

$$\bar{C} = J_{16} + M_{16} = i \times M_{16} + M_{16} = 0{,}05 \times 17.575{,}22\ € + 17.575{,}22\ € = 18.453{,}98\ €$$

e) Por último, o capital mutuado pode ser obtido por substituição dos valores respetivos na expressão formalizada em [6.7].

$$C_0 = \bar{C} \times \frac{1 - (1 + i)^{-n}}{i}$$

$$C_0 = 18.453{,}98\ € \times \frac{1 - (1 + 5\%)^{-16}}{5\%}$$

$$C_0 = 200.000\ €$$

16 – Um empréstimo no montante de 15.000 € será liquidado através de prestações mensais constantes de capital e juros, durante os próximos 4 anos, à taxa nominal de 9% ao ano. Determine:

a) o montante dos juros incluídos nas 18ª e 39ª prestações;
b) o montante total de juros a pagar no decurso do empréstimo.

Resolução:

a) Os juros incluídos na 18ª prestação são calculados sobre o montante do capital em dívida após o pagamento da 17ª. Começamos por calcular o montante das prestações mensais, para, de seguida, determinarmos o montante do capital em dívida após a ocorrência da 17ª prestação. Ao longo dos 4 anos de vigência do empréstimo, vão ser pagas 48 prestações, ao mesmo tempo que a taxa mensal praticada será de 0,75% (proporcional à taxa anual de 9%). Assim sendo, surge

$$15.000\ € = \bar{C} \times \frac{1-(1+0{,}75\%)^{-48}}{0{,}75\%}$$

$$15.000\ € = \bar{C} \times 40{,}184781885$$

$$\bar{C} = 373{,}28\ €$$

Recorrendo a [6.11], determinamos, de seguida, o montante do capital em dívida após o pagamento da 17ª prestação, ou seja,

$$D_{17} = 373{,}28\ € \times \frac{1-(1+0{,}75\%)^{-31}}{0{,}75\%}$$

$$D_{17} = 10.290{,}70\ €$$

Quanto aos juros, vem que

$$J_{18} = i \times D_{17}$$

$$J_{18} = 0{,}75\% \times 10.290{,}70\ €$$

$$J_{18} = 77{,}18\ €$$

Seguimos o mesmo raciocínio para o caso da 39ª prestação, isto é,

$$D_{38} = 373{,}28 \text{ €} \times \frac{1-(1+0{,}75\%)^{-10}}{0{,}75\%}$$

$$D_{38} = 3.583{,}33 \text{ €}$$

e também

$$J_{39} = i \times D_{38}$$
$$J_{39} = 0{,}75\% \times 3.583{,}33 \text{ €}$$
$$J_{39} = 26{,}87 \text{ €}$$

Em ***alternativa***, poder-se-ia determinar M_{18} e M_{39}, surgindo J_{18} e J_{39} por diferença relativamente a $\overline{C}$.

b) Tal como estabelecemos por intermédio de [6.38], o montante pago a título de juros corresponde à diferença entre a quantia efetivamente entregue e o capital amortizado, logo resulta que

$$\sum_{k=1}^{n} J_k = n \times \overline{C} - C_0$$

$$\sum_{k=1}^{48} J_k = 48 \times 373{,}28 \text{ €} - 15.000 \text{ €}$$

$$\sum_{k=1}^{48} J_k = 17.917{,}44 \text{ €} - 15.000 \text{ €}$$

$$\sum_{k=1}^{48} J_k = 2.917{,}44 \text{ €}$$

Foram pagos, a título de juros, 2.917,44 €.

17 – Um empréstimo no montante de 200.000 €, contraído em 01/01/n, será liquidado através de 6 prestações trimestrais constantes de capital e juros. Sabendo que o pagamento da 1ª prestação ocorreu em 01/10 do mesmo ano e que a taxa de juro anual nominal praticada na operação foi de 7%:

a) Elabore o quadro de amortização do empréstimo, na eventualidade de os juros periódicos terem sido pagos em cada trimestre.
b) Reelabore o quadro de amortização do empréstimo, na eventualidade de ter havido carência de capital e juros até ao pagamento da 1ª prestação constante.

Resolução:

a) O juro periódico é o que resulta da aplicação da taxa trimestral ao montante de capital em dívida. Assim sendo,

$$i_{\text{trim}} = \frac{7\%}{4} = 1{,}75\%$$

$$J_k = 200.000\ € \times 1{,}75\% = 3.500\ €$$

Calculamos, de seguida, o montante das prestações trimestrais. Uma vez que os juros periódicos foram pagos, o montante do capital em dívida vai corresponder aos 200.000 € iniciais. Logo

$$200.000\ € = \bar{C} = \frac{1-(1+1{,}75\%)^{-6}}{1{,}75\%}$$

$$\bar{C} = 35.404{,}51\ €$$

(em €)

TEMPO	Capital em dívida	Juros (J_k)	Amortização (M_k)	Prestação ($\bar{C}$)
01/04/n	200.000	3.500	–	3.500
01/07/n	200.000	3.500	–	3.500
01/10/n	200.000	3.500	31.904,51	35.404,51
01/01/n + 1	168.095,49	2.941,67	32.462,84	35.404,51
01/04/n + 1	135.632,65	2.373,57	33.030,94	35.404,51
01/07/n + 1	102.601,71	1.795,53	33.608,98	35.404,51
01/10/n + 1	68.992,73	1.207,37	34.197,14	35.404,51
01/01/n + 2	34.795,59	608,92	34.795,59	35.404,51

Nota: as datas apontadas referem-se ao termo do respetivo período.

b) Se os juros periódicos não foram pagos, eles vão acrescer ao capital em dívida quando o processo de amortização tiver início. Deste modo, o capital em dívida no início do 3º período de contrato vai corresponder aos 200.000 € capitalizados por 2 períodos à taxa de 1,75%, donde resulta

$$C_n = 200.000\ € \times (1 + 1{,}75\%)^2$$
$$C_n = 207.061{,}25\ €$$

Consequentemente, surge

$$207.061{,}25\ € = \bar{C} \times \frac{1-(1+1{,}75\%)^{-6}}{1{,}75\%}$$

$$\bar{C} = 36.654{,}51\ €$$

(em €)

TEMPO	Capital em dívida	Juros (J_k)	Amortização (M_k)	Prestação ($\bar{C}$)
01/04/n	200.000	3.500	–	–
01/07/n	203.500	3.561,25	–	–
01/10/n	207.061,25	3.623,57	33.030,94	36.654,51
01/01/n + 1	174.030,31	3.045,53	33.608,98	36.654,51
01/04/n + 1	140.421,33	2.457,37	34.197,14	36.654,51
01/07/n + 1	106.224,19	1.858,92	34.795,59	36.654,51
01/10/n + 1	71.428,60	1250,00	35.404,51	36.654,51
01/01/n + 2	36.024,09	630,42	36.024,09	36.654,51

Em ***alternativa***, como o reembolso ocorre através de termos constantes, o montante dessas prestações podia ser obtido através de uma renda de termos constantes, cujo valor atual é de 200.000 € e com dois trimestres de diferimento, isto é,

$$200.000\ € = \bar{C} \times \frac{1-(1+1{,}75\%)^{-6}}{1{,}75\%} \times (1 + 1{,}75\%)^{-2}$$

$$\bar{C} = 36.654{,}51\ €$$

que conduz, necessariamente, ao resultado anterior.

18 – Do quadro de amortização de um empréstimo, que se encontra a ser reembolsado através de prestações mensais constantes, retirámos a seguinte informação[25]:

(em €)

TEMPO	Cap. em dívida	Juro (J_k)	Amortização (M_k)	Prestação ($\bar{C}$)
:				
k		39,64	92,03	
k + 1		38,72	92,95	
:				

Pretende-se que determine:

a) A taxa mensal praticada na operação;
b) A taxa anual efetiva praticada na operação;
c) O capital em dívida após o pagamento da prestação de ordem k + 1;
d) O número de prestações que falta realizar, após o pagamento da kª.

Resolução:

a) Como se trata de prestações mensais, a taxa mensal será obtida, de modo direto, recorrendo à expressão

$$M_{k+1} = M_k\,(1 + i_{mensal})$$

$$92{,}95\text{ €} = 92{,}03\text{ €}\,(1 + i_{mensal})$$

$$i_{mensal} = \frac{92{,}95\text{€}}{92{,}03\text{€}} - 1$$

$$i_{mensal} = 1\%$$

[25] Adaptado de Zima e Brown (1996).

b) Como a taxa encontrada na alínea anterior é, em simultâneo, nominal e efetiva, vamos encontrar a taxa efetiva anual através de uma *relação de equivalência*, donde

$$(1 + i_{mensal})^{12} = (1 + i_{anual})$$

$$i_{anual} = (1 + 1\%)^{12} - 1$$

$$i_{anual} \cong 12{,}6825\%$$

c) O juro vencido no período k + 1 vai incidir sobre o capital em dívida no início desse período, ou seja, sobre o capital em dívida quando se encontram liquidadas k prestações, logo

$$J_{k+1} = i \times D_k$$

$$D_k = \frac{J_k}{i}$$

$$D_k = \frac{38{,}72\ €}{1\%}$$

$$D_k = 3.872\ €$$

Por sua vez, o capital em dívida após o pagamento da (k+1)ª prestação vai ser igual ao capital em dívida após o pagamento da prestação k deduzido da amortização efetuada em k + 1, donde resulta

$$D_{k+1} = D_k - M_{k+1}$$

$$D_{k+1} = 3.872\ € - 92{,}95\ €$$

$$D_{k+1} = 3.779{,}05\ €$$

d) Sendo que n = k + m, vamos determinar o valor de m, isto é, quantos pagamentos se encontram por efetuar após ter sido paga a kª prestação. Atenda-se a que

$$D_k = \overline{C} \times \frac{1 - (1 + i)^{-m}}{i}$$

donde vem

$$3.872 \text{ €} = (39{,}64 \text{ €} + 92{,}03 \text{ €}) \times \frac{1-(1+1\%)^{-m}}{1\%}$$ [26]

$$3.872 \text{ €} = 131{,}67 \text{ €} \times \frac{1-(1+1\%)^{-m}}{1\%}$$

$$0{,}2940685 = 1 - (1+1\%)^{-m}$$

$$0{,}7059315 = (1+1\%)^{-m}$$

$$\log 0{,}7059315 = -\,m \log 1{,}01$$

$$m = -\frac{\log 0{,}7059315}{\log 1{,}01}$$

$$m = 35$$

19 – Um empréstimo no montante de 100.000 € vai ser liquidado ao longo de 15 anos, através de prestações mensais constantes, à taxa anual nominal de 9%. A partir de que prestação é que a quota de capital se torna maior que a quota de juro?

Resolução:

Sabemos que a quota de capital pertencente a uma certa prestação k é dada por

$$M_k = M_1 (1+i)^{k-1}$$

Por sua vez, a quota de juro contida nessa mesma prestação k é dada por

$$J_k = i \times \bar{C} \times \frac{1-(1+i)^{-(n-k+1)}}{i}$$

Igualando as expressões e apurando o valor de k que satisfaz tal condição, saberemos a partir de que prestação se obtém $M_k > J_k$.

[26] Em alternativa, poder-se-ia calcular $\bar{C}$ considerando 38,72 € + 92,95 €.

Calculamos, previamente, os valores correspondentes a $\bar{C}$, M_1 e i, donde

$$i = \frac{9\%}{12} = 0{,}75\%$$

Por sua vez, temos que

$$100.000\ € = \bar{C} \times \frac{1-(1+i)^{-(n-k+1)}}{i}$$

$$\bar{C} = 1.014{,}27\ €$$

Temos, ainda, que

$$\bar{C} = J_1 + M_1$$

$$M_1 = \bar{C} - i \times C_0$$

$$M_1 = 1.014{,}27\ € - 0{,}75\% \times 100.000\ €$$

$$M_1 = 264{,}27\ €$$

Voltando à formalização inicial, surge

$$M_1\ (1+i)^{k-1} = i \times \bar{C} \times \frac{1-(1+i)^{-(n-k+1)}}{i}$$

$$264{,}27\ €\ (1+0{,}75\%)^{k-1} = 0{,}75\% \times 1.014{,}27\ € \times \frac{1-(1+0{,}75\%)^{-(180-k+1)}}{0{,}75\%}$$

$$262{,}30\ €\ (1+0{,}75\%)^{k} = 1.014{,}27\ €\ \left[1-(1+0{,}75\%)^{k} \times (1+0{,}75\%)^{-181}\right]$$

$$0{,}258612331\ (1+0{,}75\%)^{k} = 1 - 0{,}258609859\ (1+0{,}75\%)^{k}$$

$$(1+0{,}75\%)^{k} = 1{,}933414299$$

$$k = k = \frac{\log 1{,}93340529}{\log 1{,}0075}$$

$$k = 88{,}2342$$

Significa que a partir da 89ª prestação, $M_k > J_k$.

20 – Um empréstimo no montante de 45.000 € foi amortizado através de prestações mensais constantes de capital e juros, durante 5 anos. A taxa inicialmente acordada foi de 6% anual nominal; no entanto, devido a condições relacionadas com a conjuntura económica, essa taxa alterou-se para 5,4% e, de novo, para 5,04%, respetivamente após o pagamento da 17ª e da 41ª prestações.

Preencha a 1ª, a 18ª, a 42ª e a última linhas do quadro de amortização.

Resolução:

Começamos por calcular a primeira taxa mensal, sendo que

$$i_{\text{mensal}} = \frac{6\%}{12} = 0{,}5\%$$

De seguida, determinamos o montante das prestações inicialmente previsto. Atendendo, de novo, a [6.7], surge

$$45.000\,€ = \bar{C} \times \frac{1-(1+0{,}5\%)^{-60}}{0{,}5\%}$$

$$\bar{C} = 869{,}98\,€$$

Como a taxa de juro praticada se alterou após o pagamento da 17ª prestação, determina-se o capital que se encontra ainda em dívida nesse momento, ou seja, quando se encontram por liquidar 43 prestações. Aplicando [6.11], calcula-se

$$D_{17} = 869{,}98\,€ \times \frac{1-(1+0{,}5\%)^{-43}}{0{,}5\%}$$

$$D_{17} = 33.585{,}82\,€$$

Este montante vai agora ser liquidado através de 43 prestações mensais constantes que incluem juros à taxa anual de 5,4% e cujo montante vamos calcular.

$$i_{\text{mensal}} = \frac{5{,}4\%}{12} = 0{,}45\%$$

$$33.585{,}82\,€ = \bar{C} \times \frac{1-(1+0{,}45\%)^{-43}}{0{,}45\%}$$

$$\bar{C} = 860{,}82\,€$$

Após o pagamento da 41ª prestação, a taxa foi de novo alterada, pelo que vamos calcular o capital em dívida nesse momento (atenda-se a que se encontram por liquidar 19 prestações).

$$D_{41} = 860{,}82\ € \times \frac{1-(1+0{,}45\%)^{-19}}{0{,}45\%}$$

$$D_{41} = 15.642{,}20\ €$$

A nova taxa em vigor é de 5,04% anual nominal, donde resulta

$$i_{\text{mensal}} = \frac{5{,}04\%}{12} = 0{,}42\%$$

e também

$$15.642{,}20\ € = \overline{C} \times \frac{1-(1+0{,}42\%)^{-19}}{0{,}42\%}$$

$$\overline{C} = 858{,}29\ €$$

que é o montante das últimas 19 prestações.

No que diz respeito aos valores inscritos nas linhas do quadro de amortização, vem:

– **1ª linha**:

Capital em dívida = C_0 = 45.000 €

$J_1 = i \times C_0 = 0{,}5\% \times 45.000\ € = 225\ €$

$M_1 = \overline{C} - J_1 = 869{,}98\ € - 225\ € = 644{,}98\ €$

$\overline{C} = 869{,}98\ €$

– **18ª linha**:

Capital em dívida = D_{17} = 33.585,82 €

$J_{18} = i \times D_{17} = 0{,}45\% \times 33.585{,}82\ € = 151{,}14\ €$

$M_{18} = \overline{C} - J_{18} = 860{,}82\ € - 151{,}14\ € = 709{,}68\ €$

$\overline{C} = 860{,}82\ €$

– **42ª linha:**

Capital em dívida $= D_{41} = 15.642{,}20$ €

$J_{42} = i \times D_{41} = 0{,}42\% \times 15.642{,}20 \text{ €} = 65{,}70 \text{ €}$

$M_{42} = \bar{C} - J_{42} = 858{,}29 \text{ €} - 65{,}70 \text{ €} = 792{,}59 \text{ €}$

$\bar{C} = 858{,}29 \text{ €}$

– **60ª linha:**

Capital em dívida $= M_{60} = 854{,}70$ €

$J_{60} = i \times M_{60} = 0{,}42\% \times 854{,}70 \text{ €} = 3{,}59 \text{ €}$ [27]

$M_{60} = M_{42}\,(1 + 0{,}42\%)^{18} = 854{,}70 \text{ €}$

$\bar{C} = 858{,}29 \text{ €}$

Inscrevendo os valores obtidos no quadro de amortização, resulta:

(em €)

TEMPO	Cap. Dívida	Juros (J_k)	Amortização (M_k)	Prestação ($\bar{C}$)
1	45.000	225	644,98	869,98
:				
18	33.585,82	151,14	709,68	860,82
:				
42	15.642,20	65,70	792,59	858,29
:				
60	854,70	3,59	854,70	858,29

21 – O Sr. Carvalho é o mutuário de um empréstimo no montante de 60.000 €, que se encontra a liquidar, durante o prazo de 5 anos, através de

[27] Podemos recorrer a este expediente de cálculo por se tratar da última prestação. Por outro lado, utiliza-se $M_{k+m} = M_k (1 + i)^m$ porque a 60.ª prestação é igual à 42ª, bem como a taxa à qual são calculados os juros, o que não sucedia nas restantes linhas do quadro de amortização cujo preenchimento é solicitado.

prestações mensais constantes, que incluem juros calculados à taxa efetiva mensal de 0,75%. Na mesma data, o Sr. Pereira contraiu um empréstimo no mesmo montante, pelo mesmo prazo, que se encontra a liquidar através de amortizações mensais constantes de capital, sendo que é também mensal o pagamento dos juros, à mesma taxa de 0,75%.

A partir de que momento é que o Sr. Pereira passa a pagar uma prestação menor que o Sr. Carvalho?

Resolução:

Um dos mutuários amortiza o seu empréstimo através do sistema de prestações constantes, enquanto o outro amortiza através do sistema de amortizações constantes.

Assim sendo, a prestação ***constante*** a pagar pelo Sr. Carvalho obtém-se do seguinte modo:

$$60.000\ € = \bar{C} \times \frac{1-(1+0{,}75\%)^{-60}}{0{,}75\%}$$

$$\bar{C} = 1.245{,}50\ €$$

Por sua vez, as prestações a pagar pelo Sr. Pereira vão ser ***decrescentes*** e o termo geral dessa prestação pode ser dado por

$$C_k = \bar{M} + J_k$$

em que

$$C_k = \bar{M} + \left[C_0 - (k-1)\ \bar{M}\right] \times i$$

De acordo com os dados, no caso presente, vem

$$C_k = \frac{60.000€}{60} + \left[60.000€ - (k-1) \times \frac{60.000€}{60}\right] \times 0{,}75\%$$

$$C_k = 1.000\ € + 450\ € - (k-1) \times 7{,}50\ €$$

$$C_k = 1.457{,}50\ € - 7{,}5\ k$$

Para sabermos a partir de quando C_k se torna menor que $\bar{C}$, vamos determinar o k que satisfaz a condição

$$\bar{C} = C_k$$
$$1.245{,}5\ € = 1.457{,}50\ € - 7{,}5\ k$$
$$7{,}5\ k = 212$$
$$k = 28{,}2(6)$$

Significa que a partir da 29ª prestação, nas condições do presente empréstimo, as prestações no sistema de amortizações constantes tornam-se menores que no sistema de amortizações crescentes.

22 – Um certo empréstimo pode ser amortizado através do sistema francês ou através do sistema alemão, durante os próximos 2 anos, com prestações trimestrais calculadas à taxa anual nominal de 8%. Sabendo que o valor da prestação no caso do sistema francês excede em 134,01 € a prestação a pagar no caso do sistema alemão de reembolso, determine o montante do empréstimo, bem como o montante das prestações a pagar em ambos os casos.

Resolução:

A taxa em presença é uma taxa anual nominal; tratando-se de trimestralidades, necessitamos de utilizar a taxa efetiva trimestral, que se obtém recorrendo à seguinte relação de proporcionalidade:

$$i_{sem} = \frac{8\%}{4} = 2\%$$

Atendendo às expressões formalizadas em [6.7] e [6.22], e designando por C_f o montante da prestação a pagar no sistema francês e por C_a o montante da prestação a pagar no sistema alemão, diremos que

$$C_0 = C_f \times \frac{1-(1+i)^{-n}}{i}$$

e também

$$C_0 = C_a \times \frac{1-(1-d)^{n}}{d}$$

Necessitamos de conhecer *d*, que se obtém através de $d = \dfrac{i}{1+i} = \dfrac{2\%}{1+2\%} = 1{,}96\%$, que é, assim, a taxa trimestral equivalente a *i*.

Como se trata do mesmo montante de capital mutuado para ambas as possibilidades de amortização vem que

$$C_f \times \frac{1-(1+i)^{-n}}{i} = C_a \times \frac{1-(1-d)^n}{d}$$

Substituindo pelos valores correspondentes, vem

$$C_f \times \frac{1-(1+2\%)^{-8}}{2\%} = (C_f - 134{,}01\ €) \times \frac{1-(1-1{,}96\%)^8}{1{,}96\%}$$

Resolvendo em ordem a C_f, surge

$$C_f \times 7{,}32548144 = (C_f - 134{,}01\ €) \times 7{,}472194076$$
$$C_f = 6.825{,}49\ €$$

Por sua vez,

$$C_a = C_f - 134{,}01\ € = 6.825{,}49\ € - 134{,}01\ € = 6.691{,}48\ €$$

Substituindo o valor encontrado para C_f (ou, bem assim, para C_a) na expressão correspondente, vem

$$C_0 = C_f \times \frac{1-(1+i)^{-n}}{i}$$

$$C_0 = 6.825{,}49\ € \times \frac{1-(1+2\%)^{-8}}{2\%}$$

$$C_0 = 50.000\ €$$

Recorde-se que a diferença entre os montantes pagos nos dois sistemas, $8 \times 6.691{,}48\ € = 53.531{,}84\ €$, no sistema alemão, e $8 \times 6.825{,}49\ € = 54.603{,}68\ €$, no sistema francês, resulta do facto de, no primeiro caso, os juros serem pagos antecipadamente.

23 – Um empréstimo no montante de 4.000,89 € vai ser amortizado através de 48 prestações mensais que evoluem do seguinte modo: em cada ano, as prestações acrescem 10 € relativamente ao montante das prestações do ano anterior. Sabendo que a taxa praticada na operação foi de 15,6% efetiva anual e que a 1ª prestação ocorreu 3 meses após a data do contrato, determine:

a) O montante das prestações.
b) O montante correspondente à amortização de capital contido nas 7ª e 27ª prestações.
c) O montante dos juros contidos nas prestações 23ª a 27ª (ambas inclusive).

Resolução:

a) Como estamos em presença de uma taxa anual efetiva e os pagamentos ocorrem por intermédio de mensalidades, vamos calcular a taxa efetiva mensal que lhe equivale.

$$(1 + i_{ef.\ anual}) = (1 + i_{ef.\ mensal})^{12}$$

$$(1 + 15,6\%) = (1 + i_{ef.\ anual})^{12}$$

$$i_{ef.\ mensal} = (1 + 15,6\%)^{\frac{1}{12}} - 1$$

$$i_{ef.mensal} \cong 1,215\%$$

De modo a determinarmos o montante das prestações, vamos desdobrar a totalidade dos pagamentos em 4 rendas diferidas de termos constantes, cada uma delas referente a um dos anos de vigência do empréstimo – com tempos de diferimento correspondentes, respetivamente, a 2 meses, a 1 ano e 2 meses, a 2 anos e 2 meses e a 3 anos e 2 meses –, de acordo com a expressão seguinte.

$$4.000,89\ € = \bar{C} \times \frac{1 - (1 + 1,215\%)^{-12}}{1,25\%} \times (1 + 1,215\%)^{-2} +$$

$$+ (\bar{C} + 10\ €) \times \frac{1 - (1 + 1,215\%)^{-12}}{1,25\%} \times (1 + 1,215\%)^{-14} +$$

$$+ (\bar{C} + 20\ €) \times \frac{1 - (1 + 1,215\%)^{-12}}{1,25\%} \times (1 + 1,215\%)^{-26} +$$

$$+ (\bar{C} + 30\ €) \times \frac{1 - (1 + 1,215\%)^{-12}}{1,25\%} \times (1 + 1,215\%)^{-38}$$

$4.000,89\ € = \bar{C} \times 11,10367832 \times 0,9761358 +$

$+ (\bar{C} + 10\ €) \times 11,10367832 \times 0,84444562 +$

$+ (\bar{C} + 20\ €) \times 11,10367832 \times 0,730521722 +$

$+ (\bar{C} + 30\ €) \times 11,10367832 \times 0,631967262$

$4.000,89\ € = 10,83869792\bar{C} + 9,376452523\bar{C} + 93,76\ € + 8,111478207\ \bar{C} +$

$+ 162,23\ € + 7,017161186\ \bar{C} + 210,51\ €$

$35,34378984\ \bar{C} = 3.534,39\ €$

$\bar{C} = 100\ €$

As prestações do 1º ano são no montante de 100 €, as do 2º no montante de 110 €, as do 3º no montante de 120 € e, por último, as do 4º ano no montante de 130 €.

b) Atendendo a que o montante das prestações não se mantém constante, a melhor forma de determinar a quota de capital contida numa dada prestação é a de calcular o capital em dívida imediatamente antes do pagamento dessa prestação e o juro respetivo, obtendo-se por diferença a quota de capital. Assim sendo, vem

$$D_6 = 100\,€ \times \frac{1-(1+1,215\%)^{-6}}{1,25\%} + 110\,€ \times \frac{1-(1+1,215\%)^{-12}}{1,25\%} \times (1+1,215\%)^{-6}$$

$$+ 120\,€ \times \frac{1-(1+1,215\%)^{-12}}{1,25\%} \times (1+1,215\%)^{-18} + 130\,€ \times \frac{1-(1+1,215\%)^{-12}}{1,25\%} \times$$

$$\times (1+1,215\%)^{-30} \Leftrightarrow D_6 = 3.788,20\ €$$

No que concerne aos juros, obtém-se

$J_7 = 3.788,20\ € \times 0,01215 = 46,03\ €$

Como as prestações do 1º ano são iguais a 100 €, vem que

$M_7 = 100\ € - 46,03\ € = 53,97\ €$

Enquanto isso, surge

$$D_{26} = 120 \text{ €} \times \frac{1-(1+1{,}215\%)^{-10}}{1{,}25\%} + 130 \text{ €} \times \frac{1-(1+1{,}215\%)^{-12}}{1{,}25\%} \times$$

$$\times (1+1{,}215\%)^{-10}$$

$$D_{26} = 2.402{,}86 \text{ €}$$

donde resulta ainda

$$J_{27} = 0{,}01215 \times 2.402{,}86 \text{ €} = 29{,}19 \text{ €}$$

Como a 27ª prestação é de 120 €, vem que

$$M_{27} = 120 \text{ €} - 29{,}19 \text{ €} = 90{,}81 \text{ €}$$

c) Pretendemos conhecer $\sum_{k=23}^{27} J_k$, ou seja, $J_{23} + J_{24} + J_{25} + J_{26} + J_{27}$. J_{27} é já nosso conhecido, tal como M_{27}. Como J_{25} e J_{26} integram prestações com o mesmo montante – 120 € – podemos calcular ambas as quantias recorrendo a [6.31]

$$J_{k-1} - J_k = i \times \frac{M_k}{1+i}$$

donde decorre

$$J_{26} - J_{27} = i \times \frac{M_{27}}{1+i}$$

$$J_{26} - 29{,}19 \text{ €} = 0{,}01215 \times \frac{90{,}89\text{€}}{1+0{,}01215}$$

$$J_{26} = 30{,}28 \text{ €}$$

Por sua vez, $M_{26} = 90{,}89 \text{ €}\ (1 + 1{,}215\%)^{-1} = 89{,}80$ €.

Recorrendo, novamente, à expressão formalizada em [6.31]

$$J_{25} - J_{26} = i \times \frac{M_{26}}{1+i}$$

$$J_{25} - 30{,}28\ € = 0{,}01215 \times \frac{89{,}80€}{1 + 0{,}01215}$$

$$J_{25} = 31{,}36\ €$$

E no que concerne a J_{23} e J_{24}? Calculamos o capital em dívida no início do período a que se refere a 24ª prestação, sendo os juros obtidos através dos procedimentos já descritos.

$$D_{23} = 110\ € \times (1 + 1{,}215\%)^{-1} + 120\ € \times \frac{1 - (1 + 1{,}215\%)^{-12}}{1{,}25\%} \times (1 + 1{,}215\%)^{-1} +$$

$$+ 130\ € \times \frac{1 - (1 + 1{,}215\%)^{-12}}{1{,}25\%} \times (1 + 1{,}215\%)^{-13}$$

$$D_{23} = 2.658{,}87\ €$$

Tal como vimos anteriormente,

$$J_{24} = 2.658{,}87\ € \times 0{,}01215 = 32{,}31\ €$$

e ainda

$$M_{24} = 110\ € - 32{,}31\ € = 77{,}69\ €$$

Para além disso,

$$J_{23} - J_{24} = i \times \frac{M_{24}}{1 + i}$$

$$J_{23} - 32{,}31\ € = 0{,}01215 \times \frac{77{,}69€}{1 + 0{,}01215}$$

$$J_{23} = 33{,}23\ €$$

Assim sendo, vem

$$\sum_{k=23}^{27} J_k = 33{,}23\ € + 32{,}31\ € + 31{,}36\ € + 30{,}28\ € + 29{,}19\ €$$

$$\sum_{k=23}^{27} J_k = 156{,}37€$$

Um outro processo – talvez até mais simples que o anterior – seria o de considerar que o montante total de juros pagos entre a 23ª e a 27ª prestações corresponde ao diferencial existente entre o montante das prestações e o montante do capital amortizado entre os dois momentos. Com efeito, as prestações não têm um valor constante, sendo a 23ª e a 24ª de 110 € e as restantes de 120 €. Formalizamos, então, que

$$\sum_{k=23}^{27} J_k = (2 \times 110\ € + 3 \times 120\ €) - (D_{22} - D_{27})$$

Começamos por calcular o capital em dívida após o pagamento da 22ª prestação.

$$D_{22} = 110\ € \times \frac{1-(1+1{,}215\%)^{-2}}{1{,}215\%} + 120\ € \times \frac{1-(1+1{,}215\%)^{-12}}{1{,}215\%} \times$$

$$\times (1+1{,}215\%)^{-2} + 130\ € \times \frac{1-(1+1{,}215\%)^{-2}}{1{,}215\%} \times (1+1{,}215\%)^{-14}$$

$$D_{22} = 2.735{,}63\ €$$

Já $D_{27} = D_{26} - M_{27} = 2.402{,}86\ € - 90{,}81\ € = 2.312{,}05\ €$, logo

$$\sum_{k=23}^{27} J_k = 580\ € - (2.735{,}63\ € - 2.312{,}05\ €) = 156{,}42\ €$$

valor este praticamente idêntico ao que fomos conduzidos no processo anterior. O presente exercício permite, contudo,evidenciar a necessária cautela na aplicação das expressões [6.8] a [6.10] e [6.30] a [6.32] quando o montante das prestações se modifica ao longo do empréstimo.

24 – A empresa Xis, Lda contraiu um empréstimo nas seguintes condições: utilização de 25% do capital mutuado de 3 em 3 meses, sendo, naturalmente, a 1ª utilização à data do contrato. Este empréstimo será liquidado através de 4 prestações constantes de capital e juros, ocorrendo a primeira 6 meses após a disponibilização da última parcela de capital. Sabendo que a quota de capital contida na 3ª prestação é de 13.732,79 € e que a taxa efetiva anual praticada na operação é de 16,765%, elabore o quadro de amortização do empréstimo.

Resolução:

Para melhor entendimento do problema proposto, vamos recorrer ao seguinte esquema:

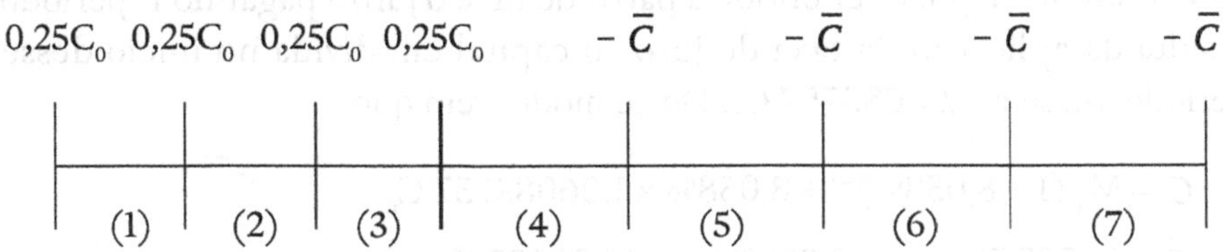

As diversas parcelas de capital vão produzir juros até ao momento em que a dívida começa a ser ressarcida, respetivamente 9, 6, 3 e 0 meses, coincidindo a última utilização de capital com o início do 1º período da renda de amortização.

A linha a grosso assinala o momento do tempo em que se processa a equivalência entre as obrigações do mutuante e as obrigações do mutuário. Como estamos em presença de prestações semestrais, necessitamos de conhecer a taxa efetiva ao semestre, pelo que

$$(1 + i_{anual}) = (1 + i_{sem})^2$$

$$(1 + 16{,}765\%) = (1 + i_{sem})^2$$

$$i_{sem} = (1 + 16{,}765\%)^{\frac{1}{2}} - 1$$

$$i_{sem} = 8{,}058\%$$

Podemos, assim, escrever que

$$0{,}25\ C_0\ (1 + 16{,}765\%)^{\frac{9}{12}} + 0{,}25\ C_0\ (1 + 16{,}765\%)^{\frac{6}{12}} +$$

$$+ 0{,}25\ C_0\ (1 + 16{,}765\%)^{\frac{3}{12}} + 0{,}25\ C_0 = \bar{C} \times \frac{1 - (1 + 8{,}058\%)^{-4}}{8{,}058\%}$$

$$0{,}280817725\ C_0 + 0{,}270144625\ C_0 + 0{,}25987522\ C_0 + 0{,}25\ C_0 =$$

$$= \bar{C} \times \frac{1 - (1 + 8{,}058\%)^{-4}}{8{,}058\%}$$

$$1{,}06083757\ C_0 = \bar{C} \times \frac{1 - (1 + 8{,}058\%)^{-4}}{8{,}058\%}$$

Como sabemos, $\bar{C}$ pode ser expresso da seguinte maneira:

$$\bar{C} = M_1 + J_1$$

O valor de M_1 pode ser obtido a partir de M_3 e o juro a pagar no 1º período resulta da aplicação da taxa de juro ao capital em dívida no início desse período, ou seja, 1,06083757 C_0. Deste modo, vem que

$$\bar{C} = M_3\,(1 + 8{,}058\%)^{-2} + 8{,}058\% \times 1{,}06083757\ C_0$$

$$\bar{C} = 13.732{,}79\ € \,(1 + 8{,}058\%)^{-2} + 0{,}08548229\ C_0$$

$$\bar{C} = 11.761{,}02\ € + 0{,}08548229\ C_0$$

Substituindo na expressão anteriormente estabelecida, surge

$$1{,}06083757\ C_0 = (11.761{,}02\ € + 0{,}08548229\ C_0) \times \frac{1 - (1 + 8{,}058\%)^{-4}}{8{,}058\%}$$

$$1{,}06083757\ C_0 = 38.903{,}75\ € + 0{,}28276305\ C_0$$

$$0{,}77807452\ C_0 = 38.903{,}75\ €$$

$$C_0 = 50.000\ €$$

Este capital será então disponibilizado através de 4 parcelas de 12.500 € cada. Uma vez conhecido C_0, podemos passar ao preenchimento do quadro que contém 7 linhas, correspondendo cada uma delas a um dos períodos assinalados no esquema inicial. Os períodos (1), (2) e (3) correspondem a 3 meses; enquanto isso, os restantes períodos referem-se a 6 meses.

(em €)

TEMPO	Cap. dívida	Juros (J_k)	Amortização (M_k)	Prestação ($\bar{C}$)
1	12.500	493,86	-	-
2	25.493,86	1.007,23	-	-
3	39.001,09	1.540,79	-	-
4	53.041,88	4.274,11	11.761,02	16.035,13
5	41.280,86	3.326,41	12.708,72	16.035,13
6	28.572,14	2.302,34	13.732,79	16.035,13
7	14.839,35	1.195,75	14.839,35 (*)	16.035,13

(*) – valor ajustado em 3 cêntimos.

Atenda-se a que:

$$J_{1^a\,\text{linha}} = 12.500\ € \times \left[(1+16{,}765\%)^{\frac{1}{4}} - 1\right] = 493{,}61\ €$$

$$J_{2^a\,\text{linha}} = 25.493{,}86\ € \times \left[(1+16{,}765\%)^{\frac{1}{4}} - 1\right] = 1.007{,}23\ €$$

$$J_{3^a\,\text{linha}} = 39.001{,}09\ € \times \left[(1+16{,}765\%)^{\frac{1}{4}} - 1\right] = 1.540{,}79\ €$$

Os juros vencidos vão, necessariamente, acrescer ao capital em dívida, tal como as parcelas de capital que vão sendo disponibilizadas.

25 – Relativamente a um certo empréstimo que se encontra a ser liquidado através de 6 amortizações constantes de capital, conhece-se que:

- a diferença entre as quotas de juro correspondentes às 2ª e 5ª prestações é de 14.400 €;
- o valor da última prestação é de 64.800 €.

Determine o valor de C_0 e da taxa de juro e construa o quadro de amortização.

Resolução:

Se atendermos à expressão formalizada em [6.35], temos que

$$J_k - J_{k+m} = m \times \bar{M} i$$

donde resulta, no caso presente, que

$$14.400\ € = 3 \times \bar{M} i \qquad (1)$$

Sabemos, também, que

$$C_6 = 64.800\ €$$

Tratando-se da última prestação, $C_6 = \bar{M} + \bar{M} i$, logo

$$\bar{M} + \bar{M} i = 64.800\ €$$

$$\bar{M}\,(1+i) = 64.800\ €$$

$$\bar{M} = \frac{64.800\ €}{1+i} \qquad (2)$$

Substituindo em (1) e resolvendo em ordem a *i*, vem

$$14.400\ € = 3 \times \frac{64.800\ €}{1+i} \times i$$

$$14.400\ €\,(1+i) = 194.400\,i$$

$$194.400\,i - 14.400\,i = 14.400\ €$$

$$i = 8\%$$

Retomando (2), obtém-se

$$\bar{M} = \frac{64.800\ €}{1+i} = 60.000\ €$$

Como $\bar{M} = \frac{C_0}{n}$, vem que

$$C_0 = n \times = 6 \times 60.000\ € = 360.000\ €$$

Uma vez conhecidos C_0 e *i*, atendendo aos procedimentos propostos ao longo do presente Capítulo, podemos preencher o quadro de amortização do empréstimo.

(em €)

TEMPO	Cap. dívida	Juros (J_k)	Amortização ($\bar{M}$)	Prestação (C_k)
1	360.000	28.800	60.000	88.800
2	300.000	24.000	60.000	84.000
3	240.000	19.200	60.000	79.200
4	180.000	14.400	60.000	74.400
5	120.000	9.600	60.000	69.600
6	60.000	4.800	60.000	64.800

26 – Certa empresa contraiu um empréstimo de determinado montante, o qual liquidará passados 5 anos, acrescido do montante de juros totais, calculados à taxa de 6,5%. De modo a facilitar o pagamento atempado da dívida, a empresa decidiu, no momento da contratação do empréstimo, optar pela constituição de um fundo de amortização, para o qual realizará entregas mensais constantes e postecipadas e cujo valor acumulado permitirá liquidar 75% do valor dessa dívida. Relativamente ao quadro do fundo de amortização são conhecidos os seguintes elementos:

Tempo	Entregas	Juros	Montante acumulado
:	:	:	:
34	1.613,62 €	109,98 €	56.712,79 €
:	:	:	:

Determine qual o montante do empréstimo.

Resolução:

O empréstimo vai ser liquidado daqui por 5 anos, acrescido do montante dos juros, donde

$$C_n = C_0\,(1 + i)^n$$

No que concerne ao fundo de amortização, sabemos que vão ser efetuadas 60 entregas mensais postecipadas, ao longo dos 5 anos, e ainda que $R(60) = 0{,}75\,C_n$.

Se atendermos aos valores inscritos no quadro, temos que $R(34) =$ $= 56.712{,}79$ €. Tratando-se de entregas postecipadas, podemos formalizar que

$$R(33) = R(34) - J_{34} - T$$

$$R(33) = 56.712{,}79 \text{ €} - 109{,}98 \text{ €} - 1.613{,}62 \text{ €}$$

$$R(33) = 54.989{,}19 \text{ €}$$

Por sua vez, os juros de um dado período k são calculados sobre o valor acumulado no período anterior, logo

$$J_{34} = i_{\text{ef. mensal}} \times R(33) \Leftrightarrow i_{\text{ef. mensal}} = \frac{109{,}98€}{54{,}989{,}19€} = 0{,}2\%$$

Como conhecemos o número de entregas, o respetivo montante e a taxa de juro, podemos calcular o valor acumulado. No entanto, como este equivale a 75% do capital em dívida, estabelecemos que

$$0{,}75\ C_0\,(1 + 6{,}5\%)^5 = 1.613{,}62\ € \times \frac{(1 + 0{,}2\%)^{60} - 1}{0{,}2\%}$$

Daqui retiramos o valor de C_0, sendo que

$1{,}027564998\ C_0 = 102.756{,}73\ €$
$C_0 = 100.000\ €$

27 – Um empréstimo vai ser amortizado nos próximos 8 anos, através do sistema de amortizações constantes, sendo que as prestações incluem juros calculados à taxa efetiva anual de 6%. Sabendo que os juros contidos na 3ª, 5ª e 7ª prestações ascendem a 72.000 € determine:

a) o montante total de juros a pagar;
b) o montante total de juros a pagar se o empréstimo fosse amortizado através do sistema de prestações constantes, considerando, para o efeito, o mesmo prazo de amortização e a mesma taxa de juro.

Resolução:

a) Sabemos que $J_3 + J_5 + J_7 = 72.000\ €$ (1) e ainda que $\bar{M} = \frac{C_0}{8}$ (2). Desenvolvendo a expressão definida em (1), podemos calcular o montante de cada amortização, uma vez que

$$(8\bar{M} - 2\bar{M}) \times 6\% + (8\bar{M} - 4\bar{M}) \times 6\% + (8\bar{M} - 6\bar{M}) \times 6\% = 72.000\ €$$

$$(6\bar{M} + 4\bar{M} + 2\bar{M}) \times 6\% = 72.000\ €$$

$$12\bar{M} \times 6\% = 72.000\ €$$

$$0{,}72\ \bar{M} = 72.000\ €$$

$$\bar{M} = 100.000\ €$$

Cada amortização é de 100.000 €, o que significa que $C_0 = 800.000$ €. Como pretendemos conhecer o total de juros pagos, temos que somar de J_1 a J_8. Sabemos, porém, que:

- No sistema de amortizações constantes de capital, em cada período, o juro decresce linearmente na razão de $i \times \bar{M}$, no caso, de 6% × × 100.000 € = 6.000 € (ou seja, em progressão aritmética);
- $J_1 = 6\% \times 800.000$ € = 48.000 €; enquanto isso, $J_8 = 6\% \times 100.000$ € = = 6.000 € (recorde-se que se trata da última amortização).

Ora se recordarmos a expressão que permite calcular a soma dos n primeiros termos de uma progressão aritmética, teremos que:

$$S_n = \frac{u_1 + u_n}{2} \times n$$

Aplicando aos dados do problema, vem que

$$S_8 = \frac{48.000€ + 6.000€}{2} \times 8 = 216.000€$$

Recorde-se que, em ***alternativa***, poder-se-ia aplicar diretamente a expressão definida em [6.39], donde

$$\sum_{k=1}^{n} J_k = \frac{(8+1)(8 \times 100.000€ \times 6\%)}{2} = 216.000€$$

b) Principiamos por determinar o montante das prestações a pagar, na eventualidade de o empréstimo ser amortizado através de prestações constantes. Vem, assim, que

$$800.000 € = T \times \frac{1-(1+6\%)^{-8}}{6\%}$$

$$T = 128.828,75 €$$

Assim, o encargo global com a amortização do empréstimo seria de

$$8 \times 128.828,75 € = 1.030.630 €$$

De acordo com a expressão formalizada em [6.38],

$$\sum_{k=1}^{8} J_k = 8 \times 128.828{,}75\ € - 800.000\ € = 230.630\ €.$$

Mais uma vez se conclui que o montante de juros pagos no sistema de prestações constantes é maior do que o montante liquidado no sistema de amortizações constantes.

FORMULÁRIO (6):

[6.1]	$J_1 = C_0 \times i$
[6.2]	$C_n = C_0 + J_k$
[6.3]	$J_0 = C_0 \left[1 - (1+i)^{-n}\right]$
[6.4]	$V_{LF} = C_0\,(1+i)^{-n}$
[6.5]	$C_n = C_0\,(1+i)^{n}$
[6.6]	$\bar{C} = J_k + M_k$
[6.7]	$C_0 = \bar{C} \times \frac{1-(1+i)^{-n}}{i}$
[6.8]	$M_k = M_{k-1}\,(1+i)$
[6.9]	$M_{k+m} = M_k\,(1+i)^{m}$
[6.10]	$M_k = M_1\,(1+i)^{k-1}$
[6.11]	$D_p = \bar{C} \times \frac{1-(1+i)^{-m}}{i}$

[6.12] $$A_p = C_0 - \bar{C} \times \frac{1-(1+i)^{-m}}{i}$$

[6.13] $$A_p = M_1 \times \frac{(1+i)^p - 1}{i}$$

[6.14] $$J_k = i \times \bar{C} \times \frac{1-(1+i)^{-(n-k+1)}}{i}$$

[6.15] $$J_1 = i \times C_0$$

[6.16] $$J_n = i \times M_n$$

[6.17] $$J_1 = C_0 \times d$$

[6.18] $$J_k = (C_0 - M_1 - M_2 - .... - M_k) \times d$$

[6.19] $$\bar{C} = (C_0 - M_1 - M_2 - .... - M_k) \times d + M_k$$

[6.20] $$\bar{C} = M_n$$

[6.21] $$\bar{C} = J_{k+1} + M_k$$

[6.22] $$C_0 = \times \frac{1-(1-d)^n}{d}$$

[6.23] $$M_1 = \frac{C_0 \times i}{(1+i)^n - 1}$$

[6.24] $$A_p = M_1 \times \frac{(1+i)^p - 1}{i}$$

[6.25] $$D_p = M_1 \times \frac{(1+i)^n - (1+i)^p}{i}$$

[6.26] $$C_k = J_k + \bar{M}$$

[6.27] $\bar{M} = \frac{C_0}{n}$

[6.28] $J_k = [C_0 - (k-1)\ \bar{M}] \times i$

[6.29] $J_k = [n - (k-1)] \times \bar{M} \times i$

[6.30] $J_{k-1} - J_k = i \times M_{k-1}$

[6.31] $J_{k-1} - J_k = i \times \frac{M_k}{1+i}$

[6.32] $J_k - J_{k+m} = M_k\ [(1+i)^m - 1]$

[6.33] $J_n = \bar{M} \times i$

[6.34] $J_{k-1} - J_k = \bar{M} \times i$

[6.35] $J_k - J_{k+m} = m \times \bar{M} \times i$

[6.36] $J_k - J_{k+1} = d \times M_k$

[6.37] $J_k - J_{k+m} = \frac{M_{k+m} - M_k}{1+i}$

[6.38] $\sum_{k=1}^{n} J_k = n \times \bar{C} - C_0$

[6.39] $\sum_{k=1}^{n} J_k = \frac{(n+1)(n \times \bar{M} \times i)}{2}$

Capítulo 7
Empréstimos Obrigacionistas

1. Conceito e características das obrigações

De acordo com Cadilhe (1995, p. 240), «as obrigações são *títulos de crédito* representativos de iguais fracções de um contrato de mútuo – empréstimo obrigacionista – que confere ao seu *emitente* o encaixe de um montante igual ao seu *preço de emissão* multiplicado pelo número de obrigações subscritas, e que confere aos seus titulares (...) o direito à percepção de um juro incidente sobre o seu *valor nominal* e à amortização, pelo *valor de reembolso*, do capital mutuado. Ou seja, confere a obrigação e o direito ao *serviço da dívida* (*juros e capital*) nos vencimentos especificados no próprio contrato e que, em geral, se estendem pelo médio ou longo prazo».

Por sua vez, recorrendo ao conceito proposto por Cruz (1999, p. 21), podemos definir uma obrigação como sendo «um título de dívida, negociável, pelo qual a entidade emitente se compromete a pagar ao seu detentor – o obrigacionista –, um certo rendimento periódico – o "juro" – e a reembolsar o "capital", nos termos estipulados à data de emissão na respetiva ficha técnica».

Por nós, diremos que as obrigações correspondem a ***frações de um empréstimo global***, em regra de grande montante. Sendo títulos de longo prazo, os fundos captados destinam-se, geralmente, ao financiamento do investimento. Em Portugal, a maturidade média dos empréstimos obrigacionistas oscila entre os 5 e os 8 anos.

Em termos históricos, os empréstimos obrigacionistas remontam ao tempo da Revolução Industrial, em que as empresas nascentes necessitavam de fundos avultados. Só a dispersão do risco por um leque alargado de investidores possibilitou a acumulação dos elevados montantes de capital então requeridos.

Porém, apesar das suas raízes históricas remotas, os empréstimos obrigacionistas podem ser vistos como um produto de *desintermediação financeira*[1], uma vez que às entidades bancárias compete colocar os títulos do empréstimo – as obrigações – junto dos seus clientes – os mutuantes –, reavendo, deste modo, os fundos cedidos à entidade emissora – o mutuário. Na verdade, uma das razões pelas quais os empréstimos obrigacionistas se distinguem dos empréstimos já estudados reside no facto de neles existir apenas um mutuário (a entidade emitente), mas vários mutuantes, a saber, todos os investidores que tenham subscrito obrigações.

A subscrição de obrigações pode ser *particular* ou *pública*. Será uma ***subscrição particular*** quando se destina a um determinado segmento de compradores, previamente conhecidos. Enquanto isso, tratar-se-á de uma ***subscrição pública*** quando os títulos são disponibilizados aos investidores em geral.

As obrigações podem, no entanto, ser adquiridas para além do prazo de subscrição; caso as entidades emitentes se encontrem cotadas numa Bolsa de Valores, os respetivos títulos podem aí ser transacionados[2].

O interesse pelo investimento em obrigações decorre, sobretudo, das taxas de juro praticadas. Tratando-se de um produto de desintermediação financeira, a taxa de juro a aplicar, no contexto de um empréstimo obrigacionista, situa-se de permeio entre a taxa ativa, praticada pela banca na concessão de crédito, e a taxa passiva, à qual se remuneram os depósitos bancários. O proveito da entidade bancária traduz-se na cobrança de uma comissão calculada sobre o montante global do empréstimo[3]. Do exposto, resulta que a remuneração do obrigacionista será superior àquela que obteria caso aplicasse as suas

---

[1] Sobre o conceito de *desintermediação financeira*, cfr. Avelãs Nunes (2009, pp. 193-194), onde se identificam a «perda de importância do crédito bancário no financiamento da economia» e, bem assim «a expansão e o peso adquirido pelo financiamento através da emissão de títulos negociados no mercado de valores mobiliários».

[2] Entre nós, essa transação ocorre no âmbito da Euronext Lisbon. Para maior aprofundamento a propósito do funcionamento do mercado financeiro português, cfr. Neves e Quelhas (2013), essencialmente ponto 3 do Capítulo 1.

[3] Refira-se que essa comissão será mais elevada em caso de tomada firme, de modo a compensar o risco do banco, também maior.

poupanças nos tradicionais depósitos a prazo; por sua vez, o encargo com o pagamento dos juros será menor que aquele que se observaria se a entidade emitente recorresse a financiamento bancário[4].

Por outro lado, as obrigações são consideradas produtos financeiros de risco moderado[5], muito principalmente se a emissão dos títulos tiver ocorrido com ***tomada firme***. Neste caso, a entidade bancária que procede à organização da operação de financiamento canaliza, no imediato, o montante requerido pela entidade emitente, sem esperar pela adesão que os títulos possam despertar junto dos eventuais subscritores. Tal acontece nas situações em que a entidade bancária possui uma elevada confiança na entidade emitente e este procedimento constitui, por si só, uma garantia para o investidor.

Porém, mesmo não havendo tomada firme dos títulos, a entidade bancária procede sempre a análise cuidada da operação de financiamento, muito em particular da capacidade da entidade emitente solver oportunamente os compromissos decorrentes do empréstimo.

Acresce referir que a ficha técnica de cada empréstimo obrigacionista contém a respetiva notação de *rating*[6], a qual constitui, desde logo, uma indicação fundamental para os eventuais investidores.

2. Tipos de obrigações

Em acordo com o processo de crescente inovação financeira a que temos assistido, no passado recente, à escala global, também, entre nós, temos sido confrontados com o surgimento de novos produtos financeiros. A necessidade de satisfazer segmentos de mercado, cada vez mais diversificados e exigentes, conduziu a um acréscimo de oferta de novos produtos, tendência esta também observada no contexto das obrigações. Por consequência, procuraremos, de seguida, elencar, ainda que sem pretensões de exaustão, os principais tipos de obrigações nossas conhecidas, bem como apontar as respetivas características.

a) ***Obrigações clássicas*** – também designadas por ***obrigações de taxa fixa não revisível***, estas obrigações caracterizam-se pelo facto de a taxa de

---

[4] A propósito da equiparação entre taxas de juro ativas e passivas, cfr. Quelhas (1996, p. 120), cujo raciocínio, embora conduzido a propósito do papel comercial, pode ser aplicado ao caso presente.

[5] Entre os riscos subjacentes ao investimento em obrigações, ponderam o risco de flutuação da taxa de juro e o risco de *default* da entidade emitente.

[6] Sobre o conceito de notação de *rating*, cfr. *supra* Capítulo 5, nota 31.

juro do empréstimo se manter inalterada até à maturidade, sendo, por isso, possível antecipar todos os fluxos financeiros associados a esse investimento. Distinguem-se das ***obrigações de taxa fixa revisível***, uma vez que nestas se torna possível alterar a taxa de juro em função das variações ocorridas no mercado, desde que tal possibilidade se encontre contemplada na ficha técnica das obrigações[7].

b) ***Obrigações de rendimento variável ou indexadas*** – neste tipo de obrigações, a taxa de cupão varia em função de um determinado indicador ou indexante, de modo a que a taxa de rendibilidade/custo do empréstimo obrigacionista acompanhe as condições de funcionamento observadas no mercado.

c) ***Obrigações de caixa*** – estas obrigações apenas podem ser emitidas por um conjunto restrito de entidades, em concreto, por Bancos, Sociedades de Investimento, Sociedades de Locação Financeira, Sociedades de *Factoring* e Sociedades Financeiras para Aquisições a Crédito[8]. Reguladas pelo Decreto-Lei nº 408/91, de 17 de outubro, que revogou o Decreto-Lei nº 117/83, de 25 de fevereiro, as obrigações de caixa têm, geralmente, maturidades baixas, pelo menos em termos comparativos aos restantes tipos de obrigações. Tal resulta do efeito conjugado de duas possibilidades previstas na lei, a saber, a de os seus detentores reclamarem o reembolso antecipado, uma vez decorridos 12 meses sobre a emissão, e a de a empresa emitente propor o reembolso antecipado, decorridos 2 anos sobre essa data.

d) ***Obrigações convertíveis*** – trata-se de obrigações que permitem ao seu detentor a sua conversão num determinado número de ações da empresa emitente, durante um certo período de tempo e em condições preestabelecidas. Entre essas condições, encontra-se a ***ratio de conversão***, que nos indica o número de ações a que cada obrigação dá direito. Dada a eventualidade de as obrigações se transformarem em ações, facilmente se conclui que apenas as sociedades anónimas possam emitir obrigações convertíveis, mas a lei vai mais longe, impondo

---

[7] Voltaremos adiante a este assunto, aquando do tratamento da *Taxa de juro das obrigações*.

[8] De reter que todas estas entidades são consideradas *instituições de crédito*, ao abrigo do artigo 3º do Regime Geral das Instituições de Crédito e das Sociedades Financeiras, aprovado pelo Decreto-Lei nº 298/92, de 31 de dezembro e revogado pelo Decreto-Lei nº 157/2014, de 24 de outubro.

que apenas as empresas cujas ações estejam cotadas em Bolsa possam aceder a este tipo de instrumento.

e) ***Obrigações de cupão zero*** – são obrigações nas quais não há lugar ao pagamento de juros periódicos (por isso se dizem de *cupão zero*), estando a rendibilidade do subscritor implícita no diferencial existente entre o preço de emissão e o preço de reembolso. Como o valor na subscrição é sempre menor que o valor no reembolso, diremos que a emissão de obrigações de cupão zero é feita *a desconto*.

f) ***Obrigações com warrants*** – estas obrigações facultam ao seu detentor a possibilidade de adquirir um determinado número de ações da empresa emitente, por um certo período de tempo e em condições pré-definidas. A taxa de cupão tende a ser inferior àquela que se observaria caso as obrigações fossem emitidas sem *warrant*, o que, aliás, facilmente se compreende. Tal como sucede com as obrigações convertíveis, entre nós, apenas as empresas cujas ações estejam cotadas em Bolsa podem aceder a este meio de financiamento[9].

g) ***Obrigações com opção de reembolso antecipado (callabe bonds)*** – a possibilidade de amortização antes da data prevista, quer por iniciativa da emitente, quer a pedido do subscritor, encontra-se prevista no contrato de emissão deste tipo de obrigações. Perante uma variação adversa da taxa de juro, a entidade emitente pode proceder ao reembolso antecipado das obrigações, normalmente por um valor superior ao valor nominal[10]. Por seu turno, quando a amortização antecipada ocorre a pedido do subscritor, o reembolso é, em regra, efetuado "a desconto", isto é, por um valor menor que o inicialmente previsto.

h) ***Obrigações grupadas*** – são emitidas conjuntamente por um grupo de empresas que individualmente não teriam condições para aceder a este tipo de financiamento. Outra das vantagens que se lhes associa assenta no facto de possibilitarem uma repartição *inter pares* dos encargos inerentes à emissão do empréstimo obrigacionista.

---

[9] As obrigações com *warrant* distinguem-se, porém, das obrigações convertíveis, uma vez que o *warrant* é perfeitamente separável do título a que está associado, o mesmo não sucedendo com o direito de conversão. Na verdade, o *warrant* pode ser transacionado isoladamente no mercado secundário, sendo que a obrigação não se extingue uma vez ocorrida essa transação; enquanto isso, o exercício do direito de conversão implica a extinção da obrigação.

[10] Designamos por *call premium* o diferencial existente entre o valor efetivamente pago e o valor nominal das obrigações.

i) ***Obrigações perpétuas*** – normalmente é o Estado quem emite obrigações desta natureza, que têm como característica principal o facto de não se encontrar previsto o momento de vencimento do contrato. Por isso mesmo, em empréstimos titulados por obrigações deste tipo não se procede à amortização de capital, vencendo juros infinitamente. Atendendo a estas características, só realmente uma entidade como o Estado apresenta garantias adequadas enquanto entidade emitente.

j) ***Obrigações hipotecárias*** – têm na sua origem créditos vincendos, garantidos por hipotecas, constituídas em favor das entidades emitentes. Estas podem ser as instituições financeiras legalmente autorizadas a conceder créditos garantidos por hipoteca imobiliária e cujos fundos próprios não sejam inferiores a 1,5 milhões de contos. A grande vantagem associada a estes títulos reside no facto de permitir a mobiliarização – e a própria mobilização – das dívidas decorrentes de créditos imobiliários, ao que se associa a redução do risco do investidor, atendendo à existência de uma garantia real – a hipoteca.

l) ***Obrigações participantes*** – conferem aos seus detentores o direito a um montante de juro composto por uma parcela de juro fixo e por uma parcela de juro variável – juro suplementar –, que é função dos resultados apresentados pela entidade emitente. Estas obrigações são, assim, portadoras de maior risco que outros tipos de obrigações, uma vez que a sua rendibilidade engloba uma componente de *risco específico*, dependente da *performance* da emitente.

m) ***Obrigações subordinadas*** – em caso de falência da entidade emitente, o pagamento dos juros e o reembolso aos detentores destas obrigações só é efetuado após terem sido ressarcidos os demais credores, muito embora tenham prioridade relativamente aos acionistas.

n) ***Junk bonds*** – são emitidas por empresas com elevados níveis de risco, cujas notações de *rating* ficam aquém dos quatro melhores níveis. De modo a compensar o elevado risco intrínseco, são emitidas a taxas muito elevadas.

o) ***Euro-obrigações*** – trata-se de obrigações colocadas à subscrição num país que não é o da entidade emitente e que se encontram denominadas numa moeda também diferente da moeda corrente nesse país.

p) ***Obrigações do Tesouro*** (OT) – são títulos representativos de empréstimos de médio e longo prazo ao Estado português, sendo os prazos de emissão mais comuns os de 3, 5, 10 e 15 anos. A sua colocação é efetuada através de leilão ou de oferta de subscrição limitada por um dado conjunto de instituições financeiras. São primeiramente satisfeitas as propostas que incorporem taxas de juro mais baixas, o que permite uma redução do custo de financiamento.

q) ***Obrigações de capitalização automática*** (OCA) – caracterizam-se pelo facto de o juro periódico ser calculado sobre o valor acumulado no início de cada período (valor acumulado do início do período anterior + juro do período anterior) e não sobre o valor nominal, como é uso acontecer nos restantes tipos de obrigações.

Embora muito mais houvesse a desenvolver a respeito das obrigações e dos empréstimos obrigacionistas, iremos, de seguida, dedicar a nossa atenção aos aspetos que merecem particular interesse no âmbito da matemática financeira.

3. Aspetos relevantes para a matemática financeira

3.1. Valor nominal e montante global do empréstimo

O montante global de um empréstimo obrigacionista (C_0) resulta da multiplicação do ***número de obrigações*** emitidas (que notaremos por N) pelo ***valor nominal*** (que representaremos por V_n) de cada uma delas. Assim sendo, teremos

$$C_0 = N \times V_n \qquad [7.1]$$

O valor nominal das obrigações assume uma importância crucial no contexto dos empréstimos obrigacionistas, uma vez que, para além de constituir um valor de referência, é ele que serve de base ao cálculo do montante dos juros a pagar em cada cupão, conforme veremos adiante.

3.2. Taxa de juro das obrigações

A taxa de juro praticada assume uma importância fundamental no contexto de um empréstimo obrigacionista, muito principalmente se atendermos à amplitude do período de vigência dos contratos.

Tal como de início referimos, esta taxa pode ser ***fixa***, isto é, invariável ao longo do período de vigência do contrato, ou ***indexada***, ou seja, variando em função de um determinado padrão de referência denominado ***indexante***[11].

As taxas fixas comportam alguns riscos, nomeadamente o risco de inflação; no entanto, entre nós, um número significativo de empréstimos obrigacionistas é emitido a taxa fixa. Tal deve-se à ***possibilidade de reembolso antecipado***, desde que esta esteja contemplada no contrato de emissão. Para se precaverem de um eventual andamento desfavorável da taxa de juro, em concreto da sua descida, os emitentes dos empréstimos obrigacionistas de taxa fixa podem proceder à ***conversão*** do empréstimo, através do reembolso antecipado do empréstimo inicial e da emissão de um novo empréstimo com uma nova taxa.

Desde logo, uma eventual descida das taxas de juro é desfavorável para as empresas emitentes de empréstimos obrigacionistas de taxa fixa, uma vez que será possível recorrer a fontes de financiamento alternativas de custo mais reduzido. Ao invés, uma redução da taxa de juro seria particularmente vantajosa para os obrigacionistas de empréstimos de taxa fixa, uma vez que lhes permitiria obter uma rendibilidade superior ao das restantes aplicações proporcionadas pelo mercado.

Normalmente, a possibilidade de reembolso antecipado encontra-se mencionada nos contratos num tipo de letra demasiado pequena e, não raras vezes, os investidores enjeitam a sua leitura. Alguns autores denunciam a existência de um verdadeiro mito da letra pequena, referindo-se ao facto de em muitos

---

[11] A indexação pode ser *financeira* ou *real*.

No primeiro caso, a taxa de juro do empréstimo obrigacionista varia em função de uma *taxa de referência* (no presente, a *euribor*, média ponderada das taxas interbancárias dos países da zona do *euro*, constitui a taxa de referência mais comum) ou de um *índice*, tradutor do comportamento de um certo mercado bolsista (de que são exemplo o Dow Jones, o Nikkei ou o PSI-20).

Enquanto isso, na indexação *real* faz-se depender a taxa do empréstimo da evolução do preço de um determinado bem real que é suposto variar com a inflação (por exemplo, o ouro ou o petróleo).

A taxa de cupão pode ainda ser obtida por *adição* ou por *multiplicação* de um dado *spread* ou diferencial aos indexantes acima referidos, donde resulta, respetivamente,

$$\text{taxa de cupão} = \text{indexante} + \textit{spread}$$

ou

$$\text{taxa de cupão} = \text{indexante} \times (1 + \textit{spread}).$$

contratos as cláusulas mais importantes se encontrarem expressas de modo pouco visível[12].

Os juros a pagar em cada cupão serão no montante de $i \times V_n$, $\frac{i \times V_n}{2}$ ou $\frac{i \times V_n}{4}$, consoante se trate de cupões anuais, semestrais ou trimestrais[13].

Em termos genéricos, estando i referida a um dado período k, podemos dizer que o cupão a pagar nesse período será de

$$J_k = i \times V_n \qquad [7.2]$$

As obrigações vencem juros, geralmente, desde o fim do prazo de subscrição.

3.3. Liquidez das obrigações

Apesar da maturidade, normalmente longa, associada às obrigações, estas podem ser transacionadas no mercado secundário de títulos, no caso concreto de Portugal no mercado a contado da Euronext Lisbon.

Do confronto entre a oferta e a procura de títulos, resultará, em cada momento, a formação de um determinado preço p, que designaremos por ***cotação***.

Do confronto entre a cotação p e o valor nominal V_n três situações podem resultar:

- Se $p < V_n$, diremos que a cotação está ***abaixo do par***, ou seja, é inferior ao valor mencionado na face do título;
- Se $p = V_n$, a cotação está ***ao par***, isto é, o valor de mercado coincide com o valor indicado na face do título;
- Se $p > V_n$, a cotação está ***acima do par***, o que significa que o título está a ser transacionado no mercado por um preço superior ao valor que se encontra mencionado na sua face.

---

[12] Para maiores desenvolvimentos em torno do conceito de «mito da letra pequena», cfr., por todos, Puértolas (1994, p. 18).

[13] Entre nós, a situação mais comum é aquela em que os cupões são semestrais, o que resulta da pretensão de tornar os empréstimos obrigacionistas como um produto alternativo aos depósitos a prazo que pagam juros ao semestre.

Uma situação relativamente frequente é aquela em que a cotação dos títulos se afasta consideravelmente dos respetivos valores de referência, trazendo graves perturbações ao normal funcionamento dos mercados financeiros.

3.4. Valor de emissão

O ***valor de emissão*** (V_e) é o valor pelo qual os títulos são colocados à subscrição ou, de outro modo, é o valor pago pelo obrigacionista para se tornar detentor dos mesmos.

O valor de emissão não é necessariamente idêntico ao valor nominal. Da comparação entre ambos resulta que:

- Se $V_e < V_n$, diremos que a emissão se efetua ***abaixo do par***, o que significa que o investidor necessita de despender menos por uma dada carteira de obrigações que o seu valor de referência, o que constitui um incentivo à subscrição, na medida em que obterá um retorno calculado sobre um montante superior ao do investimento efetivamente realizado;
- Se $V_e = V_n$, a emissão ocorreu ***ao par***, isto é, o valor de emissão coincide com o valor de referência do investimento, não havendo, por isso, nem incentivo nem desincentivo à subscrição;
- Se $V_e > V_n$, a emissão efetua-se ***acima do par***, pelo que o investidor terá que despender por um título mais do que o seu valor nominal, sendo, assim, uma hipótese pouco realista, só sendo plausível se a taxa de cupão for suficientemente elevada, de modo a que permita compensar este desajustamento.

No caso de termos $V_e < V_n$, diremos que a emissão foi efetuada a ***desconto***; enquanto isso, se $V_e > V_n$, diremos que a emissão ocorreu a ***prémio***[14].

Multiplicando o valor de emissão pelo número de obrigações emitidas (ou seja, $N \times V_e$), obteremos o valor real proporcionado pelo empréstimo, isto é, o montante de financiamento efetivamente captado pela empresa.

[14] A *emissão a desconto* é vantajosa para o subscritor, uma vez que, tal como já referimos, apenas investe o montante correspondente a V_e, sendo, porém, o retorno do seu investimento calculado sobre V_n; enquanto isso, a *emissão a prémio* é vantajosa para a entidade emitente, uma vez que tal lhe proporciona um encaixe financeiro superior ao montante de referência do empréstimo e sobre o qual serão calculados os respetivos encargos.

3.5. Valor de reembolso

O ***valor de reembolso*** é a quantia paga por cada título pela empresa emitente ao obrigacionista aquando da amortização do empréstimo.

À semelhança do que sucede com o valor de emissão, também o valor de reembolso não tem de ser necessariamente idêntico ao valor nominal. Com efeito:

- Se $V_r < V_n$, significa que o reembolso é feito ***abaixo do par***, o que é, desde logo, uma hipótese pouco provável, uma vez que será pouco atrativo para o investidor ser reembolsado por um valor menor que o montante de referência do seu investimento;
- Se $V_r = V_n$, diremos que o reembolso é feito ***ao par***, isto é, pelo valor de referência do investimento, sendo, por isso, uma situação plausível, além de muito comum;
- Se $V_r > V_n$, o reembolso efetua-se ***acima do par***, o que traduz a situação mais vantajosa para o subscritor, uma vez que os seus títulos vão ser reembolsados por um montante superior ao do seu investimento[15].

Se $V_r > V_n$, ao diferencial existente entre ambos designaremos por ***prémio de reembolso***.

Multiplicando o valor de reembolso pelo número de obrigações emitidas (ou seja, $N \times V_r$), obteremos o valor do encargo decorrente do empréstimo, ou seja, o montante que a empresa emitente deverá liquidar no final do contrato.

4. Processos de amortização

À semelhança do que sucede com os empréstimos clássicos, também a amortização dos empréstimos obrigacionistas pode ocorrer, basicamente, de duas formas:

- de uma só vez, em data pré-fixada;
- periodicamente, por intermédio de uma *renda de amortização*.

---

[15] Este é um expediente usado por muitas das empresas emitentes, que, ao tempo da emissão, anunciam o reembolso acima do par, de modo a tornarem o investimento atrativo na ótica dos subscritores.

Na primeira possibilidade, o empréstimo é integralmente amortizado na maturidade, podendo a entidade emitente, à semelhança do que sucedia no caso dos empréstimos clássicos, constituir um fundo de amortização destinado a perfazer o capital mutuado, no todo ou em parte. Esta hipótese não é comum entre nós, pelo que, no presente texto, apenas daremos relevo aos ***sistemas de amortização periódica***.

Antes, porém, vamos tecer alguns comentários em torno dos valores assumidos por V_e, V_n e V_r e das possibilidades daí decorrentes. Desde logo, é de sublinhar que, sob o ponto de vista estritamente matemático, são diversas as formas de hierarquizarmos V_e, V_n e V_r.

No entanto, para efeitos de estudo dos sistemas de reembolso, retemos, unicamente, as hipóteses mais plausíveis, isto é, aquelas que comportam maior aderência à realidade. Desta sorte, consideraremos os casos em que $V_e \leq V_n = V_r$ e em que $V_e \leq V_n < V_r$.

Com efeito, não é atrativo, sob o ponto de vista do subscritor, um valor de emissão das obrigações superior ao respetivo valor nominal, uma vez que tal corresponderia a investir um valor superior àquele sobre o qual se vai obter retorno, já que é sobre V_n que vão ser calculados os juros pagos em cada cupão. Tal como referimos anteriormente, esta hipótese apenas se torna viável no caso de a taxa de juro ser particularmente elevada de modo a permitir compensar esse diferencial.

Acresce referir que o valor de emissão não é uma variável determinante no momento de amortização do empréstimo[16], já que condiciona apenas o montante efetivamente captado pela operação de financiamento. Assim sendo, trataremos, de modo indiscriminado, os casos em que a emissão é efetuada ao par ou abaixo do par.

O mesmo tipo de raciocínio não poderá, contudo, ser conduzido no que concerne ao valor de reembolso. Este deverá equivaler, pelo menos, ao valor nominal dos títulos, uma vez que é pouco provável que um investidor aceite ser reembolsado por um valor inferior ao que despendeu inicialmente ou até mesmo àquele sobre o qual lhe foram pagos os juros periódicos. Daí que o reembolso se realize, preferencialmente, ao par ($V_n = V_r$) ou acima do par ($V_n < V_r$).

---

[16] Para a empresa emitente, o valor de emissão corresponde ao encaixe financeiro proporcionado por cada obrigação, enquanto para o subscritor é o montante a despender para se tornar detentor de um título.

Do cruzamento destas considerações resultam as duas possibilidades que de seguida desenvolveremos.

4.1. Reembolso ao par ($V_e \leq V_n = V_r$)

a) Se amortizarmos, em cada cupão, uma ***quota constante de capital***, liquidaremos, em cada período, uma parcela de capital correspondente a $\bar{m}$ obrigações, sendo

$$\bar{m} = \frac{N}{n} \qquad [7.3]$$

com N igual ao número de obrigações emitidas e n igual ao número de reembolsos a efetuar.

Sendo $\bar{M}$ a quota de capital a amortizar em cada período,

$$\bar{M} = \bar{m} \times V_r$$

ou, como a amortização é feita ao par,

$$\bar{M} = \bar{m} \times V_n \qquad [7.4]$$

Introduzimos aqui um breve parêntesis de modo a revelarmos algumas notas alusivas à elaboração dos ***quadros de amortização dos empréstimos obrigacionistas***. À semelhança do sucedido para o caso dos empréstimos clássicos, podemos, também aqui, elaborar os respetivos ***quadros de amortização***. Muito embora se possam generalizar, para o caso dos empréstimos obrigacionistas, as conclusões estabelecidas aquando do estudo dos empréstimos clássicos, devemos, contudo, atender às particularidades destes últimos e reter alguns procedimentos específicos.

Desde logo, no contexto dos sistemas de amortização periódica, torna-se necessário trabalhar, em cada período, com um número inteiro de obrigações[17], o que pode determinar a realização de alguns ajustamentos.

---

[17] *m* ou m_k será sempre um número inteiro, uma vez que não é possível, sob o ponto de vista físico, amortizar uma dada percentagem dos títulos (a menos que a amortização seja efetuada por redução do valor nominal, modalidade que estudaremos em 4.3). Também $N = \sum m$, ou então, $N = \sum m_k$, o que significa que, quer amortizemos quotas constantes, quer

Para além das colunas já previstas para o caso dos empréstimos clássicos, os quadros de amortização relativos aos empréstimos obrigacionistas devem, assim, contemplar as seguintes colunas adicionais:

- ***número de obrigações vivas***, isto é, o número de obrigações ainda em circulação;
- ***valor nominal das obrigações vivas***, que se obtém multiplicando o número de obrigações vivas em cada momento k pelo valor nominal das obrigações, o qual assume extrema importância, já que é sobre ele que calculamos o montante dos juros pagos em cada cupão, tendo, para os empréstimos obrigacionistas, o mesmo significado que o capital em dívida no início do período para os empréstimos clássicos;
- ***número de obrigações mortas***, que nos dá, em cada momento k, o número de obrigações já amortizadas.

Deste modo, os quadros de amortização dos empréstimos obrigacionistas obedecem à seguinte estrutura:

Período de tempo	Nº de obrig. vivas	Valor nominal obrig. vivas	Juros (J_k)	Amortização (M_k)	Prestação (C_k)	Nº de obrigações mortas
...						
k						
...						

Para além destas colunas, poderemos, ainda, incluir uma coluna relativa à ***taxa de cupão*** e uma outra relativa ao ***número de obrigações amortizadas em cada período*** (ou seja, m_k). A consideração desta última será útil, na medida em que permite calcular, com maior facilidade, tanto o valor da amortização como o número de obrigações mortas.

O exemplo que segue, referente à modalidade de amortização ao par, através de quotas constantes de capital, pretende ilustrar os aspetos descritos relativos à estrutura dos quadros de amortização dos empréstimos obrigacionistas.

---

amortizemos quotas crescentes de capital, o somatório das obrigações amortizadas em cada período k corresponde ao número total de obrigações emitidas.

EXEMPLO: A empresa Folhas Amarelas, Lda emitiu um empréstimo obrigacionista, titulado por 100.000 obrigações, cujo valor nominal é de 1 €. A empresa pagará cupões semestrais à taxa anual de 5% e a amortização será efetuada ao par, através de quotas semestrais constantes de capital, durante os próximos 4 anos. Elabore o quadro de amortização do empréstimo.

Neste caso, teremos

$$C_0 = 100.000 \times 1 \text{ €} = 100.000 \text{ €}$$

A amortização é feita ao par, logo $V_n = V_r$, através de 8 quotas semestrais constantes de capital, donde

$$\bar{M} = \frac{100.000\text{€}}{8} = 12.500\text{€}$$

sendo, por consequência, amortizadas 12.500 obrigações em cada semestre.

A taxa de cupão corresponderá à taxa proporcional ao semestre, dado que os juros são pagos semestralmente, logo

$$i_{sem} = \frac{5\%}{2} = 2{,}5\%$$

Por sua vez, o juro periódico é calculado recorrendo a [7.2], isto é, aplicando a taxa de 2,5% ao valor nominal das obrigações vivas.

Nestas circunstâncias, o quadro de amortização surgirá com a seguinte configuração:

(em €)

TEMPO	Nº obrig. vivas	Vn obrig. vivas	Juros (J_k)	Nº obrig. amortizar	Amortização (M_k)	Prestação (C_k)	Nº obrig. mortas
1	100.000	100.000	2.500	12.500	12.500	15.000	12.500
2	87.500	87.500	2.187,50	12.500	12.500	14.687,50	25.000
3	75.000	75.000	1.875	12.500	12.500	14.375	37.500
4	62.500	62.500	1.562,50	12.500	12.500	14.062,50	50.000
5	50.000	50.000	1.250	12.500	12.500	13.750	62.500
6	37.500	37.500	937,50	12.500	12.500	13.437,50	75.000
7	25.000	25.000	625	12.500	12.500	13.125	87.500
8	12.500	12.500	312,50	12.500	12.500	12.812,50	100.000

À semelhança do que ocorria no caso dos empréstimos clássicos, quando se amortizavam quotas constantes de capital, também aqui o valor da prestação (C_k) resulta da adição do montante dos cupões pagos (J_k) ao montante da amortização ($\bar{M}$).

b) Por seu turno, se, em cada cupão, pagarmos uma ***quota constante de capital e juros***, liquidaremos uma ***parcela de capital crescente*** em k, correspondente a m_k obrigações em cada período.

$$m_k = \frac{M_k}{V_r} \qquad [7.5]$$

ou, de outro modo,

$$M_k = m_k \times V_r$$

sendo M_k o montante de capital a amortizar em cada momento. Porém, como a amortização é realizada ao par, teremos

$$M_k = m_k \times V_n \qquad [7.6]$$

O ***montante da prestação constante*** pode, então, ser obtido recorrendo às rendas de amortização, tal como sucedia no caso dos empréstimos financeiros. Como estamos a amortizar ao par, $C_0 = N \times V_n$, donde, consequentemente,

$$N \times V_n = \bar{C} \times \frac{1-(1+i)^{-n}}{i} \qquad [7.7]$$

EXEMPLO: Um empréstimo titulado por intermédio de 500.000 obrigações, de valor nominal igual a 3 €, vai ser amortizado ao par, no final de cada um dos próximos 4 anos, por intermédio de prestações constantes de capital e juros. Sabendo que os juros de cada cupão são pagos à taxa anual de 9%, pretende-se que determine o valor da anuidade e construa o quadro de amortização do empréstimo.

Como resulta da expressão anterior,

$$C_0 = \bar{C} \times \frac{1-(1+i)^{-n}}{i}$$

Substituindo pelos valores correspondentes, obtém-se

$$500.000 \times 3\ € = \bar{C} \times \frac{1-(1+9\%)^{-4}}{9\%}$$

donde resultará

$$\bar{C} = 463.002,99\ €$$

Denominaremos a prestação assim obtida por prestação teórica de amortização, uma vez que servirá de base ao cálculo do número de obrigações amortizadas em cada período e, bem assim, da prestação real.

(em €)

TEMPO	Nº obrig. vivas	Vn obrig. vivas	Juro (J_k)	Nº obrig. amortizar	Amortização (M_k)	Prestação ($\bar{C}$)	Nº obrig. mortas
1	500.000	1.500.000	135.000	109.334	328.002	463.002	109.334
2	390.666	1.171.998	105.479,82	119.174	357.522	463.001,82	228.508
3	271.492	814.476	73.302,84	129.900	389.700	463.002,84	358.408
4	141.592	424.776	38.229,84	141.592(*)	424.776	463.005,84	500.000

(*) – valor ajustado

Como decorre do quadro, o valor da prestação não é exatamente constante, mas assume valores muito próximos do valor calculado para a anuidade teórica. Tal deve-se ao facto de se amortizar, em cada período, um número inteiro de obrigações. Deste modo, a determinação do valor da ***prestação real*** obedece aos seguintes passos:

1 – Cálculo do montante do juro (J_k), aplicando a taxa de cupão ao valor nominal das obrigações vivas no início do período, tal como é uso suceder noutros casos.

2 – Cálculo do número de obrigações a amortizar no período k, do seguinte modo:

$$m_k = \frac{\bar{C} - J_k}{V_n}$$

O número obtido será arredondado para o inteiro mais próximo, de acordo com as regras básicas dos arredondamentos.

3 – Cálculo do montante da amortização real, recorrendo a [7.6], ou seja

$$M_k = m_k \times V_n$$

4 – Por último, o montante da ***prestação real*** surgirá

$$C_k = J_k + M_k \qquad [7.8]$$

Recorde-se que este problema não se colocava no caso de a amortização ser efetuada por intermédio de quotas constantes de capital (cfr. exemplo descrito na alínea anterior), uma vez que aí se encontra predefinido o número de obrigações a amortizar em cada período.

4.2. Reembolso acima do par ($V_e \leq V_n < V_r$)

No que concerne à amortização dos empréstimos obrigacionistas nos casos em que $V_r > V_n$, devemos atender a se *o prémio de reembolso é pago separadamente* ou se, pelo contrário, se encontra *incluído no valor da prestação.* Caso seja pago separadamente, a amortização efetua-se pelo valor nominal, coincidindo o problema com o estudado em 4.1, para ambas as hipóteses. Porém, o quadro de amortização do empréstimo deve incluir uma coluna adicional, onde se encontre discriminado esse encargo. Para cada período k, a quantia inscrita no quadro de amortização, a título de *prémio de reembolso,* resulta da multiplicação do número de obrigações amortizadas nesse período – $\bar{m}$ ou m_k – pelo diferencial existente entre V_r e V_n.

De modo a ilustrar o que afirmamos, vamos atender ao exemplo seguinte.

EXEMPLO: Um empréstimo obrigacionista foi emitido nas seguintes condições:

- Número de obrigações emitidas: 300.000;
- Valor nominal: 10 €;
- Prémio de reembolso: 0,50 €, pago separadamente;
- Taxa de cupão: 15% ao ano;
- Amortização: 3 quotas anuais constantes de capital.

Preencha o quadro de amortização do empréstimo.

Teremos que

$$C_0 = N \times V_n$$
$$C_0 = 300.000 \times 10\ €$$
$$C_0 = 3.000.000\ €$$

Por sua vez, atendendo a que a amortização se efetua por intermédio de 3 quotas anuais constantes de capital, recorremos a [7.3], donde

$$\bar{m} = \frac{300.000}{3} = 100.000 \text{ obrigações}$$

e também a [7.4], pelo que

$$\bar{M} = 100.000 \times 10\ € = 1.000.000\ €$$

O montante a pagar em cada período a título de *prémio de reembolso* – e que inscreveremos numa coluna adicional – será também constante e obtém-se multiplicando o número de obrigações a amortizar em cada período pelo prémio de reembolso por obrigação (100.000 × 0,50 € = 50.000 €). Assim sendo, o quadro de amortização do empréstimo obrigacionista, nestas circunstâncias, terá a seguinte configuração:

(em €)

TEMPO	Nº obrig. vivas	V_n obrig. vivas	Juro (J_k)	Nº obrig. amortizar	Amortização ($\bar{M}$)	Prestação (C_k)	Nº obrig. mortas	Prémio reembolso
1	300.000	3.000.000	450.000	100.000	1.000.000	1.450.000	100.000	50.000
2	200.000	2.000.000	300.000	100.000	1.000.000	1.300.000	200.000	50.000
3	100.000	1.000.000	150.000	100.000	1.000.000	1.150.000	300.000	50.000

No exemplo apresentado, recorre-se à amortização do empréstimo através de quotas constantes de capital. Vejamos, agora, o que sucede no caso de amortização ocorrer por intermédio de prestações constantes – ou de quotas crescentes de capital – e de o prémio de amortização ser pago separadamente. Tomemos, então, o seguinte exemplo.

EXEMPLO: Considere-se o empréstimo obrigacionista titulado através de 400.000 obrigações, de valor nominal igual a 7,50 €, e que será amortizado através de 5 anuidades constantes de capital e juros. Sabendo que a taxa de cupão é de 6% ao ano e que haverá um prémio de reembolso no montante de 0,50 € pago separadamente, elabore o quadro de amortização do empréstimo.

Como o prémio de reembolso é pago separadamente, o montante da anuidade constante será obtido através da expressão determinada em [7.7], donde resulta

$$400.000 \times 7{,}50\ € = \bar{C} \times \frac{1-(1+6\%)^{-5}}{6\%}$$

$$3.000.000\ € = \bar{C} \times 4{,}2123638$$
$$\bar{C} = 712.189{,}20\ €$$

que é, assim, a *anuidade teórica de amortização.*

O quadro preenche-se observando os procedimentos já descritos na alínea anterior, quando considerámos que a amortização do empréstimo se efetuava por intermédio de prestações constantes de capital e juros.

Mais uma vez, incluiremos uma coluna relativa ao prémio de reembolso, sendo o valor pago em cada período o resultado da multiplicação do número de obrigações amortizadas m_k pelo prémio de reembolso de cada obrigação, 0,50 € no caso presente.

Nestas condições, resulta o quadro de amortização seguinte.

(em €)

TEMPO	Nº obrig. vivas	V_n obrig. vivas	Juro (J_k)	Nº obrig. amortizar	Amortização (M_k)	Prestação ($\bar{C}$)	Nº obrig. mortas	Prémio reembolso
1	400.000	3.000.000	180.000	70.959	532.192,50	712.192,50	70.959	35.479,50
2	329.041	2.467.807,50	148.068,45	75.216	564.120	712.188,45	146.175	37.608
3	253.825	1.903.687,50	114.221,25	79.729	597.967,50	712.188,75	225.904	39.864,50
4	174.096	1.305.720	78.343,20	84.513	633.847,50	712.190,70	310.417	42.256,50
5	89.583	671.872,50	40.312,35	89.583	671.872,50	712.184,85	400.000	44.926,50

Apreciando os dois exemplos expostos, em que o prémio de reembolso é pago separadamente, verificamos que não resultam diferenças significativas relativamente à situação considerada na alínea anterior, em que o valor de reembolso coincidia com o valor nominal. A questão coloca-se, então, de um modo particular, para os casos em que o prémio de reembolso surge incluído no valor da prestação. Sublinhe-se, aliás, que esta possibilidade é a mais comum em termos práticos, sendo que, entre nós, numa larga maioria dos empréstimos obrigacionistas com amortização acima do par, o prémio de reembolso se encontra incluído no valor da prestação[18].

Observaremos, de imediato, os procedimentos a reter na eventualidade de o ***prémio de reembolso se encontrar incluído no valor da prestação***, para ambos os casos de amortização de quotas constantes ou crescentes de capital.

a) Se amortizarmos, em cada cupão, uma ***quota de capital constante***, à semelhança do que sucedia no caso de reembolso ao par, amortizaremos uma parcela de capital correspondente a ***m*** obrigações, sendo que, de acordo com [7.3],

$$\bar{m} = \frac{N}{n}$$

com N a corresponder ao número de obrigações emitidas e n ao número de reembolsos a efetuar.

[18] Para efeitos de resolução de exercícios práticos, consideramos que o prémio de reembolso se encontra incluído no valor das prestações sempre que tal referência se encontre omissa.

Uma vez que a amortização é feita acima do par, o que vai diferir, neste caso, relativamente à situação estudada na alínea a) do número anterior, é o montante a despender pela empresa emitente, em cada momento. Teremos, agora, que

$$\bar{M} = \bar{m} \times V_r \qquad [7.9]$$

sendo a quota de amortização igualmente constante.

EXEMPLO: Considere, de novo, o empréstimo obrigacionista já estudado anteriormente, emitido nas seguintes condições:

- Número de obrigações emitidas: 300.000;
- Valor nominal: 10 €;
- Taxa de cupão: 15% ao ano;
- Amortização: 3 quotas anuais constantes de capital.

Preencha o quadro de amortização do empréstimo, no pressuposto de que o prémio de amortização de 0,50 € se encontra, agora, incluído no montante da prestação.

O número de obrigações a amortizar em cada período obtém-se, também aqui, recorrendo a [7.7], ou seja, dividindo o número total de obrigações emitidas pelo número de reembolsos a efetuar. Logo

$$\bar{m} = \frac{300.000}{3} = 100.000 \text{ obrigações}$$

Enquanto isso, o montante da amortização resultou da multiplicação de $\bar{m}$ pelo valor de reembolso, isto é,

$$\bar{M} = 100.000 \times (10\text{ €} + 0{,}50\text{ €}) = 1.050.000\text{ €}$$

sendo aqui que reside a principal diferença relativamente à amortização ao par que estudámos no ponto anterior[19].

---

[19] Atenda-se, porém, a que o montante de encargos financeiros a suportar em cada período, no caso da amortização se efetuar acima do par e através de quotas constantes de capital, é exatamente igual quando o prémio de reembolso é pago separadamente ou quando se encontra incluído no valor da prestação.

(em €)

Tempo	Nº obrig. vivas	V_n obrig. vivas	Juro (J_k)	Nº obrig. amortizar	Amortização ($\bar{M}$)	Prestação (C_k)	Nº obrig. mortas
1	300.000	3.000.000	450.000	100.000	1.050.000	1.500.000	100.000
2	200.000	2.000.000	300.000	100.000	1.050.000	1.350.000	200.000
3	100.000	1.000.000	150.000	100.000	1.050.000	1.200.000	300.000

b) Se pagarmos, em cada cupão, o valor correspondente a uma ***quota constante de capital e juros***, torna-se problemático apurar o valor da prestação, uma vez que esta é composta por duas parcelas calculadas sobre montantes de referência diferentes: enquanto a amortização de capital é determinada tendo por base o valor de reembolso das obrigações, os juros são calculados sobre o respetivo valor nominal.

Vamos, então, recorrer a um expediente de cálculo que nos permita contornar esta situação e que é o de considerar a existência de um ***empréstimo fictício***, no qual os juros são calculados sobre o valor de reembolso. No âmbito desse empréstimo, vamos determinar a ***taxa de juro fictícia*** que possibilita a seguinte equivalência:

$$i \times V_n = i' \times V_r$$

sendo i' a taxa que, uma vez aplicada sobre o valor de reembolso, produz o mesmo juro que a taxa i aplicada sobre o valor nominal das obrigações.

Esta taxa não existe na realidade (por isso se diz fictícia), sendo apenas utilizada, como de início se referiu, como expediente de cálculo. Teremos, assim, que

$$i' = \frac{V_n}{V_r} \times i \qquad [7.10]$$

Sendo $V_n < V_r$, uma vez que o reembolso é feito acima do par, resulta claro que $i' < i$.

Nestas circunstâncias, o capital a amortizar será igual a $N \times V_r$. Logo resolvendo a seguinte expressão em ordem a $\bar{C}$

$$N \times V_r = \bar{C} \times \frac{1-(1+i')^{-n}}{i'} \qquad [7.11]$$

determinamos o valor da ***anuidade teórica de amortização***, no caso de amortizarmos acima do par, através de prestações constantes, e estando o prémio de reembolso incluído no valor da prestação.

EXEMPLO: Consideremos, de novo, o empréstimo obrigacionista titulado através de 400.000 obrigações, de valor nominal igual a 7,5 €, amortizado através de 5 anuidades constantes de capital e juros, que estudámos em 4.1. Sendo a taxa de cupão também de 6% ao ano, elabore o quadro de amortização do empréstimo, atendendo a que o prémio de reembolso de 0,50 € se inclui no valor da prestação.

Como a amortização ocorre acima do par e o prémio de reembolso se encontra incluído no valor da prestação, vamos, primeiramente, determinar a taxa de juro fictícia que nos permitirá o cálculo da *anuidade teórica de amortização*. Recorrendo a [7.10], vem que

$$i' = \frac{V_n}{V_r} \times i$$

e substituindo pelo valores respetivos, teremos que

$$i' = \frac{7{,}50\ €}{8\ €} \times 6\%$$

$$i' = 5{,}625\%$$

sendo esta a taxa que nos permite encontrar a anuidade teórica de amortização.

Em acordo com a expressão formalizada em [7.11],

$$N \times V_r = \bar{C} \times \frac{1-(1+i')^{-n}}{i'}$$

obtém-se

$$400.000 \times 8\ € = \bar{C} \times \frac{1-(1+5{,}625\%)^{-5}}{5{,}625\%}$$

donde resulta

$$\bar{C} = 751.935{,}09\ €$$

O quadro de amortização do empréstimo preenche-se, mais uma vez, respeitando os princípios apontados em 4.1, para o caso de reembolso através de prestações constantes de capital e juros.

No que concerne à taxa de juro a aplicar, convém recordar que a taxa de juro fictícia constitui um mero expediente de cálculo, resultando os juros pagos em cada período da multiplicação da taxa de cupão pelo valor nominal das obrigações vivas, tal como sucedia nas restantes possibilidades.

Acolhendo estas considerações, no caso presente, obteremos o quadro de amortização seguinte.

(em €)

TEMPO	Nº obrig. vivas	V_n obrig. vivas	Juro (J_k)	Nº obrig. amortizar	Amortização (M_k)	Prestação ($\overline{C}$)	Nº obrig. mortas
1	400.000	3.000.000	180.000	71.492	571.936	751.936	71.492
2	328.508	2.463.810	147.828,60	75.513	604.104	751.932,60	147.005
3	252.995	1.897.462,50	113.847,75	79.761	638.088	751.935,75	226.766
4	173.234	1.299.255	77.955,30	84.247	673.976	751.931,30	311.013
5	88.987	667.402,50	40.044,15	88.987 (*)	711.896	715.940,15	400.000

(*) – valor ajustado

Do confronto entre o quadro de amortização acima e o que elaborámos tomando os mesmos elementos, mas com o prémio de amortização pago separadamente, decorrem algumas diferenças que passamos a apontar. Desde logo, o montante de encargos financeiros a suportar em cada período, na modalidade de amortização através de prestações constantes de capital e juros, ***não é idêntico*** nos casos em que o prémio de reembolso é pago separadamente ou incluído no valor da prestação[20], ao contrário do que sucede no processo de amortização por intermédio de quotas constantes de capital. Observando

[20] O prémio de reembolso será constante quando o empréstimo é amortizado através de quotas de capital também constantes. Enquanto isso, o prémio de reembolso será crescente no caso de a amortização ocorrer por intermédio de prestações constantes de capital e juros. Com efeito, m_k é crescente em k, resultando, assim, um prémio de reembolso a liquidar em cada período também crescente.

ambos os quadros, verificamos, ainda, que o ritmo de amortização do empréstimo varia num caso e noutro, por não ser coincidente o número de obrigações amortizadas em cada período (m_k).

Uma vez aqui chegados, somos confrontados com uma questão de natureza prática. Como se processa o reembolso das obrigações? Como se determina que são aquelas as obrigações a amortizar e não outras?

A modalidade mais frequente, entre nós, é a da ***amortização por sorteio***; estando as obrigações previamente numeradas, em cada período de tempo, é identificado um determinado lote de obrigações a resgatar, escolhido aleatoriamente, de acordo com as leis das probabilidades.

Existem, porém, outras possibilidades, em que destacamos o ***reembolso por redução do valor nominal***, a qual vem sendo utilizada, de modo crescente, no contexto português e que passamos a expor de seguida.

4.3. Reembolso por redução do valor nominal

Embora se trate também de uma forma de amortização periódica, uma vez que o reembolso vai ocorrendo regularmente, esta modalidade comporta algumas particularidades relativamente às hipóteses estudadas nos pontos anteriores.

Desde logo, enquanto nas restantes possibilidades era amortizado ***na íntegra***, em cada momento k, um número determinado de obrigações ($\overline{m}$ ou m_k), no caso presente, é amortizada uma ***certa percentagem do valor nominal de todas as obrigações***, correspondente a 100%/n. Neste sentido, se o reembolso ocorre por redução do valor nominal, tal significa que ***a amortização é efetuada, necessariamente, ao par***, não havendo, assim, prémio de reembolso.

Dada a utilização crescente desta modalidade, surge a questão de saber o que torna atrativo este tipo de empréstimos, mormente na perspetiva dos subscritores. Com efeito, ao invés do que ocorre nas modalidades anteriormente descritas, em que o resgate da carteira do obrigacionista fica à mercê de fatores aleatórios, o investidor poderá agora antecipar com exatidão o retorno do investimento. Tal faculdade tenderá, inclusive, a contrapesar a inexistência de prémio de reembolso.

EXEMPLO: Considere o seguinte empréstimo obrigacionista:
- Nº de obrigações: 100.000;
- Valor nominal: 5 €;
- Valor de emissão: 5 €;
- Taxa de juro: 12% ao ano;
- Número de reembolsos: 4;
- Amortização: no final de cada ano, por redução do V_n.

Em presença dos dados referidos, elabore o quadro de amortização do empréstimo.

Sendo que na amortização por redução do V_n é resgatada uma parcela de ***todas*** as obrigações, no quadro são *dispensáveis* as colunas referentes ao *número de obrigações vivas* e ao *número de obrigações a amortizar em cada período.* Por sua vez, a coluna referente ao *número de obrigações mortas* dará lugar a uma outra, indicando o montante correspondente ao *valor nominal* das obrigações já *amortizado.*

No caso presente, como n = 4, em cada reembolso o valor nominal das obrigações reduzir-se-á em $100\%/4$, logo em 25%. Uma vez que $V_n = 5$ €, em cada reembolso observar-se-á uma redução do valor nominal correspondente a 1,25 € por obrigação, logo no montante de 100.000 × 1,25 € = 125.000 € para todo o empréstimo.

No concernente ao montante dos juros, este será calculado, em cada período, tendo por base o valor nominal das obrigações vivas. O quadro de amortização surgirá:

(em €)

TEMPO	Vn obrig. vivas	Juro (J_k)	Montante do V_n a amortizar	Prestação (C_k)	Valor nominal amortizado
1	500.000	60.000	125.000	185.000	125.000
2	375.000	45.000	125.000	170.000	250.000
3	250.000	30.000	125.000	155.000	375.000
4	125.000	15.000	125.000	140.000	500.000

Sublinhe-se que, em termos financeiros, na perspetiva da entidade emitente, para o mesmo capital mutuado, o mesmo número de reembolsos e a mesma taxa de cupão, esta possibilidade é perfeitamente equivalente àquela em que se amortizam quotas constantes de capital, uma vez que ambas as hipóteses conduzem aos mesmos encargos. Será, porém, diferente no entendimento de quem subscreve; nesta hipótese, o investimento torna-se, eventualmente, mais atrativo, uma vez que os reembolsos, além de perfeitamente previsíveis, se distribuem de forma homogénea por todos os obrigacionistas.

5. Vida média, vida mínima e vida máxima das obrigações

A ***vida média das obrigações*** é a média aritmética dos períodos em que se processam as amortizações, ponderados pelo número de obrigações amortizadas em cada período e dividindo pelo total das ponderações, o mesmo é dizer, pelo número total das obrigações emitidas.

Assim sendo, notando por $V_{\text{média}}$ a vida média das obrigações que compõem um dado empréstimo obrigacionista, resulta que

$$V_{\text{média}} = \frac{1 \times m_1 + 2 \times m_2 + ... + n \times m_n}{N}$$

Em ***termos genéricos***, a vida média das obrigações pode ser obtida através da seguinte fórmula:

$$V_{\text{média}} = w + \frac{1}{N} \sum_{k=1}^{n} k \times m_k \qquad [\,7.12\,]$$

sendo w o período de diferimento do reembolso, caso este exista.

Não havendo período de diferimento – que é, aliás, a situação mais vulgar no contexto dos empréstimos obrigacionistas –, $w = 0$, logo a fórmula pode, muito simplesmente, ser escrita do seguinte modo:

$$V_{\text{média}} = \frac{1}{N} \sum_{k=1}^{n} k \times m_k \qquad [\,7.13\,]$$

A expressão anterior aplica-se, fundamentalmente, no caso de se efetuarem prestações constantes de capital e juros, isto é, de se amortizarem quotas crescentes de capital e donde, por consequência, $m_1 \neq m_2 \neq ... \neq m_n$. Porém, se retivermos a possibilidade de amortizarmos quotas constantes de capital, neste caso, m é constante e a vida média das obrigações corresponde, necessariamente, ao ***ponto médio*** entre os momentos do primeiro e do último reembolso.

Para além disso, a vida média das obrigações traduz o número médio de períodos de tempo que o empréstimo obrigacionista demora a ser amortizado ou, de outra forma, o número de períodos de tempo que as obrigações se encontram em circulação.

EXEMPLO: Considere um empréstimo titulado por 500.000 obrigações, a amortizar através de 5 quotas anuais constantes de capital. Calcule a vida média das obrigações do empréstimo e interprete o resultado obtido.

Para determinarmos a *vida média* do empréstimo, necessitamos de conhecer quantas obrigações são amortizadas em cada período. Como estamos em presença do sistema de amortização através de quotas constantes de capital, resulta que

$$\bar{m} = \frac{N}{n}$$

logo

$$\bar{m} = \frac{500.000}{5} = 100.000 \text{ obrigações,}$$

número este que se mantém constante ao longo de todo o empréstimo. Aplicando [7.13], resulta

$$V_{\text{média}} = \frac{1 \times 100.000 + 2 \times 100.000 + 3 \times 100.000 + 4 \times 100.000 + 5 \times 100.000}{500.000}$$

$$V_{\text{média}} = \frac{1.500.000}{500.000}$$

$$V_{\text{média}} = 3 \text{ anos}$$

Significa, então, que, em média, as obrigações deste empréstimo circulam durante 3 anos, o que corresponde, na ótica do emitente, ao prazo médio pagamento da dívida e, na perspetiva do subscritor, ao tempo médio de recuperação do investimento.

Sendo que o primeiro resgate ocorre em n = 1 e o último em n = 5, a vida média das obrigações, no caso em apreço, vai coincidir com o ponto médio entre esses dois momentos, conforme se observa no esquema seguinte.

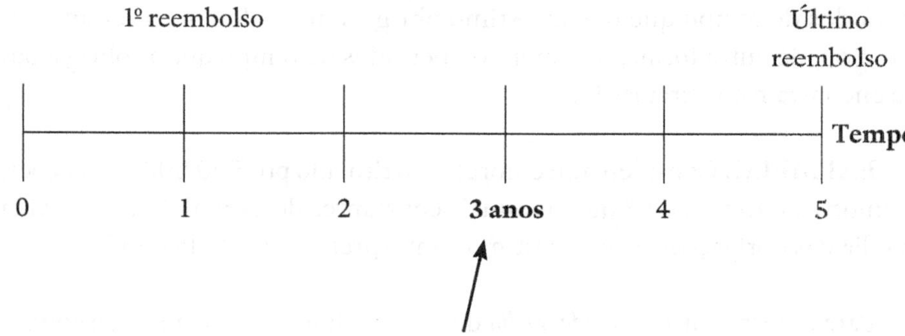

Tomemos um outro exemplo, considerando, desta feita, a amortização do empréstimo através de prestações crescentes de capital.

EXEMPLO: Um determinado empréstimo, titulado por intermédio de 10.000 obrigações, foi amortizado através de 5 anuidades constantes de capital e juros, donde resultou que $m_1 = 1.882$ obrigações, $m_2 = 1.938$ obrigações, $m_3 = 1.996$ obrigações, $m_4 = 2.061$ obrigações e $m_5 = 2.123$ obrigações. Qual a vida média deste empréstimo?

Recorrendo, de novo, a [7.13], surge

$$V_{média} = \frac{1 \times 1.882 + 2 \times 1.938 + 3 \times 1.996 + 4 \times 2.061 + 5 \times 2.123}{10.000}$$

$$V_{média} = = \frac{1.882 + 3.876 + 5.988 + 8.244 + 10.615}{10.000}$$

$$V_{média} = = \frac{30.605}{10.000}$$

$$V_{média} = 3{,}0605 \text{ anos}$$

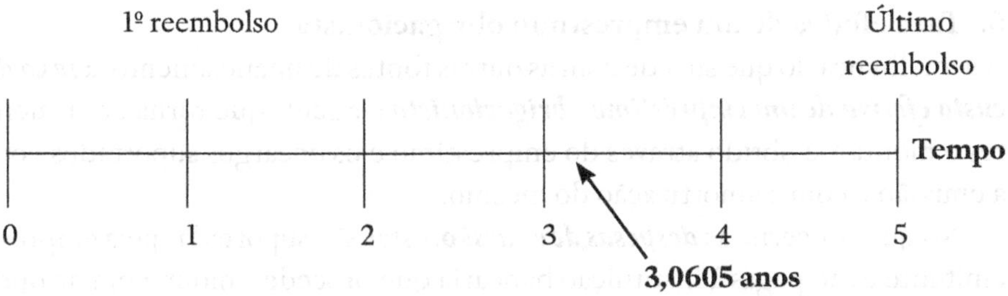

No caso vertente, a vida média das obrigações vai situar-se para além do ponto médio entre os momentos do primeiro e do último reembolso; como a amortização é efetuada por intermédio de prestações crescentes de capital, os momentos correspondentes à segunda metade do empréstimo surgem ponderados por maior número de obrigações, o que "desloca" a expressão do indicador.

A vida média das obrigações está na base da construção de outros indicadores mais complexos, utilizados, de modo recorrente, no contexto dos mercados financeiros[21].

Não fará, porém, sentido determinarmos a vida média das obrigações no caso de o reembolso se efetuar por redução do valor nominal, uma vez que todas as obrigações se encontrarão em circulação, desde o início ao termo do empréstimo, embora com um valor nominal decrescente.

Para além do conceito de vida média das obrigações, poderemos, ainda, apontar os conceitos de ***vida mínima*** e de ***vida máxima*** das obrigações.

A ***vida mínima*** ($V_{mínima}$) corresponde ao período em que todas as obrigações emitidas se encontram ainda em circulação ou, de outro modo, ao período que vai desde a emissão até à ocorrência do primeiro reembolso. Resulta, então, claro que a vida mínima é igual a 1, caso não haja diferimento no reembolso, ou, então, a $w + 1$, caso esse diferimento exista.

Enquanto isso, a ***vida máxima*** equivale ao último período de amortização (uma vez que até lá haverá obrigações ainda em circulação), logo a $w + n$, com w a ser o período de diferimento, ou simplesmente a n, caso esse diferimento não ocorra.

---

[21] Referimo-nos, entre outros, à duração de Macaulay. A este propósito, cfr. Quelhas e Neves (2012).

6. Taxa efetiva de um empréstimo obrigacionista

À semelhança do que sucede com as outras fontes de financiamento, a ***taxa de custo efetiva de um empréstimo obrigacionista*** é aquela que torna equivalentes o montante obtido através do empréstimo e os encargos suportados com a emissão e com a amortização do mesmo.

No que concerne às ***despesas de emissão***, estas são suportadas pela empresa emitente e são pagas à instituição bancária que procede à montagem da operação de financiamento e à colocação dos títulos. Entre nós, estas despesas assumem, geralmente, a forma de uma comissão, que corresponde a uma dada percentagem do valor do empréstimo.

Por outro lado, tal como apontámos anteriormente, o valor de emissão das obrigações não coincide necessariamente com o valor de reembolso, pelo que o montante do encaixe financeiro proporcionado pelo empréstimo nem sempre é igual ao valor a amortizar.

Deste modo, a taxa de custo efetiva suportada pela empresa emitente não vai coincidir com a rendibilidade auferida pelo subscritor. Na verdade, a taxa de custo suportada pela empresa emitente comporta a rendibilidade do subscritor e, bem assim, a remuneração da entidade bancária pelo serviço de montagem da operação de financiamento.

Assim, a taxa de custo efetiva de um empréstimo obrigacionista é a que permite igualar o valor de emissão do empréstimo, deduzido dos encargos inerentes a essa emissão, e os encargos financeiros futuros daí decorrentes, atualizados a essa mesma taxa.

Logo, a ***taxa de custo efetiva de um empréstimo obrigacionista é a taxa r*** que satisfaz a condição

$$\mathrm{N} \times V_{\mathrm{e}} - D_0 = \sum_{\mathrm{k}=1}^{\mathrm{n}} \frac{C_{\mathrm{k}} + D_{\mathrm{k}}}{(1+r)^{\mathrm{k}}} \qquad [7.14]$$

sendo D_0 o montante de despesas de emissão, C_k o montante de despesas de amortização (capital + juros) e D_k o montante de eventuais encargos a pagar em cada período (como é o caso das despesas cobradas pela entidade responsável pela organização do empréstimo no momento de cada reembolso).

EXEMPLO: Atenda às seguintes colunas de um quadro de amortização, referente a um certo empréstimo obrigacionista, emitido abaixo do par pelo valor de 0,90 € e amortizado através de prestações semestrais constantes de capital e juros. Sabendo que foram pagas despesas de emissão correspondentes a 1,5% do valor nominal do empréstimo e despesas de amortização de 1 cêntimo relativamente a cada obrigação reembolsada, formalize a expressão que permite conhecer o custo efetivo da fonte de financiamento.

(em €)

TEMPO	Nº obrig. vivas	V_n obrig. vivas	Juros	Nº obrig. amortizar	Amortização	Prestação	Nº obrig. mortas
1	600.000	600.000	21.000	92.336	101.569,60	122.569,60	92.336
2	507.664	507.664	17.768,24	95.274	104.801,40	122.569,64	187.610
3	412.390	412.390	14.433,65	98.305	108.135,50	122.569,15	285.915
4	314.085	314.085	10.993	101.433	111.576,30	122.569,30	387.348
5	212.652	212.652	7.442,82	104.661	115.127,10	122.569,92	492.009
6	107.991	107.991	3.779,69	107.991	118.790,10	122.569,79	600.000

Da observação dos valores contidos no quadro, concluímos que o empréstimo é constituído por 600.000 obrigações de valor nominal igual a 1 €. Consideradas as despesas de emissão, o encaixe financeiro permitido pelo empréstimo é o seguinte:

$$\mathrm{N} \times V_e - D_0 = 600.000 \times 0{,}90\,€ - (600.000 \times 1\,€) \times 1{,}5\%$$
$$\mathrm{N} \times V_e - D_0 = 540.000\,€ - 9.000\,€$$
$$\mathrm{N} \times V_e - D_0 = 531.000\,€$$

O montante de cada uma das prestações surge no quadro, o qual deverá ser acrescido das despesas de amortização de $m_k \times 0{,}01$ €, suportadas em cada resgate. Assim sendo, a taxa de custo efetiva do empréstimo obrigacionista é a taxa r que verifica a condição

$$531.000€ = \frac{122.569{,}60€ + 92.336 \times 0{,}01€}{1+r} + \frac{122.569{,}64€ + 95.274 \times 0{,}01€}{(1+r)^2} +$$
$$+ \frac{122.569{,}15€ + 98.305 \times 0{,}01€}{(1+r)^3} + \frac{122.569{,}30€ + 101.433 \times 0{,}01€}{(1+r)^4} +$$
$$+ \frac{122.569{,}92€ + 104.661 \times 0{,}01€}{(1+r)^5} + \frac{122.569{,}79€ + 107.991 \times 0{,}01€}{(1+r)^6}$$

logo

$$531.000\,€=\frac{123.492,96€}{1+r}+\frac{123.522,38€}{(1+r)^2}+\frac{123.552,20€}{(1+r)^3}+\frac{123.583,63€}{(1+r)^4}+$$

$$+\frac{123.616,53€}{(1+r)^5}+\frac{123.649,70€}{(1+r)^6}$$

Tratando-se de semestralidades, a taxa r será a taxa de custo semestral. A taxa de custo anual poderia, então, ser obtida através de uma relação de equivalência.

Ainda no que concerne à taxa de custo efetiva de um empréstimo obrigacionista, diremos, por último, que esta ***iguala a taxa de juro do cupão*** quando se observam, simultaneamente, três condições:

- $V_e = V_n$, o que significa que a emissão ocorre ao par;
- $V_n = V_r$, ou seja, o reembolso será realizado também ao par;
- Ausência de despesas, tanto de emissão como de resgate.

7. Retorno das obrigações

A expressão formalizada em [7.14], uma vez contempladas as necessárias adaptações, pode também ser aplicada ao caso em que se pretende determinar a rendibilidade associada a uma dada carteira de títulos.

Neste caso, a ***taxa de rendibilidade de uma carteira de obrigações*** é a taxa que torna equivalentes o montante despendido pelo investidor no momento da subscrição e o somatório dos fluxos financeiros futuros correspondentes ao retorno desse investimento.

Desde logo, é de reter que os encargos bancários inerentes à emissão e à amortização do empréstimo não afetam a rendibilidade dos obrigacionistas, por serem pagos pela entidade emitente à instituição que procede à montagem da operação de financiamento. Sendo N_s o número de obrigações subscritas por um certo investidor e R_k o montante que lhe é pago em cada momento, a taxa de rendibilidade deste obrigacionista será a taxa r_o que permite igualar a expressão

$$N_s \times V_e = \sum_{k=1}^{n} \frac{R_k}{(1+r_o)^k} \qquad [7.15]$$

EXEMPLO: Um empréstimo obrigacionista foi emitido e amortizado ao par, por intermédio de 4 resgates anuais, tendo sido o valor de reembolso de 5 € por obrigação. Ao detentor de 4.000 obrigações, foram amortizadas 276 aquando do primeiro resgate, 1.512 aquando do segundo e 1.873 aquando do terceiro. Sabendo que foram pagos cupões à taxa de 6,5%, formalize a expressão que permitiria encontrar a taxa de rendibilidade deste investidor.

No **1º momento**, foram resgatadas 276 obrigações, pelo que terá recebido, a título de amortização, 276 × 5 € = 1.380 € e 4.000 × 5 € × 6,5% = 1.300 €, a título de juros.

No **2º momento**, foram amortizadas 1.512 obrigações, pelas quais este investidor recebeu 1.512 × 5 € = 7.560 €, mais (4.000 – 276) × 5 € × 6,5% = = 1.210,30 € referentes a juros.

No **3º momento**, foram resgatadas 1.873 obrigações, cujo reembolso foi de 1.873 × 5 € = 9.365 €; o montante de juros recebidos foi de 2.212 × 5 € × × 6,5% = 718,90 €.

Por último, no **4º momento**, foram resgatadas as últimas obrigações em circulação (4.000 – 276 – 1.512 – 1.873), tendo recebido 339 × 5 € = 1.695 €; em termos de juros, foram pagos 1.695 € × 6,5% = 110,18 €.

Posto isto, podemos formalizar a expressão que permitiria calcular a rendibilidade deste subscritor recorrendo a [7.15], sendo que

$$4.000 \times 5\,€ = \frac{1.380 + 1.300€}{1 + r_o} + \frac{7.560 + 1.210{,}3€}{(1 + r_o)^2} + \frac{9.365 + 718{,}9€}{(1 + r_o)^3} + \frac{1.695 + 110{,}18€}{(1 + r_o)^4}$$

ou ainda

$$20.000€ = \frac{2.680€}{1 + r_o} + \frac{8.770{,}3€}{(1 + r_o)^2} + \frac{10.083{,}9€}{(1 + r_o)^3} + \frac{1.805{,}18€}{(1 + r_o)^4}$$

Esta é a expressão que permitiria calcular a rendibilidade deste subscritor, correspondendo r_o a essa rendibilidade.

8. Vantagem relativa das obrigações

Dada a multiplicidade de fontes de financiamento existentes no mercado, as empresas são frequentemente confrontadas com a necessidade de decidir qual é a que se revela mais adequada a cada situação, ou seja, qual é a que acarreta custos menores. É neste sentido que surge o conceito de ***vantagem relativa das obrigações*** (adiante designado abreviadamente por VRO), que permite comparar o custo efetivo do empréstimo obrigacionista com o custo efetivo inerente às fontes de financiamento alternativas.

Como referimos no ponto anterior, a taxa de custo efetiva de um empréstimo obrigacionista é a que permite tornar equivalentes o montante captado através desse empréstimo e os encargos financeiros futuros daí decorrentes.

Por sua vez, a ***vantagem relativa das obrigações*** obtém-se através do diferencial existente entre o montante líquido do financiamento e o somatório dos encargos financeiros decorrentes do empréstimo, atualizados à taxa de custo efetiva da fonte de financiamento alternativa. Logo, teremos

$$VRO = (N \times V_e - D_0) - \sum_{k=1}^{n} \frac{C_k + D_k}{(1+g)^k} \qquad [7.16]$$

com ***g*** a significar o ***custo efetivo da fonte de financiamento alternativa***, seja ela o crédito bancário de médio e longo prazo, o *leasing* ou outra.

Se a VRO for ***positiva***, significa que o custo efetivo do empréstimo obrigacionista é menor que o da fonte de financiamento alternativa, havendo, por isso, vantagem em recorrer à emissão de obrigações.

Se a VRO for ***negativa***, tal implica, de modo inverso, que o custo efetivo do empréstimo obrigacionista é maior que o da fonte de financiamento alternativa, devendo, então, a entidade emitente optar pela segunda possibilidade.

Na verdade, a VRO seria ***nula*** se os encargos financeiros decorrentes do empréstimo obrigacionista $(C_k + D_k)$ fossem atualizados à respetiva taxa de custo efetiva.

A VRO assume um valor positivo no caso de os encargos financeiros serem atualizados a uma taxa g superior à taxa de custo efetiva do empréstimo obrigacionista, pelo que se diz que esta modalidade de financiamento se apresenta vantajosa relativamente às restantes; enquanto isso, a VRO assume um valor negativo quando os encargos financeiros são reportados para o momento atual recorrendo a uma taxa de atualização g menor que a taxa de custo efetiva do empréstimo obrigacionista.

EXEMPLO: Reconsidere o empréstimo obrigacionista cujo quadro de amortização apresentámos no ponto 6 do presente Capítulo.

Uma instituição financeira da praça possibilita à entidade emitente o recurso a um empréstimo no montante líquido do financiamento à taxa efetiva semestral de 5%. Em seu entender, qual das duas fontes de financiamento seria preferível?

Recorrendo à expressão formalizada em [7.16], vamos calcular a vantagem relativa das obrigações, considerando uma taxa efetiva semestral de 5% para a fonte de financiamento alternativa. Surge, então, que

$$VRO = 531.000\ € - \left[\frac{123.492{,}96€}{1+5\%} + \frac{123.522{,}38€}{(1+5\%)^2} + \frac{123.552{,}20€}{(1+5\%)^3} + \right.$$

$$\left. + \frac{123.583{,}63€}{(1+5\%)^4} + \frac{123.616{,}53€}{(1+5\%)^5} + \frac{123.649{,}70€}{(1+5\%)^6}\right] +$$

$$VRO = 531.000\ € - [117.612{,}34\ € + 112.038{,}44\ € + 106.729{,}04\ € +$$

$$+ 101.672{,}59\ € + 96.856{,}79\ € + 92.269{,}31\ €]$$

$$VRO = 531.000\ € - 627.178{,}51\ €$$

$$VRO = -\ 96.178{,}51\ €$$

No caso presente, a vantagem relativa das obrigações é negativa, o que indica que é mais vantajoso para a entidade emitente recorrer à fonte de financiamento alternativa.

É, porém, de esperar que a VRO referente a um qualquer empréstimo obrigacionista apresente um valor positivo, uma vez que as taxas praticadas neste tipo de empréstimo são, em regra, menores que as observadas nas tradicionais operações de crédito bancário. Ao mesmo tempo, também a remuneração dos investidores é superior àquela que obteriam se aplicassem as suas poupanças em depósitos a prazo ou em produtos financeiros afins.

Na verdade, tal como referimos oportunamente, os empréstimos obrigacionistas podem ser enquadrados nas denominadas *operações de desintermediação financeira*, nas quais as entidades bancárias se limitam a organizar a operação de financiamento, não procedendo à cedência de fundos próprios.

EXERCÍCIOS RESOLVIDOS:

1 – A empresa ABC, Lda emitiu um empréstimo obrigacionista titulado por 600.000 obrigações, no montante de 600.000 €, nas seguintes condições:

- prémio de reembolso: 0,10 €;
- amortização através de quotas semestrais constantes de capital;
- cupões pagos semestralmente à taxa anual nominal de 7%;
- duração do contrato: 3 anos.

Elabore o quadro de amortização do empréstimo.

Resolução:

Sendo M constante, teremos que em cada semestre vamos amortizar 100.000 obrigações $\left(\frac{600.000}{6}\right)$, uma vez que o prazo total do empréstimo é de 3 anos. Por sua vez, $V_n = 1$ €, dado o montante de referência do empréstimo; donde vem que

$$\overline{M} = \overline{m} \times V_r = 100.000 \times 1{,}10\ € = 110.000\ €$$

À taxa anual de 7% vai equivaler a taxa semestral de 3,5%, que incide sobre o valor nominal das obrigações vivas. Recorremos à taxa semestral uma vez que os cupões são pagos ao semestre[22]. Deste modo, o quadro de amortização é o seguinte:

[22] Esta é, aliás, a situação com maior aderência à realidade, pelo menos para o caso português.

(em €)

TEMPO	Nº obrig. vivas	V_n obrig. vivas	Juros (J_k)	Nº obrig. amortizar	Amortização ($\bar{M}$)	Prestação (C_k)	Nº obrig. mortas
1	600.000	600.000	21.000	100.000	110.000	131.000	100.000
2	500.000	500.000	17.500	100.000	110.000	127.500	200.000
3	400.000	400.000	14.000	100.000	110.000	124.000	300.000
4	300.000	300.000	10.500	100.000	110.000	120.500	400.000
5	200.000	200.000	7.000	100.000	110.000	117.000	500.000
6	100.000	100.000	3.500	100.000	110.000	113.500	600.000

2 – Elabore, de novo, o quadro do exercício anterior, sabendo que o mesmo empréstimo foi agora amortizado através de prestações constantes de capital e juros.

Resolução:

Neste caso, como o reembolso é efetuado acima do par (atenda-se a que $V_r = 1{,}10$ €) e a amortização ocorre por intermédio de prestações constantes de capital e juros, temos que, primeiramente, determinar a taxa de juro fictícia equivalente à taxa de cupão[23], para então calcularmos o montante dessas prestações. Assim sendo,

$$i \times V_n = i' \times V_r$$

donde, substituindo, vem

$$3{,}5\% \times 1\ € = i' \times 1{,}10\ €$$

$$i' = 3{,}(18)\%$$

$$i' \cong 3{,}18\%$$

[23] Tal como no problema anterior, considera-se que o prémio de reembolso se encontra incluído no valor da prestação.

O valor a liquidar pela empresa emitente vai ser de 660.000 €, isto é, 100.000 obrigações a multiplicar pelo valor de reembolso 1,10 €. Então, recorrendo a [7.11] e substituindo nela os valores correspondentes, obtemos

$$660.000\ € = \bar{C} \times \frac{1-(1+3{,}18\%)^{-6}}{3{,}18\%}$$

$$660.000\ € = \bar{C} \times 5{,}3846988$$

$$\bar{C} = 122.569{,}53\ €$$

que é o montante da ***prestação teórica de amortização***, que, no caso, é paga ao semestre.

O preenchimento do quadro de amortização ocorre de acordo com os procedimentos descritos em 4.1, donde resulta:

(em €)

TEMPO	Nº obrig. vivas	V_n obrig. vivas	Juros (J_k)	Nº obrig. amortizar	Amortização (M_k)	Prestação ($\bar{C}$)	Nº obrig. mortas
1	600.000	600.000	21.000	92.336	101.569,60	122.569,60	92.336
2	507.664	507.664	17.768,24	95.274	104.801,40	122.569,64	187.610
3	412.390	412.390	14.433,65	98.305	108.135,50	122.569,15	285.915
4	314.085	314.085	10.993	101.433	111.576,30	122.569,30	387.348
5	212.652	212.652	7.442,82	104.661	115.127,10	122.569,92	492.009
6	107.991	107.991	3.779,69	107.991	118.790,10	122.569,79	600.000

3 – De modo a ampliar as suas instalações fabris, a empresa GERVÁSIO, SA emitiu um empréstimo obrigacionista nas seguintes condições:

– nº de obrigações emitidas: 100.000;
– valor nominal de cada obrigação: 5 €;
– prémio de emissão: 0,35 €;
– prémio de reembolso: 0,60 €;
– amortização através de prestações anuais constantes de capital e juros;
– o juro anual vencido por cada obrigação é de 0,28 €;
– prazo de amortização: 5 anos.

Tendo em atenção os elementos acima indicados:

a) Elabore o quadro de amortização do referido empréstimo.
b) Formalize a expressão que lhe permitiria calcular a taxa de custo efetiva deste financiamento.
c) Qual seria esse custo no caso de tanto a emissão como o reembolso serem efetuados ao par? Considere ainda que a instituição bancária encarregue da organização do empréstimo não cobrou quaisquer encargos pelos seus serviços. Justifique sem efetuar quaisquer cálculos.

Resolução:

a) Sendo desconhecida a taxa de juro do cupão, o primeiro passo será o de determinar essa mesma taxa, o que, aliás, se revela simples, uma vez que sabemos o valor nominal da obrigação e o montante do cupão pago anualmente. Deste modo,

$$i = \frac{J_k}{V_n} = \frac{0{,}28€}{5€} = 0{,}056 = 5{,}6\%$$

Para além disso, sendo a amortização efetuada acima do par e por intermédio de prestações anuais constantes de capital e juros, necessitamos de apurar, previamente, a *taxa de juro fictícia*, de modo a podermos determinar o montante da *prestação teórica*, tal como sucedia, aliás, no exercício anterior. Logo

$$i \times V_n = i' \times V_r$$

pelo que, substituindo, teremos

$$5{,}6\% \times 5\,€ = i' \times 5{,}60\,€$$

$$i' = \frac{5{,}6\% \times 5€}{5{,}60€}$$

$$i' = 5\%$$

Recorrendo a esta taxa, determinamos o valor das prestações, sendo que o montante do capital em dívida resulta da multiplicação das 100.000 obrigações pelo valor de reembolso, isto é, por 5,60 €, perfazendo, assim, a quantia de 560.000 €. Aplicando a expressão encontrada em [7.11], resulta que

$$560.000\ € = \bar{C} \times \frac{1-(1+5\%)^{-5}}{5\%}$$

$$560.000\ € = \bar{C} \times 4{,}3294766$$

$$\bar{C} = 129.345{,}89\ €$$

valor que corresponde à *anuidade teórica de amortização.*

No preenchimento do quadro, retomamos os procedimentos descritos em 4.1.

(em €)

TEMPO	Nº obrig. vivas	V_n obrig. vivas	Juros (J_k)	Nº obrig. amortizar	Amortização (M_k)	Prestação ($\bar{C}$)	Nº obrig. mortas
1	100.000	500.000	28.000	18.097	101.343,20	129.343,20	18.097
2	81.903	409.515	22.932.84	19.002	106.411,20	129.344,04	37.099
3	62.901	314.505	17.612,28	19.952	111.731,20	129.343,48	57.051
4	42.949	214.745	12.025,72	20.950	117.320	129.345,72	78.001
5	21.999	109.995	6.159,72	21.999 (*)	123.194,40	129.354,12	100.000

(*) – Trata-se de um valor ajustado, de modo a que o número de obrigações amortizadas coincida com o número de obrigações em circulação; o valor real obtido era de 21.998 obrigações.

b) Podemos formalizar a expressão que nos permitiria calcular o custo efetivo deste financiamento recorrendo à fórmula encontrada em [7.14], uma vez substituídos os valores correspondentes. Donde, não havendo despesas, o montante do encaixe financeiro proporcionado pelo empréstimo resulta da multiplicação do número de obrigações pelo valor recebido por cada uma delas, isto é, pelo valor de emissão. Por sua vez, o encargo a suportar em cada ano com a amortização do empréstimo não é exatamente constante, conforme decorre dos valores inscritos no quadro da alínea anterior. Logo, teremos

$$100.000 \times 4{,}65\ € = \frac{129.343{,}20€}{1+r} + \frac{129.344{,}04€}{(1+r)^2} + \frac{129.343{,}48€}{(1+r)^3} +$$

$$+ \frac{129.345{,}72€}{(1+r)^4} + \frac{129.345{,}12€}{(1+r)^5}$$

ou ainda

$$465.000\ € = \frac{129.343{,}2€}{1+r} + \frac{129.344{,}04€}{(1+r)^2} + \frac{129.343{,}48€}{(1+r)^3} +$$

$$+ \frac{129.345{,}72€}{(1+r)^4} + \frac{129.345{,}12€}{(1+r)^5}$$

sendo $\boldsymbol{r}$ a taxa de custo efetiva.

c) Se tanto a emissão como o reembolso ocorrerem ao par e não havendo encargos bancários, significa que o montante do financiamento é equivalente aos encargos financeiros decorrentes do empréstimo, atualizados à taxa de cupão. A taxa de custo efetiva do financiamento seria, nestas circunstâncias, igual à taxa do empréstimo, isto é, a 5,6% [24].

4 – A empresa Sominveste, SA vai emitir abaixo do par um empréstimo obrigacionista, composto por 40.000 obrigações, que reembolsará ao par no

---

[24] Se a amortização fosse efetuada ao par, o valor da prestação seria o seguinte:

$$500.000\ € = \overline{C} \times \frac{1-(1+5{,}6\%)^{-5}}{5{,}6\%} \Leftrightarrow 500.000\ € = \overline{C} \times 4{,}2585998 \Leftrightarrow \overline{C} = 117.409{,}48\ €$$

A taxa de 5,6% seria a taxa que tornaria equivalentes o montante captado e o somatório dos encargos financeiros decorrentes do empréstimo atualizados a essa mesma taxa, como se mostra de seguida.

$$500.000€ = \frac{117.409{,}48€}{1+5{,}6\%} + \frac{117.409{,}48€}{(1+5{,}6\%)^2} + \frac{117.409{,}48€}{(1+5{,}6\%)^3} + \frac{117.409{,}48€}{(1+5{,}6\%)^4} + \frac{117.409{,}48€}{(1+5{,}6\%)^4} \Leftrightarrow$$

$$\Leftrightarrow 500.000\ € = 111.183{,}22\ € + 105.287{,}14\ € + 99.703{,}73\ € + 94.416{,}41\ € + 89.409{,}48\ € \Leftrightarrow$$

$$\Leftrightarrow 500.000\ € \simeq 499.999{,}98\ €$$

final de cada um dos próximos 4 anos, através de prestações constantes de capital e juros. Os cupões serão pagos em cada reembolso à taxa de juro de 8%.

a) Se a quota de capital correspondente à última prestação se cifrar em 111.822,52 €, qual terá sido o valor dos juros pagos no 1º cupão?
b) Qual o valor nominal das obrigações emitidas?
c) Qual terá sido o valor de emissão das obrigações sabendo que a Sominveste vai suportar, enquanto emitente, uma taxa de custo efetiva de 9%? Considere que a entidade bancária que organizou a operação de financiamento cobrou à Sominveste a importância de 2.744,48 € no momento da subscrição.
d) Pressupondo que a carteira de um dado obrigacionista, detentor de 2.000 obrigações, foi amortizada entre a vida mínima e a vida máxima, ao mesmo ritmo que o próprio empréstimo, formalize a expressão que lhe permitiria calcular a rendibilidade auferida por este investidor.

Resolução:

a) Tratando-se da última prestação, o valor dos juros pagos nesse período pode ser calculado sobre a quota de capital, uma vez que os montantes da amortização e do capital em dívida no início do período são coincidentes[25]. Logo

$$C_4 = J_4 + \mathrm{M}_4 = i \times \mathrm{M}_4 + \mathrm{M}_4$$

Substituindo pelos valores respetivos, teremos

$$C_4 = 8\% \times 111.822,52\ € + 111.822,52\ € =$$
$$= 8.945,80\ € + 111.822,52\ € = 120.768,32\ €$$

que é o valor teórico da prestação a pagar em cada momento.

Uma vez aqui chegados, determinamos o valor da 1ª prestação de capital e, consequentemente, o montante do juro pago no 1º cupão, já que conhecemos o montante da prestação. Assim sendo

$$\mathrm{M}_4 = \mathrm{M}_1\,(1+i)^3$$
$$\mathrm{M}_1 = \mathrm{M}_4\,(1+i)^{-3}$$

[25] Os procedimentos aqui aplicados tornam-se possíveis pelo facto de a amortização se realizar ao par.

$M_1 = 111.822.52\text{ €} (1 + 0{,}08)^{-3}$

$M_1 = 111.822,52\text{ €} \times 0{,}7938322$

$M_1 = 88.768{,}32\text{ €}$

$J_1 = C_1 - M_1 = 120.768,32\text{ €} - 88.768,32\text{ €}$

$J_1 = 32.000\text{ €}$

b) O montante dos juros a pagar no 1º cupão é calculado sobre valor de referência do empréstimo, isto é,

$$J_1 = i \times (N \times V_n)$$

donde se retira que

$$V_n = \frac{J_1}{i \times N}$$

Substituindo, vem

$$V_n = \frac{32.000\text{€}}{0{,}08 \times 40.000} = \frac{32.000\text{€}}{32.000} = 10\text{ €}$$

c) O montante do encaixe financeiro proporcionado pelo empréstimo é de $40.000 \times V_e$ deduzindo o montante das despesas, ao que corresponde um encargo de 120.768.32 € no final de cada um dos próximos 4 anos. Assim sendo, para determinarmos o valor de emissão das obrigações, basta resolvermos a seguinte equação em ordem a V_e, a qual resulta da aplicação de [7.14] aos dados do problema:

$$40.000 \times V_e = \frac{120.768{,}32\text{€}}{1+9\%} + \frac{120.768{,}32\text{€}}{(1+9\%)^2} + \frac{120.768{,}32\text{€}}{(1+9\%)^3} + \frac{120.768{,}32\text{€}}{(1+9\%)^4} +$$

$$+ 2.744{,}48\text{ €}$$

$$40.000 \times V_e = 110.796{,}62\text{ €} + 101.648{,}28\text{ €} + 93.255{,}3\text{ €} + 85.555{,}32\text{ €} +$$

$$+ 2.744{,}48\text{ €}$$

$$40.000 \times V_e = 391.255{,}52\text{ €} + 2.744{,}48\text{ €}$$

$$40.000 \times V_e = 394.000\text{ €}$$

$$V_e = 9{,}85\text{ €}$$

d) Sabemos que $M_1 = 88.78{,}22$ € e que $M_4 = 111.822{,}52$ €. Vamos determinar as quotas de capital correspondentes à 2ª e à 3ª prestações e, de seguida, calcular m_k [26], ou seja, quantas foram as obrigações amortizadas em cada momento. Assim,

$$M_2 = M_1 \times 1{,}08 = 88.768{,}22\ € \times 1{,}08 = 95.869{,}68\ €$$
$$M_3 = M_2 \times 1{,}08 = 95.869{,}68\ € \times 1{,}08 = 103.539{,}25\ €$$

Obtemos, ainda, que

$$m_1 = \frac{M_1}{V_n} = \frac{88.768{,}22€}{10€} = 8.877 \text{ obrigações}$$

$$m_2 = \frac{M_2}{V_n} = \frac{95.869{,}68€}{10€} = 9.587 \text{ obrigações}$$

$$m_3 = \frac{M_3}{V_n} = \frac{103.539{,}25€}{10€} = 10.354 \text{ obrigações}$$

$$m_4 = \frac{M_4}{V_n} = \frac{111.822.52€}{10€} = 11.182 \text{ obrigações}$$

Desde já, $\sum m_k = N$, ou seja, $8.877 + 9.587 + 10.354 + 11.182 = 40.000$ obrigações. Se assim não sucedesse, significava que tinham ficado obrigações por amortizar ou que haviam sido amortizadas mais obrigações do que aquelas que constituíam o empréstimo.

Mas voltando ao exercício: vamos calcular qual a percentagem de obrigações amortizada em cada momento, através de $\frac{m_k}{N} \times 100$.

No 1º ano, foram amortizados 22,2% das obrigações, isto é, $\frac{8.877}{40.000} \times 100$;

[26] A amortização foi efetuada ao par, daí que consideremos V_n como valor de reembolso. Por outro lado, devemos atender à necessidade de amortizarmos, em cada momento, um número inteiro de obrigações, daí o facto de procedermos a arredondamentos de acordo com as respetivas regras básicas.

No 2º ano, foram amortizados 24%, ou seja, $\frac{9.587}{40.000} \times 100$;

No 3º ano, foram amortizados 25,9%, ou seja, $\frac{10.534}{40.000} \times 100$;

Por fim, no 4º ano, foram amortizados 27,9%, correspondentes a $\frac{11.182}{40.000} \times$ $\times 100$.

Como a carteira do obrigacionista foi amortizada ao mesmo ritmo que o do próprio empréstimo, vamos então ver a quantas obrigações dessa carteira correspondem tais percentagens.

No 1º ano: $22{,}2\% \times 2.000 = 444$;
No 2º ano: $24\% \times 2.000 = 480$;
No 3º ano: $25{,}9\% \times 2.000 = 518$;
No 4º ano: $27{,}9\% \times 2.000 = 558$.

Assim sendo, no final do 1º ano de vigência do contrato, o obrigacionista vai receber juros relativos às 2.000 obrigações e ser reembolsado no valor correspondente a 444 obrigações; no final do 2º ano, vai receber juros relativos a 1.556 obrigações (as 2.000 obrigações detidas menos as 444 já amortizadas) e ser reembolsado no valor correspondente a 480 obrigações; no final do 3º ano, vai receber juros relativos a 1.076 obrigações (as 1.556 detidas no período anterior menos as 480 entretanto amortizadas) e ser reembolsado no montante correspondente a 518 obrigações; no final do 4º ano, vai receber juros relativos a 558 obrigações (as 1.076 detidas no período anterior menos as 518 entretanto amortizadas) e ser reembolsado no montante correspondente às mesmas 558, uma vez que estamos no último período do contrato. Como o valor despendido pelo obrigacionista no momento da subscrição corresponde a $2.000 \times 9{,}85$ € e sendo r_o a referida taxa de rendibilidade, teremos

$$2.000 \times 9{,}85\ € = \frac{(2.000 \times 10€ \times 8\%) + (10€ \times 444)}{1 + r_o} +$$

$$+ \frac{(1.556 \times 10€ \times 8\%) + (10€ \times 480)}{(1 + r_o)^2} +$$

$$+\frac{(1.076 \times 10€ \times 8\%) + (10€ \times 518)}{(1 + r_0)^3} +$$

$$+\frac{(558 \times 10€ \times 8\%) + (10€ \times 558)}{(1 + r_0)^4}$$

Logo a expressão que permitiria calcular a rendibilidade do obrigacionista seria a seguinte:

$$19.700€ = \frac{6.040€}{1 + r} + \frac{6.044€}{(1 + r)^2} + \frac{6.040,80€}{(1 + r)^3} + \frac{6.026,40€}{(1 + r)^4}$$

A taxa de rendibilidade é, assim, aquela que torna equivalentes, no momento zero, o capital investido e o somatório dos fluxos financeiros correspondentes ao retorno desse investimento.

5 – A empresa Eurolândia, SA vai emitir um empréstimo obrigacionista, titulado por 500.000 obrigações, que reembolsará acima do par no final de cada um dos próximos 5 anos, através de prestações anuais constantes de capital e juros. São, ainda, conhecidas as seguintes informações a respeito deste empréstimo:

– valor nominal das obrigações: 10 €;
– prémio de reembolso: 1 €;
– taxa de cupão: 5,5%;
– despesas de emissão correspondentes a 2% do valor nominal do contrato.

Pretende-se que:

a) Elabore o quadro de amortização do empréstimo.
b) Pressupondo que a Eurolândia está disposta a suportar, enquanto emitente, uma taxa de custo do financiamento de 9,85%, qual terá sido o valor de emissão das obrigações?
c) Recorrendo ao conceito de vida média das obrigações, formalize a expressão que lhe permitiria determinar a rendibilidade esperada por cada obrigação.

d) Qual é a expressão que nos permitiria calcular a rendibilidade esperada de um obrigacionista detentor de 3.000 obrigações, sabendo que a sua carteira foi amortizada ao mesmo ritmo que o próprio empréstimo, entre a vida mínima e a vida máxima?

e) Em seu entender, a taxa de rendibilidade que obteríamos na alínea anterior será superior, inferior ou igual à taxa de custo efetiva suportada pela Eurolândia, referida na alínea b)? Justifique sem efetuar quaisquer cálculos.

Resolução:

a) Sendo a amortização efetuada acima do par e através de prestações anuais constantes de capital e juros, devemos, primeiramente, determinar a taxa de juro fictícia que nos permita chegar ao valor dessas prestações.

$$i \times V_n = i' \times V_r$$

Como o prémio de reembolso é de 1 €, o valor de reembolso vai ser de 11 €. Substituindo na expressão anterior, obtém-se

$$5{,}5\% \times 10\ € = i' \times 11\ €$$

$$i' = \frac{5{,}5\% \times 10€}{11€}$$

$$i' = 5\%$$

Conhecendo a taxa de juro fictícia, podemos agora determinar o montante da anuidade teórica de amortização. A importância a amortizar é de 5.500.000 € (11 € por cada uma das 500.000 obrigações), donde resulta

$$5.500.000\ € = \bar{C} \times \frac{1-(1+5\%)^{-5}}{5\%}$$

$$5.500.000\ € = \bar{C} \times 4{,}3294766$$

$$\bar{C} = 1.270.361{,}40\ €$$

Por sua vez, conhecendo o montante da anuidade teórica de amortização, podemos elaborar o quadro de amortização do empréstimo, tomando os procedimentos já nossos conhecidos.

(em €)

TEMPO	Nº obrig. vivas	V_n obrig. vivas	Juros (J_k)	Nº obrig. amortizar	Amortização (M_k)	Prestação ($\bar{C}$)	Nº obrig. mortas
1	500.000	5.000.000	275.000	90.487	995.357	1.270.357	90.487
2	409.513	4.095.130	225.232,15	95.012	1.045.132	1.270.364,20	185.499
3	314.501	3.145.010	172.975,55	99.762	1.097.382	1.270.357,60	285.261
4	214.739	2.147.390	118.106,45	104.750	1.152.250	1.270.356,50	390.011
5	109.989	1.099.890	60.493,95	109.989(*)	1.209.879	1.270.373	500.000

(*) – valor ajustado, uma vez que o valor real obtido era de 109.988 obrigações.

b) Como é sabido, as despesas inerentes aos empréstimos obrigacionistas são suportadas pelas entidades emitentes, daí que as despesas previstas constituam um encargo para a Eurolândia. Correspondendo, no caso em apreço, a 2% do valor nominal do contrato, teremos

$$D_0 = 2\% \times \mathrm{N} \times V_n = 2\% \times 500.000 \times 10\ € = 100.000\ €$$

que deduziremos ao montante do encaixe financeiro possibilitado pelo empréstimo. Deste modo, atendendo ainda aos montantes das prestações inscritos no quadro, surge

$$500.000 \times V_e - 100.000\ € = \frac{1.270.357€}{1 + 9,85\%} + \frac{1.270.364,20€}{(1 + 9,85\%)^2} +$$

$$+ \frac{1.270.357,60€}{(1 + 9,85\%)^3} + \frac{1.270.356,50€}{(1 + 9,85\%)^4} + \frac{1.270.373€}{(1 + 9,85\%)^5}$$

Resolendo em ordem a V_e, obtém-se

$$500.000 \times V_e = 1.156.446,97\ € + 1.052.756,97\ € + 958.353,66\ € +$$
$$+ 872.419,51\ € + 794.201,95\ € + 100.000\ €$$

$$500.000 \times V_e = 4.934.179,06\ €$$

$$V_e = \frac{4.934.179,06€}{500.000}$$

$$V_e = 9,87\ €$$

O valor de emissão das obrigações teria sido de 9,87 €. Atenda-se, neste exercício, ao forte diferencial existente entre a taxa de cupão – 5,5% – e a taxa de custo efetiva para a empresa emitente – 9,85% –, o que decorre do efeito conjugado dos três fatores seguintes: reembolso acima do par, emissão abaixo do par e cobrança de fortes encargos inerentes à emissão do empréstimo – 2% do valor nominal do contrato, como de início se referiu.

c) Vamos, em primeiro lugar, calcular a vida média das obrigações deste empréstimo; aplicando [7.13], vem

$$V_{\text{média}} = \frac{90.487 \times 1 + 95.012 \times 2 + 99.762 \times 3 + 104.750 \times 4 + 109.989 \times 5}{500.000}$$

$$V_{\text{média}} = \frac{90.487 + 190.024 + 299.286 + 419.000 + 549.945}{500.000}$$

$$V_{\text{média}} = \frac{1.548.742}{500.000}$$

$$V_{\text{média}} = 3,097484$$

$$V_{\text{média}} \cong 3,1 \text{ anos}$$

o que corresponde ao tempo médio de circulação de uma obrigação, ou seja, o tempo que, em média, um investidor demora a recuperar o seu investimento.

Assim sendo, em termos médios[27], uma obrigação é amortizada no momento k = 3,1 (sensivelmente 3 anos, 1 mês e 6 dias), pelo respetivo valor de reem-

[27] Trata-se, como é óbvio, de uma situação hipotética, sem aderência real e apenas válida em termos teóricos. Como sublinhámos de início, o reembolso das obrigações ocorre nos períodos previamente definidos para o efeito.

bolso. E o que sucede nos momentos k = 1, 2 e 3? Nestes momentos, a obrigação irá render juros calculados à taxa de cupão. Por sua vez, no momento k = 3,1, além de ser pago o valor de reembolso, a obrigação vence juros correspondentes ao tempo que decorre entre k = 3 e k = 3,1.

O montante do juro pago em cada cupão é de $V_n \times i = 10\ € \times 5\% = 0{,}50\ €$, enquanto o juro pago no momento k = 3,1 é de 10 € × 5% × 0,1 = 0,05 €.

Logo a expressão que nos permitiria calcular a taxa de rendibilidade de uma obrigação é a que segue

$$V_e = \frac{0{,}50€}{1+r} + \frac{0{,}50€}{(1+r)^2} + \frac{0{,}50€}{(1+r)^3} + \frac{11€ + 0{,}05€}{(1+r)^{3,1}}$$

ou, do mesmo modo,

$$9{,}87€ = \frac{0{,}50€}{1+r} + \frac{0{,}50€}{(1+r)^2} + \frac{0{,}50€}{(1+r)^3} + \frac{11€ + 0{,}05€}{(1+r)^{3,1}}$$

representando ***r*** essa mesma taxa de rendibilidade.

d) Sendo a carteira do obrigacionista amortizada ao mesmo ritmo que o do próprio empréstimo, vamos, primeiramente, observar qual foi a percentagem de obrigações resgatadas em cada momento k.

$$\text{Sendo } \mathbf{k=1} \Rightarrow \frac{m_1}{N} = \frac{90.487}{500.000} = 18\%;$$

$$\text{Sendo } \mathbf{k=2} \Rightarrow \frac{m_2}{N} = \frac{95.012}{500.000} = 19\%;$$

$$\text{Sendo } \mathbf{k=3} \Rightarrow \frac{m_3}{N} = \frac{99.762}{500.000} = 20\%$$

$$\text{Sendo } \mathbf{k=4} \Rightarrow \frac{m_4}{N} = \frac{104.750}{500.000} = 21\%$$

$$\text{Sendo } \mathbf{k=5} \Rightarrow \frac{m_5}{N} = \frac{109.989}{500.000} = 22\%.$$

Quais as consequências deste ritmo de amortização para a carteira do obrigacionista?

No final do 1º ano, foram amortizadas 18% × 3.000 = 540 obrigações, tendo permanecido 2.460 (3.000 – 540) obrigações em carteira.

No final do 2º ano, foram amortizadas 19% × 3.000 =570 obrigações, tendo permanecido 1.890 (2.460 – 570) obrigações em carteira.

No final do 3º ano, foram amortizadas 20% × 3.000 = 600 obrigações, tendo permanecido 1.290 (1.890 – 600) obrigações em carteira.

No final do 4º ano, foram amortizadas 21% × 3.000 = 630 obrigações, tendo permanecido 660 (1.290 – 630) obrigações em carteira.

No final do 5º ano, foram amortizadas 22% × 3.000 = 660 obrigações, correspondendo às obrigações da carteira que ainda se encontravam em circulação.

Se recordarmos que a taxa de juro do cupão é de 5,5% e que as obrigações foram reembolsadas a 11 €, sendo o seu valor nominal de 10 €, podemos formalizar a expressão que nos permitiria calcular a taxa de rendibilidade do obrigacionista do seguinte modo:

$$3.000 \times V_e = \frac{(3.000 \times 10€ \times 5,5\%) + (11€ \times 540)}{1 + r_o} +$$

$$+ \frac{(2.460 \times 10€ \times 5,5\%) + (11€ \times 570)}{(1 + r_o)^2} +$$

$$+ \frac{(1.890 \times 10€ \times 5,5\%) + (11€ \times 600)}{(1 + r_o)^3} +$$

$$+ \frac{(1.290 \times 10€ \times 5,5\%) + (11€ \times 630)}{(1 + r_o)^4} +$$

$$+ \frac{(660 \times 10€ \times 5,5\%) + (11€ \times 660)}{(1 + r_o)^5}$$

Efetuando os cálculos, obteremos

$$3.000 \times 9{,}87\,€ = \frac{7.590€}{1+r_o} + \frac{7.623€}{(1+r_o)^2} + \frac{7.639{,}50€}{(1+r_o)^3} + \frac{7.639{,}50€}{(1+r_o)^4} + \frac{7.623€}{(1+r_o)^5}$$

ou ainda

$$29.610\,€ = \frac{7.590€}{1+r_o} + \frac{7.623€}{(1+r_o)^2} + \frac{7.639{,}50€}{(1+r_o)^3} + \frac{7.639{,}50€}{(1+r_o)^4} + \frac{7.623€}{(1+r_o)^5}$$

representando r_o a taxa de rendibilidade do obrigacionista.

e) Se fôssemos encontrar o valor de r através da expressão formalizada na alínea anterior, obteríamos um valor inferior ao subjacente à alínea b) do problema; isto porque o encargo suportado pela Eurolândia se destina a remunerar tanto a cedência do capital, logo a rendibilidade do obrigacionista, bem como os serviços prestados pela instituição financeira que montou a operação de financiamento, sob a forma de despesas de emissão.

6 – A empresa XPTO está a estudar a possibilidade de emitir um empréstimo obrigacionista nas seguintes condições:

- prazo da operação: 4 anos;
- número de obrigações : 200.000;
- valor nominal: 4 €;
- valor de emissão: 3,80 €;
- prémio de reembolso: 0,50 € por obrigação, não incluído na prestação;
- cupões pagos semestralmente à taxa de 3%;
- amortizações semestrais constantes de capital.

Pretende-se que:

a) Elabore o quadro de amortização do empréstimo.
b) Determine a taxa de custo anual deste empréstimo, de modo a que a empresa emitente a possa comparar com o custo efetivo de outras fontes de financiamento alternativas.

Resolução:

a) O valor nominal do empréstimo vai corresponder a

$$N \times V_n = 200.000 \times 4\ € = 800.000\ €$$

Por sua vez, como vamos amortizar quotas constantes de capital em cada um dos 8 semestres do contrato, surge

$$\bar{M} = \frac{800.000€}{8} = 100.000€$$

sendo o número de obrigações amortizadas em cada período igual a

$$\bar{m} = \frac{\bar{M}}{V_n} = \frac{100.000€}{4€} = 25.000 \text{ obrigações}$$

Deste modo, o montante correspondente ao prémio de reembolso vai ser também constante e resulta da multiplicação do número de obrigações amortizadas em cada período pelo prémio de reembolso pago por cada obrigação, ou seja, 0,50 €. Designando por P_k o montante do prémio de reembolso a pagar em cada período, vem

$$P_k = 25.000 \text{ obrigações} \times 0{,}50\ € = 12.500\ €$$

Podemos, então, preencher o quadro de amortização.

(em €)

TEMPO	Nº obrig. vivas	V_n obrig. vivas	Juros (J_k)	Nº obrig. amortizar	Amortização ($\bar{M}$)	Prestação (C_k)	Nº obrig. mortas	Prémio reembolso
1	200.000	800.000	24.000	25.000	100.000	124.000	25.000	12.500
2	175.000	700.000	21.000	25.000	100.000	121.000	50.000	12.500
3	150.000	600.000	18.000	25.000	100.00	118.000	75.000	12.500
4	125.000	500.000	15.000	25.000	100.000	115.000	100.000	12.500
5	100.000	400.000	12.000	25.000	100.000	112.000	125.000	12.500
6	75.000	300.000	9.000	25.000	100.000	109.00	150.000	12.500
7	50.000	200.000	6.000	25.000	100.000	106.000	175.000	12.500
8	25.000	100.000	3.000	25.000	100.000	103.000	200.000	12.500

b) Em primeiro lugar, vamos formalizar a expressão que nos vai permitir conhecer o custo da fonte de financiamento. No numerador de cada uma das razões, para além do montante da prestação, constará, também, o montante do prémio de reembolso, que, embora pago separadamente, constitui um encargo inerente ao empréstimo obrigacionista em cada período. Uma vez que o valor de emissão das obrigações é de 3,80 €, teremos

$$200.000 \times 3{,}80\text{ €} = \frac{124.000\text{€} + 12.500\text{€}}{1+r} + \frac{121.000\text{€} + 12.500\text{€}}{(1+r)^2} +$$

$$\frac{118.000\text{€} + 12.500\text{€}}{(1+r)^3} + \frac{115.000\text{€} + 12.500\text{€}}{(1+r)^4} + \frac{112.000\text{€} + 12.500\text{€}}{(1+r)^5} +$$

$$\frac{109.000\text{€} + 12.500\text{€}}{(1+r)^6} + \frac{106.000\text{€} + 12.500\text{€}}{(1+r)^7} + \frac{103.000\text{€} + 12.500\text{€}}{(1+r)^8}$$

$$760.000\text{ €} = \frac{136.500\text{€}}{1+r} + \frac{133.500\text{€}}{(1+r)^2} + \frac{130.500\text{€}}{(1+r)^3} + \frac{127.500\text{€}}{(1+r)^4} +$$

$$+ \frac{124.500\text{€}}{(1+r)^5} + \frac{121.500\text{€}}{(1+r)^6} + \frac{118.500\text{€}}{(1+r)^7} + \frac{115.500\text{€}}{(1+r)^8}$$

Recorremos às funções financeiras do Excel – em concreto à função TIR – de modo a determinarmos o custo efetivo do empréstimo para a entidade emitente. Para o efeito, consideramos um valor atual de 760.000 € e uma sucessão de oito termos cujos valores correspondem aos numeradores da expressão, donde resulta que $r = 6{,}955\%$.

A taxa assim obtida é uma taxa semestral, uma vez que os cupões são pagos semestralmente. Necessitamos, então, de recorrer a uma relação de equivalência[28], para determinarmos a taxa anual respetiva. Logo

[28] Cfr. Capítulo 2.

$$(1 + r_{semestral})^2 = (1 + r_{anual})$$

$$(1 + 6{,}955\%)^2 = (1 + r_{anual})$$

$$r_{anual} = 1{,}143937203 - 1$$

$$r_{anual} \cong 14{,}39\%$$

A taxa de custo da fonte de financiamento é de 14,39% ao ano, como se vê, bastante superior à taxa de cupão.

7 – Um empréstimo obrigacionista apresenta as seguintes características:

– número de obrigações: 300.000;
– valor nominal: 5 €;
– valor de emissão: 4,95 €;
– taxa de juro semestral: 10%;
– valor de reembolso: 5,50 €;
– duração do empréstimo: 18 semestres.

O quadro de amortização do empréstimo elabora-se com semestralidades constantes, para o pagamento dos juros e reembolso ao par das obrigações amortizadas.

a) Calcule o número de obrigações amortizadas aquando do primeiro pagamento semestral.
b) Calcule o número total de obrigações amortizadas, imediatamente após o pagamento de ordem p, com **p** = 6, **p** = 11 e **p** = 17.

Resolução:

a) O valor nominal do empréstimo vai corresponder a

$$N \times V_n = 300.000 \times 5\ € = 1.500.000\ €$$

Como o reembolso é efetuado ao par, tal significa que o prémio de reembolso é pago separadamente (a constar em coluna própria no quadro de amortização do empréstimo), com o valor de cada prestação a ser obtido do seguinte modo:

$$1.500.000\ € = \bar{C} \times \frac{1-(1+10\%)^{-18}}{10\%}$$

$$1.500.000\ € = \bar{C} \times 8{,}20141421$$

$$\bar{C} = 182.895{,}33\ €$$

Este será o valor de cada prestação, que se manterá constante ao longo do empréstimo. Para a 1ª prestação, teremos

$$\bar{C} = J_1 + M_1 = i \times C_0 + M_1$$

Logo, substituindo, surge

$$182.895{,}33\ € = 10\% \times 1.500.000\ € + M_1$$

$$M_1 = 182.895{,}33\ € - 150.000\ € = 32.895{,}33\ €$$

Por sua vez,

$$m_1 = \frac{M_1}{V_n} = \frac{32.895{,}33€}{5€} = 6.579 \text{ obrigações}$$

Podemos, então, concluir que no primeiro vencimento semestral foram amortizadas 6.579 obrigações.

b) Recorrendo à fórmula que encontrámos em [6.13] e adaptando-a ao caso dos empréstimos obrigacionistas, teremos:

Para **p** = 6 $\Rightarrow \sum_{k=1}^{6} M_k = M_1 \times \frac{(1+10\%)^6 - 1}{10\%} = 32.895{,}33\ € \times 7{,}71561 =$

$= 253.807{,}54\ €$, logo terão sido amortizadas $\frac{253.807{,}54€}{5€} =$ **50.762** obrigações;

Para **p** = 11 $\Rightarrow \sum_{k=1}^{11} M_k = M_1 \times \frac{(1+10\%)^{11} - 1}{10\%} = 32.895{,}33\ € \times 18{,}531167 =$

$= 609.588{,}85\ €$, logo terão sido amortizadas $\frac{609.588{,}85€}{5€} =$ **121.917** obrigações;

Para $\mathbf{p} = 17 \Rightarrow \sum_{k=1}^{17} M_k = M_1 \times \frac{(1+10\%)^{17}-1}{10\%} = 32.895{,}33\ € \times 40{,}544703 =$

$= 1.333.731{,}4$ €, logo terão sido amortizadas $\frac{1.333.731{,}38€}{5€} = \mathbf{266.746}$ obrigações.

8 – A empresa RESULTS, SA vai emitir um empréstimo obrigacionista com as seguintes características:

– nº de obrigações emitidas: 3.000.000;
– valor nominal de cada obrigação: 2 €;
– prémio de emissão: 0,25 €;
– prémio de reembolso: 0,50 €;
– amortização através de prestações anuais constantes de capital e juros;
– o juro anual vencido por cada obrigação é de 0,20 €;
– prazo de amortização: 4 anos.

Pretende-se que:

a) Elabore o quadro de amortização para o caso de o prémio de reembolso estar incluído no montante da prestação.
b) Calcule o custo efetivo do financiamento na situação prevista na alínea anterior.
c) Elabore o quadro de amortização na eventualidade de a RESULTS optar por pagar o prémio de reembolso separadamente.
d) Sem recorrer a quaisquer cálculos, qual seria, em seu entender, o impacto sobre o custo do financiamento encontrado na alínea b) se a RESULTS optasse por pagar o prémio de reembolso separadamente em vez de incluído no montante da prestação?

Resolução:

a) O valor da taxa de juro não nos é facultado, pelo que teremos de o determinar através do montante de cupão anual, isto é,

$$i = \frac{\text{Cupão}}{V_n} = \frac{0{,}20€}{2€} = 10\%$$

Como o reembolso é efetuado acima do par, necessitamos de determinar a taxa de juro fictícia, recorrendo à expressão

$$i \times V_n = i' \times V_r$$

Substituindo, teremos

$$10\% \times 2\ € = i' \times 2{,}50\ €$$

$$i' = \frac{10\% \times 2€}{2{,}50€}$$

$$i' = 8\%$$

Uma vez conhecida a taxa fictícia, podemos, então, determinar o valor da anuidade teórica de amortização.

$$N \times V_r = \bar{C} \times \frac{1-(1+i')^{-n}}{i'}$$

$$3.000.000 \times 2{,}50\ € = \bar{C} \times \frac{1-(1+8\%)^{-4}}{8\%}$$

$$7.500.000\ € = \bar{C} \times 3{,}3121269$$

$$\bar{C} = 2.264.406{,}03\ €$$

(em €)

TEMPO	Nº obrig. vivas	V_n obrig. vivas	Juros (J_k)	Nº obrig. amortizar	Amortiz. (M_k)	Prestação ($\bar{C}$)	Nº obrig. mortas
1	3.000.000	6.000.000	600.000	665.762	1.664.405	2.264.405	665.762
2	2.334.238	4.668.476	466.847,60	719.023	1.797.557,50	2.264.405,10	1.384.785
3	1.615.215	3.230.430	323.043	776.545	1.941.362,50	2.264.405,50	2.161.330
4	838.670	1.677.340	167.734	838.670 *	2.096.675	2.264.409	3.000.000

(*) – valor ajustado.

b) Começamos por formalizar a expressão que permite determinar o custo efetivo do financiamento e que, atendendo aos valores constantes no quadro, é a seguinte:

$$5.250.000\ € = \frac{2.264.405€}{1+r} + \frac{2.264.405,10€}{(1+r)^2} + \frac{2.264.405,50€}{(1+r)^3} +$$
$$+ \frac{2.264.409€}{(1+r)^4}$$

Tomamos, de novo, as funções financeiras do Excel, em concreto a função TIR, donde se obtém que $r = 26,042\%$. Este é, assim, o custo efetivo a suportar pela RESULTS caso o prémio de reembolso esteja incluído no montante da prestação.

Em alternativa, poder-se-ia recorrer a interpolação linear, cujo exercício desenvolvemos de seguida, essencialmente por interesse comparativo.

Com efeito, sendo o montante da anuidade sensivelmente constante, esta expressão será equivalente a

$$5.250.000\ € = 2.264.406,03\ € \times \frac{1-(1+r)^{-4}}{r}$$

e também a

$$2,3184888 = \frac{1-(1+r)^{-4}}{r}$$

Ao consultarmos a Tabela 4 do Apêndice 1, daí resulta que os valores mais próximos do valor pretendido são os que correspondem aos pólos $x_0 = 26\%$ e $x_1 = 27\%$.

x	y
$x_0 = 26\%$	$y_0 = 2,3201892$
$x = ?$	$y = 2,3184888$
$x_1 = 27\%$	$y_1 = 2,27999431$

Vem, então, que

$$x_{int} = x_0 + \frac{x_1 - x_0}{y_1 - y_0}\,(y - y_0)$$

donde

$$x_{\text{int}} = 26\% + \frac{27\% - 26\%}{2{,}27999431 - 2{,}3201892} \times (2{,}3184888 - 2{,}3201892)$$

$$x_{\text{int}} = 26\% + \frac{1\%}{-0{,}04019489} \times (-\,0{,}0017004)$$

$$x_{\text{int}} = 26{,}0423\%$$

valor este bastante aproximado do que obtivémos através das funções financeiras do Excel.

c) Determinamos, primeiramente, o valor da anuidade, que assumiria o mesmo valor caso o reembolso fosse efetuado ao par.

$$\text{N} \times V_{\text{n}} = \bar{C} \times \frac{1 - (1 + i)^{-\text{n}}}{i}$$

$$3.000.000 \times 2\ € = \bar{C} \times \frac{1 - (1 + 10\%)^{-4}}{10\%}$$

$$6.000.000\ € = \bar{C} \times 3{,}1698654$$

$$\bar{C} = 1.892.824{,}82\ €$$

Então, o quadro de amortização surge com a estrutura seguinte.

(em €)

TEMPO	Nº obrig. vivas	V_n obrig. vivas	Juros (J_k)	Nº obrig. amortizar	Amortização (M_k)	Prestação ($\bar{C}$)	Nº obrig. mortas	Prémio reembolso
1	3.000.000	6.000.000	600.000	646.412	1.292.894	1.892.824	646.412	323.206
2	2.353.588	4.707.176	470.717,60	711.054	1.422.108	1.892.825,60	1.357.466	355.527
3	1.642.534	3.285.068	328.506,80	782.159	1.564.318	1.892.824,80	2.139.625	391.079,50
4	860.375	1.720.750	172.075	860.375	1.720.750	1.892.825	3.000.000	430.187,50

d) Embora o ritmo de amortização do empréstimo seja diferente num caso e noutro – conforme decorre da análise dos valores inscritos em ambos os quadros – e embora, ainda, o montante de encargos seja diferente num caso e noutro, sucede que ***o custo financeiro é idêntico*** em ambas as hipóteses[29]. Atenda-se à equivalência que estabelecemos entre a taxa de cupão e a taxa fictícia, as quais nos permitiram calcular, respetivamente, o montante das prestações no caso em que o prémio é pago separadamente e no caso em que se encontra incluído no valor da prestação[30].

9 – São conhecidas as seguintes características de um empréstimo obrigacionista:

– Número de obrigações emitidas: 50.000;
– Valor nominal: 10 €;
– Valor de emissão: 9,75 €;
– Prémio de reembolso: 1 €, incluído no montante das prestações;
– Taxa de cupão: 11%,
– Encargos de 4 cêntimos por cada obrigação emitida;
– A amortização é efetuada através de prestações anuais constantes.

a) Sabendo que a última amortização excede a primeira em 48.426,32 € (quantia obtida a partir da anuidade teórica de amortização), determine o montante da prestação constante e o número de reembolsos a efetuar.
b) Apresente a 1ª e a última linhas do quadro de amortização.
c) Formalize a expressão que lhe permitiria determinar o custo da fonte de financiamento.
d) Qual seria o preço a que o detentor de uma obrigação teria que vender esse título, para garantir, imediatamente após ter recebido os juros correspondentes ao 4º cupão, uma rendibilidade de 15%?

---

[29] O reembolso mais tardio das obrigações implica o pagamento de juros mais elevados, mas envolve, logicamente, a possibilidade de dispor do capital por um lapso de tempo mais longo.

[30] Refira-se, também, que o valor recebido pelo obrigacionista por cada título resgatado é o mesmo (2 € + 0,50 €), quer o prémio de reembolso esteja incluído no valor da prestação quer seja pago separadamente.

O retorno do investimento do obrigacionista é, assim, o mesmo em ambas as possibilidades, variando apenas o ritmo ao qual o empréstimo é ressarcido.

Resolução:

a) Uma vez que a amortização é efetuada acima do par e através de prestações constantes, começamos por determinar a taxa de juro fictícia.

$i \times V_n = i' \times V_r$

$11\% \times 10\text{ €} = i' \times 11\text{ €}$

$i' = 10\%$

Sabemos que

$M_n - M_1 = 48.426{,}32\text{ €}$

$(\bar{C} - J_n) - (\bar{C} - J_1) = 48.426{,}32\text{ €}$

$J_1 - J_n = 48.426{,}32\text{ €}$

$C_0 \times i - i' \times M_n = 48.426{,}32\text{ €}$

$500.000 \times 11\% - 10\% \times M_n = 48.426{,}32\text{ €}$

$0{,}1 \times M_n = 55.000\text{ €} - 48.426{,}32\text{ €}$

$M_n = 65.736{,}89\text{ €}$

Tratando-se da última amortização, podemos escrever que

$\bar{C} = M_n + i' \times M_n = 65.736{,}89\text{ €} + 10\% \times 65.736{,}89\text{ €} = 72.310{,}58\text{ €}$

que é, então, a prestação constante ou, ainda, a anuidade teórica de amortização.

Recorrendo à expressão formalizada em [7.11], determinamos o número de reembolsos.

$$N \times V_r = \bar{C} \times \frac{1-(1+i')^{-n}}{i'}$$

$$50.000 \times 11\text{ €} = 72.310{,}58\text{ €} \times \frac{1-(1+10\%)^{-n}}{10\%}$$

$0{,}239392 = (1 + 10\%)^{-n}$

$\log 0{,}239392 = -\ n \log 1{,}1$

$n = 15$

Foram efetuados 15 reembolsos constantes no montante de 72.310,58 €.

b) Para preenchermos a 1ª linha do quadro de amortização do empréstimo, calculamos M_1 partindo da anuidade teórica de amortização, uma vez que sabemos que $J_1 = 55.000$ €. Deste modo, surge

$$M_1 = \bar{C} - J_1 = 72.310{,}58\text{ €} - 55.000\text{ €} = 17.310{,}58\text{ €}$$

Consequentemente, $m_1 = \dfrac{M_1}{V_r} = \dfrac{17.310{,}58€}{11€} = 1.574$ obrigações, pelo que o valor real da amortização vai ser de 1.574×11 € = 17.314 €.

No que concerne à última linha do quadro, consideraremos que se encontram por amortizar m_{15} obrigações, sendo que $m_{15} = \dfrac{M_{15}}{V_r} = \dfrac{65.736{,}89€}{11€} =$ = 5.976 obrigações.

Podemos, agora, proceder ao preenchimento das linhas solicitadas.

(em €)

TEMPO	Nº obrig. vivas	V_n obrig. vivas	Juros (J_k)	Nº obrig. amortizar	Amortiz. (M_k)	Prestação ($\bar{C}$)	Nº obrig. mortas
1	50.000	500.000	55.000	1.574	17.314	72.314	1.574
:							
15	5.976	59.760	6.573,60	5.976	65.736	72.309,60	50.000

c) Para formalizarmos a expressão que permitiria calcular o custo da fonte de financiamento vamos recorrer à anuidade teórica de amortização. Calculamos também o montante dos encargos, sendo que

$$D_0 = 50.000 \times 0{,}04\text{ €} = 2.000\text{ €}$$

Vem, então, que

$$N \times V_e - D_0 = \bar{C} \times \frac{1-(1+r)^{-n}}{r}$$

sendo ***r*** a taxa de custo efetiva do financiamento. Substituindo pelos valores respetivos, surge

$$50.000 \times 9{,}75\ € - 2.000\ € = 72.310{,}58\ € \times \frac{1-(1+r)^{-15}}{r}$$

$$485.500\ € = 72.310{,}58\ € \times \frac{1-(1+r)^{-15}}{r}$$

d) Para adquirir uma obrigação, o investidor tem que despender, na emissão, a quantia de 9,75 €, sendo que vai receber, nos 3 primeiros anos de vigência do empréstimo, a quantia correspondente aos cupões, isto é, 11% × 10 € = = 1,10 €. No momento 4, para além do recebimento dessa quantia, vai transacionar o título no mercado ao preço ***p*** que verifica a condição seguinte (por forma a garantir uma rendibilidade de 15%):

$$9{,}75€ = \frac{1{,}10€}{1+15\%} + \frac{1{,}10€}{(1+15\%)^2} + \frac{1{,}10€}{(1+15\%)^3} + \frac{1{,}10€ + p}{(1+15\%)^4}$$

Resolvendo em ordem a *p*, vem que

$$9{,}75\ € = 3{,}14\ € + 0{,}62892857015\,p$$
$$p = 10{,}51\ €$$

Para assegurar uma rendibilidade de 15%, o obrigacionista deveria transacionar o título a um preço igual ou superior a 10,51 €.

10 – A empresa Beta, SA emitiu um empréstimo obrigacionista nas seguintes condições:

- Número de obrigações emitidas: 150.000.000;
- Valor nominal de cada obrigação: 5 €;
- Valor de emissão: 5 €;
- Taxa de juro anual: 15%;
- Pagamento dos juros: anuais e postecipados;

- Amortização pelo valor nominal, através de 4 quotas constantes de capital;
- Data do primeiro reembolso: 3 anos após a emissão;
- Encargos: 1% do valor nominal das obrigações amortizadas em cada reembolso.

Pretende-se que:

a) Elabore o quadro de amortização do empréstimo.
b) Formalize a expressão que lhe permitiria calcular o custo efetivo da fonte de financiamento.
c) Calcule a vida média das obrigações.

Resolução:

a) Como vamos amortizar ao par um número constante de obrigações em cada ano, teremos que

$$\bar{m} = \frac{N}{n}$$

donde

$$\bar{m} = \frac{150.000.000}{4} = 37.500.000$$

Resulta, ainda, que

$$\bar{M} = \bar{m} \times V_n$$

logo

$$\bar{M} = 37.500.000 \times 5\ € = 187.500.000\ €$$

Como o primeiro reembolso ocorre apenas três anos após a emissão do empréstimo, nos dois primeiros apenas serão pagos os juros correspondentes ao valor nominal do empréstimo, a saber

$$J_k = 150.000.000 \times 5\ € \times 15\% = 112.500.000\ €$$

Considerando os aspetos descritos, o quadro de amortização é o que se apresenta de seguida, com o valor das prestações a incluir o montante dos encargos pagos aquando de cada reembolso.

(em €)

Tempo	Nº obrig. vivas	V_n obrig. vivas	Juros (J_k)	Nº obrig. Amort.	Amortiz. ($\bar{M}$)	Encargos	Prestação (C_k)	Nº obrig. mortas
1	150.000.000	750.000.000	112.500.000	0	0	0	112.500.000	0
2	150.000.000	750.000.000	112.500.000	0	0	0	112.500.000	0
3	150.000.000	750.000.000	112.500.000	37.500.000	187.500.000	1.875.000	301.875.000	37.500.000
4	112.500.000	562.500.000	84.375.000	37.500.000	187.500.000	1.875.000	273.750.000	75.000.000
5	75.000.000	375.000.000	56.250.000	37.500.000	187.500.000	1.875.000	245.625.000	112.500.000
6	37.500.000	187.500.000	28.125.000	37.500.000	187.500.000	1.875.000	217.500.000	150.000.000

b) A taxa de custo efetiva de um empréstimo obrigacionista é a taxa ***r*** que verifica a condição estabelecida em [7.14]

$$\mathrm{N} \times V_{\mathrm{e}} - D_0 = \sum_{\mathrm{k}=1}^{\mathrm{n}} \frac{C_{\mathrm{k}} + D_{\mathrm{k}}}{(1+r)^{\mathrm{k}}}$$

Não foram pagas despesas no ato da emissão, mas sim aquando da ocorrência de cada reembolso (D_k). Em acordo com os valores inscritos no quadro da alínea anterior, a expressão surge

$$750.000.000\,€ = \frac{112.500.000€}{1+r} + \frac{112.500.000€}{(1+r)^2} + \frac{301.875.000€}{(1+r)^3} +$$

$$+ \frac{273.750.000€}{(1+r)^4} + \frac{245.625.000€}{(1+r)^5} + \frac{217.500.000€}{(1+r)^6}$$

c) Sendo que a vida média de um empréstimo obrigacionista, em caso de existência de diferimento, se obtém através da expressão

$$\mathrm{V}_{\text{média}} = w + \frac{1}{\mathrm{N}} \sum_{\mathrm{k}=1}^{\mathrm{n}} \mathrm{k} \times m_{\mathrm{k}}$$

e sendo ainda que $w = 2$ anos, na presente situação surgirá

$$V_{\text{média}}=2+\frac{1\times37.500.000+2\times37.500.000+3\times37.500.000+4\times37.500.000}{150.000.000}$$

$$V_{\text{média}}=2+\frac{37.500.000 + 75.000.000 + 112.500.000 + 150.000.00}{150.000.000}$$

$$V_{\text{média}}= 2 + 2{,}5$$

$$V_{\text{média}}= 4{,}5 \text{ anos}$$

Entenda-se que considerámos $k = 1$ como o momento do primeiro reembolso e daí $w = 2$ anos. Como estamos perante uma situação em que o resgate das obrigações ocorre através de quotas constantes de capital, apesar da existência de um diferimento de 2 períodos, a vida média das obrigações corresponde, também neste caso, ao ponto médio entre o primeiro reembolso e o último reembolso, respetivamente, os momentos 3 e 6.

11 – A empresa Capitalex, SA emitiu um empréstimo obrigacionista nas seguintes condições:

- Número de obrigações emitidas: 50.000 obrigações;
- Valor nominal: 10 €;
- Valor de emissão: 9,94 €;
- Taxa de cupão: 8,5% ao ano;
- Amortização: ao par, através de 6 anuidades constantes;
- Despesas de emissão: 0,75% do valor nominal do empréstimo;
- Despesas de amortização: 1% do valor das obrigações amortizadas em cada período.

Pretende-se que:

a) Elabore o quadro de amortização do empréstimo.
b) Formalize a expressão que lhe permitiria calcular a taxa de custo efetivo da empresa emitente.

Resolução:

a) Como o empréstimo vai ser liquidado através de anuidades constantes, vamos, em primeiro lugar, determinar o valor dessa anuidade, recorrendo a [7.6], isto é,

$$N \times V_n = \bar{C} \times \frac{1-(1+i)^{-n}}{i}$$

Substituindo, vem

$$50.000 \times 10 \text{ €} = \bar{C} \times \frac{1-(1+8{,}5\%)^{-6}}{8{,}5\%}$$

donde resulta

$$\bar{C} = 109.803{,}54 \text{ €}$$

que é, então, a anuidade teórica de amortização.

Passando ao quadro, teremos

(em €)

TEMPO	Nº obrig. vivas	V_n obrig. vivas	Juros (J_k)	Nº obrig. amort.	Amortiz. (M_k)	Encargos	Prestação ($\bar{C}$)	Nº obrig. mortas
1	50.000	500.000	42.500	6.730	67.300	673	110.473	6.730
2	43.270	432.700	36.779,50	7.302	73.020	730,20	110.529,70	14.032
3	35.968	359.680	30.572,80	7.923	79.230	792,30	110.595,10	21.955
4	28.045	280.450	23.838,25	8.597	85.970	859,70	110.667,95	30.552
5	19.448	194.480	16.530,80	9.327	93.270	932,70	110.733,50	39.879
6	10.121	101.210	8.602,85	10.121(*)	101.210	1.012,10	110.824,95	50.000

(*) – valor ajustado

Uma pequena nota atinente ao quadro anterior. Para além do cálculo da anuidade teórica de amortização de acordo com os procedimentos já nossos conhecidos, devemos atender às despesas de amortização (D_k), que resultam crescentes por ser também crescente o número de obrigações amortizadas em cada período. Daí advêm prestações ligeiramente crescentes, por incluírem o montante destes encargos.

b) Notando por D_0 as despesas de emissão, teremos

$$D_0 = 0{,}75\% \times C_0 = 0{,}75\% \times 500.000\ € = 3.750\ €$$

Este custo é suportado pela entidade emitente, pelo que deve ser deduzido ao montante de financiamento captado pelo empréstimo e que corresponde a

$$N \times V_e = 50.000 \times 9{,}94\ € = 497.000\ €$$

Tal como observámos na alínea anterior, o montante da prestação a pagar em cada reembolso resulta da soma dos juros, da amortização propriamente dita e dos encargos de amortização, não sendo constante, mas sim crescente, em virtude de serem também crescentes os encargos de amortização. Por consequência, atendendo à expressão proposta em [7.14], o custo efetivo desta fonte de financiamento é a taxa ***r*** que verifica a seguinte condição:

$$497.000\ € - 3.750\ € = \frac{110.473€}{1+r} + \frac{110.529{,}70€}{(1+r)^2} + \frac{110.595{,}10€}{(1+r)^3} +$$

$$+ \frac{110.667{,}95€}{(1+r)^4} + \frac{110.733{,}50€}{(1+r)^5} + \frac{110.824{,}95€}{(1+r)^6}$$

ou ainda

$$493.250\ € = \frac{110.473€}{1+r} + \frac{110.529{,}70€}{(1+r)^2} + \frac{110.595{,}10€}{(1+r)^3} + \frac{110.667{,}95€}{(1+r)^4} +$$

$$+ \frac{110.733{,}50€}{(1+r)^5} + \frac{110.824{,}95€}{(1+r)^6}$$

12 – A empresa Bons Ares, SA vai emitir um empréstimo obrigacionista, titulado através de 20.000 obrigações, de valor nominal igual a 50 €, que amortizará nos próximos 4 anos por redução do valor nominal. O valor de emissão das obrigações é de 49,60 € e a taxa de cupão é de 12%.

a) Elabore o quadro de amortização do empréstimo.

b) Sabendo que, aquando da emissão, a empresa emitente suportou um custo de 3% do valor nominal do empréstimo, formalize a expressão que lhe permitiria encontrar a taxa de custo efetiva desta fonte de financiamento.

c) Antes de proceder à emissão do empréstimo, a empresa Bons Ares, SA concluiu que o custo efetivo do crédito bancário de médio e longo prazo, para o mesmo montante de financiamento, era de 15% ao ano. Decida qual das modalidades será mais vantajosa para a empresa.

Resolução:

a) O valor nominal do empréstimo é igual a

$$C_0 = N \times V_n = 20.000 \times 50 \text{ €} = 1.000.000 \text{ €}$$

Como a amortização vai ser efetuada através da redução do valor nominal, a percentagem a amortizar em cada ano será

$$\frac{100\%}{4} = 25\%, \text{ logo } 25\% \times 1.000.000 \text{ €} = 250.000 \text{ €}$$

Logo, o quadro surge

(em €)

TEMPO	V_n obrig. vivas	Juros (J_k)	Montante do V_n a amortizar	Prestação (C_k)	Valor nominal amortizado
1	1.000.000	120.000	250.000	370.000	250.000
2	750.000	90.000	250.000	340.000	500.000
3	500.000	60.000	250.000	310.000	750.000
4	250.000	30.000	250.000	280.000	1.000.000

b) Como o valor de emissão das obrigações é igual a 49,60 €, o montante de financiamento resultante da operação vai ser

$$N \times V_e = 20.000 \times 49,60 \text{ €} = 992.000 \text{ €}$$

Por sua vez, as despesas de emissão vão corresponder a

$$D_0 = 3\% \times C_0 = 3\% \times 1.000.000\ € = 30.000\ €$$

Logo a expressão que permitirá obter o custo da fonte de financiamento é a que decorre da fórmula encontrada em [7.14], a qual, uma vez aplicada ao caso presente, surge:

$$992.000€ - 30.000\ € = \frac{370.000€}{1+r} + \frac{340.000€}{(1+r)^2} + \frac{310.000€}{(1+r)^3} + \frac{280.000€}{(1+r)^4}$$

$$962.000\ € = \frac{370.000€}{1+r} + \frac{340.000€}{(1+r)^2} + \frac{310.000€}{(1+r)^3} + \frac{280.000€}{(1+r)^4}$$

c) De modo a decidirmos qual a fonte de financiamento mais adequada, atendendo aos respetivos custos efetivos, vamos recorrer ao conceito de *vantagem relativa das obrigações*, por intermédio do qual procedemos à atualização dos encargos decorrentes do empréstimo obrigacionista à taxa de custo da fonte de financiamento alternativa. Sendo que

$$VRO = (N \times V_e - D_0) - \sum_{k=1}^{n} \frac{C_k + D_k}{(1+g)^k}$$

substituindo pelos valores correspondentes, resultará

$$VRO = (992.000\ € - 30.000\ €) - \left[\frac{370.000€}{1+15\%} + \frac{340.000€}{(1+15\%)^2} + \frac{310.000€}{(1+15\%)^3} + \frac{280.000€}{(1+15\%)^4}\right]$$

$$VRO = 962.000\ € - (321.739{,}13\ € + 257.088{,}85\ € + 203.830{,}03\ € + 160.090{,}91\ €)$$

$$VRO = 962.000\ € - 942.748{,}92\ € = 19.251{,}08\ €$$

A vantagem relativa das obrigações é ***positiva***, donde se conclui haver vantagem em emitir obrigações, em vez de recorrer ao financiamento bancário nas condições descritas. Deste modo, o custo efetivo associado ao empréstimo obrigacionista é menor que os 15% atinentes ao financiamento bancário.

13 – Um empréstimo obrigacionista possui as seguintes características:

- Nº de obrigações emitidas: 60.000;
- Valor nominal: 5 €;
- Valor de emissão: 4,75 €
- Taxa de juro: fixa de 12%, ao longo dos 10 anos de vigência do empréstimo;
- Amortização: ao par, no final de cada ano, através de prestações constantes de capital e juros.

a) Imediatamente após ter efetuado a 6ª amortização, tratando-se de um empréstimo a taxa fixa e porque o contrato de emissão assim o permitia, a empresa emitente decidiu proceder à amortização antecipada da dívida. Quantas obrigações se encontravam ainda por amortizar?
b) De modo a salvaguardar os interesses dos subscritores, pagou um prémio de reembolso correspondente a 0,75 € por cada obrigação amortizada antecipadamente. Quais as consequências destas decisões (amortização antecipada + pagamento de prémio de reembolso) sobre o custo efetivo da fonte de financiamento?

Resolução:

a) Para determinarmos o montante de capital que se encontrava por amortizar após a ocorrência do 6º reembolso, temos que, primeiramente, determinar o valor da prestação anual inicialmente prevista e efetivamente paga aquando das seis primeiras amortizações. Deste modo,

$$N \times V_n = \bar{C} \times \frac{1-(1+i)^{-n}}{i}$$

$$60.000 \times 5\ € = \bar{C} \times \frac{1-(1+12\%)^{-10}}{12\%}$$

$$300.000\ € = \bar{C} \times 5{,}650223$$

$$\bar{C} = 53.095{,}25\ €$$

Esta é a anuidade teórica de amortização; o montante de capital que se encontrava por amortizar após o 6º reembolso corresponde ao valor atual de uma renda de 4 termos iguais a 53.095,25 €, uma vez que faltavam efetuar 4 reembolsos. Logo, à semelhança do que sucedeu para os empréstimos clássicos, se designarmos por D_6 o montante em dívida após o pagamento da 6ª prestação, vem

$$D_6 = 53.095{,}25\ € \times \frac{1-(1+12\%)^{-4}}{12\%}$$

$$D_6 = 161.268{,}82\ €$$

Após o 6º reembolso estavam por amortizar 161.268,82 €; se dividirmos esta quantia pelo valor de reembolso, no caso presente idêntico ao valor nominal, obteremos o número de obrigações sobreviventes.

$$\frac{161.268{,}82€}{5€} = 32.254 \text{ obrigações}$$

b) Para bem avaliarmos quais as consequências da amortização antecipada sobre o custo do financiamento, devemos apurar qual o custo efetivo em cada uma das hipóteses consideradas. Em ambas as possibilidades, a emissão ocorreu abaixo do par, a 4,75 €, não tendo havido encargos adicionais.

Na eventualidade de as amortizações serem efetuadas nas datas inicialmente previstas, a expressão que permitiria determinar o custo efetivo da fonte de financiamento seria a seguinte:

$$60.000 \times 4{,}75\ € = \sum_{k=1}^{10} \frac{53.095{,}25€}{(1+r)^k}$$

ou também

$$285.000\ € = 53.095{,}25\ € \times \frac{1-(1+r)^{-10}}{r}$$

$$5{,}3677118 = \frac{1-(1+r)^{-10}}{r}$$

O valor de r pode ser obtido através da função TIR das funções financeiras do Excel, tomando um valor atual de 5, 3677118 e uma sucessão de 10 termos iguais à unidade. Vem, assim, que $r = 13{,}272\ \%$.

Este é o custo efetivo do financiamento inicialmente previsto, isto é, na eventualidade de terem ocorrido as 10 amortizações.

Vejamos, agora, qual o custo efetivo associado ao reembolso antecipado da dívida imediatamente após o pagamento da 6ª amortização. Para além das 6 prestações de 53.095,25 €, o reembolso antecipado implica um encargo de 32.254 × (5 € + 0,75 €) = 185.460,50 €, correspondente ao reembolso propriamente dito e ao prémio de reembolso das obrigações ainda em circulação. Podemos, então, formalizar a expressão que permite determinar o custo efetivo associado a esta possibilidade, que surge

$$285.000\ € = 53.095{,}25\ € \times \frac{1-(1+r)^{-6}}{r} + 185.460{,}50\ €\ (1+r)^{-6}$$

Determinamos, de novo, a taxa r através das funções financeiras do Excel, considerando, agora, um valor atual de 285.000 €, cinco termos de 53.095,25 € e um sexto termo de 53.095,05 € + 185.460,50 € = 238.555,75 €, donde resulta que $r = 14{,}6\%$.

Este é o novo custo efetivo do financiamento, maior que na possibilidade de a amortização ocorrer de acordo com o plano estabelecido inicialmente, não sendo, por isso, uma situação vantajosa para a entidade emitente[31].

14 – São conhecidas as seguintes características de um certo empréstimo obrigacionista:

– Nº de obrigações emitidas: 400.000;
– Valor nominal: 8 €;
– Prémio de amortização: 0,80 €;

[31] Atenda-se a que a amortização antecipada não onera o custo da fonte de financiamento. O acréscimo de custo resulta do pagamento do prémio de reembolso de 0,75 € relativamente às obrigações amortizadas antecipadamente.

Refira-se, ainda, que a amortização antecipada nas condições descritas seria apenas de realizar no caso de a entidade emitente pretender substituir o valor remanescente por um outro empréstimo, a taxa mais baixa, devendo essa possibilidade ser devidamente avaliada, tendo por referência o plano de amortização inicialmente definido.

– Taxa de juro: 11%;
– Amortização: anual, através de prestações constantes de capital e juros.

a) Sabendo que na última amortização foram reembolsadas mais 34.663,152 obrigações que na primeira (valor obtido de acordo com as anuidades teóricas de amortização), determine o montante da anuidade teórica, bem como o número de reembolsos.
b) À data de emissão, foram suportadas despesas correspondentes a 12.732,60 €. Qual terá sido o valor de emissão das obrigações, sabendo que a empresa emitente não pretende suportar um custo efetivo superior a 12,5%?

Resolução:

a) Havendo um prémio de amortização igual a 0,80 € e sendo que a amortização ocorre por intermédio de prestações constantes de capital e juros, tal significa que necessitamos de calcular a taxa de juro fictícia. Logo

$V_r = 8\text{ €} + 0{,}80\text{ €} = 8{,}80\text{ €}$

Por sua vez,

$i \times V_n = i' \times V_r$
$11\% \times 8\text{ €} = i' \times 8{,}80\text{ €}$
$i' = 10\%$

Se aquando da última prestação foram amortizadas mais 34.663,152 obrigações que da primeira, podemos formalizar do seguinte modo:

$m_n = m_1 + 34.663{,}152$

Porém, sendo $m_k = \frac{M_k}{V_r}$, teremos que

$$\frac{M_n}{V_r} = \frac{M_1}{V_r} + 34.663{,}152$$

ou ainda

$$\frac{M_n}{8{,}80€} = \frac{M_1}{8{,}80€} + 34.663{,}152$$

$$M_n = M_1 + 305.035{,}74\ €$$

Sabemos, ainda, que

$$\bar{C} = J_1 + M_1 = J_n + M_n$$

O juro pago na 1ª prestação incide sobre o valor nominal do empréstimo; enquanto isso, o juro pago na última amortização é calculado sobre o valor nominal das obrigações sobreviventes que são, ao mesmo tempo, as obrigações que serão amortizadas nesse último período. Daqui resulta que [32]

$$11\% \times 400.000 \times 8\ € + M_1 = 10\% \times M_n + M_n$$

$$352.000\ € + M_1 = 10\%\ (M_1 + 305.035{,}74\ €) + M_1 + 305.035{,}74\ €$$

$$0{,}1M_1 = 305.035{,}74\ € + 30.503{,}574\ € - 352.000\ €$$

$$0{,}1M_1 = 16.460{,}686\ €$$

$$M_1 = 164.606{,}86\ €$$

Sendo $J_1 = 352.000$ €, podemos estabelecer que

$$\bar{C} = M_1 + J_1 = 164.606{,}86\ € + 352.000\ € = 516.606{,}86\ €$$

Por sua vez,

$$N \times V_r = \bar{C} \times \frac{1-(1+i')^{-n}}{i'}$$

$$400.000 \times 8{,}80\ € = 516.606{,}86\ € \times \frac{1-(1+10\%)^{-n}}{10\%}$$

[32] Entenda-se que calcular o juro sobre o valor de reembolso das obrigações (M_n) à taxa de juro fictícia (10%) equivale a calcular esse mesmo juro tendo por base o valor nominal das obrigações à taxa de cupão (11%).

$$0{,}3186308 = 1{,}1^{-n}$$

$$\log(0{,}3186308) = -n \log(1{,}1)$$

$$-n = \frac{\log(0{,}3186308)}{\log(1{,}1)}$$

$$-n = -\frac{0{,}4967122}{0{,}0413926}$$

$$n = 12$$

Foram efetuados 12 reembolsos e o montante da anuidade teórica é de 516.606,86 €.

b) Como a amortização se efetua através de prestações anuais constantes, essas prestações correspondem ao fluxo de encargos financeiros futuros. Procedendo à atualização desse fluxo de encargos à taxa de custo máxima que a empresa pretende suportar, isto é, 12,5%, obtém-se

$$N \times V_e - D_0 = \bar{C} \times \frac{1-(1+r)^{-n}}{r}$$

$$400.000 \times V_e - 12.732{,}60\ € = 516.606{,}86\ € \times \frac{1-(1+12{,}5\%)^{-12}}{12{,}5\%}$$

$$400.000 \times V_e - 12.732{,}60\ € = 3.127.267{,}4\ €$$

$$400.000 \times V_e = 3.140.000\ €$$

$$V_e = 7{,}85\ €$$

Para suportar uma taxa de custo efetiva de 12,5%, a empresa deverá emitir as obrigações a 7,85 €. Caso as emitisse a um valor mais baixo, tal acarretaria o aumento do custo efetivo do financiamento, pois para menor encaixe financeiro corresponderiam encargos idênticos. Ao mesmo tempo, o custo efetivo do financiamento ficaria aquém dos 12,5% apontados se o valor de emissão fosse mais aproximado do valor nominal.

15 – A empresa Solartis, SA emitiu um empréstimo obrigacionista com as seguintes características:

- Nº de obrigações emitidas: 400.000;
- Valor nominal: 1 €;
- Valor de reembolso: 1,25 €;
- Valor de emissão: 0,95 €;
- Taxa de juro: 9,5% ao ano;
- Amortização: através de anuidades constantes, incluindo o prémio de amortização;
- Data do 1º reembolso: 1 de setembro de 2014;
- Data do último reembolso: 1 de setembro de 2021.

a) Apresente as três primeiras linhas do quadro de amortização do empréstimo.
b) Apresente a última linha do quadro.
c) Após quantos reembolsos terão sido amortizadas pelo menos 2/3 das obrigações emitidas?
d) Formalize a expressão que permite calcular a taxa de rendibilidade associada à subscrição das obrigações deste empréstimo.
e) Considerando a existência de encargos de emissão correspondentes a 2% do valor nominal do empréstimo, formalize a expressão que permite determinar o custo da fonte de financiamento.
f) Um investidor adquire em bolsa, imediatamente após a 6ª amortização, todas as obrigações ainda em circulação. Qual será o preço de aquisição (cotação), de modo a obter uma taxa de retorno para o seu investimento de 9,75%?
g) Na data de emissão do empréstimo, qual é a probabilidade de o detentor de uma obrigação ver o seu título reembolsado logo na 1ª amortização?
h) Após a 4ª amortização, qual a probabilidade de o detentor de uma obrigação ver o seu título amortizado apenas no último reembolso?

Resolução:

a) De modo a podermos preencher as três primeiras linhas do quadro, necessitamos de determinar o montante da anuidade teórica de amortização.

Como o reembolso se efetua acima do par, para calcularmos essa anuidade, vamos, previamente, encontrar a taxa fictícia do empréstimo, recorrendo a

$$i \times V_n = i' \times V_r$$

Substituindo, surge

$$9{,}5\% \times 1\ € = i' \times 1{,}25\ €$$

$$i' = \frac{9{,}5\% \times 1€}{1{,}25€}$$

donde

$$i' = 7{,}6\%$$

O 1º reembolso reporta-se a 1 de setembro de 2014 e o último a 1 de setembro de 2021, pelo que verificamos que irão ser realizadas 8 amortizações (n = 8). Assim sendo, podemos calcular o montante da anuidade teórica de amortização.

$$400.000 \times 1{,}25\ € = \bar{C} \times \frac{1-(1+7{,}6\%)^{-8}}{7{,}6\%}$$

$$500.000\ € = \bar{C} \times 5{,}8349082$$

$$\bar{C} = 85.691{,}15\ €$$

Preenchendo as três primeiras linhas do quadro de amortização do empréstimo, surgirá

(em €)

TEMPO	Nº obrig. vivas	V_n obrig. vivas	Juros	Nº obrig. amortizadas	Amortização	Prestação	Nº obrig. mortas
1	400.000	400.000	38.000	38.153	47.691,25	85.691,25	38.153
2	361.847	361.847	34.375,47	41.053	51.316,25	85.691,72	79.206
3	320.794	320.794	30.475,43	44.173	55.216,25	85.691,68	123.379
:	:	:	:	:	:	:	:

b) No que concerne à última linha do quadro de amortização, sendo conhecido M_3, podemos formalizar

$$M_8 = M_3 (1 + i')^5$$

Ao substituirmos, surge

$$M_8 = 55.216{,}25\ € \ (1 + 7{,}6\%)^5$$
$$M_8 = 55.216{,}25\ € \times 1{,}442319106405376$$
$$M_8 = 79.639{,}45\ €$$

Assim sendo,

$$m_8 = \frac{79.639{,}45€}{1{,}25€} = 63.711{,}56$$

sendo, assim, amortizadas 63.712 obrigações; donde resulta que $M_8 = 63.712 \times \times 1{,}25\ € = 79.640\ €$.

Como se trata do último reembolso, o número de obrigações vivas no início do período coincide com o número de obrigações amortizadas, surgindo, de imediato, o preenchimento das restantes colunas do quadro.

TEMPO	Nº obrig. vivas	V_n obrig. vivas	Juros	Nº obrig. amortizadas	Amortização	Prestação	Nº obrig. mortas
:	:	:	:	:	:	:	:
8	63.712	63.712	6.052,64	63.712	79.640	85.962,64	400.000

O número de obrigações mortas no final do último período corresponderá, necessariamente, às 400.000 obrigações emitidas.

c) Recordemos a expressão que formalizámos no Capítulo anterior relativa ao capital amortizado, no caso dos empréstimos clássicos, após um dado reembolso k.

$$A_p = M_1 \times \frac{(1 + i)^p - 1}{i}$$

Podemos adaptá-la ao caso dos empréstimos obrigacionistas, considerando que $\frac{2}{3}$ do capital a amortizar correspondem a

$$\frac{2}{3} \times 400.000 \times 1{,}25\ € = 333.333{,}3(3)\ €$$

Como pretendemos amortizar pelo menos $\frac{2}{3}$ das obrigações emitidas, arredondamos esta quantia para 333.333,34 €. Se substituirmos na expressão anterior e resolvermos em ordem a p, vem

$$333.333{,}34\ € = 47.691{,}25\ € \times \frac{(1+7{,}6\%)^p - 1}{7{,}6\%}$$

$$1{,}5311945868 = (1+7{,}6\%)^p$$

$$\log 1{,}5311945868 = p \log 1{,}076$$

$$p = \frac{\log 1{,}5311945868}{\log 1{,}076}$$

$$p = 5{,}816$$

Sendo p um número não inteiro, significa que após o 6º reembolso estarão amortizados, pelo menos, $\frac{2}{3}$ das obrigações emitidas.

d) Como não temos o quadro de amortização preenchido na sua totalidade, formalizamos a expressão que permite determinar a rendibilidade recorrendo à anuidade teórica de amortização. A taxa de rendibilidade associada à subscrição das obrigações deste empréstimo é a que torna equivalentes o valor dispendido na sua aquisição e os fluxos financeiros de retorno do investimento. Assim sendo, surge

$$400.000 \times 0{,}95\ € = 85.691{,}15\ € \times \frac{1-(1+r)^{-8}}{r}$$

com ***r*** a representar à rendibilidade deste investimento. Neste caso, consideramos a totalidade das obrigações que constituem o empréstimo e não apenas as pertencentes a uma determinda carteira.

e) Como referimos anteriormente, a taxa de custo efetiva de uma certa fonte de financiamento é a que permite tornar equivalentes o montante do encaixe finaceiro proporcionado por essa fonte de financiamento e os encargos futuros daí decorrentes.

No caso presente, ao valor possibilitado pela emissão devemos deduzir o montante das despesas, cujo montante se obtém do seguinte modo:

$$D_0 = (400.000 \times 1\text{ €}) \times 2\% = 8.000\text{ €}$$

Considerando, também aqui, a anuidade teórica de amortização, vem

$$400.000 \times 0{,}95\text{ €} - 8.000\text{ €} = 85.691{,}15\text{ €} \times \frac{1-(1+r)^{-8}}{r}$$

$$372.000\text{ €} = 85.691{,}15\text{ €} \times \frac{1-(1+r)^{-8}}{r}$$

com ***r*** a representar agora a taxa de custo da fonte de financiamento para a entidade emitente[33].

f) Estamos em presença de um obrigacionista que adquire todas as obrigações que se encontram por amortizar após o 6º reembolso, isto é, $m_7 + m_8$. Como m_8 já é nosso conhecido – determinámo-lo na alínea b) – vamos agora encontrar m_7, sendo que

$$M_8 = M_7\,(1 + i')$$
$$79.639{,}45\text{ €} = M_7\,(1 + 7{,}6\%)$$
$$M_7 = 74.014{,}36\text{ €}$$

Surge, ainda, que

$$m_7 = \frac{74.014{,}36\text{€}}{1{,}25\text{€}} = 59.211{,}488 \cong 59.211 \text{ obrigações.}$$

[33] Da observação desta alínea e da anterior, verificamos que, tal como já havíamos apontado, a rendibilidade do investidor não coincide com o custo do financiamento, uma vez que este último engloba também os encargos bancários.

São, então, adquiridas 59.211 + 63.712 = 122.923 obrigações.

No momento do 7º reembolso, o investidor recebe juros relativos às 122.923 adquiridas, sendo-lhe reembolsadas 59.211. No momento do 8º reembolso, recebe juros relativos às restantes 63.712, que são também amortizadas.

Se designarmos por *p* o preço de aquisição que permite a este obrigacionista uma rendibilidade de 9,75%, podemos formalizar e resolver em ordem a *p*.

$$122.923 \times p = \frac{122.923€ \times 9{,}5\% + 59.211 \times 1{,}25€}{1 + 9{,}75\%} +$$

$$+ \frac{63.712€ \times 9{,}5\% + 63.712 \times 1{,}25€}{(1 + 9{,}75\%)^2}$$

$$122.923 \times p = \frac{11.677{,}69€ + 74.013{,}75€}{1 + 9{,}75\%} + \frac{6.052{,}64€ + 79.640€}{(1 + 9{,}75\%)^2}$$

$$122.923 \times p = \frac{85.691{,}44€}{1 + 9{,}75\%} + \frac{85.692{,}64€}{(1 + 9{,}75\%)^2}$$

$$122.923 \times p = 149.222{,}14\ €$$

$$p = 1{,}21\ €$$

De modo a obter uma rendibilidade de 9,75%, adquire as obrigações por 1,21 €, ligeiramente abaixo do valor de resgate.

g) Sendo que o empréstimo se encontra titulado através de 400.000 obrigações e que $m_1 = 38.153$ obrigações, a probabilidade de os títulos serem amortizados logo no 1º reembolso corresponde a

$$\frac{38.153}{400.000} = 0{,}0953825 = 9{,}53825\%$$

h) A probabilidade de uma obrigação sobrevivente ao 4º reembolso ser amortizada apenas na última amortização resulta da *ratio* entre m_8 – que já conhecemos – e o número de obrigações que pemanecem em circulação após o 4º reembolso. Determinamos o número de obrigações ainda em circulação seguindo o raciocínio proposto na alínea c). Assim sendo, teremos

$$A_p = M_1 \frac{(1+i)^p - 1}{i}$$

$$A_4 = 47.691{,}25\,€ \times \frac{(1 + 7{,}6\%)^4 - 1}{7{,}6\%}$$

$$A_4 = 213.635\,€$$

A este montante correspondem $\frac{213.635€}{1{,}25€} = 170.908$ obrigações já amortizadas, o que significa que se encontram por amortizar 229.092. Sendo $m_8 = 63.712$ obrigações, a probabilidade de as obrigações sobreviventes ao 4º resgate serem amortizadas apenas no termo do empréstimo é de

$$\frac{63.712}{229.092} = 0{,}27810661219 \cong 27{,}81\%$$

FORMULÁRIO (7)

[7.1] $C_0 = N \times V_n$

[7.2] $J_k = i \times V_n$

[7.3] $\bar{m} = \frac{N}{n}$

[7.4] $\bar{M} = \bar{m} \times V_n$

[7.5] $m_k = \frac{M_k}{V_r}$

[7.6] $M_k = m_k \times V_n$

[7.7] $$\mathrm{N} \times V_{\mathrm{n}} = \bar{C} \times \frac{1-(1+i)^{-\mathrm{n}}}{i}$$

[7.8] $$C_{\mathrm{k}} = J_{\mathrm{k}} + \mathrm{M}_{\mathrm{k}}$$

[7.9] $$\bar{\mathrm{M}} = \bar{m} \times V_{\mathrm{r}}$$

[7.10] $$i' = \frac{V_{\mathrm{n}}}{V_{\mathrm{r}}} \times i$$

[7.11] $$\mathrm{N} \times V_{\mathrm{r}} = \bar{C} \times \frac{1-(1+i')^{-\mathrm{n}}}{i'}$$

[7.12] $$\mathrm{V}_{\text{média}} = w + \frac{1}{\mathrm{N}} \sum_{\mathrm{k}=1}^{\mathrm{n}} \mathrm{k} \times m_{\mathrm{k}}$$

[7.13] $$\mathrm{V}_{\text{média}} = \frac{1}{\mathrm{N}} \sum_{\mathrm{k}=1}^{\mathrm{n}} \mathrm{k} \times m_{\mathrm{k}}$$

[7.14] $$\mathrm{N} \times V_{\mathrm{e}} - D_0 = \sum_{\mathrm{k}=1}^{\mathrm{n}} \frac{C_{\mathrm{k}} + D_{\mathrm{k}}}{(1+r)^{\mathrm{k}}}$$

[7.15] $$\mathrm{N}_{\mathrm{s}} \times V_{\mathrm{e}} = \sum_{\mathrm{k}=1}^{\mathrm{n}} \frac{\mathrm{R}_{\mathrm{k}}}{(1+r_{\mathrm{o}})^{\mathrm{k}}}$$

[7.16] $$\mathrm{VRO} = (\mathrm{N} \times V_{\mathrm{e}} - D_0) - \sum_{\mathrm{k}=1}^{\mathrm{n}} \frac{C_{\mathrm{k}} + D_{\mathrm{k}}}{(1+g)^{\mathrm{k}}}$$

Capítulo 8

Plena Propriedade, Nua Propriedade e Usufruto

1. Plena propriedade

Num contrato de empréstimo ficam definidos, no momento inicial, todas as condições de reembolso, quer em tempo (vencimento), quer em montantes (modelos de amortização), para além da taxa de juro.

Assim sendo, se o prestamista (credor) necessitar de fundos antes do vencimento, pode descontar o seu crédito (prestações ou anuidades de capital e juros) ainda não vencido, normalmente a uma taxa diferente da taxa do empréstimo. Pode então avaliar-se um empréstimo, numa certa data, a uma dada taxa de atualização (r), geralmente diferente da taxa de juro do empréstimo (i).

Se o prestamista tem direito a receber os juros e a amortização, é considerado proprietário pleno do empréstimo, tendo domínio completo sobre o mesmo. Se o prestamista apenas tem direito às amortizações do empréstimo, será proprietário sem direito ao usufruto ou nu proprietário do mesmo e a entidade que possui o direito a receber os juros , produzidos pelo empréstimo, será o usufrutuário.

Consideremos um empréstimo à taxa de juro i, amortizável em n períodos através do sistema francês ou das anuidades constantes. Pode avaliar-se, a uma taxa de atualização r (igual ou diferente de i), a propriedade plena, a nua propriedade (sem usufruto) e o usufruto. O valor atualizado do empréstimo ou das anuidades não vencidas (n – t), também designado reserva matemática (valor atual das anuidades a vencer) ou ***propriedade plena*** ($PP_{(t)}$) obtém-se atualizando, a anuidade constante – que surge aqui designada por A – (incorporando capital e juros), à taxa de avaliação *r*, no final do momento t, quando já foram pagas t prestações. Assim:

a) com $r \neq i$, vem:

$$PP_{(t)} = V_{(t)} = A \frac{1-(1+r)^{-(n-t)}}{r} \qquad [8.1]$$

sendo $V_{(0)} = A_1(1+r)^{-1} + A_2(1+r)^{-2} + ... + A_t(1+r)^{-t} + ... + A_n(1+r)^{-n} =$

$$= \sum_{t=1}^{n} A_t(1+r)^{-t},$$

que, com $A_t = A$ constante, fica:

$$V_{(0)} = A\,(1+r)^{-1} + A\,(1+r)^{-2} + ... + A\,(1+r)^{-t} + ... + A\,(1+r)^{-n} =$$

$$A\sum_{t=1}^{n}(1+r)^{-t}.$$

b) com $r = i$, a reserva matemática coincide com o valor do empréstimo vivo no início do ano t + 1, igual ao valor no final de t:

$$PP_{(t)} = V_{(t)} = A \frac{1-(1+i)^{-(n-t)}}{i} \qquad [8.2]$$

A ***plena propriedade*** ou ***reserva matemática*** correspondendo à soma da ***nua propriedade*** ($N_{(t)}$) com o ***usufruto*** ($U_{(t)}$), vem igual a:

$$PP_{(t)} = N_{(t)} + U_{(t)} \qquad [8.3]$$

EXEMPLO: Foi concedido ao Sr. Fernando um empréstimo no montante de 10.000 €, amortizável em 20 prestações anuais constantes, à taxa de juro de 10%. Ao fim de oito anos, o Sr. Fernando necessitou de fundos, pelo que procurou descontar o seu crédito à data, junto de um amigo que lhe cobrava 9,5%. Não tendo quaisquer despesas extras, quanto reembolsa o Sr. Fernando com o desconto?

A anuidade anual constante é igual a $A = 10.000\ € \times \left[\frac{10\%}{1-(1+10\%)^{-20}}\right] =$

$= 10.000\ € \times 0{,}11746 = 1.174{,}60\ €$

Tendo o Sr. Fernando recebido já oito prestações, falta-lhe receber doze (20 – 8 = 12). Assim o valor atual das doze prestações, ou a propriedade plena à taxa de avaliação de 9,5%, vem:

$$PP_{(8)} = A\ \frac{1-(1+r)^{-(n-t)}}{r} = 1.174{,}60\ € \times \left[\frac{1-(1+9{,}5\%)^{-(20-8)}}{9{,}5\%}\right] =$$

$= 1.174{,}60\ € \times 6{,}983839 = 8.203{,}22\ €$

Comparando com o valor da dívida a 10%, na mesma data, verificamos que esta é inferior:

$$V_{(8)} = A\ \frac{1-(1+i)^{-(n-t)}}{i} = 1.174{,}60\ € \times \left[\frac{1-(1+10\%)^{-(20-8)}}{10\%}\right] =$$

$= 1.174{,}60\ € \times 6{,}81369 = 8.003{,}36\ €$

2. Nua propriedade

Nua propriedade é o direito real resultante do desdobramento do direito de plena propriedade (*jus utendi, jus fruendi, jus abutendi*), pela constituição de um usufruto. O titular da nua propriedade (proprietário) fica apenas com o direito de dispor da coisa (*jus utendi*), já que os direitos de usar e usufruir (*jus fruendi*) pertencem ao usufrutuário, enquanto durar o usufruto. ***A nua propriedade é, assim, uma propriedade sobre a qual recai um usufruto***.

Nota: No *método linear* ou das *amortizações constantes*, como M_t é constante e igual a $\overline{M}$, o valor da nua propriedade de t até n, depois do *t*-ésimo período, vem:

$$N_{(t)} = \bar{M}\sum_{t=t}^{n}(1+r)^{-(n-t)} = \bar{M}\sum_{t=t}^{n}A_t^r = \bar{M}\,\frac{1-(1+r)^{-(n-t)}}{r} \qquad [8.4]$$

No *sistema francês* ou das *anuidades constantes,* as amortizações anuais são crescentes e obtêm-se subtraindo os juros (decrescentes) à anuidade A[1]. A soma de todas as anuidades atualizadas à taxa utilizada para seu cálculo (i), corresponde ao valor inicial: $V_{(0)} = A\sum_{t=1}^{n}(1+r)^{-n} = A\,\frac{1-(1+r)^{-n}}{r}$.

A soma dos valores atuais das quotas de capital (amortizações – M_t), à taxa de atualização r, designada por Nua Propriedade (*nue-proprieté*), no momento zero até t, é representada por[2]:

$$N_{(0)} = M_1(1+r)^{-1} + M_2(1+r)^{-2} + ... + M_t(1+r)^{-t} = \sum_{t=1}^{n}M_t(1+r)^{-t} \qquad [8.5]$$

Depois do *t*-ésimo período, no momento t, a nua propriedade vem:

$$N_{(t)} = M_t(1+r)^{-1} + M_{t+1}(1+r)^{-2} + ... + M_n(1+r)^{-(n-t)}$$

a) Com $r \neq i$, de $M_k = M_1(1+i)^t$, vem:

$N_{(t)} = M_1(1+i)^t(1+r)^{-1} + M_1(1+i)^{t+1}(1+r)^{-2} + ... + M_1(1+i)^{n-1}(1+r)^{-(n-t)}$, que corresponde à soma de uma progressão geométrica de razão igual a $(1+i)(1+r)^{-1}$. E sendo ainda $M_n = M_t(1+r)^{n-t}$ e $M_1 = A(1+r)^{-n} = A - J_1$, vem:

$$N_{(t)} = M_1\,\frac{(1+i)^t(1+r)^{-1} - (1+i)^{n-1}(1+r)^{t-n}(1+i)(1+r)^{-1}}{1-(1+i)(1+r)^{-1}}$$

Multiplicando o numerador e o denominador por $(1+r)$ temos:

$$N_{(t)} = M_1\,\frac{(1+i)^t - (1+i)^n(1+r)^{t-n}}{(1+r)-(1+i)} = M_1\,\frac{(1+i)^t - (1+i)^n(1+r)^{t-n}}{r-i}$$

[1] Desenvolvido anteriormente no Capítulo 6.

[2] A nua propriedade – *nué-proprieté* –, em valores contínuos, vem: $\int_0^n - V(t)\,e^{-rn}\,dt$.

EXEMPLO: Utilizando os dados do caso anterior, o valor da nua propriedade, à taxa de 9,5%, depois do oitavo ano, vem:

$$N_{(8)} = M_1 \frac{(1+i)^t - (1+i)^n(1+r)^{t-n}}{r-i} =$$

$$= 174{,}60\ € \times \frac{(1+10\%)^8 - (1+10\%)^{20}(1+9{,}5\%)^{8-20}}{9{,}5\% - 10\%} =$$

$$= 174{,}60\ € \times \frac{2{,}14359 - 6{,}7275 \times 0{,}336535}{-0{,}005} = 174{,}60\ € \times 24{,}0898425 =$$

$$= 4.206{,}09\ €$$

uma vez que

$$M_1 = 1.174{,}60\ €\ (1+10\%)^{-20} = 0{,}148644 \times 1.174{,}60\ € = 174{,}60\ €$$

ou também

$$M_1 = A - J_1 = 1.174{,}60\ € - 1.000\ € = 174{,}60\ €$$

b) Com $r = i$, vem:

$$N_{(t)} = M_1 (1+i)^t (1+i)^{-1} + M_1 (1+i)^{t+1} (1+i)^{-2} + \ldots + M_1 (1+i)^{n-1} (1+i)^{-(n-t)}$$
$$N_{(t)} = M_1 (1+i)^{t-1} + M_1 (1+i)^{t-1} + \ldots + M_1 (1+i)^{t-1}$$
$$N_{(t)} = M_1 \left[(1+i)^{t-1} + (1+i)^{t-1} + \ldots + (1+i)^{t-1}\right]$$
$$N_{(t)} = M_1 (n-t)(1+i)^{t-1} = (n-t)\, M_t \qquad \textbf{[8.6]}$$

por ser $M_1 (1+i)^{t-1} = M_t$.

EXEMPLO: Aplicando os dados do enunciado anterior, obtemos um valor inferior ao da situação em que $r > i$:

$$N_{(8)} = M_1 (20-8)\ (1+10\%)^{8-1} = 174{,}60\ € \times 12 \times 1{,}94872 =$$

$$= 340{,}25\ € \times 12 = 4.082{,}96\ €$$

3. Usufruto

A soma dos valores atuais dos juros (taxa i), à taxa de atualização r, designada por ***usufruto***, é representada, no momento zero, por[3]:

$$U_{(0)} = J_1(1+r)^{-1} + J_2(1+r)^{-2} + \dots + J_t(1+r)^{-t} + \dots + J_n(1+r)^{-n} =$$

$$= \sum_{t=1}^{n} [J_t(1+r)^{-n}]$$

$$U_{(0)} = i\,V_0(1+r) + i\,V_1(1+r)^{-2} + \dots + i\,V_{t-1}(1+r)^{-t} + \dots + i\,V_{n-1}(1+r)^{-n} =$$

$$= \sum_{t=1}^{n} i\,V_{t-1}(1+r)^{-n} \qquad [8.7]$$

em que V_t corresponde ao valor em dívida no momento t.

a) Com $r \neq i$, o usufruto, no momento t, vem:

$$U_{(t)} = \sum_{t=1}^{n} i\,V_{t-1}(1+r)^{t-n} \qquad [8.8]$$

ou também, como $U_{(t)} = PP_{(t)} - N_{(t)}$,

$$U_{(t)} = A\,\frac{1-(1+r)^{-(n-t)}}{r} - M_1\,\frac{(1+i)^t - (1+i)^n(1+r)^{t-n}}{r-i} \qquad [8.9]$$

EXEMPLO: Utilizando os dados do caso anterior, o valor do usufruto, à taxa de 9,5%, depois do oitavo ano, vem:

$$U_{(8)} = 1.174{,}60\ € \times \frac{1-(1+10\%)^{-(20-8)}}{10\%} - 174{,}60\ € \times 24{,}0898425 =$$

$$= 1.174{,}60\ € \times 6{,}813692 - 174{,}60\ € \times 24{,}0898425 =$$

$$= 8.003{,}36\ € - 4.206{,}09\ € = 3.997{,}13\ €$$

---

[3] O usufruto, em valores contínuos, vem: $\int_0^n V(t)\,e^{-rn}\,dt$.

b) Com $r = i$, o usufruto, sendo $J_n = A - M_n = A - M_1\,(1 + i)^{n-1}$ e $J_t = A - M_t = A - M_1(1 + i)^{t-1}$, temos, para o momento t:

$$U_{(t)} = \left[A - M_1 (1 + i)^t\right] (1 + i)^{-1} + \left[A - M_1 (1 + i)^{t+1}\right] (1 + i)^{-2} + ... +$$

$$+ \left[A - M_1 (1 + i)^{n-1}\right] (1 + i)^{-(n-t)}$$

$$U_{(t)} = A\,(1 + i)^{-1} - M_1 (1 + i)^{t-1} + A\,(1 + i)^{-2} - M_1(1 + i)^{t-1} + ... +$$

$$+ A\,(1 + i)^{t-n} - M_1(1 + i)^{t-1}$$

Reordenando, surge

$$U_{(t)} = A\left[(1 + i)^{-1} + (1 + i)^{-2} + ... + (1 + i)^{-(n-t)}\right] - M_1\left[(1 + i)^{t-1} +\right.$$

$$\left. + (1 + i)^{t-1} + ... + (1 + i)^{t-1}\right]$$

A primeira expressão do segundo membro corresponde a uma progressão geométrica de razão $(1 + i)^{-1}$: $A\,\dfrac{1 - (1 + r)^{-(n-t)}}{r} = PP_{(t)}$, e a segunda é igual a $M_1\,(1 + i)^{t-1}\,(n - t) = M_t\,(n - t) = N_{(t)}$, logo: $U_{(t)} = PP_{(t)} - N_{(t)}$, independentemente de $r = i$ ou $r \neq i$.

Assim, com $r = i$, sendo: $N_{(t)} = M_1\,(n - t)\,(1 + i)^{t-1} = (n - t)\,M_t$, e $PP_{(t)} = A\,\dfrac{1 - (1 + r)^{-(n-t)}}{r}$, vem:

$$U_{(t)} = PP_{(t)} - N_{(t)} = A\,\frac{1 - (1 + i)^{-(n-t)}}{i} - M_t\,(n - t) \qquad [\,\mathbf{8.10}\,]$$

independentemente de $r = i$ ou $r \neq i$.

Nota: O usufruto na situação de uma renda perpétua, não havendo nunca reembolso do valor em dívida, será sempre zero, pois, quaisquer que sejam as taxas, vem: $U_{(0)} = i\,V_0\,(1 + r)^{-\infty} = 0$.

4. Relação entre usufruto e nua propriedade

Sendo a *plena propriedade* ou *reserva matemática* igual à soma da *nua propriedade* com o *usufruto*, temos

$$PP_{(t)} = N_{(t)} + U_{(t)}$$

Consequentemente, vem que

$$U_{(t)} = PP_{(t)} - N_{(t)}$$ [4]

Recorde-se, ainda, que

$$PP_{(t)} = V_{(t)} = A\,\frac{1-(1+r)^{-(n-t)}}{r}$$

a) Com $r \neq i$, vem:

$$N_{(t)} = M_1\,\frac{(1+i)^t - (1+i)^n(1+r)^{t-n}}{(1+r)-(1+i)} = \frac{(1+i)^t - (1+i)^n(1+r)^{t-n}}{r-i} \qquad [8.11]$$

b) Com $r = i$, vem:

$$N_{(t)} = M_1\,(n-t)\,(1+i)^{t-1} = (n-t)\,M_t$$

expressão esta idêntica à já formalizada em [8.6].

5. Usufruto unitário e nua propriedade unitária

Considerando $V_{(t)}$ o valor nominal em dívida no momento t, define-se como ***usufruto unitário*** dum empréstimo (que surge designado por u) o quociente do usufruto total $U_{(t)}$ pelo fator $(i \times V_{(t)})$, que corresponde ao juro do primeiro período de avaliação, e vem igual a:

---

[4] A relação entre nua propriedade – *nué proprieté* – e usufruto, em valores contínuos, vem:

$$\int_0^n - V(t)\, e^{-rn}\, dt + \int_0^n V(t)\, e^{-rn}\, dt = 1.$$

$$u = \frac{U_{(t)}}{i \times V_{(t)}}, \text{ donde: } U_{(t)} = i \times V_{(t)} \times u \qquad [8.12]$$

A ***nua propriedade unitária*** corresponde ao quociente da nua propriedade total por $V_{(t)}$ – valor em dívida no momento da avaliação:

$$p = \frac{PP_{(t)}}{V_{(t)}}, \text{ donde: } PP_{(t)} = p \times V_{(t)} \qquad [8.13]$$

Assim, substituindo em $PP_{(t)} = N_{(t)} + U_{(t)}$, podemos calcular de outra forma a propriedade plena:

$$PP_{(t)} = i \times V_{(t)} \times u + p \times V_{(t)} = V_{(t)} (i \times u + p) \qquad [8.14]$$

5.1. Relação entre usufruto unitário e nua propriedade unitária de um empréstimo

O valor duma dívida no penúltimo período é igual a $V_{(n-1)} = M_{(n)}$ mais o juro do último período, ou seja, $J_{(n)} = i \times V_{(n-1)}$.

Sendo

$$u = \frac{U_{(t)}}{i \times V_{(t)}} \text{ e } U_{(t)} = \sum_{t=1}^{n} i \ V_{t-1} (1 + r)^{-n}, \text{ vem:}$$

$$u = \frac{1}{i \times V_{(t)}} \sum_{t=1}^{n} \left[i \times V_{(t)} (1 + r)^{-n} \right] = \frac{1}{V_{(t)}} \sum_{t=1}^{n} \left[V_{(t)} (1 + r)^{-n} \right]$$

Multiplicando por $(1 + r)$ os dois membros da igualdade, vem:

$$u (1 + r) = (1 + r) \frac{1}{V_{(t)}} \left[V_{(t)} (1 + r)^{-n} \right] =$$

$$= \frac{1}{V_{(t)}} \left\{ V_{(t)} + \sum_{t=1}^{n} \left[V_{(t)} (1 + r)^{-(n+1)} \right] \right\} \qquad (1)$$

Sendo $p = \dfrac{PP_{(t)}}{V_{(t)}}$ e $V_{(t)} = \sum_{t=1}^{n} M_{(t)}(1+r)^{-n}$, vem:

$$p = \frac{1}{V_{(t)}} \sum_{t=1}^{n} \left[M_{(t)}(1+r)^{-n} \right] \qquad (2)$$

Adicionando as igualdades (1) e (2), membro a membro, e pondo, ainda, $\dfrac{1}{V_{(t)}}$ em evidência, obtém-se:

$$u\,(1+r) + p = \frac{1}{V_{(t)}} \left\{ V_{(t)} + \sum_{t=1}^{n} \left[V_{(t)}(1+r)^{-(n+1)} \right] + \sum_{t=1}^{n} \left[M_{(t)}(1+r)^{-n} \right] \right\}$$

Podemos simplificar, atendendo a que, tal como decorre da igualdade (1), $\sum_{t=1}^{n} \left[V_{(t)}(1+r)^{-(n+1)} \right] + \sum_{t=1}^{n} \left[M_{(t)}(1+r)^{-n} \right] = u \times V_{(t)}$, pelo que surge:

$$u\,(1+r) + p = \frac{1}{V_{(t)}} \left(V_{(t)} + u \times V_{(t)} \right) = 1 + u$$

Daqui:

$$u + u \times r + p = 1 + u;$$

$$u \times r + p = 1\text{, donde: } u = \frac{1-p}{r} \qquad (3)$$

Substituindo $u = \dfrac{1-p}{r}$ na igualdade: $PP_{(t)} = i \times V_{(t)} \times u + p \times V_{(t)} = V_{(t)}(i \times \times u + p)$, vem:

$$PP_{(t)} = i \times V_{(t)} \times u = \frac{1-p}{r} + p \times V_{(t)} = V_{(t)} \times \frac{i}{r} - V_{(t)} \times i \times \frac{p}{r} + V_{(t)} \times p =$$

$$= V_{(t)} \times \frac{i}{r} + V_{(t)} \times \left[1 - \frac{i}{r} \right] \times p$$

$$PP_{(t)} = V_{(t)} \left\{ \frac{i}{r} + \left[1 - \frac{i}{r} \right] \times p \right\} \qquad \textbf{[8.15]}$$

Esta expressão permite ***avaliar um empréstimo a uma determinada taxa, se for conhecida a sua nua propriedade unitária, à data da avaliação.***

Notas importantes:

O usufruto unitário, com taxa de avaliação positiva, não pode ser negativo, uma vez que: $\frac{i}{r} \geq 0$; $1 - p \geq 0$ e $p \geq 1$.

É sempre inferior ou igual à unidade, verificando-se esta última situação, quando a avaliação é feita no momento da última prestação.

Sendo, de acordo com a expressão formalizada em [8.15],

$$PP_{(t)} = V_{(t)} \left\{ \frac{i}{r} + \left[1 - \frac{i}{r} \right] \times p \right\}$$

ajustando o 2º membro entre parêntesis e simplificando, vem:

$$PP_{(t)} = V_{(t)} \left\{ \frac{i}{r} - 1 + \left[1 - \frac{i}{r} \right] \times p + 1 \right\}$$

$$PP_{(t)} = V_{(t)} \left[1 - \frac{i}{r} \times (p - 1) + 1 \right]$$

Considerando $r < i$, a expressão $1 - \frac{i}{r}$ é negativa e, sendo $(p - 1)$ sempre negativo, o produto $\frac{i}{r} \times (p - 1)$ é positivo, originando que:

$\left[1 - \frac{i}{r} \times (p - 1) + 1 \right]$ seja positivo e assim: $PP_{(t)} > V_{(t)}$.

Resumindo: Se $r < i$ => $PP_{(t)} > V_{(t)}$.

Se $r > i$ => $PP_{(t)} < V_{(t)}$.

Se $r = i$ => $PP_{(t)} = V_{(t)}$.

5.2. Usufruto unitário e nua propriedade unitária para alguns tipos de empréstimos

Relembremos a expressão formalizada em [8.13], $p = \frac{PP_{(t)}}{V_{(t)}}$, e apliquemo-la a algumas das modalidades de amortização de empréstimos já nossas conhecidas.

5.2.1. Empréstimo reembolsável numa única prestação, ao fim de n anos, e juros anuais

O valor a pagar em no momento n será $V_{(0)}$, pois os juros são pagos periodicamente (é equivalente ao regime de capitalização simples), e o valor de *propriedade total sem usufruto* ou *nua propriedade* vem:

$$N_{(t)} = V_{(0)} \times (1+i)^{-n} \qquad [8.16]$$

Por sua vez, a *nua propriedade unitária* vem:

$$p = \frac{1}{V_{(t)}} \sum_{t=1}^{n} \left[M_{(t)} (1+r)^{-n}\right] = \frac{1}{V_{(0)}} \left[V_{(0)} (1+r)^{-n}\right]$$

donde se retira que

$$p = (1+r)^{-n} \qquad [8.17]$$

EXEMPLO: Considerando um empréstimo de valor nominal igual a 10.000 €, reembolsável de uma só vez, no momento n, com juros pagos anualmente, à taxa anual de 10%, para determinar o seu valor de avaliação, sete anos antes do reembolso, temos:

$$V_{(0)} = 10.000 \text{ €}$$

$$p = (1+r)^{-n} \Leftrightarrow p = (1+10\%)^{-7} = 0{,}513158$$

$$PP_{(t)} = V_{(0)} \left\{ \frac{i}{r} + \left[1 - \frac{i}{r} \right] \times p \right\} = 10.000\ € \times$$

$$\times \left\{ \frac{11\%}{10\%} + \left[1 - \frac{11\%}{10\%} \right] \times 0{,}513158 \right\} = 10.486{,}84\ €$$

Em alternativa: $PP_{(t)} = N_{(t)} + U_{(t)}$

$$N_{(7)} = 10.000 \times 1{,}1^{-7} \qquad = 5.142{,}58\ €$$

$$U_{(7)} = 10.000 \times \frac{1-(1+10\%)^{-7}}{10\%} \times 1{,}1 = \underline{5.142{,}58\ €}$$

$$PP_{(t)} = \qquad 10.486{,}84\ €$$

O valor de $PP_{(7)} > V_{(0)}$, pois $i > r$.

5.2.2. Empréstimo reembolsável em n amortizações de capital iguais (método de amortização constante)

O valor de cada prestação de capital é igual a $\frac{V_{(0)}}{n}$, o valor nominal em dívida à data da avaliação é igual a $V_{(t)} = \frac{V_{(0)}}{n} \times t$. O valor da *propriedade total sem usufruto* ou *nua propriedade* vem:

$$N_{(t)} = \frac{V_{(0)}}{n} \times (1+i)^{-1} + \frac{V_{(0)}}{n} \times (1+i)^{-2} + ... + \frac{V_{(0)}}{n} \times (1+i)^{-n}$$

$$N_{(t)} = \frac{V_{(0)}}{n} \times \frac{1-(1+i)^{-n}}{i} \qquad [8.18]$$

Por seu turno, a *nua propriedade unitária*, surge

$$p = \frac{1}{V_{(0)}} \times \frac{V_{(0)}}{n} \times \frac{1-(1+i)^{-n}}{i} = \frac{1}{n} \times \frac{1-(1+i)^{-n}}{i} \qquad [8.19]$$

A *plena propriedade* obtém-se de acordo com a fórmula geral, isto é,

$$PP_{(t)} = V_{(t)} \left\{ \frac{i}{r} + \left[1 - \frac{i}{r} \right] \times p \right\}$$

A plena propriedade pode também calcular-se, à taxa de avaliação *i*, determinando o valor atual duma série de termos em progressão aritmética, com (n – t) termos, cujo primeiro termo é igual a $\frac{V_{(0)}}{n} + \frac{V_{(0)}}{n} \times t \times i$ e razão igual a $\frac{\frac{V_{(0)}}{n}}{t} \times i$, logo

$$PP_{(t)} = \frac{1 - (1+i)^{-(n-t)}}{i} \times (1^{\underline{o}}\ \text{Termo}) - \frac{(n-t)}{i} \times (\text{Razão})$$

EXEMPLO: Um empréstimo de 15.000 € é reembolsável pelo método de amortizações financeiras constantes durante 15 anos, à taxa de 9%. Qual o valor da plena propriedade, à taxa de 10%, após ter sido paga a quinta prestação anual?

O valor nominal da dívida, no momento da avaliação (n – t = 15 – 5 = = 10 anos) é: $V_{(0)} = 15.000\ € \times \frac{10}{15} = 10.000\ €$.

A nua propriedade unitária é igual a: $p = \frac{1}{n} \times \frac{1-(1+i)^{-n}}{i} =$

$$= \frac{1}{10} \times \frac{1 - (1 + 10\%)^{-10}}{10\%} = 0{,}6144567$$

A plena propriedade vem: $PP_{(10)} = V_{(0)} \left\{ \frac{i}{r} + \left[1 - \frac{i}{r} \right] \times p \right\} =$

$$= 10.000\ € \left\{ \frac{9\%}{10\%} + \left[1 - \frac{9\%}{10\%} \right] \times 0{,}6144567 \right\} = 9.614{,}46\ €$$

5.2.3. Empréstimo de renda perpétua e juros anuais

Como o valor da dívida $V_{(0)}$ nunca será pago (teoricamente no infinito), vem de [8.16] que

$$N_{(t)} = V_{(0)} \times (1 + i)^{-\infty} = 0, \text{ donde: } u = 0 \times V_{(0)} = 0$$

Por conseguinte,

$$PP_{(t)} = V_{(0)} \left\{ \frac{i}{r} + \left[1 - \frac{i}{r} \right] \times 0 \right\} = V_{(0)} \times \frac{i}{r} \qquad [8.20]$$

EXEMPLO: Considerando que o empréstimo de 10.000 €, à taxa anual de 11%, corresponde a uma renda perpétua de juros anuais, o seu valor, no momento zero, será:

$$V_{(0)} = 10.000 \text{ €}$$

Por sua vez, vem

$$p = 0$$

e também, com uma taxa de atualização de 10%,

$$PP_{(t)} = V_{(0)} \left\{ \frac{i}{r} + \left[1 - \frac{i}{r} \right] \times 0 \right\} = V_{(0)} \times \frac{i}{r} =$$

$$= (10.000 \text{ €} \times 0{,}11) / 0{,}1 = 11.000 \text{ €}$$

Se a taxa de avaliação fosse 12%, vinha inferior:

$$PP_{(t)} = (i \times V_{(0)}) / r = (10.000 \text{ €} \times 0{,}11) / 0{,}12 = 9.166{,}67 \text{ €}$$

5.2.4. Empréstimo reembolsável com amortização crescente à taxa de (1 + z)

A soma total das amortizações é $V_{(0)}$, M_1 a primeira amortização e $V_{(t)}$ o valor no momento da avaliação. Sendo as amortizações crescentes em progressão geométrica à taxa de (1 + z), logo $M_t = M_{t-1} (1 + z)$, donde

$$V_{(0)} = M_1 \frac{(1+z)^n - 1}{z}, \text{ donde: } M_1 = V_{(0)} \frac{z}{(1+z)^n - 1}.$$

A *nua propriedade* vem:

$$N_{(0)} = M_1 (1+r)^{-1} + M_2 (1+r)^{-2} + ... + M_t (1+r)^{-t} = \sum_{t=1}^{n} M_t (1+r)^{-t}$$

Substituindo M_t por M_1, vem:

$$N_{(0)} = M_1 (1+r)^{-1} + M_1 (1+z)(1+r)^{-2} + ... + M_1 (1+z)^{n-1} (1+r)^{-n}$$

$$N_{(0)} = M_1 (1+r)^{-1} \times \frac{(1+z)^n - (1+r)^n}{(1+z) - (1+r)}$$

Substituindo M_1 por $V_{(0)} \frac{z}{(1+z)^n - 1}$, vem:

$$N_{(0)} = \frac{V_{(0)}}{(1+r)} \times \frac{z}{(1+z)^n - 1} \times \frac{(1+z)^n - (1+r)^n}{(1+z) - (1+r)}$$

Multiplicando o numerador e o denominador por $(1+r)^{-n}$, vem:

$$N_{(0)} = \frac{V_{(0)} \times z}{(1+z)^n - 1} \times \frac{(1+z)^n (1+r)^n - 1}{z - r}$$, e agora por $(1+z)^{-n}$ vem, no momento t:

$$N_{(t)} = \frac{V_{(t)} \times z}{1 - (1+z)^{-(n-t)}} \times \frac{(1+r)^{-(n-t)} - (1+z)^{-(n-t)}}{z - r} \qquad [8.21]$$

A *nua propriedade unitária* é igual a:

$$p = \frac{PP_{(t)}}{V_{(t)}} = \frac{z}{1 - (1+z)^{-(n-t)}} \times \frac{(1+r)^{-(n-t)} - (1+z)^{-(n-t)}}{z - r} \qquad [8.22]$$

De notar que as amortizações por anuidades correspondem a amortizações crescentes em progressão geométrica de razão igual a $(1 + i)$, onde teríamos:

$$p = \frac{i}{1-(1+i)^{-(n-t)}} \times \frac{(1+r)^{-(n-t)} - (1+i)^{-(n-t)}}{i-r} \qquad [8.23]$$

O valor da *plena propriedade* vem:

$$PP_{(t)} = V_{(t)} \left\{ \frac{i}{r} + \left[1 - \frac{i}{r} \right] \times p \right\}$$

de acordo com a fórmula geral estabelecida em [8.15].

FORMULÁRIO (8):

[8.1] $$PP_{(t)} = V_{(t)} = A \, \frac{1-(1+r)^{-(n-t)}}{r}$$

[8.2] $$PP_{(t)} = V_{(t)} = A \, \frac{1-(1+i)^{-(n-t)}}{i}$$

[8.3] $$PP_{(t)} = N_{(t)} + U_{(t)}$$

[8.4] $$N_{(0)} = \sum_{t=1}^{n} M_t (1+r)^{-t}$$

[8.5] $$N_{(t)} = \bar{M} \, \frac{1-(1+r)^{-(n-t)}}{r}$$

[8.6] $$N_{(t)} = (n-t) \, M_t$$

[8.7] $$U_{(0)} = \sum_{t=1}^{n} i \, V_{t-1} (1+r)^{-n}$$

[8.8] $$U_{(t)} = \sum_{t=1}^{n} i V_{t-1} (1+r)^{t-n}$$

[8.9] $$U_{(t)} = A \frac{1-(1+r)^{-(n-t)}}{r} - M_1 \frac{(1+i)^t - (1+i)^n (1+r)^{t-n}}{r-i}$$

[8.10] $$U_{(t)} = A \frac{1-(1+i)^{-(n-t)}}{i} - M_t (n-t)$$

[8.11] $$N_{(t)} = \frac{(1+i)^t - (1+i)^n (1+r)^{t-n}}{r-i}$$

[8.12] $$u = \frac{U_{(t)}}{i \times V_{(t)}}$$

[8.13] $$p = \frac{PP_{(t)}}{V_{(t)}}$$

[8.14] $$PP_{(t)} = V_{(t)} (i \times u + p)$$

[8.15] $$PP_{(t)} = V_{(t)} \left\{ \frac{i}{r} + \left[1 - \frac{i}{r} \right] \times p \right\}$$

[8.16] $$N_{(t)} = V_{(0)} \times (1+i)^{-n}$$

[8.17] $$p = (1+r)^{-n}$$

[8.18] $$N_{(t)} = \frac{V_{(0)}}{n} \times \frac{1-(1+i)^{-n}}{i}$$

[8.19] $$p = \frac{1}{n} \times \frac{1-(1+i)^{-n}}{i}$$

[8.20] $$PP_{(t)} = V_{(0)} \times \frac{i}{r}$$

[8.21] $$N_{(t)} = \frac{V_{(t)} \times z}{1-(1+z)^{-(n-t)}} \times \frac{(1+r)^{-(n-t)} - (1+z)^{-(n-t)}}{z-r}$$

[8.22] $$p = \frac{PP_{(t)}}{V_{(t)}} = \frac{z}{1-(1+z)^{-(n-t)}} \times \frac{(1+r)^{-(n-t)} - (1+z)^{-(n-t)}}{z-r}$$

[8.23] $$p = \frac{i}{1-(1+i)^{-(n-t)}} \times \frac{(1+r)^{-(n-t)} - (1+i)^{-(n-t)}}{i-r}$$

Capítulo 9
Critérios de Seleção dos Métodos de Amortização

1. Introdução

Existindo diversos métodos de amortização dos empréstimos, coloca-se a questão de escolher o mais favorável para o prestatário, na medida em que este procurará utilizar aquele que lhe traz mais benefícios.

Vamos aqui apresentar três critérios de seleção que otimizem o sistema de amortizações para qualquer método utilizado, quer para o prestatário (devedor), quer para o prestamista (credor)[1]:

a) Carga financeira total.
b) Custo efetivo ou real para o prestatário.
c) Rendibilidade efetiva ou real para o prestamista.

A comparabilidade dos métodos, através daqueles critérios, só é válida para a mesma taxa de juro, pois o valor da taxa influencia todos os métodos de amortização, significando isto que o prestatário terá, *caeteris paribus*, interesse em empréstimos à taxa mais baixa (e o prestamista em empréstimos à mais alta).

[1] A este título, cfr. Garcia Boza *et* al. (2000) e González Velasco (2003).

2. Carga financeira total

O prestatário tem interesse no método de amortização cuja carga financeira seja menor, ao contrário do prestamista que preferirá obter o benefício financeiro total máximo.

A carga financeira total ou o benefício financeiro total corresponde à soma, atualizada à taxa de juro da operação de todos os juros calculados em todos os períodos da duração do empréstimo. Temos, assim, que

$$CFT = \frac{J_1}{1+i} + \frac{J_2}{(1+i)^2} + \frac{J_3}{(1+i)^3} + \ldots + \frac{J_n}{(1+i)^n} \Leftrightarrow$$

$$\Leftrightarrow CFT = \sum_{t=1}^{n} \frac{J_t}{(1+i)^t} \qquad [9.1]$$

onde:

CFT: carga financeira total do empréstimo;
J_t: juros no período t;
i: taxa de juro constante da operação financeira.

O conceito de carga financeira total é semelhante ao conceito de usufruto, sendo que no cálculo deste a atualização é feita a uma taxa diferente da operacional (r) [2]. Aplicando a fórmula geral aos diversos métodos de amortização obtemos fórmulas específicas para cada caso, as quais discutimos de seguida.

2.1. Método das amortizações constantes

Também designado por método linear ou italiano, é caracterizado por apresentar quotas constantes de capital e juros decrescentes. A expressão seguinte permite obter a carga financeira total neste método de amortização.

$$CFT = \sum_{t=1}^{n} \frac{J_t}{(1+i)^t} = \sum_{t=1}^{n} \frac{\left[C_0 - (t-1)\bar{M}\right] \times i}{(1+i)^t} \qquad [9.2]$$

[2] Cfr. o ponto 3 do Capítulo 8.

EXEMPLO: Um empréstimo no montante de 80.000 € foi amortizado através de 4 trimestralidades com quotas de capital constantes e com juros calculados à taxa anual nominal de 6%. Qual a carga financeira total?

Calculamos o montante de juro correspondente a cada um dos trimestres, à taxa trimestral de 1,5% (taxa proporcional à taxa anula nominal de 6%).

Sendo que $\bar{M} = \dfrac{80.000€}{4} = 20.000\ €$, vem:

$$J_1 = C_0 \times i = 80.000\ € \times 1{,}5\% = 1.200\ €$$

$$J_2 = (C_0 - \bar{M}) \times i = (80.000\ € - 20.000\ €) \times 1{,}5\% = 900\ €$$

$$J_3 = (C_0 - 2\bar{M}) \times i = (80.000\ € - 40.000\ €) \times 1{,}5\% = 600\ €$$

$$J_4 = (C_0 - 3\bar{M}) \times i = (80.000\ € - 60.000\ €) \times 1{,}5\% = 300\ €$$

Consequentemente, temos que:

$$CFT = \frac{1.200€}{1 + 1{,}5\%} + \frac{900€}{(1 + 1{,}5\%)^2} + \frac{600€}{(1 + 1{,}5\%)^3} + \frac{300€}{(1 + 1{,}5\%)^4}$$

$$CFT = 2.912{,}32\ €$$

2.2. Método de amortização francês ou das prestações constantes

Neste método, em que o termo é constante e engloba o capital e os juros, a carga financeira total pode ser obtida através da expressão:

$$CFT = \sum_{t=1}^{n} \frac{J_t}{(1 + i)^t} = \sum_{t=1}^{n-1} \frac{A.A_i^{n-1}}{(1 + i)^{t+1}} \qquad [9.3]$$

EXEMPLO: Retomemos os dados do exemplo anterior, pressupondo agora que o empréstimo é amortizado de acordo com o método francês.

Determine a carga financeira total.

Se preenchermos o quadro de amortização do empréstimo, ficamos a saber qual o montante pago a título de juros em cada período. Calculamos, primeiramente, o montante da trimestralidade, sendo que:

$$\bar{C} = \frac{80.000€}{\frac{1-(1+1{,}5\%)^{-4}}{1{,}5\%}} = 20.755{,}58\ €$$

(em euros)

TEMPO (trimestres)	Cap. em dívida	Juros (J_k)	Amortização (M_k)	Prestação ($\bar{C}$)
1	80.000,00	1.200,00	19.555,58	20.755,58
2	60.444,42	906,67	19.848,91	20.755,58
3	40.595,51	608,93	20.146,65	20.755,58
4	20.448,86	306,72	20.448,86	20.755,58

$$CFT = \frac{1.200€}{1+1{,}5\%} + \frac{906{,}67€}{(1+1{,}5\%)^2} + \frac{608{,}93€}{(1+1{,}5\%)^3} + \frac{306{,}72€}{(1+1{,}5\%)^4}$$

$$CFT = 3.024{,}62\ €$$

2.3. Método de amortização americano

Neste sistema, em que periodicamente são pagos apenas os juros (iguais em todos os períodos) e a amortização do capital ocorre no final do processo, a expressão a aplicar é:

$$CFT = \sum_{t=1}^{n} \frac{J_t}{(1+i)^t} = \sum_{t=1}^{n} \frac{i \times C_0}{(1+i)^t} = C_0 \times i \times A_i^n \qquad [9.4]$$

EXEMPLO: Se o empréstimo anterior vier a ser amortizado de acordo com o sistema americano, atendendo a que $J_k = 80.000\ €\ € \times 1{,}5\% = 1.200\ €$, a carga financeira total vem:

$$CFT = \frac{1.200€}{1 + 1,5\%} + \frac{1.200€}{(1 + 1,5\%)^2} + \frac{1.200€}{(1 + 1,5\%)^3} + \frac{1.200€}{(1 + 1,5\%)^4}$$

$$CFT = 4.625,27 €$$

2.4. Comentários

Ao prestatário interessa o método em que as amortizações decrescem acentuadamente (como por exemplo o método de progressão geométrica), pois a carga financeira vem menor que nos restantes métodos; assim, o menos interessante para o prestatário é o método americano, por isso está quase sempre ligado à criação de um fundo de amortização (*sinking fund*), de modo a compensar a carga financeira elevada.

O critério da carga financeira não considera as condições comerciais do empréstimo, tratando apenas a operação financeira pura. Este critério é menos fiável que o critério do custo efetivo para o prestatário, ou o rendimento efetivo para o prestamista, pois não tem em conta todas as condições negociais e comerciais que afetam aquele agente, sendo, todavia, simples e fácil de aplicar.

Se ao prestatário interessa o método em que o capital em dívida decresça mais rapidamente, o que conduzirá a um montante menor de juros a pagar, põe-se a questão de saber se em algum momento os métodos conduzem a capital em dívida coincidente.

Estabelecendo que os capitais em dívida no momento k são dados, no método francês, por $C_k = A \times A_i^{n-k}$ e, no método das amortizações constantes, por $C_k = C_0\left(1 - \frac{k}{n}\right)$, teoricamente, verifica-se a igualdade quando

$$C_k = A \times A_i^{n-k} = C_0\left(1 - \frac{k}{n}\right) = C_0\,\frac{A_i^{n-t}}{A_i^n} \Rightarrow \frac{(1+i)^n}{(1+i)^{n-k}} = \frac{k}{n}$$

Contudo, esta igualdade não se verifica, porque $k < n$ e, por conseguinte, $(1 + i)^n > (1 + i)^{n-k}$. Conclui-se, assim, que os capitais em dívida (*caeteris paribus*) são sempre maiores no método francês que no método das quotas constantes, exceto no momento inicial, em que o capital em dívida será igual em todos os métodos.

As observações anteriores permitem concluir que o método italiano ou das quotas constantes é preferido pelo prestatário, enquanto o prestamista optará pelo método francês ou das anuidades constantes.

3. Custo real de um empréstimo e taxa efetiva de rendimento

3.1. Apresentação

Começamos por rever os conceitos de taxa efetiva e de taxa nominal, diferentes de taxa de custo efetivo dum empréstimo e de taxa efetiva de rendibilidade.

Taxa efetiva – É aquela em que a unidade de referência de seu tempo coincide com a unidade de tempo dos períodos de capitalização. Assim, são taxas efetivas: 1% ao mês, capitalizados mensalmente; 5% ao trimestre, capitalizados trimestralmente, e assim por diante. Conforme sustentado por Puccini (1999), «A taxa efetiva é aquela que realmente incide em determinada operação. Já a nominal é a taxa que é divulgada para um período. Mas a que sempre nos é cobrada é a efetiva».

Taxa nominal – É aquela em que a unidade de referência do seu tempo não coincide com a unidade de tempo dos períodos de capitalização. A taxa nominal é quase sempre fornecida em termos anuais e os períodos de capitalização podem ser semestrais, trimestrais ou mensais. Exemplos de taxas nominais: 12% ao ano, capitalizados mensalmente; 7% ao semestre, capitalizados trimestralmente.

Se não existirem condicionantes exteriores ao empréstimo, restringindo-nos à estrita relação financeira (capital, juro e prazos de amortização), a taxa de juro efetiva pode ser considerada um bom indicador de custo e de rendibilidade real ou efetiva do empréstimo (custo para o devedor, mutuário ou prestatário e rendibilidade para o credor, mutuante ou prestamista).

Na prática, existem outros fatores externos que influenciam aquela relação financeira, dando origem a que o custo e a rendibilidade efetivas sejam, para além de diferentes da taxa de juro, também diferenciadas entre si.

Quer os prestamistas, quer os utilizadores do empréstimo suportam normalmente custos com a operação (impostos, comissões, notariado) e, além dos custos, eventualmente os mutuários usufruem de benefícios fiscais, que influenciam a rendibilidade efetiva. A sua consideração visa preservar a equivalência financeira seguinte: «prestação real igual à contraprestação real». Assim, podemos dizer que a taxa efetiva de um empréstimo corresponde à taxa que satisfaça aquela equivalência financeira.

3.2. Taxa de custo efetivo de um empréstimo

O conceito de ***taxa de custo efetivo*** é utilizado pelos sujeitos passivos de uma aplicação financeira, e o conceito ***taxa de rendimento efetivo*** pelos sujeitos ativos, de modo a escolher qual o melhor método de amortização (para as mesmas condições) ou o melhor empréstimo (quando as condições variarem). Este conceito é equivalente ao de custo do capital alheio utilizado na gestão financeira e, mais especificamente, na análise de projetos.

Deste modo, o prestatário escolherá o método de amortização, ou o empréstimo, que lhe oferecer menor custo efetivo. O custo efetivo deve ser calculado para o período anual, mesmo que o método de amortização utilize juros fracionados, utilizando, nestes casos, a expressão de equivalência: $i = (1 + i_m)^m$.

Além do custo financeiro explícito dum financiamento ou do rendimento duma colocação financeira, calculado pela aplicação de uma taxa negociada (e efetiva), existem, quer num caso quer noutro, custos adicionais (despesas notariais e bancárias, comissões de abertura e de encerramento, custos de amortização ou cancelamento antecipados, corretagens e impostos, etc.), mesmo sem consideração da inflação. Alguns destes custos ou despesas afetam só os prestamistas e outros só os prestatários; sendo ainda que, alguns deles, afetam de modo igual ambas as partes.

Assim, para os sujeitos passivos (prestatários ou mutuários), a ***taxa de custo efetivo*** do empréstimo obtido deve incluir:

a) Com efeito negativo:

- todos os custos e despesas (fixos ou variáveis) a título de juros, à taxa efetiva;
- comissões diversas;
- despesas notariais;

- prémios de reembolso;
- menos-valias, etc.

b) Com efeito positivo:

- bonificações de juros;
- benefícios fiscais;
- economia de impostos (dedução à carga fiscal de custos aceites fiscalmente);
- prémios de emissão ou subscrição;
- mais-valias; etc.

Atendendo a que existem diversos métodos de amortização de empréstimos, vamos apresentar as expressões de cálculo de custo efetivo para os mais relevantes. Em todos eles é necessário igualar, na origem, as prestações reais do prestamista e as contraprestações reais do prestatário.

3.2.1. Método das amortizações constantes (linear ou italiano)

Num modelo simplificado, para o método linear ou italiano, a equação de equivalência financeira para o devedor, sem consideração dos benefícios fiscais e da economia de impostos, a que eventualmente os mutuários tenham direito, pode ser assim representada (que corresponde a um modelo geral, aplicável a todos os métodos, mesmo aos variáveis, quer em progressão aritmética, em progressão geométrica ou outros):

$$C_0 - G_0 = \sum_{t=1}^{n} \left[(\bar{M} + J_t + G_t)(1 + i_p)^{-t} \right] + G_n (1 + i_p)^{-n} \qquad [9.5]$$

em que, a prestação real do prestatário na origem (o que recebe) corresponde ao primeiro membro da expressão anterior e prestação real do prestatário (o que paga) é igual à soma, na origem, de todas as despesas e amortizações de capital, sendo estas últimas constantes.

Os símbolos correspondem a:

C_0 = capital inicial;

G_0 = despesas iniciais a seu cargo;

G_n = despesas finais a seu cargo;

G_t = despesas periódicas a seu cargo;

$\overline{M}$ = amortização constante de capital;

J_t = juros periódicos a cargo do prestatário e a favor do prestamista;

i_p = taxa efetiva de custo.

EXEMPLO: Considerando um empréstimo de 20.000 €, amortizável em prestações que incluem quotas constantes de capital, juros calculados à taxa de juro nominal de 10,817308%, Imposto do Selo de 0,4%, comissão de abertura de 1%, gastos de corretagem de 0,5% e gastos finais de 175€, (dos quais 75 € revertem para a entidade bancária), qual é o custo efetivo da operação para o mutuário?

Elaboramos o quadro de amortização, considerando, para facilidade de cálculo, uma taxa de juro "fictícia", que engloba juros e Imposto do Selo, e que corresponde a 11,25% = 10,817308% × (1 + 0,4%).

Períodos	Capital inicial	Juros + I. Selo	Amortização	Prestação
1	20.000	2.250	5.000	7.250
2	15.000	1.687,50	5.000	6.687,50
3	10.000	1.125	5.000	6.125
4	5.000	562,50	5.000	5.562,50

Atendendo à expressão formalizada em [9.5], o custo efetivo para o mutuário, com G_0 = 20.000 € (1% + 0,5%) = 300 €, é a taxa i que verifica a condição:

$$20.000€ - 300€ = \left(\frac{7.250€}{1+i} + \frac{6.687{,}50€}{(1+i)^2} + \frac{6.125€}{(1+i)^3} + \frac{5.562{,}50€}{(1+i)^4} \right) +$$

$$+175€ \times (1+i)^{-4}$$

donde se retira que $i = 12{,}28\%$.

3.2.2. Método das prestações constantes (ou método francês)

Para este método, a equação de equivalência financeira para o devedor, sem consideração dos benefícios fiscais e da economia de impostos, a que eventualmente os mutuários tenham direito, vem assim:

$$C_0 - G_0 = (A + G_t)\, A_{n}^{i_p} + G_n (1 + i_p)^{-n} \qquad [9.6]$$

em que A representa a prestação constante de capital e juros.

EXEMPLO: Qual é o custo efetivo para o mutuário se o empréstimo descrito na secção anterior for amortizado através de 4 anuidades constantes?

Elaboramos o quadro de amortização, considerando, de novo e para facilidade de cálculo, uma taxa de juro "fictícia", que engloba juros e imposto de selo, e corresponde a 11,25% = 10,817308% × (1 + 0,4%). A anuidade vem, assim, igual a:

$$A = \frac{20.000€}{\dfrac{1-(1+11{,}25\%)^{-4}}{11{,}25\%}} = 20.000\ € \times 0{,}3240485 = 6.480{,}97\ €.$$

Períodos	Capital inicial	Juros + I. Selo	Amortização de Capital	Anuidade
1	20.000	2.250	4.230,97	6.480,97
2	15.769,03	1.774,02	4.706,95	6.480,97
3	11.062,08	1.244,48	5.236,49	6.480,97
4	5.825,59	655,38	5.825,59	6.480,97

A equação de custo para o prestatário, com g_0 = 20.000 € (1% + 0,5%) = = 300 €, vem:

$$20.000\ € - 300\ € = \sum_{t=1}^{n} \left[6.480{,}97\ (1+i)^{-t}\right] + 175\ € \,(1+i)^{-4}$$

O custo efetivo para o devedor é de 12,23%, superior à taxa nominal e à taxa calculatória, pelo facto de existirem despesas iniciais e finais, que implicam pagamentos para além do serviço da dívida.

Concluindo, no limite, ***um empréstimo com taxa de juro nula pode ter um custo positivo, bastando que para isso existam despesas para além da amortização do capital e do pagamento dos juros.***

3.2.3. Método americano

Neste método, os juros são pagos todos os períodos e são sempre iguais, pois o capital só é reembolsado no final da operação financeira. Assim, a expressão de cálculo do custo efetivo é a seguinte:

$$C_0 - G_0 = \sum_{t=1}^{n} \left[(\bar{J} + G_t)(1+i_p)^{-t} \right] + \left[C_0 + G_n \right] (1+i_p)^{-n} =$$

$$= \sum_{t=1}^{n} \left[(C_0 \times i + G_t)(1+i_p)^{-t} \right] + \left[C_0 + G_n \right] (1+i_p)^{-n} \quad [9.7]$$

EXEMPLO: Se o empréstimo que temos vindo a considerar for amortizado de acordo com o sistema americano, como o juro periódico a pagar é de 20.000 € × 11,25% = 2.250 €, a expressão que permite determinar o custo efetivo deste financiamento é a seguinte:

$$20.000€ - 300€ = \left(\frac{2.250€}{1+i} + \frac{2.250€}{(1+i)^2} + \frac{2.250€}{(1+i)^3} + \frac{2.250€}{(1+i)^4} \right) +$$
$$+ (175\,€ + 20.000\,€)(1+i)^{-4}$$

com $i = 11,93\%$.

3.2.4. Modelo com efeitos fiscais

Num modelo que tome em consideração a economia fiscal de custos, a equação de equivalência financeira para o devedor engloba o ganho fiscal dos juros anuais e das despesas iniciais e finais, que, se repartidas pelos períodos anuais do empréstimo, pode ser assim representada:

$$C_0 - G_0 = \sum_{t=1}^{n} \left[\left(A_t - T \times J_t - T \times \frac{G_0}{n} - T \times \frac{G_n}{n} \right) (1+i)^{-t} \right] +$$

$$+ G_n (1+i)^{-n} \qquad [9.8]$$

com:

T = taxa de imposto sobre rendimentos;

A_t = amortização e juros;

J_t = juros periódicos.

No caso real, em que os juros e outras despesas só proporcionam ganho fiscal no fim do ano em que são despendidos, a equação de equivalência fica:

$$C_0 - G_0 = \sum_{t=1}^{n} \left[(A_t - T \times J_t)\,(1+i)^{-t} \right] - (T \times G_0)\,(1+i)^{-1} + G_n\,(1+i)^{-n}$$

$$- T \times G_n (1+i)^{-n} \qquad [9.9]$$

EXEMPLO: Certa empresa contraiu um empréstimo, cujo montante utilizou integralmente em 30 de junho de um certo ano, o qual vai ser liquidado através de 6 prestações semestrais, com quotas constantes de capital e juros calculados à taxa anual nominal de 8%. A empresa mutuária é tributada em sede de IRC à taxa de 37,4%, estando ainda sujeita a Imposto do Selo à taxa de 0,4%. A entidade bancária que realizou o financiamento exigiu, à data da operação, a prestação de uma garantia bancária que importou em 750 €.

Sabendo que no final do ano seguinte o montante de juros liquidados proporcionou uma poupança fiscal no montante de 13.464 €, determine qual o montante de capital mutuado e formalize a expressão que lhe permitiria encontrar o custo efetivo do financiamento.

Tratando-se de amortizações com quotas constantes de capital, temos que:

$$\bar{M} = \frac{C_0}{6}$$

Por sua vez, o montante dos juros pagos durante o ano seguinte, isto é J_2 e J_3, permitem uma poupança fiscal de 13.464 €, pelo que podemos formalizar:

$$(J_2 + J_3) \times 37{,}4\% = 13.464 \text{ €}$$

Aquela expressão relativa ao cálculo dos juros permite determinar C_0, uma vez que:

$$\left[(C_0 - \bar{M}) \times 4\% + (C_0 - 2\,\bar{M}) \times 4\%\right] \times 37{,}4\% = 13.464 \text{ €}$$

$$\left[\left(C_0 - \frac{C_0}{6}\right) \times 4\% + \left(C_0 - 2\frac{C_0}{6}\right) \times 4\%\right] \times 37{,}4\% = 13.464 \text{ €}$$

$$\frac{9}{6}\, C_0 \times 4\% \times 37{,}4\% = 13.464 \text{ €}$$

$$C_0 = 600.000 \text{ €}$$

Uma vez determinado o montante de C_0, podemos proceder ao preenchimento do quadro de amortização do empréstimo, incorporando, nesse quadro, os efeitos decorrentes das poupanças fiscais das rubricas tratadas como custos.

Refira-se que os efeitos decorrentes da poupança fiscal proporcionada pela garantia bancária surgem repartidos, de modo proporcional, pelos 6 semestres de vigência do contrato.

Rubricas	**31Dez/n**	**30Jun/n+1**	**31Dez/n+1**	**30Jun/n+2**	**31Dez/n+2**	**30Jun/n+3**	**31Dez/n+3**
Cap. dívida	600.000	500.000	400.000	300.000	200.000	100.000	–
Amortização	100.000	100.000	100.000	100.000	100.000	100.000	–
Juros	24.000	20.000	16.000	12.000	8.000	4.000	–
Imposto Selo	960	800	640	480	320	160	–
Poupança fiscal (Juros)	8.976	–	13.464	–	7.480	–	1.496
Poupança fiscal (Imp. Selo)	359,04	–	538,56	–	299,20	–	59,84
Poupança fiscal (Garantia)	46,75	–	93,50	–	93,50	–	46,75
Fluxos financeiros	115.578,21	120.800	102543,94	112.480	100.447,3	104.160	(1.602,59)

O valor da poupança fiscal de cada uma das rubricas resulta da multiplicação da taxa de imposto em vigor pelo montante de custos observados ao longo de todo o ano, daí que o apuramento dessas poupanças coincida com o fim do exercício. Observe-se, em particular, o que sucede com a poupança fiscal decorrente da última prestação, cujo impacto se reflete apenas no final do ano.

Assim sendo, a expressão que permite determinar a taxa de custo efetiva do financiamento é a que se formaliza de seguida:

$$600.000\text{ €} - 750\text{ €} = \frac{115.578{,}21€}{1+r} + \frac{120.800€}{(1+r)^2} + \frac{102.543{,}94€}{(1+r)^3} +$$

$$\frac{112.480€}{(1+r)^4} + \frac{100.447{,}30€}{(1+r)^5} + \frac{104.160€}{(1+r)^6} + \frac{(1.605{,}59€)}{(1+r)^7}$$

com r a representar a taxa semestral de custo efetivo, que é igual a 2,57%, relativamente menor que a taxa de juro semestral (4%).

3.3. Rendibilidade efetiva do prestamista

A análise da rendibilidade efetiva permite ao prestamista de uma operação financeira saber qual a taxa de rendimento anual que deve igualar a prestação real do devedor com a contraprestação real do credor. Através da rendibilidade efetiva, o prestamista pode escolher qual o método de amortização que lhe é mais favorável, escolhendo o que lhe proporcione maior taxa de rendibilidade efetiva.

Para os sujeitos ativos (prestamistas ou credores), a taxa de rendimento efetivo, ou taxa atuarial bruta de uma aplicação financeira, deve englobar:

a) Positivamente:

- todos os rendimentos:
- juros, calculados à taxa efetiva;
- prémios de reembolso;
- participação nos lucros;
- mais-valias, etc.

b) Negativamente:

- impostos sobre rendimentos;
- imposto de selo;
- despesas diversas;
- prémio de emissão ou de subscrição.
- menos-valias, etc.

A rendibilidade efetiva do prestamista (i_a) pode ser calculada através das expressões seguintes, tomando os diversos métodos de amortização em estudo, devendo a mesma reportar-se sempre ao período anual.

3.3.1. Método das amortizações constantes (linear ou italiano)

Para este método, a equação de equivalência financeira para o credor, sem consideração dos benefícios fiscais e da economia de impostos a que eventualmente os mutuários tenham direito, pode ser assim representada (que corresponde a um modelo geral, aplicável a todos os métodos, mesmo aos variáveis, quer em progressão aritmética, geométrica ou outros):

$$C_0 + G_0 = G_{0p} + \sum_{t=1}^{n} \left[(\bar{M} + J_t + G_t)\,(1 + i_p)^{-t} \right] + G_n\,(1 + i_p)^{-n} \qquad [\mathbf{9.10}]$$

em que a prestação real do prestamista, na origem (o que entrega), corresponde ao primeiro membro da expressão anterior, e prestação real do prestatário (o que recebe) é igual à soma, na origem, de todas as receitas e amortizações de capital, sendo estas últimas constantes.

Os símbolos correspondem a:

C_0 = capital inicial;

G_0 = despesas iniciais a cargo do prestamista;

G_{0p} = despesas periódicas a cargo do prestatário e a favor do prestamista;

G_n = despesas finais a cargo do prestatário e a favor do prestamista;

G_t = despesas periódicas a cargo do prestatário e a favor do prestamista;

$\bar{M}$ = amortização constante;

J_t = juros periódicos a cargo do prestatário e a favor do prestamista;

i_a = taxa efetiva de rendibilidade.

EXEMPLO: No âmbito do empréstimo considerado em 3.2.1, a expressão que permite obter a rendibilidade auferida pelo mutuante é a que se encontra formalizada de seguida (atenda-se a que das despesas finais apontadas apenas os 75 € revertem a seu favor).

$$20.000€ + 200€ = \left(\frac{7.250€}{1+i} + \frac{6.687{,}50€}{(1+i)^2} + \frac{6.125€}{(1+i)^3} + \frac{5.562{,}50€}{(1+i)^4} \right) +$$
$$+ 75€ \times (1+i)^{-4}$$

donde se retira que $i = 11{,}87\%$.

3.3.2. Método das prestações constantes (ou método francês)

Para este método, a equação de equivalência financeira para o devedor, sem consideração dos benefícios fiscais e da economia de impostos a que eventualmente os mutuários tenham direito, vem assim:

$$C_0 + G_0 = G_{0p} + (A + G_t)\ A_{n}^{i_a} + G_n (1 + i_a)^{-n} \qquad [\,9.11\,]$$

em que A representa a prestação constante de capital e juros.

EXEMPLO: No empréstimo em apreço, a verificar-se o método francês de reembolso, a taxa de rendibilidade da entidade mutuante é a taxa i que verifica a seguinte condição:

$$20.000\ € + 200\ € = \sum_{t=1}^{4} \left[6.480{,}97\ € \ (1+i)^{-t} \right] + 75\ € \ (1+i)^{-4}$$

A taxa i será, então, de 11,84%.

3.3.3. Método americano

Neste método, os juros são pagos todos os períodos e são sempre iguais, pois o capital só é reembolsado no final da operação financeira. Assim, a expressão de cálculo da rendibilidade efetiva é a seguinte:

$$C_0 + G_0 = G_{0p} + (C_0 \times i + G_t)\ A_{n}^{i_a} + \left[C_0 + G_n \right] (1 + i_a)^{-n} \qquad [\,9.12\,]$$

EXEMPLO: A observar-se o método americano de reembolso, tomando, mais uma vez, os dados do empréstimo descrito em 3.2.1, temos a seguinte expressão, com *i* a representar a taxa de rendibilidade do mutuante:

$$20.000€+200€=\left(\frac{2.250€}{1+i}+\frac{2.250€}{(1+i)^2}+\frac{2.250€}{(1+i)^3}+\frac{2.250€}{(1+i)^4}\right)+75€\,(1+i)^{-4}$$

Desta sorte, obtém-se que $i = 11{,}66\%$.

3.3.4. Modelo com efeitos fiscais

A equação de equivalência financeira para o prestamista, considerando os efeitos e benefícios fiscais das despesas, a que eventualmente tenham direito, e o imposto sobre os juros recebidos, a que esteja sujeito, repartidos pelos períodos anuais do empréstimo, vem:

$$C_0 - G_0 = \sum_{t=1}^{n}\left[\left(A_t - T \times J_t(1+i)^{-t} - T \times \frac{G_0}{n} - \right.\right.$$

$$\left.\left. - T \times \frac{G_n}{n}\right)(1+i)^{-t}\right] + G_n\,(1+i)^{-n} \qquad [9.13]$$

em que, além dos símbolos anteriores, temos:

$A_t = M_t + J_t$ = amortização de capital + juros periódicos a cargo do prestatário e a favor do prestamista;
M_t = amortização de capital
T = taxa de imposto sobre rendimentos (juros);
J_t = juros periódicos.

EXEMPLO: Tomando os dados do exemplo apresentado em 3.2.2., e considerando que o prestamista (banco) suporta também 1% de despesas iniciais, sendo as despesas finais do prestamista iguais às receitas (75 €), com alíquota de imposto de 25%, *a sua taxa de rendibilidade efetiva vem igual a 9,01%*, inferior à do juro acordado (10,817%), a qual pode ser obtida através da expressão:

$$20.000\text{ €} - 200\text{ €} = \sum_{t=1}^{4}\left[(6.480{,}97\text{ €} - 0{,}25 \times J_t)\,(1+i)^{-t}\right] + 75\text{ €}\,(1+i)^{-4}$$

FORMULÁRIO (9):

[9.1] $$\text{CFT} = \frac{J_1}{1+i} + \frac{J_2}{(1+i)^2} + \frac{J_3}{(1+i)^3} + \ldots + \frac{J_n}{(1+i)^n} \Leftrightarrow$$

$$\Leftrightarrow \text{CFT} = \sum_{t=1}^{n} \frac{J_t}{(1+i)^t}$$

[9.2] $$\text{CFT} = \sum_{t=1}^{n} \frac{J_t}{(1+i)^t} = \sum_{t=1}^{n} \frac{\left[C_0 - (t-1)\bar{M}\right] \times i}{(1+i)^t}$$

[9.3] $$\text{CFT} = \sum_{t=1}^{n} \frac{J_t}{(1+i)^t} = \sum_{t=1}^{n-1} \frac{A.A_i^{n-1}}{(1+i)^{t+1}}$$

[9.4] $$\text{CFT} = \sum_{t=1}^{n} \frac{J_t}{(1+i)^t} = \sum_{t=1}^{n} \frac{i \times C_0}{(1+i)^t} = C_0 \times i \times A_i^n$$

[9.5] $$C_0 - G_0 = \sum_{t=1}^{n} \left[(\bar{M} + J_t + G_t)\,(1+i_p)^{-t}\right] + G_n\,(1+i_p)^{-n}$$

[9.6] $$C_0 - G_0 = (A + G_t)\; A_n^{ip} + G_n\,(1+i_p)^{-n}$$

[9.7] $$C_0 - G_0 = \sum_{t=1}^{n} \left[(\bar{J} + G_t)\,(1+i_p)^{-t}\right] + \left[C_0 + G_n\right](1+i_p)^{-n} =$$

$$= \sum_{t=1}^{n} \left[(C_0 \times i + G_t)\,(1+i_p)^{-t}\right] + \left[C_0 + G_n\right]\,(1+i_p)^{-n}$$

[9.8] $$C_0 - G_0 = \sum_{t=1}^{n} \left[\left(A_t - T \times J_t - T \times \frac{G_0}{n} - T \times \frac{G_n}{n}\right)(1+i)^{-t}\right] +$$

$$+ G_n\,(1+i)^{-n}$$

[9.9] $$C_0 - G_0 = \sum_{t=1}^{n} \left[(A_t - T \times J_t)(1+i)^{-t} \right] - (T \times G_0)(1+i)^{-1} + G_n (1+i)^{-n} + G_n (1+i)^{-n} - T \times G_n (1+i)^{-n}$$

[9.10] $$C_0 + G_0 = G_{0p} + \sum_{t=1}^{n} \left[(\bar{M} + J_t + G_t)(1+i_p)^{-t} \right] + G_n (1+i_p)^{-n}$$

[9.11] $$C_0 + G_0 = G_{0p} + (A + G_t) \, A_n^{i_a} + G_n (1+i_a)^{-n}$$

[9.12] $$C_0 + G_0 = G_{0p} + (C_0 \times i + G_t) \, A_n^{i_a} + \left[C_0 + G_n \right] (1+i_a)^{-n}$$

[9.13] $$C_0 - G_0 = \sum_{t=1}^{n} \left[\left(A_t - T \times J_t (1+i)^{-t} - T \times \frac{G_0}{n} - - T \times \frac{G_n}{n} \right) (1+i)^{-t} \right] + G_n (1+i)^{-n}$$

Capítulo 10
Aplicações da Taxa de Atualização

1. Taxa interna de rendibilidade

1.1. Introdução

A TIR e o VAL são medidas ou indicadores da rendibilidade financeira de projetos de investimento, baseados nos *cash flows* gerados por esses projetos, que servem de suporte à tomada de decisão da respetiva implantação.

Estes dois métodos de análise financeira de projetos de investimento utilizam as técnicas de atualização clássicas estudadas em matemática financeira e são bons exemplos da sua aplicação, pois atendem ao valor do dinheiro no tempo.

1.2. Valor atual líquido (VAL)

É o critério de avaliação mais aconselhado teoricamente, principalmente por ser o mais consistente no contexto de seleção de projetos de níveis de investimento semelhantes, pressupondo que o financiamento é feito por capitais próprios. ***O cálculo do Valor Atual Líquido é efetuado pela atualização dos Cash Flows do Projeto ou Cash Flow Global (CFG_t) a uma taxa conveniente*** e é dado pela seguinte fórmula:

$$VAL = \sum_{t=1}^{n} \frac{CFG_t}{(1+r)^t} + VR = -I + \sum_{t=1}^{n} \frac{CFE}{(1+r)^t} + VR \qquad [10.1]$$

Em que: VR é o Valor Residual

CFE é o *cash flow* de exploração

EXEMPLO: Determine o VAL para um investimento de 400.000 €, com uma maturidade de 5 anos, que produz os *Cash Flows* de Exploração (CFE_t) que constam da tabela seguinte. Considere uma taxa de atualização de 10%.

(em milhares de €)

Anos	1	2	3	4	5
Cash Flows de Exploração	200	200	200	200	200

O cálculo do VAL surge facilitado se elaborarmos o quadro seguinte:

(em milhares de €)

Anos	*Cash flow* Global (CFG)	Fator de atualização $(1+i)^{-t}$	*Cash flow* atualizado	*Cash Flow* acumulado
0	(400)	1	(400)	(400)
1	200	0,9091	181,83	(218.17)
2	200	0,8264	165,28	(52,89)
3	200	0,7513	150,26	79,37
4	200	0,6830	136,60	233,98
5	200	0,6209	124,18	**358,16**

Neste caso, sendo os *Cash flows de Exploração* iguais, poderíamos, para estes, utilizar a fórmula das rendas, atualizando-as pelo método francês ou das anuidades constantes, subtraindo ao valor calculado o montante de investimento, pois este corresponde a um *cash flow* negativo:

$$VAL = -400.000\ € + \sum_{t=1}^{5} \frac{200.000\ €}{(1+0,1)^5} + 0(VR) =$$

$$= -400.000\ € + 200.000\ € \times \frac{1-(1+0,1)^{-5}}{0,1} =$$

= - 400.000 € + 200.000 € × 3,7907868 = - 400.000 € + 758.157,35 = = 358,16 milhares de €.

O VAL do investimento é 358,16 milhares de €, que, sendo positivo, significa que o investidor pode efetuar o investimento. Normalmente, colocam-se ***três*** situações possíveis:

a) VAL > 0

Significa que o projeto gera fundos suficientes para amortizar integralmente o valor do investimento, para remunerá-lo anualmente à taxa *i* previamente aceite, gerando ainda um excedente de fundos igual ao valor do próprio VAL.

b) VAL = 0

Significa que o projeto gera fundos suficientes para amortizar integralmente o valor do investimento, para remunerá-lo anualmente à taxa *i* previamente aceite, mas não gera quaisquer excedentes. Neste caso, é indiferente realizar ou não o projeto, tendo exclusivamente em consideração a respetiva rendibilidade.

c) VAL < 0

Significa que o projeto não gera fundos suficientes atualizados à taxa *i* previamente aceite, pelo que o projeto deve ser rejeitado.

1.3. Taxa interna de rendibilidade (TIR)

Podemos afirmar que a TIR é a taxa máxima que o investidor deve pagar de modo a recuperar o investimento realizado. Enquanto o VAL avalia a rendibilidade do projeto em termos absolutos, a TIR avalia essa rendibilidade em termos relativos. De outro modo, ***a taxa interna de rendibilidade é a taxa r para a qual o VAL é igual a zero.***

$$VAL = \sum_{t=1}^{n} = \frac{R - D}{(1+r)^t} = 0 \quad \text{ou} \quad \sum_{t=1}^{n} \frac{CFE_t}{(1+r)^t} = I$$

$$\text{ou} \quad \sum_{t=1}^{n} \frac{CFE_t}{(1+r)^t} - I = 0 \qquad [10.2]$$

Em que: *R* – Receitas

D – Despesas

CFE – *Cash flow* de exploração

Se
TIR > *i*, ***aceita-se o projeto***;
TIR < *i*, ***recusa-se o projeto***;
TIR = *i*, ***indiferente***.

Podemos, ainda, atender à fórmula simplificada, na qual

$$\mathrm{TIR} = r_1 + \left[(r_2 - r_1) \times \frac{\mathrm{VAL}_1}{\mathrm{VAL}_1 + |\mathrm{VAL}_2|} \right] \qquad [\,\mathbf{10.3}\,]$$

A TIR pode ser calculada com recurso à interpolação linear, não obstante ser um método aproximado, em que, tal com referimos no Capítulo 1, o erro relativamente ao verdadeiro valor depende da amplitude existente entre as taxas de referência. De modo a minimizar o erro, é aconselhável que a TIR seja determinada com uma amplitude de taxas não superior a 5%.

EXEMPLO: Sendo o VAL de um projeto, para uma taxa de 10%, igual a 79.644 €, pretende-se o cálculo da respetiva TIR.

Recorrendo a interpolação linear[1], determina-se o VAL para uma taxa superior a 10%, de modo a que daí resulte um VAL negativo; iniciando, por exemplo com 35%, obtemos um VAL de – 626,00 €. Depois procura-se uma taxa inferior àquela, de modo a que o VAL já seja positivo, por exemplo, uma taxa de 34% permite obter um VAL igual a 1.465,00 €.

A interpolação linear funciona do seguinte modo (inversamente proporcional):

(0 € – 1.465,00 €) está para (TIR = 34%)

como

–(35% – 34%) está para (– 626,000 € – 1.465,00 €)

[1] Cfr. *supra* p. 42.

A TIR calcula-se assim:

$$TIR - 34\% = \frac{-1.465{,}00€}{-2.091{,}00€} = 0{,}007 = 0{,}7\%$$

$$TIR = 34\% + 0{,}7\% = 34{,}7\%$$

1.4. Vantagens e desvantagens dos métodos

Vantagens do VAL:

a) Permite obter uma medida absoluta da rendibilidade, normalmente expressa em valor;
b) Tem em consideração a distribuição temporal dos *cash flows*;
c) Indicado para seleção de projetos mutuamente exclusivos.

Vantagens da TIR

a) Fornece uma medida de rendibilidade em percentagem, que é fácil de interpretar;
b) Resume a rendibilidade numa única percentagem, independentemente da dimensão do projeto;
c) Maior facilidade na consideração do risco do que no caso VAL;
d) Particularmente útil numa situação de escolha quando os fundos são escassos.

Desvantagens do VAL:

a) Necessita da seleção prévia de uma taxa de atualização (*i*), ou seja, tem que se definir previamente qual é o limiar mínimo de remuneração que o investidor pretende obter;
b) O mérito de um projeto é função de *i*;
c) A análise comparativa do mérito de dois projetos alternativos exige que as atualizações estejam reportadas ao mesmo ano de base;
d) Não tem em consideração a solvabilidade do projeto. Com efeito, este indicador permite que se observem *cash-flows* negativos ao longo da vida do projeto, desde que o *cash flow* gerado no último período origine um VAL positivo. Um projeto deste tipo tende a registar problemas de tesouraria;

e) Menos apropriado que a TIR numa situação de limitação de fundos;
f) Não permite determinar uma medida de rendibilidade em %, a não ser em conjunção com uma *ratio* benefícios/custos;
g) Na prática, é menos adequado que a TIR em termos de consideração de risco.

Desvantagens da TIR:

a) Pode ser enganador na ausência de informação sobre o valor absoluto do investimento, quando não haja limitação de fundos para investir;
b) Em certos casos, aliás raros, pode obter-se mais do que uma solução para a equação que permite determinar a TIR;
c) É um critério inadequado para orientar a seleção de projetos mutuamente exclusivos (incompatíveis).

1.5. Período de recuperação (*payback period*)

O *payback period* (PR) é um critério de avaliação de projetos que atende apenas ao período de tempo que o projeto leva a recuperar o capital investido.

Este critério é aconselhado quando se suspeita ser rápido o período de obsolescência dos equipamentos (é o caso das indústrias de forte inovação tecnológica), ou quando se sabe ser limitado o período de exploração (é o caso das atividades em regime de concessão). Vulgarmente, com *cash-flows* de exploração anuais constantes, este método apresenta-se através da seguinte fórmula simplificada:

$$PR = \frac{I}{\frac{\sum CFE}{\text{N.º anos}}} \qquad [10.4]$$

Como fórmula geral, o PR, representado por *t*, obtém-se resolvendo a seguinte equação:

$$\sum_{t=0}^{n} I_t = \sum_{t=0}^{n} CFE$$

O *payback period* atualizado (PRA) foi sugerido por Rappaport (1986) e apresenta a vantagem de considerar o custo do capital (r):

$$\sum_{t=0}^{n} \frac{I_t}{(1+r)^t} = \sum_{t=0}^{n} \frac{CFE}{(1+r)^t} \qquad [10.5]$$

EXEMPLO 1: Sem *cash flow* atualizado

(Valores em €)

Anos	*Cash Flow* Global	*Cash Flow* Global Acumulado
0	(100.000)	(100.000)
1	20.000	(80.000)
2	40.000	(40.000)
3	**80.000**	40.000
4	100.000	140.000

Só pela observação dos valores inscritos na tabela, conseguimos concluir que o período de recuperação é 2,5 anos.

EXEMPLO 2: Com *cash flow* atualizado a 10%

(Valores em €)

Anos	*Cash Flows*	Fator de atualização	*Cash Flows* Atualizados	*Cash Flows* Atualizados Acumulados
0	(100.000)	1	(100.000)	(100.000)
1	20.000	0,9091	18.182	(81.818)
2	40.000	0,8264	33.058	(48.760)
3	80.000	0,7513	**60.104**	11.344
4	100.000	0,6830	68.300	79.644

Com base no *cash flow* mensal do 3ºano (1º ano com valor positivo de *cash flow* acumulado):

$$\frac{60.104\ €}{12} = 5.009\ €\ /\ \text{mês} \qquad \frac{48.760\ €}{5.009\ €} = 9{,}73\ \text{meses}$$

O período de recuperação é portanto de 3 anos, 9 meses e 22 dias ($0{,}73 \times 30$).

EXEMPLO 3: Com *cash flow* atualizado a 10%, utilizando logaritmos

Para recuperar um investimento de 15.000 €, que gera um *cash flow* de exploração constante de 4.800 € /ano, são necessários 3 anos 11 meses e 5 dias. Vejamos:

$$15.000\ € = 4.800\ € \times \frac{1-(1+0{,}1)^{-n}}{0{,}1} \Leftrightarrow \frac{1-1{,}1^{-n}}{0{,}1} = 3{,}125 \Leftrightarrow 1-1{,}1^{-n} =$$
$$= 0{,}3125 \Leftrightarrow 1{,}1^{-n} = 0{,}6875 = -n \times \ln 1{,}1 = \ln 0{,}6875 \Leftrightarrow -n =$$
$$= -3{,}93127 \Leftrightarrow n = 3{,}93$$

Vantagens do *payback period*

a) Fácil de calcular;
b) Dá uma indicação do tempo durante o qual o capital está sujeito a risco;
c) Pode usar-se com vantagem na "filtragem", inicial de projetos a recusar liminarmente;
d) Sendo um critério simples é também adequado à avaliação de projetos em contexto de risco ou com ciclo de vida curto.

Desvantagens do *payback period*

a) Não é adequado à avaliação de projetos de longa duração;
b) Ignora o comportamento do projeto para além do período de recuperação;
c) Ignora completamente a distribuição temporal dos *cash flows* durante o período de recuperação;
d) Não dá indicação de rendibilidade;
e) Inútil para comparar projetos de vidas económicas muito diferentes.

Em conclusão:

O *payback period* é o critério mais utilizado pelos EUA, em investimentos internacionais, principalmente em países de elevado risco político. No entanto, é preferível utilizar este critério em conjunto com outros.

No entendimento de Brealey e Myers (1992), «O período de recuperação atualizado (PRA) determina o período de retorno do investimento realizado, ou seja, reflete quanto tempo é necessário para que os fluxos gerados pelo projeto cubram na totalidade o investimento que foi realizado para os obter».

De um modo geral, este pode ser comparado com o período de tempo de recuperação do investimento considerado aceitável pelos promotores do projeto, devendo ser rejeitados os projetos cujo período de recuperação se revele superior. Quando não existe um valor fixado, aceitam-se os projetos cujo *payback period* seja inferior ao período de vida útil do projeto.

Este critério, por si só, é utilizado por pequenas empresas como indicador de liquidez do projeto a curto prazo, por sugerir a rapidez com que o capital investido é recuperado, representando significado suficiente para suportar determinadas decisões de investimento, principalmente quando estão em causa montantes de investimentos reduzidos.

1.6. Valor atual líquido ajustado (VALA)

Mesmo que o projeto seja financiado com empréstimo, o VAL deve ser calculado como se não houvesse capital alheio. Mas sendo financiado com dívida, haverá um benefício fiscal igual a Taxa de Imposto × Encargos Financeiros (T × EF).

1. Há dois fatores que, nos financiamentos dos projetos, favorecem o capital alheio sobre o capital próprio: os encargos financeiros são aceites como um custo para efeitos fiscais e pode existir um benefício financeiro quando o projeto é apoiado sob a forma de bonificação da taxa de juro. Podemos sempre voltar ao VAL para analisar a decisão de investimento e, agora, de financiamento. Para isso usamos o Valor Atual Líquido Ajustado (VALA). É a alternativa mais consequente à modificação da taxa de desconto, sendo que

VALA = VAL + VA benefícios fiscais e financeiros

Estes efeitos derivados da forma de financiamento (VA) podem ser:

a) Benefícios Fiscais dos Encargos Financeiros de Financiamento

Há que ter em conta que os benefícios fiscais só terão efeito caso os resultados operacionais sejam positivos e superiores aos encargos financeiros.

$$VA_2 = \sum_{p=0}^{n} \frac{V_{n-1} \times i \times T}{(1+r)^p} \qquad [10.6]$$

b) Benefícios de Financiamento Especial

Incluem-se aqui todas as alterações ou diminuições das despesas de investimento, por via de programas de auxílio estatal, local ou até comunitário.

VALA = VAL do caso base só com capital próprio + Subsídio (atualizado, quando for recebido para além do ano (0)). Com juros bonificados (is), temos:

$$VA_1 = \sum_{p=0}^{n} \frac{V_{n-1} \times (i - i_s)(1 - T)}{(1+r)^p} \qquad [10.7]$$

Se, por exemplo, o projeto for candidato a um programa como o **Portugal 2020**, e usufruir de um subsídio parcial a fundo perdido, este montante deverá ser obviamente subtraído aos custos de investimento considerados no cálculo do VAL do caso base.

c) VA de Benefício Fiscal e Financeiro

$$VA_2 = \textbf{Empréstimo inicial} - \sum_{p=0}^{n} \frac{Am_p \times J_p \times (1 - T)}{(1+r)^p} \qquad [10.8]$$

Se, por outro lado, o benefício for de redução de juros, dever-se-á proceder a uma dupla contabilização.

EXEMPLO: Suponhamos um empréstimo do Estado de 10.000 €, a pagar ao fim de um ano, a uma taxa de 5%, inferior aos juros do mercado de 10%. O valor atual deste financiamento especial será, com T = 40%, de:

VA financiamento especial = VA beneficio fiscal + VA redução de juros

donde

$$\frac{10.000\ € \times 0{,}05 \times 0{,}4}{1{,}1} + \frac{10.000\ € \times (0{,}1 - 0{,}05) \times (1 - 0{,}4)}{1{,}1} = 454{,}55\ €$$

Seguidamente o VALA será igual a VAL do caso base + VA do financiamento especial.

d) Custo de emissão de novas ações ou obrigações

Este caso verifica-se quando o financiamento é assegurado com o recurso a emissões externas, as quais poderão implicar custos para a empresa. Assim, o valor do VALA será ajustado para baixo relativamente ao VAL.

VALA = VAL do caso base – Custo das emissões

EXEMPLO: Suponhamos que um empréstimo obtido no mercado à taxa de 10%, e com custos de emissão de 12,5% do valor bruto recebido de 5 milhões de euros (625.000 € pagos no momento zero). Supondo ainda que este custo pode ser amortizado em 5 anos, resultando daí uma redução de impostos de 125.000 € por ano, e gerando um benefício fiscal de 42.500 € por anos. Assim, o VA da emissão vem:

$$VA_3 = -625 + 42{,}5 \times A_{0{,}1}^{5} = -625 + 161{,}1 = -463{,}9 \text{ mil euros}$$

1.7. Exercício para entendimento do cálculo do VALA

A empresa βeta, SA encontra-se cotada na bolsa e regista os seguintes indicadores:

Beta das ações – 1,25;
Taxa de remuneração anual
BTs a 91 dias – 6%
Rendibilidade anual do mercado – 16%
Solvabilidade total: Capital próprio/ativo – 50%
Taxa de imposto – 40%

Por seu turno, a mesma empresa pretende estudar a viabilidade de um projeto na sua área de atividade, com os seguintes elementos:

Investimento inicial (ano 0) – 10.000 €;

Valor residual do investimento – 0 €:

(Valores em €)

Anos	1	2	3	4	5
Resultados, antes de impostos e Enc. Financeiras (preços correntes)	2.000	2500	2.500	3.000	3.500
Reintegrações e Amortizações	2.000	2.000	2.000	2.000	2.000

O financiamento fornece os seguintes elementos:

Capital próprio – 4.000 €;

Capital alheio – 6.000 €;

Taxa de juro do empréstimo – 10%;

Concessão – Fim do ano 0;

Pagamento – 50% no fim do ano 2 e 50% no fim do ano 3.

Fazendo uma análise pré e pós financiamento, pretende-se saber se é aconselhável ou não o investimento.

Resolução:

a) Vamos determinar a taxa de atualização para a análise pré-financiamento (supondo o projeto financiado a 100% por capital próprio).

$$\beta_{\text{projeto}} = \frac{\beta_{\text{ações}} \times \%\ CP}{\%\ CP + \%\ CA \times (1 - T)}, \text{ logo } \beta_{\text{projeto}} = \frac{1{,}25 \times 0{,}5}{0{,}5 + 0{,}5 \times 0{,}6} = 0{,}78$$

Para além disso,

$$E(R_i) = R_f + (R_m - R_f) \times \beta_i$$

onde:

$E(R_i)$ é o valor esperado do rendimento de um certo ativo *i*;

R_f é o rendimento esperado para o ativo sem risco, normalmente os Bilhetes do Tesouro;

β_i é o beta do ativo *i*;

R_m é o rendimento esperado do mercado, normalmente o rendimento de um índice bolsista.

No caso presente, vem que

$$E(R_i) = 0{,}06 + (0{,}16 - 0{,}06) \times 0{,}78 = 0{,}06 + 0{,}1 \times 0{,}78 = 0{,}138$$

b) Cálculo dos *cash flows* anuais.

$CF_0 = -10.000$ €

$CF_1 = 2.000$ € × (1–0,4) + 2.000 € = 1.200 € + 2.000 € = 3.200 €

$CF_2 = 2.500$ € × (1–0,4) + 2.000 € = 1.500 € + 2.000 € = 3.500 €

$CF_3 = 2.000$ € × (1–0,4) + 2.000 € = 1.200 € + 2.000 € = 3.200 €

$CF_4 = 3.000$ € × (1–0,4) + 2.000 € = 1.800 € + 2.000 € = 3.800 €

$CF_5 = 3.500$ € × (1–0,4) + 2.000 € = 2.100 € + 2.000 €= 4.100 €

c) Cálculo do VAL.

$$\text{VAL(100\% CP)} = -10.000\,€ + \left(\frac{3.200\,€}{1{,}138}\right) + \left(\frac{3.500\,€}{1{,}138^2}\right) + \left(\frac{3.200\,€}{1{,}138^3}\right) +$$

$$+ \left(\frac{3.800\,€}{1{,}138^4}\right) + \left(\frac{4.100\,€}{1{,}138^5}\right) = 2.099{,}83\,€$$

d) Cálculo dos encargos financeiros e os benefícios fiscais dos mesmos

(Valores em €)

Anos	0	1	2	3
Empréstimo	6.000			
Reembolso	0	0	3.000	3.000
Encargos Financeiros	0	600	600	300

$$\text{VA}\,(\text{BenefíciosFiscais} - \text{BF}) = \left(\frac{600\ €}{1{,}1}\right) + \left(\frac{600\ €}{1{,}1^2}\right) + \left(\frac{600\ €}{1{,}1^3}\right) = 506{,}69\ €$$

e) Cálculo do VALA

VALA = VAL (100% CP) + VABF

VALA = 2.099,83 € + 506,69 € = 2.606,52 €

Com estes dados, é de realizar o investimento.

Em conclusão:

A melhor forma de analisar o efeito do financiamento é o método do Valor Atual Líquido Ajustado. Os *cash flows* operacionais são atualizados à taxa de custo do capital próprio enquanto os *cash flows* contratuais, por exemplo, quando associados ao financiamento, devem ser atualizados à taxa normal de custo do capital alheio. Existem outros critérios ou métodos de análise de projetos não apresentados aqui, que devem ser consultados em textos da especialidade, especificamente os métodos mais modernos baseados nas opções reais.

2. Custo de capital

2.1. Introdução

O rendimento esperado do investimento numa aplicação pode exprimir-se através da taxa de atualização (ou atuarial). Para uma empresa que utiliza os fundos daquelas aplicações, a taxa atuarial corresponde ao custo dessa fonte de financiamento. Com efeito, em termos genéricos, podemos escrever

$$V_0 = \sum_{t=1}^{n} \frac{F_t}{(1+r)^t} \qquad [10.9]$$

em que:

V_0 – montante recebido no momento zero;

F_t – fluxos correspondentes aos pagamentos líquidos da empresa (remunerações e reembolso do capital) no ano t;

n – prazo do financiamento;

r – taxa atuarial ou custo desse capital e que corresponde a uma taxa interna de rendibilidade.

2.2. Custo do capital alheio (k_a)

Os fornecedores de capital distintos dos acionistas esperam rendimentos dos empréstimos às empresas através dos juros, bem como o reembolso do capital até ao final do vencimento ou maturidade. Assim, a ***fórmula geral*** anterior pode aqui aplicar-se para cálculo do ***custo do capital alheio*** (endividamento):

$$V_0 = \sum_{t=1}^{n} \frac{A_t}{(1+k_a)^t} \qquad [10.10]$$

em que:

A_t – termo ou anuidade do período t;

k_a – custo do capital alheio.

Na determinação do custo do capital alheio devemos ter em consideração o efeito positivo aduzido do facto dos encargos financeiros serem considerados como custos fiscais e, portanto, redutores do imposto sobre os lucros das empresas. A fiscalidade influencia o custo dos capitais e a decisão de política financeira quanto à escolha dos meios de financiamento, pois tornam menos onerosos os capitais alheios.

Desta sorte, o custo real dos empréstimos (k_a) pode ser representado pela taxa de juro multiplicada pelo complementar da taxa de imposto, logo $k_a = i \times (1 - T)$. Assim, se a taxa de juro for de 15% e a alíquota de imposto sobre lucros de 40%, o custo real do empréstimo é de 15% × (1 – 0,4), ou seja, de 9%, taxa esta que pode ser utilizada como custo do empréstimo.

O custo do capital alheio com benefício fiscal pode ser representado pela seguinte ***fórmula simplificada***:

$$k_a = \frac{EF\,(1 - T)}{CA} = i \times (1 - T) \qquad [10.11]$$

em que:

k_a – custo do capital alheio;

CA – capitais alheios;

EF – encargos financeiros;

T – alíquota do Imposto sobre lucros;

i – taxa de juro ou custo médio do capital alheio.

Se não forem considerados os benefícios fiscais, o k_a será equivalente ao custo médio do capital alheio, logo $k_a = \frac{EF}{CA} = i$. Estas fórmulas são simplificadoras e aproximativas da anteriormente apresentada, enquanto custo do capital alheio, por não considerarem outras despesas de emissão e desembolso, normalmente dedutíveis nos impostos, nem tomarem em consideração a atualização de fluxos.

Assim, para ***cálculo do custo real de um empréstimo***, haverá que acrescentar aos desembolsos as despesas líquidas correlacionadas e diminuir ao valor das emissões de empréstimos as despesas de emissão, obtendo-se, deste modo, o encaixe líquido (V_0), além dos fluxos futuros terem que ser atualizados a uma taxa conveniente.

EXEMPLO: Uma empresa emitiu um empréstimo por obrigações no montante de 50.000 €, com cupões à taxa de 10 %, pagos no final do ano, durante 2 anos, ao fim dos quais as obrigações serão reembolsadas pelo valor de 55.000 €. Os gastos de emissão serão de 3.000 €, já não contabilizados como Imobilizado Incorpóreo (ativo intangível), mas, de acordo com o SNC, como custo do período[2].

Com os dados anteriores, calculamos o custo do empréstimo, tomando cada uma das seguintes possibilidades (pretende-se o cálculo dos valores finais):

1. Abstraindo da inflação e dos impostos.
2. Considerando que a taxa de IRC é de 25%.
3. Tendo em conta os impostos e uma taxa de inflação de 3% ao longo dos anos.

Vamos, então, considerar cada uma das situações propostas.

1) Custo do capital alheio sem considerar a inflação e os impostos.

O custo do empréstimo é k_a, que iguala a soma da quantidade líquida recebida pela empresa, no momento presente, com as quantidades atualizadas que desembolsará no futuro. Assim:

$$50.000€ - 3.000€ = \frac{5.000€}{1 + k_a} + \frac{5.000€ + 55.000€}{(1 + k_a)^2}$$

$$47.000€ = \frac{5.000€}{1 + k_a} + \frac{60.000€}{(1 + k_a)^2}$$

Considerando $x = (1 + k_a)^{-1}$, dividindo tudo por 1.000 e abdicando do símbolo do €, vem:

$$60x^2 + 5x - 47 = 0 \Leftrightarrow x = \frac{-5 \pm \sqrt{25 - 4 \times 60 \times (-47)}}{2 \times 60} \Leftrightarrow x = \frac{-5 \pm \sqrt{11.305}}{120}$$

---

[2] NCRF 6 do SNC – Sistema de Normalização Contabilística.

$$\Leftrightarrow x = \frac{-5 \pm 106{,}3249735}{2 \times 60} \Leftrightarrow x = 0{,}844374779$$ [3]

Logo $(1 + k_a)^{-1} = 0{,}844374779 \Leftrightarrow k_a = 18{,}43\%$

2) Custo do capital alheio sem considerar a inflação e com IRC a uma taxa de 25% (inclui o benefício fiscal das despesas e gastos anuais).

$$50.000\ € - 3.000\ € = \frac{5.000€ \times (1 - 0{,}25) - (3.000€ \times 0{,}25)}{1 + k_a} +$$

$$+ \frac{55.000€ + 5.000€\ (1 - 0{,}25)}{(1 + k_a)^2}$$

Dividindo tudo por 1.000 e abdicando do símbolo do €, vem:

$$47 = \frac{5 \times 0{,}75 - 3 \times 0{,}25}{1 + k_a} + \frac{55 + 5 \times 0{,}75}{(1 + k_a)^2}$$

donde resulta que $k_a = 15{,}04\%$

3) Custo do capital alheio considerando o imposto IRC a 25%, e incluindo o efeito da inflação.

Sendo g a taxa de inflação, a fórmula vem assim:

$$k_a^* \frac{1 + k_a}{1 + g} - 1 \Leftrightarrow k_a^* = \frac{1{,}1504}{1{,}03} - 1 \Leftrightarrow k_a^* = 11{,}689\% \text{ ao ano.}$$

---

[3] Dado que $\frac{b + \sqrt{b^2 \quad 4ac}}{2a}$ com $ax^2 + bx + c = 0$

2.3. Custo do capital próprio (k_p)

Segundo Weston e Brigham (1979), o custo dos capitais próprios é definido como a taxa mínima de rendimento que deverá ser obtida pelos investimentos unicamente financiados por capitais próprios.

Para determinação do custo dos capitais próprios, ou seja a taxa de rentabilidade desejada pelos acionistas, podem utilizar-se vários métodos; vamos referir alguns dos que se sustentam nas operações de atualização.

a) Taxa média de rendibilidade histórica das ações, relacionando dividendos recebidos com o preço de compra das ações.

Através da atualização, pode determinar-se a rendibilidade esperada pelo investidor, igualando o preço de compra e a soma dos dividendos mais o valor da cotação final das ações:

$$P_0 = \frac{D_1}{1 + k_p} + \frac{D_2}{(1 + k_p)^2} + ... + \frac{D_n + P_n}{(1 + k_p)^n} \qquad [10.12]$$

b) Taxa de rendimento teórico, a qual pode ser determinada através da expressão proposta por Gordon e Shapiro (1956).

$$r = k_p = \frac{D}{P_0} + g \qquad [10.13]$$

sendo

$$P_0 = \frac{D_0(1 + g)}{1 + r} + \frac{D_0(1 + g)^2}{(1 + r)^2} + ... + \frac{D_0(1 + g)^n}{(1 + r)^n}$$

No presente contexto, atendemos à seguinte simbologia:

k_p – taxa de rendibilidade desejada (custo do capital próprio);

D_i – dividendos relativos ao período i;

P_i – preço da ação, ou cotação das ações, no período i;

g – taxa de crescimento dos dividendos (constante);

RPA – resultados por ação.

Este método baseia-se em dados históricos e supõe que no futuro tudo se passará como no passado: crescimento idêntico, exigências e antecipações dos acionistas inalteráveis, constantes as *ratios* Resultados/Cotações e Dividendos//Resultados. Este método, conjuntamente com a rendibilidade histórica, é dos mais utilizados pelos acionistas na escolha da taxa de rendibilidade esperada (custo dos capitais próprios).

No entanto, o modelo de Gordon/Shapiro só é válido uma vez observados os seguintes pressupostos:

1. O fluxo de dividendos é perpétuo ($n = \infty$);
2. A taxa de crescimento (g) dos dividendos é constante;
3. A taxa de atualização ($r = k_p$ = custo do capital próprio) é maior que a taxa de crescimento dos dividendos ($r > g$).

EXEMPLO: Aplicando o modelo de Gordon/Shapiro, determinar o custo do capital próprio de uma sociedade cujas ações estão cotadas a 10 €. Os dividendos foram de 0,75 € no último ano e espera-se uma taxa de crescimento dos mesmos de 6%.

Para determinarmos o custo do capital próprio, bastará aplicar simplesmente a expressão formalizada em [10.7], donde

$$r = k_p = \frac{D}{P_0} + g = \frac{0{,}75€}{10} + 0{,}06 = 13{,}5\%$$

c) Método de Avaliação de Ativos Financeiros em Equilíbrio (MADAFE) ou *Capital Asset Price Model* (CAPM)

Assumindo a equação do Modelo de Avaliação dos Ativos Financeiros em Equilíbrio (MADAFE), a equação da reta SML (*Security Market Line*) que define o custo do capital próprio pela rendibilidade esperada das ações, é assim definida:

$$k_p = r_a = r_f + \left(r_m - r_f\right) \times \beta \qquad [\,10.14\,]$$

O custo do Capital Próprio reflete o risco médio (operacional e financeiro) do total da empresa e está baseado na relação risco/retorno no mercado financeiro, representado na linha SML.

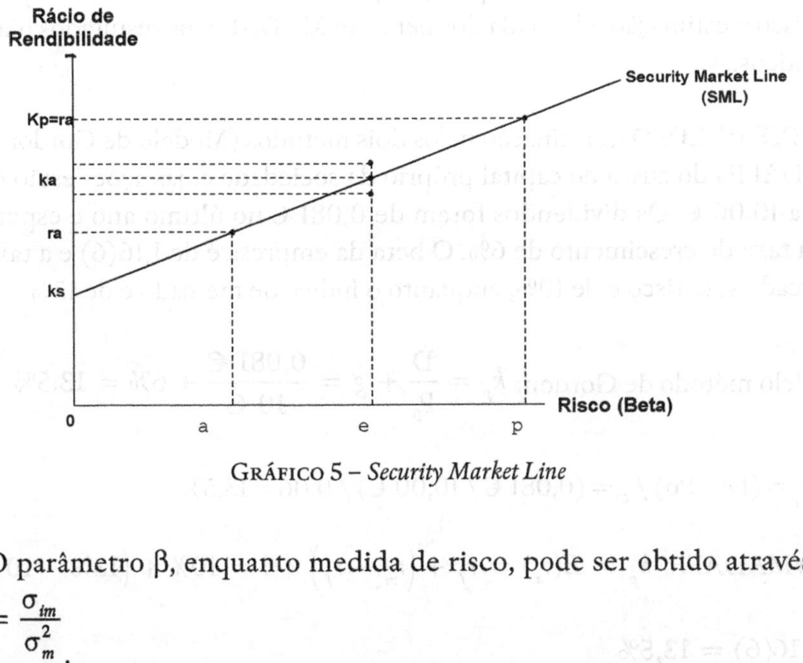

GRÁFICO 5 – *Security Market Line*

O parâmetro β, enquanto medida de risco, pode ser obtido através de $\beta_i = \dfrac{\sigma_{im}}{\sigma_m^2}$.

Simbologia:

$kp = r_a$: corresponde à rentabilidade antecipada exigida pelos sócios;

rf traduz a rentabilidade esperada sem risco;

r_m é a rentabilidade esperada do mercado ($\beta = 1$);

β_a é o risco do passivo;

β_e representa o risco médio da empresa;

β_p identifica o risco das ações;

$\beta(r_m - r_f)$ representa o prémio de risco.

Sendo o Capital Total (Ativo) de uma empresa constituído pelos Capitais Próprios (CP) mais os Capitais Alheios (CA), o valor do Ativo no período zero é igual ao valor do CP mais o valor do CA, ou seja, $A_0 = CP_0 + CA_0$

Para além disso, o Modelo de Gordon (MG) e o MADAFE fornecem-nos resultados idênticos, se o mercado financeiro for perfeito. No entanto, os dados reais, pela dificuldade de extrapolação, pela dificuldade de calcular o prémio de risco e estimação adequada dos betas no MADAFE, os resultados não são idênticos.

EXEMPLO: Determinação pelos dois métodos (Modelo de Gordon e do MADAFE) do custo do capital próprio da sociedade cujas ações estão cotadas a 10,00 €. Os dividendos foram de 0,081 € no último ano e espera-se uma taxa de crescimento de 6%. O beta da empresa é de 1,16(6) e a taxa de mercado sem risco é de 10%, enquanto o índice de mercado é de 13%.

Pelo método de Gordon: $k_p = \frac{D}{P_0} + g = \frac{0{,}081\ €}{10\ €} + 6\% = 13{,}5\%$

$k_p = (Di / Po) / g = (0{,}081\ € / 10{,}00\ €) / 0{,}06 = 13{,}5\%$

Pelo MADAFE: $k_p = E(r_a) = r_f + \left(r_m - r_f\right) \times \beta = 10\% + \left(13\% - 10\%\right) \times$

$\times\ 1{,}16(6) = 13{,}5\%$

Neste exemplo as duas metodologias conduzem à mesma taxa, mas nem sempre fornecem valores tão exatos, mas sim valores próximos.

c) APT – Modelo de Arbitragem

O modelo APT (*Arbitrage Pricing Theory*) ou Modelo de Avaliação baseado na Arbitragem (MAA) foi desenvolvido por Steven Ross (Teoria de Avaliação por Arbitragem), em 1976, tentando suprir as desvantagens do modelo anterior e alcançar assim um modelo mais geral, explicativo da rentabilidade de equilíbrio de um ativo com risco utilizando vários fatores explicativos (*multi-index*).

Neste modelo, tal como no MADAFE, apenas é considerado o risco de mercado que não é diversificável como o risco específico. O risco sistemático é atribuído a vários fatores e não só a um (beta), como o modelo anterior.

Pressupõe assim que a rentabilidade de um ativo é função linear da evolução de um conjunto de fatores comuns a todos os ativos, sendo no entanto interpretado como o modelo anterior, pois os ativos em equilíbrio devem situar-se numa linha de indiferença (linha de arbitragem).

Ross (1976) identificou quatro variáveis económicas (fatores) que influenciam a rentabilidade das ações:

a) Inflação;
b) Produção industrial;
c) Prémios de risco;
d) Inclinação da estrutura da taxa de juro.

Tal como o MADAFE, o APT só pode ser aplicado às empresas cotadas, sendo assim restritivo o seu uso.

Este modelo é dado pela equação seguinte, em que *f* representa os n fatores:

$$r_i = r_s + \Sigma\,(\beta_{ik} \times f_k) + \varepsilon \qquad [\,10.15\,]$$

sendo

r_s = rendibilidade sem risco;

β_{ik} = sensibilidade do ativo *i* ao fator *k*;

f_k = valor do fator *k*;

ε = valor residual, que representa o risco específico e cuja média é 0.

e) Outros modelos

Pelas razões atrás apresentadas relativas à dificuldade de estimação dos elementos de cálculo, foram elaborados outros modelos projetivos, com base nos dividendos, como sejam o Modelo de Três Fases e o Modelo H.

2.4. Custo médio ponderado dos capitais (k_m)

Depois de obtidos os custos do capital alheio e do capital próprio, determina-se o custo do capital da empresa em função do peso relativo de cada componente no total dos recursos permanentes. Assim, o ***custo médio ponderado dos capitais*** (WACC – *Weighted Average Cost of Capital*), ou custo real do conjunto de capitais utilizados, pode ser obtido através da expressão geral seguinte:

$$k_m = p_1 \times k_1 + p_2 \times k_2 + ... + p_n \times k_n \qquad [10.16]$$

Podemos também apresentar o custo médio ponderado pela seguinte fórmula simplificada:

$$k_m = r = k_p \times \frac{CP}{A} + k_a \times \frac{CP}{A} \qquad [10.17]$$

com:

p_i – proporção do capital específico;

k_i – custo específico do tipo de capital (ações comuns, ações preferenciais, empréstimos obrigacionistas, empréstimos...);

A – ativo ou valor da empresa;

r – rendibilidade do ativo (ROI).

A ponderação (p_i) pode ocorrer de acordo com uma de duas bases:

a) ***contabilística***: com base nos ativos do balanço;
b) ***bolsista*** (nas empresas cotadas), em que a base corresponde ao valor bolsista da empresa ($A = CA + CP = CA + N_0 \times P_0$), podendo também o passivo financeiro ser valorizado pela cotação bolsista, isto se os títulos (obrigações) estiverem cotados.

O que imediatamente nos permite verificar que o custo do capital é função do custo do capital alheio e do custo do capital próprio, os quais, por sua vez, são função da estrutura financeira da empresa (***alavancagem financeira***: CA/CP).

O conhecimento do custo do capital é um elemento importante na decisão de investir, sendo utilizado como taxa de atualização dos *cash-flows* dos projetos de investimento, permitindo a rejeição de projetos com rendibilidade inferior àquela taxa. O custo de capital deve, no entanto, ser acrescido de uma percentagem para colmatar os efeitos decorrentes da incerteza que caracteriza o futuro.

Mas a escolha do meio de financiamento alternativo deve atender também à minimização do custo do capital, a que corresponderá a estrutura financeira ótima que torna máxima a riqueza dos acionistas.

EXEMPLO: Seja uma empresa, cujo ativo é 100.000 €, que se encontra financiado em 80% por capitais próprios. A alíquota de impostos é de 25%, o rendimento esperado pelos acionistas é de 20% e a taxa de juro é de 15%.

O *custo médio ponderado* do conjunto de capitais é o que decorre do quadro seguinte:

Capitais	**Valor (em €)**	**%**	**Custo Específico**	**Custo Médio Ponderado**
C. Próprio	80.000	80 %	20 %	16 %
C. Alheio	20.000	20 %	11,25 %	2,25 %
TOTAL	100.000	100 %		**18,25%**

FORMULÁRIO (10):

[10.1] $$\text{VAL} = \sum_{t=1}^{n} \frac{\text{CFG}_t}{(1+r)^t} + \text{VR} = -I + \sum_{t=1}^{n} \frac{\text{CFE}}{(1+r)^t} + \text{VR}$$

[10.2] $$\text{VAL} = \sum_{t=1}^{n} \frac{R-D}{(1+r)^t} = 0 \text{ ou } \sum_{t=1}^{n} \frac{CFE}{(1+r)^t} = I \text{ ou}$$

$$\sum_{t=1}^{n} \frac{CFE}{(1+r)^t} - I = 0$$

[10.3] $$\text{TIR} = r_1 + \left[(r_2 - r_1) \times \frac{\text{VAL}_1}{\text{VAL}_1 + |\text{VAL}_2|} \right]$$

[10.4] $$\text{PR} = \frac{I}{\frac{\sum CFE}{\text{N.º anos}}}$$

[10.5] $$\sum_{t=0}^{n} \frac{I_t}{(1+r)^t} = \sum_{t=0}^{n} \frac{CFE}{(1+r)^t}$$

[10.6] $$VA_2 = \sum_{p=0}^{n} \frac{V_{n-1} \times i \times \text{T}}{(1+r)^p}$$

[10.7] $$VA_1 = \sum_{p=0}^{n} \frac{V_{n-1} \times (i - i_s)(1 - \text{T})}{(1+r)^p}$$

[10.8] $$VA_2 = \text{Empréstimo inicial} - \sum_{p=0}^{n} \frac{Am_p \times J_p \times (1 - \text{T})}{(1+r)^p}$$

[10.9] $$\text{V}_0 = \sum_{t=1}^{n} \frac{\text{F}_t}{(1+r)^t}$$

[10.10] $$V_0 = \sum_{t=1}^{n} \frac{A_t}{\left(1 + k_a\right)^t}$$

[10.11] $$k_a = \frac{EF\left(1 - T\right)}{CA} = i \times \left(1 - T\right)$$

[10.12 $$P_0 = \frac{D_1}{1 + k_p} + \frac{D_2}{(1 + k_p)^2} + ... + \frac{D_n + P_n}{(1 + k_p)^n}$$

[10.13] $$r = k_p = \frac{D}{P_0} + g$$

[10.14] $$k_p = r_a = r_f + \left(r_m - r_f\right) \times \beta$$

[10.15] $$r_i = r_s + \Sigma\,(\beta_{ik} \times f_k) + \varepsilon$$

[10.16] $$k_m = p_1 \times k_1 + p_2 \times k_2 + \ldots + p_n \times k_n$$

[10.17] $$k_m = r = k_p \times \frac{CP}{A} + k_a \times \frac{CA}{A}$$

Apêndice 1

TABELAS FINANCEIRAS

TABELA 1 – Coeficientes de capitalização à taxa periódica *i*: $(1 + i)^n$

TEMPO	0,25%	0,50%	0,75%	1%	1,25%	1,50%	1,75%	2%
1	1,00250000	1,00500000	1,00750000	1,01000000	1,01250000	1,01500000	1,01750000	1,02000000
2	1,00500625	1,01002500	1,01505625	1,02010000	1,02515625	1,03022500	1,03530625	1,04040000
3	1,00751877	1,01507513	1,02266917	1,03030100	1,03797070	1,04567838	1,05342411	1,06120800
4	1,01003756	1,02015050	1,03033919	1,04060401	1,05094534	1,06136355	1,07185903	1,08243216
5	1,01256266	1,02525125	1,03806673	1,05101005	1,06408215	1,07728400	1,09061656	1,10408080
6	1,01509406	1,03037751	1,04585224	1,06152015	1,07738318	1,09344326	1,10970235	1,12616242
7	1,01763180	1,03552940	1,05369613	1,07213535	1,09085047	1,10984491	1,12912215	1,14868567
8	1,02017588	1,04070704	1,06159885	1,08285671	1,10448610	1,12649259	1,14888178	1,17165938
9	1,02272632	1,04591058	1,06956084	1,09368527	1,11829218	1,14338998	1,16898721	1,19509257
10	1,02528313	1,05114013	1,07758255	1,10462213	1,13227083	1,16054083	1,18944449	1,21899442
11	1,02784634	1,05639583	1,08566441	1,11566835	1,14642422	1,17794894	1,21025977	1,24337431
12	1,03041596	1,06167781	1,09380690	1,12682503	1,16075452	1,19561817	1,23143931	1,26824179
13	1,03299200	1,06698620	1,10201045	1,13809328	1,17526395	1,21355244	1,25298950	1,29360663
14	1,03557448	1,07232113	1,11027553	1,14947421	1,18995475	1,23175573	1,27491682	1,31947876
15	1,03816341	1,07768274	1,11860259	1,16096896	1,20482918	1,25023207	1,29722786	1,34586834
16	1,04075882	1,08307115	1,12699211	1,17257864	1,21988955	1,26898555	1,31992935	1,37278571
17	1,04336072	1,08848651	1,13544455	1,18430443	1,23513817	1,28802033	1,34302811	1,40024142
18	1,04596912	1,09392894	1,14396039	1,19614748	1,25057739	1,30734064	1,36653111	1,42824625
19	1,04858404	1,09939858	1,15254009	1,20810895	1,26620961	1,32695075	1,39044540	1,45681117
20	1,05120550	1,10489558	1,16118414	1,22019004	1,28203723	1,34685501	1,41477820	1,48594740
21	1,05383352	1,11042006	1,16989302	1,23239194	1,29806270	1,36705783	1,43953681	1,51566634
22	1,05646810	1,11597216	1,17866722	1,24471586	1,31428848	1,38756370	1,46472871	1,54597967
23	1,05910927	1,12155202	1,18750723	1,25716302	1,33071709	1,40837715	1,49036146	1,57689926
24	1,06175704	1,12715978	1,19641353	1,26973465	1,34735105	1,42950281	1,51644279	1,60843725
25	1,06441144	1,13279558	1,20538663	1,28243200	1,36419294	1,45094535	1,54298054	1,64060599
26	1,06707247	1,13845955	1,21442703	1,29525631	1,38124535	1,47270953	1,56998269	1,67341811
27	1,06974015	1,14415185	1,22353523	1,30820888	1,39851092	1,49480018	1,59745739	1,70688648
28	1,07241450	1,14987261	1,23271175	1,32129097	1,41599230	1,51722218	1,62541290	1,74102421
29	1,07509553	1,15562197	1,24195709	1,33450388	1,43369221	1,53998051	1,65385762	1,77584469
30	1,07778327	1,16140008	1,25127176	1,34784892	1,45161336	1,56308022	1,68280013	1,81136158
31	1,08047773	1,16720708	1,26065630	1,36132740	1,46975853	1,58652642	1,71224913	1,84758882
32	1,08317892	1,17304312	1,27011122	1,37494068	1,48813051	1,61032432	1,74221349	1,88454059
33	1,08588687	1,17890833	1,27963706	1,38869009	1,50673214	1,63447918	1,77270223	1,92223140
34	1,08860159	1,18480288	1,28923434	1,40257699	1,52556629	1,65899637	1,80372452	1,96067603
35	1,09132309	1,19072689	1,29890359	1,41660276	1,54463587	1,68388132	1,83528970	1,99988955
36	1,09405140	1,19668052	1,30864537	1,43076878	1,56394382	1,70913954	1,86740727	2,03988734
37	1,09678653	1,20266393	1,31846021	1,44507647	1,58349312	1,73477663	1,90008689	2,08068509
38	1,09952850	1,20867725	1,32834866	1,45952724	1,60328678	1,76079828	1,93333841	2,12229879
39	1,10227732	1,21472063	1,33831128	1,47412251	1,62332787	1,78721025	1,96717184	2,16474477
40	1,10503301	1,22079424	1,34834861	1,48886373	1,64361946	1,81401841	2,00159734	2,20803966
45	1,10779559	1,22689821	1,35846123	1,50375237	1,66416471	1,84122868	2,03662530	2,25220046
50	1,12171245	1,25787892	1,41017341	1,58045885	1,77080797	1,98352621	2,22117728	2,48661129

TABELA 1 (cont.) – Coeficientes de capitalização à taxa periódica i: $(1 + i)^n$

TEMPO	2,25%	2,50%	2,75%	3%	3,25%	3,50%	3,75%	4%
1	1,02250000	1,02500000	1,02750000	1,03000000	1,03250000	1,03500000	1,03750000	1,04000000
2	1,04550625	1,05062500	1,05575625	1,06090000	1,06605625	1,07122500	1,07640625	1,08160000
3	1,06903014	1,07689063	1,08478955	1,09272700	1,10070308	1,10871788	1,11677148	1,12486400
4	1,09308332	1,10381289	1,11462126	1,12550881	1,13647593	1,14752300	1,15865042	1,16985856
5	1,11767769	1,13140821	1,14527334	1,15927407	1,17341140	1,18768631	1,20209981	1,21665290
6	1,14282544	1,15969342	1,17676836	1,19405230	1,21154727	1,22925533	1,24717855	1,26531902
7	1,16853901	1,18868575	1,20912949	1,22987387	1,25092255	1,27227926	1,29394774	1,31593178
8	1,19483114	1,21840290	1,24238055	1,26677008	1,29157754	1,31680904	1,34247078	1,36856905
9	1,22171484	1,24886297	1,27654602	1,30477318	1,33355381	1,36289735	1,39281344	1,42331181
10	1,24920343	1,28008454	1,31165103	1,34391638	1,37689430	1,41059876	1,44504394	1,48024428
11	1,27731050	1,31208666	1,34772144	1,38423387	1,42164337	1,45996972	1,49923309	1,53945406
12	1,30604999	1,34488882	1,38478378	1,42576089	1,46784678	1,51106866	1,55545433	1,60103222
13	1,33543611	1,37851104	1,42286533	1,46853371	1,51555180	1,56395606	1,61378387	1,66507351
14	1,36548343	1,41297382	1,46199413	1,51258972	1,56480723	1,61869452	1,67430076	1,73167645
15	1,39620680	1,44829817	1,50219896	1,55796742	1,61566347	1,67534883	1,73708704	1,80094351
16	1,42762146	1,48450562	1,54350944	1,60470644	1,66817253	1,73398604	1,80222781	1,87298125
17	1,45974294	1,52161826	1,58595595	1,65284763	1,72238814	1,79467555	1,86981135	1,94790050
18	1,49258716	1,55965872	1,62956973	1,70243306	1,77836575	1,85748920	1,93992927	2,02581652
19	1,52617037	1,59865019	1,67438290	1,75350605	1,83616264	1,92250132	2,01267662	2,10684918
20	1,56050920	1,63861644	1,72042843	1,80611123	1,89583792	1,98978886	2,08815200	2,19112314
21	1,59562066	1,67958185	1,76774021	1,86029457	1,95745266	2,05943147	2,16645770	2,27876807
22	1,63152212	1,72157140	1,81635307	1,91610341	2,02106987	2,13151158	2,24769986	2,36991879
23	1,66823137	1,76461068	1,86630278	1,97358651	2,08675464	2,20611448	2,33198860	2,46471554
24	1,70576658	1,80872595	1,91762610	2,03279411	2,15457416	2,28332849	2,41943818	2,56330416
25	1,74414632	1,85394410	1,97036082	2,09377793	2,22459782	2,36324498	2,51016711	2,66583633
26	1,78338962	1,90029270	2,02454575	2,15659127	2,29689725	2,44595856	2,60429838	2,77246978
27	1,82351588	1,94780002	2,08022075	2,22128901	2,37154641	2,53156711	2,70195956	2,88336858
28	1,86454499	1,99649502	2,13742682	2,28792768	2,44862167	2,62017196	2,80328305	2,99870332
29	1,90649725	2,04640739	2,19620606	2,35656551	2,52820188	2,71187798	2,90840616	3,11865145
30	1,94939344	2,09756758	2,25660173	2,42726247	2,61036844	2,80679370	3,01747139	3,24339751
31	1,99325479	2,15000677	2,31865828	2,50008035	2,69520541	2,90503148	3,13062657	3,37313341
32	2,03810303	2,20375694	2,38242138	2,57508276	2,78279959	3,00670759	3,24802507	3,50805875
33	2,08396034	2,25885086	2,44793797	2,65233524	2,87324058	3,11194235	3,36982601	3,64838110
34	2,13084945	2,31532213	2,51525626	2,73190530	2,96662089	3,22086033	3,49619448	3,79431634
35	2,17879356	2,37320519	2,58442581	2,81386245	3,06303607	3,33359045	3,62730178	3,94608899
36	2,22781642	2,43253532	2,65549752	2,89827833	3,16258475	3,45026611	3,76332559	4,10393255
37	2,27794229	2,49334870	2,72852370	2,98522668	3,26536875	3,57102543	3,90445030	4,26808986
38	2,32919599	2,55568242	2,80355810	3,07478348	3,37149323	3,69601132	4,05086719	4,43881345
39	2,38160290	2,61957448	2,88065595	3,16702698	3,48106676	3,82537171	4,20277471	4,61636599
40	2,43518897	2,68506384	2,95987399	3,26203779	3,59420143	3,95925972	4,36037876	4,80102063
45	2,72175639	3,03790328	3,38986478	3,78159584	4,21747692	4,70235855	5,24161046	5,84117568
50	3,04204640	3,43710872	3,88232177	4,38390602	4,94883548	5,58492686	6,30093891	7,10668335

TABELA 1 (cont.) – Coeficientes de capitalização à taxa periódica *i*: $(1 + i)^n$

TEMPO	4,25%	4,50%	4,75%	5%	5,25%	5,50%	5,75%	6%
1	1,04250000	1,04500000	1,04750000	1,05000000	1,05250000	1,05500000	1,05750000	1,06000000
2	1,08680625	1,09202500	1,09725625	1,10250000	1,10775625	1,11302500	1,11830625	1,12360000
3	1,13299552	1,14116613	1,14937592	1,15762500	1,16591345	1,17424138	1,18260886	1,19101600
4	1,18114783	1,19251860	1,20397128	1,21550625	1,22712391	1,23882465	1,25060887	1,26247696
5	1,23134661	1,24618194	1,26115991	1,27628156	1,29154791	1,30696001	1,32251888	1,33822558
6	1,28367884	1,30226012	1,32106501	1,34009564	1,35935418	1,37884281	1,39856371	1,41851911
7	1,33823519	1,36086183	1,38381560	1,40710042	1,43072027	1,45467916	1,47898113	1,50363026
8	1,39511018	1,42210061	1,44954684	1,47745544	1,50583309	1,53468651	1,56402254	1,59384807
9	1,45440237	1,48609514	1,51840031	1,55132822	1,58488933	1,61909427	1,65395384	1,68947896
10	1,51621447	1,55296942	1,59052433	1,62889463	1,66809602	1,70814446	1,74905618	1,79084770
11	1,58065358	1,62285305	1,66607423	1,71033936	1,75567106	1,80209240	1,84962692	1,89829856
12	1,64783136	1,69588143	1,74521276	1,79585633	1,84784379	1,90120749	1,95598046	2,01219647
13	1,71786419	1,77219610	1,82811037	1,88564914	1,94485559	2,00577390	2,06844934	2,13292826
14	1,79087342	1,85194492	1,91494561	1,97993160	2,04696050	2,11609146	2,18738518	2,26090396
15	1,86698554	1,93528244	2,00590552	2,07892818	2,15442593	2,23247649	2,31315982	2,39655819
16	1,94633243	2,02237015	2,10118604	2,18287459	2,26753329	2,35526270	2,44616651	2,54035168
17	2,02905156	2,11337681	2,20099237	2,29201832	2,38657879	2,48480215	2,58682109	2,69277279
18	2,11528625	2,20847877	2,30553951	2,40661923	2,51187418	2,62146627	2,73556330	2,85433915
19	2,20518591	2,30786031	2,41505264	2,52695020	2,64374757	2,76564691	2,89285819	3,02559950
20	2,29890631	2,41171402	2,52976764	2,65329771	2,78254432	2,91775749	3,05919754	3,20713547
21	2,39660983	2,52024116	2,64993160	2,78596259	2,92862789	3,07823415	3,23510140	3,39956360
22	2,49846575	2,63365201	2,77580335	2,92526072	3,08238086	3,24753703	3,42111973	3,60353742
23	2,60465054	2,75216635	2,90765401	3,07152376	3,24420585	3,42615157	3,61783411	3,81974966
24	2,71534819	2,87601383	3,04576758	3,22509994	3,41452666	3,61458990	3,82585957	4,04893464
25	2,83075049	3,00543446	3,19044154	3,38635494	3,59378931	3,81339235	4,04584650	4,29187072
26	2,95105739	3,14067901	3,34198751	3,55567269	3,78246325	4,02312893	4,27848267	4,54938296
27	3,07647732	3,28200956	3,50073192	3,73345632	3,98104257	4,24440102	4,52449542	4,82234594
28	3,20722761	3,42969999	3,66701668	3,92012914	4,19004731	4,47784307	4,78465391	5,11168670
29	3,34353478	3,58403649	3,84119998	4,11613560	4,41002479	4,72412444	5,05977151	5,41838790
30	3,48563501	3,74531813	4,02365698	4,32194238	4,64155109	4,98395129	5,35070837	5,74349117
31	3,63377450	3,91385745	4,21478068	4,53803949	4,88523252	5,25806861	5,65837410	6,08810064
32	3,78820992	4,08998104	4,41498276	4,76494147	5,14170723	5,54726238	5,98373061	6,45338668
33	3,94920884	4,27403018	4,62469445	5,00318854	5,41164686	5,85236181	6,32779512	6,84058988
34	4,11705021	4,46636154	4,84436743	5,25334797	5,69575832	6,17424171	6,69164334	7,25102528
35	4,29202485	4,66734781	5,07447488	5,51601537	5,99478563	6,51382501	7,07641284	7,68608679
36	4,47443590	4,87737846	5,31551244	5,79181614	6,30951188	6,87208538	7,48330657	8,14725200
37	4,66459943	5,09686049	5,56799928	6,08140694	6,64076125	7,25005008	7,91359670	8,63608712
38	4,86284491	5,32621921	5,83247925	6,38547729	6,98940122	7,64880283	8,36862851	9,15425235
39	5,06951581	5,56589908	6,10952201	6,70475115	7,35634478	8,06948699	8,84982465	9,70350749
40	5,28497024	5,81636454	6,39972431	7,03998871	7,74255288	8,51330877	9,35868957	10,28571794
45	6,50763017	7,24824843	8,07107576	8,98500779	9,99987803	11,12655409	12,37704364	13,76461083
50	8,01314834	9,03263627	10,17891721	11,46739979	12,91532162	14,54196120	16,36887387	18,42015427

TABELA 1 (cont.) – Coeficientes de capitalização à taxa periódica i: $(1 + i)^n$

TEMPO	6,25%	6,50%	6,75%	7%	7,25%	7,50%	7,75%	8%
1	1,06250000	1,06500000	1,06750000	1,07000000	1,07250000	1,07500000	1,07750000	1,08000000
2	1,12890625	1,13422500	1,13955625	1,14490000	1,15025625	1,15562500	1,16100625	1,16640000
3	1,19946289	1,20794963	1,21647630	1,22504300	1,23364983	1,24229688	1,25098423	1,25971200
4	1,27442932	1,28646635	1,29858845	1,31079601	1,32308944	1,33546914	1,34793551	1,36048896
5	1,35408115	1,37008666	1,38624317	1,40255173	1,41901343	1,43562933	1,45240051	1,46932808
6	1,43871123	1,45914230	1,47981458	1,50073035	1,52189190	1,54330153	1,56496155	1,58687432
7	1,52863068	1,55398655	1,57970207	1,60578148	1,63222906	1,65904914	1,68624608	1,71382427
8	1,62417009	1,65499567	1,68633195	1,71818618	1,75056567	1,78347783	1,81693015	1,85093021
9	1,72568073	1,76257039	1,80015936	1,83845921	1,87748168	1,91723866	1,95774223	1,99900463
10	1,83353577	1,87713747	1,92167012	1,96715136	2,01359910	2,06103156	2,10946726	2,15892500
11	1,94813176	1,99915140	2,05138285	2,10485195	2,15958504	2,21560893	2,27295097	2,33163900
12	2,06988999	2,12909624	2,18985119	2,25219159	2,31615495	2,38177960	2,44910467	2,51817012
13	2,19925812	2,26748750	2,33766615	2,40984500	2,48407618	2,56041307	2,63891028	2,71962373
14	2,33671175	2,41487418	2,49545861	2,57853415	2,66417171	2,75244405	2,84342583	2,93719362
15	2,48275623	2,57184101	2,66390207	2,75903154	2,85732416	2,95887735	3,06379133	3,17216911
16	2,63792850	2,73901067	2,84371546	2,95216375	3,06448016	3,18079315	3,30123516	3,42594264
17	2,80279903	2,91704637	3,03566625	3,15881521	3,28665497	3,41935264	3,55708088	3,70001805
18	2,97797397	3,10665438	3,24057373	3,37993228	3,52493745	3,67580409	3,83275465	3,99601950
19	3,16409734	3,30858691	3,45931245	3,61652754	3,78049542	3,95148940	4,12979313	4,31570106
20	3,36185342	3,52364506	3,69281604	3,86968446	4,05458134	4,24785110	4,44985210	4,66095714
21	3,57196926	3,75268199	3,94208113	4,14056237	4,34853849	4,56643993	4,79471564	5,03383372
22	3,79521734	3,99660632	4,20817160	4,43040174	4,66380753	4,90892293	5,16630610	5,43654041
23	4,03241843	4,25638573	4,49222319	4,74052986	5,00193357	5,27709215	5,56669482	5,87146365
24	4,28444458	4,53305081	4,79544825	5,07236695	5,36457375	5,67287406	5,99811367	6,34118074
25	4,55222236	4,82769911	5,11914101	5,42743264	5,75350535	6,09833961	6,46296748	6,84847520
26	4,83673626	5,14149955	5,46468303	5,80735292	6,17063449	6,55571508	6,96384746	7,39635321
27	5,13903228	5,47569702	5,83354913	6,21386763	6,61800549	7,04739371	7,50354564	7,98806147
28	5,46022180	5,83161733	6,22731370	6,64883836	7,09781089	7,57594824	8,08507043	8,62710639
29	5,80148566	6,21067245	6,64765737	7,11425705	7,61240218	8,14414436	8,71166339	9,31727490
30	6,16407851	6,61436616	7,09637424	7,61225504	8,16430134	8,75495519	9,38681730	10,06265689
31	6,54933342	7,04429996	7,57537950	8,14511290	8,75621318	9,41157683	10,11429564	10,86766944
32	6,95866676	7,50217946	8,08671762	8,71527080	9,39103864	10,11744509	10,89815355	11,73708300
33	7,39358343	7,98982113	8,63257106	9,32533975	10,07188894	10,87625347	11,74276045	12,67604964
34	7,85568239	8,50915950	9,21526961	9,97811354	10,80210089	11,69197248	12,65282439	13,69013361
35	8,34666254	9,06225487	9,83730031	10,67658148	11,58525320	12,56887042	13,63341828	14,78534429
36	8,86832895	9,65130143	10,50131808	11,42394219	12,42518406	13,51153570	14,69000819	15,96817184
37	9,42259951	10,27863603	11,21015705	12,22361814	13,32600990	14,52490088	15,82848383	17,24562558
38	10,01151198	10,94674737	11,96684265	13,07927141	14,29214562	15,61426844	17,05519132	18,62527563
39	10,63723148	11,65828595	12,77460453	13,99482041	15,32832618	16,78533858	18,37696865	20,11529768
40	11,30205845	12,41607453	13,63689033	14,97445784	16,43962983	18,04423897	19,80118372	21,72452150
45	15,30390434	17,01109813	18,90404604	21,00245176	23,32805543	25,90483863	28,75924943	31,92044939
50	20,72272845	23,30667868	26,20560466	29,45702506	33,10282384	37,18974603	41,76994868	46,90161251

TABELA 1 (cont.) – Coeficientes de capitalização à taxa periódica *i*: $(1 + i)^n$

TEMPO	8,25%	8,50%	8,75%	9%	9,25%	9,50%	9,75%	10%
1	1,08250000	1,08500000	1,08750000	1,09000000	1,09250000	1,09500000	1,09750000	1,10000000
2	1,17180625	1,17722500	1,18265625	1,18810000	1,19355625	1,19902500	1,20450625	1,21000000
3	1,26848027	1,27728913	1,28613867	1,29502900	1,30396020	1,31293238	1,32194561	1,33100000
4	1,37312989	1,38585870	1,39867581	1,41158161	1,42457652	1,43766095	1,45083531	1,46410000
5	1,48641310	1,50365669	1,52105994	1,53862395	1,55634985	1,57423874	1,59229175	1,61051000
6	1,60904218	1,63146751	1,65415268	1,67710011	1,70031221	1,72379142	1,74754019	1,77156100
7	1,74178816	1,77014225	1,79889104	1,82803912	1,85759109	1,88755161	1,91792536	1,94871710
8	1,88548569	1,92060434	1,95629401	1,99256264	2,02941827	2,06686901	2,10492309	2,14358881
9	2,04103826	2,08385571	2,12746974	2,17189328	2,21713946	2,26322156	2,31015309	2,35794769
10	2,20942391	2,26098344	2,31362334	2,36736367	2,42222486	2,47822761	2,53539301	2,59374246
11	2,39170139	2,45316703	2,51606538	2,58042641	2,64628066	2,71365924	2,78259383	2,85311671
12	2,58901675	2,66168623	2,73622110	2,81266478	2,89106162	2,97145686	3,05389673	3,13842838
13	2,80261063	2,88792956	2,97564045	3,06580461	3,15848482	3,25374527	3,35165166	3,45227121
14	3,03382601	3,13340357	3,23600898	3,34172703	3,45064466	3,56285107	3,67843770	3,79749834
15	3,28411666	3,39974288	3,51915977	3,64248246	3,76982929	3,90132192	4,03708537	4,17724817
16	3,55505628	3,68872102	3,82708625	3,97030588	4,11853850	4,27194750	4,43070120	4,59497299
17	3,84834842	4,00226231	4,16195630	4,32763341	4,49950331	4,67778251	4,86269456	5,05447028
18	4,16583717	4,34245461	4,52612747	4,71712042	4,91570737	5,12217185	5,33680728	5,55991731
19	4,50951873	4,71156325	4,92216363	5,14166125	5,37041030	5,60877818	5,85714599	6,11590904
20	4,88155403	5,11204612	5,35285295	5,60441077	5,86717325	6,14161210	6,42821773	6,72749995
21	5,28428224	5,54657005	5,82122758	6,10880774	6,40988678	6,72506525	7,05496896	7,40024994
22	5,72023552	6,01802850	6,33058499	6,65860043	7,00280131	7,36394645	7,74282843	8,14027494
23	6,19215495	6,52956092	6,88451118	7,25787447	7,65056043	8,06352137	8,49775420	8,95430243
24	6,70300774	7,08457360	7,48690591	7,91108317	8,35823727	8,82955590	9,32628524	9,84973268
25	7,25600587	7,68676236	8,14201017	8,62308066	9,13137421	9,66836371	10,23559805	10,83470594
26	7,85462636	8,34013716	8,85443606	9,39915792	9,97602633	10,58685826	11,23356886	11,91817654
27	8,50263303	9,04904881	9,62919922	10,24508213	10,89880877	11,59260979	12,32884182	13,10999419
28	9,20410026	9,81821796	10,47175415	11,16713952	11,90694858	12,69390772	13,53090390	14,42099361
29	9,96343853	10,65276649	11,38803264	12,17218208	13,00834132	13,89982896	14,85016703	15,86309297
30	10,78542221	11,55825164	12,38448549	13,26767847	14,21161289	15,22031271	16,29805832	17,44940227
31	11,67521954	12,54070303	13,46812797	14,46176953	15,52618708	16,66624241	17,88711900	19,19434250
32	12,63842515	13,60666279	14,64658917	15,76332879	16,96235939	18,24953544	19,63111310	21,11377675
33	13,68109523	14,76322913	15,92816573	17,18202838	18,53137763	19,98324131	21,54514663	23,22515442
34	14,80978558	16,01810360	17,32188023	18,72841093	20,24553006	21,88164924	23,64579843	25,54766986
35	16,03159290	17,37964241	18,83754475	20,41396792	22,11824159	23,96040591	25,95126378	28,10243685
36	17,35419931	18,85691201	20,48582991	22,25122503	24,16417894	26,23664448	28,48151199	30,91268053
37	18,78592075	20,45974953	22,27834003	24,25383528	26,39936549	28,72912570	31,25845941	34,00394859
38	20,33575921	22,19882824	24,22769478	26,43668046	28,84130680	31,45839264	34,30615921	37,40434344
39	22,01345935	24,08572865	26,34761807	28,81598170	31,50912768	34,44693994	37,65100973	41,14477779
40	23,82956975	26,13301558	28,65303466	31,40942005	34,42372199	37,71939924	41,32198318	45,25925557
45	35,42058471	39,29508371	43,58298314	48,32728610	53,57535456	59,37933956	65,79665285	72,89048369
50	52,64962124	59,08631551	66,29232966	74,35752008	83,38199505	93,47725675	104,7674674	117,3908529

TABELA 1 (cont.) – Coeficientes de capitalização à taxa periódica *i*: $(1 + i)^n$

TEMPO	10,25%	10,50%	10,75%	11%	11,25%	11,50%	11,75%	12%
1	1,10250000	1,10500000	1,10750000	1,11000000	1,11250000	1,11500000	1,11750000	1,12000000
2	1,21550625	1,22102500	1,22655625	1,23210000	1,23765625	1,24322500	1,24880625	1,25440000
3	1,34009564	1,34923263	1,35841105	1,36763100	1,37689258	1,38619588	1,39554098	1,40492800
4	1,47745544	1,49090205	1,50444023	1,51807041	1,53179299	1,54560840	1,55951705	1,57351936
5	1,62889463	1,64744677	1,66616756	1,68505816	1,70411970	1,72335337	1,74276030	1,76234168
6	1,79585633	1,82042868	1,84528057	1,87041455	1,89583317	1,92153900	1,94753464	1,97382269
7	1,97993160	2,01157369	2,04364823	2,07616015	2,10911440	2,14251599	2,17636996	2,21068141
8	2,18287459	2,22278892	2,26334042	2,30453777	2,34638977	2,38890533	2,43209343	2,47596318
9	2,40661923	2,45618176	2,50664951	2,55803692	2,61035862	2,66362944	2,71786441	2,77307876
10	2,65329771	2,71408085	2,77611434	2,83942099	2,90402397	2,96994683	3,03721348	3,10584821
11	2,92526072	2,99905934	3,07454663	3,15175729	3,23072667	3,31149071	3,39408606	3,47854999
12	3,22509994	3,31396057	3,40506039	3,49845060	3,59418341	3,69231214	3,79289117	3,89597599
13	3,55567269	3,66192643	3,77110438	3,88328016	3,99852905	4,11692804	4,23855588	4,36349311
14	3,92012914	4,04642870	4,17649810	4,31044098	4,44836357	4,59037476	4,73658620	4,88711229
15	4,32194238	4,47130371	4,62547165	4,78458949	4,94880447	5,11826786	5,29313508	5,47356576
16	4,76494147	4,94079060	5,12270985	5,31089433	5,50554497	5,70686867	5,91507845	6,13039365
17	5,25334797	5,45957362	5,67340116	5,89509271	6,12491878	6,36315856	6,61010017	6,86604089
18	5,79181614	6,03282885	6,28329179	6,54355291	6,81397214	7,09492180	7,38678694	7,68996580
19	6,38547729	6,66627588	6,95874565	7,26334373	7,58054401	7,91083780	8,25473440	8,61276169
20	7,03998871	7,36623484	7,70681081	8,06231154	8,43335521	8,82058415	9,22466569	9,64629309
21	7,76158756	8,13968950	8,53529297	8,94916581	9,38210767	9,83495133	10,30856391	10,80384826
22	8,55715028	8,99435690	9,45283697	9,93357404	10,43759478	10,96597073	11,51982017	12,10031006
23	9,43425818	9,93876437	10,46901694	11,02626719	11,61182420	12,22705737	12,87339904	13,55234726
24	10,40126965	10,98233463	11,59443626	12,23915658	12,91815442	13,63316896	14,38602343	15,17862893
25	11,46739979	12,13547977	12,84083816	13,58546380	14,37144679	15,20098340	16,07638118	17,00006441
26	12,64280826	13,40970514	14,22122826	15,07986482	15,98823456	16,94909649	17,96535597	19,04007214
27	13,93869611	14,81772418	15,75001030	16,73864995	17,78691094	18,89824258	20,07628530	21,32488079
28	15,36741246	16,37358522	17,44313641	18,57990145	19,78793843	21,07154048	22,43524882	23,88386649
29	16,94257224	18,09281167	19,31827357	20,62369061	22,01408150	23,49476763	25,07139056	26,74993047
30	18,67918589	19,99255690	21,39498798	22,89229657	24,49066567	26,19666591	28,01727895	29,95992212
31	20,59380245	22,09177537	23,69494919	25,41044919	27,24586555	29,20928249	31,30930923	33,55511278
32	22,70466720	24,41141178	26,24215623	28,20559861	30,31102543	32,56834998	34,98815306	37,58172631
33	25,03189559	26,97461002	29,06318802	31,30821445	33,72101579	36,31371022	39,09926104	42,09153347
34	27,59766488	29,80694407	32,18748073	34,75211804	37,51463007	40,48978690	43,69342422	47,14251748
35	30,42642554	32,93667320	35,64763491	38,57485103	41,73502595	45,14611239	48,82740156	52,79961958
36	33,54513415	36,39502389	39,47975567	42,81808464	46,43021637	50,33791532	54,56462125	59,13557393
37	36,98351040	40,21650140	43,72382940	47,52807395	51,65361571	56,12677558	60,97596424	66,23184280
38	40,77432022	44,43923404	48,42414106	52,75616209	57,46464748	62,58135477	68,14064004	74,17966394
39	44,95368804	49,10535362	53,62973622	58,55933991	63,92942032	69,77821057	76,14716525	83,08122361
40	49,56144107	54,26141575	59,39493287	65,00086731	71,12148010	77,80270479	85,09445716	93,05097044
45	80,7303650	89,3927939	98,9619104	109,5302415	121,1995157	134,0815532	148,2992420	163,9876039
50	131,5012578	147,2698692	164,8871247	184,5648267	206,5384829	231,0698962	258,4500320	289,0021898

TABELA 1 (cont.) – Coeficientes de capitalização à taxa periódica i: $(1 + i)^n$

TEMPO	12,25%	12,50%	12,75%	13%	13,25%	13,50%	13,75%	14%
1	1,12250000	1,12500000	1,12750000	1,13000000	1,13250000	1,13500000	1,13750000	1,14000000
2	1,26000625	1,26562500	1,27125625	1,27690000	1,28255625	1,28822500	1,29390625	1,29960000
3	1,41435702	1,42382813	1,43334142	1,44289700	1,45249495	1,46213538	1,47181836	1,48154400
4	1,58761575	1,60180664	1,61609245	1,63047361	1,64495053	1,65952365	1,67419338	1,68896016
5	1,78209868	1,80203247	1,82214424	1,84243518	1,86290648	1,88355934	1,90439497	1,92541458
6	2,00040577	2,02728653	2,05446763	2,08195175	2,10974159	2,13783985	2,16624928	2,19497262
7	2,24545547	2,28069735	2,31641225	2,35260548	2,38928235	2,42644824	2,46410856	2,50226879
8	2,52052377	2,56578451	2,61175482	2,65844419	2,70586226	2,75401875	2,80292349	2,85258642
9	2,82928793	2,88650758	2,94475356	3,00404194	3,06438901	3,12581128	3,18832547	3,25194852
10	3,17587570	3,24732103	3,32020963	3,39456739	3,47042055	3,54779580	3,62672022	3,70722131
11	3,56492048	3,65323615	3,74353636	3,83586115	3,93025128	4,02674823	4,12539425	4,22623230
12	4,00162324	4,10989067	4,22083725	4,33452310	4,45100957	4,57035924	4,69263596	4,81790482
13	4,49182208	4,62362701	4,75899400	4,89801110	5,04076834	5,18735774	5,33787340	5,49241149
14	5,04207029	5,20158038	5,36576573	5,53475255	5,70867015	5,88765104	6,07183099	6,26134910
15	5,65972390	5,85177793	6,04990086	6,25427038	6,46506894	6,68248393	6,90670775	7,13793798
16	6,35304007	6,58325017	6,82126323	7,06732553	7,32169057	7,58461926	7,85638007	8,13724930
17	7,13128748	7,40615644	7,69097429	7,98607785	8,29181457	8,60854286	8,93663233	9,27646420
18	8,00487020	8,33192600	8,67157351	9,02426797	9,39048001	9,77069614	10,16541928	10,57516918
19	8,98546680	9,37341675	9,77719913	10,19742280	10,63471861	11,08974012	11,56316443	12,05569287
20	10,08618648	10,54509384	11,02379202	11,52308776	12,04381882	12,58685504	13,15309953	13,74348987
21	11,32174433	11,86323057	12,42932550	13,02108917	13,63962482	14,28608047	14,96165072	15,66757845
22	12,70865801	13,34613439	14,01406450	14,71383077	15,44687510	16,21470134	17,01887769	17,86103944
23	14,26546861	15,01440119	15,80085773	16,62662877	17,49358606	18,40368602	19,35897338	20,36158496
24	16,01298852	16,89120134	17,81546709	18,78809051	19,81148621	20,88818363	22,02083222	23,21220685
25	17,97457961	19,00260151	20,08693914	21,23054227	22,43650813	23,70808842	25,04869665	26,46191581
26	20,17646561	21,37792670	22,64802388	23,99051277	25,40934546	26,90868035	28,49289243	30,16658403
27	22,64808265	24,05016754	25,53564693	27,10927943	28,77608373	30,54135220	32,41066514	34,38990579
28	25,42247277	27,05643848	28,79144191	30,63348575	32,58891482	34,66443475	36,86713160	39,20449260
29	28,53672569	30,43849329	32,46235075	34,61583890	36,90694604	39,34413344	41,93636220	44,69312156
30	32,03247459	34,24330495	36,60130047	39,11589796	41,79711639	44,65559145	47,70261200	50,95015858
31	35,95645272	38,52371807	41,26796628	44,20096469	47,33523431	50,68409630	54,26172115	58,08318078
32	40,36111818	43,33918283	46,52963199	49,94709010	53,60715286	57,52644930	61,72270781	66,21482609
33	45,30535516	48,75658068	52,46216006	56,44021181	60,71010061	65,29251996	70,20958013	75,48490175
34	50,85526117	54,85115327	59,15108547	63,77743935	68,75418894	74,10701015	79,86339740	86,05278799
35	57,08503066	61,70754742	66,69284887	72,06850647	77,86411898	84,11145652	90,84461454	98,10017831
36	64,0779469	69,4209909	75,1961871	81,4374123	88,1811147	95,4665031	103,3357490	111,8342033
37	71,9274954	78,0986147	84,7837010	92,0242759	99,8651124	108,3544811	117,5444145	127,4909917
38	80,7386136	87,8609415	95,5936228	103,9874318	113,0972398	122,9823360	133,7067715	145,3397306
39	90,6290938	98,8435592	107,7818097	117,5057979	128,0826241	139,5849514	152,0914526	165,6872929
40	101,7311578	111,1990041	121,5239905	132,7815516	145,0535718	158,4289198	173,0040274	188,8835139
45	181,2949619	200,3842162	221,4342394	244,6414019	270,2212389	298,4102722	329,4680002	363,6790720
50	323,0855122	361,0988642	403,4851240	450,7359252	503,3968971	562,0734564	627,4372037	700,2329885

TABELA 1 (cont.) – Coeficientes de capitalização à taxa periódica i: $(1 + i)^n$

TEMPO	14,25%	14,50%	14,75%	15%	15,25%	15,50%	15,75%	16%
1	1,14250000	1,14500000	1,14750000	1,15000000	1,15250000	1,15500000	1,15750000	1,16000000
2	1,30530625	1,31102500	1,31675625	1,32250000	1,32825625	1,33402500	1,33980625	1,34560000
3	1,49131239	1,50112363	1,51097780	1,52087500	1,53081533	1,54079888	1,55082573	1,56089600
4	1,70382441	1,71878655	1,73384702	1,74900625	1,76426467	1,77962270	1,79508079	1,81063936
5	1,94661938	1,96801060	1,98958946	2,01135719	2,03331503	2,05546422	2,07780601	2,10034166
6	2,22401265	2,25337214	2,28305390	2,31306077	2,34339557	2,37406117	2,40506046	2,43639632
7	2,54093445	2,58011110	2,61980435	2,66001988	2,70076339	2,74204066	2,78385748	2,82621973
8	2,90301761	2,95422721	3,00622550	3,05902286	3,11262981	3,16705696	3,22231503	3,27841489
9	3,31669762	3,38259015	3,44964376	3,51787629	3,58730586	3,65795078	3,72982965	3,80296127
10	3,78932703	3,87306572	3,95846621	4,04555774	4,13437000	4,22493316	4,31727782	4,41143508
11	4,32930613	4,43466025	4,54233998	4,65239140	4,76486142	4,87979780	4,99724908	5,11726469
12	4,94623225	5,07768599	5,21233512	5,35025011	5,49150279	5,63616645	5,78431581	5,93602704
13	5,65107035	5,81395046	5,98115455	6,15278762	6,32895697	6,50977225	6,69534555	6,88579137
14	6,45634787	6,65697328	6,86337485	7,07570576	7,29412291	7,51878695	7,74986247	7,98751799
15	7,37637744	7,62223440	7,87572264	8,13706163	8,40647665	8,68419893	8,97046581	9,26552087
16	8,42751123	8,72745839	9,03739173	9,35762087	9,68846434	10,03024977	10,38331418	10,74800420
17	9,62843158	9,99293985	10,37040701	10,76126400	11,16595515	11,58493848	12,01868616	12,46768488
18	11,00048308	11,44191613	11,90004204	12,37545361	12,86876331	13,38060394	13,91162923	14,46251446
19	12,56805192	13,10099397	13,65529824	14,23177165	14,83124971	15,45459756	16,10271083	16,77651677
20	14,35899932	15,00063810	15,66945474	16,36653739	17,09301529	17,85006018	18,63888779	19,46075945
21	16,40515672	17,17573062	17,98069931	18,82151800	19,69970013	20,61681950	21,57451262	22,57448097
22	18,74289155	19,66621156	20,63285246	21,64474570	22,70390440	23,81242653	24,97249835	26,18639792
23	21,41375360	22,51781224	23,67619819	24,89145756	26,16624982	27,50335264	28,90566685	30,37622159
24	24,46521349	25,78289502	27,16843743	28,62517619	30,15660291	31,76637230	33,45830937	35,23641704
25	27,95150641	29,52141479	31,17578195	32,91895262	34,75548486	36,69016000	38,72799310	40,87424377
26	31,93459607	33,80201994	35,77420979	37,85679551	40,05569630	42,37713481	44,82765201	47,41412277
27	36,48527601	38,70331283	41,05090573	43,53531484	46,16418999	48,94559070	51,88800720	55,00038241
28	41,68442784	44,31529319	47,10591432	50,06561207	53,20422896	56,53215726	60,06036834	63,80044360
29	47,62445881	50,74101070	54,05403669	57,57545388	61,31787387	65,29464163	69,51987635	74,00851458
30	54,41094419	58,09845725	62,02700710	66,21177196	70,66884964	75,41531109	80,46925688	85,84987691
31	62,1645037	66,5227336	71,1759906	76,1435378	81,4458492	87,1046843	93,1431648	99,5858572
32	71,0229455	76,1685299	81,6744493	87,5650684	93,8663412	100,6059104	107,8132133	115,5195944
33	81,1437153	87,2129668	93,7214305	100,6998287	108,1809582	116,1998265	124,7937944	134,0027295
34	92,7066947	99,8588469	107,5453415	115,8048030	124,6785544	134,2107996	144,4488170	155,4431662
35	105,9173987	114,3383797	123,4082794	133,1755234	143,6920339	155,0134735	167,1995057	180,3140728
36	121,0106280	130,9174448	141,6110006	153,1518519	165,6050691	179,0405619	193,5334278	209,1643244
37	138,2546425	149,9004743	162,4986232	176,1246297	190,8598421	206,7918490	224,0149427	242,6306163
38	157,9559290	171,6360431	186,4671701	202,5433242	219,9659681	238,8445856	259,2972962	281,4515149
39	180,4646489	196,5232693	213,9710777	232,9248228	253,5107782	275,8654964	300,1366203	326,4837573
40	206,1808614	225,0191434	245,5318117	267,8635462	292,1711719	318,6246483	347,4081381	378,7211585
45	401,3556614	442,8400595	488,5075041	538,7692690	594,0760343	654,9215640	721,8467177	795,4438258
50	781,2867104	871,5139313	971,9293801	1083,657442	1207,943728	1346,167841	1499,857450	1670,703804

TABELA 1 (cont.) – Coeficientes de capitalização à taxa periódica *i*: $(1 + i)^n$

TEMPO	16,25%	16,50%	16,75%	17%	17,25%	17,50%	17,75%	18%
1	1,16250000	1,16500000	1,16750000	1,17000000	1,17250000	1,17500000	1,17750000	1,18000000
2	1,35140625	1,35722500	1,36305625	1,36890000	1,37475625	1,38062500	1,38650625	1,39240000
3	1,57100977	1,58116713	1,59136817	1,60161300	1,61190170	1,62223438	1,63261111	1,64303200
4	1,82629885	1,84205970	1,85792234	1,87388721	1,88995475	1,90612539	1,92239958	1,93877776
5	2,12307242	2,14599955	2,16912433	2,19244804	2,21597194	2,23969733	2,26362551	2,28775776
6	2,46807168	2,50008948	2,53245266	2,56516420	2,59822710	2,63164437	2,66541903	2,69955415
7	2,86913333	2,91260424	2,95663848	3,00124212	3,04642128	3,09218213	3,13853091	3,18547390
8	3,33536750	3,39318394	3,45187542	3,51145328	3,57192895	3,63331400	3,69562015	3,75885920
9	3,87736472	3,95305929	4,03006456	4,10840033	4,18808669	4,26914396	4,35159273	4,43545386
10	4,50743648	4,60531407	4,70510037	4,80682839	4,91053164	5,01624415	5,12400044	5,23383555
11	5,23989491	5,36519090	5,49320468	5,62398922	5,75759835	5,89408687	6,03351051	6,17592595
12	6,09137784	6,25044739	6,41331647	6,58006738	6,75078407	6,92555208	7,10445863	7,28759263
13	7,08122673	7,28177121	7,48754698	7,69867884	7,91529432	8,13752369	8,36550004	8,59935930
14	8,23192608	8,48326346	8,74171109	9,00745424	9,28068259	9,56159034	9,85037629	10,14724397
15	9,56961407	9,88300194	10,20594770	10,53872146	10,88160033	11,23486864	11,59881808	11,97374789
16	11,12467635	11,51369726	11,91544394	12,33030411	12,75867639	13,20097066	13,65760829	14,12902251
17	12,93243626	13,41345730	13,91128080	14,42645581	14,95954807	15,51114052	16,08183377	16,67224656
18	15,03395715	15,62667776	16,24142034	16,87895329	17,54007011	18,22559011	18,93635926	19,67325094
19	17,47697519	18,20507959	18,96185824	19,74837535	20,56573220	21,41506838	22,29756303	23,21443611
20	20,31698366	21,20891772	22,13796950	23,10559916	24,11332101	25,16270535	26,25538047	27,39303460
21	23,61849350	24,70838914	25,84607939	27,03355102	28,27286888	29,56617879	30,91571050	32,32378083
22	27,45649869	28,78527335	30,17529769	31,62925470	33,14993877	34,74026008	36,40324911	38,14206138
23	31,91817973	33,53484345	35,22966005	37,00622799	38,86830320	40,81980559	42,86482583	45,00763243
24	37,10488394	39,06809262	41,13062811	43,29728675	45,57308551	47,96327157	50,47333241	53,10900627
25	43,13442758	45,51432791	48,02000832	50,65782550	53,43444275	56,35684409	59,43234892	62,66862740
26	50,1437721	53,0241920	56,0633597	59,2696558	62,6518841	66,2192918	69,9815909	73,9489803
27	58,2921350	61,7731837	65,4539725	69,3454973	73,4593341	77,8076679	82,4033232	87,2597968
28	67,7646070	71,9657590	76,4175129	81,1342319	86,1310693	91,4240097	97,0299131	102,9665602
29	78,7763556	83,8401092	89,2174463	94,9270513	100,9886787	107,4232115	114,2527227	121,5005410
30	91,5775134	97,6737273	104,1613685	111,0646500	118,4092258	126,2222735	134,5325809	143,3706384
31	106,4588593	113,7898923	121,6083977	129,9456405	138,8348173	148,3111713	158,4121141	169,1773534
32	123,7584239	132,5652245	141,9778043	152,0363994	162,7838232	174,2656263	186,5302643	199,6292770
33	143,8691678	154,4384865	165,7590866	177,8825873	190,8640328	204,7621109	219,6393862	235,5625468
34	167,2479076	179,9208368	193,5237336	208,1226271	223,7880784	240,5954803	258,6253773	277,9638052
35	194,4256926	209,6077749	225,9389589	243,5034738	262,3915219	282,6996894	304,5313818	327,9972902
36	226,0198676	244,1930577	263,7837346	284,8990643	307,6540595	332,1721350	358,5857020	387,0368024
37	262,7480961	284,4849123	307,9675101	333,3319052	360,7243847	390,3022586	422,2346641	456,7034269
38	305,4446617	331,4249228	359,5520681	389,9983291	422,9493411	458,6051539	497,1813170	538,9100437
39	355,0794193	386,1100350	419,7770395	456,2980451	495,9081024	538,8610558	585,4310008	635,9138515
40	412,7798249	449,8181908	490,0896936	533,8687127	581,4522501	633,1617406	689,3450034	750,3783448
45	876,361460	965,309636	1063,065480	1170,479411	1288,481871	1418,090662	1560,418933	1716,683879
50	1860,578843	2071,554045	2305,921199	2566,215284	2855,239673	3176,093876	3532,204098	3927,356860

TABELA 1 (cont.) – Coeficientes de capitalização à taxa periódica i: $(1 + i)^n$

TEMPO	18,25%	18,50%	18,75%	19%	19,25%	19,50%	19,75%	20%
1	1,18250000	1,18500000	1,18750000	1,19000000	1,19250000	1,19500000	1,19750000	1,20000000
2	1,39830625	1,40422500	1,41015625	1,41610000	1,42205625	1,42802500	1,43400625	1,44000000
3	1,65349714	1,66400663	1,67456055	1,68515900	1,69580208	1,70648988	1,71722248	1,72800000
4	1,95526037	1,97184785	1,98854065	2,00533921	2,02224398	2,03925540	2,05637393	2,07360000
5	2,31209539	2,33663970	2,36139202	2,38635366	2,41152594	2,43691020	2,46250778	2,48832000
6	2,73405279	2,76891805	2,80415303	2,83976086	2,87574469	2,91210769	2,94885306	2,98598400
7	3,23301743	3,28116789	3,32993172	3,37931542	3,42932554	3,47996869	3,53125154	3,58318080
8	3,82304311	3,88818395	3,95429391	4,02138535	4,08947071	4,15856259	4,22867372	4,29981696
9	4,52074848	4,60749798	4,69572402	4,78544856	4,87669382	4,96948229	5,06383678	5,15978035
10	5,34578507	5,45988510	5,57617228	5,69468379	5,81545738	5,93853134	6,06394454	6,19173642
11	6,32139085	6,46996385	6,62170458	6,77667371	6,93493292	7,09654495	7,26157359	7,43008371
12	7,47504468	7,66690716	7,86327419	8,06424172	8,26990751	8,48037122	8,69573437	8,91610045
13	8,83924033	9,08528498	9,33763810	9,59644764	9,86186471	10,13404361	10,41314191	10,69932054
14	10,45240170	10,76606270	11,08844524	11,41977269	11,76027366	12,11018211	12,46973744	12,83918465
15	12,35996501	12,75778430	13,16752873	13,58952950	14,02412634	14,47166762	14,93251059	15,40702157
16	14,61565862	15,11797440	15,63644036	16,17154011	16,72377067	17,29364281	17,88168143	18,48842589
17	17,28301632	17,91479966	18,56827293	19,24413273	19,94309652	20,66590315	21,41331351	22,18611107
18	20,43716679	21,22903760	22,04982410	22,90051795	23,78214260	24,69575427	25,64244293	26,62333328
19	24,16694973	25,15640955	26,18416612	27,25161636	28,36020505	29,51142635	30,70682540	31,94799994
20	28,57741806	29,81034532	31,09369727	32,42942347	33,81954452	35,26615449	36,77142342	38,33759992
21	33,79279686	35,32525921	36,92376551	38,59101393	40,32980684	42,14305461	44,03377955	46,00511991
22	39,95998228	41,86043216	43,84697154	45,92330658	48,09329466	50,36095026	52,73045101	55,20614389
23	47,25267905	49,60461211	52,06827871	54,64873482	57,35125388	60,18133557	63,14471508	66,24737267
24	55,87629298	58,78146535	61,83108096	65,03199444	68,39137025	71,91669600	75,61579631	79,49684720
25	66,07371645	69,65603644	73,42440864	77,38807338	81,55670902	85,94045172	90,54991608	95,39621664
26	78,1321697	82,5424032	87,1914853	92,0918073	97,2563755	102,6988398	108,4335245	114,4754600
27	92,3912907	97,8127478	103,5398888	109,5892507	115,9782278	122,7251136	129,8491456	137,3705520
28	109,2527012	115,9081061	122,9536179	130,4112084	138,3040366	146,6565107	155,4943519	164,8446624
29	129,1913192	137,3511057	146,0074212	155,1893379	164,9275637	175,2545303	186,2044863	197,8135948
30	152,7687349	162,7610603	173,3838127	184,6753122	196,6761197	209,4291637	222,9798724	237,3763138
31	180,6490291	192,8718565	205,8932776	219,7636215	234,5362728	250,2678506	267,0183972	284,8515766
32	213,6174769	228,5531499	244,4982672	261,5187095	279,6845053	299,0700815	319,7545306	341,8218919
33	252,6026664	270,8354826	290,3416923	311,2072644	333,5237725	357,3887474	382,9060504	410,1862702
34	298,7026530	320,9400469	344,7807596	370,3366446	397,7270987	427,0795532	458,5299954	492,2235243
35	353,2158872	380,3139556	409,4271520	440,7006071	474,2895652	510,3600660	549,0896695	590,6682292
36	417,677787	450,672037	486,194743	524,433722	565,590307	609,880279	657,534879	708,801875
37	493,903983	534,046364	577,356257	624,076130	674,466441	728,806933	787,398018	850,562250
38	584,041459	632,844942	685,610556	742,650594	804,301230	870,924285	942,909126	1020,674700
39	690,629026	749,921256	814,162535	883,754207	959,129217	1040,754521	1129,133679	1224,809640
40	816,668823	888,656688	966,818010	1051,667507	1143,761592	1243,701652	1352,137580	1469,771568
45	1888,216218	2076,470500	2283,036335	2509,650603	2758,210752	3030,789247	3329,649305	3657,261988
50	4365,736005	4851,963413	5391,143785	5988,913902	6651,496787	7385,761242	8199,287303	9100,438150

TABELA 1 (cont.) – Coeficientes de capitalização à taxa periódica i: $(1+i)^n$

TEMPO	20,50%	21,00%	21,50%	22,00%	22,50%
1	1,20500000	1,21000000	1,21500000	1,22000000	1,22500000
2	1,45202500	1,46410000	1,47622500	1,48840000	1,50062500
3	1,74969013	1,77156100	1,79361338	1,81584800	1,83826563
4	2,10837660	2,14358881	2,17924025	2,21533456	2,25187539
5	2,54059380	2,59374246	2,64777690	2,70270816	2,75854735
6	3,06141553	3,13842838	3,21704894	3,29730396	3,37922051
7	3,68900572	3,79749834	3,90871446	4,02271083	4,13954512
8	4,44525189	4,59497299	4,74908807	4,90770721	5,07094277
9	5,35652853	5,55991731	5,77014200	5,98740280	6,21190490
10	6,45461688	6,72749995	7,01072254	7,30463142	7,60958350
11	7,77781334	8,14027494	8,51802788	8,91165033	9,32173979
12	9,37226507	9,84973268	10,34940388	10,87221340	11,41913124
13	11,29357941	11,91817654	12,57452571	13,26410035	13,98843577
14	13,60876319	14,42099361	15,27804874	16,18220242	17,13583382
15	16,39855964	17,44940227	18,56282921	19,74228696	20,99139643
16	19,76026437	21,11377675	22,55383750	24,08559009	25,71446063
17	23,81111856	25,54766986	27,40291256	29,38441990	31,50021427
18	28,69239787	30,91268053	33,29453876	35,84899228	38,58776248
19	34,57433943	37,40434344	40,45286459	43,73577059	47,27000903
20	41,66207901	45,25925557	49,15023048	53,35764012	57,90576107
21	50,20280521	54,76369924	59,71753003	65,09632094	70,93455731
22	60,49438028	66,26407608	72,55679899	79,41751155	86,89483270
23	72,89572823	80,17953205	88,15651077	96,88936409	106,44617006
24	87,83935252	97,01723378	107,11016058	118,20502419	130,39655832
25	105,84641979	117,39085288	130,13884511	144,21012951	159,73578395
26	127,54493585	142,04293198	158,11869681	175,93635800	195,67633533
27	153,69164769	171,87194770	192,11421662	214,64235676	239,70351078
28	185,19843547	207,96505672	233,41877320	261,86367525	293,63680071
29	223,16411474	251,63771863	283,60380943	319,47368380	359,70508087
30	268,91275826	304,48163954	344,57862846	389,75789424	440,63872407
31	324,03987371	368,42278385	418,66303358	475,50463097	539,78243698
32	390,46804782	445,79156845	508,67558580	580,11564979	661,23348530
33	470,51399762	539,40779783	618,04083675	707,74109274	810,01101950
34	566,96936713	652,68343537	750,91961665	863,44413314	992,26349888
35	683,19808740	789,74695680	912,36733423	1053,40184243	1215,52278613
36	823,25369531	955,59381773	1108,52631109	1285,15024777	1489,01541301
37	992,02070285	1156,26851945	1346,85946797	1567,88330227	1824,04388094
38	1195,38494694	1399,08490853	1636,43425358	1912,81762878	2234,45375415
39	1440,43886106	1692,89273933	1988,26761810	2333,63750711	2737,20584883
40	1735,72882757	2048,40021459	2415,74515599	2847,03775867	3353,07716482
45	4409,78190433	5313,02261185	6396,35423122	7694,71219129	9249,62213916
50	11203,46458205	13780,61233982	16936,11900649	20796,56145288	25515,52067299

TABELA 1 (cont.) – Coeficientes de capitalização à taxa periódica i: $(1 + i)^n$

TEMPO	23,00%	23,50%	24,00%	24,50%	25,00%
1	1,23000000	1,23500000	1,24000000	1,24500000	1,25000000
2	1,51290000	1,52522500	1,53760000	1,55002500	1,56250000
3	1,86086700	1,88365288	1,90662400	1,92978113	1,95312500
4	2,28886641	2,32631130	2,36421376	2,40257750	2,44140625
5	2,81530568	2,87299446	2,93162506	2,99120899	3,05175781
6	3,46282599	3,54814815	3,63521508	3,72405519	3,81469727
7	4,25927597	4,38196297	4,50766670	4,63644871	4,76837158
8	5,23890944	5,41172427	5,58950670	5,77237865	5,96046448
9	6,44385861	6,68347947	6,93098831	7,18661141	7,45058060
10	7,92594610	8,25409715	8,59442551	8,94733121	9,31322575
11	9,74891370	10,19380998	10,65708763	11,13942736	11,64153218
12	11,99116385	12,58935532	13,21478866	13,86858706	14,55191523
13	14,74913153	15,54785382	16,38633794	17,26639089	18,18989404
14	18,14143179	19,20159947	20,31905904	21,49665666	22,73736754
15	22,31396110	23,71397534	25,19563321	26,76333754	28,42170943
16	27,44617215	29,28675955	31,24258518	33,32035524	35,52713679
17	33,75879174	36,16914804	38,74080563	41,48384227	44,40892099
18	41,52331385	44,66889783	48,03859898	51,64738363	55,51115123
19	51,07367603	55,16608882	59,56786273	64,30099262	69,38893904
20	62,82062152	68,13011969	73,86414979	80,05473581	86,73617380
21	77,26936447	84,14069782	91,59154574	99,66814608	108,42021725
22	95,04131829	103,91376181	113,57351671	124,08684187	135,52527156
23	116,90082150	128,33349583	140,83116072	154,48811813	169,40658945
24	143,78801045	158,49186735	174,63063930	192,33770707	211,75823681
25	176,85925285	195,73745618	216,54199273	239,46044531	264,69779602
26	217,53688100	241,73575838	268,51207098	298,12825441	330,87224502
27	267,57036364	298,54366160	332,95496802	371,16967674	413,59030628
28	329,11154727	368,70142208	412,86416034	462,10624754	516,98788285
29	404,80720314	455,34625627	511,95155882	575,32227818	646,23485356
30	497,91285987	562,35262649	634,81993294	716,27623634	807,79356695
31	612,43281764	694,50549371	787,17671685	891,76391424	1009,74195868
32	753,29236569	857,71428474	976,09912889	1110,24607323	1262,17744835
33	926,54960980	1059,27714165	1210,36291982	1382,25636117	1577,72181044
34	1139,65602006	1308,20726994	1500,85002058	1720,90916966	1972,15226305
35	1401,77690467	1615,63597837	1861,05402552	2142,53191623	2465,19032882
36	1724,18559275	1995,31043329	2307,70699165	2667,45223570	3081,48791102
37	2120,74827908	2464,20838511	2861,55666964	3320,97803345	3851,85988877
38	2608,52038327	3043,29735561	3548,33027036	4134,61765165	4814,82486097
39	3208,48007142	3758,47223418	4399,92953524	5147,59897630	6018,53107621
40	3946,43048785	4641,71320922	5455,91262370	6408,76072549	7523,16384526
45	11110,40818513	13335,61631769	15994,69018591	19169,94268582	22958,87403950
50	31279,19531850	38313,15175168	46890,43461434	57341,30486660	70064,92321624

TABELA 1 (cont.) – Coeficientes de capitalização à taxa periódica *i*: $(1 + i)^n$

TEMPO	26,00%	27,00%	28,00%	29,00%	30,00%
1	1,26000000	1,27000000	1,28000000	1,29000000	1,30000000
2	1,58760000	1,61290000	1,63840000	1,66410000	1,69000000
3	2,00037600	2,04838300	2,09715200	2,14668900	2,19700000
4	2,52047376	2,60144641	2,68435456	2,76922881	2,85610000
5	3,17579694	3,30383694	3,43597384	3,57230516	3,71293000
6	4,00150414	4,19587291	4,39804651	4,60827366	4,82680900
7	5,04189522	5,32875860	5,62949953	5,94467302	6,27485170
8	6,35278797	6,76752342	7,20575940	7,66862820	8,15730721
9	8,00451285	8,59475475	9,22337204	9,89253038	10,60449937
10	10,08568619	10,91533853	11,80591621	12,76136419	13,78584918
11	12,70796460	13,86247993	15,11157275	16,46215981	17,92160394
12	16,01203539	17,60534952	19,34281311	21,23618615	23,29808512
13	20,17516460	22,35879389	24,75880079	27,39468013	30,28751066
14	25,42070739	28,39566823	31,69126501	35,33913737	39,37376386
15	32,03009131	36,06249866	40,56481921	45,58748721	51,18589301
16	40,35791505	45,79937330	51,92296859	58,80785850	66,54166092
17	50,85097297	58,16520409	66,46139979	75,86213747	86,50415919
18	64,07222594	73,86980919	85,07059173	97,86215733	112,45540695
19	80,73100468	93,81465767	108,89035741	126,24218296	146,19202904
20	101,72106590	119,14461524	139,37965749	162,85241602	190,04963775
21	128,16854303	151,31366136	178,40596159	210,07961667	247,06452907
22	161,49236422	192,16834992	228,35963083	271,00270550	321,18388780
23	203,48037892	244,05380440	292,30032747	349,59349009	417,53905413
24	256,38527744	309,94833159	374,14441916	450,97560222	542,80077037
25	323,04544958	393,63438112	478,90485652	581,75852686	705,64100149
26	407,03726647	499,91566402	612,99821635	750,46849965	917,33330193
27	512,86695575	634,89289330	784,63771692	968,10436455	1192,53329251
28	646,21236424	806,31397450	1004,33627766	1248,85463027	1550,29328027
29	814,22757894	1024,01874761	1285,55043541	1611,02247305	2015,38126435
30	1025,92674947	1300,50380946	1645,50455732	2078,21899024	2619,99564365
31	1292,66770433	1651,63983802	2106,24583337	2680,90249741	3405,99433674
32	1628,76130746	2097,58259429	2695,99466672	3458,36422166	4427,79263777
33	2052,23924739	2663,92989474	3450,87317340	4461,28984594	5756,13042910
34	2585,82145172	3383,19096632	4417,11766195	5755,06390126	7482,96955783
35	3258,13502916	4296,65252723	5653,91060729	7424,03243263	9727,86042518
36	4105,25013675	5456,74870958	7237,00557733	9577,00183809	12646,21855273
37	5172,61517230	6930,07086117	9263,36713899	12354,33237113	16440,08411855
38	6517,49511710	8801,18999368	11857,10993790	15937,08875876	21372,10935411
39	8212,04384754	11177,51129198	15177,10072051	20558,84449880	27783,74216035
40	10347,17524790	14195,43934081	19426,68892226	26520,90940346	36118,86480845
45	32860,52746510	46899,41688364	66749,59487253	94740,78163981	134106,81671325
50	104358,36249160	154948,02599747	229349,86159901	338442,98357856	497929,22297913

TABELA 2 – Coeficientes de atualização à taxa periódica i: $(1+i)^{-n}$

TEMPO	0,25%	0,50%	0,75%	1%	1,25%	1,50%	1,75%	2%
1	0,99750623	0,99502488	0,99255583	0,99009901	0,98765432	0,98522167	0,98280098	0,98039216
2	0,99501869	0,99007450	0,98516708	0,98029605	0,97546106	0,97066175	0,96589777	0,96116878
3	0,99253734	0,98514876	0,97783333	0,97059015	0,96341833	0,95631699	0,94928528	0,94232233
4	0,99006219	0,98024752	0,97055417	0,96098034	0,95152428	0,94218423	0,93295851	0,92384543
5	0,98759321	0,97537067	0,96332920	0,95146569	0,93977706	0,92826033	0,91691254	0,90573081
6	0,98513038	0,97051808	0,95615802	0,94204524	0,92817488	0,91454219	0,90114254	0,88797138
7	0,98267370	0,96568963	0,94904022	0,93271805	0,91671593	0,90102679	0,88564378	0,87056018
8	0,98022314	0,96088520	0,94197540	0,92348322	0,90539845	0,88771112	0,87041157	0,85349037
9	0,97777869	0,95610468	0,93496318	0,91433982	0,89422069	0,87459224	0,85544135	0,83675527
10	0,97534034	0,95134794	0,92800315	0,90528695	0,88318093	0,86166723	0,84072860	0,82034830
11	0,97290807	0,94661487	0,92109494	0,89632372	0,87227746	0,84893323	0,82626889	0,80426304
12	0,97048187	0,94190534	0,91423815	0,88744923	0,86150860	0,83638742	0,81205788	0,78849318
13	0,96806171	0,93721924	0,90743241	0,87866260	0,85087269	0,82402702	0,79809128	0,77303253
14	0,96564759	0,93255646	0,90067733	0,86996297	0,84036809	0,81184928	0,78436490	0,75787502
15	0,96323949	0,92791688	0,89397254	0,86134947	0,82999318	0,79985150	0,77087459	0,74301473
16	0,96083740	0,92330037	0,88731766	0,85282126	0,81974635	0,78803104	0,75761631	0,72844581
17	0,95844130	0,91870684	0,88071231	0,84437749	0,80962602	0,77638526	0,74458605	0,71416256
18	0,95605117	0,91413616	0,87415614	0,83601731	0,79963064	0,76491159	0,73177990	0,70015937
19	0,95366700	0,90958822	0,86764878	0,82773992	0,78975866	0,75360747	0,71919401	0,68643076
20	0,95128878	0,90506290	0,86118985	0,81954447	0,78000855	0,74247042	0,70682458	0,67297133
21	0,94891649	0,90056010	0,85477901	0,81143017	0,77037881	0,73149795	0,69466789	0,65977582
22	0,94655011	0,89607971	0,84841589	0,80339621	0,76086796	0,72068763	0,68272028	0,64683904
23	0,94418964	0,89162160	0,84210014	0,79544179	0,75147453	0,71003708	0,67097817	0,63415592
24	0,94183505	0,88718567	0,83583140	0,78756613	0,74219707	0,69954392	0,65943800	0,62172149
25	0,93948634	0,88277181	0,82960933	0,77976844	0,73303414	0,68920583	0,64809632	0,60953087
26	0,93714348	0,87837991	0,82343358	0,77204796	0,72398434	0,67902052	0,63694970	0,59757928
27	0,93480646	0,87400986	0,81730380	0,76440392	0,71504626	0,66898574	0,62599479	0,58586204
28	0,93247527	0,86966155	0,81121966	0,75683557	0,70621853	0,65909925	0,61522829	0,57437455
29	0,93014990	0,86533488	0,80518080	0,74934215	0,69749978	0,64935887	0,60464697	0,56311231
30	0,92783032	0,86102973	0,79918690	0,74192292	0,68888867	0,63976243	0,59424764	0,55207089
31	0,92551653	0,85674600	0,79323762	0,73457715	0,68038387	0,63030781	0,58402716	0,54124597
32	0,92320851	0,85248358	0,78733262	0,72730411	0,67198407	0,62099292	0,57398247	0,53063330
33	0,92090624	0,84824237	0,78147158	0,72010307	0,66368797	0,61181568	0,56411053	0,52022873
34	0,91860972	0,84402226	0,77565418	0,71297334	0,65549429	0,60277407	0,55440839	0,51002817
35	0,91631892	0,83982314	0,76988008	0,70591420	0,64740177	0,59386608	0,54487311	0,50002761
36	0,91403384	0,83564492	0,76414896	0,69892495	0,63940916	0,58508974	0,53550183	0,49022315
37	0,91175445	0,83148748	0,75846051	0,69200490	0,63151522	0,57644309	0,52629172	0,48061093
38	0,90948075	0,82735073	0,75281440	0,68515337	0,62371873	0,56792423	0,51724002	0,47118719
39	0,90721272	0,82323455	0,74721032	0,67836967	0,61601850	0,55953126	0,50834400	0,46194822
40	0,90495034	0,81913886	0,74164796	0,67165314	0,60841334	0,55126232	0,49960098	0,45289042
45	0,89372281	0,79896402	0,71445114	0,63905492	0,57177290	0,51171494	0,45809040	0,41019680
50	0,88263457	0,77928607	0,68825165	0,60803882	0,53733905	0,47500468	0,42002883	0,37152788

TABELA 2 (cont.) – Coeficientes de atualização à taxa periódica i: $(1 + i)^{-n}$

TEMPO	2,25%	2,50%	2,75%	3%	3,25%	3,50%	3,75%	4%
1	0,97799511	0,97560976	0,97323601	0,97087379	0,96852300	0,96618357	0,96385542	0,96153846
2	0,95647444	0,95181440	0,94718833	0,94259591	0,93803681	0,93351070	0,92901727	0,92455621
3	0,93542732	0,92859941	0,92183779	0,91514166	0,90851022	0,90194271	0,89543834	0,88899636
4	0,91484335	0,90595064	0,89716573	0,88848705	0,87991305	0,87144223	0,86307310	0,85480419
5	0,89471232	0,88385429	0,87315400	0,86260878	0,85221603	0,84197317	0,83187768	0,82192711
6	0,87502427	0,86229687	0,84978491	0,83748426	0,82539083	0,81350064	0,80180981	0,79031453
7	0,85576946	0,84126524	0,82704128	0,81309151	0,79941000	0,78599096	0,77282874	0,75991781
8	0,83693835	0,82074657	0,80490635	0,78940923	0,77424698	0,75941156	0,74489517	0,73069021
9	0,81852161	0,80072836	0,78336385	0,76641673	0,74987601	0,73373097	0,71797125	0,70258674
10	0,80051013	0,78119840	0,76239791	0,74409391	0,72627216	0,70891881	0,69202048	0,67556417
11	0,78289499	0,76214478	0,74199310	0,72242128	0,70341129	0,68494571	0,66700769	0,64958093
12	0,76566748	0,74355589	0,72213440	0,70137988	0,68127002	0,66178330	0,64289898	0,62459705
13	0,74881905	0,72542038	0,70280720	0,68095134	0,65982568	0,63940415	0,61966167	0,60057409
14	0,73234137	0,70772720	0,68399728	0,66111781	0,63905635	0,61778179	0,59726426	0,57747508
15	0,71622628	0,69046556	0,66569078	0,64186195	0,61894078	0,59689062	0,57567639	0,55526450
16	0,70046580	0,67362493	0,64787424	0,62316694	0,59945838	0,57670591	0,55486881	0,53390818
17	0,68505212	0,65719506	0,63053454	0,60501645	0,58058923	0,55720378	0,53481331	0,51337325
18	0,66997763	0,64116591	0,61365892	0,58739461	0,56231402	0,53836114	0,51548271	0,49362812
19	0,65523484	0,62552772	0,59723496	0,57028603	0,54461407	0,52015569	0,49685080	0,47464242
20	0,64081647	0,61027094	0,58125057	0,55367575	0,52747125	0,50256588	0,47889234	0,45638695
21	0,62671538	0,59538629	0,56569398	0,53754928	0,51086804	0,48557090	0,46158298	0,43883360
22	0,61292457	0,58086467	0,55055375	0,52189250	0,49478745	0,46915063	0,44489926	0,42195539
23	0,59943724	0,56669724	0,53581874	0,50669175	0,47921302	0,45328563	0,42881856	0,40572633
24	0,58624668	0,55287535	0,52147809	0,49193374	0,46412884	0,43795713	0,41331910	0,39012147
25	0,57334639	0,53939059	0,50752126	0,47760557	0,44951945	0,42314699	0,39837985	0,37511680
26	0,56072997	0,52623472	0,49393796	0,46369473	0,43536993	0,40883767	0,38398058	0,36068923
27	0,54839117	0,51339973	0,48071821	0,45018906	0,42166579	0,39501224	0,37010176	0,34681657
28	0,53632388	0,50087778	0,46785227	0,43707675	0,40839302	0,38165434	0,35672459	0,33347747
29	0,52452213	0,48866125	0,45533068	0,42434636	0,39553803	0,36874815	0,34383093	0,32065141
30	0,51298008	0,47674269	0,44314421	0,41198676	0,38308768	0,35627841	0,33140331	0,30831867
31	0,50169201	0,46511481	0,43128391	0,39998715	0,37102923	0,34423035	0,31942487	0,29646026
32	0,49065233	0,45377055	0,41974103	0,38833703	0,35935035	0,33258971	0,30787940	0,28505794
33	0,47985558	0,44270298	0,40850708	0,37702625	0,34803908	0,32134271	0,29675123	0,27409417
34	0,46929641	0,43190534	0,39757380	0,36604490	0,33708385	0,31047605	0,28602528	0,26355209
35	0,45896960	0,42137107	0,38693314	0,35538340	0,32647346	0,29997686	0,27568702	0,25341547
36	0,44887002	0,41109372	0,37657727	0,34503243	0,31619706	0,28983272	0,26572242	0,24366872
37	0,43899268	0,40106705	0,36649856	0,33498294	0,30624413	0,28003161	0,25611800	0,23429685
38	0,42933270	0,39128492	0,35668959	0,32522615	0,29660448	0,27056194	0,24686072	0,22528543
39	0,41988528	0,38174139	0,34714316	0,31575355	0,28726826	0,26141250	0,23793805	0,21662061
40	0,41064575	0,37243062	0,33785222	0,30655684	0,27822592	0,25257247	0,22933788	0,20828904
45	0,36740981	0,32917440	0,29499702	0,26443862	0,23710859	0,21265924	0,19078106	0,17119841
50	0,32872608	0,29094221	0,25757783	0,22810708	0,20206774	0,17905337	0,15870651	0,14071262

TABELA 2 (cont.) – Coeficientes de atualização à taxa periódica *i*: $(1+i)^{-n}$

TEMPO	4,25%	4,50%	4,75%	5%	5,25%	5,50%	5,75%	6%
1	0,95923261	0,95693780	0,95465394	0,95238095	0,95011876	0,94786730	0,94562648	0,94339623
2	0,92012721	0,91572995	0,91136414	0,90702948	0,90272567	0,89845242	0,89420944	0,88999644
3	0,88261603	0,87629660	0,87003737	0,86383760	0,85769660	0,85161366	0,84558812	0,83961928
4	0,84663408	0,83856134	0,83058460	0,82270247	0,81491363	0,80721674	0,79961051	0,79209366
5	0,81211902	0,80245105	0,79292086	0,78352617	0,77426473	0,76513435	0,75613287	0,74725817
6	0,77901105	0,76789574	0,75696502	0,74621540	0,73564345	0,72524583	0,71501927	0,70496054
7	0,74725281	0,73482846	0,72263964	0,71068133	0,69894865	0,68743681	0,67614115	0,66505711
8	0,71678926	0,70318513	0,68987077	0,67683936	0,66408423	0,65159887	0,63937697	0,62741237
9	0,68756764	0,67290443	0,65858785	0,64460892	0,63095888	0,61762926	0,60461180	0,59189846
10	0,65953730	0,64392768	0,62872349	0,61391325	0,59948588	0,58543058	0,57173692	0,55839478
11	0,63264969	0,61619874	0,60021335	0,58467929	0,56958278	0,55491050	0,54064957	0,52678753
12	0,60685822	0,58966386	0,57299604	0,55683742	0,54117129	0,52598152	0,51125255	0,49696936
13	0,58211819	0,56427164	0,54701293	0,53032135	0,51417699	0,49856068	0,48345395	0,46883902
14	0,55838676	0,53997286	0,52220804	0,50506795	0,48852921	0,47256937	0,45716685	0,44230096
15	0,53562279	0,51672044	0,49852797	0,48101710	0,46416077	0,44793305	0,43230908	0,41726506
16	0,51378685	0,49446932	0,47592169	0,45811152	0,44100786	0,42458109	0,40880291	0,39364628
17	0,49284110	0,47317639	0,45434051	0,43629669	0,41900984	0,40244653	0,38657486	0,37136442
18	0,47274926	0,45280037	0,43373796	0,41552065	0,39810911	0,38146590	0,36555542	0,35034379
19	0,45347650	0,43330179	0,41406965	0,39573396	0,37825094	0,36157906	0,34567889	0,33051301
20	0,43498945	0,41464286	0,39529322	0,37688948	0,35938331	0,34272896	0,32688311	0,31180473
21	0,41725607	0,39678743	0,37736823	0,35894236	0,34145683	0,32486158	0,30910932	0,29415540
22	0,40024563	0,37970089	0,36025607	0,34184987	0,32442454	0,30792567	0,29230196	0,27750510
23	0,38392866	0,36335013	0,34391987	0,32557131	0,30824185	0,29187267	0,27640847	0,26179726
24	0,36827689	0,34770347	0,32832446	0,31006791	0,29286636	0,27665656	0,26137917	0,24697855
25	0,35326321	0,33273060	0,31343624	0,29530277	0,27825783	0,26223370	0,24716706	0,23299863
26	0,33886159	0,31840248	0,29922314	0,28124073	0,26437798	0,24856275	0,23372772	0,21981003
27	0,32504709	0,30469137	0,28565455	0,26784832	0,25119048	0,23560450	0,22101912	0,20736795
28	0,31179577	0,29157069	0,27270124	0,25509364	0,23866079	0,22332181	0,20900153	0,19563014
29	0,29908467	0,27901502	0,26033531	0,24294632	0,22675609	0,21167944	0,19763738	0,18455674
30	0,28689177	0,26700002	0,24853013	0,23137745	0,21544522	0,20064402	0,18689114	0,17411013
31	0,27519594	0,25550241	0,23726027	0,22035947	0,20469855	0,19018390	0,17672921	0,16425484
32	0,26397692	0,24449991	0,22650145	0,20986617	0,19448793	0,18026910	0,16711982	0,15495740
33	0,25321527	0,23397121	0,21623050	0,19987254	0,18478663	0,17087119	0,15803293	0,14618622
34	0,24289235	0,22389589	0,20642530	0,19035480	0,17556925	0,16196321	0,14944012	0,13791153
35	0,23299026	0,21425444	0,19706473	0,18129029	0,16681164	0,15351963	0,14131454	0,13010522
36	0,22349186	0,20502817	0,18812862	0,17265741	0,15849087	0,14551624	0,13363077	0,12274077
37	0,21438068	0,19619921	0,17959772	0,16443563	0,15058515	0,13793008	0,12636479	0,11579318
38	0,20564094	0,18775044	0,17145367	0,15660536	0,14307377	0,13073941	0,11949389	0,10923885
39	0,19725750	0,17966549	0,16367893	0,14914797	0,13593708	0,12392362	0,11299659	0,10305552
40	0,18921582	0,17192870	0,15625673	0,14204568	0,12915637	0,11746314	0,10685257	0,09722219
45	0,15366577	0,13796437	0,12389922	0,11129651	0,10000122	0,08987509	0,08079474	0,07265007
50	0,12479489	0,11070965	0,09824228	0,08720373	0,07742742	0,06876652	0,06109156	0,05428836

TABELA 2 (cont.) – Coeficientes de atualização à taxa periódica *i*: $(1 + i)^{-n}$

TEMPO	6,25%	6,50%	6,75%	7%	7,25%	7,50%	7,75%	8%
1	0,94117647	0,93896714	0,93676815	0,93457944	0,93240093	0,93023256	0,92807425	0,92592593
2	0,88581315	0,88165928	0,87753457	0,87343873	0,86937150	0,86533261	0,86132181	0,85733882
3	0,83370649	0,82784909	0,82204643	0,81629788	0,81060280	0,80496057	0,79937059	0,79383224
4	0,78466493	0,77732309	0,77006692	0,76289521	0,75580680	0,74880053	0,74187525	0,73502985
5	0,73850817	0,72988084	0,72137416	0,71298618	0,70471497	0,69655863	0,68851532	0,68058320
6	0,69506652	0,68533412	0,67576034	0,66634222	0,65707689	0,64796152	0,63899333	0,63016963
7	0,65418025	0,64350621	0,63303076	0,62274974	0,61265911	0,60275490	0,59303326	0,58349040
8	0,61569906	0,60423119	0,59300305	0,58200910	0,57124392	0,56070223	0,55037889	0,54026888
9	0,57948147	0,56735323	0,55550637	0,54393374	0,53262837	0,52158347	0,51079247	0,50024897
10	0,54539432	0,53272604	0,52038068	0,50834929	0,49662319	0,48519393	0,47405334	0,46319349
11	0,51331230	0,50021224	0,48747605	0,47509280	0,46305192	0,45134319	0,43995670	0,42888286
12	0,48311746	0,46968285	0,45665203	0,44401196	0,43175004	0,41985413	0,40831248	0,39711376
13	0,45469879	0,44101676	0,42777708	0,41496445	0,40256414	0,39056198	0,37894430	0,36769792
14	0,42795180	0,41410025	0,40072794	0,38781724	0,37535118	0,36331347	0,35168844	0,34046104
15	0,40277817	0,38882652	0,37538917	0,36244602	0,34997779	0,33796602	0,32639299	0,31524170
16	0,37908533	0,36509533	0,35165262	0,33873460	0,32631962	0,31438699	0,30291692	0,29189047
17	0,35678619	0,34281251	0,32941698	0,31657439	0,30426072	0,29245302	0,28112940	0,27026895
18	0,33579877	0,32188969	0,30858733	0,29586392	0,28369298	0,27204932	0,26090895	0,25024903
19	0,31604590	0,30224384	0,28907478	0,27650833	0,26451560	0,25306913	0,24214288	0,23171206
20	0,29745497	0,28379703	0,27079605	0,25841900	0,24663459	0,23541315	0,22472657	0,21454821
21	0,27995762	0,26647608	0,25367312	0,24151309	0,22996232	0,21898897	0,20856294	0,19865575
22	0,26348952	0,25021228	0,23763289	0,22571317	0,21441708	0,20371067	0,19356190	0,18394051
23	0,24799014	0,23494111	0,22260693	0,21094688	0,19992269	0,18949830	0,17963981	0,17031528
24	0,23340248	0,22060198	0,20853108	0,19714662	0,18640810	0,17627749	0,16671908	0,15769934
25	0,21967292	0,20713801	0,19534527	0,18424918	0,17380709	0,16397906	0,15472769	0,14601790
26	0,20675099	0,19449579	0,18299323	0,17219549	0,16205789	0,15253866	0,14359878	0,13520176
27	0,19458917	0,18262515	0,17142223	0,16093037	0,15110293	0,14189643	0,13327033	0,12518682
28	0,18314274	0,17147902	0,16058289	0,15040221	0,14088851	0,13199668	0,12368476	0,11591372
29	0,17236964	0,16101316	0,15042893	0,14056282	0,13136458	0,12278761	0,11478864	0,10732752
30	0,16223025	0,15118607	0,14091703	0,13136712	0,12248446	0,11422103	0,10653238	0,09937733
31	0,15268729	0,14195875	0,13200659	0,12277301	0,11420462	0,10625212	0,09886996	0,09201605
32	0,14370569	0,13329460	0,12365957	0,11474113	0,10648449	0,09883918	0,09175866	0,08520005
33	0,13525241	0,12515925	0,11584034	0,10723470	0,09928624	0,09194343	0,08515885	0,07888893
34	0,12729639	0,11752042	0,10851554	0,10021934	0,09257458	0,08552877	0,07903374	0,07304531
35	0,11980837	0,11034781	0,10165391	0,09366294	0,08631663	0,07956164	0,07334918	0,06763454
36	0,11276081	0,10361297	0,09522614	0,08753546	0,08048171	0,07401083	0,06807348	0,06262458
37	0,10612783	0,09728917	0,08920482	0,08180884	0,07504122	0,06884729	0,06317724	0,05798572
38	0,09988501	0,09135134	0,08356423	0,07645686	0,06996850	0,06404399	0,05863317	0,05369048
39	0,09400942	0,08577590	0,07828031	0,07145501	0,06523870	0,05957580	0,05441594	0,04971341
40	0,08847946	0,08054075	0,07333050	0,06678038	0,06082862	0,05541935	0,05050203	0,04603093
45	0,06534280	0,05878515	0,05289873	0,04761349	0,04286684	0,03860283	0,03477142	0,03132788
50	0,04825619	0,04290616	0,03815978	0,03394776	0,03020890	0,02688913	0,02394066	0,02132123

TABELA 2 (cont.) – Coeficientes de atualização à taxa periódica *i*: $(1 + i)^{-n}$

TEMPO	8,25%	8,50%	8,75%	9%	9,25%	9,50%	9,75%	10%
1	0,92378753	0,92165899	0,91954023	0,91743119	0,91533181	0,91324201	0,91116173	0,90909091
2	0,85338340	0,84945529	0,84555423	0,84167999	0,83783232	0,83401097	0,83021570	0,82644628
3	0,78834494	0,78290810	0,77752114	0,77218348	0,76689457	0,76165385	0,75646077	0,75131480
4	0,72826322	0,72157428	0,71496196	0,70842521	0,70196299	0,69557429	0,68925811	0,68301346
5	0,67276048	0,66504542	0,65743629	0,64993139	0,64252906	0,63522767	0,62802561	0,62092132
6	0,62148775	0,61294509	0,60453912	0,59626733	0,58812728	0,58011659	0,57223290	0,56447393
7	0,57412263	0,56492635	0,55589804	0,54703424	0,53833161	0,52978684	0,52139672	0,51315812
8	0,53036732	0,52066945	0,51117061	0,50186628	0,49275204	0,48382360	0,47507674	0,46650738
9	0,48994672	0,47987968	0,47004194	0,46042778	0,45103162	0,44184803	0,43287175	0,42409762
10	0,45260667	0,44228542	0,43222247	0,42241081	0,41284359	0,40351419	0,39441617	0,38554329
11	0,41811240	0,40763633	0,39744595	0,38753285	0,37788887	0,36850611	0,35937692	0,35049390
12	0,38624702	0,37570168	0,36546754	0,35553473	0,34589370	0,33653526	0,32745050	0,31863082
13	0,35681018	0,34626883	0,33606211	0,32617865	0,31660751	0,30733813	0,29836036	0,28966438
14	0,32961679	0,31914178	0,30902263	0,29924647	0,28980092	0,28067410	0,27185454	0,26333125
15	0,30449588	0,29413989	0,28415874	0,27453804	0,26526400	0,25632337	0,24770346	0,23939205
16	0,28128950	0,27109667	0,26129539	0,25186976	0,24280458	0,23408527	0,22569791	0,21762914
17	0,25985173	0,24985869	0,24027162	0,23107318	0,22224675	0,21377651	0,20564730	0,19784467
18	0,24004779	0,23028450	0,22093942	0,21199374	0,20342952	0,19522969	0,18737795	0,17985879
19	0,22175315	0,21224378	0,20316269	0,19448967	0,18620551	0,17829195	0,17073162	0,16350799
20	0,20485280	0,19561639	0,18681627	0,17843089	0,17043983	0,16282370	0,15556411	0,14864363
21	0,18924046	0,18029160	0,17178507	0,16369806	0,15600900	0,14869744	0,14174407	0,13513057
22	0,17481798	0,16616738	0,15796328	0,15018171	0,14280000	0,13579675	0,12915177	0,12284597
23	0,16149467	0,15314965	0,14525360	0,13778139	0,13070938	0,12401530	0,11767815	0,11167816
24	0,14918676	0,14115176	0,13356652	0,12640494	0,11964245	0,11325598	0,10722383	0,10152560
25	0,13781687	0,13009378	0,12281979	0,11596784	0,10951254	0,10343012	0,09769825	0,09229600
26	0,12731350	0,11990210	0,11293774	0,10639251	0,10024031	0,09445673	0,08901891	0,08390545
27	0,11761063	0,11050885	0,10385080	0,09760781	0,09175315	0,08626185	0,08111062	0,07627768
28	0,10864723	0,10185148	0,09549498	0,08954845	0,08398457	0,07877795	0,07390489	0,06934335
29	0,10036696	0,09387233	0,08781148	0,08215454	0,07687375	0,07194333	0,06733931	0,06303941
30	0,09271774	0,08651828	0,08074619	0,07537114	0,07036499	0,06570167	0,06135700	0,05730855
31	0,08565149	0,07974035	0,07424937	0,06914783	0,06440731	0,06000153	0,05590615	0,05209868
32	0,07912378	0,07349341	0,06827528	0,06343838	0,05895406	0,05479592	0,05093955	0,04736244
33	0,07309356	0,06773586	0,06278187	0,05820035	0,05396253	0,05004193	0,04641417	0,04305676
34	0,06752292	0,06242936	0,05773045	0,05339481	0,04939362	0,04570039	0,04229081	0,03914251
35	0,06237683	0,05753858	0,05308547	0,04898607	0,04521155	0,04173552	0,03853377	0,03558410
36	0,05762294	0,05303095	0,04881423	0,04494135	0,04138357	0,03811463	0,03511050	0,03234918
37	0,05323135	0,04887645	0,04488665	0,04123059	0,03787970	0,03480788	0,03199134	0,02940835
38	0,04917446	0,04504742	0,04127508	0,03782623	0,03467249	0,03178802	0,02914928	0,02673486
39	0,04542675	0,04151836	0,03795410	0,03470296	0,03173684	0,02903015	0,02655971	0,02430442
40	0,04196467	0,03826577	0,03490032	0,03183758	0,02904973	0,02651156	0,02420019	0,02209493
45	0,02823217	0,02544848	0,02294474	0,02069224	0,01866530	0,01684087	0,01519834	0,01371921
50	0,01899349	0,01692439	0,01508470	0,01344854	0,01199300	0,01069779	0,00954495	0,00851855

TABELA 2 (cont.) – Coeficientes de atualização à taxa periódica *i*: $(1 + i)^{-n}$

TEMPO	10,25%	10,50%	10,75%	11%	11,25%	11,50%	11,75%	12%
1	0,90702948	0,90497738	0,90293454	0,90090090	0,89887640	0,89686099	0,89485459	0,89285714
2	0,82270247	0,81898405	0,81529078	0,81162243	0,80797879	0,80435963	0,80076473	0,79719388
3	0,74621540	0,74116204	0,73615420	0,73119138	0,72627307	0,72139877	0,71656799	0,71178025
4	0,67683936	0,67073487	0,66469905	0,65873097	0,65282973	0,64699441	0,64122415	0,63551808
5	0,61391325	0,60699989	0,60017973	0,59345133	0,58681324	0,58026405	0,57380237	0,56742686
6	0,55683742	0,54932116	0,54192301	0,53464084	0,52747257	0,52041619	0,51346969	0,50663112
7	0,50506795	0,49712323	0,48932100	0,48165841	0,47413265	0,46674097	0,45948070	0,45234922
8	0,45811152	0,44988527	0,44182483	0,43392650	0,42618665	0,41860177	0,41116841	0,40388323
9	0,41552065	0,40713599	0,39893890	0,39092477	0,38308912	0,37542760	0,36793594	0,36061002
10	0,37688948	0,36844886	0,36021571	0,35218448	0,34434977	0,33670636	0,32924916	0,32197324
11	0,34184987	0,33343788	0,32525121	0,31728331	0,30952789	0,30197880	0,29463013	0,28747610
12	0,31006791	0,30175374	0,29368055	0,28584082	0,27822731	0,27083301	0,26365112	0,25667509
13	0,28124073	0,27308031	0,26517431	0,25751426	0,25009197	0,24289956	0,23592941	0,22917419
14	0,25509364	0,24713150	0,23943504	0,23199482	0,22480177	0,21784714	0,21112252	0,20461981
15	0,23137745	0,22364842	0,21619417	0,20900435	0,20206901	0,19537860	0,18892395	0,18269626
16	0,20986617	0,20239676	0,19520918	0,18829220	0,18163506	0,17522744	0,16905947	0,16312166
17	0,19035480	0,18316449	0,17626111	0,16963262	0,16326747	0,15715466	0,15128364	0,14564434
18	0,17265741	0,16575972	0,15915225	0,15282218	0,14675728	0,14094588	0,13537686	0,13003959
19	0,15660536	0,15000879	0,14370406	0,13767764	0,13191665	0,12640886	0,12114260	0,11610678
20	0,14204568	0,13575456	0,12975536	0,12403391	0,11857677	0,11337118	0,10840501	0,10366677
21	0,12883962	0,12285481	0,11716059	0,11174226	0,10658586	0,10167818	0,09700672	0,09255961
22	0,11686133	0,11118082	0,10578835	0,10066870	0,09580751	0,09119120	0,08680691	0,08264251
23	0,10599668	0,10061613	0,09551995	0,09069252	0,08611911	0,08178583	0,07767956	0,07378796
24	0,09614211	0,09105532	0,08624826	0,08170498	0,07741044	0,07335052	0,06951191	0,06588210
25	0,08720373	0,08240301	0,07787654	0,07360809	0,06958242	0,06578522	0,06220305	0,05882331
26	0,07909635	0,07457286	0,07031741	0,06631359	0,06254599	0,05900020	0,05566269	0,05252081
27	0,07174272	0,06748675	0,06349202	0,05974197	0,05622112	0,05291497	0,04981001	0,04689358
28	0,06507276	0,06107398	0,05732914	0,05382160	0,05053584	0,04745738	0,04457272	0,04186927
29	0,05902291	0,05527057	0,05176446	0,04848793	0,04542547	0,04256267	0,03988610	0,03738327
30	0,05353552	0,05001861	0,04673992	0,04368282	0,04083188	0,03817280	0,03569226	0,03337792
31	0,04855830	0,04526571	0,04220309	0,03935389	0,03670282	0,03423569	0,03193938	0,02980172
32	0,04404381	0,04096445	0,03810662	0,03545395	0,03299130	0,03070466	0,02858110	0,02660868
33	0,03994903	0,03707190	0,03440779	0,03194050	0,02965510	0,02753781	0,02557593	0,02375775
34	0,03623495	0,03354923	0,03106798	0,02877522	0,02665627	0,02469759	0,02288674	0,02121227
35	0,03286617	0,03036129	0,02805235	0,02592363	0,02396069	0,02215030	0,02048030	0,01893953
36	0,02981058	0,02747628	0,02532944	0,02335462	0,02153770	0,01986574	0,01832689	0,01691029
37	0,02703908	0,02486542	0,02287082	0,02104020	0,01935973	0,01781681	0,01639990	0,01509848
38	0,02452524	0,02250264	0,02065086	0,01895513	0,01740200	0,01597920	0,01467553	0,01348078
39	0,02224512	0,02036438	0,01864637	0,01707670	0,01564225	0,01433112	0,01313247	0,01203641
40	0,02017698	0,01842930	0,01683645	0,01538441	0,01406045	0,01285302	0,01175165	0,01074680
45	0,01238691	0,01118658	0,01010490	0,00912990	0,00825086	0,00745815	0,00674312	0,00609802
50	0,00760449	0,00679026	0,00606475	0,00541815	0,00484171	0,00432769	0,00386922	0,00346018

TABELA 2 (cont.) – Coeficientes de atualização à taxa periódica i: $(1 + i)^{-n}$

TEMPO	12,25%	12,50%	12,75%	13%	13,25%	13,50%	13,75%	14%
1	0,89086860	0,88888889	0,88691796	0,88495575	0,88300221	0,88105727	0,87912088	0,87719298
2	0,79364686	0,79012346	0,78662347	0,78314668	0,77969290	0,77626191	0,77285352	0,76946753
3	0,70703506	0,70233196	0,69767048	0,69305016	0,68847055	0,68393120	0,67943167	0,67497152
4	0,62987533	0,62429508	0,61877648	0,61331873	0,60792102	0,60258255	0,59730256	0,59208028
5	0,56113615	0,55492896	0,54880397	0,54275994	0,53679560	0,53090974	0,52510115	0,51936866
6	0,49989858	0,49327018	0,48674410	0,48031853	0,47399170	0,46776188	0,46162739	0,45558655
7	0,44534395	0,43846239	0,43170208	0,42506064	0,41853572	0,41212501	0,40582628	0,39963732
8	0,39674294	0,38974434	0,38288433	0,37615986	0,36956796	0,36310573	0,35677035	0,35055905
9	0,35344582	0,34643942	0,33958699	0,33288483	0,32632933	0,31991695	0,31364427	0,30750794
10	0,31487378	0,30794615	0,30118580	0,29458835	0,28814952	0,28186515	0,27573122	0,26974381
11	0,28051117	0,27372991	0,26712710	0,26069765	0,25443666	0,24833934	0,24240107	0,23661738
12	0,24989859	0,24331547	0,23691982	0,23070589	0,22466813	0,21880118	0,21309985	0,20755910
13	0,22262681	0,21628042	0,21012844	0,20416450	0,19838246	0,19277637	0,18734052	0,18206939
14	0,19833123	0,19224926	0,18636669	0,18067655	0,17517215	0,16984702	0,16469497	0,15970999
15	0,17668706	0,17088823	0,16529196	0,15989075	0,15467739	0,14964495	0,14478678	0,14009648
16	0,15740496	0,15190065	0,14660041	0,14149624	0,13658048	0,13184577	0,12728508	0,12289165
17	0,14022713	0,13502280	0,13002254	0,12521791	0,12060086	0,11616368	0,11189898	0,10779969
18	0,12492395	0,12002027	0,11531932	0,11081231	0,10649083	0,10234685	0,09837273	0,09456113
19	0,11129082	0,10668468	0,10227878	0,09806399	0,09403164	0,09017344	0,08648152	0,08294836
20	0,09914550	0,09483083	0,09071289	0,08678229	0,08303014	0,07944796	0,07602771	0,07276172
21	0,08832561	0,08429407	0,08045489	0,07679849	0,07331580	0,06999821	0,06683754	0,06382607
22	0,07868651	0,07492806	0,07135689	0,06796327	0,06473801	0,06167243	0,05875828	0,05598778
23	0,07009934	0,06660272	0,06328770	0,06014448	0,05716381	0,05433694	0,05165563	0,04911209
24	0,06244930	0,05920242	0,05613100	0,05322521	0,05047577	0,04787396	0,04541154	0,04308078
25	0,05563412	0,05262437	0,04978359	0,04710195	0,04457022	0,04217970	0,03992224	0,03779016
26	0,04956269	0,04677722	0,04415396	0,04168314	0,03935560	0,03716273	0,03509647	0,03314926
27	0,04415385	0,04157975	0,03916094	0,03688774	0,03475108	0,03274249	0,03085404	0,02907830
28	0,03933528	0,03695978	0,03473254	0,03264402	0,03068528	0,02884801	0,02712443	0,02550728
29	0,03504256	0,03285314	0,03080492	0,02888851	0,02709517	0,02541675	0,02384565	0,02237481
30	0,03121832	0,02920279	0,02732143	0,02556505	0,02392510	0,02239361	0,02096321	0,01962702
31	0,02781142	0,02595803	0,02423187	0,02262394	0,02112591	0,01973005	0,01842920	0,01721669
32	0,02477632	0,02307381	0,02149168	0,02002119	0,01865423	0,01738331	0,01620149	0,01510236
33	0,02207245	0,02051005	0,01906136	0,01771786	0,01647172	0,01531569	0,01424307	0,01324768
34	0,01966365	0,01823116	0,01690586	0,01567953	0,01454457	0,01349400	0,01252138	0,01162077
35	0,01751773	0,01620547	0,01499411	0,01387569	0,01284289	0,01188899	0,01100781	0,01019366
36	0,01560599	0,01440486	0,01329855	0,01227937	0,01134030	0,01047488	0,00967719	0,00894181
37	0,01390289	0,01280432	0,01179472	0,01086670	0,01001351	0,00922897	0,00850742	0,00784369
38	0,01238565	0,01138162	0,01046095	0,00961655	0,00884195	0,00813125	0,00747905	0,00688043
39	0,01103398	0,01011700	0,00927800	0,00851022	0,00780746	0,00716410	0,00657499	0,00603547
40	0,00982983	0,00899289	0,00822883	0,00753117	0,00689400	0,00631198	0,00578021	0,00529427
45	0,00551587	0,00499041	0,00451601	0,00408762	0,00370067	0,00335109	0,00303520	0,00274968
50	0,00309516	0,00276932	0,00247841	0,00221859	0,00198650	0,00177913	0,00159378	0,00142810

TABELA 2 (cont.) – Coeficientes de atualização à taxa periódica *i*: $(1 + i)^{-n}$

TEMPO	14,25%	14,50%	14,75%	15%	15,25%	15,50%	15,75%	16%
1	0,87527352	0,87336245	0,87145969	0,86956522	0,86767896	0,86580087	0,86393089	0,86206897
2	0,76610374	0,76276196	0,75944200	0,75614367	0,75286678	0,74961114	0,74637657	0,74316290
3	0,67055032	0,66616765	0,66182309	0,65751623	0,65324666	0,64901397	0,64481778	0,64065767
4	0,58691494	0,58180581	0,57675215	0,57175325	0,56680838	0,56191686	0,55707799	0,55229110
5	0,51371111	0,50812734	0,50261625	0,49717674	0,49180771	0,48650810	0,48127688	0,47611302
6	0,44963773	0,44377934	0,43800981	0,43232760	0,42673120	0,42121914	0,41578996	0,41044225
7	0,39355600	0,38758021	0,38170789	0,37593704	0,37026568	0,36469189	0,35921379	0,35382953
8	0,34446915	0,33849800	0,33264304	0,32690177	0,32127174	0,31575056	0,31033589	0,30502546
9	0,30150472	0,29563144	0,28988501	0,28426241	0,27876073	0,27337711	0,26810876	0,26295298
10	0,26389910	0,25819340	0,25262310	0,24718471	0,24187482	0,23669014	0,23162744	0,22668360
11	0,23098390	0,22549642	0,22015085	0,21494322	0,20986969	0,20492652	0,20011010	0,19541690
12	0,20217409	0,19694010	0,19185259	0,18690715	0,18209952	0,17742556	0,17288129	0,16846284
13	0,17695763	0,17200009	0,16719180	0,16252796	0,15800392	0,15361521	0,14935749	0,14522659
14	0,15488633	0,15021842	0,14570092	0,14132866	0,13709668	0,13300018	0,12903455	0,12519534
15	0,13556790	0,13119513	0,12697248	0,12289449	0,11895590	0,11515167	0,11147693	0,10792701
16	0,11865899	0,11458090	0,11065139	0,10686477	0,10321553	0,09969841	0,09630836	0,09304053
17	0,10385908	0,10007065	0,09642823	0,09292589	0,08955795	0,08631897	0,08320377	0,08020735
18	0,09090510	0,08739795	0,08403332	0,08080512	0,07770754	0,07473504	0,07188231	0,06914427
19	0,07956683	0,07633009	0,07323165	0,07026532	0,06742520	0,06470566	0,06210134	0,05960713
20	0,06964274	0,06666383	0,06381843	0,06110028	0,05850343	0,05602222	0,05365127	0,05138546
21	0,06095644	0,05822169	0,05561519	0,05313068	0,05076219	0,04850409	0,04635099	0,04429781
22	0,05335356	0,05084863	0,04846640	0,04620059	0,04404529	0,04199488	0,04004405	0,03818776
23	0,04669896	0,04440929	0,04223651	0,04017443	0,03821717	0,03635920	0,03459529	0,03292049
24	0,04087436	0,03878540	0,03680742	0,03493428	0,03316023	0,03147983	0,02988794	0,02837973
25	0,03577625	0,03387372	0,03207618	0,03037764	0,02877244	0,02725526	0,02582112	0,02446528
26	0,03131400	0,02958403	0,02795310	0,02641534	0,02496524	0,02359763	0,02230766	0,02109076
27	0,02740832	0,02583758	0,02436000	0,02296986	0,02166181	0,02043085	0,01927228	0,01818169
28	0,02398977	0,02256557	0,02122876	0,01997379	0,01879550	0,01768905	0,01664991	0,01567387
29	0,02099761	0,01970792	0,01850001	0,01736851	0,01630846	0,01531519	0,01438438	0,01351196
30	0,01837866	0,01721216	0,01612201	0,01510305	0,01415051	0,01325991	0,01242711	0,01164824
31	0,01608635	0,01503246	0,01404968	0,01313309	0,01227810	0,01148044	0,01073616	0,01004159
32	0,01407996	0,01312878	0,01224373	0,01142008	0,01065345	0,00993977	0,00927530	0,00865654
33	0,01232381	0,01146618	0,01066992	0,00993050	0,00924377	0,00860586	0,00801322	0,00746253
34	0,01078671	0,01001414	0,00929840	0,00863522	0,00802063	0,00745097	0,00692287	0,00643322
35	0,00944132	0,00874597	0,00810318	0,00750889	0,00695933	0,00645105	0,00598088	0,00554588
36	0,00826374	0,00763840	0,00706160	0,00652947	0,00603846	0,00558533	0,00516707	0,00478093
37	0,00723303	0,00667109	0,00615390	0,00567780	0,00523945	0,00483578	0,00446399	0,00412149
38	0,00633088	0,00582628	0,00536287	0,00493722	0,00454616	0,00418682	0,00385658	0,00355301
39	0,00554125	0,00508846	0,00467353	0,00429323	0,00394461	0,00362495	0,00333182	0,00306294
40	0,00485011	0,00444407	0,00407279	0,00373324	0,00342265	0,00313849	0,00287846	0,00264047
45	0,00249156	0,00225815	0,00204705	0,00185608	0,00168329	0,00152690	0,00138534	0,00125716
50	0,00127994	0,00114743	0,00102888	0,00092280	0,00082785	0,00074285	0,00066673	0,00059855

TABELA 2 (cont.) – Coeficientes de atualização à taxa periódica i: $(1+i)^{-n}$

TEMPO	16,25%	16,50%	16,75%	17%	17,25%	17,50%	17,75%	18%
1	0,86021505	0,85836910	0,85653105	0,85470085	0,85287846	0,85106383	0,84925690	0,84745763
2	0,73996994	0,73679751	0,73364544	0,73051355	0,72740168	0,72430964	0,72123728	0,71818443
3	0,63653328	0,63244421	0,62839010	0,62437056	0,62038522	0,61643374	0,61251574	0,60863087
4	0,54755551	0,54287057	0,53823563	0,53365005	0,52911320	0,52462446	0,52018322	0,51578888
5	0,47101549	0,46598332	0,46101553	0,45611115	0,45126925	0,44648890	0,44176919	0,43710922
6	0,40517462	0,39998568	0,39487411	0,38983859	0,38487783	0,37999055	0,37517553	0,37043154
7	0,34853731	0,34333535	0,33822194	0,33319538	0,32825401	0,32339622	0,31862041	0,31392503
8	0,29981704	0,29470846	0,28969759	0,28478237	0,27996078	0,27523082	0,27059058	0,26603816
9	0,25790713	0,25296863	0,24813498	0,24340374	0,23877252	0,23423900	0,22980092	0,22545607
10	0,22185559	0,21714046	0,21253532	0,20803738	0,20364394	0,19935234	0,19516001	0,19106447
11	0,19084352	0,18638666	0,18204310	0,17780973	0,17368353	0,16966156	0,16574099	0,16191904
12	0,16416647	0,15998855	0,15592557	0,15197413	0,14813094	0,14439282	0,14075668	0,13721953
13	0,14121847	0,13732923	0,13355509	0,12989242	0,12633769	0,12288751	0,11953858	0,11628773
14	0,12147825	0,11787916	0,11439408	0,11101916	0,10775070	0,10458511	0,10151896	0,09854893
15	0,10449742	0,10118383	0,09798208	0,09488817	0,09189825	0,08900861	0,08621568	0,08351604
16	0,08989026	0,08685307	0,08392470	0,08110100	0,07837804	0,07575201	0,07321926	0,07077630
17	0,07732495	0,07455199	0,07188411	0,06931709	0,06684694	0,06446979	0,06218196	0,05997992
18	0,06651609	0,06399313	0,06157097	0,05924538	0,05701231	0,05486791	0,05280846	0,05083044
19	0,05721814	0,05492972	0,05273745	0,05063708	0,04862458	0,04669609	0,04484795	0,04307664
20	0,04921990	0,04714998	0,04517126	0,04327955	0,04147085	0,03974135	0,03808743	0,03650563
21	0,04233970	0,04047208	0,03869059	0,03699107	0,03536960	0,03382243	0,03234601	0,03093698
22	0,03642125	0,03473999	0,03313969	0,03161630	0,03016597	0,02878505	0,02747008	0,02621778
23	0,03133011	0,02981973	0,02838517	0,02702248	0,02572790	0,02449791	0,02332915	0,02221845
24	0,02695063	0,02559634	0,02431278	0,02309614	0,02194278	0,02084929	0,01981244	0,01882920
25	0,02318334	0,02197110	0,02082465	0,01974029	0,01871452	0,01774407	0,01682585	0,01595695
26	0,01994266	0,01885932	0,01783696	0,01687204	0,01596121	0,01510134	0,01428947	0,01352284
27	0,01715497	0,01618825	0,01527791	0,01442055	0,01361297	0,01285220	0,01213543	0,01146003
28	0,01475697	0,01389550	0,01308601	0,01232525	0,01161021	0,01093805	0,01030610	0,00971189
29	0,01269416	0,01192747	0,01120857	0,01053440	0,00990210	0,00930898	0,00875253	0,00823042
30	0,01091971	0,01023817	0,00960049	0,00900376	0,00844529	0,00792253	0,00743314	0,00697493
31	0,00939330	0,00878813	0,00822312	0,00769553	0,00720280	0,00674258	0,00631265	0,00591096
32	0,00808026	0,00754346	0,00704335	0,00657737	0,00614312	0,00573837	0,00536106	0,00500929
33	0,00695076	0,00647507	0,00603285	0,00562169	0,00523933	0,00488372	0,00455292	0,00424516
34	0,00597915	0,00555800	0,00516732	0,00480486	0,00446851	0,00415635	0,00386660	0,00359759
35	0,00514335	0,00477082	0,00442597	0,00410672	0,00381110	0,00353732	0,00328373	0,00304881
36	0,00442439	0,00409512	0,00379098	0,00351002	0,00325040	0,00301049	0,00278873	0,00258373
37	0,00380593	0,00351512	0,00324710	0,00300001	0,00277220	0,00256212	0,00236835	0,00218960
38	0,00327392	0,00301727	0,00278124	0,00256411	0,00236435	0,00218052	0,00201134	0,00185560
39	0,00281627	0,00258994	0,00238222	0,00219155	0,00201650	0,00185577	0,00170814	0,00157254
40	0,00242260	0,00222312	0,00204044	0,00187312	0,00171983	0,00157938	0,00145065	0,00133266
45	0,00114108	0,00103594	0,00094068	0,00085435	0,00077611	0,00070517	0,00064085	0,00058252
50	0,00053747	0,00048273	0,00043367	0,00038968	0,00035023	0,00031485	0,00028311	0,00025462

TABELA 2 (cont.) – Coeficientes de atualização à taxa periódica i: $(1+i)^{-n}$

TEMPO	18,25%	18,50%	18,75%	19%	19,25%	19,50%	19,75%	20%
1	0,84566596	0,84388186	0,84210526	0,84033613	0,83857442	0,83682008	0,83507307	0,83333333
2	0,71515092	0,71213659	0,70914127	0,70616482	0,70320706	0,70026785	0,69734703	0,69444444
3	0,60477879	0,60095915	0,59717160	0,59341581	0,58969146	0,58599820	0,58233572	0,57870370
4	0,51144084	0,50713852	0,50288135	0,49866875	0,49450017	0,49037507	0,48629288	0,48225309
5	0,43250811	0,42796500	0,42347903	0,41904937	0,41467520	0,41035570	0,40609009	0,40187757
6	0,36575738	0,36115189	0,35661392	0,35214233	0,34773602	0,34339389	0,33911490	0,33489798
7	0,30930857	0,30476953	0,30030646	0,29591792	0,29160253	0,28735891	0,28318572	0,27908165
8	0,26157173	0,25718948	0,25288965	0,24867052	0,24453042	0,24046770	0,23648077	0,23256804
9	0,22120231	0,21703753	0,21295970	0,20896683	0,20505696	0,20122820	0,19747872	0,19380670
10	0,18706326	0,18315404	0,17933449	0,17560238	0,17195552	0,16839180	0,16490916	0,16150558
11	0,15819303	0,15456037	0,15101852	0,14756502	0,14419750	0,14091364	0,13771120	0,13458799
12	0,13377846	0,13043069	0,12717349	0,12400422	0,12092034	0,11791937	0,11499891	0,11215665
13	0,11313189	0,11006809	0,10709346	0,10420523	0,10140070	0,09867729	0,09603250	0,09346388
14	0,09567179	0,09288447	0,09018397	0,08756742	0,08503203	0,08257514	0,08019415	0,07788657
15	0,08090638	0,07838352	0,07594439	0,07358606	0,07130569	0,06910054	0,06696798	0,06490547
16	0,06841977	0,06614643	0,06395317	0,06183703	0,05979513	0,05782472	0,05592315	0,05408789
17	0,05786027	0,05581977	0,05385530	0,05196389	0,05014266	0,04838888	0,04669992	0,04507324
18	0,04893046	0,04710529	0,04535184	0,04366713	0,04204836	0,04049279	0,03899784	0,03756104
19	0,04137883	0,03975130	0,03819102	0,03669507	0,03526068	0,03388518	0,03256605	0,03130086
20	0,03499266	0,03354540	0,03216086	0,03083619	0,02956870	0,02835580	0,02719503	0,02608405
21	0,02959211	0,02830836	0,02708283	0,02591277	0,02479556	0,02372870	0,02270984	0,02173671
22	0,02502504	0,02388891	0,02280659	0,02177544	0,02079292	0,01985665	0,01896437	0,01811393
23	0,02116282	0,02015942	0,01920555	0,01829869	0,01743641	0,01661645	0,01583664	0,01509494
24	0,01789668	0,01701217	0,01617310	0,01537705	0,01462173	0,01390498	0,01322475	0,01257912
25	0,01513461	0,01435626	0,01361945	0,01292189	0,01226141	0,01163596	0,01104363	0,01048260
26	0,01279883	0,01211499	0,01146901	0,01085873	0,01028210	0,00973721	0,00922224	0,00873550
27	0,01082353	0,01022362	0,00965811	0,00912498	0,00862231	0,00814829	0,00770124	0,00727958
28	0,00915309	0,00862752	0,00813315	0,00766805	0,00723045	0,00681865	0,00643110	0,00606632
29	0,00774046	0,00728061	0,00684897	0,00644374	0,00606327	0,00570599	0,00537044	0,00505526
30	0,00654584	0,00614398	0,00576755	0,00541491	0,00508450	0,00477488	0,00448471	0,00421272
31	0,00553560	0,00518479	0,00485689	0,00455034	0,00426373	0,00399572	0,00374506	0,00351060
32	0,00468126	0,00437535	0,00409001	0,00382382	0,00357546	0,00334370	0,00312740	0,00292550
33	0,00395879	0,00369228	0,00344422	0,00321329	0,00299829	0,00279807	0,00261161	0,00243792
34	0,00334781	0,00311585	0,00290039	0,00270025	0,00251429	0,00234148	0,00218088	0,00203160
35	0,00283113	0,00262941	0,00244244	0,00226911	0,00210842	0,00195940	0,00182120	0,00169300
36	0,00239419	0,00221891	0,00205679	0,00190682	0,00176806	0,00163967	0,00152083	0,00141083
37	0,00202469	0,00187250	0,00173203	0,00160237	0,00148265	0,00137211	0,00127001	0,00117569
38	0,00171221	0,00158017	0,00145855	0,00134653	0,00124332	0,00114821	0,00106055	0,00097974
39	0,00144796	0,00133347	0,00122826	0,00113154	0,00104261	0,00096084	0,00088563	0,00081645
40	0,00122449	0,00112529	0,00103432	0,00095087	0,00087431	0,00080405	0,00073957	0,00068038
45	0,00052960	0,00048159	0,00043801	0,00039846	0,00036255	0,00032995	0,00030033	0,00027343
50	0,00022906	0,00020610	0,00018549	0,00016698	0,00015034	0,00013540	0,00012196	0,00010988

TABELA 2 (cont.) – Coeficientes de atualização à taxa periódica *i*: $(1+i)^{-n}$

TEMPO	20,50%	21,00%	21,50%	22,00%	22,50%
1	0,8298755187	0,8264462810	0,8230452675	0,8196721311	0,8163265306
2	0,6886933765	0,6830134554	0,6774035123	0,6718624026	0,6663890046
3	0,5715297730	0,5644739301	0,5575337550	0,5507068874	0,5439910241
4	0,4742985668	0,4665073802	0,4588755185	0,4513990880	0,4440743054
5	0,3936087691	0,3855432894	0,3776753239	0,3699992525	0,3625096371
6	0,3266462815	0,3186308177	0,3108438880	0,3032780758	0,2959262344
7	0,2710757522	0,2633312543	0,2558385909	0,2485885867	0,2415724362
8	0,2249591305	0,2176291358	0,2105667415	0,2037611366	0,1972019887
9	0,1866880751	0,1798587899	0,1733059601	0,1670173251	0,1609812153
10	0,1549278632	0,1486436280	0,1426386503	0,1368994468	0,1314132370
11	0,1285708408	0,1228459736	0,1173980661	0,1122126613	0,1072761118
12	0,1066977932	0,1015255980	0,0966239227	0,0919775913	0,0875723362
13	0,0885458865	0,0839054529	0,0795258623	0,0753914682	0,0714876214
14	0,0734820635	0,0693433495	0,0654533846	0,0617962854	0,0583572419
15	0,0609809655	0,0573085533	0,0538710984	0,0506526930	0,0476385648
16	0,0506066104	0,0473624407	0,0443383526	0,0415186008	0,0388886244
17	0,0419971870	0,0391425130	0,0364924713	0,0340316400	0,0317458158
18	0,0348524374	0,0323491843	0,0300349558	0,0278947869	0,0259149517
19	0,0289231846	0,0267348631	0,0247201282	0,0228645794	0,0211550626
20	0,0240026428	0,0220949282	0,0203457846	0,0187414585	0,0172694389
21	0,0199192056	0,0182602712	0,0167455017	0,0153618513	0,0140975011
22	0,0165304611	0,0150911332	0,0137823059	0,0125916814	0,0115081642
23	0,0137182250	0,0124720109	0,0113434617	0,0103210503	0,0093944197
24	0,0113844191	0,0103074470	0,0093361824	0,0084598773	0,0076689141
25	0,0094476507	0,0085185513	0,0076841008	0,0069343256	0,0062603380
26	0,0078403740	0,0070401250	0,0063243628	0,0056838735	0,0051104800
27	0,0065065344	0,0058182851	0,0052052369	0,0046589127	0,0041718204
28	0,0053996136	0,0048085001	0,0042841456	0,0038187809	0,0034055677
29	0,0044810072	0,0039739670	0,0035260457	0,0031301483	0,0027800553
30	0,0037186782	0,0032842703	0,0029020952	0,0025656953	0,0022694329
31	0,0030860400	0,0027142730	0,0023885558	0,0021030289	0,0018525983
32	0,0025610290	0,0022432008	0,0019658895	0,0017237942	0,0015123251
33	0,0021253353	0,0018538850	0,0016180161	0,0014129461	0,0012345511
34	0,0017637637	0,0015321363	0,0013317005	0,0011581525	0,0010077968
35	0,0014637043	0,0012662284	0,0010960498	0,0009493053	0,0008226913
36	0,0012146924	0,0010464697	0,0009020986	0,0007781191	0,0006715847
37	0,0010080435	0,0008648510	0,0007424680	0,0006378026	0,0005482324
38	0,0008365506	0,0007147529	0,0006110847	0,0005227890	0,0004475367
39	0,0006942329	0,0005907049	0,0005029504	0,0004285156	0,0003653361
40	0,0005761269	0,0004881859	0,0004139509	0,0003512423	0,0002982335
45	0,0002267686	0,0001882168	0,0001563391	0,0001299594	0,0001081125
50	0,0000892581	0,0000725657	0,0000590454	0,0000480849	0,0000391918

TABELA 2 (cont.) - Coeficientes de atualização à taxa periódica *i*: $(1 + i)^{-n}$

TEMPO	23,00%	23,50%	24,00%	24,50%	25,00%
1	0,8130081301	0,8097165992	0,8064516129	0,8032128514	0,8000000000
2	0,6609822196	0,6556409710	0,6503642040	0,6451508847	0,6400000000
3	0,5373839184	0,5308833773	0,5244872613	0,5181934817	0,5120000000
4	0,4368974946	0,4298650829	0,4229735978	0,4162196640	0,4096000000
5	0,3552012151	0,3480688930	0,3411077401	0,3343129831	0,3276800000
6	0,2887814757	0,2818371603	0,2750868872	0,2685244844	0,2621440000
7	0,2347816876	0,2282082270	0,2218442639	0,2156823168	0,2097152000
8	0,1908794208	0,1847839895	0,1789066644	0,1732388087	0,1677721600
9	0,1551865210	0,1496226635	0,1442795681	0,1391476375	0,1342177280
10	0,1261679032	0,1211519543	0,1163544904	0,1117651707	0,1073741824
11	0,1025755311	0,0980987484	0,0938342664	0,0897712214	0,0858993459
12	0,0833947407	0,0794321849	0,0756727955	0,0721053987	0,0687194767
13	0,0678006022	0,0643175587	0,0610264480	0,0579159829	0,0549755814
14	0,0551224408	0,0520789949	0,0492148774	0,0465188618	0,0439804651
15	0,0448149925	0,0421692266	0,0396894173	0,0373645476	0,0351843721
16	0,0364349533	0,0341451228	0,0320075946	0,0300116848	0,0281474977
17	0,0296219132	0,0276478727	0,0258125763	0,0241057710	0,0225179981
18	0,0240828563	0,0223869414	0,0208165938	0,0193620650	0,0180143985
19	0,0195795580	0,0181270781	0,0167875756	0,0155518595	0,0144115188
20	0,0159183398	0,0146777960	0,0135383674	0,0124914534	0,0115292150
21	0,0129417397	0,0118848551	0,0109180383	0,0100332959	0,0092233720
22	0,0105217396	0,0096233644	0,0088048696	0,0080588722	0,0073786976
23	0,0085542598	0,0077921979	0,0071007013	0,0064729897	0,0059029581
24	0,0069546828	0,0063094720	0,0057263720	0,0051991885	0,0047223665
25	0,0056542136	0,0051088842	0,0046180419	0,0041760550	0,0037778932
26	0,0045969217	0,0041367484	0,0037242274	0,0033542611	0,0030223145
27	0,0037373347	0,0033495938	0,0030034092	0,0026941856	0,0024178516
28	0,0030384835	0,0027122217	0,0024221042	0,0021640045	0,0019342813
29	0,0024703118	0,0021961309	0,0019533098	0,0017381562	0,0015474250
30	0,0020083836	0,0017782437	0,0015752498	0,0013961094	0,0012379400
31	0,0016328322	0,0014398734	0,0012703628	0,0011213730	0,0009903520
32	0,0013275058	0,0011658894	0,0010244861	0,0009007012	0,0007922816
33	0,0010792730	0,0009440400	0,0008261985	0,0007234548	0,0006338253
34	0,0008774577	0,0007644049	0,0006662891	0,0005810882	0,0005070602
35	0,0007133803	0,0006189513	0,0005373299	0,0004667375	0,0004056482
36	0,0005799840	0,0005011751	0,0004333306	0,0003748896	0,0003245186
37	0,0004715317	0,0004058098	0,0003494601	0,0003011161	0,0002596148
38	0,0003833591	0,0003285910	0,0002818227	0,0002418603	0,0002076919
39	0,0003116741	0,0002660656	0,0002272764	0,0001942653	0,0001661535
40	0,0002533935	0,0002154377	0,0001832874	0,0001560364	0,0001329228
45	0,0000900057	0,0000749872	0,0000625207	0,0000521650	0,0000435561
50	0,0000319701	0,0000261007	0,0000213263	0,0000174394	0,0000142725

TABELA 2 (cont.) – Coeficientes de atualização à taxa periódica i: $(1 + i)^{-n}$

TEMPO	26,00%	27,00%	28,00%	29,00%	30,00%
1	0,7936507937	0,7874015748	0,7812500000	0,7751937984	0,7692307692
2	0,6298815823	0,6200012400	0,6103515625	0,6009254252	0,5917159763
3	0,4999060177	0,4881899528	0,4768371582	0,4658336629	0,4551661356
4	0,3967508077	0,3844015376	0,3725290298	0,3611113666	0,3501277966
5	0,3148815934	0,3026783761	0,2910383046	0,2799312919	0,2693290743
6	0,2499060265	0,2383294300	0,2273736754	0,2170010015	0,2071762110
7	0,1983381163	0,1876609685	0,1776356839	0,1682178306	0,1593663162
8	0,1574112034	0,1477645421	0,1387778781	0,1304014191	0,1225894740
9	0,1249295265	0,1163500332	0,1084202172	0,1010863714	0,0942995954
10	0,0991504179	0,0916141993	0,0847032947	0,0783615282	0,0725381503
11	0,0786908078	0,0721371648	0,0661744490	0,0607453707	0,0557985771
12	0,0624530221	0,0568009172	0,0516987883	0,0470894347	0,0429219824
13	0,0495658905	0,0447251316	0,0403896783	0,0365034377	0,0330169096
14	0,0393380084	0,0352166391	0,0315544362	0,0282972385	0,0253976227
15	0,0312206416	0,0277296371	0,0246519033	0,0219358438	0,0195366329
16	0,0247782870	0,0218343599	0,0192592994	0,0170045301	0,0150281791
17	0,0196653071	0,0171924094	0,0150463277	0,0131818063	0,0115601378
18	0,0156073866	0,0135373302	0,0117549435	0,0102184545	0,0088924137
19	0,0123868148	0,0106593151	0,0091835496	0,0079212825	0,0068403182
20	0,0098308054	0,0083931615	0,0071746481	0,0061405291	0,0052617832
21	0,0078022265	0,0066087886	0,0056051939	0,0047601001	0,0040475256
22	0,0061922432	0,0052037706	0,0043790577	0,0036900001	0,0031134812
23	0,0049144788	0,0040974571	0,0034211388	0,0028604652	0,0023949855
24	0,0039003800	0,0032263442	0,0026727647	0,0022174149	0,0018422966
25	0,0030955397	0,0025404285	0,0020880974	0,0017189262	0,0014171512
26	0,0024567775	0,0020003374	0,0016313261	0,0013325010	0,0010901163
27	0,0019498234	0,0015750688	0,0012744735	0,0010329465	0,0008385510
28	0,0015474789	0,0012402117	0,0009956824	0,0008007337	0,0006450392
29	0,0012281579	0,0009765446	0,0007778769	0,0006207238	0,0004961840
30	0,0009747285	0,0007689328	0,0006077163	0,0004811812	0,0003816800
31	0,0007735940	0,0006054589	0,0004747784	0,0003730087	0,0002936000
32	0,0006139635	0,0004767393	0,0003709206	0,0002891540	0,0002258462
33	0,0004872726	0,0003753853	0,0002897817	0,0002241504	0,0001737278
34	0,0003867243	0,0002955789	0,0002263920	0,0001737600	0,0001336368
35	0,0003069241	0,0002327393	0,0001768687	0,0001346977	0,0001027975
36	0,0002435905	0,0001832593	0,0001381787	0,0001044168	0,0000790750
37	0,0001933258	0,0001442987	0,0001079521	0,0000809433	0,0000608269
38	0,0001534332	0,0001136210	0,0000843376	0,0000627467	0,0000467900
39	0,0001217724	0,0000894654	0,0000658887	0,0000486409	0,0000359923
40	0,0000966447	0,0000704452	0,0000514756	0,0000377061	0,0000276864
45	0,0000304316	0,0000213222	0,0000149814	0,0000105551	0,0000074567
50	0,0000095824	0,0000064538	0,0000043602	0,0000029547	0,0000020083

TABELA 3 – Coeficientes $a_{\overline{n}|} = \dfrac{1-(1+i)^{-n}}{i}$

TEMPO	0,25%	0,50%	0,75%	1%	1,25%	1,50%	1,75%	2%
1	0,997506234	0,99502488	0,99255583	0,99009901	0,98765432	0,98522167	0,98280098	0,98039216
2	1,992524922	1,98509938	1,97772291	1,97039506	1,96311538	1,95588342	1,94869875	1,94156094
3	2,985062266	2,97024814	2,95555624	2,94098521	2,92653371	2,91220042	2,89798403	2,88388327
4	3,975124455	3,95049566	3,92611041	3,90196555	3,87805798	3,85438465	3,83094254	3,8077287
5	4,962717661	4,92586633	4,88943961	4,85343124	4,81783504	4,78264497	4,74785508	4,71345951
6	5,947848041	5,89638441	5,84559763	5,79547647	5,74600992	5,69718717	5,64899762	5,60143089
7	6,930521737	6,86207404	6,79463785	6,72819453	6,66272585	6,59821396	6,53464139	6,47199107
8	7,910744875	7,82295924	7,73661325	7,65167775	7,56812429	7,48592508	7,40505297	7,32548144
9	8,888523566	8,77906392	8,67157642	8,56601758	8,46234498	8,36051732	8,26049432	8,16223671
10	9,863863906	9,73041186	9,59957958	9,47130453	9,34552591	9,22218455	9,10122291	8,98258501
11	10,83677198	10,6770267	10,5206745	10,3676282	10,2178034	10,0711178	9,92749181	9,78684805
12	11,80725384	11,6189321	11,4349127	11,2550775	11,079312	10,9075052	10,7395497	10,5753412
13	12,77531555	12,5561513	12,3423451	12,1337401	11,9301847	11,7315322	11,537641	11,3483737
14	13,74096314	13,4887078	13,2430224	13,003703	12,7705527	12,5433815	12,3220059	12,1062488
15	14,70420264	14,4166246	14,136995	13,8650525	13,6005459	13,343233	13,0928805	12,8492635
16	15,66504004	15,339925	15,0243126	14,7178738	14,4202923	14,131264	13,8504968	13,5777093
17	16,62348133	16,2586319	15,9050249	15,5622513	15,2299183	14,9076493	14,5950828	14,2918719
18	17,5795325	17,172768	16,7791811	16,3982686	16,0295489	15,6725609	15,3268627	14,9920313
19	18,5331995	18,0823562	17,6468298	17,2260085	16,8193076	16,4261684	16,0460567	15,678462
20	19,48448828	18,9874191	18,5080197	18,045553	17,5993161	17,1686388	16,7528813	16,3514333
21	20,43340477	19,8879793	19,3627987	18,8569831	18,3696949	17,9001367	17,4475492	17,0112092
22	21,37995488	20,784059	20,2112146	19,6603793	19,1305629	18,6208244	18,1302695	17,6580482
23	22,32414452	21,6756806	21,0533147	20,4558211	19,8820374	19,3308614	18,8012476	18,2922041
24	23,26597957	22,5628662	21,8891461	21,2433873	20,6242345	20,0304054	19,4606856	18,9139256
25	24,20546591	23,445638	22,7187555	22,0231557	21,3572687	20,7196112	20,108782	19,5234565
26	25,14260939	24,3240179	23,5421891	22,7952037	22,081253	21,3986317	20,7457317	20,1210358
27	26,07741585	25,1980278	24,3594929	23,5596076	22,7962993	22,0676175	21,3717264	20,7068978
28	27,00989112	26,0676894	25,1707125	24,3164432	23,5025178	22,7267167	21,9869547	21,2812724
29	27,94004102	26,9330242	25,9758933	25,0657853	24,2000176	23,3760756	22,5916017	21,8443847
30	28,86787134	27,794054	26,7750802	25,8077082	24,8889062	24,015838	23,1858493	22,3964556
31	29,79338787	28,6508	27,5683178	26,5422854	25,5692901	24,6461458	23,7698765	22,9377015
32	30,71659638	29,5032835	28,3556504	27,2695895	26,2412742	25,2671387	24,343859	23,4683348
33	31,63750262	30,3515259	29,137122	27,9896925	26,9049622	25,8789544	24,9079695	23,9885636
34	32,55611234	31,1955482	29,9127762	28,7026659	27,5604564	26,4817285	25,4623779	24,4985917
35	33,47243126	32,0353713	30,6826563	29,4085801	28,2078582	27,0755946	26,007251	24,9986193
36	34,3864651	32,8710162	31,4468053	30,107505	28,8472674	27,6606843	26,5427528	25,4888425
37	35,29821955	33,7025037	32,2052658	30,7995099	29,4787826	28,2371274	27,0690445	25,9694534
38	36,2077003	34,5298544	32,9580802	31,4846633	30,1025013	28,8050516	27,5862846	26,4406406
39	37,11491302	35,353089	33,7052905	32,163033	30,7185198	29,3645829	28,0946286	26,9025888
40	38,01986336	36,1722279	34,4469384	32,8346861	31,3269332	29,9158452	28,5942295	27,3554792
45	42,5108764	40,2071964	38,0731814	36,0945084	34,2581683	32,5523372	30,9662626	29,4901599
50	46,94617037	44,1427863	41,5664471	39,1961175	37,0128758	34,9996881	33,1412095	31,4236059

TABELA 3 (cont.) – Coeficientes $a_{\overline{n}|} = \dfrac{1-(1+i)^{-n}}{i}$

TEMPO	2,25%	2,50%	2,75%	3%	3,25%	3,50%	3,75%	4%
1	0,97799511	0,97560976	0,97323601	0,97087379	0,968523	0,96618357	0,96385542	0,96153846
2	1,934469545	1,92742415	1,92042434	1,9134697	1,90655981	1,89969428	1,8928727	1,88609467
3	2,869896866	2,85602356	2,84226213	2,82861135	2,81507003	2,80163698	2,78831103	2,77509103
4	3,784740211	3,76197421	3,73942787	3,7170984	3,69498308	3,67307921	3,65138413	3,62989522
5	4,679452529	4,6458285	4,61258186	4,57970719	4,54719911	4,51505238	4,48326181	4,45182233
6	5,554476801	5,50812536	5,46236678	5,41719144	5,37258994	5,32855302	5,28507162	5,24213686
7	6,41024626	6,3493906	6,28940806	6,23028296	6,17199994	6,11454398	6,05790036	6,00205467
8	7,247184607	7,17013717	7,09431441	7,01969219	6,94624692	6,87395554	6,80279553	6,73274487
9	8,065706217	7,97086553	7,87767826	7,78610892	7,69612292	7,60768651	7,52076677	7,43533161
10	8,866216349	8,75206393	8,64007616	8,53020284	8,42239508	8,31660532	8,21278725	8,11089578
11	9,649111344	9,51420871	9,38206926	9,25262411	9,12580637	9,00155104	8,87979494	8,76047671
12	10,41477882	10,2577646	10,1042037	9,95400399	9,80707639	9,66333433	9,52269392	9,38507376
13	11,16359787	10,983185	10,8070109	10,6349553	10,4669021	10,3027385	10,1423556	9,98564785
14	11,89593924	11,6909122	11,4910081	11,2960731	11,1059584	10,9205203	10,7396198	10,5631229
15	12,61216551	12,3813777	12,1566989	11,9379351	11,7248992	11,5174109	11,3152962	11,1183874
16	13,31263131	13,0550027	12,8045732	12,561102	12,3243576	12,0941168	11,870165	11,6522956
17	13,99768343	13,7121977	13,4351077	13,1661185	12,9049468	12,6513206	12,4049784	12,1656689
18	14,66766106	14,3533636	14,0487666	13,7535131	13,4672608	13,1896817	12,9204611	12,659297
19	15,3228959	14,9788913	14,6460016	14,3237991	14,0118749	13,7098374	13,4173119	13,1339394
20	15,96371237	15,5891623	15,2272521	14,8774749	14,5393461	14,2124033	13,8962042	13,5903263
21	16,59042775	16,1845486	15,7929461	15,4150241	15,0502142	14,6979742	14,3577872	14,0291599
22	17,20335232	16,7654132	16,3434999	15,9369166	15,5450016	15,1671248	14,8026865	14,4511153
23	17,80278955	17,3321105	16,8793186	16,4436084	16,0242147	15,6204105	15,231505	14,8568417
24	18,38903624	17,8849858	17,4007967	16,9355421	16,4883435	16,0583676	15,6448241	15,2469631
25	18,96238263	18,4243764	17,908318	17,4131477	16,9378629	16,4815146	16,043204	15,6220799
26	19,5231126	18,9506111	18,4022559	17,8768424	17,3732329	16,8903523	16,4271845	15,9827692
27	20,07150376	19,4640109	18,8829741	18,3270315	17,7948987	17,2853645	16,7972863	16,3295857
28	20,60782764	19,9648887	19,3508264	18,7641082	18,2032917	17,6670188	17,1540109	16,6630632
29	21,13234977	20,4535499	19,8061571	19,1884546	18,5988297	18,035767	17,4978418	16,9837146
30	21,64532985	20,9302926	20,2493013	19,6004413	18,9819174	18,3920454	17,8292451	17,2920333
31	22,14702186	21,3954074	20,6805852	20,0004285	19,3529466	18,7362758	18,14867	17,5884936
32	22,63767419	21,849178	21,1003262	20,3887655	19,712297	19,0688655	18,4565494	17,8735515
33	23,11752977	22,2918809	21,5088333	20,7657918	20,0603361	19,3902082	18,7533006	18,1476457
34	23,58682618	22,7237863	21,9064071	21,1318367	20,3974199	19,7006842	19,0393259	18,4111978
35	24,04579577	23,1451573	22,2933403	21,4872201	20,7238934	20,0006611	19,3150129	18,6646132
36	24,49466579	23,5562511	22,6699175	21,8322525	21,0400904	20,2904938	19,5807353	18,908282
37	24,93365848	23,9573181	23,0364161	22,1672354	21,3463346	20,5705254	19,8368533	19,1425788
38	25,36299118	24,348603	23,3931057	22,4924616	21,6429391	20,8410874	20,0837141	19,3678642
39	25,78287646	24,7303444	23,7402488	22,8082151	21,9302073	21,1024999	20,3216521	19,5844848
40	26,19352221	25,1027751	24,0781011	23,114772	22,2084332	21,3550723	20,55099	19,7927739
45	28,1151195	26,8330239	25,6364721	24,5187125	23,4735819	22,4954503	21,5791717	20,7200397
50	29,83439627	28,3623117	26,99717	25,729764	24,5517619	23,4556179	22,4344932	21,4821846

TABELA 3 (cont.) – Coeficientes $a_{\overline{n}|} = \dfrac{1-(1+i)^{-n}}{i}$

TEMPO	4,25%	4,50%	4,75%	5%	5,25%	5,50%	5,75%	6%
1	0,959232614	0,956937799	0,954653938	0,952380952	0,950118765	0,947867299	0,945626478	0,943396226
2	1,879359821	1,87266775	1,866018079	1,859410431	1,852844432	1,846319714	1,839835913	1,833392666
3	2,761975848	2,748964354	2,736055446	2,723248029	2,710541028	2,697933378	2,685424031	2,673011949
4	3,608609926	3,587525698	3,566640043	3,545950504	3,525454659	3,505150122	3,485034544	3,465105613
5	4,420728946	4,389976744	4,359560901	4,329476671	4,299719391	4,270284476	4,241167418	4,212363786
6	5,199739996	5,157872483	5,11652592	5,075692067	5,035362841	4,995530309	4,956186684	4,917324326
7	5,946992802	5,89270094	5,839165556	5,786373397	5,734311488	5,682967117	5,632327833	5,58238144
8	6,663782064	6,595886067	6,52903633	6,463212759	6,398395713	6,334565988	6,271704807	6,209793811
9	7,351349702	7,268790495	7,187624181	7,107821676	7,029354597	6,952195249	6,876316602	6,801692274
10	8,010887004	7,912718177	7,816347667	7,721734929	7,628840472	7,537625829	7,448053525	7,360087051
11	8,643536695	8,528916916	8,416561019	8,306414218	8,198423251	8,09253633	7,988703097	7,886874577
12	9,250394911	9,118580781	8,989557058	8,863251636	8,739594538	8,618517849	8,499955647	8,38384394
13	9,832513104	9,682852422	9,536569984	9,393572987	9,253771533	9,11707853	8,983409595	8,852682963
14	10,39089986	10,22282528	10,05877803	9,89864094	9,742300744	9,589647895	9,440576449	9,294983927
15	10,92652265	10,73954573	10,55730599	10,37965804	10,20646151	10,03758094	9,872885531	9,712248988
16	11,44030949	11,23401505	11,03322768	10,83776956	10,64746937	10,46216203	10,28168845	10,10589527
17	11,93315059	11,70719143	11,48756819	11,27406625	11,06647921	10,86460856	10,66826331	10,47725969
18	12,40589985	12,1599918	11,92130615	11,6895869	11,46458833	11,24607447	11,03381873	10,82760348
19	12,85937636	12,59329359	12,3353758	12,08532086	11,84283926	11,60765352	11,37949762	11,15811649
20	13,29436581	13,00793645	12,73066902	12,46221034	12,20222258	11,95038248	11,70638072	11,46992122
21	13,71162188	13,40472388	13,10803725	12,82115271	12,54367941	12,27524406	12,01549005	11,76407662
22	14,11186751	13,78442476	13,46829332	13,16300258	12,86810395	12,58316973	12,30779201	12,04158172
23	14,49579617	14,14777489	13,81221319	13,48857388	13,1763458	12,87504239	12,58420048	12,30337898
24	14,86407307	14,49547837	14,14053765	13,79864179	13,46921216	13,15169895	12,84557965	12,55035753
25	15,21733627	14,82820896	14,45397389	14,09394457	13,74746999	13,41393266	13,09274671	12,78335616
26	15,55619787	15,14661145	14,75319703	14,3751853	14,01184797	13,66249541	13,32647443	13,00316619
27	15,88124496	15,45130282	15,03885158	14,64303362	14,26303845	13,89809991	13,54749355	13,21053414
28	16,19304072	15,74287351	15,31155282	14,89812726	14,50169924	14,12142172	13,75649509	13,40616428
29	16,49212539	16,02188853	15,57188814	15,14107358	14,72845533	14,33310116	13,95413247	13,59072102
30	16,77901717	16,28888854	15,82041827	15,37245103	14,94390055	14,53374517	14,14102361	13,76483115
31	17,05421311	16,54439095	16,05767854	15,5928105	15,1485991	14,72392907	14,31775282	13,92908599
32	17,31819003	16,78889086	16,28417999	15,80267667	15,34308703	14,90419817	14,48487265	14,08404339
33	17,57140531	17,02286207	16,50041049	16,00254921	15,52787367	15,07506936	14,64290558	14,23022961
34	17,81429766	17,24675796	16,70683579	16,19290401	15,70344291	15,23703257	14,7923457	14,36814114
35	18,04728792	17,4610124	16,90390052	16,37419429	15,87025455	15,3905522	14,93366024	14,49824636
36	18,27077978	17,66604058	17,09202913	16,54685171	16,02874541	15,53606843	15,067291	14,62098713
37	18,48516046	17,86223979	17,27162686	16,71128734	16,17933056	15,67399851	15,19365579	14,73678031
38	18,6908014	18,04999023	17,44308053	16,86789271	16,32240433	15,80473793	15,31314969	14,84601916
39	18,8880589	18,22965572	17,60675946	17,01704067	16,45834141	15,92866154	15,42614628	14,94907468
40	19,07727472	18,40158442	17,76301619	17,15908635	16,58749778	16,04612469	15,53299884	15,04629687
45	19,91374659	19,15634742	18,44422692	17,77406982	17,14283391	16,54772572	15,98617847	15,45583209
50	20,59306131	19,76200778	18,98437312	18,25592546	17,57281109	16,9315179	16,32884248	15,76186064

TABELA 3 (cont.) – Coeficientes $a_{\overline{n}|} = \frac{1-(1+i)^{-n}}{i}$

TEMPO	6,25%	6,50%	6,75%	7%	7,25%	7,50%	7,75%	8%
1	0,941176471	0,938967136	0,93676815	0,934579439	0,932400932	0,930232558	0,928074246	0,925925926
2	1,826989619	1,820626419	1,814302717	1,808018168	1,801772431	1,79556517	1,789396052	1,783264746
3	2,660696112	2,648475511	2,636349149	2,624316044	2,612375227	2,60052574	2,588766638	2,577096987
4	3,445361047	3,425798602	3,406416065	3,387211256	3,36818203	3,34932627	3,330641891	3,31212684
5	4,183869221	4,155679438	4,127790224	4,100197436	4,072896998	4,045884902	4,019157207	3,992710037
6	4,878935737	4,841013557	4,803550562	4,76653966	4,729973891	4,69384642	4,65815054	4,622879664
7	5,533115988	5,484519772	5,436581322	5,389289402	5,342632998	5,296601321	5,251183796	5,206370059
8	6,148815047	6,088750959	6,029584377	5,971298506	5,913876921	5,857303555	5,801562688	5,746638944
9	6,728296515	6,656104187	6,585090751	6,515232249	6,446505288	6,378887028	6,312355163	6,246887911
10	7,273690838	7,188830223	7,10547143	7,023581541	6,943128474	6,864080956	6,786408504	6,710081399
11	7,787003141	7,689042463	7,592947475	7,498674337	7,406180395	7,315424145	7,226365201	7,138964258
12	8,270120604	8,158725317	8,049599508	7,942686297	7,837930438	7,735278275	7,634677681	7,536078017
13	8,724819392	8,599742082	8,477376589	8,357650744	8,240494581	8,125840255	8,013621977	7,903775942
14	9,152771192	9,01384233	8,878104533	8,745467985	8,615845763	8,489153726	8,36531042	8,244236983
15	9,555549357	9,402668855	9,253493707	9,107914005	8,965823556	8,827119745	8,691703406	8,559478688
16	9,934634689	9,767764183	9,60514633	9,446648603	9,292143175	9,14150674	8,99462033	8,851369155
17	10,29142088	10,1105767	9,934563307	9,763222993	9,596403893	9,433959758	9,275749726	9,121638107
18	10,62721966	10,43246638	10,24315064	10,05908691	9,88009687	9,706009077	9,536658679	9,371887136
19	10,94326556	10,73471022	10,53222542	10,33559524	10,14461247	9,959078211	9,778801558	9,6035992
20	11,24072053	11,01850725	10,80302147	10,59401425	10,39124705	10,19449136	10,00352813	9,818147407
21	11,52067814	11,28498333	11,05669459	10,83552733	10,62120938	10,41348033	10,21209107	10,01680316
22	11,78416766	11,53519562	11,29432748	11,0612405	10,83562646	10,61719101	10,40565297	10,20074366
23	12,0321578	11,77013673	11,51693441	11,27218738	11,03554914	10,80668931	10,58529278	10,37105895
24	12,26556028	11,99073871	11,72546549	11,469334	11,22195724	10,9829668	10,75201186	10,52875828
25	12,48523321	12,19787673	11,92081076	11,65358318	11,39576433	11,14694586	10,90673954	10,67477619
26	12,69198419	12,39237251	12,10380399	11,82577867	11,55782222	11,29948452	11,05033832	10,80997795
27	12,88657336	12,57499766	12,27522622	11,98670904	11,70892515	11,44138095	11,18360865	10,93516477
28	13,0697161	12,74647668	12,43580911	12,13711125	11,84981366	11,57337763	11,30729341	11,05107849
29	13,24208574	12,90748984	12,58623804	12,27767407	11,98117823	11,69616524	11,42208205	11,15840601
30	13,40431599	13,05867591	12,72715507	12,40904118	12,10366269	11,81038627	11,52861443	11,25778334
31	13,55700329	13,20063465	12,85916166	12,53181419	12,21786731	11,91663839	11,62748439	11,34979939
32	13,70070898	13,33392925	12,98282123	12,64655532	12,3243518	12,01547757	11,71924306	11,43499944
33	13,83596139	13,4590885	13,09866157	12,75379002	12,42363805	12,10742099	11,80440191	11,51388837
34	13,96325778	13,57660892	13,20717712	12,85400936	12,51621263	12,19294976	11,88343565	11,58693367
35	14,08306615	13,68695673	13,30883102	12,9476723	12,60252926	12,27251141	11,95678482	11,65456822
36	14,19582696	13,7905697	13,40405716	13,03520776	12,68301096	12,34652224	12,0248583	11,71719279
37	14,30195479	13,88785887	13,49326198	13,1170166	12,75805218	12,41536952	12,08803555	11,77517851
38	14,4018398	13,97921021	13,57682621	13,19347345	12,82802068	12,47941351	12,14666872	11,82886899
39	14,49584922	14,06498611	13,65510652	13,26492846	12,89325938	12,53898931	12,20108466	11,8785824
40	14,58432868	14,14552687	13,72843702	13,33170884	12,954088	12,59440866	12,25158669	11,92461333
45	14,95451516	14,48022842	14,03112995	13,60552159	13,2018367	12,81862898	12,4545623	12,1084015
50	15,2279009	14,72452067	14,2494848	13,80074629	13,37642892	12,97481157	12,59431411	12,23348464

TABELA 3 (cont.) – Coeficientes $a_{\overline{n}|} = \dfrac{1-(1+i)^{-n}}{i}$

TEMPO	8,25%	8,50%	8,75%	9%	9,25%	9,50%	9,75%	10%
1	0,923787529	0,921658986	0,91954023	0,917431193	0,915331808	0,913242009	0,911161731	0,909090909
2	1,777170927	1,771114273	1,765094464	1,759111186	1,753164126	1,747252976	1,741377432	1,73553719
3	2,565515868	2,554022371	2,542615599	2,531294666	2,520058697	2,508906828	2,497838206	2,486851991
4	3,293779093	3,275596656	3,257577563	3,239719877	3,22202169	3,204481121	3,187096316	3,169865446
5	3,966539578	3,940642079	3,915013851	3,889651263	3,864550746	3,839708787	3,815121928	3,790786769
6	4,588027324	4,55358717	4,519552966	4,48591859	4,452678029	4,419825376	4,387354832	4,355260699
7	5,162149953	5,11851352	5,075451003	5,032952835	4,991009637	4,949612215	4,908751555	4,868418818
8	5,692517277	5,639182968	5,586621612	5,534819115	5,483761682	5,433435813	5,383828296	5,334926198
9	6,182463997	6,119062643	6,056663552	5,995246894	5,934793301	5,875283848	5,816700042	5,759023816
10	6,635070667	6,561348058	6,488886024	6,417657701	6,347636889	6,278798034	6,211116211	6,144567106
11	7,053183065	6,968984386	6,886331976	6,805190552	6,725525757	6,647304141	6,570493131	6,495061005
12	7,439430083	7,34468607	7,251799519	7,160725277	7,071419457	6,983839398	6,897943627	6,813691823
13	7,796240261	7,690954903	7,587861626	7,486903924	7,388026963	7,291177533	7,196303989	7,103356203
14	8,125857054	8,010096685	7,896884254	7,786150389	7,677827884	7,571851628	7,468158532	7,366687457
15	8,430352937	8,304236576	8,181042992	8,06068843	7,943091884	7,828175003	7,715861988	7,606079506
16	8,711642436	8,57533325	8,442338384	8,312558193	8,185896462	8,062260276	7,941559898	7,823708642
17	8,971494167	8,825191935	8,682610008	8,543631369	8,408143214	8,276036782	8,147207196	8,021553311
18	9,211541956	9,055476438	8,903549433	8,755625109	8,611572736	8,471266468	8,334585145	8,201412101
19	9,433295109	9,267720219	9,106712122	8,950114779	8,797778248	8,649558418	8,50531676	8,364920092
20	9,638147907	9,463336608	9,293528388	9,128545669	8,968218076	8,812382117	8,660880875	8,51356372
21	9,827388367	9,64362821	9,46531346	9,292243733	9,124227072	8,961079559	8,802624943	8,648694291
22	10,00220634	9,809795585	9,623276745	9,442425443	9,267027068	9,096876309	8,931776714	8,771540264
23	10,16370101	9,96294524	9,76853034	9,580206829	9,397736447	9,220891607	9,049454864	8,883218422
24	10,31288777	10,104097	9,902096865	9,706611769	9,517378899	9,334147586	9,156678692	8,98474402
25	10,45070464	10,23419078	10,02491666	9,822579605	9,62689144	9,437577704	9,25437694	9,077040018
26	10,57801814	10,35409288	10,1378544	9,928972115	9,727131753	9,532034433	9,343395845	9,160945471
27	10,69562877	10,46460174	10,24170519	10,02657992	9,8188849	9,618296286	9,424506465	9,237223156
28	10,804276	10,56645321	10,33720018	10,11612837	9,902869474	9,697074234	9,498411358	9,306566505
29	10,90464295	10,66032554	10,42501166	10,19828291	9,979743225	9,769017565	9,565750668	9,369605914
30	10,9973607	10,74684382	10,50575785	10,27365404	10,05010822	9,834719237	9,62710767	9,426914467
31	11,08301219	10,82658416	10,58000721	10,34280187	10,11451553	9,894720765	9,683013822	9,479013152
32	11,16213597	10,90007757	10,6482825	10,40624025	10,17346959	9,94951668	9,733953369	9,526375593
33	11,23522954	10,96781343	10,71106436	10,4644406	10,22743212	9,999558612	9,780367534	9,569432357
34	11,30275246	11,03024279	10,76879482	10,51783541	10,27682574	10,04525901	9,822658345	9,60857487
35	11,36512929	11,08778137	10,82188029	10,56682148	10,32203729	10,08699453	9,861192114	9,644158973
36	11,42275223	11,14081233	10,87069452	10,61176282	10,36342086	10,12510916	9,89630261	9,676508157
37	11,47598359	11,18968878	10,91558117	10,65299342	10,40130056	10,15991704	9,92829395	9,705916506
38	11,52515805	11,2347362	10,95685625	10,69081965	10,43597305	10,19170506	9,957443234	9,732651369
39	11,5705848	11,27625457	10,99481034	10,72552261	10,46770989	10,22073521	9,984002947	9,75695579
40	11,61254947	11,31452034	11,02971066	10,7573602	10,49675962	10,24724677	10,00820314	9,779050718
45	11,77900399	11,46531205	11,16634589	10,88119729	10,6090238	10,34904343	10,10052983	9,86280788
50	11,89098801	11,56559538	11,25617484	10,9616829	10,68115679	10,41370748	10,15851336	9,914814487

TABELA 3 (cont.) – Coeficientes $a_{\overline{n}|} = \dfrac{1-(1+i)^{-n}}{i}$

TEMPO	10,25%	10,50%	10,75%	11%	11,25%	11,50%	11,75%	12%
1	0,907029478	0,904977376	0,902934537	0,900900901	0,898876404	0,896860987	0,894854586	0,892857143
2	1,729731953	1,723961426	1,718225316	1,712523334	1,706855195	1,701220616	1,695619316	1,69005102
3	2,47594735	2,465123462	2,454379518	2,443714715	2,433128265	2,422619386	2,412187308	2,401831268
4	3,152786712	3,135858337	3,119078571	3,10244569	3,085957991	3,069613799	3,053411461	3,037349347
5	3,766699965	3,742858223	3,719258304	3,695897018	3,672771228	3,649877847	3,627213835	3,604776202
6	4,323537384	4,292179388	4,261181313	4,230537854	4,2002438	4,170294033	4,140683522	4,111407324
7	4,828605337	4,789302613	4,750502314	4,712196265	4,67437645	4,637035007	4,600164225	4,563756539
8	5,286716859	5,239187885	5,192327146	5,146122761	5,100563101	5,055636778	5,01133264	4,967639767
9	5,702237513	5,646323878	5,591266046	5,537047532	5,483652226	5,431064375	5,379268582	5,328249792
10	6,079126996	6,01477274	5,951481757	5,889232011	5,828002001	5,76777074	5,708517746	5,650223028
11	6,420976867	6,348210625	6,276732963	6,206515325	6,137529888	6,069749542	6,003147872	5,937699133
12	6,731044778	6,649964366	6,570413511	6,492356149	6,415757203	6,340582549	6,26679899	6,194374225
13	7,012285513	6,923044675	6,83558782	6,749870404	6,665849171	6,583482107	6,502728403	6,423548416
14	7,26737915	7,170176177	7,075022862	6,981865229	6,89065094	6,801329244	6,71385092	6,628168228
15	7,498756598	7,393824594	7,291217032	7,190869576	7,092719946	6,996707842	6,902774872	6,810864489
16	7,708622765	7,596221352	7,486426214	7,37916178	7,274355008	7,171935284	7,071834338	6,973986151
17	7,898977565	7,779385839	7,662687326	7,548794396	7,437622479	7,329089941	7,223117975	7,119630492
18	8,071634979	7,945145556	7,821839572	7,701616573	7,584379756	7,470035822	7,358494833	7,249670082
19	8,228240344	8,095154349	7,965543632	7,83929421	7,71629641	7,596444683	7,479637434	7,365776859
20	8,370286026	8,230908913	8,09529899	7,963328117	7,834873178	7,709815859	7,588042447	7,469443624
21	8,499125647	8,353763723	8,212459585	8,075070376	7,941459036	7,811494044	7,685049169	7,562003236
22	8,615986982	8,464944545	8,318247932	8,175739077	8,037266549	7,902685241	7,77185608	7,644645746
23	8,721983657	8,565560674	8,413767885	8,266431601	8,123385662	7,984471069	7,849535642	7,718433702
24	8,818125766	8,656615995	8,500016149	8,348136578	8,200796101	8,057821586	7,919047554	7,784315806
25	8,905329493	8,739019	8,577892685	8,421744665	8,270378518	8,123606804	7,981250608	7,843139112
26	8,984425844	8,813591855	8,648210099	8,488058256	8,33292451	8,182606999	8,036913296	7,895659921
27	9,056168566	8,881078602	8,711702121	8,547800231	8,389145627	8,235521972	8,086723307	7,942553501
28	9,12124133	8,942152581	8,769031261	8,60162183	8,439681463	8,282979347	8,131296024	7,984422769
29	9,180264245	8,99742315	8,820795721	8,650109757	8,485106933	8,325542015	8,171182125	8,021806044
30	9,233799768	9,047441765	8,867535639	8,693792573	8,525938816	8,363714812	8,206874384	8,055183968
31	9,282358067	9,09270748	8,909738726	8,733146463	8,562641632	8,397950504	8,238813767	8,084985685
32	9,326401874	9,133671927	8,947845351	8,768600417	8,595632928	8,428655161	8,26739487	8,111594362
33	9,366350906	9,170743826	8,982253139	8,800540916	8,625288025	8,456192969	8,292970801	8,135352109
34	9,402585856	9,204293055	9,013321119	8,829316141	8,651944292	8,480890555	8,31585754	8,156564383
35	9,435452024	9,234654348	9,04137347	8,855239766	8,675904982	8,503040857	8,336337843	8,175503913
36	9,465262607	9,262130632	9,066702908	8,878594384	8,69744268	8,522906598	8,354664737	8,192414208
37	9,492301684	9,286996047	9,089573732	8,89963458	8,716802409	8,540723406	8,371064641	8,207512686
38	9,516826924	9,309498685	9,110224588	8,918589712	8,734204413	8,556702606	8,385740171	8,22099347
39	9,53907204	9,329863063	9,12887096	8,935666407	8,749846663	8,571033728	8,398872636	8,233029884
40	9,559249016	9,348292365	9,145707413	8,951050817	8,763907113	8,583886751	8,410624283	8,243776682
45	9,63524963	9,417270628	9,208326531	9,007910013	8,815547928	8,630798717	8,453250019	8,282516484
50	9,681907415	9,459140426	9,245909257	9,041653178	8,845851442	8,658020045	8,477708767	8,304498488

TABELA 3 (cont.) – Coeficientes $a_{n\urcorner} = \dfrac{1-(1+i)^{-n}}{i}$

TEMPO	12,25%	12,50%	12,75%	13%	13,25%	13,50%	13,75%	14%
1	0,890868597	0,888888889	0,88691796	0,884955752	0,883002208	0,881057269	0,879120879	0,877192982
2	1,684515454	1,679012346	1,673541428	1,668102436	1,662695106	1,657319179	1,651974399	1,646660511
3	2,391550516	2,381344307	2,37121191	2,361152598	2,351165656	2,341250378	2,331406065	2,321632027
4	3,021425849	3,005639384	2,98998839	2,974471326	2,959086672	2,943832933	2,928708629	2,913712304
5	3,582562004	3,560568342	3,538792363	3,517231262	3,495882271	3,474742672	3,453809784	3,433080969
6	4,082460582	4,053838526	4,025536464	3,997549789	3,96987397	3,942504557	3,915437172	3,888667517
7	4,527804528	4,492300912	4,457238549	4,422610433	4,388409687	4,354629565	4,321263448	4,288304839
8	4,924547463	4,882045255	4,840122882	4,798770294	4,757977648	4,7177353	4,678033801	4,638863894
9	5,277993286	5,228484671	5,179709873	5,131655128	5,084306974	5,037652247	4,991678066	4,946371837
10	5,59286707	5,536430819	5,480895675	5,426243476	5,372456489	5,319517398	5,267409289	5,216115646
11	5,873378236	5,810160728	5,748022771	5,686941129	5,626893147	5,567856738	5,509810364	5,452733023
12	6,123276825	6,053476202	5,984942591	5,917647017	5,851561278	5,786657919	5,72291021	5,660292125
13	6,34590363	6,269756624	6,195071034	6,121811519	6,049943733	5,97943429	5,910250734	5,842361514
14	6,54423486	6,462005888	6,381437724	6,30248807	6,225115879	6,149281313	6,0749457	6,002071503
15	6,720921924	6,632894123	6,546729689	6,462378823	6,379793271	6,298926267	6,219732484	6,142167985
16	6,878326881	6,784794776	6,693330101	6,603875065	6,516373749	6,430772041	6,347017568	6,265059636
17	7,018554014	6,919817579	6,823352639	6,729092978	6,636974613	6,546935719	6,458916544	6,37285933
18	7,143477964	7,039837848	6,938671964	6,83990529	6,743465442	6,649282572	6,557289269	6,467420465
19	7,254768787	7,146522531	7,040950744	6,937969283	6,837497079	6,73945601	6,643770786	6,550368829
20	7,353914287	7,241353361	7,131663631	7,024751578	6,920527222	6,818903974	6,719798493	6,623130552
21	7,4422399	7,325647432	7,21211852	7,101550069	6,993843022	6,88890218	6,786636038	6,686956624
22	7,520926414	7,400575495	7,283475406	7,169513335	7,058581035	6,950574608	6,845394319	6,742944407
23	7,591025758	7,467178218	7,346763109	7,229657819	7,115744843	7,004911549	6,897049951	6,792056498
24	7,653475063	7,526380638	7,40289411	7,282883026	7,166220612	7,052785505	6,942461495	6,835137279
25	7,709109188	7,579005012	7,452677703	7,329984978	7,210790827	7,094965203	6,982383732	6,872927437
26	7,758671882	7,625782233	7,496831666	7,371668123	7,250146426	7,132127932	7,017480204	6,906076699
27	7,80282573	7,667361985	7,535992608	7,408555861	7,284897506	7,164870425	7,048334245	6,935154999
28	7,842161007	7,704321764	7,570725151	7,441199877	7,315582787	7,193718436	7,075458677	6,96066228
29	7,87720357	7,737174901	7,601530068	7,470088386	7,342677958	7,219135186	7,099304332	6,983037088
30	7,908421888	7,76637769	7,628851501	7,495653439	7,366603053	7,241528798	7,120267544	7,002664112
31	7,936233308	7,792335725	7,653083371	7,51827738	7,387728965	7,261258853	7,138696742	7,0198808
32	7,961009629	7,815409533	7,674575052	7,538298566	7,406383192	7,278642161	7,154898235	7,034983158
33	7,983082074	7,835919585	7,69363641	7,55601643	7,422854916	7,293957851	7,169141305	7,04823084
34	8,002745723	7,854150742	7,710542271	7,571695956	7,437399484	7,307451851	7,181662686	7,059851614
35	8,020263451	7,870356215	7,725536382	7,585571643	7,45024237	7,319340838	7,192670493	7,070045276
36	8,035869444	7,88476108	7,738834928	7,597851011	7,461582667	7,329815716	7,202347686	7,078987084
37	8,049772333	7,897565405	7,750629648	7,608717709	7,471596174	7,339044684	7,210855109	7,086830775
38	8,06215798	7,908947026	7,761090597	7,618334256	7,480438123	7,347175933	7,218334162	7,093711207
39	8,073191965	7,919064023	7,770368601	7,626844474	7,488245583	7,354340029	7,224909153	7,099746672
40	8,083021795	7,92805691	7,778597428	7,634375641	7,495139587	7,360652008	7,230689365	7,105040941
45	8,118237771	7,960076696	7,807717542	7,660864496	7,519240216	7,382584511	7,250653119	7,123216592
50	8,137998728	7,977845402	7,823698776	7,675241585	7,532177328	7,39422869	7,261136109	7,132656456

TABELA 3 (cont.) – Coeficientes $a_{\overline{n}|} = \dfrac{1-(1+i)^{-n}}{i}$

TEMPO	14,25%	14,50%	14,75%	15%	15,25%	15,50%	15,75%	16%
1	0,875273523	0,873362445	0,871459695	0,869565217	0,867678959	0,865800866	0,863930886	0,862068966
2	1,641377263	1,636124406	1,630901695	1,625708885	1,620545734	1,615412005	1,610307461	1,605231867
3	2,311927582	2,302292058	2,292724789	2,283225117	2,273792394	2,264425978	2,255125236	2,24588954
4	2,898842523	2,884097867	2,86947694	2,854978363	2,840600776	2,826342838	2,812203228	2,798180638
5	3,412553631	3,392225212	3,372093194	3,352155098	3,332408482	3,312850942	3,29348011	3,274293654
6	3,862191362	3,836004552	3,810103001	3,784482694	3,759139681	3,73407008	3,709270074	3,684735908
7	4,255747362	4,223584761	4,191810894	4,160419734	4,129405363	4,098761974	4,068483865	4,038565438
8	4,60021651	4,562082761	4,524453938	4,487321508	4,450677105	4,414512532	4,378819754	4,343590895
9	4,901721234	4,857714202	4,814338944	4,77158392	4,729437835	4,687889638	4,646928513	4,606543875
10	5,165620336	5,1159076	5,066962043	5,018768626	4,971312655	4,924579773	4,878555951	4,833227478
11	5,396604233	5,341404017	5,287112891	5,233711849	5,181182347	5,129506297	5,078666048	5,028644378
12	5,598778322	5,53834412	5,478965483	5,420618999	5,363281863	5,306931859	5,251547342	5,197107222
13	5,775735949	5,710344209	5,646157283	5,583146955	5,521285781	5,460547064	5,400904831	5,342333812
14	5,930622275	5,860562628	5,791858199	5,724475613	5,658382457	5,593547241	5,529939379	5,467529149
15	6,066190175	5,991757754	5,918830675	5,847370099	5,777338357	5,70869891	5,64141631	5,575456163
16	6,184849169	6,10633865	6,029482069	5,954234868	5,880553889	5,808397325	5,737724674	5,668496692
17	6,288708244	6,206409301	6,1259103	6,047160755	5,970111834	5,894716299	5,820928444	5,748704045
18	6,379613343	6,29380725	6,209943617	6,127965874	6,047819379	5,969451341	5,892810751	5,817848314
19	6,459180169	6,370137336	6,283175265	6,198231195	6,115244581	6,034157005	5,954912096	5,877455443
20	6,528822905	6,436801167	6,346993695	6,259331474	6,173748009	6,090179225	6,008563366	5,9288409
21	6,589779348	6,495022853	6,402608885	6,312462151	6,224510203	6,138683312	6,054914355	5,973138707
22	6,643132908	6,545871488	6,451075281	6,35866274	6,268555491	6,180678192	6,094958406	6,011326471
23	6,689831867	6,590280775	6,493311791	6,398837165	6,30677266	6,217037396	6,129553698	6,044246958
24	6,730706229	6,629066179	6,530119208	6,433771448	6,339932894	6,248517226	6,15944164	6,072626688
25	6,766482477	6,662939894	6,562195388	6,464149085	6,368705331	6,27577249	6,185262756	6,097091972
26	6,797796478	6,692523925	6,590148487	6,490564422	6,393670569	6,299370121	6,207570415	6,118182735
27	6,825204795	6,718361507	6,614508485	6,51353428	6,415332381	6,319800971	6,226842692	6,136364426
28	6,849194569	6,74092708	6,635737242	6,53350807	6,434127879	6,337490018	6,243492606	6,152038299
29	6,870192183	6,760635005	6,654237248	6,550876582	6,450436338	6,35280521	6,257876982	6,165550257
30	6,888570838	6,777847166	6,670359257	6,565979637	6,464586844	6,366065117	6,270304088	6,177198498
31	6,904657189	6,792879621	6,684408939	6,579112728	6,476864941	6,377545556	6,281040249	6,187240084
32	6,918737146	6,806008402	6,69665267	6,590532807	6,487518387	6,38748533	6,29031555	6,195896624
33	6,931060959	6,817474587	6,707322588	6,60046331	6,496762158	6,396091195	6,298328768	6,203359159
34	6,941847667	6,827488722	6,716620992	6,60909853	6,504782783	6,40354216	6,305251636	6,209792378
35	6,951288986	6,836234692	6,724724176	6,616607418	6,511742111	6,409993212	6,311232515	6,215338257
36	6,959552723	6,843873093	6,731785774	6,623136885	6,517780574	6,415578539	6,316399581	6,220119187
37	6,966785753	6,850544186	6,737939673	6,628814683	6,523020021	6,420414319	6,320863569	6,224240679
38	6,973116633	6,856370468	6,743302547	6,633751898	6,527566178	6,424601142	6,324720146	6,227793689
39	6,978657884	6,861458924	6,747976076	6,638045129	6,531510784	6,428226097	6,328051962	6,230856628
40	6,983507995	6,865902991	6,752048868	6,641778373	6,534933435	6,431364586	6,330930421	6,233497093
45	7,000059258	6,880978265	6,765782702	6,654292786	6,546339107	6,441761933	6,340410567	6,242142751
50	7,008561826	6,888638424	6,77268555	6,660514661	6,551948504	6,446820326	6,344973143	6,246259062

TABELA 3 (cont.) – Coeficientes $a_{\overline{n}|} = \dfrac{1-(1+i)^{-n}}{i}$

TEMPO	16,25%	16,50%	16,75%	17%	17,25%	17,50%	17,75%	18%
1	0,860215054	0,858369099	0,856531049	0,854700855	0,852878465	0,85106383	0,8492569	0,847457627
2	1,600184992	1,595166608	1,590176488	1,585214406	1,580280141	1,575373472	1,570494183	1,565642057
3	2,236718273	2,227610823	2,218566585	2,209584962	2,200665365	2,19180721	2,183009922	2,17427293
4	2,784273783	2,770481393	2,756802214	2,74323501	2,729778563	2,716431668	2,703193139	2,690061805
5	3,255289276	3,236464715	3,217817742	3,199346163	3,181047815	3,162920569	3,144962326	3,127171021
6	3,660463893	3,636450399	3,612691856	3,589184754	3,565925642	3,542911122	3,520137857	3,49760256
7	4,009001199	3,97978575	3,950913795	3,922380132	3,894179652	3,866307338	3,838758265	3,811527593
8	4,308818235	4,274494206	4,240611388	4,207162506	4,174140428	4,14153816	4,109348845	4,077565757
9	4,566725364	4,527462838	4,488746371	4,450566244	4,412912945	4,375777158	4,339149762	4,303021828
10	4,788580958	4,744603294	4,701281688	4,658603628	4,616556883	4,575129496	4,534309777	4,494086295
11	4,97942448	4,930989952	4,883324786	4,836413357	4,790240412	4,74479106	4,700050766	4,656005335
12	5,143590951	5,0909785	5,039250352	4,988387485	4,938371353	4,889183881	4,840807444	4,79322486
13	5,28480942	5,228307725	5,172805441	5,118279901	5,064709043	5,012071388	4,960346025	4,909512593
14	5,406287673	5,346186889	5,287199521	5,229299061	5,172459738	5,116656501	5,061864989	5,00806152
15	5,510785095	5,44737072	5,385181603	5,324187232	5,264357986	5,205665107	5,14808067	5,091577559
16	5,600675351	5,534223794	5,469106298	5,405288232	5,342736022	5,281417112	5,221299932	5,162353864
17	5,678000302	5,608775789	5,540990405	5,474605327	5,409582961	5,345886904	5,283481896	5,222333783
18	5,744516388	5,672768917	5,602561375	5,533850707	5,466595276	5,400754812	5,336290357	5,273164223
19	5,801734528	5,727698641	5,655298822	5,584487783	5,515219852	5,447450904	5,381138308	5,316240867
20	5,850954432	5,774848619	5,700470083	5,627767336	5,556690705	5,487192259	5,419225739	5,352746497
21	5,893294135	5,815320703	5,739160671	5,664758407	5,592060303	5,521014688	5,451571753	5,383683472
22	5,929715385	5,850060689	5,77230036	5,696374707	5,622226271	5,549799735	5,479041828	5,409901248
23	5,961045493	5,87988042	5,800685534	5,723397185	5,647954176	5,574297646	5,50237098	5,432119701
24	5,987996123	5,905476755	5,824998316	5,746493321	5,669896952	5,595146933	5,522183422	5,450948899
25	6,01117946	5,927447859	5,845822968	5,766233608	5,688611473	5,612891007	5,539009276	5,466905847
26	6,031122117	5,946307175	5,86365993	5,783105647	5,704572685	5,627992346	5,553298748	5,480428684
27	6,048277089	5,962495429	5,878937842	5,797526194	5,718185658	5,64084455	5,565434181	5,491888715
28	6,063034055	5,976390926	5,892023847	5,809851448	5,729795871	5,651782596	5,575740281	5,501600606
29	6,07572822	5,988318392	5,903232417	5,820385853	5,739697971	5,661091571	5,584492808	5,509831022
30	6,086647931	5,998556559	5,912832906	5,829389618	5,748143259	5,669014103	5,591925951	5,516805951
31	6,096041231	6,007344686	5,921056022	5,837085144	5,755346063	5,675756683	5,5982386	5,522716908
32	6,104121489	6,014888143	5,928099376	5,843662516	5,761489179	5,68149505	5,60359966	5,527726193
33	6,111072249	6,021363213	5,934132228	5,849284202	5,766728511	5,686378766	5,608152578	5,53197135
34	6,117051397	6,026921212	5,939299553	5,854089061	5,771197024	5,69053512	5,612019174	5,535568941
35	6,12219475	6,031692028	5,943725527	5,858195779	5,775008123	5,694072442	5,615302908	5,538617746
36	6,12661914	6,035787148	5,947516512	5,861705794	5,778258527	5,69708293	5,618091642	5,54120148
37	6,130425066	6,039302273	5,950763607	5,864705807	5,781030727	5,699645046	5,620459993	5,543391085
38	6,133698982	6,042319548	5,953544846	5,86726992	5,783395076	5,701825571	5,622471332	5,545246682
39	6,136515253	6,044909483	5,955927063	5,86946147	5,785411579	5,703681337	5,624179475	5,546819222
40	6,138937852	6,047132604	5,957967506	5,87133459	5,787131411	5,705260713	5,625630127	5,548151883
45	6,146824113	6,054327654	5,964533279	5,877327348	5,792602277	5,710256151	5,630192374	5,552319342
50	6,150538664	6,057680428	5,967560202	5,880060712	5,79507111	5,712486559	5,632207835	5,554140977

TABELA 3 (cont.) – Coeficientes $a_{\overline{n}|} = \frac{1-(1+i)^{-n}}{i}$

TEMPO	18,25%	18,50%	18,75%	19%	19,25%	19,50%	19,75%	20%
1	0,845665962	0,843881857	0,842105263	0,840336134	0,838574423	0,836820084	0,835073069	0,833333333
2	1,560816881	1,556018444	1,551246537	1,546500953	1,541781487	1,537087936	1,532420099	1,527777778
3	2,165595671	2,15697759	2,148418137	2,139916767	2,131472945	2,123086139	2,114755824	2,106481481
4	2,677036508	2,66411611	2,651299484	2,638585519	2,62597312	2,613461204	2,601048705	2,588734568
5	3,109544616	3,092081105	3,074778512	3,05763489	3,040648318	3,023816907	3,007138793	2,99061214
6	3,475302001	3,453233	3,431392432	3,409777218	3,388384334	3,367210801	3,34625369	3,325510117
7	3,784610572	3,758002532	3,73169889	3,705695141	3,679986863	3,654569708	3,629439407	3,604591764
8	4,046182301	4,01519201	3,984588539	3,954365665	3,924517286	3,895037413	3,865920173	3,837159803
9	4,26738461	4,232229544	4,197548243	4,163332492	4,129574244	4,096265617	4,063398892	4,030966503
10	4,454447873	4,415383582	4,376882731	4,338934867	4,301529764	4,26465742	4,228308051	4,192472086
11	4,612640908	4,569943951	4,527901247	4,486499888	4,445727265	4,405571063	4,36601925	4,327060071
12	4,746419372	4,700374642	4,655074734	4,610504108	4,566647602	4,523490429	4,481018162	4,439216726
13	4,859551266	4,810442736	4,762168197	4,714709334	4,668048304	4,622167723	4,577050658	4,532680605
14	4,955223058	4,903327203	4,852352166	4,802276751	4,753080338	4,704742865	4,657244808	4,610567171
15	5,036129436	4,98171072	4,928296561	4,875862816	4,824386028	4,773843401	4,724212783	4,675472642
16	5,104549206	5,047857148	4,992249736	4,937699846	4,884181156	4,831668118	4,780135936	4,729560535
17	5,162409476	5,103676918	5,046105041	4,989663736	4,93432382	4,880057003	4,826835855	4,774633779
18	5,211339938	5,150782209	5,091456876	5,03333087	4,976372176	4,920549793	4,865833699	4,812194816
19	5,252718763	5,19053351	5,129647896	5,070025942	5,011632852	4,954434973	4,898399749	4,84349568
20	5,287711428	5,224078911	5,161808754	5,100862136	5,041201553	4,982790773	4,92559478	4,869579733
21	5,317303533	5,252387267	5,188891583	5,126774904	5,06599711	5,006519475	4,948304618	4,891316445
22	5,342328569	5,276276175	5,211698175	5,14855034	5,086790029	5,02637613	4,967268992	4,90943037
23	5,36349139	5,29643559	5,230903726	5,166849025	5,104226439	5,042992577	4,98310563	4,924525309
24	5,381388068	5,313447756	5,247076822	5,182226071	5,118848167	5,056897554	4,99633038	4,937104424
25	5,396522679	5,327804013	5,260696271	5,195147959	5,131109574	5,068533518	5,007374012	4,94758702
26	5,409321505	5,339918998	5,272165281	5,206006688	5,141391676	5,078270726	5,016596253	4,956322517
27	5,420145036	5,350142615	5,281823395	5,215131671	5,150013984	5,086419018	5,024297497	4,963602097
28	5,429298127	5,358770139	5,289956543	5,222799723	5,157244431	5,093237672	5,030728599	4,969668414
29	5,437038585	5,36605075	5,29680551	5,229243465	5,163307699	5,098943659	5,036099039	4,974723679
30	5,443584427	5,372194726	5,302573061	5,234658374	5,168392201	5,103718543	5,040583748	4,978936399
31	5,449120023	5,377379516	5,307429946	5,239208718	5,172655933	5,107714262	5,044328809	4,982446999
32	5,453801288	5,381754865	5,311519954	5,243032536	5,176231391	5,11105796	5,047456208	4,985372499
33	5,457760075	5,385447144	5,314964172	5,246245828	5,179229678	5,113856033	5,050067814	4,987810416
34	5,461107885	5,388562991	5,317864566	5,248946074	5,181743965	5,116197517	5,052248697	4,989842013
35	5,463939015	5,391192397	5,320307003	5,251215188	5,183852381	5,118156918	5,054069893	4,991535011
36	5,466333205	5,393411306	5,322363792	5,253122007	5,185620445	5,119796584	5,055590725	4,992945843
37	5,46835789	5,395283802	5,324095825	5,254724376	5,187103099	5,12116869	5,05686073	4,994121535
38	5,470070097	5,396863968	5,325554379	5,256070904	5,188346414	5,122316895	5,057921278	4,99510128
39	5,471518053	5,398197441	5,326782635	5,25720244	5,189389027	5,123277737	5,058806913	4,995917733
40	5,472742539	5,399322735	5,327816956	5,258153311	5,190263335	5,124081788	5,059546482	4,996598111
45	5,476550135	5,402802236	5,330997263	5,261060727	5,192921798	5,126513092	5,061770471	4,998632857
50	5,478196951	5,40429134	5,332344057	5,262279078	5,194024197	5,127510791	5,062673611	4,999450576

TABELA 3 (cont.) – Coeficientes $a_{\overline{n}|} = \dfrac{1-(1+i)^{-n}}{i}$

TEMPO	20,50%	21,00%	21,50%	22,00%	22,50%
1	0,829875519	0,826446281	0,823045267	0,819672131	0,816326531
2	1,518568895	1,509459736	1,50044878	1,491534534	1,482715535
3	2,090098668	2,073933666	2,057982535	2,042241421	2,026706559
4	2,564397235	2,540441047	2,516858053	2,493640509	2,470780865
5	2,958006004	2,925984336	2,894533377	2,863639762	2,833290502
6	3,284652286	3,244615154	3,205377265	3,166917837	3,129216736
7	3,555728038	3,507946408	3,461215856	3,415506424	3,370789172
8	3,780687168	3,725575544	3,671782598	3,619267561	3,567991161
9	3,967375243	3,905434334	3,845088558	3,786284886	3,728972376
10	4,122303107	4,054077962	3,987727208	3,923184333	3,860385613
11	4,250873947	4,176923935	4,105125274	4,035396994	3,967661725
12	4,357571741	4,278449533	4,201749197	4,127374585	4,055234061
13	4,446117627	4,362354986	4,281275059	4,202766053	4,126721683
14	4,51959969	4,431698336	4,346728444	4,264562339	4,185078925
15	4,580580656	4,489006889	4,400599542	4,315215032	4,23271749
16	4,631187266	4,53636933	4,444937895	4,356733633	4,271606114
17	4,673184453	4,575511843	4,481430366	4,390765273	4,30335193
18	4,708036891	4,607861027	4,511465322	4,41866006	4,329266881
19	4,736960075	4,63459589	4,53618545	4,441524639	4,350421944
20	4,760962718	4,656690818	4,556531235	4,460266098	4,367691383
21	4,780881924	4,67495109	4,573276736	4,475627949	4,381788884
22	4,797412385	4,690042223	4,587059042	4,48821963	4,393297048
23	4,81113061	4,702514234	4,598402504	4,49854068	4,402691468
24	4,822515029	4,712821681	4,607738686	4,507000558	4,410360382
25	4,83196268	4,721340232	4,615422787	4,513934883	4,41662072
26	4,839803054	4,728380357	4,62174715	4,519618757	4,4217312
27	4,846309588	4,734198642	4,626952387	4,52427767	4,42590302
28	4,851709202	4,739007142	4,631236532	4,52809645	4,429308588
29	4,856190209	4,742981109	4,634762578	4,531226599	4,432088643
30	4,859908887	4,74626538	4,637664673	4,533792294	4,434358076
31	4,862994927	4,748979653	4,640053229	4,535895323	4,436210674
32	4,865555956	4,751222853	4,642019119	4,537619117	4,437723
33	4,867681291	4,753076738	4,643637135	4,539032063	4,438957551
34	4,869445055	4,754608875	4,644968835	4,540190216	4,439965347
35	4,870908759	4,755875103	4,646064885	4,541139521	4,440788039
36	4,872123452	4,756921573	4,646966983	4,54191764	4,441459623
37	4,873131495	4,757786424	4,647709451	4,542555443	4,442007856
38	4,873968046	4,758501177	4,648320536	4,543078232	4,442455393
39	4,874662279	4,759091882	4,648823486	4,543506747	4,442820729
40	4,875238406	4,759580067	4,649237437	4,54385799	4,443118962
45	4,876942592	4,761008492	4,650435632	4,544863821	4,443963944
50	4,877613375	4,761559211	4,650888161	4,545235978	4,444270259

TABELA 3 (cont.) – Coeficientes $a_{\overline{n}|} = \frac{1-(1+i)^{-n}}{i}$

TEMPO	23,00%	23,50%	24,00%	24,50%	25,00%
1	0,81300813	0,809716599	0,806451613	0,803212851	0,80000000
2	1,47399035	1,46535757	1,456815817	1,448363736	1,44000000
3	2,011374268	1,996240948	1,981303078	1,966557218	1,95200000
4	2,448271763	2,42610603	2,404276676	2,382776882	2,36160000
5	2,803472978	2,774174923	2,745384416	2,717089865	2,68928000
6	3,092254453	3,056012084	3,020471303	2,985614349	2,95142400
7	3,327036141	3,284220311	3,242315567	3,201296666	3,16113920
8	3,517915562	3,4690043	3,421222232	3,374535475	3,32891136
9	3,673102083	3,618626964	3,5655018	3,513683112	3,46312909
10	3,799269986	3,739778918	3,68185629	3,625448283	3,57050327
11	3,901845517	3,837877666	3,775690556	3,715219504	3,65640262
12	3,985240258	3,917309851	3,851363352	3,787324903	3,72512209
13	4,05304086	3,98162741	3,9123898	3,845240886	3,78009767
14	4,108163301	4,033706405	3,961604677	3,891759748	3,82407814
15	4,152978293	4,075875631	4,001294095	3,929124295	3,85926251
16	4,189413247	4,110020754	4,033301689	3,95913598	3,88741001
17	4,21903516	4,137668627	4,059114266	3,983241751	3,90992801
18	4,243118016	4,160055568	4,079930859	4,002603816	3,92794241
19	4,262697574	4,178182646	4,096718435	4,018155676	3,94235392
20	4,278615914	4,192860442	4,110256802	4,030647129	3,95388314
21	4,291557654	4,204745298	4,121174841	4,040680425	3,96310651
22	4,302079393	4,214368662	4,12997971	4,048739297	3,97048521
23	4,310633653	4,22216086	4,137080411	4,055212287	3,97638817
24	4,317588336	4,228470332	4,142806783	4,060411475	3,98111053
25	4,323242549	4,233579216	4,147424825	4,06458753	3,98488843
26	4,327839471	4,237715964	4,151149053	4,067941792	3,98791074
27	4,331576806	4,241065558	4,154152462	4,070635977	3,99032859
28	4,334615289	4,24377778	4,156574566	4,072799982	3,99226287
29	4,337085601	4,245973911	4,158527876	4,074538138	3,99381030
30	4,339093985	4,247752155	4,160103126	4,075934247	3,99504824
31	4,340726817	4,249192028	4,161373488	4,07705562	3,99603859
32	4,342054323	4,250357917	4,162397975	4,077956322	3,99683087
33	4,343133596	4,251301957	4,163224173	4,078679776	3,99746470
34	4,344011053	4,252066362	4,163890462	4,079260865	3,99797176
35	4,344724434	4,252685314	4,164427792	4,079727602	3,99837741
36	4,345304418	4,253186489	4,164861123	4,080102492	3,99870193
37	4,345775949	4,253592299	4,165210583	4,080403608	3,99896154
38	4,346159308	4,25392089	4,165492405	4,080645468	3,99916923
39	4,346470982	4,254186955	4,165719682	4,080839733	3,99933539
40	4,346724376	4,254402393	4,165902969	4,08099577	3,99946831
45	4,347434758	4,255000055	4,166406164	4,081419735	3,99982578
50	4,347687086	4,255208082	4,166577807	4,081561472	3,99994291

TABELA 3 (cont.) – Coeficientes $a_{\overline{n}|} = \frac{1-(1+i)^{-n}}{i}$

TEMPO	26,00%	27,00%	28,00%	29,00%	30,00%
1	0,793650794	0,787401575	0,78125	0,775193798	0,76923077
2	1,423532376	1,407402815	1,391601563	1,376119224	1,36094675
3	1,923438394	1,895592768	1,868438721	1,841952887	1,81611288
4	2,320189201	2,279994305	2,240967751	2,203064253	2,16624068
5	2,635070795	2,582672681	2,532006055	2,482995545	2,43556975
6	2,884976821	2,821002111	2,759379731	2,699996547	2,64274596
7	3,083314937	3,00866308	2,937015414	2,868214377	2,80211228
8	3,240726141	3,156427622	3,075793293	2,998615796	2,92470175
9	3,365655667	3,272777655	3,18421351	3,099702168	3,01900135
10	3,464806085	3,364391854	3,268916805	3,178063696	3,09153950
11	3,543496893	3,436529019	3,335091254	3,238809067	3,14733808
12	3,605949915	3,493329936	3,386790042	3,285898501	3,19026006
13	3,655515806	3,538055068	3,42717972	3,322401939	3,22327697
14	3,694853814	3,573271707	3,458734156	3,350699177	3,24867459
15	3,726074456	3,601001344	3,48338606	3,372635021	3,26821122
16	3,750852742	3,622835704	3,502645359	3,389639551	3,28323940
17	3,77051805	3,640028113	3,517691687	3,402821358	3,29479954
18	3,786125436	3,653565444	3,52944663	3,413039812	3,30369195
19	3,798512251	3,664224759	3,53863018	3,420961095	3,31053227
20	3,808343056	3,67261792	3,545804828	3,427101624	3,31579406
21	3,816145283	3,679226709	3,551410022	3,431861724	3,31984158
22	3,822337526	3,684430479	3,55578908	3,435551724	3,32295506
23	3,827252005	3,688527937	3,559210218	3,438412189	3,32535005
24	3,831152385	3,691754281	3,561882983	3,440629604	3,32719234
25	3,834247924	3,694294709	3,563971081	3,44234853	3,32860950
26	3,836704702	3,696295047	3,565602407	3,443681031	3,32969961
27	3,838654525	3,697870115	3,56687688	3,444713978	3,33053816
28	3,840202004	3,699110327	3,567872563	3,445514711	3,33118320
29	3,841430162	3,700086872	3,56865044	3,446135435	3,33167939
30	3,842404891	3,700855805	3,569258156	3,446616616	3,33206107
31	3,843178485	3,701461263	3,569732934	3,446989625	3,33235467
32	3,843792448	3,701938003	3,570103855	3,447278779	3,33258051
33	3,844279721	3,702313388	3,570393637	3,44750293	3,33275424
34	3,844666445	3,702608967	3,570620029	3,44767669	3,33288788
35	3,844973369	3,702841706	3,570796897	3,447811387	3,33299067
36	3,84521696	3,703024966	3,570935076	3,447915804	3,33306975
37	3,845410285	3,703169264	3,571043028	3,447996747	3,33313058
38	3,845563719	3,703282885	3,571127366	3,448059494	3,33317737
39	3,845685491	3,703372351	3,571193255	3,448108135	3,33321336
40	3,845782136	3,703442796	3,57124473	3,448145841	3,33324105
45	3,846036801	3,703624732	3,571375067	3,448239465	3,33330848
50	3,846116991	3,703679801	3,571412999	3,448265673	3,33332664

TABELA 4 – Coeficientes $s_{\overline{n}|} = \dfrac{(1+i)^n - 1}{i}$

TEMPO	0,25%	0,50%	0,75%	1%	1,25%	1,50%	1,75%	2%
1	1,00000000	1,00000000	1,00000000	1,00000000	1,00000000	1,00000000	1,00000000	1,00000000
2	2,00250000	2,00500000	2,00750000	2,01000000	2,01250000	2,01500000	2,01750000	2,02000000
3	3,00750625	3,01502500	3,02255625	3,03010000	3,03765625	3,04522500	3,05280625	3,06040000
4	4,01502502	4,03010012	4,04522542	4,06040100	4,07562695	4,09090337	4,10623036	4,12160800
5	5,02506258	5,05025063	5,07556461	5,10100501	5,12657229	5,15226693	5,17808939	5,20404016
6	6,03762523	6,07550188	6,11363135	6,15201506	6,19065444	6,22955093	6,26870596	6,30812096
7	7,05271930	7,10587939	7,15948358	7,21353521	7,26803762	7,32299419	7,37840831	7,43428338
8	8,07035110	8,14140879	8,21317971	8,28567056	8,35888809	8,43283911	8,50753045	8,58296905
9	9,09052697	9,18211583	9,27477856	9,36852727	9,46337420	9,55933169	9,65641224	9,75462843
10	10,11325329	10,22802641	10,34433940	10,46221254	10,58166637	10,70272167	10,82539945	10,94972100
11	11,13853642	11,27916654	11,42192194	11,56683467	11,71393720	11,86326249	12,01484394	12,16871542
12	12,16638277	12,33556237	12,50758636	12,68250301	12,86036142	13,04121143	13,22510371	13,41208973
13	13,19679872	13,39724018	13,60139325	13,80932804	14,02111594	14,23682960	14,45654303	14,68033152
14	14,22979072	14,46422639	14,70340370	14,94742132	15,19637988	15,45038205	15,70953253	15,97393815
15	15,26536520	15,53654752	15,81367923	16,09689554	16,38633463	16,68213778	16,98444935	17,29341692
16	16,30352861	16,61423026	16,93228183	17,25786449	17,59116382	17,93236984	18,28167721	18,63928525
17	17,34428743	17,69730141	18,05927394	18,43044314	18,81105336	19,20135539	19,60160656	20,01207096
18	18,38764815	18,78578791	19,19471849	19,61474757	20,04619153	20,48937572	20,94463468	21,41231238
19	19,43361727	19,87971685	20,33867888	20,81089504	21,29676893	21,79671636	22,31116578	22,84055863
20	20,48220131	20,97911544	21,49121897	22,01900399	22,56297854	23,12366710	23,70161119	24,29736980
21	21,53340682	22,08401101	22,65240312	23,23919403	23,84501577	24,47052211	25,11638938	25,78331719
22	22,58724033	23,19443107	23,82229614	24,47158598	25,14307847	25,83757994	26,55592620	27,29898354
23	23,64370843	24,31040322	25,00096336	25,71630183	26,45736695	27,22514364	28,02065490	28,84496321
24	24,70281770	25,43195524	26,18847059	26,97346485	27,78808403	28,63352080	29,51101637	30,42186247
25	25,76457475	26,55911502	27,38488412	28,24319950	29,13543508	30,06302361	31,02745915	32,03029972
26	26,82898619	27,69191059	28,59027075	29,52563150	30,49962802	31,51396896	32,57043969	33,67090572
27	27,89605865	28,83037015	29,80469778	30,82088781	31,88087337	32,98667850	34,14042238	35,34432383
28	28,96579880	29,97452200	31,02823301	32,12909669	33,27938429	34,48147867	35,73787977	37,05121031
29	30,03821330	31,12439461	32,26094476	33,45038766	34,69537659	35,99870085	37,36329267	38,79223451
30	31,11330883	32,28001658	33,50290184	34,78489153	36,12906880	37,53868137	39,01715029	40,56807921
31	32,19109210	33,44141666	34,75417361	36,13274045	37,58068216	39,10176159	40,69995042	42,37944079
32	33,27156983	34,60862375	36,01482991	37,49406785	39,05044069	40,68828801	42,41219955	44,22702961
33	34,35474876	35,78166686	37,28494113	38,86900853	40,53857120	42,29861233	44,15441305	46,11157020
34	35,44063563	36,96057520	38,56457819	40,25769862	42,04530334	43,93309152	45,92711527	48,03380160
35	36,52923722	38,14537807	39,85381253	41,66027560	43,57086963	45,59208789	47,73083979	49,99447763
36	37,62056031	39,33610496	41,15271612	43,07687836	45,11550550	47,27596921	49,56612949	51,99436719
37	38,71461171	40,53278549	42,46136149	44,50764714	46,67944932	48,98510874	51,43353675	54,03425453
38	39,81139824	41,73544942	43,77982170	45,95272361	48,26294243	50,71988538	53,33362365	56,11493962
39	40,91092673	42,94412666	45,10817037	47,41225085	49,86622921	52,48068366	55,26696206	58,23723841
40	42,01320405	44,15884730	46,44648164	48,88637336	51,48955708	54,26789391	57,23413390	60,40198318
45	47,56606408	50,32416415	53,29011215	56,48107472	59,91569108	63,61420096	67,59858386	71,89271027
50	53,18868278	56,64516299	60,39425732	64,46318218	68,88178989	73,68282804	78,90222468	84,57940145

TABELA 4 (cont.) – Coeficientes $s_{\overline{n}|} = \dfrac{(1+i)^n - 1}{i}$

TEMPO	2,25%	2,50%	2,75%	3%	3,25%	3,50%	3,75%	4%
1	1,00000000	1,00000000	1,00000000	1,00000000	1,00000000	1,00000000	1,00000000	1,00000000
2	2,02250000	2,02500000	2,02750000	2,03000000	2,03250000	2,03500000	2,03750000	2,04000000
3	3,06800625	3,07562500	3,08325625	3,09090000	3,09855625	3,10622500	3,11390625	3,12160000
4	4,13703639	4,15251562	4,16804580	4,18362700	4,19925933	4,21494287	4,23067773	4,24646400
5	5,23011971	5,25632852	5,28266706	5,30913581	5,33573526	5,36246588	5,38932815	5,41632256
6	6,34779740	6,38773673	6,42794040	6,46840988	6,50914665	6,55015218	6,59142796	6,63297546
7	7,49062284	7,54743015	7,60470876	7,66246218	7,72069392	7,77940751	7,83860650	7,89829448
8	8,65916186	8,73611590	8,81383825	8,89233605	8,97161647	9,05168677	9,13255425	9,21422626
9	9,85399300	9,95451880	10,05621880	10,15910613	10,26319401	10,36849581	10,47502503	10,58279531
10	11,07570784	11,20338177	11,33276482	11,46387931	11,59674781	11,73139316	11,86783847	12,00610712
11	12,32491127	12,48346631	12,64441585	12,80779569	12,97364212	13,14199192	13,31288241	13,48635141
12	13,60222177	13,79555297	13,99213729	14,19202956	14,39528548	14,60196164	14,81211550	15,02580546
13	14,90827176	15,14044179	15,37692107	15,61779045	15,86313226	16,11303030	16,36756983	16,62683768
14	16,24370788	16,51895284	16,79978639	17,08632416	17,37868406	17,67698636	17,98135370	18,29191119
15	17,60919130	17,93192666	18,26178052	18,59891389	18,94349129	19,29568088	19,65565447	20,02358764
16	19,00539811	19,38022483	19,76397948	20,15688130	20,55915476	20,97102971	21,39274151	21,82453114
17	20,43301957	20,86473045	21,30748892	21,76158774	22,22732729	22,70501575	23,19496932	23,69751239
18	21,89276251	22,38634871	22,89344487	23,41443537	23,94971543	24,49969130	25,06478067	25,64541288
19	23,38534966	23,94600743	24,52301460	25,11686844	25,72808118	26,35718050	27,00470994	27,67122940
20	24,91152003	25,54465761	26,19739750	26,87037449	27,56424382	28,27968181	29,01738656	29,77807858
21	26,47202923	27,18327405	27,91782593	28,67648572	29,46008174	30,26947068	31,10553856	31,96920172
22	28,06764989	28,86285590	29,68556615	30,53678030	31,41753440	32,32890215	33,27199626	34,24796979
23	29,69917201	30,58442730	31,50191921	32,45288370	33,43860426	34,46041373	35,51969612	36,61788858
24	31,36740338	32,34903798	33,36822199	34,42647022	35,52535890	36,66652821	37,85168472	39,08260412
25	33,07316996	34,15776393	35,28584810	36,45926432	37,67993307	38,94985669	40,27112290	41,64590829
26	34,81731628	36,01170803	37,25620892	38,55304225	39,90453089	41,31310168	42,78129001	44,31174462
27	36,60070590	37,91200073	39,28075467	40,70963352	42,20142815	43,75906024	45,38558838	47,08421440
28	38,42422178	39,85980075	41,36097542	42,93092252	44,57297456	46,29062734	48,08754794	49,96758298
29	40,28876677	41,85629577	43,49840224	45,21885020	47,02159623	48,91079930	50,89083099	52,96628630
30	42,19526402	43,90270316	45,69460831	47,57541571	49,54979811	51,62267728	53,79923715	56,08493775
31	44,14465746	46,00027074	47,95121003	50,00267818	52,16016655	54,42947098	56,81670855	59,32833526
32	46,13791226	48,15027751	50,26986831	52,50275852	54,85537196	57,33450247	59,94733512	62,70146867
33	48,17601528	50,35403445	52,65228969	55,07784128	57,63817155	60,34121005	63,19536019	66,20952742
34	50,25997563	52,61288531	55,10022765	57,73017652	60,51141213	63,45315240	66,56518619	69,85790851
35	52,39082508	54,92820744	57,61548391	60,46208181	63,47803302	66,67401274	70,06138067	73,65222486
36	54,56961864	57,30141263	60,19990972	63,27594427	66,54106909	70,00760318	73,68868245	77,59831385
37	56,79743506	59,73394794	62,85540724	66,17422259	69,70365384	73,45786930	77,45200804	81,70224640
38	59,07537735	62,22729664	65,58393094	69,15944927	72,96902259	77,02889472	81,35645834	85,97033626
39	61,40457334	64,78297906	68,38748904	72,23423275	76,34051582	80,72490604	85,40732553	90,40914971
40	63,78617624	67,40255354	71,26814499	75,40125973	79,82158259	84,55027775	89,61010024	95,02551570
45	76,52250605	81,51613116	86,90417379	92,71986139	98,99928990	105,78167290	113,10961223	121,02939204
50	90,75761776	97,48434879	104,81170079	112,79686729	121,50263020	130,99791016	141,35837102	152,66708366

TABELA 4 (cont.) – Coeficientes $s_{\overline{n|}} = \dfrac{(1+i)^n - 1}{i}$

TEMPO	4,25%	4,50%	4,75%	5%	5,25%	5,50%	5,75%	6%
1	1,00000000	1,00000000	1,00000000	1,00000000	1,00000000	1,00000000	1,00000000	1,00000000
2	2,04250000	2,04500000	2,04750000	2,05000000	2,05250000	2,05500000	2,05750000	2,06000000
3	3,12930625	3,13702500	3,14475625	3,15250000	3,16025625	3,16802500	3,17580625	3,18360000
4	4,26230177	4,27819112	4,29413217	4,31012500	4,32616970	4,34226638	4,35841511	4,37461600
5	5,44344959	5,47070973	5,49810345	5,52563125	5,55329361	5,58109103	5,60902398	5,63709296
6	6,67479620	6,71689166	6,75926336	6,80191281	6,84484153	6,88805103	6,93154286	6,97531854
7	7,95847504	8,01915179	8,08032837	8,14200845	8,20419571	8,26689384	8,33010657	8,39383765
8	9,29671023	9,38001362	9,46414397	9,54910888	9,63491598	9,72157300	9,80908770	9,89746791
9	10,69182041	10,80211423	10,91369081	11,02656432	11,14074907	11,25625951	11,37311024	11,49131598
10	12,14622278	12,28820937	12,43209112	12,57789254	12,72563840	12,87535379	13,02706408	13,18079494
11	13,66243725	13,84117879	14,02261545	14,20678716	14,39373441	14,58349825	14,77612027	14,97164264
12	15,24309083	15,46403184	15,68868969	15,91712652	16,14940547	16,38559065	16,62574718	16,86994120
13	16,89092219	17,15991327	17,43390245	17,71298285	17,99724926	18,28679814	18,58172764	18,88213767
14	18,60878638	18,93210937	19,26201281	19,59863199	19,94210484	20,29257203	20,65017698	21,01506593
15	20,39965980	20,78405429	21,17695842	21,57856359	21,98906535	22,40866350	22,83756216	23,27596988
16	22,26664534	22,71933673	23,18286395	23,65749177	24,14349128	24,64113999	25,15072198	25,67252808
17	24,21297777	24,74170689	25,28404998	25,84036636	26,41102457	26,99640269	27,59688850	28,21287976
18	26,24202933	26,85508370	27,48504236	28,13238467	28,79760336	29,48120483	30,18370959	30,90565255
19	28,35731557	29,06356246	29,79058187	30,53900391	31,30947754	32,10267110	32,91927289	33,75999170
20	30,56250149	31,37142277	32,20563451	33,06595410	33,95322511	34,86831801	35,81213108	36,78559120
21	32,86140780	33,78313680	34,73540215	35,71925181	36,73576943	37,78607550	38,87132862	39,99272668
22	35,25801763	36,30337795	37,38533375	38,50521440	39,66439732	40,86430965	42,10643001	43,39229028
23	37,75648338	38,93702996	40,16113710	41,43047512	42,74677818	44,11184669	45,52754974	46,99582769
24	40,36113392	41,68919631	43,06879111	44,50199887	45,99098403	47,53799825	49,14538385	50,81557735
25	43,07648211	44,56521015	46,11455869	47,72709882	49,40551070	51,15258816	52,97124342	54,86451200
26	45,90723260	47,57064460	49,30500023	51,11345376	52,99930001	54,96598051	57,01708991	59,15638272
27	48,85828999	50,71132361	52,64698774	54,66912645	56,78176326	58,98910943	61,29557258	63,70576568
28	51,93476732	53,99333317	56,14771966	58,40258277	60,76280583	63,23351045	65,82006801	68,52811162
29	55,14199493	57,42303316	59,81473634	62,32271191	64,95285313	67,71135353	70,60472192	73,63979832
30	58,48552971	61,00706966	63,65593632	66,43884750	69,36287792	72,43547797	75,66449343	79,05818622
31	61,97116472	64,75238779	67,67959329	70,76078988	74,00442901	77,41942926	81,01520180	84,80167739
32	65,60493922	68,66624524	71,89437398	75,29882937	78,88966154	82,67749787	86,67357590	90,88977803
33	69,39314914	72,75622628	76,30935674	80,06377084	84,03136877	88,22476025	92,65730652	97,34316471
34	73,34235798	77,03025646	80,93405119	85,06695938	89,44301563	94,07712207	98,98510164	104,18375460
35	77,45940819	81,49661800	85,77841862	90,32030735	95,13877395	100,25136378	105,67674499	111,43477987
36	81,75143304	86,16396581	90,85289350	95,83632272	101,13355958	106,76518879	112,75315782	119,12086666
37	86,22586895	91,04134427	96,16840594	101,62813886	107,44307146	113,63727417	120,23646440	127,26811866
38	90,89046838	96,13820476	101,73640522	107,70954580	114,08383271	120,88732425	128,15006110	135,90420578
39	95,75331328	101,46442398	107,56888447	114,09502309	121,07323393	128,53612708	136,51868962	145,05845813
40	100,82282910	107,03032306	113,67840648	120,79977424	128,42957871	136,60561407	145,36851427	154,76196562
45	129,59129817	138,84996510	148,86475278	159,70015587	171,42624818	184,11916527	197,86162847	212,74351379
50	165,01525496	178,50302828	193,24036225	209,34799572	226,95850696	246,21747645	267,28476301	290,33590458

TABELA 4 (cont.) – Coeficientes $s_{\overline{n}|} = \dfrac{(1+i)^n - 1}{i}$

TEMPO	6,25%	6,50%	6,75%	7%	7,25%	7,50%	7,75%	8%
1	1,00000000	1,00000000	1,00000000	1,00000000	1,00000000	1,00000000	1,00000000	1,00000000
2	2,06250000	2,06500000	2,06750000	2,07000000	2,07250000	2,07500000	2,07750000	2,08000000
3	3,19140625	3,19922500	3,20705625	3,21490000	3,22275625	3,23062500	3,23850625	3,24640000
4	4,39086914	4,40717462	4,42353255	4,43994300	4,45640608	4,47292188	4,48949048	4,50611200
5	5,66529846	5,69364098	5,72212099	5,75073901	5,77949552	5,80839102	5,83742600	5,86660096
6	7,01937962	7,06372764	7,10836416	7,15329074	7,19850894	7,24402034	7,28982651	7,33592904
7	8,45809084	8,52286994	8,58817874	8,65402109	8,72040084	8,78732187	8,85478807	8,92280336
8	9,98672152	10,07685648	10,16788081	10,25980257	10,35262990	10,44637101	10,54103414	10,63662763
9	11,61089161	11,73185215	11,85421276	11,97798875	12,10319557	12,22984883	12,35796429	12,48755784
10	13,33657234	13,49442254	13,65437212	13,81644796	13,98067725	14,14708750	14,31570652	14,48656247
11	15,17010811	15,37156001	15,57604224	15,78359932	15,99427635	16,20811906	16,42517377	16,64548746
12	17,11823987	17,37071141	17,62742509	17,88845127	18,15386139	18,42372799	18,69812474	18,97712646
13	19,18812986	19,49980765	19,81727629	20,14064286	20,47001634	20,80550759	21,14722941	21,49529658
14	21,38738798	21,76729515	22,15494244	22,55048786	22,95409252	23,36592066	23,78613969	24,21492030
15	23,72409973	24,18216933	24,65040105	25,12902201	25,61826423	26,11836470	26,62956552	27,15211393
16	26,20685596	26,75401034	27,31430312	27,88805355	28,47558839	29,07724206	29,69335684	30,32428304
17	28,84478446	29,49302101	30,15801858	30,84021730	31,54006854	32,25803521	32,99459200	33,75022569
18	31,64758348	32,41006738	33,19368484	33,99903251	34,82672351	35,67738785	36,55167288	37,45024374
19	34,62555745	35,51672176	36,43425856	37,37896479	38,35166097	39,35319194	40,38442753	41,44626324
20	37,78965479	38,82530867	39,89357101	40,99549232	42,13215639	43,30468134	44,51422066	45,76196430
21	41,15150822	42,34895373	43,58638706	44,86517678	46,18673773	47,55253244	48,96407276	50,42292144
22	44,72347748	46,10163573	47,52846818	49,00573916	50,53527621	52,11897237	53,75878840	55,45675516
23	48,51869482	50,09824205	51,73663979	53,43614090	55,19908374	57,02789530	58,92509450	60,89329557
24	52,55111325	54,35462778	56,22886297	58,17667076	60,20101731	62,30498744	64,49178932	66,76475922
25	56,83555783	58,88767859	61,02431122	63,24903772	65,56559106	67,97786150	70,48990300	73,10593995
26	61,38778019	63,71537769	66,14345223	68,67647036	71,31909641	74,07620112	76,95287048	79,95441515
27	66,22451645	68,85687725	71,60813526	74,48382328	77,48973090	80,63191620	83,91671794	87,35076836
28	71,36354873	74,33257427	77,44168439	80,69769091	84,10773639	87,67930991	91,42026358	95,33882983
29	76,82377053	80,16419159	83,66899808	87,34652927	91,20554728	95,25525816	99,50533401	103,96593622
30	82,62525619	86,37486405	90,31665545	94,46078632	98,81794946	103,39940252	108,21699739	113,28321111
31	88,78933470	92,98923021	97,41302970	102,07304137	106,98225080	112,15435771	117,60381469	123,34586800
32	95,33866812	100,03353017	104,98840920	110,21815426	115,73846398	121,56593454	127,71811033	134,21353744
33	102,29733487	107,53570963	113,07512682	118,93342506	125,12950262	131,68337963	138,61626388	145,95062044
34	109,69091830	115,52553076	121,70769788	128,25876481	135,20139156	142,55963310	150,35902433	158,62667007
35	117,54660070	124,03469026	130,92296749	138,23687835	146,00349245	154,25160558	163,01184872	172,31680368
36	125,89326324	133,09694513	140,76026779	148,91345984	157,58874565	166,82047600	176,64526699	187,10214797
37	134,76159219	142,74824656	151,26158587	160,33740202	170,01392971	180,33201170	191,33527519	203,07031981
38	144,18419170	153,02688259	162,47174292	172,56102017	183,33993961	194,85691258	207,16375901	220,31594540
39	154,19570369	163,97362996	174,43858556	185,64029158	197,63208523	210,47118102	224,21895034	238,94122103
40	164,83293517	175,63191590	187,21319009	199,63511199	212,96041141	227,25651960	242,59591899	259,05651871
45	228,86246951	246,32458662	265,24512654	285,74931084	307,97317833	332,06451511	358,18386361	386,50561738
50	315,56365525	343,17967198	373,41636526	406,52892947	442,79757015	482,52994709	526,06385389	573,77015642

TABELA 4 (cont.) – Coeficientes $s_{\overline{n}|} = \dfrac{(1+i)^n - 1}{i}$

TEMPO	8,25%	8,50%	8,75%	9%	9,25%	9,50%	9,75%	10%
1	1,00000000	1,00000000	1,00000000	1,00000000	1,00000000	1,00000000	1,00000000	1,00000000
2	2,08250000	2,08500000	2,08750000	2,09000000	2,09250000	2,09500000	2,09750000	2,10000000
3	3,25430625	3,26222500	3,27015625	3,27810000	3,28605625	3,29402500	3,30200625	3,31000000
4	4,52278652	4,53951413	4,55629492	4,57312900	4,59001645	4,60695738	4,62395186	4,64100000
5	5,89591640	5,92537283	5,95497073	5,98471061	6,01459298	6,04461833	6,07478717	6,10510000
6	7,38232951	7,42902952	7,47603067	7,52333456	7,57094283	7,61885707	7,66707891	7,71561000
7	8,99137169	9,06049702	9,13018335	9,20043468	9,27125504	9,34264849	9,41461911	9,48717100
8	10,73315986	10,83063927	10,92907439	11,02847380	11,12884613	11,23020009	11,33254447	11,43588810
9	12,61864554	12,75124361	12,88536840	13,02103644	13,15826439	13,29706910	13,43746756	13,57947691
10	14,65968380	14,83509932	15,01283814	15,19292972	15,37540385	15,56029067	15,74762064	15,93742460
11	16,86910771	17,09608276	17,32646147	17,56029339	17,79762871	18,03851828	18,28301366	18,53116706
12	19,26080910	19,54924979	19,84252685	20,14071980	20,44390936	20,75217752	21,06560749	21,38428377
13	21,84982585	22,21093603	22,57874795	22,95338458	23,33497098	23,72363438	24,11950422	24,52271214
14	24,65243648	25,09886559	25,55438840	26,01918919	26,49345579	26,97737965	27,47115588	27,97498336
15	27,68626249	28,23226916	28,79039738	29,36091622	29,94410045	30,54023072	31,14959358	31,77248169
16	30,97037915	31,63201204	32,30955715	33,00339868	33,71392975	34,44155263	35,18667895	35,94972986
17	34,52543543	35,32073306	36,13664341	36,97370456	37,83246825	38,71350013	39,61738015	40,54470285
18	38,37378385	39,32299538	40,29859970	41,30133797	42,33197156	43,39128265	44,48007472	45,59917313
19	42,53962102	43,66544998	44,82472718	46,01845839	47,24767893	48,51345450	49,81688200	51,15909045
20	47,04913975	48,37701323	49,74689081	51,16011964	52,61808923	54,12223267	55,67402799	57,27499949
21	51,93069378	53,48905936	55,09974375	56,76453041	58,48526249	60,26384478	62,10224572	64,00249944
22	57,21497602	59,03562940	60,92097133	62,87333815	64,89514927	66,98891003	69,15721468	71,40274939
23	62,93521154	65,05365790	67,25155632	69,53193858	71,89795057	74,35285649	76,90004311	79,54302433
24	69,12736650	71,58321882	74,13606750	76,78981305	79,54851100	82,41637785	85,39779732	88,49732676
25	75,83037423	78,66779242	81,62297340	84,70089623	87,90674827	91,24593375	94,72408256	98,34705943
26	83,08638011	86,35455478	89,76498358	93,32397689	97,03812248	100,91429745	104,95968061	109,18176538
27	90,94100646	94,69469193	98,61941964	102,72313481	107,01414881	111,50115571	116,19324946	121,09994192
28	99,44363950	103,74374075	108,24861886	112,96821694	117,91295758	123,09376551	128,52209129	134,20993611
29	108,64773976	113,56195871	118,72037301	124,13535646	129,81990615	135,78767323	142,05299519	148,63092972
30	118,61117829	124,21472520	130,10840565	136,30753855	142,82824747	149,68750218	156,90316222	164,49402269
31	129,39660049	135,77297684	142,49289114	149,57521702	157,03986036	164,90781489	173,20122053	181,94342496
32	141,07182004	148,31367987	155,96101912	164,03698655	172,56604745	181,57405731	191,08833954	201,13776745
33	153,71024519	161,92034266	170,60760829	179,80031534	189,52840684	199,82359275	210,71945264	222,25154420
34	167,39134042	176,68357179	186,53577402	196,98234372	208,05978447	219,80683406	232,26459927	245,47669862
35	182,20112600	192,70167539	203,85765424	215,71075465	228,30531453	241,68848330	255,91039770	271,02436848
36	198,23271890	210,08131780	222,69519899	236,12472257	250,42355613	265,64888921	281,86166148	299,12680533
37	215,58691820	228,93822981	243,18102890	258,37594760	274,58773507	291,88553369	310,34317347	330,03948586
38	234,37283896	249,39797935	265,45936893	282,62978288	300,98710056	320,61465939	341,60163289	364,04343445
39	254,70859817	271,59680759	289,68706371	309,06646334	329,82840737	352,07305203	375,90779209	401,44777789
40	276,72205752	295,68253624	316,03468178	337,88244504	361,33753505	386,51999197	413,55880182	442,59255568
45	417,21920866	450,53039661	486,66266442	525,85873450	568,38221151	614,51936383	664,58105489	718,90483685
50	626,05601509	683,36841782	746,19805321	815,08355640	890,61616271	973,44480793	1064,2817172	1163,9085288

TABELA 4 (cont.) - Coeficientes $s_{\overline{n}|} = \frac{(1+i)^n - 1}{i}$

TEMPO	10,25%	10,50%	10,75%	11%	11,25%	11,50%	11,75%	12%
1	1,00000000	1,00000000	1,00000000	1,00000000	1,00000000	1,00000000	1,00000000	1,00000000
2	2,10250000	2,10500000	2,10750000	2,11000000	2,11250000	2,11500000	2,11750000	2,12000000
3	3,31800625	3,32602500	3,33405625	3,34210000	3,35015625	3,35822500	3,36630625	3,37440000
4	4,65810189	4,67525763	4,69246730	4,70973100	4,72704883	4,74442088	4,76184723	4,77932800
5	6,13555733	6,16615968	6,19690753	6,22780141	6,25884182	6,29002928	6,32136428	6,35284736
6	7,76445196	7,81360644	7,86307509	7,91285957	7,96296153	8,01338264	8,06412459	8,11518904
7	9,56030829	9,63403512	9,70835566	9,78327412	9,85879470	9,93492165	10,01165923	10,08901173
8	11,54023989	11,64560881	11,75200390	11,85943427	11,96790910	12,07743764	12,18802919	12,29969314
9	13,72311448	13,86839773	14,01534432	14,16397204	14,31429888	14,46634296	14,62012262	14,77565631
10	16,12973371	16,32457949	16,52199383	16,72200896	16,92465750	17,12997240	17,33798702	17,54873507
11	18,78303141	19,03866034	19,29810817	19,56142995	19,82868147	20,09991923	20,37520050	20,65458328
12	21,70829213	22,03771967	22,37265479	22,71318724	23,05940813	23,41140994	23,76928656	24,13313327
13	24,93339208	25,35168024	25,77771518	26,21163784	26,65359155	27,10372209	27,56217773	28,02910926
14	28,48906477	29,01360666	29,54881957	30,09491800	30,65212060	31,22065013	31,80073361	32,39260238
15	32,40919390	33,06003536	33,72531767	34,40535898	35,10048416	35,81102489	36,53731981	37,27971466
16	36,73113628	37,53133908	38,35078932	39,18994847	40,04928863	40,92929275	41,83045489	42,75328042
17	41,49607775	42,47212968	43,47349917	44,50084281	45,55483360	46,63616142	47,74553334	48,88367407
18	46,74942572	47,93170330	49,14690033	50,39593551	51,67975238	52,99931998	54,35563350	55,74971496
19	52,54124185	53,96453214	55,43019212	56,93948842	58,49372453	60,09424178	61,74242044	63,43968075
20	58,92671914	60,63080802	62,38893777	64,20283215	66,07426854	68,00507958	69,99715484	72,05244244
21	65,96670785	67,99704286	70,09574858	72,26514368	74,50762375	76,82566374	79,22182053	81,69873554
22	73,72829541	76,13673236	78,63104155	81,21430949	83,88973142	86,66061507	89,53038445	92,50258380
23	82,28544569	85,13108926	88,08387852	91,14788353	94,32732620	97,62658580	101,05020462	104,60289386
24	91,71970387	95,06985363	98,55289546	102,17415072	105,93915040	109,85364317	113,92360366	118,15524112
25	102,12097352	106,05218826	110,14733173	114,41330730	118,85730482	123,48681213	128,30962709	133,33387006
26	113,58837331	118,18766803	122,98816989	127,99877110	133,22875161	138,68779553	144,38600828	150,33393446
27	126,23118157	131,59737317	137,20939815	143,07863592	149,21698617	155,63689201	162,35136425	169,37400660
28	140,16987768	146,41509736	152,95940845	159,81728587	167,00389711	174,53513459	182,42764955	190,69888739
29	155,53729014	162,78868258	170,40254486	178,39718732	186,79183554	195,60667507	204,86289837	214,58275388
30	172,47986238	180,88149425	189,72081843	199,02087793	208,80591704	219,10144270	229,93428893	241,33268434
31	191,15904828	200,87405114	211,11580641	221,91317450	233,29658270	245,29810861	257,95156788	271,29260646
32	211,75285072	222,96582651	234,81075560	247,32362369	260,54244826	274,50739111	289,26087710	304,84771924
33	234,45751792	247,37723830	261,05291183	275,52922230	290,85347368	307,07574108	324,24903016	342,42944555
34	259,48941351	274,35184832	290,11609985	306,83743675	324,57448947	343,38945131	363,34829121	384,52097901
35	287,08707840	304,15879239	322,30358058	341,58955480	362,08911954	383,87923821	407,04171542	431,66349649
36	317,51350393	337,09546560	357,95121550	380,16440582	403,82414549	429,02535060	455,86911699	484,46311607
37	351,05863808	373,49048948	397,43097116	422,98249046	450,25436185	479,36326592	510,43373823	543,59869000
38	388,04214849	413,70699088	441,15480056	470,51056441	501,90797756	535,49004150	571,40970247	609,83053280
39	428,81646871	458,14622492	489,57894162	523,26672650	559,37262504	598,07139627	639,55034251	684,01019674
40	473,77015675	507,25157854	543,20867785	581,82606641	623,30204536	667,84960685	715,69750776	767,09142034
45	777,85721999	841,83613225	911,27358466	986,63855947	1068,4401394	1157,2308977	1253,6105701	1358,2300323
50	1273,1830034	1393,0463732	1524,5313922	1668,7711522	1827,0087369	2000,6077928	2191,0641017	2400,0182486

TABELA 4 (cont.) – Coeficientes $s_{\overline{n}|} = \dfrac{(1+i)^n - 1}{i}$

TEMPO	12,25%	12,50%	12,75%	13%	13,25%	13,50%	13,75%	14%
1	1,00000000	1,00000000	1,00000000	1,00000000	1,00000000	1,00000000	1,00000000	1,00000000
2	2,12250000	2,12500000	2,12750000	2,13000000	2,13250000	2,13500000	2,13750000	2,14000000
3	3,38250625	3,39062500	3,39875625	3,40690000	3,41505625	3,42322500	3,43140625	3,43960000
4	4,79686327	4,81445313	4,83209767	4,84979700	4,86755120	4,88536038	4,90322461	4,92114400
5	6,38447902	6,41625977	6,44819013	6,48027061	6,51250174	6,54488403	6,57741799	6,61010416
6	8,16657770	8,21829224	8,27033437	8,32270579	8,37540822	8,42844337	8,48181297	8,53551874
7	10,16698346	10,24557877	10,32480200	10,40465754	10,48514981	10,56628322	10,64806225	10,73049137
8	12,41243894	12,52627611	12,64121425	12,75726302	12,87443216	12,99273146	13,11217081	13,23276016
9	14,93296271	15,09206063	15,25296907	15,41570722	15,58029442	15,74675021	15,91509430	16,08534658
10	17,76225064	17,97856820	18,19772263	18,41974915	18,64468343	18,87256148	19,10341976	19,33729510
11	20,93812634	21,22588923	21,51793226	21,81431654	22,11510398	22,42035728	22,73013998	23,04451641
12	24,50304682	24,87912538	25,26146862	25,65017769	26,04535526	26,44710552	26,85553423	27,27074871
13	28,50467005	28,98901606	29,48230587	29,98470079	30,49636483	31,01746476	31,54817018	32,08865353
14	32,99649214	33,61264306	34,24129987	34,88271190	35,53713317	36,20482251	36,88604358	37,58106503
15	38,03856242	38,81422345	39,60706561	40,41746444	41,24580332	42,09247354	42,95787457	43,84241413
16	43,69828632	44,66600138	45,65696647	46,67173482	47,71087225	48,77495747	49,86458233	50,98035211
17	50,05132639	51,24925155	52,47822970	53,73906035	55,03256283	56,35957673	57,72096240	59,11760141
18	57,18261388	58,65540799	60,16920398	61,72513819	63,32437740	64,96811959	66,65759473	68,39406560
19	65,18748408	66,98733399	68,84077749	70,74940616	72,71485741	74,73881573	76,82301400	78,96923479
20	74,17295087	76,36075074	78,61797662	80,94682896	83,34957602	85,82855586	88,38617843	91,02492766
21	84,25913736	86,90584458	89,64176864	92,46991672	95,39339484	98,41541090	101,53927796	104,76841753
22	95,58088168	98,76907515	102,07109414	105,49100590	109,03301965	112,70149137	116,50092868	120,43599598
23	108,28953969	112,11520955	116,08515864	120,20483667	124,47989476	128,91619271	133,51980638	138,29703542
24	122,55500830	127,12961074	131,88601637	136,83146543	141,97348081	147,31987872	152,87877975	158,65862038
25	138,56799682	144,02081209	149,70148346	155,61955594	161,78496702	168,20806235	174,89961197	181,87082723
26	156,54257643	163,02341360	169,78842260	176,85009821	184,22147515	191,91615077	199,94830862	208,33274304
27	176,71904204	184,40134030	192,43644648	200,84061098	209,63082061	218,82483112	228,44120105	238,49932707
28	199,36712469	208,45150783	217,97209341	227,94989040	238,40690434	249,36618332	260,85186620	272,88923286
29	224,78959746	235,50794631	246,76353531	258,58337616	270,99581916	284,03061807	297,71899780	312,09372546
30	253,32632315	265,94643960	279,22588607	293,19921506	307,90276520	323,37475151	339,65535999	356,78684702
31	285,35879774	300,18974455	315,82718654	332,31511301	349,69988159	368,03034296	387,35797199	407,73700561
32	321,31525046	338,71346262	357,09515282	376,51607771	397,03511590	418,71443926	441,61969314	465,82018639
33	361,67636864	382,05264545	403,62478481	426,46316781	450,64226876	476,24088856	503,34240095	532,03501249
34	406,98172380	430,80922613	456,08694487	482,90337962	511,35236937	541,53340851	573,55198108	607,51991423
35	457,83698497	485,66037939	515,23803034	546,68081897	580,10655831	615,64041866	653,41537848	693,57270223
36	514,92201563	547,36792682	581,93087921	618,74932544	657,97067729	699,75187518	744,25999302	791,67288054
37	578,99996254	616,78891767	657,12706631	700,18673775	746,15179203	795,21837833	847,59574206	903,50708382
38	650,9274580	694,8875324	741,9107673	792,2110137	846,0169045	903,5728594	965,1401566	1030,9980755
39	731,6660716	782,7484739	837,5043901	896,1984454	959,1141443	1026,5551954	1098,8469281	1176,3378061
40	822,2951653	881,5920332	945,2861998	1013,7042433	1087,1967684	1166,1401468	1250,9383807	1342,0250990
45	1471,7956072	1595,0737294	1728,8959952	1874,1646299	2031,8584069	2203,0390533	2388,8581831	2590,5647997
50	2629,2694870	2880,7909134	3156,7460710	3459,5071166	3791,6746949	4156,0996769	4555,9069357	4994,5213461

TABELA 4 (cont.) – Coeficientes $s_{\overline{n}|} = \dfrac{(1+i)^n - 1}{i}$

TEMPO	14,25%	14,50%	14,75%	15%	15,25%	15,50%	15,75%	16%
1	1,00000000	1,00000000	1,00000000	1,00000000	1,00000000	1,00000000	1,00000000	1,00000000
2	2,14250000	2,14500000	2,14750000	2,15000000	2,15250000	2,15500000	2,15750000	2,16000000
3	3,44780625	3,45602500	3,46425625	3,47250000	3,48075625	3,48902500	3,49730625	3,50560000
4	4,93911864	4,95714863	4,97523405	4,99337500	5,01157158	5,02982388	5,04813198	5,06649600
5	6,64294305	6,67593518	6,70908107	6,74238125	6,77583624	6,80944658	6,84321277	6,87713536
6	8,58956243	8,64394578	8,69867053	8,75373844	8,80915127	8,86491079	8,92101878	8,97747702
7	10,81357508	10,89731791	10,98172443	11,06679920	11,15254684	11,23897197	11,32607924	11,41387334
8	13,35450953	13,47742901	13,60152878	13,72681908	13,85331023	13,98101262	14,10993672	14,24009307
9	16,25752713	16,43165622	16,60775428	16,78584195	16,96594004	17,14806958	17,33225176	17,51850797
10	19,57422475	19,81424637	20,05739803	20,30371824	20,55324590	20,80602036	21,06208141	21,32146924
11	23,36355178	23,68731209	24,01586424	24,34927597	24,68761590	25,03095352	25,37935923	25,73290432
12	27,69285791	28,12197235	28,55820422	29,00166737	29,45247732	29,91075132	30,37660831	30,85016901
13	32,63909016	33,19965834	33,77053934	34,35191748	34,94398012	35,54691777	36,16092412	36,78619605
14	38,29016050	39,01360880	39,75169390	40,50470510	41,27293708	42,05669003	42,85626967	43,67198742
15	44,74650838	45,67058207	46,61506874	47,58041086	48,56705999	49,57547698	50,60613214	51,65950541
16	52,12288582	53,29281647	54,49079138	55,71747249	56,97353664	58,25967591	59,57659795	60,92502627
17	60,55039705	62,02027486	63,52818311	65,07509336	66,66200098	68,28992568	69,95991213	71,67303048
18	70,17882863	72,01321471	73,89859012	75,83635737	77,82795612	79,87486416	81,97859829	84,14071536
19	81,17931171	83,45513085	85,79863217	88,21181097	90,69671943	93,25546810	95,89022752	98,60322981
20	93,74736363	96,55612482	99,45393041	102,44358262	105,52796915	108,71006566	111,99293835	115,37974658
21	108,10636294	111,55676292	115,12338515	118,81012001	122,62098444	126,56012583	130,63182614	134,84050604
22	124,51151966	128,73249354	133,10408445	137,63163801	142,32068457	147,17694534	152,20633876	157,41498700
23	143,25441121	148,39870511	153,73693691	159,27638372	165,02458897	170,98937187	177,17883711	183,60138492
24	164,66816481	170,91651735	177,41313511	184,16784127	191,19083878	198,49272451	206,08450396	213,97760651
25	189,13337830	196,69941236	204,58157253	212,79301747	221,34744170	230,25909680	239,54281333	249,21402355
26	217,08488470	226,22082715	235,75735448	245,71197009	256,10292656	266,94925681	278,27080643	290,08826732
27	249,01948078	260,02284709	271,53156427	283,56876560	296,15862285	309,32639161	323,09845844	337,50239009
28	285,50475679	298,72615992	312,58247000	327,10408044	342,32281284	358,27198231	374,98646565	392,50277250
29	327,18918463	343,04145311	359,68838432	377,16969250	395,52704180	414,80413957	435,04683399	456,30321610
30	374,81364344	393,78246381	413,74242101	434,74514638	456,84491567	480,09878121	504,56671034	530,31173068
31	429,22458763	451,88092106	475,76942811	500,95691834	527,51376531	555,51409229	585,03596722	616,16160759
32	491,38909136	518,40365461	546,94541876	577,10045609	608,95961452	642,61877660	678,17913205	715,74746480
33	562,41203688	594,57218453	628,61986803	664,66552450	702,82595574	743,22468697	785,99234535	831,26705917
34	643,55575214	681,78515129	722,34129856	765,36535317	811,00691399	859,42451345	910,78613974	965,26978864
35	736,2624468	781,6439982	829,8866401	881,1701561	935,6854684	993,6353130	1055,2349568	1120,7129548
36	842,1798455	895,9823780	953,2949195	1014,3456796	1079,3775023	1148,6487866	1222,4344624	1301,0270276
37	963,1904735	1026,8998228	1094,9059201	1167,4975315	1244,9825714	1327,6893485	1415,9678903	1510,1913520
38	1101,4451159	1176,8002971	1257,4045434	1343,6221612	1435,8424135	1534,4811975	1639,9828330	1752,8219683
39	1259,4010450	1348,4363402	1443,8717135	1546,1654854	1655,8083816	1773,3257831	1899,2801292	2034,2734833
40	1439,8656939	1544,9596095	1657,8427912	1779,0903082	1909,3191598	2049,1912795	2199,4167495	2360,7572406
45	2809,5134134	3047,1728239	3305,1356210	3585,1284599	3889,0231755	4218,8487999	4576,8045569	4965,2739112
50	5475,6962136	6003,5443541	6582,5720686	7217,7162772	7914,3851001	8678,5022010	9516,5552350	10435,648773

TABELA 4 (cont.) – Coeficientes $s_{\overline{n}|} = \dfrac{(1+i)^n - 1}{i}$

TEMPO	16,25%	16,50%	16,75%	17%	17,25%	17,50%	17,75%	18%
1	1,00000000	1,00000000	1,00000000	1,00000000	1,00000000	1,00000000	1,00000000	1,00000000
2	2,16250000	2,16500000	2,16750000	2,17000000	2,17250000	2,17500000	2,17750000	2,18000000
3	3,51390625	3,52222500	3,53055625	3,53890000	3,54725625	3,55562500	3,56400625	3,57240000
4	5,08491602	5,10339213	5,12192442	5,14051300	5,15915795	5,17785938	5,19661736	5,21543200
5	6,91121487	6,94545183	6,97984676	7,01440021	7,04911270	7,08398477	7,11901694	7,15420976
6	9,03428728	9,09145138	9,14897110	9,20684825	9,26508464	9,32368210	9,38264245	9,44196752
7	11,50235897	11,59154085	11,68142375	11,77201245	11,86331174	11,95532647	12,04806148	12,14152167
8	14,37149230	14,50414509	14,63806223	14,77325456	14,90973302	15,04750860	15,18659240	15,32699557
9	17,70685980	17,89732904	18,08993766	18,28470784	18,48166196	18,68082260	18,88221255	19,08585477
10	21,58422452	21,85038833	22,12000221	22,39310817	22,66974865	22,94996656	23,23380527	23,52130863
11	26,09166100	26,45570240	26,82510258	27,19993656	27,58028029	27,96621071	28,35780571	28,75514419
12	31,33155591	31,82089330	32,31830727	32,82392578	33,33787864	33,86029758	34,39131622	34,93107014
13	37,42293375	38,07134069	38,73162373	39,40399316	40,08866271	40,78584966	41,49577485	42,21866276
14	44,50416048	45,35311190	46,21917071	47,10267200	48,00395703	48,92337335	49,86127489	50,81802206
15	52,73608656	53,83637537	54,96088180	56,11012623	57,28463961	58,48496368	59,71165118	60,96526603
16	62,30570063	63,71937730	65,16682951	66,64884769	68,16623995	69,71983233	71,31046926	72,93901392
17	73,43037698	75,23307456	77,08227345	78,97915180	80,92491634	82,92080299	84,96807756	87,06803642
18	86,36281324	88,64653186	90,99355425	93,40560761	95,88446441	98,43194351	101,04991132	103,74028298
19	101,39677039	104,27320962	107,23497459	110,28456090	113,42453452	116,65753362	119,98627058	123,41353392
20	118,87374558	122,47828921	126,19683283	130,03293626	133,99026672	138,07260201	142,28383361	146,62797002
21	139,19072923	143,68720693	148,33480233	153,13853542	158,10358773	163,23530736	168,53921408	174,02100463
22	162,80922274	168,39559607	174,18088172	180,17208644	186,37645661	192,80148614	199,45492458	206,34478546
23	190,26572143	197,18086942	204,35617941	211,80134114	219,52639538	227,54174622	235,85817369	244,48684684
24	222,18390116	230,71571287	239,58583946	248,80756913	258,39469858	268,36155181	278,72299952	289,49447928
25	259,28878510	269,78380550	280,71646757	292,10485588	303,96778409	316,32482337	329,19633193	342,60348554
26	302,42321268	315,29813340	328,73647589	342,76268138	357,40222684	372,68166746	388,62868085	405,27211294
27	352,56698474	368,32232542	384,79983560	402,03233722	420,05411097	438,90095927	458,61027170	479,22109327
28	410,85911976	430,09550911	450,25380807	471,37783454	493,51344511	516,70862714	541,01359493	566,48089006
29	478,62372672	502,06126811	526,67132092	552,51206642	579,64451440	608,13263689	638,04350803	669,44745027
30	557,40008231	585,90137735	615,88876717	647,43911771	680,63319313	715,55584835	752,29623070	790,94799132
31	648,97759569	683,57510461	720,05013567	758,50376772	799,04241895	841,77812181	886,82881165	934,31862976
32	755,4364550	797,3649969	841,6585334	888,4494082	937,8772362	990,0892931	1045,2409257	1103,4959831
33	879,1948789	929,9302214	983,6363377	1040,4858076	1100,6610595	1164,3549194	1231,7711900	1303,1252601
34	1023,0640468	1084,3687079	1149,3954243	1218,3683949	1291,5250922	1369,1170303	1451,4105763	1538,6878069
35	1190,3119543	1264,2895447	1342,9191579	1426,4910221	1515,3131706	1609,7125106	1710,0359536	1816,6516121
36	1384,7376469	1473,8973196	1568,8581168	1669,9944958	1777,7046926	1892,4122000	2014,5673353	2144,6489023
37	1610,7575146	1718,0903773	1832,6418514	1954,8935601	2085,3587520	2224,5843350	2373,1530373	2531,6857047
38	1873,5056107	2002,5752895	2140,6093615	2288,2254653	2446,0831367	2614,8865936	2795,3877015	2988,3891316
39	2178,9502724	2334,0002123	2500,1614296	2678,2237944	2869,0324778	3073,4917475	3292,5690185	3527,2991753
40	2534,0296917	2720,1102473	2919,9384690	3134,5218395	3364,9405803	3612,3528033	3878,0000192	4163,2130268
45	5386,8397548	5844,3008219	6340,6894300	6879,2906500	7463,6630209	8097,6609277	8785,4587765	9531,5771051
50	11443,562108	12548,812393	13760,723576	15089,501673	16546,316942	18143,393576	19894,107594	21813,093666

TABELA 4 (cont.) – Coeficientes $s_{\overline{n}|} = \dfrac{(1+i)^n - 1}{i}$

TEMPO	18,25%	18,50%	18,75%	19%	19,25%	19,50%	19,75%	20%
1	1,00000000	1,00000000	1,00000000	1,00000000	1,00000000	1,00000000	1,00000000	1,00000000
2	2,18250000	2,18500000	2,18750000	2,19000000	2,19250000	2,19500000	2,19750000	2,20000000
3	3,58080625	3,58922500	3,59765625	3,60610000	3,61455625	3,62302500	3,63150625	3,64000000
4	5,23430339	5,25323163	5,27221680	5,29125900	5,31035833	5,32951488	5,34872873	5,36800000
5	7,18956376	7,22507948	7,26075745	7,29659821	7,33260231	7,36877028	7,40510266	7,44160000
6	9,50165915	9,56171918	9,62214947	9,68295187	9,74412825	9,80568048	9,86761043	9,92992000
7	12,23571194	12,33063723	12,42630249	12,52271273	12,61987294	12,71778817	12,81646350	12,91590400
8	15,46872937	15,61180511	15,75623421	15,90202814	16,04919848	16,19775687	16,34771504	16,49908480
9	19,29177248	19,49998906	19,71052812	19,92341349	20,13866919	20,35631946	20,57638876	20,79890176
10	23,81252096	24,10748704	24,40625215	24,70886205	25,01536300	25,32580175	25,64022553	25,95868211
11	29,15830603	29,56737214	29,98242443	30,40354584	30,83082038	31,26433309	31,70417008	32,15041853
12	35,47969688	36,03733598	36,60412901	37,18021955	37,76575331	38,36087804	38,96574367	39,58050224
13	42,95474156	43,70424314	44,46740319	45,24446127	46,03566082	46,84124926	47,66147804	48,49660269
14	51,79398190	52,78952812	53,80504129	54,84090891	55,89752553	56,97529287	58,07461996	59,19592323
15	62,24638359	63,55559082	64,89348653	66,26068160	67,65779919	69,08547498	70,54435740	72,03510787
16	74,60634860	76,31337512	78,06101526	79,85021111	81,68192553	83,55714260	85,47686798	87,44212945
17	89,22200722	91,43134952	93,69745562	96,02175122	98,40569620	100,85078540	103,35854941	105,93055534
18	106,50502353	109,34614918	112,26572855	115,26588395	118,34879272	121,51668856	124,77186292	128,11666640
19	126,94219033	130,57518678	134,31555265	138,16640190	142,13093532	146,21244283	150,41430584	154,73999969
20	151,10914006	155,73159634	160,49971878	165,41801826	170,49114036	175,72386918	181,12113125	186,68799962
21	179,68655813	185,54194166	191,59341605	197,84744173	204,31068488	210,99002367	217,89255467	225,02559955
22	213,47935498	220,86720087	228,51718155	236,43845566	244,64049172	253,13307828	261,92633422	271,03071946
23	253,43933727	262,72763303	272,36415310	282,36176223	292,73378638	303,49402855	314,65678523	326,23686335
24	300,69201632	312,33224514	324,43243180	337,01049706	350,08504026	363,67536411	377,80150031	392,48423602
25	356,56830930	371,11371049	386,26351276	402,04249150	418,47641051	435,59206012	453,41729662	471,98108322
26	422,64202574	440,76974693	459,68792141	479,43056488	500,03311953	521,53251184	543,96721270	567,37729986
27	500,77419544	523,31215011	546,87940667	571,52237221	597,28949504	624,23135165	652,40073721	681,85275984
28	593,16548611	621,12489788	650,41929542	681,11162293	713,26772284	746,95646522	782,24988281	819,22331180
29	702,41818732	737,03300399	773,37291332	811,52283129	851,57175948	893,61297593	937,74423466	984,06797417
30	831,6095065	874,3841097	919,3803346	966,7121692	1016,4993232	1068,8675062	1123,9487210	1181,8815690
31	984,3782415	1037,1451700	1092,7641473	1151,3874814	1213,1754429	1278,2966700	1346,9285934	1419,2578828
32	1165,0272705	1230,0170265	1298,6574249	1371,1511029	1447,7117157	1528,5645206	1613,9469906	1704,1094594
33	1378,6447474	1458,5701764	1543,1556921	1632,6698124	1727,3962209	1827,6346021	1933,7015213	2045,9313512
34	1631,2474138	1729,4056590	1833,4973843	1943,8770767	2060,9199934	2185,0233495	2316,6075717	2456,1176215
35	1929,9500668	2050,3457059	2178,2781439	2314,2137213	2458,6470922	2612,1029027	2775,1375671	2948,3411458
36	2283,1659540	2430,6596615	2587,7052959	2754,9143284	2932,9366574	3122,4629687	3324,2272366	3539,0093749
37	2700,8437406	2881,3316989	3073,9000389	3279,3480508	3498,5269640	3732,3432476	3981,7621158	4247,8112499
38	3194,7477232	3415,3780632	3651,2562962	3903,4241804	4172,9934045	4461,1501809	4769,1601337	5098,3734999
39	3778,7891827	4048,2230049	4336,8668517	4646,0747747	4977,2946349	5332,0744662	5712,0692601	6119,0481999
40	4469,4182086	4798,1442608	5151,0293864	5529,8289819	5936,4238521	6372,8289871	6841,2029390	7343,8578398
45	10340,910782	11218,759460	12170,860451	13203,424228	14323,172736	15537,380756	16853,920532	18281,309940
50	23916,361672	26221,423852	28747,433518	31515,336327	34548,035255	37870,570473	41510,315456	45497,190750

TABELA 4 (cont.) – Coeficientes $s_{\overline{n}|} = \frac{(1+i)^n - 1}{i}$

TEMPO	20,50%	21,00%	21,50%	22,00%	22,50%
1	1,00000000	1,00000000	1,00000000	1,00000000	1,00000000
2	2,20500000	2,21000000	2,21500000	2,22000000	2,22500000
3	3,65702500	3,67410000	3,69122500	3,70840000	3,72562500
4	5,40671513	5,44566100	5,48483838	5,52424800	5,56389063
5	7,51509173	7,58924981	7,66407863	7,73958256	7,81576602
6	10,05568553	10,18299227	10,31185553	10,44229072	10,57431337
7	13,11710106	13,32142065	13,52890447	13,73959468	13,95353388
8	16,80610678	17,11891898	17,43761893	17,76230551	18,09307900
9	21,25135867	21,71389197	22,18670700	22,67001273	23,16402177
10	26,60788720	27,27380928	27,95684900	28,65741552	29,37592667
11	33,06250407	34,00130923	34,96757154	35,96204694	36,98551018
12	40,84031741	42,14158417	43,48559942	44,87369727	46,30724996
13	50,21258248	51,99131685	53,83500330	55,74591067	57,72638121
14	61,50616189	63,90949338	66,40952901	69,01001101	71,71481698
15	75,11492507	78,33048699	81,68757774	85,19221343	88,85065080
16	91,51348471	95,77988926	100,25040696	104,93450039	109,84204723
17	111,27374908	116,89366601	122,80424445	129,02009048	135,55650785
18	135,08486764	142,44133587	150,20715701	158,40451038	167,05672212
19	163,77726551	173,35401640	183,50169577	194,25350266	205,64448460
20	198,35160493	210,75835985	223,95456036	237,98927325	252,91449363
21	240,01368395	256,01761542	273,10479084	291,34691337	310,82025470
22	290,21648916	310,78131465	332,82232087	356,44323431	381,75481201
23	350,71086943	377,04539073	405,37911985	435,86074585	468,64964471
24	423,60659767	457,22492279	493,53563062	532,75010994	575,09581477
25	511,44595019	554,24215657	600,64579121	650,95513413	705,49237310
26	617,29236998	671,63300945	730,78463632	795,16526364	865,22815704
27	744,8373058	813,6759414	888,9033331	971,1016216	1060,9044924
28	898,5289535	985,5478891	1081,0175497	1185,7439784	1300,6080032
29	1083,7273890	1193,5129459	1314,4363229	1447,6076536	1594,2448039
30	1306,8915037	1445,1506645	1598,0401324	1767,0813374	1953,9498847
31	1575,8042620	1749,6323040	1942,6187608	2156,8392317	2394,5886088
32	1899,8441357	2118,0550879	2361,2817944	2632,3438627	2934,3710458
33	2290,3121835	2563,8466563	2869,9573802	3212,4595124	3595,6045311
34	2760,8261811	3103,2544541	3487,9982170	3920,2006052	4405,6155506
35	3327,7955483	3755,9378895	4238,9178336	4783,6447383	5397,8790495
36	4010,9936357	4545,6848463	5151,2851678	5837,0465808	6613,4018356
37	4834,2473310	5501,2786640	6259,8114789	7122,1968285	8102,4172486
38	5826,2680338	6657,5471835	7606,6709469	8690,0801308	9926,4611296
39	7021,652981	8056,632092	9243,105200	10602,897760	12160,914884
40	8462,091842	9749,524831	11231,372819	12936,535267	14898,120733
45	21506,253192	25295,345771	29745,833634	34971,419051	41104,987285
50	54646,168693	65617,201618	78767,995379	94525,279331	113397,86966

TABELA 4 (cont.) – Coeficientes $s_{\overline{n|}} = \dfrac{(1+i)^n - 1}{i}$

TEMPO	23,00%	23,50%	24,00%	24,50%	25,00%
1	1,00000000	1,00000000	1,00000000	1,00000000	1,00000000
2	2,23000000	2,23500000	2,24000000	2,24500000	2,25000000
3	3,74290000	3,76022500	3,77760000	3,79502500	3,81250000
4	5,60376700	5,64387787	5,68422400	5,72480613	5,76562500
5	7,89263341	7,97018918	8,04843776	8,12738363	8,20703125
6	10,70793909	10,84318363	10,98006282	11,11859261	11,25878906
7	14,17076509	14,39133179	14,61527790	14,84264780	15,07348633
8	18,43004106	18,77329475	19,12294460	19,47909652	19,84185791
9	23,66895050	24,18501902	24,71245130	25,25147516	25,80232239
10	30,11280911	30,86849849	31,64343961	32,43808658	33,25290298
11	38,03875521	39,12259564	40,23786512	41,38541779	42,56612873
12	47,78766891	49,31640561	50,89495274	52,52484515	54,20766091
13	59,77883276	61,90576093	64,10974140	66,39343221	68,75957614
14	74,52796429	77,45361475	80,49607934	83,65982310	86,94947018
15	92,66939608	96,65521422	100,81513838	105,15647976	109,68683772
16	114,98335717	120,36918956	126,01077159	131,91981730	138,10854715
17	142,42952932	149,65594911	157,25335678	165,24017254	173,63568394
18	176,18832107	185,82509715	195,99416240	206,72401481	218,04460493
19	217,71163492	230,49399498	244,03276138	258,37139844	273,55575616
20	268,78531095	285,66008379	303,60062411	322,67239106	342,94469520
21	331,60593246	353,79020349	377,46477390	402,72712687	429,68086899
22	408,87529693	437,93090131	469,05631963	502,39527295	538,10108624
23	503,91661522	541,84466311	582,62983634	626,48211482	673,62635780
24	620,81743673	670,17815894	723,46099707	780,97023295	843,03294725
25	764,60544717	828,67002630	898,09163636	973,30794003	1054,7911841
26	941,4647000	1024,4074825	1114,6336291	1212,7683853	1319,4889801
27	1159,0015810	1266,1432409	1383,1457001	1510,8966397	1650,3612251
28	1426,5719447	1564,6869025	1716,1006681	1882,0663165	2063,9515314
29	1755,6834919	1933,3883245	2128,9648284	2344,1725640	2580,9394142
30	2160,4906951	2388,7345808	2640,9163873	2919,4948422	3227,1742678
31	2658,4035549	2951,0872073	3275,7363202	3635,7710785	4034,9678347
32	3270,8363726	3645,5927010	4062,9130370	4527,5349928	5044,7097934
33	4024,1287383	4503,3069857	5039,0121659	5637,7810660	6306,8872418
34	4950,6783481	5562,5841274	6249,3750858	7020,0374272	7884,6090522
35	6090,3343681	6870,7913973	7750,2251063	8740,9465968	9856,7613153
36	7492,111273	8486,427376	9611,279132	10883,478513	12321,951644
37	9216,296866	10481,737809	11918,986124	13550,930749	15403,439555
38	11337,045145	12945,946194	14780,542793	16871,908782	19255,299444
39	13945,565528	15989,243550	18328,873064	21006,526434	24070,124305
40	17154,045599	19747,715784	22728,802599	26154,125410	30088,655381
45	48301,774718	56743,048160	66640,375775	78240,582391	91831,496158
50	135992,15356	163030,43299	195372,64423	234042,06068	280255,69286

TABELA 4 (cont.) – Coeficientes $s_{\overline{n}|} = \frac{(1+i)^n - 1}{i}$

TEMPO	26,00%	27,00%	28,00%	29,00%	30,00%
1	1,00000000	1,00000000	1,00000000	1,00000000	1,00000000
2	2,26000000	2,27000000	2,28000000	2,29000000	2,30000000
3	3,84760000	3,88290000	3,91840000	3,95410000	3,99000000
4	5,84797600	5,93128300	6,01555200	6,10078900	6,18700000
5	8,36844976	8,53272941	8,69990656	8,87001781	9,04310000
6	11,54424670	11,83656635	12,13588040	12,44232297	12,75603000
7	15,54575084	16,03243927	16,53392691	17,05059664	17,58283900
8	20,58764606	21,36119787	22,16342644	22,99526966	23,85769070
9	26,94043403	28,12872129	29,36918585	30,66389786	32,01499791
10	34,94494688	36,72347604	38,59255788	40,55642825	42,61949728
11	45,03063307	47,63881457	50,39847409	53,31779244	56,40534647
12	57,73859767	61,50129450	65,51004684	69,77995224	74,32695041
13	73,75063306	79,10664402	84,85285995	91,01613839	97,62503553
14	93,92579766	101,46543791	109,61166073	118,41081853	127,91254619
15	119,34650505	129,86110614	141,30292574	153,74995590	167,28631005
16	151,37659636	165,92360480	181,86774495	199,33744311	218,47220306
17	191,73451141	211,72297809	233,79071353	258,14530161	285,01386398
18	242,58548438	269,88818218	300,25211332	334,00743908	371,51802317
19	306,65771032	343,75799137	385,32270505	431,86959642	483,97343013
20	387,38871500	437,57264904	494,21306247	558,11177938	630,16545916
21	489,10978090	556,71726428	633,59271996	720,96419540	820,21509691
22	617,2783239	708,0309256	811,9986815	931,04381206	1067,2796260
23	778,7706882	900,1992756	1040,3583124	1202,0465176	1388,4635138
24	982,2510671	1144,2530800	1332,6586398	1551,6400077	1806,0025679
25	1238,6363445	1454,2014115	1706,8030590	2002,6156099	2348,8033383
26	1561,6817941	1847,8357927	2185,7079155	2584,3741367	3054,4443398
27	1968,7190606	2347,7514567	2798,7061319	3334,8426364	3971,7776417
28	2481,5860163	2982,6443500	3583,3438488	4302,9470009	5164,3109342
29	3127,7983806	3788,9583245	4587,6801265	5551,8016312	6714,6042145
30	3942,0259595	4812,9770721	5873,2305619	7162,8241043	8729,9854788
31	4967,952709	6113,480882	7518,735119	9241,0430945	11349,981122
32	6260,620413	7765,120720	9624,980953	11921,945592	14755,975459
33	7889,381721	9862,703314	12320,975619	15380,309814	19183,768097
34	9941,620968	12526,633209	15771,848793	19841,599660	24939,898526
35	12527,442420	15909,824175	20188,966455	25596,663561	32422,868084
36	15785,577449	20206,476702	25842,877062	33020,695993	42150,728509
37	19890,827586	25663,225412	33079,882639	42597,697831	54796,947062
38	25063,442758	32593,296273	42343,249778	54952,030203	71237,031180
39	31580,937875	41394,486267	54200,359716	70889,118961	92609,140534
40	39792,98172	52571,99756	69377,46044	91447,96346	120392,88269
45	126382,79794	173697,84031	238387,83883	326688,90221	447019,38904
50	401374,47112	573877,87406	819103,07714	1167041,3227	1659760,7433

Apêndice 2

Tabela para contagem de dias de juro

	Jan.	Fev.	Mar.	Abr.	Mai.	Jun.	Jul.	Ago.	Set.	Out.	Nov.	Dez.
1	1	32	60	91	121	152	182	213	244	274	305	335
2	2	33	61	92	122	153	183	214	245	275	306	336
3	3	34	62	93	123	154	184	215	246	276	307	337
4	4	35	63	94	124	155	185	216	247	277	308	338
5	5	36	64	95	125	156	186	217	248	278	309	339
6	6	37	65	96	126	157	187	218	249	279	310	340
7	7	38	66	97	127	158	188	219	250	280	311	341
8	8	39	67	98	128	159	189	220	251	281	312	342
9	9	40	68	99	129	160	190	221	252	282	313	343
10	10	41	69	100	130	161	191	222	253	283	314	344
11	11	42	70	101	131	162	192	223	254	284	315	345
12	12	43	71	102	132	163	193	224	255	285	316	346
13	13	44	72	103	133	164	194	225	256	286	317	347
14	14	45	73	104	134	165	195	226	257	287	318	348
15	15	46	74	105	135	166	196	227	258	288	319	349
16	16	47	75	106	136	167	197	228	259	289	320	350
17	17	48	76	107	137	168	198	229	260	290	321	351
18	18	49	77	108	138	169	199	230	261	291	322	352
19	19	50	78	109	139	170	200	231	262	292	323	353
20	20	51	79	110	140	171	201	232	263	293	324	354
21	21	52	80	111	141	172	202	233	264	294	325	355
22	22	53	81	112	142	173	203	234	265	295	326	356
23	23	54	82	113	143	174	204	235	266	296	327	357
24	24	55	83	114	144	175	205	236	267	297	328	358
25	25	56	84	115	145	176	206	237	268	298	329	359
26	26	57	85	116	146	177	207	238	269	299	330	360
27	27	58	86	117	147	178	208	239	270	300	331	361
28	28	59	87	118	148	179	209	240	271	301	332	362
29	29	-	88	119	149	180	210	241	272	302	333	363
30	30	-	89	120	150	181	211	242	273	303	334	364
31	31	-	90	-	151	-	212	243	-	304	-	365

Notas:

Para determinar o número de dias decorridos entre duas datas, basta subtrair os valores respetivos constantes na tabela.

Em caso de ano bissexto, nos vencimentos ocorridos para além de 28 de fevereiro, adiciona-se um dia ao valor encontrado.

Apêndice 3

Formulário com taxa instantânea

A taxa instantânea α pode relacionar-se com a taxa anual i através de uma correspondência biunívoca definida pela relação: $\alpha = \ln(1 + i)$, ou ainda $i = e^{\alpha} - 1$. Por exemplo: com $i = 5\% \Rightarrow \alpha = 4{,}88\%$.

Assim sendo, as expressões $(1 + i)^{n}$ e $(1 + i)^{-n}$ transformam-se em $e^{\alpha t}$ e $e^{-\alpha t}$, respetivamente.

Deste modo, a expressão $A \times \sum_{t=1}^{n} (1+i)^{-t}$ transforma-se em $A \times \sum_{t=0}^{n} e^{-\alpha t}$,

que, passada ao limite com $t \rightarrow \infty$, em intervalos de tempo Δt, dá o valor atual das anuidades (*cash-flow*) para uma taxa instantânea de capitalização α:

$$V_0 = \lim \sum e^{-\alpha} A(t)\, \Delta t = \int_0^n A(t)\, e^{-\alpha t}\, dt$$

Se A for constante vem:

$$A \int_0^n e^{-\alpha t}\, dt = A\left[-\frac{1}{\alpha} e^{-\alpha t}\right]_{t=n} - A\left[-\frac{1}{\alpha} e^{-\alpha t}\right]_{t=0} = A\left[-\frac{1}{\alpha} e^{-\alpha t}\right] - A\left[-\frac{1}{\alpha}\right] =$$

$$= \frac{A}{i}\,(1 - e^{-\alpha}) \;\Rightarrow\; A = \frac{i \times V_0}{1 - e^{-\alpha}}$$

Por exemplo, se $t = 10$, $\alpha = 5\%$, e $A(t) = 100t^2$, integrando por partes vem:

$$V_0 = \left\{\frac{e^{-\alpha}}{\alpha}\left[-t^2 - \frac{2t}{\alpha} - \frac{2}{\alpha^2}\right]\right\}_0^{10} = 23.000.$$

Anexo

Ministério das Finanças

Decreto-Lei nº 58/2013, de 8 de maio

Através do presente diploma, procede-se à revisão e atualização de diversos aspetos do regime aplicável à classificação dos prazos das operações de crédito, aos juros remuneratórios, à capitalização de juros e à mora do devedor, que até agora se encontravam consignados no Decreto-Lei nº 344/78, de 17 de novembro, alterado pelos Decretos-Leis nºs 429/79, de 25 de outubro, 83/86, de 6 de maio, e 204/87, de 16 de maio.

A prática veio demonstrar ser necessária a referida revisão, em particular no que respeita à mora no cumprimento das obrigações contratualmente assumidas pelos devedores, tornando-a mais abrangente e adequada à atual realidade de mercado e permitindo a sua aplicação uniforme.

Com efeito, o regime constante do Decreto-Lei nº 344/78, de 17 de novembro, alterado pelos Decretos-Leis nºs 429/79, de 25 de outubro, 83/86, de 6 de maio, e 204/87, de 16 de maio, foi plasmado para um contexto de atividade bancária fortemente regulada, em que a quase totalidade das instituições de crédito eram detidas pelo Estado, estando o setor bancário vedado à iniciativa privada.

Com a progressiva liberalização da atividade financeira, aquele diploma perdeu grande parte da sua razão de ser e há muito que vários preceitos deixaram de ser aplicáveis, conduzindo a uma situação de alguma indefinição a que importa pôr termo.

Por outro lado, existem hoje algumas práticas bancárias relacionadas com situações de incumprimento que carecem de intervenção legislativa, tendo em vista, uma maior uniformização de práticas e, bem assim, tornar o mercado bancário a retalho mais transparente e equilibrado.

Deste modo, mantendo a tradicional classificação dos créditos em função dos prazos por que são concedidos e introduzindo novos mecanismos que disciplinem os critérios de contagem e de cobrança de juros pelas instituições, o presente diploma coloca o seu principal enfoque no regime aplicável à mora do cliente bancário nos contratos de crédito celebrados.

Reconhecendo as especificidades deste tipo de contratos e as consequências associadas ao seu incumprimento, que podem afetar de modo particular o cliente bancário, o regime consignado no presente diploma traduz, nas matérias que regula, um afastamento do regime geral aplicável em caso de mora no cumprimento das obrigações contratualmente assumidas pelas partes.

O regime agora previsto introduz, assim, diversas alterações em matéria de capitalização de juros, permitindo, mediante convenção das partes, a capitalização de juros remuneratórios, vencidos e não pagos, por períodos iguais ou superiores a um mês. No entanto, os juros remuneratórios que integram as prestações vencidas e não pagas só podem, relativamente a cada prestação, ser capitalizados uma única vez.

Proíbe-se a capitalização de juros moratórios, exceto no âmbito de processos de reestruturação ou consolidação de créditos, casos em que as partes podem, por acordo, adicionar aos valores em dívida o montante de juros moratórios vencidos e não pagos.

No que se refere à penalização aplicável em caso de mora, considera-se necessário simplificar o regime previsto no Decreto-Lei nº 344/78, de 17 de novembro, alterado pelos Decretos-Leis nºs 429/79, de 25 de outubro, 83/86, de 6 de maio, e 204/87, de 16 de maio, ao abrigo do qual era permitida a aplicação de juros moratórios ou, por convenção das partes, de uma cláusula penal, que apenas diferiam entre si na sobretaxa aplicável.

Assim, consagra-se um regime uniforme, mais claro e transparente, sendo apenas aplicáveis, em caso de mora do cliente bancário, juros moratórios. Afasta-se, dessa forma, a fixação de cláusulas penais moratórias, o que não invalida, naturalmente, que as partes possam, nos termos gerais de direito, convencionar entre si a existência de cláusulas penais indemnizatórias, aplicáveis pelo incumprimento definitivo do contrato.

Em contrapartida, são revistos os limites máximos aplicáveis à sobretaxa de juros moratórios, clarificando-se também que a taxa de juro de base à qual acresce a sobretaxa de juros moratórios corresponde à taxa de juros remuneratórios contratualmente fixada.

Sendo hoje o comissionamento de serviços bancários uma prática habitual das instituições de crédito, as múltiplas comissões devidas em caso de incumprimento não constituem exceção a esta regra. Estas comissões têm vindo a ser aplicadas, não raras vezes, de forma cumulativa, ao longo dos vários momentos em que pode perdurar a situação de incumprimento, gerando, em consequência,um incremento significativo dos valores em dívida por parte do cliente bancário. Acresce ainda que o montante de tais comissões pode, por vezes, assumir valores bastante representativos, situação que dificulta a regularização dos contratos em incumprimento.

Desta forma, atenta a natureza indemnizatória subjacente aos juros moratórios, e considerando também a atualização dos seus limites máximos, proíbe-se a cobrança pelas instituições de crédito de comissões relativas ao incumprimento do devedor. Admite-se apenas que as instituições de crédito possam exigir, com fundamento no incumprimento, uma comissão única respeitante à recuperação de valores em dívida, a qual é devida apenas uma vez por cada prestação vencida e não paga.

Atento o impacto desta disciplina jurídica e a reconhecida longevidade de muitos dos contratos de crédito abrangidos pelo diploma, o presente diploma é aplicável não apenas aos contratos celebrados após a sua entrada em vigor, mas também, no caso de contratos em curso, às situações de mora que se verifiquem após a entrada em vigor das normas deste diploma relativas ao incumprimento do devedor, para as quais se admite uma *vacatiolegis* superior à das restantes normas do presente diploma, tendo em vista permitir a adaptação da prática das instituições de crédito às soluções consignadas neste diploma.

Foi ouvido o Banco de Portugal, a Associação Portuguesa de Bancos, a Associação de Instituições de Crédito Especializado e o IAPMEI – Agência para a Competitividade e Inovação, I.P..

Foi promovida a audição do Conselho Nacional do Consumo.

Assim:

Nos termos da alínea a) do nº 1 do artigo 198º da Constituição, o Governo decreta o seguinte:

Artigo 1º - Objeto

O presente diploma estabelece as normas aplicáveis à classificação e contagem do prazo das operações de crédito, aos juros remuneratórios, à capitalização de juros e à mora do devedor.

Artigo 2º - Âmbito de aplicação

O presente diploma é aplicável às instituições de crédito, sociedades financeiras, instituições de pagamento, instituições de moeda eletrónica e outras entidades legalmente habilitadas para a concessão de crédito e que estejam sujeitas à supervisão do Banco de Portugal.

Artigo 3º - Definições

Para efeitos do presente diploma, entende-se por:

a) «Instituições», as entidades referidas no artigo anterior;
b) «Prorrogação da operação de crédito», o diferimento do vencimento estipulado para a operação, estabelecido por acordo das partes, e relevante para efeito de contagem do prazo da operação de crédito;
c) «Renovação da operação de crédito», a operação que, para efeito de contagem do prazo da operação de crédito, substitui, mediante nova estipulação das partes, uma operação anteriormente constituída;
d) «Juros remuneratórios», os que constituem remuneração do capital ou como tal sejam convencionados;
e) «Juros moratórios», os que visam indemnizar os prejuízos da instituição em resultado da mora do devedor no cumprimento das obrigações contratuais;
f) «Comissões», as prestações pecuniárias exigidas aos clientes pelas instituições como retribuição por serviços por elas prestados, ou subcontratados a terceiros, no âmbito da sua atividade;
g) «Despesas», os encargos suportados pelas instituições perante terceiros, por conta dos seus clientes, nomeadamente os pagamentos a conservatórias, cartórios notariais, ou que tenham natureza fiscal.

Artigo 4º - Classificação das operações segundo os prazos

1 – Os créditos concedidos pelas instituições são classificados como de curto, médio e longo prazo, qualquer que seja a sua natureza e forma de titulação.

2 – Os créditos referidos no número anterior são considerados:

a) Créditos a curto prazo, quando o prazo de vencimento não exceda um ano;
b) Créditos a médio prazo, quando o prazo de vencimento seja superior a um ano, mas não exceda cinco anos;
c) Créditos a longo prazo, quando o prazo der vencimento exceda 5 anos.

3 – O prazo das operações de crédito deve ser o adequado à natureza e características das operações reais que visam financiar.

Artigo 5º – Contagem dos prazos

1 – O prazo das operações, para efeitos da sua classificação, nos termos do nº 2 do artigo anterior, conta-se desde a data em que os fundos são colocados à disposição do respetivo beneficiário e termina na data estipulada para a liquidação final e integral da operação em causa.

2 – Nos casos em que se verifique prorrogação dos prazos das operações, para os efeitos do número anterior, considera-se o prazo global correspondente à totalidade do período decorrido desde o início da operação até ao seu efetivo vencimento.

3 – Tendo lugar a renovação das operações, conta-se um novo prazo a partir da data dessa renovação.

4 – O prazo das operações de desconto de letras e livranças, bem como de outros títulos de crédito, é o que decorre entre a data da efetivação da operação e a do respetivo vencimento.

5 – Nas operações de concessão de crédito é obrigatória a fixação da respetiva data de vencimento, ou do critério de determinação da mesma.

6 – Não são abrangidas pelo disposto nos números anteriores as operações de abertura de crédito documentário, as resultantes da utilização de cartões de crédito e outras operações de crédito que, pelas suas características, tenham uma duração indeterminada.

Artigo 6º – Cálculo e momento do pagamento dos juros remuneratórios

1 – Nas operações de desconto de letras e livranças, bem como de outros títulos de crédito, as instituições podem cobrar a importância dos juros antecipadamente, por dedução ao valor nominal dos títulos de crédito.

2 – Os juros relativos às operações de abertura de crédito, empréstimos em conta corrente ou outras de natureza similar são calculados em função dos montantes e períodos de utilização efetiva dos fundos pelo beneficiário, de acordo com as taxas de juro contratadas.

3 – Nos demais contratos de crédito, os juros remuneratórios são calculados sobre o montante de capital em dívida, em cada momento, à taxa contratada e são pagos de acordo com o plano estipulado pelas partes para o pagamento de capital e juros.

Artigo 7º – Capitalização de juros

1 – A capitalização de juros remuneratórios, vencidos e não pagos, depende de convenção das partes, reduzida a escrito, não podendo os mesmos ser capitalizados por períodos inferiores a um mês.

2 – A eficácia da capitalização de juros remuneratórios não depende de notificação ao devedor.

3 – Para efeitos de aplicação de juros moratórios, os juros remuneratórios que integram cada prestação vencida e não paga só podem ser capitalizados uma única vez.

4 – Nos contratos em que tenha sido estipulada carência de pagamento de juros, não pode haver capitalização de juros remuneratórios correspondentes a períodos inferiores a três meses.

5 – Só é admissível a capitalização de juros moratórios mediante acordo das partes, reduzido a escrito, e no âmbito de reestruturação ou consolidação de contratos de crédito.

Artigo 8º – Juros moratórios

1 – Em caso de mora do devedor e enquanto a mesma se mantiver, as instituições podem cobrar juros moratórios, mediante a aplicação de uma sobretaxa anual máxima de 3%, a acrescer à taxa de juros remuneratórios aplicável à operação, considerando-se, na parte em que a exceda, reduzida a esse limite máximo.

2 – A taxa de juros moratórios a que se refere o número anterior incide sobre o capital vencido e não pago, podendo incluir-se neste os juros remuneratórios capitalizados, nos termos do artigo anterior.

Artigo 9º - Proibição de cobrança de comissões e imputação de despesas

1 – Sem prejuízo do disposto nos números seguintes, as instituições não podem, com fundamento na mora do devedor, cobrar quaisquer comissões ou outras quantias, mesmo que a título de cláusula penal moratória.

2 – Para além dos juros moratórios, as instituições só podem cobrar aos seus clientes uma comissão pela recuperação de valores em dívida, que não pode exceder 4% do valor da prestação vencida e não paga.

3 – Se a comissão determinada nos termos do número anterior corresponder a um montante inferior a 12,00 EUR (doze euros), podem as instituições cobrar uma comissão fixa de 12,00 EUR (doze euros).

4 – Se a comissão determinada nos termos do nº 2 corresponder a um montante superior a 150,00 EUR (cento e cinquenta euros), não podem as instituições cobrar uma comissão de valor superior àquele, considerando-se, na parte em que a exceda, reduzida a esse limite máximo.

5 – Quando a prestação vencida e não paga exceder 50 000,00 EUR (cinquenta mil euros), para além dos juros moratórios, a comissão a cobrar pelas instituições pela recuperação de valores em dívida não pode exceder 0,5% do valor da referida prestação, considerando-se, na parte em que a exceda, reduzida a esse limite máximo, não sendo aplicáveis os limites previstos nos números anteriores.

6 – A comissão exigível nos termos dos nºs 2 a 5 só pode ser cobrada uma única vez, por cada prestação vencida e não paga, ainda que o incumprimento se mantenha.

7 – As quantias devidas a título de comissão pela recuperação de valores em dívida que não forem pagas pelos clientes bancários só podem acrescer ao montante do capital em dívida em caso de reestruturação ou consolidação de contratos de crédito.

8 – O disposto nos números anteriores não impede a repercussão nos clientes bancários das despesas posteriores à entrada em incumprimento, que, por conta daquele, tenham sido suportadas pelas instituições perante terceiros, mediante apresentação da respetiva justificação documental.

9 – Os valores previstos nos nºs 3 e 4 são anualmente atualizados de acordo com o índice de preços ao consumidor, mediante portaria dos membros do Governo responsáveis pelas áreas das finanças e da economia, a publicar até 30 de novembro do ano anterior.

Artigo 10º - Regulamentação e fiscalização

1 – Cabe ao Banco de Portugal a emissão das normas regulamentares que se mostrem necessárias à execução do presente diploma.

2 – Compete ao Banco de Portugal a fiscalização do cumprimento do presente diploma, bem como das normas regulamentares emitidas nos termos no número anterior.

Artigo 11º - Regime sancionatório

1 – A violação pelas instituições de crédito e sociedades financeiras do disposto nos artigos 4º a 9º, bem como do disposto nos regulamentos emitidos ao abrigo do nº 1 do artigo anterior, constitui contra ordenação punível nos termos da alínea m) do artigo 210º e do artigo 212º do Regime Geral das Instituições de Crédito e Sociedades Financeiras, aprovado pelo Decreto-Lei nº 298/92, de 31 de dezembro (RGICSF).

2 – A violação pelas instituições de pagamento e pelas instituições de moeda eletrónica do disposto nos artigos 4º a 9º, bem como do disposto nos regulamentos emitidos ao abrigo do nº 1 do artigo anterior, constitui contraordenação punível nos termos da alínea o) do nº 1 do artigo 94º e do artigo 96º do Regime Jurídico dos serviços de Pagamento e da Moeda Eletrónica, aprovado pelo Decreto-Lei nº 317/2009, de 30 de outubro, alterado pelo Decreto-Lei nº 242/2012, de 7 de novembro.

3 – A negligência é punível, sendo os limites mínimos e máximos das coimas reduzidos para metade.

4 – A tentativa é punível com coima aplicável ao ilícito consumado, especialmente atenuada.

5 – Compete ao Banco de Portugal a averiguação das contraordenações previstas no presente diploma, bem como a instrução dos respetivos processos e a aplicação das correspondentes sanções.

6 – Ao apuramento da responsabilidade pelas contraordenações a que se refere o presente diploma e ao respetivo processamento são aplicáveis as disposições previstas no título XI do RGICSF.

Artigo 12º - Norma revogatória

É revogado o Decreto-Lei nº 344/78, de 17 de novembro, alterado pelos Decretos-Leis nºs 429/79, de 25 de outubro, 83/86, de 6 de maio, e 204/87, de 16 de maio.

Artigo 13º - Aplicação no tempo

1 - Sem prejuízo do disposto no número seguinte, o presente decreto-lei aplica-se às operações e contratos de crédito que venham a ser celebrados após a sua entrada em vigor.

2 - O disposto nos artigos 7º a 11º aplica-se às situações de mora relativas a contratos de crédito em curso e que se verifiquem após a entrada em vigor das referidas normas, ainda que, nesses contratos, tenha sido estipulada cláusula penal moratória.

Artigo 14º - Entrada em vigor

1 - Sem prejuízo no número seguinte, o presente diploma entra em vigor 90 dias após a data da sua publicação.

2 - As disposições constantes dos artigos 7º a 9º entram em vigor 120 dias após a data da sua publicação.

Visto e aprovado em Conselho de Ministros de 13 de março de 2013. - *Pedro Passos Coelho - Vítor Louçã Rabaça Gaspar - Álvaro Santos Pereira.*

Promulgado em 24 de abril de 2013.

Publique-se.

O Presidente da República, Aníbal Cavaco Silva.

Referendado em 30 de abril de 2013.

O Primeiro-Ministro, *Pedro Passos Coelho.*

REFERÊNCIAS BIBLIOGRÁFICAS

AAVV, *Mercado Financeiro II* (1999), Lisboa, edição da Associação Portuguesa de Bancos e do Instituto de Formação Bancária, 11ª edição (texto de apoio ao Curso Regular de Formação Bancária).

AAVV, *O Euro* (1997), Lisboa, edição da Associação Portuguesa de Bancos e do Instituto de Formação Bancária.

Alegre Escolano, Pedro, Badía Batlle, Carmen, Borrel Vidal, Máximo e Sancho Insa, Trinidad (1995), *Ejercicios resueltos de Matemática de las operaciones financieras*, Madrid, Editorial AC, 2ª edição.

Alexandre, Fernando, Martins, Ives Gandra, Andrade, João de Sousa, Castro, Paulo Rabello e Bação, Pedro (2009), *A crise financeira internacional – Estado da Arte*, Coimbra, edição da Imprensa da Universidade de Coimbra.

Álvarez Herrezuelo, Alfonso (2000), *Matematicas Financieras*, Madrid, Editorial Paraninfo.

Avelãs Nunes, António José (2009), *Economia, Vol. II – O Crédito*, edição dos Serviços de Ação Social da Universidade de Coimbra – Serviço de Textos.

Brealey, Richard A. e Myers, Stewart C. (1992), *Princípios de Finanças Empresariais*, Lisboa, McGraw-Hill, 3ª edição.

Cadilhe, Miguel (1995), *Matemática Financeira Aplicada*, Porto, Edições Asa, 4ª edição.

Canadas, Natália (1998), *A Matemática do Financiamento e das Aplicações de Capital*, Lisboa, Plátano Editora.

Capiński, Marek e Zastawniak, Tomasz (2003), *Mathematics for Finance – An Introduction to Financial Engineering*, London, Springer-Verlag.

Cruz, Carlos Moreira da (1999), *Obrigações: Mercado, Avaliação e Risco de Taxa de Juro*, Porto, ed. Associação da Bolsa de Derivados do Porto, 2ª edição.

FRANCO, João Melo e MARTINS, Herlander Antunes (1991), *Dicionário de Conceitos e Princípios Jurídicos*, Coimbra, Livraria Almedina, 3ª edição.

FURTADO, Jorge Henrique da Cruz Pinto (2000), *Títulos de Crédito – Letra · Livrança · Cheque*, Coimbra, Livraria Almedina.

GARCÍA BOZA, Juan, CÁCERES APOLINÁRIO, Rosa Maria e MAROTO SANTANA, Octávio (2000), «Criterios de elección de un sistema financiero de amortizatión ótimo», *Actualidad Financiera*, septiembre, 5 (9), pp. 63-80.

GONZÁLEZ VELASCO, Maria del Carmen (2003), «Supuestos para selecionar el sistema financiero de amortización ótimo», *Estartegia Financiera*, 198, septiembre, pp. 24-33.

GORDON, Myron J. e SHAPIRO, E. (1956), «Capital Equipment Analysis: The Required Rate of Profit», *Manangement Science*, 3, pp. 102-110.

JACQUES, Ian (1999), *Mathematics for Economics and Business*, s.l., Financial Times and Prentice-Hall.

MASIÉRI, Walder (2001), *Mathématiques financières*, Paris, Éditions Dalloz.

MATEUS, José Maria Alves (1992), *Exercícios Práticos de Cálculo Financeiro*, Lisboa, Edições Sílabo, Lda.

MATEUS, José Maria Alves (1995), *Cálculo Financeiro*, Lisboa, Edições Sílabo, Lda, 4ª edição.

NEVES, Maria Elisabete e QUELHAS, Ana Paula (2013), *Carteiras de investimento – gestão e avaliação do desempenho*, Coimbra, edições Almedina.

PITÃO, José António de França (2007), *Letras e Livranças – Lei Uniforme sobre Letras e Livranças – Anotada*, Coimbra, edições Almedina.

PUCCINI, Abelardo Lima de (1999), *Matemática Financeira Objetiva e Aplicada*, São Paulo, Editora Saraiva, 6ª edição.

PUÉRTOLAS, Juan Hernández (1994), *Más seguros que nunca*, Colección ESADE, Barcelona, Editorial Hispano Europea, SA.

QUELHAS, Ana Paula (2010), *Seguros de vida e fundos de pensões – uma perspetiva financeira e atuarial*, Coimbra, edições Almedina.

QUELHAS, Ana Paula e NEVES, Maria Elisabete (2012), *Duration, convexidade e imunização*, texto de apoio aos alunos do Mestrado em Análise Financeira, ISCAC, 26 pp.

QUELHAS, José Manuel G. S. (1996), *Sobre a evolução recente do sistema financeiro- novos «produtos financeiros»*, Separata do Boletim de Ciências Económicas da Faculdade de Direito da Universidade de Coimbra, Coimbra, ed. Livraria Almedina.

QUELHAS, José Manuel G. S. (2012), *Sobre as crises financeiras, o risco sistémico e a incerteza sistemática*, Coimbra, edições Almedina.

RAPPAPORT, A. (1986), *The New Standard for Business Performance*, Nova Iorque, McMillam.

RODRIGUES, José Azevedo e NICOLAU, Isabel (2003), *Elementos de Cálculo Financeiro*, Lisboa, Áreas Editora, 7ª edição.

SAIAS, Luís *et al.* (1998), *Instrumentos Fundamentais de Gestão Financeira*, Lisboa, Universidade Católica Editora.

SANTOS, Aníbal e MOREIRA, Manuel (1975), *Tabelas Financeiras*, Lisboa, edição do Grupo de Estudos Básicos de Economia Industrial da Secretaria de Estado da Indústria e Energia.

SOARES, Carlos e CADILHE, Miguel (1988), *Lições de Matemática Financeira: e Noções Complementares*, Porto, Edições Asa, 2ª edição.

TERCENO GÓMEZ, Antonio, ANDRÉS SÁNCHEZ, Jorge de, BARBÈRA MARINÉ, M. Glòria, BELVIS FORNÓS, Cinta, SÁEZ MADRID, José e ORTÍ CELMA, Francesc (1997), *Matemática Financiera*, Madrid, Ediciones Pirámide.

WESTON, J. Fred e BRIGHAM, Eugene F. (1979), *Administração financeira de empresas*, Rio de Janeiro, Editora Interamericana, 4ª edição.

ZIMA, Petr e BROWN, Robert L. (1996), *Mathematics of Finance*, s.l., McGraw-Hill, 2nd edition.

